RUDOLF STEINER GESAMTAUSGABE
SCHRIFTEN

GESAMMELTE AUFSÄTZE

RUDOLF STEINER

GESAMMELTE AUFSÄTZE
ZUR KULTUR-
UND ZEITGESCHICHTE
1887 – 1901

1989
RUDOLF STEINER VERLAG
DORNACH/SCHWEIZ

Herausgegeben von der Rudolf Steiner-Nachlaßverwaltung
Die Herausgabe besorgten Edwin Froböse und Werner Teichert

1. Auflage in «Veröffentlichungen aus dem literarischen Frühwerk»:
Aus Heft 8 (Band I) Dornach 1939; Heft 11 (Band II) Dornach 1940;
Heft 12, 13, 15, 18 (Band III) Dornach 1940–1944; Heft 19 (Band IV)
Dornach 1941; Heft 21, 22, 24 und 25 (Band V) Dornach 1946–1958.

2. Auflage (erste Ausgabe in einem Band)
Gesamtausgabe Dornach 1966

3. Auflage, Gesamtausgabe Dornach 1989

Quellennachweis der Zeitschriften auf Seite 716/717

Bibliographie-Nr. 31
Alle Rechte bei der Rudolf Steiner-Nachlaßverwaltung, Dornach/Schweiz
© 1966 by Rudolf Steiner-Nachlaßverwaltung, Dornach/Schweiz
Printed in Germany by Kooperative Dürnau, Dürnau
ISBN 3-7274-0310-1

# INHALT

Quellennachweis der Zeitschriften Seiten 716/717

## I
## Aufsätze aus «Deutsche Wochenschrift» 1888, VI. Jahrgang

Die Woche, 30. Dezember 1887 – 5. Januar 1888, Nr. 1 . . 17
Die Woche, 5. – 11. Januar 1888, Nr. 2 . . . . . . . 20
Die Woche, 12. – 18. Januar 1888, Nr. 3 . . . . . . . 22
Die Woche, 18. – 24. Januar 1888, Nr. 4 . . . . . . . 26
Die Woche, 25. – 31. Januar 1888, Nr. 5 . . . . . . . 30
Die Woche, 1. – 7. Februar 1888, Nr. 6 . . . . . . . 39
Die Woche, 8. – 15. Februar 1888, Nr. 7 . . . . . . . 43
Die Woche, 15. – 22. Februar 1888, Nr. 8 . . . . . . . 47
Die Woche, 22. – 29. Februar 1888, Nr. 9 . . . . . . . 50
Die Woche, 1. – 7. März 1888, Nr. 10 . . . . . . . 53
Die Woche, 7. – 14. März 1888, Nr. 11 . . . . . . . 56
Die Woche, 14. – 21. März 1888, Nr. 12 . . . . . . . 62
Die Woche, 22. – 28. März 1888, Nr. 13 . . . . . . . 64
Die Woche, 29. März – 4. April 1888, Nr. 14 . . . . . 67
Die Woche, 5. – 11. April 1888, Nr. 15 . . . . . . . 70
Die Woche, 11. – 18. April 1888, Nr. 16 . . . . . . . 74
Die Woche, 18. – 25. April 1888, Nr. 17 . . . . . . . 76
Die Woche, 26. April – 2. Mai 1888, Nr. 18 . . . . . 78
Die Woche, 3. – 10. Mai 1888, Nr. 19 . . . . . . . 80
Die Woche, 11. – 16. Mai 1888, Nr. 20 . . . . . . . 82
Die Woche, 17. – 23. Mai 1888, Nr. 21 . . . . . . . 85
Die Woche, 23. – 30. Mai 1888, Nr. 22 . . . . . . . 88
Die Woche, 31. Mai – 6. Juni 1888, Nr. 23 . . . . . . 90
Die Woche, 6. – 13. Juni 1888, Nr. 24 . . . . . . . 93
Die Woche, 14. – 20. Juni 1888, Nr. 25 . . . . . . . 96
Die Woche, 21. – 27. Juni 1888, Nr. 26 . . . . . . . 99
Die Woche, 28. Juni – 4. Juli 1888, Nr. 27 . . . . . . 102
Die Woche, 5. – 11. Juli 1888, Nr. 28 . . . . . . . 105
Die Woche, 11. – 18. Juli 1888, Nr. 29 . . . . . . . 108

Die deutschnationale Sache in Österreich. Die parlamentarische Vertretung der Deutschen . . . . . . . . . 111
  Deutsche Wochenschrift 1888, VI. Jg., Nr. 22
Die deutschnationale Sache in Österreich. Die deutschen Klerikalen und ihre Freunde. . . . . . . . . . . . 116
  Deutsche Wochenschrift 1888, VI. Jg., Nr. 25
Das deutsche Unterrichtswesen (in Österreich) und Herr von Gautsch. . . . . . . . . . . . . . . . . . 121
  Deutsche Wochenschrift 1888, VI. Jg., Nr. 23
Monsignore Greuter . . . . . . . . . . . . . 127
  Deutsche Wochenschrift 1888, VI. Jg., Nr. 26
Des Kaisers Worte . . . . . . . . . . . . . . 130
  Deutsche Wochenschrift 1888, VI. Jg., Nr. 26
Papsttum und Liberalismus . . . . . . . . . . . 134
  Deutsche Wochenschrift 1888, VI. Jg., Nr. 28
Die Deutschen in Österreich und ihre nächsten Aufgaben 139
  Deutsche Wochenschrift 1888, VI. Jg., Nr. 29

## II

Generalversammlung der Goethe-Gesellschaft . . . . 149
  Chronik des Wiener Goethe-Vereins, V. Band, 6. Jg., Nr. 5, 25. Mai 1891
Moltke als Philosoph . . . . . . . . . . . . . 154
  Literarischer Merkur, XII. Jg., Nr. 15, 9. April 1892
Maximilian Harden «Apostata» . . . . . . . . . 158
  Literarischer Merkur, XII. Jg., Nr. 27, 2. Juli 1892
Eine «Gesellschaft für ethische Kultur» in Deutschland . . 164
  Literarischer Merkur, XII. Jg., Nr. 40, 10. Oktober 1892
Eine «Gesellschaft für ethische Kultur». . . . . . . 169
  Die Zukunft, I. Band, Nr. 5, 29. Oktober 1892
J. M. Bösch «Das menschliche Mitgefühl. Ein Beitrag zur Grundlegung der wissenschaftlichen Ethik». . . . . 176
  Literarischer Merkur, XII. Jg., Nr. 50, 17. Dezember 1892
Adolf Gerecke «Die Aussichtslosigkeit des Moralismus» 177
  Literarischer Merkur, XII. Jg., Nr. 51, 24. Dezember 1892
Alte und neue Moralbegriffe. . . . . . . . . . . 180
  Die Zukunft, II. Band, Nr. 16, 14. Januar 1893

Großherzogin Sophie von Sachsen . . . . . . . . 187
  Magazin für Literatur, 66. Jg., Nr. 14, 8. April 1897
Katholizismus und Fortschritt . . . . . . . . . . . . 189
  Magazin für Literatur, 66. Jg., Nr. 37, 18. September 1897
Die Sehnsucht der Juden nach Palästina . . . . . . 196
  Magazin für Literatur, 66. Jg., Nr. 38, 25. September 1897
Die Goethetage in Weimar. Bericht über die 13. Mitgliederversammlung der Deutschen Goethe-Gesellschaft . . 20
  Beilage zur Allgemeinen Zeitung, Nr. 232, 14. Okt. 1897
Kuno Fischer über die Großherzogin Sophie von Sachsen 207
  Magazin für Literatur, 66. Jg., Nr. 41, 16. Oktober 1897
Die Goethetage in Weimar. Bericht über die 13. Mitgliederversammlung der Deutschen Goethe-Gesellschaft . . 212
  Magazin für Literatur, 66. Jg., Nr. 42, 23. Oktober 1897
Theodor Mommsens Brief an die Deutschen Österreichs 214
  Magazin für Literatur, 66. Jg., Nr. 45, 13. November 1897
Das Tagesgespräch von heute . . . . . . . . . . . 217
  Magazin für Literatur, 66. Jg., Nr. 46, 20. November 1897
Die Instinkte der Franzosen . . . . . . . . . . . . 221
  Magazin für Literatur, 66. Jg., Nr. 49, 11. Dezember 1897
Emile Zola an die Jugend . . . . . . . . . . . . . 225
  Magazin für Literatur, 67. Jg., Nr. 7, 19. Februar 1898
Zolas Schwur und die Wahrheit über Dreyfus . . . . 230
  Magazin für Literatur, 67. Jg., Nr. 9, 5. März 1898
Unzeitgemäßes zur Gymnasialreform . . . . . . . 232
  Magazin für Literatur, 67. Jg., Nr. 9, 5. März 1898
Der Universitätsunterricht und die Erfordernisse der Gegenwart . . . . . . . . . . . . . . . . . . . . . 235
  Magazin für Literatur, 67. Jg., Nr. 19, 14. Mai 1898
Der Goethetag in Weimar. Bericht über die 14. Mitgliederversammlung der Deutschen Goethe-Gesellschaft . . 239
  Magazin für Literatur, 67. Jg., Nr. 24, 18. Juni 1898
Die soziale Frage . . . . . . . . . . . . . . . . 247
  Magazin für Literatur, 67. Jg., Nr. 28, 16. Juli 1898
Freiheit und Gesellschaft . . . . . . . . . . . . . 251
  Magazin für Literatur, 67. Jg., Nr. 29 und 30, 23. und 30. Juli 1898
Bismarck, der Mann des politischen Erfolges . . . . 263
  Magazin für Literatur, 67. Jg., Nr. 32, 13. August 1898

Friedrich Jodl «Wesen und Ziele der ethischen Bewegung in Deutschland» . . . . . . . . . . . . . . . . 272
   Dramaturgische Blätter, 1. Jg., Nr. 32, 13. August 1898

Jules Michelet . . . . . . . . . . . . . . . . . 274
   Magazin für Literatur, 67. Jg., Nr. 33, 20. August 1898

Literatenklugheit und Teufelsinsel . . . . . . . . 276
   Magazin für Literatur, 67. Jg., Nr. 37, 17. September 1898

Dreyfus-Briefe . . . . . . . . . . . . . . . . . 277
   Magazin für Literatur, 67. Jg., Nr. 41, 15. Oktober 1898

John Henry Mackay und Rudolf Steiner. Der individualistische Anarchismus: Ein Gegner der «Propaganda der Tat». Offener Brief an Herrn Dr. Rudolf Steiner, Herausgeber des «Magazins für Literatur» . . . . . . . . . 281
   Magazin für Literatur, 67. Jg., Nr. 39, 30. September 1898

Antwort an John Henry Mackay . . . . . . . . . . 283
   Magazin für Literatur, 67. Jg., Nr. 39, 30. September 1898

Richtigstellung . . . . . . . . . . . . . . . . . 287
   Magazin für Literatur, 67. Jg., Nr. 41, 15. Oktober 1898

Joseph Müller «Der Reformkatholizismus» . . . . . 288
   Magazin für Literatur, 67. Jg., Nr. 41, 15. Oktober 1898

Schule und Hochschule . . . . . . . . . . . . . 289
   Magazin für Literatur, 67. Jg., Nr. 49, 50, 3., 17. Dezember 1898

Hochschule und öffentliches Leben . . . . . . . . 301
   Magazin für Literatur, 67. Jg., Nr. 50 und 51, 17. und 24. Dezember 1898

Moritz von Egidy. Gestorben am 29. Dezember 1898 . .
   Magazin für Literatur, 68. Jg., Nr. 2, 14. Januar 1899

Zur Problematik des Journalisten und Kritikers. Anläßlich des Todes von Emil Schiff am 23. Januar 1899 . . .
   Magazin für Literatur, 68. Jg., Nr. 5, 4. Februar 1899

Professor Schell . . . . . . . . . . . . . . . . 324
   Magazin für Literatur, 68. Jg., Nr. 10, 11. März 1899

Über den Lehrfreimut . . . . . . . . . . . . . . 327
   Magazin für Literatur, 68. Jg., Nr. 11, 18. März 1899

Zur Literatur über die Frauenfrage . . . . . . . . 329
   Magazin für Literatur, 68. Jg., Nr. 11, 18. März 1899

Heinrich von Treitschke «Politik» . . . . . . . . . 335
   Magazin für Literatur, 68. Jg., Nr. 11, 18. März 1899

Collegium logicum . . . . . . . . . . . . . . . . 337
    Magazin für Literatur, 68. Jg. Nr. 12, 25. März 1899
Gutenbergs Tat als Markstein der Kulturentwicklung . . 341
    Deutscher Buch- und Steindrucker 1900, 6. Band, Nr. 9
Die Druckkunst. Zur Feier des fünfhundertsten Geburtstages ihres Schöpfers. . . . . . . . . . . . . . . 354
    Magazin für Literatur, 69. Jg., Nr. 25, 23. Juni 1900
Ein Denkmal . . . . . . . . . . . . . . . . . . 360
    Magazin für Literatur, 69. Jg., Nr. 40, 6. Oktober 1900
Thomas Babington Macaulay. Geboren am 25. Okt. 1800 367
    Magazin für Literatur, 69. Jg., Nr. 42, 20. Oktober 1900
Max Müller . . . . . . . . . . . . . . . . . . . 373
    Magazin für Literatur, 69. Jg., Nr. 47, 24. November 1900
Ahasver . . . . . . . . . . . . . . . . . . . . 378
    Magazin für Literatur, 69. Jg., Nr. 35, 1. September 1900
Adolf Bartels, der Literarhistoriker . . . . . . . . . 382
    Mitteilungen aus dem Verein zur Abwehr des Antisemitismus,
    II. Jg., Nr. 37, 11. September 1901
Die «Post» als Anwalt des Germanentums . . . . . . 387
    Mitteilungen aus dem Verein zur Abwehr des Antisemitismus,
    II. Jg., Nr. 39, 25. September 1901
Ein Heine-Hasser . . . . . . . . . . . . . . . . 388
    Mitteilungen aus dem Verein zur Abwehr des Antisemitismus,
    II. Jg., Nr. 38, 18. September 1901
Der Wissenschaftsbeweis der Antisemiten . . . . . . 393
    Mitteilungen aus dem Verein zur Abwehr des Antisemitismus,
    II. Jg., Nr. 40, 2. Oktober 1901
Verschämter Antisemitismus . . . . . . . . . . . . 398
    Mitteilungen aus dem Verein zur Abwehr des Antisemitismus,
    II. Jg., Nr. 46–48, 13., 20. und 27. November
Zweierlei Maß . . . . . . . . . . . . . . . . . 414
    Mitteilungen aus dem Verein zur Abwehr des Antisemitismus,
    II. Jg., Nr. 50, 11. Dezember 1901
Idealismus gegen Antisemitismus . . . . . . . . . . 417
    Mitteilungen aus dem Verein zur Abwehr des Antisemitismus,
    II. Jg., Nr. 52, 25. Dezember 1901
Stefan von Czobel «Die Entwicklung der Religionsbegriffe
als Grundlage einer progressiven Religion» . . . . . . 420
    Der Vâhan 1901, Jg. III, Nr. 6

Sieben Briefe von Fichte an Goethe. Zwei Briefe von
Fichte an Schiller. Mit Erläuterungen von Rudolf Steiner 422
   Goethe-Jahrbuch 1894, 15. Band

## III

Nietzscheanismus . . . . . . . . . . . . . . . 453
   Literarischer Merkur, XII. Jg., Nr. 14, 2. April 1892

Friedrich Nietzsche «Also sprach Zarathustra», IV. Teil.
Jüngste Publikation aus Nietzsches Nachlaß. – Ein Buch
für alle und keinen. Vierter und letzter Teil . . . . . 460
   Literarischer Merkur, XII. Jg., Nr. 24, 11. Juni 1892

Kurt Eisner «Psychopathia spiritualis. Friedrich Nietzsche
und die Apostel der Zukunft» . . . . . . . . . . . 467
   Literarischer Merkur, XIII. Jg., Nr. 4, 28. Januar 1893

Mitteilung und Berichtigung . . . . . . . . . . . . 469
   Beilage zur Allgemeinen Zeitung (München) Nr. 215 und 217, 17.
   und 24. September 1896

Nietzsche-Archiv . . . . . . . . . . . . . . . . 470
   Hamburger Fremdenblatt, 3. Oktober 1896

Nietzsche in frommer Beleuchtung . . . . . . . . . 471
   Magazin für Literatur, 67. Jg., Nr. 33, 20. August 1898

Ein wirklicher «Jünger» Zarathustras . . . . . . . . 475
   Magazin für Literatur, 67. Jg., Nr. 43, 29. Oktober 1898

Friedrich Nietzsche und das «Berliner Tageblatt» . . . 479
   Magazin für Literatur, 69. Jg., Nr. 5, 3. Februar 1900

Friedrich Nietzsche als Dichter der modernen Weltanschauung . . . . . . . . . . . . . . . . . . . 482
   Magazin für Literatur, 69. Jg., Nr. 49, 8. Dezember 1900

Kurzer Auszug aus einem Vortrag. Über F. Nietzsche . . 486
   Magazin für Literatur, 69. Jg., Nr. 39, 29. September 1900

Friedrich Nietzsche, gestorben am 25. August 1900 . . . 489
   Unterhaltungsblatt des Vorwärts, Nr. 165, 28. August 1900

Haeckel, Tolstoi und Nietzsche . . . . . . . . . . 497
   Magazin für Literatur, 70. Jg., Nr. 45, 9. November 1901

Das Nietzsche-Archiv und seine Anklagen gegen den bisherigen Herausgeber. Eine Enthüllung
I. Die Herausgabe von Nietzsches Werken . . . . . 505
II. Zur Charakteristik der Frau E. Förster-Nietzsche . . 519
  Magazin für Literatur, 69. Jg., Nr. 6, 10. Februar 1900
Zur «Wiederkunft des Gleichen» von Nietzsche . . . . 529
Eine Verteidigung der sogenannten «Wiederkunft des Gleichen» von Nietzsche. Von Dr. E. Horneffer
  Magazin für Literatur, 69. Jg., Nr. 15, 14. April 1900
Erwiderung auf die obigen Ausführungen . . . . . 538
  Magazin für Literatur, 69. Jg., Nr. 15, 14. April 1900
Die «sogenannte» Wiederkunft des Gleichen von Nietzsche. Eine Fortsetzung meiner Erwiderung auf E. Horneffers Aufsatz «Eine Verteidigung der sogenannten ‹Wiederkunft des Gleichen› von Nietzsche» . . . . . . . 549
  Magazin für Literatur, 69. Jg., Nr. 16 und 17, 21. und 28. April 1900
Frau E. Förster-Nietzsche und ihr Ritter von komischer Gestalt. Eine Antwort auf Dr. Seidls «Demaskierung» . . 571
  Die Gesellschaft, XVI. Jg., Band II, Heft 4, Mai 1900
Erwiderung . . . . . . . . . . . . . . . . . 594
  Die Zukunft 1900, VIII. Jg., 31. Band, Nr. 33
Brief Rudolf Steiners an Elisabeth Förster-Nietzsche . . 598
Zum angeblichen «Kampf um die Nietzsche-Ausgabe» . . 601
  Magazin für Literatur, 69. Jg., Nr. 27, 7. Juli 1900

## IV

C. Andresen «Die Entwicklung des Menschen» . . . 617
  Literarischer Merkur, XI. Jg., Nr. 40, 3. Oktober 1891
Jürgen Bona Meyer «Temperament und Temperamentbehandlung». . . . . . . . . . . . . . . . . 618
  Literarischer Merkur, XI. Jg., Nr. 41, 10. Oktober 1891
E. Kulke «Zur Entwicklungsgeschichte der Meinungen» 619
  Literarischer Merkur, XII. Jg., Nr. 2, 9. Januar 1892

E. Martig «Anschauungs-Psychologie mit Anwendung
auf die Erziehung» . . . . . . . . . . . . . . 621
    Literarischer Merkur, XII. Jg., Nr. 12, 19. März 1892
Franz Lauczizky «Lehrbuch der Logik» . . . . . . 622
    Literarischer Merkur, XII. Jg., Nr. 9, 27. Februar 1892
Dr. R. Biese «Grundzüge moderner Humanitätsbildung» 623
    Literarischer Merkur, XII. Jg., Nr. 37, 10. September 1892
Prof. Dr. Kirchner «Gründeutschland». Ein Streifzug
durch die jüngste deutsche Dichtung . . . . . . . 626
    Literarischer Merkur, XIII. Jg., Nr. 32, 19. August 1893
Woldemar von Biedermann . . . . . . . . . . . 628
    Magazin für Literatur, 66. Jg., Nr. 11, 18. März 1897
An unsere Leser . . . . . . . . . . . . . . . 629
    Magazin für Literatur, 66. Jg., Nr. 27, 10. Juli 1897
Alfred von Arneth . . . . . . . . . . . . . . 630
    Magazin für Literatur, 66. Jg., Nr. 32, 14. August 1897
Henry George . . . . . . . . . . . . . . . . 631
    Magazin für Literatur, 66. Jg., Nr. 44, 6. November 1897
Ankündigung . . . . . . . . . . . . . . . . 632
    Magazin für Literatur, 67. Jg., Nr. 1, 8. Januar 1898
Ein Brief von Blaise Pascal . . . . . . . . . . . 633
    Magazin für Literatur, 67. Jg., Nr. 10, 12. März 1898
Karl Biedermann «Das erste deutsche Parlament» . . . 634
    Magazin für Literatur, 67. Jg., Nr. 14, 9. April 1898
Dr. Kurella «Der Sozialismus in England» . . . . . 635
    Magazin für Literatur, 67. Jg., Nr. 18, 7. Mai 1898
Wissenschaft und Presse . . . . . . . . . . . . 635
    Magazin für Literatur, 67. Jg., Nr. 20, 21. Mai 1898
Über volkstümliche Hochschulkurse . . . . . . . 636
    Magazin für Literatur, 67. Jg., Nr. 30, 30. Juli 1898
Heinrich Kiepert . . . . . . . . . . . . . . . 638
    Magazin für Literatur, 67. Jg., Nr. 31, 6. August 1898
Zum Vortrag von Prof. Pietzker über «Naturwissen-
schaftlichen Unterricht» . . . . . . . . . . . . 639
    Magazin für Literatur, 67. Jg., Nr. 41, 15. Oktober 1898
Louis Dollivet «Sale Juif!» . . . . . . . . . . . 640
    Magazin für Literatur, 67. Jg., Nr. 43, 29. Oktober 1898

Moriz Lazarus «Ethik des Judentums» . . . . . . . . . . 640
    Magazin für Literatur, 67. Jg., Nr. 43, 29. Oktober 1898
Ankündigung für das Jahr 1899 . . . . . . . . . . 641
    Magazin für Literatur, 68. Jg., Nr. 1, 7. Januar 1899
Eduard Simson. Gestorben am 2. Mai 1899 . . . . . . 642
    Magazin für Literatur, 68. Jg., Nr. 19, 13. Mai 1899
Nachschrift zu einem Aufsatz «Beginnt das 19. Jahrhundert mit dem kommenden Neujahrstag?» . . . . . . . 643
    Magazin für Literatur, 68. Jg., Nr. 50, 16. Dezember 1899
Vortrag von Karl Lamprecht . . . . . . . . . . . 646
    Magazin für Literatur, 69. Jg., Nr. 4, 27. Januar 1900
Ernst Ziel «Von heute». Gedanken auf der Schwelle des Jahrhunderts . . . . . . . . . . . . . . . . . 647
    Magazin für Literatur, 69. Jg., Nr. 10, 10. März 1900
Gegen die «Lex Heinze» . . . . . . . . . . . . . 651
    Magazin für Literatur, 69. Jg., Nr. 10, 10. März 1900
Lex Heinze . . . . . . . . . . . . . . . . . . 652
    Magazin für Literatur, 69. Jg., Nr. 21, 26. Mai 1900

## ANHANG

Die Goethetage in Weimar . . . . . . . . . . . . 655
    Vmtl. Weimarer Zeitung 1897
Schule und Hochschule . . . . . . . . . . . . . 660
    Magazin für Literatur, 67. Jg., Nr. 49, 10. Dezember 1898
Hochschulpädagogik und öffentliches Leben . . . . . 661
    Autoreferat, Flugblatt [Dezember 1898]

Hinweise des Herausgebers
    Zu dieser Ausgabe . . . . . . . . . . . . . . 665
    Hinweise zum Text . . . . . . . . . . . . . . 667
Namenregister . . . . . . . . . . . . . . . . . 703
Quellennachweis der Zeitschriften . . . . . . . . . 716
Übersicht über die Rudolf Steiner Gesamtausgabe . . . 719

I

# AUFSÄTZE AUS «DEUTSCHE WOCHENSCHRIFT»

*Die Woche, 30. Dezember 1887–5. Januar 1888*

Die amtlichen Neujahrsempfänge, wie sie in Berlin, Paris, Pest usw. üblich sind, haben einigermaßen zur Beruhigung der Gemüter über die allgemeine Lage beigetragen. Es wurden fast durchgehend Reden gehalten, welche der Hoffnung auf Erhaltung des Friedens mehr oder weniger zuversichtlichen Ausdruck gaben, und wenn man die gegenwärtigen Zustände auch keineswegs als sehr erfreuliche bezeichnet, so legt man doch Nachdruck darauf, daß die Zeiten noch durchaus nicht so ernst geworden, daß die Lösung der obwaltenden Verwicklungen nur noch durch einen Krieg möglich sei. Freilich liegt in derartigen Bemerkungen nur ein schwacher Trost, und angesichts der in jeder Beziehung auffallenden und ungewöhnlichen militärischen Vorgänge in Rußland bleibt es unmöglich, sich aller Besorgnisse über die Zukunft zu entschlagen. Als die wichtigste der politischen Neujahrsreden gilt diejenige, mit welcher Ministerpräsident v. Tisza die Glückwünsche seiner Partei erwiderte. Wie jedes Jahr hatten sich die Mitglieder der liberalen Partei auch heuer bei Tisza eingefunden, um ihm zu gratulieren, und auf eine herzliche Ansprache des Grafen Bela Bánffy entgegnete der Ministerpräsident zunächst, indem er den Herren seinen Dank aussprach, er habe das Bewußtsein, daß die Fahne des Liberalismus in seinem Vaterlande immer werde hochgehalten werden. Der Fortschritt im Lande könne nicht geleugnet werden, und der ungarische Staat kräftige sich von Jahr zu Jahr. Auch die Regelung der Finanzen werde gelingen, falls die Weltlage nicht gestört werde. «Aber», fügte Herr v. Tisza hinzu, und damit kam er auf die äußere Politik zu sprechen, «die Bedingung ist eine solche, für welche niemand gutstehen kann. Ich meinerseits schließe mich nicht jenen an – und dies sage ich ganz aufrichtig –, welche die Gefahr eines Krieges als vor uns stehend betrachten. Ich hoffe auch heute noch, daß wir dieser Gefahr entgehen werden ... Ich halte es nicht für gerechtfertigt, im Tone der Pessimisten zu sprechen, würde es aber, wenn ich auch das Bessere hoffe, wieder für einen Fehler halten, den Optimismus zu verbreiten, denn der Optimismus lähmt oft die Widerstandskraft, die wir, ich will hoffen, daß nicht – aber möglicherweise dennoch nötig haben werden». Man sieht, Tiszas Ausdrucksweise ist so vorsichtig wie möglich. An der Wiener Börse erregte seine Rede anfangs geradezu Schrecken, da das Telegraphen-Korrespondenzbureau an der bedeutsamsten Stelle: «Ich meinerseits schließe mich nicht jenen an ...», das Wörtchen «nicht» ausgelassen hatte, und die Kurse erfuhren heftige Rückgänge. Als die Richtigstellung erfolgt war, erholten sich die Papiere wieder.

Als ein friedliches Zeichen wird auch die wiederholte Bemerkung Kaiser Wilhelms beim Empfange der deutschen Generale gedeutet, daß die Hauptaufmerksamkeit derselben heuer die Kaisermanöver in Anspruch nehmen würden. Allein auch in dieser Äußerung liegt keine Versicherung, welche alle Gefahr zu beseitigen vermöchte. Und so geht Europa einer Zeit entgegen, die unsicher und dunkel ist, und Rußland wird andere Beweise seiner Friedensliebe geben müssen als bisher, ehe sich seine Nachbarn wieder etwas sorgloser ihren inneren Angelegenheiten hingeben können.

Der deutsche «Reichsanzeiger» veröffentlichte die gefälschten Aktenstücke, welche dem Zaren übergeben wurden, um die deutsche Politik der Unehrlichkeit zu überführen. Es sind dies angebliche Briefe des Fürsten Ferdinand von Bulgarien an die Gräfin von Flandern, von denen sich herausgestellt, daß sie in Wahrheit niemals von dem Fürsten geschrieben wurden, und denen unter anderem ein gefälschtes Schreiben des deutschen Botschafters in Wien beilag, in welchem dem Fürsten die offiziöse Unterstützung des Deutschen Reiches zugesagt war.

Das fünfzigjährige Priesterjubiläum, das Papst Leo XIII. am 31. Dezember feierte, verlief in glänzender Weise, und von allen Teilen der Erde waren Abordnungen mit Geschenken nach Rom gezogen, um dem Oberhaupte der Christenheit zu huldigen. Die meisten europäischen Monarchen waren durch außerordentliche Gesandte vertreten. Einen Mißton brachte in das Fest nur das unerquickliche Verhältnis des Papstes zu Italien, und Leo XIII. glaubte es sich nicht versagen zu sollen, das italienische Königreich in einer Rede anzugreifen. Der Bürgermeister von Rom, Herzog von Torlonia, wurde seines Amtes von der Regierung entsetzt, weil er ohne Auftrag dem Papste die Glückwünsche der Stadtgemeinde hatte übermitteln lassen.

In Serbien ist ein Ministerwechsel eingetreten. Nachdem Ristic infolge eines Konflikts mit der radikalen Partei seine Entlassung genommen, bildete der König ein neues Ministerium mit Sava Gruitsch als Ministerpräsidenten und Kriegsminister und Oberst Franassovic als Minister des Äußern. Die neue Regierung hat ganz die österreichfreundliche Politik Milans angenommen.

Wenige Tage nach Neujahr starb in Ungarn der Präsident des Oberhauses und Judex curiae Baron Paul Sennyey, seinerzeit als Führer der Konservativen der «schwarze Baron» genannt. Sennyey war lange ein erklärter Gegner Tiszas, als aktiver Politiker hat er indessen in dem letzten Jahre keine hervorragende Rolle mehr gespielt.

Noch möge des Jubiläums gedacht sein, welches die «Times» zu Neujahr feierte: am 1. Januar waren es hundert Jahre, daß sie zum erstenmal unter ihrem gegenwärtigen Titel erschien, und mit nicht unberechtigtem Stolze konnte das Cityblatt, die größte und einflußreichste Zeitung Englands und der ganzen Welt, auf die hundert Jahre zurückblicken, während deren sie der öffentlichen Meinung gedient.

*Die Woche, 5.–11. Januar 1888*

Eine wesentliche Veränderung in den Beziehungen Österreichs zu Rußland scheint noch nicht eingetreten zu sein. Die Dinge stehen auf dem alten Flecke. Man hat versucht, aus der vorzeitigen Entlassung des ältesten Jahrgangs des russischen Gardekorps, die jetzt erfolgen soll, Kapital zu schlagen, allein die allgemeinen Rüstungen in Rußland, von denen ab und zu immer neue Meldungen in die Welt dringen, lassen die Hoffnungen auf Erhaltung des Friedens nicht recht aufkommen. Österreich bleibt nach wie vor zurückhaltend. Auch auf den letzten Minister-Konferenzen, die in Wien stattfanden, und an denen die ungarischen Minister Tisza und Fejervary teilnahmen, wurden keine weitergehenden Beschlüsse gefaßt. Das einzige, was einer Vorbereitung zum Kriege ähnlich sieht, ist die Einberufung der Reservisten in Österreich und Ungarn zu einer außerordentlichen siebentägigen Waffenübung behufs Einübung mit dem Repetiergewehr. Der dazu nötige Gesetzentwurf ist schon dem ungarischen Abgeordnetenhause zugegangen und wird nächstens im Reichsrate vorgelegt werden. Indessen wäre eine solche Maßregel wahrscheinlich um dieselbe Zeit auch unter friedlicheren Verhältnissen getroffen worden.

Es sind fast nur politische Kleinigkeiten, die im übrigen die Stille der Woche unterbrochen haben. Die Feiertagsstimmung wirkt noch nach. Die Eröffnung einer schönen Jubiläums-Ausstellung im Vatikan, ein schnell unterdrückter Putsch in Burgas – darauf beschränkt sich so ziemlich die Auslese im Auslande. Wichtiger können die Verhandlungen werden, die eben wieder zwischen den deutschen und tschechischen Landtags-Abgeordneten in Böhmen geführt werden sollen. Eine Verständigung ist zwar kaum zu erwarten, die Gegensätze sind zu groß. Aber man dürfte wenigstens genauer erfahren, was die Tschechen gegenüber den deutschen Forderungen zu bieten haben. Inzwischen beginnen die Deutschen in Prag aufs Festlichste die Feier der Eröffnung ihres neuen Theaters. Das Haus war an beiden Festabenden mit einer glänzenden Gesellschaft gefüllt, in welcher sich auch der Statthalter Baron Kraus und der Oberst-Landmarschall Fürst Lobkowitz befanden. Am ersten Abend wurden die «Meistersinger», am zweiten ein Gelegenheits-Lustspiel von Alfred Klaar und «Minna von Barnhelm» gegeben. Von der tschechischen Bevölkerung wurde die Feier in keinerlei Weise gestört. Nach der Vorstellung am zweiten Tage fand ein Festbankett statt, auf welchem Dr. Schmeykal in einer großen Rede die Bedeutung der Feier darlegte. Er schloß mit einem Hoch auf das deutsche Volk in Böhmen. Professor Knoll, Dr. Hermann aus Dresden und Dr. Klaar folgten dem Führer der Deutschböhmen mit erhebenden Trinksprüchen.

*Die Woche, 12.–18. Januar 1888*

Zar Alexander drückte in einem Schreiben an den Gouverneur von Moskau die zuverläßliche Hoffnung aus, daß auch in diesem und in den künftigen Jahren der Friede gestatten werde, in Rußland alle Kräfte dem innern Gedeihen zu widmen. Diese Worte bilden die verhältnismäßig erfreulichste Friedensbotschaft, welche das neue Jahr bislang gebracht, und wenn der Zar seinem Moskauer Statthalter nicht einfach eine Phrase sagen wollte, dergleichen man wohl zum Jahreswechsel gebraucht, ohne tieferen Sinn in sie zu legen, so hätte Europa Grund, für einige Zeit ein wenig aufzuatmen. Der Zar gilt als ein Mann, der zu stolz ist, um nicht aufrichtig zu sein, und da niemand außerhalb Rußlands ernstlich glaubt, der Friede könne anderswoher eine Störung erleiden als von St. Petersburg aus, betrachtet man diese Kundgebung als ein angenehmes Zeichen, daß sich die Lage im allgemeinen gebessert habe. Ob dieser Schluß richtig ist, das kann freilich erst die Zukunft erweisen, denn so unzweideutig hat der Zar seinen Willen, mit seinen Nachbarn Frieden zu halten, nicht erklärt, daß man sich nun aller Besorgnisse zu entschlagen vermöchte. Eine feierliche Erklärung, wie man sie vom Zaren von verschiedenen Seiten zum griechischen Neujahr erwartet, ist nicht erfolgt. Mehrere russische Würdenträger, wie Graf Tolstoi, der Minister des Innern und der Generalprokurator der Synode, Pobjedonoszew, wurden mit hohen Orden ausgezeichnet; im übrigen blieb es in Rußland still, nur die Truppenbewegungen und die Anhäufung von unterschiedlichem Kriegsmaterial an den Südgrenzen scheinen keine Unterbrechung erfahren zu haben.

Ziemlich hoffnungsvoll wie der Zar, aber ebensowenig

bestimmt und entschieden, sprach sich auch Salisbury auf einem Bankette der Konservativen in Liverpool über die Entwicklung der Zustände auf dem Kontinente aus. Er meinte, die europäische Lage habe sich zum Bessern gewendet, und der Friede sei jedenfalls für die nächste Zukunft gesichert; die Souveräne und Minister setzten sich mit aller Energie für die Aufrechterhaltung des Friedens ein. Solche Äußerungen sind wieder typisch geworden unter Staatsmännern und Fürsten, und beständen die Tatsachen allseitiger Rüstungen nicht, so vermöchte man sich ihnen immerhin mit größerem Vertrauen hinzugeben. Bloß aus Sofia dringt ein kriegerischer Klang. Beim Neujahrsempfange hielt Fürst Ferdinand eine Ansprache an die Offiziere der Garnison der Hauptstadt, in welcher er sagte, er sei mit Denken und Fühlen Bulgare geworden, und er werde seine Sache niemals von derjenigen Bulgariens trennen. Wenn er im laufenden Jahre gezwungen sein sollte, das Schwert zu ziehen, so würde die bulgarische Armee unter seiner Führung der Welt zeigen, daß die Bulgaren zu sterben wüßten für ihre Fahne und für die Verteidigung des Vaterlandes.

Im ungarischen Abgeordnetenhause waren die Beziehungen Österreichs zu Rußland Gegenstand zweier Interpellationen von Helfy und Perczel. Die Reden, mit denen die beiden Abgeordneten ihre Anfragen begründeten, wendeten sich scharf gegen Rußland, und nicht weniger kategorisch lauten die Worte der Interpellationen selbst. Helfy fragte die Regierung, ob sie von den russischen Kriegsrüstungen genaue Kenntnis besitze, ob das Auswärtige Amt in Wien Schritte getan, um von Rußland den Zweck dieser Rüstungen zu erfahren usw. Perczel verlangte geradenwegs, Rußland solle entschieden aufgefordert werden, seine Rüstungen einzustellen und seinen Truppenstand an den Grenzen zu reduzieren. Ministerpräsident v. Tisza dürfte die beiden Anfragen demnächst beantworten. Der Heeresausschuß des Abgeordnetenhauses beschäftigte sich in den letzten Tagen mit dem Gesetzentwurf über die außerordentliche Einberufung der Reservisten zur Einübung mit dem Repetiergewehr. Der Entwurf wurde in der Hauptsache angenommen. Bei dieser Gelegenheit teilte Minister Fejervary mit, daß bisher 90 000 Repetiergewehre mit dem Kaliber von 11 Millimetern fertig seien, mit denen zwei Armeekorps versehen wurden. Jetzt ist das Abgeordnetenhaus in die Budgetdebatte eingetreten.

Nun ist auch der österreichische Reichsrat einberufen, und zwar für den 25. Januar, und allenthalben regt es sich wieder in der innern Politik. Es scheint, daß sich das österreichische Abgeordnetenhaus schon in einer seiner ersten Sitzungen mit einem Antrage zu befassen haben wird, welchen Fürst Alois Liechtenstein auf Einführung der konfessionellen Schule stellen will. In einer Kaindorfer Wählerversammlung erklärte er wenigstens, seine Partei sei entschlossen, diesen Antrag schon zu Beginn der nächsten Reichstagssession einzubringen.

Die Landtage arbeiten zum Teil noch weiter. In der Prager Landstube kam es am 13. Januar zu stürmischen Szenen, welche dadurch hervorgerufen wurden, daß die Aristokraten bei der Abstimmung über den Antrag Vataschys auf Einführung der sprachlichen Gleichberechtigung sitzenblieben. Die Jungtschechen ballten darob die Fäuste gegen die Großgrundbesitzer und riefen ihnen zu: «Ist das der tschechische Adel? Die tschechische Nation wird sich's merken! Schmach unserem Adel!» Und so weiter. Es entstand ein Tumult im Hause, und der Vorsitzende mußte die Galerien räumen lassen. Einige Tage später wurde ein Antrag Mattuschs auf

Dezentralisation des Volks- und Mittelschulwesens angenommen. Auch der galizische Landtag ließ es sich angelegen sein, seine Stimme mehr als einmal zur Erweiterung der Landesautonomie zu erheben.

Von zwei Ergänzungswahlen für den Reichsrat in Linz und in Kuttenberg fiel die erstere zugunsten des deutschliberalen Grafen Kuenburg aus, der gegen einen Klerikalen und einen Antisemiten kandidiert hatte. In der anderen Wahl siegte der Jungtscheche Dr. Herold gegen seinen alttschechischen Gegner.

Der Preußische Landtag wurde am 14. Januar mit einer Thronrede eröffnet. Einer der ersten Sätze galt dem Kronprinzen, auf dessen Genesung die Hoffnungen bestehenblieben. Indem die Rede zu den innern politischen Angelegenheiten überging, bemerkte sie, daß die Finanzlage des Staates sich sehr günstig gestaltet habe, und daß die Erhaltung des Gleichgewichts der Einnahmen und Ausgaben gesichert erscheine, «soferne nicht unberechenbare Ereignisse störend dazwischentreten». Die verfügbaren Mittel seien u. a. zur Verbesserung der Lage der Geistlichen und der Beamten, vor allem aber zu einer Erleichterung des Druckes der Kommunal- und Schullasten in Anspruch zu nehmen. Dann stellt die Rede noch mehrere Vorlagen, wie über die Herstellung neuer Schienenverbindungen, in Aussicht. Das Budget, welches dem Abgeordnetenhause vorgelegt wurde, setzt die Ausgaben und Einnahmen mit 1 410 700 000 Mark an.

Dem Deutschen Reichstage ist der schon vor längerer Zeit angekündigte Entwurf, betreffend die Verlängerung des Sozialistengesetzes, zugegangen. Darnach wird die Geltungsdauer des Gesetzes bis zum 30. September 1893 verlängert und mehrere Verschärfungen vorgenommen. Neben der Freiheitsstrafe kann fortan auch auf Aufenthaltsbeschränkung in einem bestimmten Orte erkannt werden. Die Staatsangehörigkeit kann dem Schuldigen entzogen und derselbe aus dem Bundesgebiete ausgewiesen werden. Diesen Bestimmungen schließen sich noch einige andere an. In der Begründung zu dem Gesetze heißt es, daß diese Verschärfungen notwendig geworden, weil die Sozialdemokratie durch die bisherigen Maßregeln an Kraft und Ausdehnung nicht verloren habe.

*Die Woche, 18.–24. Januar 1888*

Obwohl sich die allgemeine Lage in keinem wesentlichen Umstand geändert und noch kein Staat von seinen Rüstungen etwas zurückgenommen hat, scheint sich die ruhigere und hoffnungsvollere Stimmung befestigen zu wollen, die seit einiger Zeit eingetreten ist. Mancherlei private und amtliche Äußerungen hochgestellter Persönlichkeiten tragen dazu bei, wenigstens die schlimmsten Befürchtungen zu beseitigen. Fürst Bismarck soll bei einem Diner zu einem Miteigentümer der «Norddeutschen Allgemeinen Zeitung», Herrn v. Ohlendorff, bemerkt haben, nach seiner innersten Überzeugung werde Deutschland in den nächsten drei Jahren keinen Krieg haben. Und Kaiser Wilhelm streifte beim Empfange der Präsidenten des Preußischen Landtages die äußere Politik mit den Worten, daß er hoffe, daß der Friede erhalten bleiben werde. Derartige Bemerkungen wirken für den Augenblick immer beruhigend; man kann das am deutlichsten an den Börsen beobachten. Leider gelten sie oft auch nur für kurze Zeit, und Tatsachen vermögen die gründlichsten Überzeugungen zunichte zu machen. Man muß es schon als einen Gewinn betrachten, wenn sich die Aussichten nicht geradezu verschlechtern, und dies ist, wenn man der Stille in der äußeren Politik trauen darf, allerdings nicht der Fall. Zwischen Rußland und Österreich ist das Verhältnis das alte geblieben, und es wird noch geraume Weile brauchen, ehe auf diesem Gebiete eine nachhaltigere Klärung eintritt. Die deutsch-französischen Beziehungen dagegen leiden dermalen nicht mehr so stark unter der Nervosität der öffentlichen Meinung, wie sie bei dem Zwischenfalle Schnaebele zutage trat. Es wird das durch die Gleichgültigkeit bewiesen, mit welcher ein neuer unangenehmer Vorfall an der deutsch-französischen Grenze von beiden Seiten behandelt wird. Ein Franzose jagte in dem Grenzgebiete und wurde nach französischer Darstellung von einem deutschen Zollwächter überfallen, zu Boden geworfen und seines Gewehres beraubt. Daß Paris darüber nicht sofort in Entrüstung geriet, ist ein erfreuliches Zeichen, daß man auch dort zu Zeiten solche Ereignisse nicht mehr allein aus dem Gesichtswinkel nationaler Leidenschaft betrachtet, sondern Besonnenheit genug besitzt, nicht für jede Handlung eines untergeordneten Beamten die deutsche Reichsregierung verantwortlich zu machen.

In den meisten Staaten ist die Woche ziemlich ruhig vorübergegangen. Die Parlamente widmen ihre Tätigkeit der Erledigung der laufenden Angelegenheiten. Nun versammelt sich auch der Österreichische Reichsrat wieder, der sich vielleicht bald mit der konfessionellen Schule zu befassen haben wird, und der auch noch den Staatsvoranschlag durchzuberaten hat. Es sind nicht die besten politischen und nationalen Auspizien, unter denen das österreichische Parlament seine Arbeiten wieder aufnimmt; die Ausgleichsverhandlungen zwischen Deutschen und Tschechen in Böhmen sind gescheitert, und daß dergestalt die wichtige böhmische Frage weiter von ihrer Lösung entfernt ist denn je, drückt den Zuständen in Österreich überhaupt seinen Stempel auf. Am 22. Januar beriet das Exekutiv-Komitee der deutschböhmischen Landtags-Abgeordneten in Prag über die letzten Vorschläge des Fürsten Lobkowitz und beschloß, auf die Wahl von Delegierten zu weiteren Verhandlungen nicht einzugehen. Dr. Schmeykal erhielt den Auftrag, diesen Beschluß dem Oberst-Landmarschall mitzuteilen. Damit ist die «Versöhnung» in die Brüche gegangen. Über den Inhalt der Unterhandlungen, die vom Fürsten Lobkowitz mit den Deutschen geführt wurden, gibt ein Briefwechsel näheren Aufschluß, der zwischen Lobkowitz und Dr. Schmeykal stattgefunden. Die Briefe wurden soeben veröffentlicht, und es geht aus ihnen hervor, daß die tschechischen Parteien gar nicht daran dachten, die Forderungen der Deutschen zu erfüllen. Was die Tschechen an Zugeständnissen boten, enthielt nicht die Hälfte von dem, was die Deutschen verlangten, und namentlich lehnten sie es ab, auf die deutschen Landtagsanträge einzugehen, welche die Aufhebung der Sprachenverordnungen und die vollständige nationale Zweiteilung des Landes zum Gegenstande hatten. So blieb den Deutschen nichts übrig als zurückzutreten. Das letzte Schreiben Dr. Schmeykals an den Fürsten Lobkowitz schließt mit folgenden Sätzen: «In der uns übergebenen Zuschrift vom 5. Januar d. J. wird uns mitgeteilt, daß die Vertreter der beiden anderen Landtagsklubs außerstande seien, die von uns gewünschte prinzipielle Zustimmung zu unseren Landtagsanträgen auszusprechen, und daß ihnen auch die in unserem Schreiben vom 19. Dezember 1887 enthaltenen Gegenvorschläge nicht alle so geartet erscheinen, daß man die Annahme derselben nach unseren Wünschen bei der in Aussicht genommenen Konferenz erwarten könnte.

So lebhaft unser Wunsch ist, zu einer Verständigung über die Bedingungen unseres Wiedereintritts in den Landtag zu gelangen, welche eine friedliche Gestaltung der Verhältnisse im Lande versprechen, so aufrichtig ist nun auch unser Bedauern, gegenüber jener Stellungnahme der Vertreter der Landtagsmehrheit, im Zusammenhange mit unseren früher mitgeteilten Beschlüssen und den hier vorausgeschickten Ausführungen, die offene Erklärung abgeben zu müssen, daß wir in die vom Herrn Oberst-Landmarschall vorgeschlagene Konferenz nicht einzugehen und daher auch der an uns ergangenen Einladung zur Wahl unserer Vertreter für jene Konferenz nicht zu folgen vermögen. Es möge uns gestattet sein, an diese Erklärung die Versicherung zu reihen, daß wir bei der von der anderen Seite so oft betonten Bereitwilligkeit, den Weg der Verständigung mit uns zu betreten, nicht erwartet hätten, jedes grundsätzlichen Entgegenkommens der Landtagsmehrheit entbehren zu müssen und ihr Zugeständnis auf eine formale Zulassung beschränkt zu sehen, welche wohl eine Beratung unserer Vorschläge gestattet, uns aber nicht die mindeste sachliche Befriedigung gewährt. Erwägen wir alle einer grundsätzlichen Annahme unserer Vorschläge entgegentretenden Schwierigkeiten, so können wir den Grund derselben doch nur in staatsrechtlichen Auffassungen finden, welchen wir zu folgen allerdings außerstande sind. Indem wir die Erklärung unserer Bereitwilligkeit wiederholen, unter den von uns im Zuge des bisherigen einleitenden Verkehrs entwickelten Voraussetzungen auf Verhandlungen über die Bedingungen unseres Wiedereintritts in den Landtag einzugehen, schließen wir mit dem aufrichtigen Ausdrucke des Dankes für die bestgemeinten Absichten Sr. Durchlaucht des Herrn Oberst-Landmarschalls.»

*Die Woche, 25.–31. Januar 1888*

Herr von Tisza hat im Ungarischen Reichstage am 28. Januar die Anfragen beantwortet, welche die Abgeordneten Helfy und Perczel von der äußersten Linken über die allgemeine Lage an ihn gerichtet. Irgendeine Enthüllung, eine bemerkenswerte Neuigkeit brachte die Tiszasche Rede nicht, allein sie umschrieb nochmals mit ziemlicher Deutlichkeit den Standpunkt Österreichs in der äußeren Politik und das Verhältnis des Reiches zu Deutschland und Rußland – so deutlich, wie sich eben der verantwortliche Leiter einer Regierung unter den kritischen Zuständen der Gegenwart auszusprechen vermag. Gleich am Anfange seiner Ausführungen erklärte der Ministerpräsident, daß er sich bedeutende Zurückhaltung auferlegen müsse, selbst eine Regierung wie die englische sei dermalen dazu gezwungen. Er warne jedermann, sich von den einander oft ganz widersprechenden Zeitungsgerüchten beunruhigen zu lassen. Man dürfe sich durch dieselben nicht irreführen lassen; so sei kein wahres Wort daran, daß der Minister des Äußern bezüglich seiner politischen Entscheidungen Einmischungen und Konflikten ausgesetzt sei, und ebenso sei kein Sterbenswörtchen wahr davon, daß der Kriegsminister bei seiner, Tiszas, letzten Anwesenheit in Wien um einen Kredit für militärische Vorbereitungen nachgesucht habe, der ihm infolge von Tiszas Widerspruch verweigert worden. Und so sei es auch mit der Frage, ob Österreich-Ungarn auf seine Verbündeten rechnen dürfe. Es müsse offenbar im Interesse irgend jemandes liegen, den Frieden zu stören, da fortwährend Gerüchte ausgestreut würden, welche das Vertrauen der verbündeten Mächte zueinander zu erschüttern geeignet wären. «Diesen Ausstreuungen», versicherte Tisza, «steht die Tatsache gegenüber, daß nicht der geringste Grund vorhanden ist, daß irgend jemand an der gegenseitigen bona fides der zur Aufrechterhaltung des Friedens und zu ihrer eigenen Sicherheit verbundenen Mächte zweifeln könne. Daß Rußland», fuhr er alsdann fort, «eine einschneidende Dislokation und Verlegung seiner Truppen gegen Westen vornimmt, ist sattsam bekannt, sowie auch daß die Durchführung dieses seit längerer Zeit bestehenden Planes in der Richtung der Grenzen dieser Monarchie in neuerer Zeit in größerem Maße erfolgte. Eben deshalb, jedoch ohne irgendeinen Zweifel in die friedfertigen Erklärungen Sr. Majestät des Kaisers von Rußland und in dessen wohlwollende Absichten zu setzen, und indem wir selbst die von russischer Seite gegebenen Interpretationen, welche in betreff jener Truppenbewegungen jede aggressive kriegerische Absicht bestreiten, so weit annehmen, als es die Vorsicht für die eigene Sicherheit gestattet, ist es unsere Pflicht, dafür zu sorgen, daß bei Vermeidung all dessen, was den Schein einer Provokation haben könnte, das für alle Fälle Nötige geschehe, was die Sicherung unserer Grenzen und die Wehrfähigkeit unserer Armee erfordert. Die Ziele und Prinzipien unserer auswärtigen Politik sind den Völkern der Monarchie und aller Welt bekannt. In dieser Hinsicht habe ich mich geäußert und hat sich auch der Minister des Äußern ausgesprochen. Jeder weiß es, daß wir für uns gar nichts, weder eine vertragswidrige Ausdehnung unseres Einflusses, noch gar irgendeinen Territorialzuwachs anstreben, wie dies uns lügnerischerweise zugeschrieben wird. Auf der Basis der internationalen Verträge stehend, wünschen wir vor allem die Erhaltung des Friedens und werden auch im Interesse desselben stets bereit sein, in versöhnlichstem Sinne im Vereine mit den übrigen europäischen Mächten behufs Erhaltung der vertragsmäßigen Zustände mitzuwirken. Ich kann nur wiederholen, was schon seitens der Regierungen wiederholt gesagt wurde, daß das Bündnis der mitteleuropäischen Mächte nie etwas anderes war als ein entschiedenes Friedensbündnis auf rein defensiver Basis und deshalb ebenso der gewaltsamen Durchführung bestimmter politischer Fragen wie jedem aggressiven Vorgehen fernsteht. Da auch von Rußlands maßgebendster Stelle die friedlichsten Absichten verkündet werden, können wir, indem wir zugleich die Lebensinteressen unserer Monarchie wahren, trotz mancher zur Zwietracht und zum Kriege treibender Elemente, hierauf die Hoffnung gründen, daß es den friedliebenden Monarchen und Regierungen gelingen werde, den Frieden zu erhalten und Europa von dem schwer auf demselben lastenden Gefühle der Unsicherheit zu befreien.»

Tiszas Antwort wurde vom Abgeordnetenhause mit lebhaftem Beifalle begrüßt und einstimmig zur Kenntnis genommen. Auch die Herren Helfy und Perczel erklärten sich von ihr befriedigt. Helfy fügte seinen zustimmenden Bemerkungen hinzu, daß man im Auslande Ungarn verkenne, wenn man meine, die öffentliche Meinung dieses Landes lasse sich in ihrer Haltung gegen Rußland von Haß und Rachedurst leiten: «Der Tag, an welchem das ungarische Volk sich mit seinem Herrscher versöhnte, überantwortete die vergangenen Ereignisse der Geschichte. Wenn wir gegen die Ausdehnungspolitik Rußlands sprechen, so denken wir nicht an Vilagos, nicht an die Vergangenheit, sondern an die Zukunft nicht bloß Ungarns sondern der gesamten Monarchie und des Thrones.»

Es wäre ungemein wünschenswert, wenn sich die Äußerungen des ungarischen Ministerpräsidenten über die Friedensliebe des Zaren bestätigten. Auch wenn die Kriegspartei in Rußland noch so einflußreich ist, ein russischer Monarch bleibt Herr seiner Entschließungen, die Umstände lägen denn schon verzweifelt, und eine friedfertige Gesinnung des Zaren vermöchte drum wohl auf lange hinaus Europa vor dem Unheil eines großen Krieges zu behüten. Aber was in Rußland ununterbrochen militärisch vorgeht, ist nicht dazu angetan, im Auslande Beruhigung zu verbreiten. Man vermag sich des Eindrucks nicht zu erwehren, daß die russische Heeresverwaltung alle Vorkehrungen treffe, um im gegebenen Augenblick sofort mobilisieren zu können, so zwar, daß es an Raschheit hinter seinen schlagfertigeren Nachbarn nicht zurückbleibe. Ein Tagesbefehl des russischen Kriegsministers verfügt die schon früher beschlossene Zuteilung von Generalstabsoffizieren zu sämtlichen Brigadeverwaltungen; Aufgabe dieser Offiziere sei es, wie ausdrücklich betont wird, das Material zur Mobilisierung vorzubereiten, die Übungen der Reservebataillone zu leiten usw. Nach nicht amtlichen Mitteilungen steht es außer Zweifel, daß die Rüstungen auch anderweit fortgesetzt werden. Zugleich wird soeben in Petersburg eine alljährlich stattfindende Versammlung der Generalgouverneure und Bezirkskommandanten unter dem Vorsitze des Großfürsten Nikolaus des Ältern, des Oberbefehlshabers im Kriege gegen die Türkei, zu besonderen Konferenzen «benutzt». Die bekanntesten Truppenführer befinden sich unter den Beratenden. Mag sein, daß durch dergleichen Tatsachen nicht unmittelbar Gefahr droht, sie für friedensverheißend zu halten, haben die europäischen Staaten jedenfalls nicht den geringsten Grund.

Inzwischen wurde der Österreichische Reichsrat wieder eröffnet, und noch in der ersten Sitzung des Abgeordnetenhauses am 25. Januar legte Prinz Alois Liechtenstein im Namen des Zentrumklubs den längst angekündigten Gesetzentwurf über die Wiedereinführung der konfessionellen Schule vor. Dieses «Reichsvolksschulgesetz» bestimmt die «Grundsätze», die für das Unterrichtswesen maßgebend sein sollen, und es heißt da u. a., die Volks-Schule habe die Aufgabe, die Kinder nach den Lehren ihrer Religion zu erziehen; sie bestehe aus zwei Abteilungen, der Elementarschule mit sechsjähriger Unterrichtsdauer und der Bürgerschule, Fachschule usw.; die Besorgung, Leitung und Beaufsichtigung des Religionsunterrichtes sei Aufgabe der Kirche, beziehungsweise der betreffenden Religionsgenossenschaft; zugleich übe die Kirche oder die Religionsgenossenschaft die Mitaufsicht über die ganze Schule aus; das Glaubensbekenntnis der Lehrer müsse mit demjenigen der Kinder übereinstimmen; die Erlassung aller gesetzlichen Bestimmungen im einzelnen bleibe der Landesgesetzgebung vorbehalten. Die Volksschule soll mit einem Wort von neuem unter den Einfluß der Kirche gestellt und im übrigen, d. h. vor allem in nationaler Beziehung, den verschiedenen Landtagsmehrheiten in den Provinzen ausgeliefert werden, welche letztere Bestimmung berufen ist, die Slaven für das neue Gesetz zu interessieren und für seine Einführung willfährig zu machen. Es ist nicht anders als natürlich, daß sich von deutscher Seite allsogleich ein entschiedener Widerstand gegen die Liechtensteinsche Vorlage erhob. Die Vorstände des Deutsch-Österreichischen Klubs, des Deutschen Klubs und der Deutschnationalen Vereinigung traten zu einer Besprechung zusammen, in welcher ein gemeinschaftliches Vorgehen der deutschen Parteien gegen den Gesetzentwurf festgestellt wurde, und in einem großen Teile der deutschen Städte, Vereine usw., mit dem Wiener Gemeinderat an der Spitze, wurden bereits Kundgebungen beschlossen, die sich in der schärfsten Weise gegen die klerikalen Forderungen aussprechen. Nächstens wird in Wien eine große Versammlung von Bürgern stattfinden, die ebenfalls Protest gegen dieselben einlegen soll. Wie sich die slavischen Parteien zu der Sache verhalten, ist noch völlig unklar. Unzweideutig gegen Liechtenstein scheinen nur die Jungtschechen zu sein, die sich vor kurzem zu einem «Klub der unabhängigen ‹böhmischen› Abgeordneten» unter dem Vorsitze Dr. Engels vereinigt. Alttschechen, Polen, Slovenen usw. verlegen sich aufs Warten, und es ist nicht unmöglich, daß sich der größere Teil von ihnen etwas gegen weitergehende Konzessionen oder gegen Versprechungen auf anderem Gebiete für die Vorlage noch gewinnen lassen werde. Über die Haltung der Regierung ist noch gar nichts bekannt. Glücklicherweise stehen alles in allem die Aussichten für das Zustandekommen des Gesetzes bisheran schlecht genug.

Gleichzeitig mit dem Liechtensteinschen Schulantrag wurde dem Abgeordnetenhause von der Regierung eine Reihe von Gesetzentwürfen vorgelegt, worunter ein Grenzregelungsvertrag mit Rumänien, ein Gesetz über die Verschärfung der Rechte der akademischen Behörden gegenüber Studentenvereinen und -versammlungen, die Vorlage über die Einberufung der Reservisten zur Einübung mit dem Repetiergewehr und die Handelsübereinkommen mit Deutschland und Italien. Von seiten der Abgeordneten ergingen in der ersten Sitzung an die Regierung mehrere Anfragen, und Dr. Sturm brachte einen Antrag ein über einige Abänderungen des summarischen Verfahrens im Zivilprozeß. Nachdem noch einige Interpellationen aus früheren Zeiten von der Ministerbank beantwortet waren, ging das Haus zur Tagesordnung, und zwar zunächst zur Beratung des Antrages Bärnreither über Hilfskassen über. Auch in der zweiten Sitzung kamen die Minister auf veraltete Interpellationen zurück, deren Beantwortung seinerzeit erheblich größeren Wert besessen hätte; darauf gelangte die Zuckerbesteuerung zur Debatte, die mit einer großen, eingehenden Rede Pleners eingeleitet wurde. Aus den Vorgängen des dritten Verhandlungstages ist eine Interpellation des Deutschen Klubs über die überhandnehmenden Zeitungs-Konfiskationen hervorzuheben. Schon diesmal wurde aber auch der klerikale Schulantrag gestreift. Dr. Sturm berührte denselben bei Beratung über das Gesetz betreffend die Einberufung der Reservisten, indem er darauf hinwies, daß sich ein Rückgang der Bildungshöhe des Volkes nicht am wenigsten in der Tüchtigkeit der Soldaten fühlbar machen müsse, und der Landesverteidigungsminister stimmte dem Abgeordneten Sturm vollständig bei. Das Gesetz wurde unverändert angenommen und darauf die Erörterung über das Steuergesetz fortgeführt, zu welchem für die Regierung Dr. v. Dunajewski das Wort ergriff. Bislang sind also die Verhandlungen in ziemlich geschäftsmäßiger Weise vorübergegangen.

Das Ungarische Abgeordnetenhaus ist in die Spezialdebatte über den Staatsvoranschlag eingegangen, und auch dort schreiten die Beratungen rüstig weiter. Das Gesetz über die Einberufung der Reservisten wurde schon am 25. Januar erledigt. Die Magnatentafel hat in dem Kronhüter Baron Vay einen neuen Präsidenten an Stelle des verstorbenen Sennyey erhalten.

Wichtiger als im Donaureiche sind im allgemeinen die parlamentarischen Vorgänge in Deutschland. Das Preußische

Abgeordnetenhaus hatte wieder eine große Polendebatte, in welcher Minister v. Goßler die Stellung der preußischen Behörden zur Polenfrage in einer Weise darlegte, welche seltsam von den österreichischen Verhältnissen sich abhebt. Goßler erklärte, daß es die preußische Verwaltung nur mit der Provinz und keinem Großherzogtum Posen zu tun habe. Die Polen müßten deutsch lernen, und die deutsche Sprache Gemeingut aller Mitglieder des Staates werden. Unter den engeren Freunden der Polen gab Windthorst seiner Verwunderung darüber Ausdruck, daß man in Posen Erregung schüre, wo an den Grenzen der Krieg drohe. Die ganze Debatte war durch eine Interpellation der Polen über die Verordnung vom 7. September 1887, betreffend die Abschaffung des polnischen Sprachunterrichtes in den Posener, westpreußischen und schlesischen Volksschulen veranlaßt. Im Deutschen Reichstage war es nach einer Verhandlung über die klerikal-konservativen Anträge auf Einführung des Befähigungsnachweises für das Handwerk das Sozialistengesetz, welches die Parteien am lebhaftesten beschäftigte. Der Sozialdemokrat Singer erhielt als der erste das Wort, um sich aufs schärfste gegen das Gesetz zu wenden, und er spielte als seinen höchsten Trumpf die von schweizerischen Amtspersonen bestätigten Mitteilungen aus, daß die Berliner Polizei in der Schweiz Agenten unterhalte, welche nicht nur über die dortige sozialdemokratische Propaganda zu berichten, sondern auch die Leute aufzuhetzen und zu Verbrechen zu verleiten hätten. Der Minister des Innern, von Puttkamer, erwiderte darauf, daß kein Staat auf die Geheimpolizei verzichten könne, daß es aber eine unwürdige Verdächtigung sei, daß die Regierung zu Verbrechen anstiften lasse. Auch in der Schweiz besitze dieselbe Agenten zur Beobachtung des

Anarchismus, und dadurch sei die preußische Polizei in die Lage versetzt worden, die Petersburger von dem bevorstehenden Anschlag im Winterpalaste benachrichtigen zu können. Die Fälle, welche Singer bezeichnet, seien dem Minister unbekannt. Es sei übrigens traurig, daß die Schweizer Behörden ausländischen Privatleuten so oft gestatten, in die Akten Einsicht zu nehmen. Dann sprach Puttkamer zugunsten des neuen Gesetzes, um Deutschland vor einer gesellschaftlichen Umwälzung zu bewahren. Für das Zentrum sprach Reichensperger, für die Freisinnigen Bamberger, für die Nationalliberalen Marquardsen, insgesamt gegen das Gesetz. Bebel bestätigte und erweiterte die Enthüllungen Singers über die deutschen Agenten im Auslande. Nach einer neuerlichen Entgegnung Puttkamers und den Reden von Kardorff und Windthorst wurde die Verhandlung geschlossen und das Gesetz einem Ausschusse überwiesen. Es scheint, nach der Stimmung im Reichstage zu urteilen, daß die deutsche Regierung lediglich eine Verlängerung des bestehenden Sozialistengesetzes werde durchsetzen können, nicht die vorgeschlagene Verschärfung desselben. In der Kommission, welche das Wehrgesetz durchberät, gab der Kriegsminister bekannt, daß die einmaligen Ausgaben für dieses Gesetz ungefähr 280 Millionen Mark betragen würden, die dauernden Auslagen dürften sich jährlich auf 150 000 Mark belaufen. Eine Erklärung aber, daß dies die letzte militärische Forderung sein werde, könne er nicht abgeben. Das Gesetz wurde von der Kommission angenommen.

*Die Woche, 1.–7. Februar 1888*

Die Regierungen von Deutschland und Österreich haben sich zu einem Schritte entschlossen, der, selten in der Geschichte der Diplomatie, auch von ungewöhnlicher Tragweite für die Gestaltung der Beziehungen der europäischen Großmächte sein kann. Am 3. Februar abends veröffentlichten gleichzeitig der «Reichsanzeiger» in Berlin, die «Wiener Abendpost» und das «Pester Amtsblatt» den Wortlaut des Deutsch-Österreichischen Bündnisvertrages, der am 7. Oktober 1879 abgeschlossen wurde. Die Veröffentlichung wurde verfügt, um, wie es in der Einleitung heißt, «den Zweifeln ein Ende zu machen, welche an den rein defensiven Intentionen des Bündnisses auf verschiedenen Seiten gehegt und zu verschiedenen Zwecken verwertet werden». Beide verbündete Regierungen seien von dem Bestreben geleitet, den Frieden zu erhalten und Störungen desselben nach Möglichkeit abzuwehren; sie seien überzeugt, daß die Bekanntgabe des Inhaltes ihres Bündnisvertrages jeden Zweifel hierüber ausschließen werde. Der Text des hochwichtigen Aktenstückes, das für alle Zeiten als ein hervorragendes Denkmal in der Geschichte Deutschlands und Österreichs angesehen werden wird, muß auch in der «Deutschen Wochenschrift» seinen Platz finden. Es lautet wörtlich:

«In Erwägung, daß Ihre Majestäten der Kaiser von Österreich, König von Ungarn, und der deutsche Kaiser, König von Preußen, es als Ihre unabweisliche Monarchenpflicht erachten müssen, für die Sicherheit Ihrer Reiche und die Ruhe Ihrer Völker unter allen Umständen Sorge zu tragen;

In Erwägung, daß beide Monarchen ähnlich wie in dem früher bestandenen Bundesverhältnisse durch festes Zusammenhalten beider Reiche imstande sein werden, diese Pflicht leichter und wirksamer zu erfüllen;

in Erwägung schließlich, daß ein inniges Zusammengehen von Österreich-Ungarn und Deutschland niemanden bedrohen kann, wohl aber geeignet ist, den durch die Berliner Stipulationen geschaffenen europäischen Frieden zu konsolidieren, haben Ihre Majestäten der Kaiser von Österreich, König von Ungarn, und der Kaiser von Deutschland, indem

Sie einander feierlich versprechen, daß Sie Ihrem rein defensiven Abkommen eine aggressive Tendenz nach keiner Richtung jemals beilegen wollen, einen Bund des Friedens und der gegenseitigen Verteidigung zu knüpfen beschlossen.

Zu diesem Zwecke haben Allerhöchstdieselben zu Ihren Bevollmächtigten ernannt:

Seine Majestät der Kaiser von Österreich, König von Ungarn,

Allerhöchst Ihren wirklich Geheimen Rat, Minister des Kaiserlichen Hauses und des Äußern, Feldmarschall-Lieutenant Julius Grafen Andrassy von Csik-Szent-Kiraly und Kraszna-Horka, etc. etc.

Seine Majestät der deutsche Kaiser,

Allerhöchst Ihren außerordentlichen und bevollmächtigten Botschafter, General-Lieutenant Prinzen Heinrich VII. Reuß etc. etc., welche sich zu Wien am heutigen Tage vereinigt haben und nach Austausch ihrer gut und genügend befundenen Vollmachten übereingekommen sind, wie folgt:

## Artikel I

Sollte wider Verhoffen und gegen den aufrichtigen Wunsch der beiden hohen Kontrahenten Eines der beiden Reiche von Seite Rußlands angegriffen werden, so sind die hohen Kontrahenten verpflichtet, Einander mit der gesamten Kriegsmacht Ihrer Reiche beizustehen und demgemäß den Frieden nur gemeinsam und übereinstimmend zu schließen.

## Artikel II

Würde Einer der hohen kontrahierenden Teile von einer anderen Macht angegriffen werden, so verpflichtet sich hiemit der andere hohe Kontrahent, dem Angreifer gegen seinen hohen Verbündeten nicht nur nicht beizustehen, sondern mindestens eine wohlwollende neutrale Haltung gegen den Mitkontrahenten zu beobachten.

Wenn jedoch in solchem Falle die angreifende Macht von Seite Rußlands, sei es in Form einer aktiven Kooperation, sei es durch militärische Maßnahmen, welche den Angegriffenen bedrohen, unterstützt werden sollte, so tritt die im Artikel I dieses Vertrages stipulierte Verpflichtung des gegenseitigen Beistandes mit voller Heeresmacht auch in diesem Falle sofort in Kraft, und die Kriegführung der beiden hohen Kontrahenten wird auch dann eine gemeinsame bis zum gemeinsamen Friedensschlusse.

Artikel III

Dieser Vertrag soll in Gemäßheit seines friedlichen Charakters und um jede Mißdeutung auszuschließen, von beiden hohen Kontrahenten geheimgehalten und einer dritten Macht nur im Einverständnisse beider Teile und nach Maßgabe spezieller Einigung mitgeteilt werden.

Beide hohe Kontrahenten geben sich nach den bei der Begegnung in Alexandrowo ausgesprochenen Gesinnungen des Kaisers Alexander der Hoffnung hin, daß die Rüstungen Rußlands sich als bedrohlich für Sie in Wirklichkeit nicht erweisen werden, und haben aus diesem Grunde zu einer Mitteilung für jetzt keinen Anlaß; sollte sich aber diese Hoffnung wider Erwarten als eine irrtümliche erweisen, so würden die beiden hohen Kontrahenten es als eine Pflicht der Loyalität erkennen, den Kaiser Alexander mindestens vertraulich darüber zu verständigen, daß Sie einen Angriff auf Einen von Ihnen als gegen Beide gerichtet betrachten müßten.

Urkund dessen haben die Bevollmächtigten diesen Vertrag eigenhändig unterschrieben und ihre Wappen beigedrückt.

Geschehen zu Wien, am 7. Oktober 1879

LS. gez.: Andrassy    LS. gez.: Heinrich VII. Reuß

Der erste Eindruck, den die Veröffentlichung dieser Urkunde hervorbrachte, war überall ein aufregender und ernster, denn man konnte sich nicht verhehlen, daß derartige Schriftstücke nur in gefährlichen Zeiten der Einsichtnahme der ganzen Welt preisgegeben zu werden pflegen.

Inzwischen ist der aufsehenerregenden Veröffentlichung eine Kundgebung gefolgt, die an dieselbe beinahe an Wichtigkeit hinanreicht. Es ist die Rede, die drei Tage später Fürst Bismarck im Deutschen Reichstage bei Gelegenheit der Beratung der Militäranleihe und der Wehrvorlage gehalten, und die wir an leitender Stelle besprechen.

Es ist völlig unmöglich, in knappen Zügen ein erschöpfendes Bild derselben zu geben, welche die volle Frische seines genialen Geistes atmete. Genug, daß sie ihre Schuldigkeit tat und sämtliche Parteien des Reichstages mit Inbegriff der Klerikalen und Freisinnigen bewog, die Wehrvorlage en bloc anzunehmen. Bismarck dankte für diese Einmütigkeit mit den Worten, daß der Reichstag damit eine wesentliche Friedensbürgschaft gegeben habe.

Die Veröffentlichung des Bündnisvertrages und die Bismarcksche Rede drängen alles Interesse an anderen Dingen zurück. Auch Crispi bezeichnete nach der Publikation des Vertrages die Lage als ernst, aber man habe keine Drohung beabsichtigt, lediglich eine Warnung an die friedestörenden Elemente. Die Enthüllung kam auch in anderer Beziehung gelegen, denn gerade um diese Zeit suchte einer der angesehensten Staatsmänner Frankreichs, der Kammerpräsident Floquet, der als der einzig mögliche Ministerpräsident der Zukunft bezeichnet wird, eine Annäherung mit der russischen Diplomatie, indem er den Wunsch aussprach, mit dem russischen Botschafter in Paris, Baron Mohrenheim, in intimere gesellschaftliche Beziehungen zu treten, der auf ausdrückliche Genehmigung der Regierung des Zaren auch gewährt wurde. Floquet hatte sich nämlich seinerzeit durch den Ruf: «Es lebe Polen!» vor Zar Alexander II. die Gunst Rußlands verscherzt, und jeder russische Botschafter hatte den Auftrag, ihn in der Gesellschaft zu meiden.

Im Österreichischen Abgeordnetenhause wurde alsbald, wie wohl vorauszusehen war, ein Antrag eingebracht, die Regierung aufzufordern, im Einvernehmen mit Ungarn Unterhandlungen mit der deutschen Regierung einzuleiten, welche zu einer Genehmigung des Bündnisvertrages durch die Volksvertretungen der verbündeten Reiche und zu einer verfassungsmäßigen Inartikulierung dieses Vertrages in die Grundgesetze des Staates führen sollen. Der Antrag wurde von Dr. Knotz und der Deutschnationalen Vereinigung gestellt.

Das politische Material, das sonst noch vorliegt, beschränkt sich so ziemlich auf die üblichen Verhandlungen in den Parlamenten von Wien und Berlin. Im Deutschen Reichstag stand die Militärvorlage und die Verlängerung der Legislaturperioden auf der Tagesordnung, im Österreichischen Abgeordnetenhaus vor allem ein Zuckersteuergesetz. Die Beratungen werden hüben und drüben fleißig fortgesetzt. Eine kräftige Unterstützung ihrer Stellung erhalten die österreichischen Abgeordneten durch die zahlreichen Kundgebungen, die sich aus der Mitte der Bevölkerung heraus gegen den Antrag des Prinzen Liechtenstein richten. Und diese Bewegung wird noch lange nicht zur Ruhe kommen.

*Die Woche, 8.–15. Februar 1888*

Die Wirkung, welche die Enthüllung des deutsch-österreichischen Bündnisvertrages und die große Rede Bismarcks gehabt, war allenthalben eine ungemein tiefgehende, und noch jetzt zittert in der europäischen Presse die Erregung nach, die sie hervorgerufen. Es ist begreiflich, daß die beiden Ereignisse mannigfache Vermutungen zur Folge hatten, welche sich auf die Stellung der fremden Mächte zu dem Bündnis der beiden mitteleuropäischen Reiche bezogen, um so mehr, da der deutsche Kanzler ausdrücklich der Abmachungen gedacht, die mit «anderen» Staaten und insbesondere mit Italien getroffen wurden. Man konnte erwarten, daß das

Bündnis mit Italien ähnliche Grundzüge besitzen werde wie das deutsch-österreichische, und der römische Korrespondent der «Neuen Freien Presse» glaubt für Mitteilungen die Bürgschaft übernehmen zu können, welche diese Annahme bestätigen. Seine Darlegungen erhalten dadurch Gewicht, daß sie von der «Norddeutschen Allgemeinen Zeitung» im Wortlaute abgedruckt wurden. Sie bezeichnen folgendes als den Inhalt der Verträge, die Italien mit Deutschland und Österreich geschlossen: Mit Deutschland, daß die beiden Staaten einander mit der gesamten Kriegsmacht bis zum gemeinsamen Friedensschlusse beizustehen haben, wenn einer von ihnen von Frankreich angegriffen würde; der Vertrag gelte der Erhaltung der nationalen Selbständigkeit und Freiheit, und die Vertragsteile versichern, den Frieden nicht willkürlich brechen zu wollen. Mit Österreich wird verabredet, daß auf beiden Seiten wohlwollende Neutralität zu beobachten sei, wenn Österreich mit Rußland oder Italien mit Frankreich in einen Krieg verwickelt würde; Österreich verpflichtet sich außerdem, die italienischen Interessen im Mittelmeer zu unterstützen und auf der Balkan-Halbinsel nichts zu unternehmen, ohne sich vorher mit Italien ins Einvernehmen gesetzt zu haben. Für den Fall, daß Frankreich und Rußland zugleich losschlagen sollten, muß die gesamte Heermacht aller drei verbündeten Reiche aufgeboten werden. Ergänzt sollen diese Verträge durch Vereinbarungen sein, die zwischen Italien, Österreich und England getroffen wurden zum Schutze der österreichischen und italienischen Küsten gegen allfällige feindliche Landungen. Diesen Mitteilungen fehlt bisher noch das amtliche Siegel; allein man hat ziemlich allgemein ihre innere Wahrscheinlichkeit anerkannt. Nur was England betrifft, erklärte Unterstaatssekretär Fergusson schon vorher im Unterhause, daß die Regierung keinerlei England zu einer materiellen Aktion verpflichtende Abmachung eingegangen sei, die dem Hause nicht bekannt wäre.

Wie sich nun die europäische Lage nach den Begebenheiten der letzten Wochen darstellt, ist nur schwer zu sagen. Es scheint, daß Fürst Bismarck und der deutsch-österreichische Vertrag wirklich den Schürern und Hetzern in Rußland und Frankreich einen starken Dämpfer aufgesetzt haben. Andererseits ist keine wesentliche Veränderung in der Haltung der einzelnen Mächte zueinander eingetreten, und namentlich hat Rußland nicht aufgehört, seine Rüstungen zu vervollständigen. Im Augenblick bestehen auch noch ziemlich schlechte Beziehungen zwischen Italien und Frankreich, die in dem Abbruche der Verhandlungen über die Erneuerung des Handelsvertrages ihren Ausdruck gefunden. Der Zollkrieg steht bevor. Nach einer Rede, welche Lord Salisbury im Englischen Oberhause gehalten, wäre dermalen für den Frieden nichts zu fürchten; England besitze die bündigsten Versicherungen, daß Rußland kein ungesetzliches Vorgehen im Auge habe.

Auch die Thronrede, mit welcher das englische Parlament am 9. Februar eröffnet wurde, enthält keine beunruhigenden Bemerkungen, und bloß daß sie der europäischen Lage überhaupt nicht gedenkt, kann als ein Zeichen für den Ernst der Zeit angesehen werden. Aber nirgends fühlt man sich von den Sorgen befreit, die schon durch Monate auf den Gemütern lasten, und es ist kaum anzunehmen, daß sich das fatale Kriegsgewölk so bald verziehen werde.

Wie sehr übrigens die verbündeten Mächte bemüht sind, jeden Glauben zu zerstören, als planten sie Angriffe, dafür kann füglich auch ein Toast als Beweis gelten, den Prinz Wilhelm neulich bei einem Festmahle ausgebracht und in dem er u. a. sagte, er wisse, daß ihm speziell im Auslande leichtsinnige, nach Ruhm lüsterne Kriegsgedanken imputiert würden: «Gott bewahre mich», fügte jedoch der Prinz hinzu, «vor solchem verbrecherischen Leichtsinne – ich weise solche Anschuldigungen mit Entrüstung zurück!»

Recht unerfreuliche Nachrichten sind inzwischen von San Remo eingelangt. Um der Erstickungsgefahr vorzubeugen, die sich eingestellt, mußte am deutschen Kronprinzen durch Dr. Bramann der Luftröhrenschnitt vorgenommen werden, und obwohl die Operation keine allzu bedenkliche ist und auch in diesem Falle glücklich vorüberging, beweist sie doch, daß das Leiden nicht diejenigen frohen Anschauungen rechtfertigt, die man noch vor kurzem über eine baldige vollständige Genesung des hohen Kranken gehegt. Es wäre innig zu wünschen, daß diese Operation ohne üble Folgen bleibe, und daß die Kunst der Ärzte nicht wieder müßte zu solchem Eingriff in Anspruch genommen werden.

In den Parlamenten Deutschlands und Österreichs werden die Arbeiten mit kurzen Unterbrechungen weitergeführt. Der Reichstag nahm gegen die Stimmen des Zentrums, der Freisinnigen und der Polen und Dänen den Antrag der Kartellparteien auf Einführung fünfjähriger Gesetzgebungsperioden an; für die gleiche Veränderung entschied sich das Preußische Abgeordnetenhaus. Darnach genehmigte der Reichstag ohne Debatte das Gesetz betreffend die Aufnahme einer Anleihe für Militärzwecke, und endlich wurde die Verlängerung des Sozialistengesetzes in seiner bisherigen Form ohne die von der Regierung beantragten Verschärfungen auf zwei Jahre, d. h. bis zum 30. September 1890, angenommen. Im Österreichischen Abgeordnetenhause wurde zunächst die Beratung über das neue Zuckersteuergesetz beendet, worauf die Handelsübereinkommen mit Italien und Deutschland vorgenommen wurden. Das erstere war bald erledigt. Dagegen entspann sich eine lebhafte Debatte über die Konvention mit Deutschland, in welcher die deutschnationalen Abgeordneten sich mit Wärme für die Erweiterung des Bündnisses mit dem Deutschen Reiche in politischer und wirtschaftlicher Beziehung einsetzten. Die Redner des Deutsch-Österreichischen Klubs verhielten sich diesem Gedanken gegenüber viel kühler, und die Slaven befaßten sich überhaupt nicht damit, es wäre denn gewesen, um ihrer Abneigung gegen das deutsche Bündnis schon in seiner gegenwärtigen Form Ausdruck zu verleihen, wie es der Jungtscheche Herold getan. Die Vorlage wurde natürlich angenommen. Dann kam die Angelegenheit der Kohlenlieferungen für die Südbahn in Verhandlung. Das Herrenhaus trat am 11. Februar zusammen und beendete bisher die Erörterung über das Krankenversicherungsgesetz, das vom Abgeordnetenhause zurückgelangt war.

## Die Woche, 15.–22. Februar 1888

Die Stockung, welche in den diplomatischen Verhandlungen der Mächte über die obwaltenden Schwierigkeiten vor einigen Monaten eingetreten war, und die der Krise ein so bedenkliches Wesen gegeben, soll nun durch russische Vorschläge in betreff Bulgariens behoben werden. Rußland will zum Ursprung der Verwicklungen zurückkehren und die Verhältnisse in Bulgarien zum Gegenstand einer europäischen Intervention machen, um eines der bedeutendsten Hindernisse zur Verständigung zu beseitigen. Die russische Diplomatie schlägt demgemäß, wie man meldet, den Mächten vor, durch einen gemeinschaftlichen Beschluß die Regierung Ferdinands von Koburg in Bulgarien als ungesetzlich zu erklären und den gegenwärtigen tatsächlichen Fürsten zu zwingen, das Land zu verlassen, um eine Neuordnung der Zustände zu ermöglichen. Wie die russischen Vorschläge im einzelnen lauten, welche Mittel sie in Aussicht nehmen, um die Beschlüsse Europas durchzuführen, und zumal, welche Haltung die maßgebenden Reiche zu den russischen Eröffnungen einnehmen, von alldem ist noch nichts Verläßliches bekannt. Allein schon jetzt verhehlt man sich nicht, daß eine platonische Resolution, und ginge sie auch von sämtlichen Staaten Europas aus, nicht notwendigerweise die Entfernung Ferdinands zur Folge haben muß, da sich dafür sein Anhang im Volke als zu stark erweisen möchte. Und was dann, wenn der Fürst nicht freiwillig geht? Der Frage zu geschweigen, was er für einen Nachfolger erhalten soll, und ob sich jemand findet, der ihn ersetzen soll und zugleich Rußland, den Signatarmächten von Berlin und den Bulgaren genehm ist. Besondere Aussichten auf eine glatte Erledigung der Sache bieten also Rußlands Anträge wohl nicht. Immerhin wird es jedoch als ungemein erfreulich betrachtet, daß wenigstens wieder die Diplomaten zu tun haben, und daß es nicht bei den militärischen Rüstungen bleibt. Eine schwache Hoffnung, aber doch eine Hoffnung.

Es herrscht im übrigen große Stille in der allgemeinen europäischen Politik, und mehr als alle politischen Vorgänge muß leider wieder die Krankheit Friedrich Wilhelms die öffentliche Teilnahme erregen. Nicht als ob die Mitteilungen aus San Remo eine entschiedene Wendung zum Schlimmen ankündigten. Der Fortschritt in der Heilung vollzieht sich indessen nach der Operation so langsam, daß man sich von neuem Befürchtungen hingibt, denen die Ärzte nicht jede Grundlage zu entziehen vermögen.

Der Deutsche Reichstag hat mittlerweile nach längerer Erörterung die Verlängerung des Sozialistengesetzes in seiner bisherigen Form auf zwei Jahre endgültig angenommen. Die Verschärfungen, welche die Regierung vorgeschlagen, wurden insgesamt abgelehnt, und sollten nicht unerwartete Ereignisse eintreten, so darf man sich der Erwartung hingeben, daß nach zwei Jahren auch die Sozialisten wieder unter das gemeine bürgerliche Gesetz gestellt werden. Im Österreichischen Abgeordnetenhause war es in den letzten Sitzungen das vom Unterrichtsminister vorgelegte Gesetz über akademische Vereine und Versammlungen, das im Mittelpunkte des Interesses stand. Unter ungewöhnlicher Beteiligung des Publikums und namentlich der Studentenschaft, welche die Galerien bis aufs letzte Plätzchen füllten, wurde die erste Lesung vorgenommen, die damit endete, daß die Vorlage einem Ausschusse zur Vorberatung überwiesen wurde. Dr. von Gautsch vertrat den Standpunkt der Unterrichtsverwaltung, indem er als das Ziel des Gesetzes den «Rückschritt zur Ordnung» bezeichnete, da sich die akademische Jugend allzu arge Ausschreitungen zuschulden kommen lasse. Am meisten Aufsehen sowohl im Parlamente als in der Bevölkerung erregte die Rede des Abgeordneten Pernerstorfer, der zunächst einen Vergleich zog zwischen der Sittlichkeit unter den bürgerlichen jungen Leuten und derjenigen der Jugend der «sehr hohen» adeligen Kreise und dann das Vorgehen des Unterrichtsministers bei seinen Berufungen usw. scharf kritisierte. Pernerstorfer wurde mehrmals vom Präsidenten unterbrochen. Auch Dr. Kopp sprach in sehr wirksamer Weise gegen das Gesetz und gab zum Schlusse dem Wunsche

Ausdruck, daß dasselbe im Schulausschusse auf Nimmerwiedersehen eingesargt werde. Kurz vorher hatte das Herrenhaus dem Handelsübereinkommen mit Deutschland seine Zustimmung erteilt, bei welcher Gelegenheit A. von Schmerling in warm empfundenen Worten des Bündnisses gedachte, welches Österreich mit Deutschland vereinigt.

In Wien fand am 18. Februar eine große Versammlung von Bürgern statt, die in entschiedener Weise gegen den Schulantrag des Prinzen Liechtenstein Stellung nahm, und tags darauf folgte ein bedeutender Teil der Wiener Arbeiterschaft den Vertretern des Bürgertums. Beide Male wurden scharfe Resolutionen gegen den klerikalen Angriff auf die Schule einstimmig angenommen.

*Die Woche, 22.–29. Februar 1888*

Es sind schwere und traurige Nachrichten aus San Remo, welche uns die letzten Tage gebracht haben, um so trauriger vielleicht gerade deshalb, weil sie in halbem Dunkel lassen, was man ahnt und fürchtet. Die amtlichen Kundgebungen beschränken sich meistens auf äußere oder allgemeine Dinge, während private Meldungen, die auf den Kreis der den Kronprinzen behandelnden Ärzte zurückgeführt werden, leider die Hoffnung schwer erschüttern, welche man nach den günstigen Nachrichten aus den ersten Tagen dieses Monats und selbst nach der glücklichst vollzogenen Operation der Tracheotomie hegen zu dürfen sich berechtigt glaubte. Infolgedessen ist die Stimmung in der Bevölkerung des Deutschen Reichs eine außerordentlich gedrückte, und auch weit über die Grenzen desselben hinaus zeigt sich eine wehmutsvolle Teilnahme für den edlen Prinzen, welcher der Stolz seines Vaterlandes, seiner Nation ist. Es verlautet, daß Kaiser Wilhelm neuerdings den entschiedenen Wunsch geäußert habe, daß sein Sohn nach Berlin zurückkehre, doch fehlt eine sichere Bestätigung dieser schon an und für sich verhängnisvollen Meldung.

Die tiefe Erschütterung, welche das Leiden Friedrich Wilhelms in den Herzen aller Deutschen hervorgerufen, hat auch die Teilnahme für den Verlauf der großen Politik stark herabgedrückt. Nur pessimistischer ist man geworden, und das tiefe Mißtrauen gegen Rußland findet seinen Ausdruck in einem Sinken des Rubelkurses, der nahezu einer finanziellen Katastrophe für das Zarenreich gleichkommt. Für 100 Goldrubel zahlte man am 27. Februar an der Berliner Börse 198,7 Papierrubel, und noch ein weiterer Sturz wird vorhergesagt. Vergebens sind alle Beruhigungsrufe, welche von amtlicher und halbamtlicher Seite von Petersburg her versucht werden. Rußland rüstet, und – so sagt die Börse – da es keine Anleihe zustande gebracht hat und doch Geld, viel Geld braucht und ausgibt, so arbeitet – die Rubelpresse. Da kommen wir am Ende zur hundertjährigen Feier der Französischen Revolution in ein neues Zeitalter der Assignaten! Und wie Rußland finanziell einer schweren Krise entgegentreibt, so hat auch politisch die abgelaufene Woche ihm eine Niederlage oder zum mindesten eine Enttäuschung gebracht. Es hat, um aus der Sackgasse, in welche es sich mit Bezug auf Bulgarien verrannt hat, herauszukommen, bei den Mächten angeregt, daß alle «kollektiv» den Sultan auffordern sollten, dem Fürsten Ferdinand zu erklären, daß er sich unrechtmäßig in Bulgarien befinde, und daß seine Thronbesteigung eine vertragswidrige sei. Deutschland und Frankreich haben den diesbezüglichen Schritt des Herrn von Nelidow bei der Pforte unterstützt, England, Italien und Österreich-Ungarn dagegen nichts von sich hören lassen, worauf die Pforte sich ebenfalls zunächst in diplomatisches Schweigen zurückzog. So bewegt sich die bulgarische Frage weiter in dem Kreise, in welchem sie nun seit eineinhalb Jahren herumtreibt. Um zu einer einfachen Anerkennung des faktischen Besitzstandes zu gelangen, leidet Europa noch zu sehr an verhaltener Vertragsschwäche. Inzwischen wurde der Geburtstag des jungen Fürsten Ferdinand am 26. unter enthusiastischen Kundgebungen von den Bulgaren gefeiert. Sie wollen ihn behalten, und sie tun recht daran!

Im Preußischen Abgeordnetenhause demonstrierte Herr Dr. Windthorst mit einem kirchlichen Schulaufsichtsantrage eine wenig für seinen österreichischen Gesinnungsgenossen, den Prinzen Liechtenstein. An eine Wirkung glaubt der Antragsteller selbst kaum, und es wird ihm auch schwerlich gelingen, es dem Liechtenstein an Effekt gleichzutun. Die größeren Dummheiten erregen stets die größere Wirkung. Und ein Spottvogel meinte, es sei eigentlich dem Fürsten Alois nur darum zu tun gewesen, das politische Leben in Österreich einmal etwas aufzumischen. Nun, das ist geschehen, aber der Kopf dürfte dem jungen Aristokraten brummen. Die liberale Partei ist ihm zu besonderem Danke verpflichtet und legt denselben in zahllosen Petitionen gegen den neuen Schulantrag, die im Reichsrate von allen Seiten einlaufen, auf den Tisch des Hauses nieder.

Der Papst empfing am 27. Februar eine große deutsche Deputation, welche ihm eine Glückwunsch- und Huldigungsadresse überreichte, und nahm die Gelegenheit wahr, die alten Forderungen des Heiligen Stuhls aufs neue entschieden zu betonen.

*Die Woche, 1.–7. März 1888*

Rußland hat Gelegenheit gehabt, seinen ersten diplomatischen Sieg in der bulgarischen Frage zu feiern, und der deutsche Reichskanzler war in der Lage, das in seiner großen Reichstagsrede gewissermaßen dem Zaren gegebene Versprechen, er werde die russischen Wünsche bei der Hohen Pforte unterstützen, einzulösen. Die Türkei kam der ihr von Herrn von Nelidow ausgesprochenen Forderung, welche die Botschafter Deutschlands und Frankreichs gleichzeitig zur Annahme empfehlen, nach, und der Großwesir hat den bulgarischen Ministerpräsidenten, Herrn Stambulow, telegraphisch daran erinnert, daß er bereits am 21. August des vorigen Jahres den Fürsten Ferdinand auf indirektem Wege davon in Kenntnis gesetzt habe, daß die Pforte die Anwesenheit des Prinzen in Bulgarien als vertragswidrig und demnach als ungesetzlich betrachte. Da Herr Stambulow darüber jedoch nicht im Ungewissen war und andererseits diese akademische Anschauung der Türkei die wirklichen Verhältnisse in Bulgarien nicht zu ändern geeignet ist, so dürfte um so mehr alles beim alten bleiben, da weder Österreich-Ungarn, noch England, noch Italien sich bewogen gefunden haben, den Schritt des Herrn Nelidow und seiner beiden Genossen Radowitz und Montebello mitzumachen. Es ist möglich, daß zunächst eine kürzere Ruhepause eintritt, doch darf es nicht als außerhalb des Bereiches der Möglichkeit bezeichnet werden, daß Rußland mit neuen konkreten Vorschlägen hervortritt, die dann leicht die Kriegsgefahr in unmittelbare Nähe rücken könnten. Graf Herbert Bismarck, welcher sich für einige Zeit nach England begeben hatte, soll nach den Auslassungen einiger Blätter den geheimen Auftrag gehabt haben, das

Kabinett von St. James für die russischen Wünsche in der bulgarischen Frage günstig zu stimmen, doch es ist kaum verbürgt, daß der Reichskanzler, der sich in grimmer Selbstverspottung als den vierten russischen Bevollmächtigten auf dem Berliner Kongresse bezeichnet hat, nun auch seinen Sohn, den deutschen Staatssekretär, mit den Geschäften eines zweiten russischen Botschafters in London betraut habe. Hat es schon einigermaßen einen befremdenden Eindruck gemacht, daß das Deutsche Reich in seiner äußerlich zutage tretenden Orientpolitik sich von den Grundsätzen fernhält, welche die Leitung der äußeren Politik des engverbündeten Österreich-Ungarn zu bilden scheinen, so wächst das Erstaunen, daß am Goldenen Horn stets der französische Botschafter mit denen der beiden nordischen Reiche zusammengeht. Frankreich wenigstens scheint sich an dem Wettkriechen um die Gunst des Zaren recht lebhaft zu beteiligen, und einer der monarchistischen Abgeordneten der französischen Deputiertenkammer, der orleanistische Marquis von Breteuil, hat zu Beginn des Monats diesem Streben in einer großen Rede, in welcher er den Zaren als den Schiedsrichter Europas pries, lauten Ausdruck gegeben. Die Kundgebung, welche mit ihren politischen Phantasmagorien wenig Bedeutung verdient hätte, ist nur deswegen bemerkenswert, weil die auf die Zerstörung der Machtstellung des Deutschen Reiches hinzielenden, von dem royalistischen Marquis entwickelten Ideen lebhaften Beifall auch bei den Republikanern fanden.

Nach langen, fast lediglich mit traurigsten Nachrichten ausgefüllten Tagen scheint nunmehr bei dem endlichen Eintritt des Frühjahres, das den lieblichen Fluren San Remos jenes sonnige Wetter gebracht, von dessen Heilkraft man sich so viel verspricht, eine Periode steigender Hoffnung für das deutsche Volk zu kommen, daß es nun doch gelingen werde, das teure Leben des Kronprinzen wenigstens noch für geraume Zeit zu erhalten. Freilich wäre es durchaus unangebracht, wollte man sich schon jetzt einem leichten Sanguinismus hingeben. Prinz Wilhelm, welcher seinen Vater in den letzten Tagen besucht hat, um ihm angeblich den Wunsch des Kaisers, Friedrich Wilhelm möge nach Berlin zurückkehren, mitzuteilen, hat die Heimreise wieder angetreten. Der Kronprinz verbleibt nach Anordnung der Ärzte bis auf weiteres in Italien. Kaiser Wilhelm ist von der Aufregung über die lange, schwere Krankheit seines geliebten Sohnes so angegriffen, daß er selbst aufs Krankenlager geworfen wurde. Wenn auch höchste Bedenklichkeit nach den veröffentlichten Mitteilungen noch nicht vorhanden ist, so erheischt doch das hohe Alter des Kaisers die sorgfältigste Schonung und die Enthaltung von allen Geschäften. So ist denn auch die Möglichkeit eingetreten, daß Prinz Wilhelm gelegentlich die Stellvertretung für Großvater und Vater ausüben muß, zu welcher er durch eine Kabinettsorder vom Schlusse des Vorjahres berufen wurde. Wohl aus diesem Grunde ist für den Prinzen eine Art Vortragskanzlei gebildet worden, in welcher der berühmte Staatsrechtslehrer und Abgeordnete Dr. Gneist und der Geheime Rat von Brandenstein die Zivilangelegenheiten und Generalmajor von Wittich die Militärfragen zu behandeln haben werden. Professor Gneist wurde zu dieser überaus wichtigen Funktion auf Vorschlag des Reichskanzlers berufen.

In Serbien haben die Neuwahlen für die aufgelöste Skuptschina stattgefunden und mit einem großen Siege der Radikalen, bzw. des jetzigen Ministeriums Gruitsch geendet.

Der rumänische Ministerpräsident Bratianu hat für sich und

sein Kabinett die Entlassung eingereicht, welche angenommen wurde. Der König betraute den Senatspräsidenten Fürsten Ghika mit der Bildung eines neuen Kabinetts. Welche politischen Folgen dieser Ministerwechsel haben wird, läßt sich derzeit nicht absehen.

*Die Woche, 7.–14. März 1888*

Die ganze Welt steht unter dem Eindrucke des Heimgangs Kaiser Wilhelms. Fast scheint es, als feiere die gesamte außerdeutsche Politik, bis der glorreiche Fürst zur Grabstätte geleitet. Selbst im Orient, in der bulgarischen Frage rührt sich nichts, von Sofia aus hat man klüglicherweise keine Antwort auf das Telegramm des Großwesirs erteilt und wartet, fest entschlossen den jetzigen Standpunkt aufrechtzuerhalten, ein weiteres Vorgehen Rußlands bzw. der Türkei ab. Fürst Ferdinand fühlt sich anscheinend vollkommen sicher auf seinem Throne und darf auf die Hingebung seines Volkes rechnen. Die rumänische Ministerkrise hat, nachdem das Projekt Ghika gescheitert, durch die Wiederberufung Bratianus ihre einfachste und beste Lösung gefunden. Im italienischen Parlamente beantwortete Crispi eine von radikaler Seite ausgehende Interpellation wegen der Haltung des Königreiches in der bulgarischen Frage dahin, daß Italien, wenn es nicht seine eigene Geschichte verleugnen wolle, niemals zulassen könne, daß ein nach Freiheit und Selbständigkeit strebendes Volk wie die Bulgaren von fremder Willkür unterdrückt werde. In Frankreich ist der jüngste Boulanger-Rummel – einzelne Bezirke wollten den radikalen «Retter der Demokratie» zum Deputierten wählen – wie alle bisherigen

Demonstrationen, die Boulanger zum Mittelpunkte hatten, in nichts verpufft. In Rußland schreitet die Entwertung der öffentlichen Werte und die Kriegsrüstung fort; bereits spricht man halblaut von dem bevorstehenden Ausbruche des Staatsbankerotts. Das Österreichische Abgeordnetenhaus verhandelte das Katechetengesetz, doch ist das allgemeine Interesse in ganz Österreich wie in den übrigen Staaten nur auf die Ereignisse in Berlin gerichtet. Diese aber in den Rahmen einer kurzen Wochenübersicht zusammenzudrängen, ist einfach unmöglich und könnte der Gewalt und Weihe derselben nur Abbruch tun. Wir müssen demnach darauf verzichten. Nur das eine mag besonders erwähnt werden, daß der schwere Trauerfall, der Deutschland betroffen, erneute Veranlassung gegeben, die Solidarität zwischen den verbündeten mitteleuropäischen Kaiserreichen zu betonen. Dies hat besonders Ausdruck gefunden in einem kurzen Depeschenaustausch zwischen dem Fürsten Bismarck und dem Grafen Kalnoky. Was vermögen wir sonst zu sagen? Kaiser Wilhelm ist gestorben! Sein großer Sohn sein Nachfolger unter dem Namen Friedrich III.! Er hat eine Proklamation an sein Volk und zugleich ein Schreiben an den Reichskanzler erlassen, welches die Grundsätze enthält, die der neue Kaiser und König für seine Regierungspolitik aufstellt. Diese beiden gewaltigen Dokumente, welche ein ewig dauerndes Denkmal der Geschichte bilden, dürfen in keiner Zeitschrift fehlen, welche dem deutschen Volke dienen will. Und darum bringen wir dieselben im Worlaut, wenn sie auch zweifellos unseren Lesern schon bekannt sind. Solche Worte soll man wahren und hegen und immer wieder lesen in jedem deutschen Hause. Sie lauten:

An Mein Volk!

Aus seinem glorreichen Leben schied der Kaiser. In dem vielgeliebten Vater, den Ich beweine, und um den mit Mir Mein königliches Haus in tiefstem Schmerze trauert, verlor Preußens treues Volk seinen ruhmgekrönten König, die deutsche Nation den Gründer ihrer Einigung, das wiedererstandene Reich den ersten deutschen Kaiser! Unzertrennlich wird sein hehrer Name verbunden bleiben mit aller Größe des deutschen Vaterlandes, in dessen Neubegründung die andauernde Arbeit von Preußens Volk und Fürsten ihren schönsten Lohn gefunden hat. Indem König Wilhelm mit nie ermüdender landesväterlicher Fürsorge das preußische Heer auf die Höhe seines ernsten Berufes erhob, legte er den sicheren Grund zu den unter seiner Führung errungenen Siegen der deutschen Waffen, aus denen die nationale Einigung hervorging; er sicherte dadurch dem Reiche eine Machtstellung, wie sie bis dahin jedes deutsche Herz ersehnt, aber kaum zu erhoffen gewagt hatte.

Und was er in heißem, opfervollem Kampfe seinem Volke errungen, das war ihm beschieden, durch lange Friedensarbeit mühevoller Regierungsjahre zu befestigen und segensreich zu fördern. Sicher in seiner eigenen Kraft ruhend, steht Deutschland geachtet im Rate der Völker und begehrt nur, des Gewonnenen in friedlicher Entwicklung froh zu werden. Daß dem so ist, verdanken wir Kaiser Wilhelm, seiner nie wankenden Pflichttreue, seiner unablässigen, nur dem Wohle des Vaterlandes gewidmeten Tätigkeit, gestützt auf die von dem preußischen Volke unwandelbar bewiesene und von allen deutschen Stämmen geteilte opferfreudige Hingebung. Auf Mich sind nunmehr alle Rechte und Pflichten übergegangen, die mit der Krone Meines Hauses verbunden sind, und welche Ich in der Zeit, die nach Gottes Willen Meiner Regierung beschieden sein mag, getreulich wahrzunehmen entschlossen bin.

Durchdrungen von der Größe Meiner Aufgabe, wird es Mein ganzes Bestreben sein, das Werk in dem Sinne fortzuführen, in dem es begründet wurde, Deutschland zu einem Horte des Friedens zu machen und in Übereinstimmung mit den verbündeten Regierungen, sowie mit den verfassungsmäßigen Organen des Reiches wie Preußens die Wohlfahrt des deutschen Landes zu pflegen.

Meinem getreuen Volke, das durch eine jahrhundertelange Geschichte in guten wie schweren Tagen zu Meinem Hause gestanden, bringe Ich Mein rückhaltloses Vertrauen entgegen, denn Ich bin überzeugt, daß auf dem Grunde der untrennbaren Verbindung von Fürst und Volk, welche, unabhängig von jeglicher Veränderung im Staatenleben, das unvergängliche Erbe des Hohenzollernstammes bildet, Meine Krone allezeit ebenso sicher ruht, wie das Gedeihen des Landes, zu dessen Regierung Ich nunmehr berufen bin, und dem Ich gelobe, ein gerechter und in Freud wie Leid ein treuer König zu sein.

Gott wolle Mir seinen Segen und Kraft zu diesem Werke geben, dem fortan Mein Leben geweiht ist.

Berlin, den 12. März 1888                          Friedrich III.


Mein lieber Fürst!

Bei dem Antritt Meiner Regierung ist es Mir ein Bedürfnis, Mich an Sie, den langjährigen, vielbewährten ersten Diener Meines in Gott ruhenden Herrn Vaters, zu wenden. Sie sind der treue und mutvolle Ratgeber gewesen, der den Zielen seiner Politik die Form gegeben und deren erfolgreiche Durchführung gesichert hat. Ihnen bin ich und bleibt Mein Haus zu warmem Dank verpflichtet. Sie haben daher ein Recht, vor allem zu wissen, welches die Gesichtspunkte sind, die für die Haltung Meiner Regierung maßgebend sein sollen.

Die Verfassungs- und Rechtsordnungen des Reiches und Preußens müssen vor allem in der Ehrfurcht und in den Sitten der Nation sich befestigen. Es sind daher die Erschütterungen möglichst zu vermeiden, welche häufiger Wechsel der Staatseinrichtungen und Gesetze veranlaßt. Die Förderung der Aufgaben der Reichsregierung muß die besten Grundlagen unberührt lassen, auf denen bisher der preußische Staat sicher geruht hat. Im Reiche sind die verfassungsmäßigen Rechte aller verbündeten Regierungen ebenso gewissenhaft zu achten, wie die des Reichstages; aber von beiden ist eine gleiche Achtung der Rechte des Kaisers zu erheischen. Dabei ist im Auge zu behalten, daß diese gegenseitigen Rechte nur zur Hebung der öffentlichen Wohlfahrt dienen sollen, welche das oberste Gesetz bleibt, und daß neu hervortretenden, unzweifelhaften nationalen Bedürfnissen stets in vollem Maße Genüge geleistet werden muß. Die notwendige und sicherste Bürgschaft für ungestörte Förderung dieser Aufgaben sehe Ich in der ungeschwächten Erhaltung der Wehrkraft des Landes, Meines erprobten Heeres und der aufblühenden Marine, der durch Gewinnung überseeischer Besitzungen ernste Pflichten erwachsen sind. Beide müssen jederzeit auf der Höhe der Ausbildung und der Vollendung der

Organisation erhalten werden, welche deren Ruhm begründet hat, und welche deren fernere Leistungsfähigkeit sichert.

Ich bin entschlossen, im Reiche und in Preußen die Regierung in gewissenhafter Beobachtung der Bestimmungen von Reichs- und Landesverfassung zu führen. Dieselben sind von Meinen Vorfahren auf dem Throne in weiser Erkenntnis der unabweisbaren Bedürfnisse und zu lösenden schwierigen Aufgaben des gesellschaftlichen und staatlichen Lebens gegründet worden und müssen allseitig geachtet werden, um ihre Kraft und segensreiche Wirksamkeit betätigen zu können.

Ich will, daß der seit Jahrhunderten in Meinem Hause heilig gehaltene Grundsatz religiöser Duldung auch ferner allen Meinen Untertanen, welcher Religionsgemeinschaft und welchem Bekenntnisse sie auch angehören, zum Schutze gereiche. Ein jeglicher unter ihnen steht Meinem Herzen gleich nahe. Haben doch Alle gleichmäßig in den Tagen der Gefahr ihre volle Hingebung bewährt.

Einig mit den Anschauungen Meines kaiserlichen Herrn Vaters, werde Ich warm alle Bestrebungen unterstützen, welche geeignet sind, das wirtschaftliche Gedeihen der verschiedenen Gesellschaftsklassen zu heben, widerstreitende Interessen derselben zu versöhnen und unvermeidliche Mißstände nach Kräften zu mildern, ohne doch die Erwartung hervorzurufen, als ob es möglich sei, durch Eingreifen des Staates allen Übeln der Gesellschaft ein Ende zu machen.

Mit den sozialen Fragen enge verbunden erachte Ich die der Erziehung der heranwachsenden Jugend zugewandte Pflege. Muß einerseits eine höhere Bildung immer weiteren Kreisen zugänglich gemacht werden, so ist doch zu vermeiden, daß durch Halbbildung ernste Gefahren geschaffen, daß Lebensansprüche geweckt werden, denen die wirtschaftlichen Kräfte der Nation nicht genügen können, oder durch einseitige Erstrebung vermehrten Wissens die erziehliche Aufgabe unberücksichtigt bleibe. Nur ein auf der gesunden Grundlage von Gottesfurcht in einfacher Sitte aufwachsendes Geschlecht wird hinreichend Widerstandskraft besitzen, die Gefahren zu überwinden, welche in einer Zeit rascher wirtschaftlicher Bewegung durch die Beispiele hochgesteigerter Lebensführung einzelner für die Gesamtheit erwachsen.

Es ist Mein Wille, daß keine Gelegenheit versäumt werde, in dem öffentlichen Dienste dahin einzuwirken, daß der Versuchung zu unverhältnismäßigem Aufwande entgegengetreten werde. Jedem Vorschlage finanzieller Reformen ist Meine vorurteilsfreie Erwägung im voraus gesichert, wenn nicht die in Preußen altbewährte Sparsamkeit die Auflegung neuer Lasten umgehen und eine Erleichterung bisheriger Anforderungen herbeiführen läßt.

Die größeren und kleineren Verbänden im Staate verliehene Selbstverwaltung halte Ich für ersprießlich; dagegen stelle Ich es zur Prüfung, ob nicht das diesen Verbänden gewährte Recht von Steuerauflagen, welches von ihnen ohne Rücksicht auf die gleichzeitig von Reich und Staat ausgehende Belastung geübt wird, den einzelnen unverhältnismäßig beschweren kann. In gleicher Weise wird zu erwägen sein, ob nicht in der Gliederung der Behörden eine vereinfachende Änderung zulässig erscheint, in welcher die Verminderung der Zahl der Angestellten eine Erhöhung ihrer Bezüge ermöglichen würde.

Gelingt es, die Grundlagen des staatlichen und gesellschaftlichen Lebens kräftig zu erhalten, so wird es Mir zu besonderer Genugtuung gereichen, die Blüte, welche deutsche Kunst und Wissenschaft in so reichem Maße zeigt, zu voller Entfaltung zu bringen. Zur Verwirklichung dieser Meiner Absichten rechne Ich auf Ihre so oft bewiesene Hingebung und auf die Unterstützung Ihrer bewährten Erfahrung.

Möge es Mir beschieden sein, dergestalt unter einmütigem Zusammenwirken der Reichsorgane, der hingebenden Tätigkeit der Volksvertretung wie aller Behörden und durch vertrauensvolle Mitarbeit sämtlicher Klassen der Bevölkerung Deutschland und Preußen zu neuen Ehren in friedlicher Entwicklung zu führen.

Unbekümmert um den Glanz ruhmbringender Großtaten, werde Ich zufrieden sein, wenn dereinst von Meiner Regierung gesagt werden kann, sie sei Meinem Volke wohltätig, Meinem Lande nützlich und dem Reiche ein Segen gewesen.

Berlin, den 12. März 1888

Ihr wohlgeneigter

Friedrich III.

*Die Woche, 14.–21. März 1888*

Das Leichenbegängnis Kaiser Wilhelms ist vorüber; unter ungeheurem Zudrang der Bevölkerung und einer bisheran wohl nie dagewesenen Teilnahme fremder Fürstlichkeiten ist der greise Held, der Deutschland neugeeint und zu ungeahnter Größe erhoben, im Mausoleum zu Charlottenburg neben seinen königlichen Eltern bestattet worden. Kaiser Friedrich, dessen schweres Leiden ihm noch immer nicht das Verlassen des Schlosses erlaubt, zumal die Temperatur in Berlin einen sehr niedrigen Stand behalten in den letzten Tagen, sah den Leichenzug vom Fenster seines Zimmers an sich vorüberziehen. Einige Tage darauf erließ er eine Botschaft an den Reichstag und das Preußische Abgeordnetenhaus, in welchem er die Übernahme der kaiserlichen und königlichen Gewalt anzeigte und das schriftliche Gelöbnis ablegte, die Verfassung von Reich und Preußen treu zu halten. Zu gleicher Zeit erfolgte auch die Proklamation an Elsaß-Lothringen, welches wir als ein neues historisches Dokument von höchster Wichtigkeit hier folgen lassen.

Wir Friedrich, von Gottes Gnaden deutscher Kaiser, König von Preußen, tun kund und fügen hiemit zu wissen:

Nachdem unseres geliebten Herrn Vaters Majestät, weiland Kaiser Wilhelm, nach Gottes Ratschluß aus dieser Zeitlichkeit geschieden, ist die deutsche Kaiserwürde und damit in Gemäßheit der Reichsgesetze die Regierung der Reichslande auf uns übergegangen. Wir haben dieselben im Namen des Reiches übernommen. Entschlossen, die Rechte des Reiches über diese deutschen, nach langer Zwischenzeit wiederum mit dem Vaterlande vereinigten Gebiete zu wahren, sind wir uns der Aufgabe bewußt, in denselben deutschen Sinn und deutsche Sitte zu pflegen, Recht und Gerechtigkeit zu schirmen und die Wohlfahrt und das Gedeihen der Bewohner zu fördern. Bei unserem Bestreben, dieser Aufgabe gerecht zu werden, zählen wir auf das Vertrauen und die Ergebenheit der Bevölkerung, sowie auf die treue Pflichterfüllung aller Behörden und Beamten. Wir fordern und erwarten die gewissenhafte Beobachtung der Gesetze, dagegen werden auch wir jedermanns Rechten unseren kaiserlichen Schutz gewähren. Durch unparteiische Rechtspflege und eine gesetzmäßige, wohlwollende und umsichtige, aber mit fester Hand geführte Verwaltung wird die unverjährbare Verbindung Elsaß-Lothringens mit dem Deutschen Reiche wieder eine so innige werden, wie sie in den Zeiten unserer Vorfahren gewesen ist, bevor diese deutschen Lande aus der uralten und ruhmvollen Verbindung mit ihren Stammesgenossen und Landsleuten losgerissen wurden.

Wir befehlen, diesen Erlaß durch das Gesetzblatt zu verkünden.
Gegeben Charlottenburg, den 15. März 1888.
   gez.: Friedrich            Gegengez.: Fürst v. Hohenlohe

Abgeordnetenhaus und Reichstag beantworteten die Botschaft Friedrichs III. in einer die Empfindung des Volkes treu widerspiegelnden Ergebenheitsadresse; alsdann wurde der Reichstag geschlossen. Der Kaiser ernannte seinen früheren hochverdienten Generalstabschef, General Graf Blumenthal, zum Feldmarschall.

In Österreich vollzog sich inzwischen ein überaus wichtiger Wechsel im Kriegsministerium, von welchem nach langer, ausgezeichneter Tätigkeit Graf Bylandt-Rheidt zurücktrat, während der bisherige Landeskommandierende von Wien, Feldzeugmeister Freiherr v. Bauer, einer der hervorragendsten österreichischen Offiziere, zum Reichs-Kriegsminister ernannt wurde. Der Kaiser systemisierte außerdem durch ein besonderes Befehlsschreiben die Stelle eines General-Inspektors der Infanterie und ernannte seinen Sohn, den Kronprinzen Rudolf, zu demselben, so ihm einen großen und für die Zukunft der österreichischen Militärmacht maßgebenden selbständigen Posten übertragend. Das Abgeordnetenhaus verhandelte inzwischen über die vom Strafgerichte verlangte Auslieferung des Abgeordneten Ritter von Schönerer, wozu nahezu mit Einstimmigkeit die Bewilligung erteilt wurde. In Wien haben sich neue Gemeinderatswahlen vollzogen, die im allgemeinen mit einer Niederlage des deutsch-liberalen Wahlkomitees endeten.

In Frankreich gab es nun doch wieder einen größeren Boulanger-Rummel. Der eitle und ehrgeizige General hat gegen den Befehl des Kriegsministers mehrmals seine Garnison verlassen und sich nach Paris begeben. Infolge dieses Vergehens gegen die Disziplin wurde er auf Antrag des Kriegsministers vom Präsidenten der Republik zur Disposition gestellt; es scheint jedoch, daß das Drängen seiner Freunde, die ihn durchaus in eine politische aktive Rolle drängen wollen, seine Absetzung bzw. Pensionierung nach sich ziehen wird. Nach Thibaudin jetzt Boulanger, das ist der Lauf der Republik. Lebhafte, namentlich von Paul de Cassagnac hervorgerufene, Boulanger betreffende Debatten in der französischen Kammer entbehren der politischen Bedeutung und erregen lediglich das Interesse von Pikanterien.

Im Orient ist eine Veränderung der Lage nicht eingetreten, doch erwartet man in Kürze neue russische Schritte in der bulgarischen Frage. Fürst Ferdinand richtet sich inzwischen etwas bequemer in Sofia ein.

*Die Woche, 22.–28. März 1888*

Die Stellvertretung, welche Kaiser Friedrich seinem Sohne, dem Kronprinzen Wilhelm, übertragen, ist keineswegs eine vollständige und dient, wie ausdrücklich hervorgehoben, nur zur Einführung des Thronerben in die Regierungsgeschäfte, während der Kaiser sich alle wichtigen Entscheidungen vorbehält. Tatsächlich wohnt Kaiser Friedrich, obgleich über seinen Gesundheitszustand noch immer widerspruchsvolle Nachrichten im Laufe sind, dem Ministerrat bei, empfängt häufig den Reichskanzler und arbeitet unausgesetzt mit dem Zivil- und Militärkabinett. In der deutschen Politik ist eine Änderung nicht eingetreten, und wenn russische Blätter sich in dem Wahn wiegen, daß das Deutsche Reich unter dem jetzigen Kaiser sich mehr von Österreich-Ungarn entfernen und wieder an Rußland anlehnen werde, so beweisen sie damit nur, daß ihnen die tatsächliche Wesenheit und Bedeutung des deutsch-österreichischen Bundes eigentlich gar nicht zu rechtem Bewußtsein gekommen ist. Inzwischen sind die Spezialgesandten des neuen deutschen Kaisers, welche den verschiedenen Staatsoberhäuptern dessen Thronbesteigung angezeigt haben, an ihren Bestimmungsorten eingetroffen und haben sich teilweise schon ihres Auftrages entledigt.

Das Österreichische Abgeordnetenhaus benutzte die letzten Sitzungen vor den Osterferien zu einer großen Debatte anläßlich des Berichtes der Staatsschulden-Kommission, der erst eineinhalb Jahre nach seiner Fertigstellung dem Hause vorgelegt wurde. Diese Kommission, in welcher es seinerzeit zu einem scharfen Zwiespalt zwischen den Mitgliedern der Rechten und Linken gekommen, hat es mit ihrer Würde vereinbar gefunden, einen doppelten, sich direkt widersprechenden Beschluß zu fassen. Der ursprünglich votierte Tadel gegen die Regierung wurde später wieder unterdrückt. Die ungarischen Minister Tisza und Fejervary trafen in Wien ein und haben während eines kurzen Aufenthaltes an einigen Beratungen des gemeinsamen Ministerrats unter dem Vorsitze des Kaisers teilgenommen, in denen die etwaigen Vorlagen für die Delegationen in Beratung gezogen sein sollen. Näheres und Bestimmteres verlautet jedoch nicht. Die Reichshauptstadt Wien wandte auch in der abgelaufenen Woche ihre Aufmerksamkeit vorzugsweise den Ergänzungswahlen für den Gemeinderat zu; im zweiten Wahlkörper siegten bei sehr lebhafter Wahlbewegung in mehreren Bezirken die antisemitischen Kandidaten, während im ersten Wahlkörper überall die Kandidaten des liberalen Wahlkomitees durchdrangen.

In Frankreich gehörte die Woche wieder dem General Boulanger. Seine Anhänger haben ihn bei verschiedenen Neuwahlen für die Kammer aufgestellt, und tatsächlich sind viele Tausende von Stimmen auf ihn entfallen. Aus einer Stichwahl in Laon dürfte er als Sieger hervorgehen, und die militärische Untersuchungs-Kommission, welche über seine zahlreichen Verstöße gegen die Disziplin abzuurteilen hatte, ermöglichte es ihm, mit großer Beschleunigung seinen etwaigen Sitz einzunehmen, indem sie ihn seiner Stellung enthob und strafweise pensionierte. In Marseille wurde der alte Kommunist Felix Pyat gewählt.

Die orientalische Frage, als deren äußere Erscheinung heute noch immer die bulgarische im Vordergrunde steht, hat irgendeinen Schritt nach vorwärts nicht gemacht. Stambulow hat nunmehr endgültig von der Beantwortung der Note des Großwesirs Abstand genommen, und Bulgarien ist nach wie vor vollkommen ruhig. Freilich bleibt die Regierung sorgsam auf ihrer Hut, da das vollständige Schweigen Rußlands in unterrichteten Kreisen so gedeutet wird, als wolle es im geheimen einen plötzlichen Schlag vorbereiten. Die Herzogin Clementine, die Mutter des Fürsten Ferdinand, hat Bulgarien nach mehrmonatlichem Aufenthalte verlassen und sich über

München und Paris nach Cannes begeben. Von dort will sie, wie es heißt, nach einigen Wochen zu ihrem Sohne nach Sofia zurückkehren.

Sehr unliebsame Dinge haben sich inzwischen in Bukarest ereignet. Die ultrakonservative Opposition gegen Bratianu, unter der Führung des Abgeordneten Catargin, drang in das königliche Palais mit einem Volkshaufen ein und verlangte stürmisch eine Audienz beim König, welcher eben erst mit seiner Gemahlin von den Leichenfeierlichkeiten in Berlin und einem zweitägigen Besuche in Wien in seine Hauptstadt zurückgekehrt war. Die Polizei mußte in Anspruch genommen werden, um die Lärmmacher aus dem Schlosse zu entfernen. Am nächsten Tage drangen die Oppositionellen gegen die Kammer vor; es kam zu Blutvergießen, und die Regierung sah sich genötigt, Militär zu Hilfe zu rufen, welches die Tumultuanten verdrängte. Es läßt sich der Ausgang dieser wiederholten Unruhen noch nicht absehen. Die besseren Elemente Rumäniens mit der Hauptstadt scheinen jedoch treu zu Bratianu zu halten.

*Die Woche, 29. März–4. April 1888*

Die Staatsmänner an der Seine und ihre östlichen Stiefbrüder an der Dimbowitza haben uns politische Ostern gebracht. Hüben wie drüben stürmische Szenen in der Volksvertretung, Sturz der Regierung und die Neubildung von Ministerien. Das Ministerium Tirard, das erste, das der neue Präsident Carnot berufen, ist nach etwa drei- bis viermonatlicher Tätigkeit, welche keineswegs eine bedeutungslose genannt werden kann – fällt doch in dieselbe die militärische Maßregelung des disziplinlosen Generals Boulanger –, gestürzt worden, weil es, man darf sagen, ohne eigentlichen Grund sich darauf versteift hatte, die Frage einer etwaigen Verfassungsrevision nicht zur Diskussion zuzulassen. Die französische Verfassung, welche seinerzeit nur mit der winzigsten Mehrheit von einer Stimme zustande gekommen, ist tatsächlich in mehr als einer Beziehung revisionsbedürftig; eine solche mit staatsmännischer Mäßigung vorgenommen, bedroht auch keineswegs die Ruhe und Ordnung, welcher Ansicht sich die sogenannten Opportunisten unter Ferry und die ehrlichen Republikaner unter Brisson hingegeben zu haben scheinen. Die Rechte und die Radikalen verbanden sich gegen Tirard, welcher, froh der Bürde ledig zu sein, sofort seine Entlassung bei dem Präsidenten einreichte. Carnot berief den einzigen Mann der Lage, Floquet, den Präsidenten der Kammer, welcher zugleich als der Führer der gemäßigten Radikalen gilt, für die er ungefähr das ist, was Gambetta seinerzeit den Opportunisten war. Mit bemerkenswerter Raschheit hat Floquet ein rein radikales Kabinett gebildet; in demselben hat Herr von Freycinet das Portefeuille des Krieges inne, der gewandte Goblet, selbst einmal schon Ministerpräsident, das Auswärtige. Die Besetzung des Kriegsministeriums durch einen Zivilisten ist ein kühn radikales Wagestück Floquets, der selbst das Innere übernimmt; die Zukunft muß lehren, ob es gelingt; man hat guten Grund, daran zu zweifeln. Floquet hat dann in der Kammer sein Programm, das man ein gemäßigt radikales nennen darf, unter dem Schweigen der Rechten und Opportunisten und unter stellenweise überlautem Beifall der Linken entwickelt. Es wird an der Zeit sein, dasselbe einer genaueren Erwägung zu unterziehen, falls dem Ministerpräsidenten Zeit bleibt, dasselbe praktisch durchzuführen. Die Tatsache, daß bei der ersten Neuwahl des Kammerpräsidenten die meisten

Stimmen sich auf Clemenceau vereinigten, scheint anzudeuten, daß nach einem Ministerium Floquet nach einigen Wandlungen immer noch ein Kabinett Clemenceau möglich sei; man ist nur einigermaßen darüber im Zweifel, ob man schon jetzt das grand ministère radical vor sich hat, oder ob uns dies erst der in einigen Beziehungen mit Wien stehende Doktor von Montmartre bringen wird.

In Bukarest ging es nicht minder stürmisch zu wie in Paris. Bratianu, anfangs in der Gunst der übergroßen Mehrheit des Volkes wie des Königs, und somit der bleibenden Ministerpräsidentschaft anscheinend vollkommen sicher, hat nun doch endgültig sich zurückgezogen und einem Ministerium der Jungkonservativen, die sich auch Junimisten nennen, Platz gemacht. Der König übertrug zwar die Kabinettsbildung und das Präsidium an Rosetti, jedoch gilt allgemein der frühere rumänische Gesandte in Wien, Carp, der das Ministerium des Äußern erhielt, als die Seele des Kabinetts. Wenngleich allgemein versichert wird, daß Rumänien unter König Carol sich niemals in seiner äußeren Politik von der der mitteleuropäischen Kaisermächte entfernen werde, so haben doch die letzten Unruhen in Bukarest, bei denen der böse russische Einfluß ziemlich durchsichtig ist, soviel Überraschendes gebracht, daß es gefährlich ist, irgendeine feste Ansicht über die wahrscheinliche Entwicklung der Dinge in Rumänien auszusprechen. Sollte, wie von mancher Seite befürchtet wird, durch russischen Einfluß eine revolutionäre Bewegung gegen das Königtum der Hohenzollern ausbrechen, so würde man diese wohl als den ersten und ernstesten Vorboten eines großen Krieges anzusehen haben.

Unsere wirtschaftlichen und finanziellen Kreise lassen sich inzwischen von diesen politischen Sorgen nicht bedrücken, sie bauen auf die Friedensära unter Kaiser Friedrich III. Die letzten Nachrichten über das Befinden des teuren Kranken lauten sehr widerspruchsvoll; während sein zweimaliger Besuch in Berlin meistens optimistisch gedeutet wird, kommen von gemeiniglich gut unterrichteter Seite leider wieder sehr ernste Meldungen. Zum Osterangebinde für das preußische Volk hat der König eine Amnestie erlassen, welche zwar eine erhebliche Ausdehnung hat, jedoch die vielfach gehoffte Anwendung auf alle infolge des Sozialistengesetzes Bestraften nicht enthält. Am 1. April feierte der deutsche Staatskanzler Fürst Bismarck seinen Geburtstag; bei dem Diner, welches er gab, brachte Kronprinz Wilhelm ihm seinen Trinkspruch als dem Bannerträger des Reiches. Rudolf von Bennigsen, der Führer der Nationalliberalen, erhielt durch die Verleihung des Roten Adlerordens erster Klasse eine hohe Auszeichnung, die wie den verdienten Empfänger so die von ihm geführte Partei besonders ehrt und als eine bemerkenswerte Kundgebung des Kaisers angesehen werden muß.

Die eingeleiteten Verhandlungen über einen Ausgleich zwischen Rußland und der Kurie dauern fort. – In Dänemark hat sich das Parlament vertagt; in Serbien hat die neue radikale Skuptschina ihre Tätigkeit begonnen.

## Die Woche, 5.–11. April 1888

Die Bismarck-Krise, welche in unserem Leitartikel ihre Würdigung findet, scheint nach den letzten aus Berlin eingetroffenen Depeschen in günstiger Weise beigelegt zu sein. Durch diesen glücklichen Ausgang der Krise würde Deutschland und seine Freunde aufatmen.

Die Kaiserin Viktoria hat sich in die überschwemmten Gebiete von Posen begeben. Diese Reise wird als Akt hoher Staatsklugheit und großer natürlicher Güte angesehen. Fürst Bismarck wird an einem der allernächsten Tage Berlin verlassen und sich nach Varzin begeben. Man vermutet, daß der Fürst längere Zeit in Varzin zu bleiben gedenke.

Das Österreichische Abgeordnetenhaus ist am 10. d. M. wieder zusammengetreten. Es findet ein reichhaltiges Arbeitsprogramm vor, fast zu groß für die Zeit, welche seiner Tätigkeit zugemessen ist. Donnerstag dürfte die Generaldebatte über das Budget beginnen. Da die Delegationen unmittelbar nach Pfingsten zusammentreten sollen, so muß die Session des Abgeordnetenhauses spätestens am Freitag vor den Pfingstfeiertagen, das ist am 18. Mai, geschlossen werden. Es stehen also im ganzen nur 30 Sitzungstage zur Verfügung. Und in diesem kurzen Zeitraume müssen insbesondere das Spiritussteuergesetz, der Lloydvertrag, die erste Lesung der Schulanträge, die Vorlagen über den Advokatentarif, das Markenschutzgesetz, die Lagerhäuser usw. zur Erledigung gelangen. Es liegt der Gedanke nahe, daß sich die Notwendigkeit einer Nachsession oder die Vertagung einer oder der anderen Angelegenheit als notwendig herausstellen wird. Die Polen, die noch immer in Opposition gegen die Spiritusfrage sind, sollen in letzter Zeit mit der Linken über diesen Gegenstand verhandelt haben, allein ohne Resultat. Die Linke soll sich entschlossen haben, aus politischen Gründen gegen das Spiritussteuergesetz zu stimmen. In der Dienstagsitzung des Abgeordnetenhauses wurde demselben zunächst der Dank des Deutschen Reichstages für die aus Anlaß des Todes Kaiser Wilhelms kundgegebene Teilnahme vom Ministerpräsidenten Grafen Taaffe mitgeteilt, und es ist nicht unbemerkt geblieben, daß dieser Dank mit besonderer Wärme speziell der mit der Österreichisch-Ungarischen Monarchie bestehenden freundschaftlichen Beziehungen gedenkt. Der Wortlaut der betreffenden Note ist folgender:

«Der unterzeichnete kaiserlich deutsche Botschafter hat die Ehre, im Auftrage seiner a. h. Regierung Se. Excellenz dem k. k. österreichischen Minister des kaiserlichen Hauses und des Äußern, Herrn Grafen Kalnoky de Köröspatak, ganz ergebenst zu bitten, den Herren Präsidenten des Österreichischen Herrenhauses und des Abgeordnetenhauses, sowie des Ungarischen Ober- und Unterhauses zu eröffnen, daß der Deutsche Reichstag in der Sitzung vom 19. März d. J. den einstimmigen Beschluß gefaßt hat, auszusprechen, daß die Zeichen der besonderen Verehrung für unseren aus dieser Zeitlichkeit abberufenen erhabenen Monarchen und der warmen Teilnahme an der Trauer des ganzen deutschen Volkes, welche diese Vertretungskörper in so beredter Weise zum Ausdruck gebracht haben, in ganz Deutschland die tiefste Rührung und wärmste Dankbarkeit hervorgerufen haben. Diese Haltung der österreichischen Parlamente bildet eine erhebende Kundgebung der freundschaftlichen Beziehungen, welche zwischen beiden Völkern bestehen.»

In Frankreich geht es auf der schiefen Ebene des Radikalismus rasch abwärts. Die boulangische Hochflut macht rapide Fortschritte; Boulanger ist auf allen Linien Sieger. Im Departement Dordogne, in welchem er die Kandidatur abgelehnt hat, wurde er mit 59 500 von 100 000 abgegebenen Stimmen als Deputierter gewählt. Der Opportunist Clerjonie blieb mit 35 700 Stimmen in der Minorität. Die Opportunisten sind untröstlich über ihre neue Niederlage. Das Ministerium Floquet hängt nunmehr in der Luft. Aus dem jetzigen Ministerium wird sich die radikale Republik entwickeln, was eine große Gefahr für den Bestand der Republik überhaupt bedeutet.

In der bulgarischen Angelegenheit ist so ziemlich alles beim alten geblieben. Rußland ist noch immer unerschöpflich in seinen Friedensbeteuerungen. Es wolle sich verpflichten, keinen Zwang gegen Bulgarien anzuwenden, weder Offiziere zur Ausbildung der bulgarischen Armee zu entsenden, noch einen General zum Kriegsminister zu ernennen oder einen Kommissär zu schicken. Rußland würde die Entwicklung der Ereignisse ruhig abwarten. Inzwischen werden aber die russischen Wühlereien in Bulgarien eifrigst fortgesetzt. Die Pforte sicherte dem bulgarischen Delegierten den Abschluß eines Zollvertrages bis 1. Mai zu. Die Verhandlung über die Affäre Popow-Bonew und Genossen beginnt unter dem Präsidium des Obersten Nikolajew am Mittwoch. Die Regierung erklärt, dem Militärgerichte vollständig freien Lauf zu lassen und sich von dieser Affäre fernhalten zu wollen, um keinen Anlaß zu Verdächtigungen und politischen Umtrieben zu bieten. Der famose türkische Militär-Kordon wurde von der ostrumelischen Grenze zurückgezogen.

Daß es in Rumänien noch immer nicht zur Ruhe gekommen ist, daran ist auch das heilige Rußland schuld. Die russische Aktionspartei hat eine Bauernbewegung in Rumänien angezettelt. Die Bauern verschiedener Ortschaften revoltieren, bedrohen oder mißhandeln die Gutsherren und Pächter und verlangen die Aufhebung der agrikolen Verträge, wie die Zuweisung von Ackerland. Der Minister des Äußern Carp hat in der Kammer sein Programm entwickelt. Der König habe die Minister gewählt, weil sie neutral seien und zwischen den Parteien ständen. Sie werden auch stets unparteiisch bleiben. Die auswärtige Politik betreffend, sagte der Minister, es sei Legende, zu behaupten, daß die Minister deutsche Politik treiben. Was die innere Politik anbelangt, so erklärte der Minister, daß es unmöglich sei, während der augenblicklichen Aufregungen zu den Urnen zu schreiten. Man müsse abwarten, bis sich die Gemüter beruhigen, und dann werde die Regierung die Kammern auflösen. – Man glaubt, daß das Parlament in der ersten Hälfte des September aufgelöst werden wird.

*Die Woche, 11.–18. April 1888*

Im Österreichischen Abgeordnetenhause wurde am 16. d. die Generaldebatte über das Budget eröffnet. Der Ausgang derselben kann wohl für niemanden mehr zweifelhaft sein. Das Budget wird bewilligt werden trotz der durch die Jungtschechen und den Abgeordneten Gregorez verstärkten Opposition der Linken. Übrigens hat die Budgetdebatte angesichts der Spiritus- und Wehrvorlage viel an Interesse eingebüßt. Die bisherigen Redner der Opposition scheinen auch unter diesem Eindrucke zu stehen. Man vermißt in ihren Reden die wuchtigen Schwertstreiche, welche sonst von oppositioneller Seite gerade bei der Budgetberatung gegen die Regierung geführt zu werden pflegen, und es scheint, als ob die Opposition ihre ganze Kraft sich für die Debatte über die Spiritusvorlage aufsparen wollte. Die Polen haben in derselben den oppositionellen Standpunkt, mit dem sie noch bis in die letzte Zeit paradierten, ungeachtet des Petitionensturmes aus ihrem Lande aufgegeben. Diese Nachgiebigkeit ist übrigens nicht ein Verdienst der Regierung, sondern dem Einflusse des höchsten konstitutionellen Faktors zuzuschreiben. Man kann nunmehr darauf gefaßt sein, daß die Polen aus ihrer Entsagung, eine oppositionelle Rolle zu spielen, mit der sie es allerdings niemals gar zu ernst genommen haben, Kapital schlagen werden. Auch der ungarische Landesverteidigungsminister hat im Reichstage eine mit der österreichischen identische Wehrvorlage eingebracht. Nur weist der Motivenbericht der ungarischen Wehrvorlage im wohltuenden Gegensatze zu der Dürftigkeit des österreichischen eine lobenswerte Ausführlichkeit auf. Die beunruhigenden Verhältnisse an unserer nordöstlichen Grenze rechtfertigen die in das soziale Leben der Monarchie tief einschneidende Maßregel. Der österreichische Justizminister hat am 16. d. einen Gesetzentwurf eingebracht, durch welchen die Wirksamkeit des noch bis 10. August d. J. geltenden Anarchistengesetzes bis 31. August 1891 verlängert werden soll.

Deutschland ist von seiner beängstigenden Kanzlerkrise wohl auf eine lange Zeit hinaus befreit, aber der unerquickliche Eindruck, den dieselbe durch die gewissenlose Ausbeutung seitens gewisser Kreise hinterlassen hat, wird so bald nicht verwischt werden. Dagegen versetzt die plötzlich eingetretene Verschlimmerung in dem Befinden des Kaisers Friedrich das deutsche Volk in Besorgnis und Trauer. Das Leiden ist kein örtliches mehr, es hat auch andere edle Körperteile ergriffen. Alle Mitglieder des kaiserlichen Hauses sind fast den ganzen Tag im Charlottenburger Schlosse versammelt.

Zum dritten Male hat Boulanger gesiegt. Am 16. d. wurde er mit ungeheurer Mehrheit zum Abgeordneten des Nord-Departements gewählt. Seinen Sieg hat er auch diesmal den Bonapartisten zu danken. Der «wackere» General hat ein Manifest an die Wähler des Nord-Departements erlassen, in welchem er die Beseitigung der Kammer, des Präsidenten und des Ministeriums sowie die Einberufung einer Constituante fordert. Quousque tandem, Catilina! Ein Gutes hat die

Boulanger-Torheit aber dennoch zutage gefördert: die republikanischen Parteien haben sich angesichts der Gefahr, welche der Republik droht, enger zusammengeschlossen. Nur durch ein solches Festhalten kann die Gefahr beseitigt werden.

Die Lage im Orient hat keine Veränderung erfahren. Die Revolten, die in einigen Orten Rumäniens ausbrachen, werden wohl durch die Energie der Regierung bald ganz niedergedrückt werden. – Von einer bevorstehenden Abreise des Fürsten Ferdinand von Bulgarien nach Bukarest ist in gut unterrichteten Kreisen nichts bekannt.

*Die Woche, 18.–25. April 1888*

Die erste Woche der österreichischen Budgetdebatte ist vorüber. Ihr Verlauf gestaltete sich bewegter und stürmischer, als der gelassene und vielleicht resignierte Ton der ersten Redner erwarten ließ. Schon die Rede des Abgeordneten Dr. Gregr rief wegen ihrer leidenschaftlichen, gegen die Politik der Regierung gerichteten Spitze anhaltende Bewegung hervor. Aber dem Dr. Lueger, diesem Demokraten von Fall zu Fall, blieb es vorbehalten, durch seine häßlichen Verdächtigungen der Linken einen Skandal zu provozieren, wie man ihn selbst in diesem Abgeordnetenhause selten erlebt hat. Unter dem Eindrucke einer höchst unwürdigen Szene schritt das Haus zur Abstimmung über den Dispositionsfonds. Die noch zweifelhaften Stimmen des Coronini-Clubs vereinigten sich nunmehr mit denen der Opposition und der Jungtschechen, einige Polen taten das gleiche, und der Dispositionsfonds wurde zu Fall gebracht. Darum bleibt jedoch Graf Taaffe ruhig weiter Minister.

Am 23. erfolgte die Begegnung zwischen dem Kaiser Franz Josef und der Königin Viktoria von England. Nicht nur die österreichischen, sondern auch die deutschen und englischen Blätter widmen derselben äußerst sympathische Betrachtungen. Ein Gleiches gilt von dem Besuche der Königin in Charlottenburg und Berlin.

Die Nachrichten über das Befinden des deutschen Kaisers Friedrich lauten wieder günstiger und erwecken die Hoffnung, daß er die jetzige Krise glücklich überstehen werde.

In Frankreich ist Boulanger noch immer der Held des Tages und der Gasse. Sein erstes Erscheinen in der Kammer, dem man mit Spannung und Besorgnis entgegensah, hat sich freilich nicht zu einem Siege des plebiszitären Generals gestaltet. Er kam gerade zurecht, als das Ministerium Floquet mit 379 gegen 177 Stimmen ein Vertrauensvotum erhielt, dessen Spitze gegen den zukünftigen Diktator gerichtet war. Es wurde der Regierung das Vertrauen ausgesprochen, daß sie es verstehen werde, den republikanischen Einrichtungen in entschiedener Weise Achtung zu verschaffen, sowie die vom Lande verlangte Politik des Fortschritts, der Reform und der Freiheit zur Geltung zu bringen. Indes dürfte dieser Sieg des Ministeriums nicht von langer Dauer sein und die Gefahr für die Republik noch nicht beseitigen, da die Opportunisten und der Senat wieder gegen Floquet Mißtrauen hegen, weil er die Frage der Verfassungsrevision ins Rollen gebracht hat.

Es ist jetzt klar, auf welchen Einfluß die Bauernunruhen in Rumänien, die übrigens schon im vollen Abnehmen begriffen sind, zurückzuführen sind. Der offiziöse «Telegraphul» veröffentlicht einen scharfen Angriff gegen den russischen Gesandten Hitrowo. Man erwartet in Bukarest die Abberufung Hitrowos.

Auch die Bauernunruhen in Bulgarien, die ebenfalls unter dem russischen Protektorate in Szene gesetzt wurden, wurden durch die Energie der Regierung im Keime erstickt. «Eine Besserung der politischen Lage ist wohl nicht zu verzeichnen», meinte Stambulow in einem politischen Gespräch, «aber es ist vielleicht besser, daß die Krise länger dauert, da der Fürst mit der Zeit um so leichter die gesetzliche Sanktion erlangen wird.»

*Die Woche, 26. April–2. Mai 1888*

Es hat in der vergangenen Woche im Österreichischen Reichsrate nicht an Versuchen gefehlt, den Liechtensteinschen Schulantrag vor der Verhandlung des Unterrichtsbudgets auf die Tagesordnung zu bringen. Trotz allen Anstrengungen, die von der klerikalen Seite des Abgeordnetenhauses gemacht wurden, kam man schließlich doch überein, der Regierungsvorlage den Vortritt zu überlassen. Unterbrochen wurde die Budgetdebatte durch die Vorlage des Reservistengesetzes, welches gleich wie im Ungarischen auch im Österreichischen Abgeordnetenhause mit großer Mehrheit zur Annahme gelangte. Am 30. April hat die Debatte über das Budget des Unterrichtsministeriums begonnen. Sowohl die Rechte wie die Linke ergingen sich in heftigen Angriffen gegen den Unterrichtsminister, und seine Erwiderung hat weder die Tschechen noch die Klerikalen zufriedengestellt. Herr von Gautsch erklärte, daß er von den absolvierten Studenten der tschechischen Universität die Kenntnis der deutschen Sprache unbedingt fordern müsse und niemals eine Herabdrückung des Bildungsniveaus zugeben werde. Wenn er nur Wort hält!

Die Besserung in dem Befinden des deutschen Kaisers hielt glücklicherweise an, nur die allerletzten Nachrichten lauten etwas weniger günstig. Täglich erhält der erlauchte Monarch rührende Beweise von der innigen Liebe und Verehrung seines Volkes. Die Veröffentlichung des letzten Willens des Kaisers Wilhelm soll demnächst erfolgen. Das Aprilheft der «Preußischen Jahrbücher» bestätigt, daß Kaiser Friedrich III. sowohl den Aufruf «An mein Volk», als auch den Erlaß an den Reichskanzler, zwei Schriftstücke, welche von den edlen Gesinnungen des Monarchen glänzendes Zeugnis geben, in San Remo selbst verfaßt und dem Fürsten Bismarck in Leipzig übergeben hat. Am nächsten Tage überreichte der Reichskanzler dem Kaiser diese Schriftstücke ohne Erinnerung.

Die Ernennung des durch seinen leidenschaftlichen Haß gegen Deutschland bekannten russischen Generals Bogdanowitsch zum Sektionschef im Ministerium des Innern hat in den politischen Kreisen Deutschlands berechtigtes Aufsehen erregt. Bogdanowitsch ist auch ein eifriger Verfechter der russisch-französischen Allianz, welcher Umstand die Berufung des Generals auf einen so einflußreichen Posten in einem eigentümlichen Lichte erscheinen läßt.

Die Reise des Präsidenten der französischen Republik nach dem Südwesten Frankreichs hatte ziemlichen Erfolg. In Bordeaux selbst war der Empfang des Präsidenten ein sehr guter. Er hielt daselbst eine politisch bedeutsame Rede, in welcher er alle Republikaner zur Einigkeit auffordert. Und daran tut es angesichts der boulangistischen Umtriebe, die an Verwegenheit täglich zunehmen, wahrlich not.

Der Fürst von Bulgarien bereist gegenwärtig sein Land. Überall, wo er sich zeigt, werden ihm ebenso herzliche als enthusiastische Ovationen vom Volke bereitet. Beweis genug, daß es endlich an der Zeit wäre, die bisherige Haltung der Mächte zu ändern. Daß der junge Fürst sich auf seinem Throne behaupten wird, bezweifelt ohnedies kaum noch ein einsichtiger Politiker, am allerwenigsten aber dürfte man sich darüber in St. Petersburg einer Täuschung hingeben.

In Serbien hat sich ein Ministerwechsel vollzogen. Das radikale Ministerium Gruitschs hat seine Demission gegeben und ein zum größten Teile aus Beamten zusammengesetztes Ministerium, mit Kristics an der Spitze, die Geschäfte der Regierung übernommen.

*Die Woche, 3.–10. Mai 1888*

Schwere Tage hatte das Ministerium Taaffe in der vorigen Woche durchzumachen. Die Regierungspartei tat so, als habe sie nicht übel Lust, dem Herrn von Gautsch das Unterrichtsbudget zu verweigern. Es hätte auch leicht dazu kommen können, wenn die Opposition sich ihrer Pflicht nicht entzogen hätte. Der größte Teil des Deutsch-Österreichischen Klubs aber ging in das regierungsfreundliche Lager über und rettete so das Ministerium Taaffe oder doch den Herrn Minister für Kultus und Unterricht. Ob das Kabinett sich aber recht seines Sieges erfreuen wird, ist sehr fraglich. Der Liechtensteinsche Schulantrag und das Spiritusgesetz werden allem Anscheine nach der Regierung noch manche Unannehmlichkeiten bereiten, und es wird sich zeigen, ob das Kabinett denselben auch in Zukunft gewachsen sein wird. Über die sonstigen Vorkommnisse im österreichischen Parlamente bleibt nur wenig Erfreuliches zu sagen. Die Skandalsucht steigert sich von Tag zu Tag. Ein Mißbilligungs-Ausschuß folgt dem andern.

Das ist die Tätigkeit des Österreichischen Abgeordnetenhauses, dem das Volk dafür wenig Dank wissen wird.

Die große Verstimmung, welche die Ernennung des Generals Bogdanowitsch im Deutschen Reiche hervorgerufen hat, dauert fort. Während man in Deutschland jeden Anlaß meidet, durch den die Empfindlichkeit des Zaren irgendwie verletzt werden könnte, hat man in Rußland wenig Verständnis für ein gleiches Entgegenkommen. Daß durch diese zum mindesten unzeitgemäße Ernennung des Generals Bogdanowitsch die boulangistische Bewegung in Frankreich, welche in der letzten Zeit einigermaßen im Abnehmen begriffen zu sein schien, wieder eine neue Ansportung erhalten hat, ist begreiflich. Die republikanischen Blätter eröffnen jetzt einen Feldzug gegen die Minister Lockroy und Freycinet, welche das Manifest der Deputierten und Senatoren der Seine gegen Boulanger nicht unterzeichnen wollten. Die Erklärung des Ministerrates, daß Lockroy und Freycinet das Manifest nicht zu unterschreiben hätten, weil das Ministerium in allen Handlungen solidarisch sei und die im Parlamente über den Boulangismus abgegebenen Erklärungen Floquets genügten, hat allem Anscheine nach wenig Eindruck gemacht. Die erste Lieferung des Buches «L'invasion allemande» aus der Feder Boulangers, in welchem er die Ereignisse und die Männer des Jahres 1870 «analysiert und studiert hat», soll in den nächsten Tagen erscheinen. 2½ Millionen Exemplare desselben würden gratis verteilt werden.

Nun rüstet auch England. Der Kriegsminister Stanhope hat eine Vorlage zur Verbesserung der nationalen Verteidigung eingebracht, welche vom Unterhause in erster Lesung angenommen wurde. Überall in Europa beugt man sich dem ehernen Gebote: si vis pacem, para bellum.

Der italienische Ministerpräsident hat der «Irredenta» auf der apenninischen Halbinsel gründlich heimgeleuchtet. Er betonte in einer bedeutsamen Rede, daß Italien mit Deutschland und Österreich verbündet sei, aber einzig deswegen, weil dies am besten den Interessen Italiens entspreche. Crispi gab auch zu, daß neben dem Bunde Italiens mit Deutschland und Österreich auch ein solcher zwischen Italien und England bestehe.

Auf der Balkanhalbinsel ist alles ruhig. Fürst Ferdinand von Bulgarien ist in Tirnowa angelangt und mit begeistertem Jubel empfangen worden. Der Fürst hielt bei einem ihm zu Ehren veranstalteten Bankette eine Ansprache, in welcher er auf die moralische Stärke Bulgariens hinwies, die ihn hoffen lasse, daß es sich von allen schädlichen fremden Einflüssen bald unabhängig machen werde. «Diese Stärke flößt mir» – so schloß der Fürst seine Ansprache – «ein starkes Vertrauen auf eine glänzende Zukunft Bulgariens ein.»

## Die Woche, 11.–16. Mai 1888

Das Befinden Kaiser Friedrichs bessert sich in erfreulichster Weise wieder von Tag zu Tag; Fürst Bismarck ist nach Varzin abgereist.

Seit einigen Tagen ist im Österreichischen Abgeordnetenhause die Budgetdebatte in ein ruhigeres Fahrwasser getreten. Die Krisengerüchte, die in der letzten Zeit wiederholt auftauchten, sind nun auch verstummt. Ernst hat sie ohnedies kaum jemand genommen. Wie vorauszusehen war, haben sich die Polen dem Rate Grocholskis, des «klügsten Mannes», ganz gebeugt und in der Spiritusfrage einen mehr oder weniger geordneten Rückzug angetreten. Auch Prinz Liechtenstein hat dareinwilligen müssen, daß die erste Lesung seines Schulantrages auf die nächste Session verschoben werde. Dagegen erfährt man, daß der von der Opposition so sehr verhätschelte Minister für Kultus und Unterricht sich mit der Vorbereitung eines neuen Volksschulgesetzes beschäftige. Wahrhaftig, die Volksschule darf sich nicht darüber beklagen, daß man sich ihrer zu wenig annehme. Die lex Liechtenstein, lex Lienbacher, lex Herold und lex Gautsch, sie alle bezwecken mit ihrer eigentümlichen Fürsorge, die arme Volksschule zu erdrücken. Zur Bewältigung des massenhaften, noch unerledigten Arbeitsmateriales werden schon in den nächsten Tagen Abendsitzungen stattfinden. Man spricht auch von der Notwendigkeit einer Fortdauer der Session bis in die Sommermonate. Am 13. Mai wurde das Denkmal der Kaiserin Maria Theresia auf dem herrlichen Platze zwischen den beiden Hofmuseen in Wien im Beisein des Kaiserpaares feierlich enthüllt; am folgenden Tage eröffnete Franz Josef persönlich die Jubiläums-Ausstellung, welche der Niederösterreichische Gewerbeverein im Prater bzw. in der Rotunde zur Feier des vierzigsten Regierungsjubiläums veranstaltet hat.

Endlich ist auch England aus der Reserve eines stillen Beobachters herausgetreten. Am 14. ds. begab sich eine Deputation, deren Mitglieder den angesehensten Persönlichkeiten des Landes angehören, zum Kriegsminister Stanhope, um ihn zu bitten, die nötigen Vorsichtsmaßregeln zur Verteidigung des Landes zu treffen, und zur Zeit zirkuliert ein Aufruf unter den Kaufleuten, Bankiers und sonstigen leitenden Kreisen der City, in welchem dieselben ersucht werden, sich an einer großen Versammlung zu beteiligen, deren Zweck es sein soll, Englands gegenwärtigen Verteidigungszustand zu Land und zur See zu ermitteln, da ein Krieg mit einer ausländischen Macht in naher Zukunft nicht unmöglich sei, und die bisherige Politik hinsichtlich der Defensivmaßregeln nicht länger fortdauern könne.

England versieht sich aber der Kriegsgefahr nicht so sehr von Seite Rußlands als von Seite Frankreichs, das, wenn einmal Boulanger seine ehrgeizigen Pläne verwirklicht, eher das unvorbereitete Inselreich als das wohlgerüstete Deutsche Reich überfallen dürfte. Ja, Boulanger und kein Ende! Er feiert Triumphe überall, wo er sich zeigt. In Lille hielt er bei einem Bankette eine Rede, in welcher er auf die Ohnmacht und Unfähigkeit der aus 500 souveränen Nichtstuern zusammengesetzten Kammer hinwies. Er nannte die Abgeordneten Urheber der Kolonialkriege, Schwindler, schimpfte auf die Verfassung, beschuldigte die Volksvertreter, daß sie das Volk prellten, und schmeichelte in plumper Weise den Wählern. In Douai beklagte er sich darüber, daß die Verfassung kein Mittel angebe, den Präsidenten zu beseitigen. Das ist doch deutlich genug gesprochen.

Fürst Ferdinand von Bulgarien ist am 16. ds. von seiner Reise, die eine fortgesetzte Kette von herzlichen und begeisterten Ovationen für ihn bildete, wieder nach Sofia zurückgekehrt.

König Milan von Serbien traf am 14. ds. in Wien ein, woselbst seine Gemahlin mit dem Kronprinzen schon seit einigen Tagen weilt.

*Die Woche, 17.–23. Mai 1888*

In der Hauptstadt Mährens hat in den Pfingstfeiertagen die Hauptversammlung des Deutschen Schulvereins stattgefunden. Trotz der seit Wochen fortgesetzten Bemühungen tschechischer Agitatoren, namentlich der Sokolisten, die Versammlung zu stören, verlief dieselbe in glänzender und erhebender Weise, und nicht der geringste Mißton hat dieses schöne Fest, welches geeignet ist, die Einigkeit und Widerstandsfähigkeit der Deutschen zu erhöhen, gestört. Die Hauptversammlung fand im städtischen Redoutensaale statt und war von mehr als 800 Delegierten aus allen österreichischen Ländern und mehreren hundert Gästen, von denen auch einige aus Deutschland kamen, besucht. Aus dem Berichte über die Geschäfts- und Geldgebarung des Vereins entnehmen wir folgende interessante Daten: Das Ortsgruppennetz umfaßt 1035 vollständig im Gange befindliche Ortsgruppen, darunter 93 Frauen- und Mädchen-Ortsgruppen (fünf mehr gegen das Vorjahr), und sind mehr als 6000 Mitglieder an der Gruppenverwaltung tätig, darunter mindestens 600 Frauen. Die Zahl sämtlicher Vereinsmitglieder kann wieder mit etwa 120 000 angenommen werden, wovon beiläufig 30 000 auf Frauen und Mädchen entfallen. Die reinen Einnahmen im Gewinn- und Verlustkonto weisen eine Gesamtsumme von Gulden 291 814.38 aus. Die Gesamteinnahmen des Vereins beliefen sich seit seiner Gründung (Juni 1880) bis 1. Mai 1888 auf fl. 1 761 537.91 gegen fl. 1 462 218.35 am gleichen Tage des Vorjahres. Die für Schulzwecke verausgabte und gewidmete Gesamtsumme betrug fl. 296 684.51. Abends fand eine Festvorstellung im Theater und nach dem Theater die Begrüßung in der Turnhalle statt. Es wurden kernige deutsche Reden unter dem stürmischen Beifalle der Teilnehmer gehalten. Nur die Rede des ersten Vizebürgermeisters von Wien, Dr. Prix, brachte eine polemisierende Geschmacklosigkeit, zumal im Hinblick auf jüngst verflossene Gerichtsverhandlungen. «Daß unser Kaiser Franz Josef heiße», ist doch im Munde eines Österreichers etwas Selbstverständliches. Die servile Liebedienerei und Aufdringlichkeit, die eher geeignet ist, an höchster Stelle zu verletzen denn zu gefallen, beginnt platt zu werden. Auch für Reibereien zwischen Herrn Dr. Prix und Herrn Dr. Lueger, über dessen Deutschtum man nachgerade die Akten geschlossen hat, sind die Hauptversammlungen des Schulvereins nicht der Ort, welche durch einen Rückblick auf die Vergangenheit zu neuer werktätiger Arbeit für die Zukunft anspornen sollen. Höchst verdienstlich war der Antrag des Herrn von Dumreicher betreffs der Gründung eines Schulbaufonds. Dumreicher hat im Laufe dieses Jahres bereits mehrfach Gelegenheit gehabt, unter den deutschen Abgeordneten in bemerkenswerter Weise hervorzutreten, alle seine Ausführungen sind von hohem sittlichen Ernst getragen, sein Blick dabei immer auf das Wahre und Schaffende gerichtet, sein Wort eine Erquickung in der Dürre der Phrase, seine Reden ein Quell politischer Bildung und Erziehung für die deutsche Jugend Österreichs. Es kann sich mancher an dem Abgeordneten der Klagenfurter Handelskammer ein Beispiel nehmen.

In der nächsten Zeit stehen Veränderungen in der Dislokation der Truppenkörper bevor. Es werden die galizischen Regimenter, die bisher ihre Standquartiere noch außerhalb Galiziens hatten, nach Maßgabe der Verhältnisse in ihre Ergänzungsbezirke verlegt werden. Diese Maßregel erscheint, wie das diesbezügliche offiziöse Communiqué bemerkt, dadurch dringend geboten, weil durch die mannigfachen militärischen Objekte und Fortifikationen, die in den letzten Jahren in ganz Galizien errichtet worden sind, der militärische Dienst an Ausdehnung und Anstrengung beträchtlich gewachsen ist und Ansprüche stellt, für welche die in diesem Landesteile bisher nicht vermehrte Truppenanzahl ferner nicht als ausreichend betrachtet werden kann. Es wäre überhaupt eine Anomalie – fährt das Communiqué fort –, wenn gerade in jenem Grenzlande, welches seiner geographischen Lage und Beschaffenheit nach am exponiertesten ist, die für die schnelle Entwicklung der Wehrkraft so vorteilhafte Verlegung der heimatlichen Regimenter in ihre Ergänzungsbezirke nicht durchgeführt würde.

Kaiser Friedrich III. befindet sich andauernd besser. Nachdem die Gehversuche so gut geglückt sind, hat der Kaiser auch schon Spazierfahrten im offenen und geschlossenen Wagen unternommen, bei denen ihm immer vom Publikum begeisterte Huldigungen dargebracht wurden. Das Communiqué, welches die «Norddeutsche Allgemeine Zeitung» anläßlich der Grenzvexationen, denen deutsche Untertanen in der letzten Zeit ausgesetzt sind, veröffentlicht hat, wird seine Wirkung in Frankreich nicht verfehlen. Deutschland hat sich schon oft über französische Übergriffe solcher Art hinweggesetzt, aber die Provokationen häuften sich allzu sehr, um nicht die französischen Heißsporne energisch in die gebührenden Schranken zu verweisen, wie es jetzt geschehen ist. Die angedrohten Repressalien werden also wohl die Gemüter in Frankreich bald zur Vernunft bringen.

Ob der Boulangismus im Zu- oder Abnehmen begriffen ist, läßt sich heute nicht mit Sicherheit feststellen. Wohl behaupten die anständigen französischen Journale, daß die Herrlichkeit des braven Generals den Zenit überschritten habe. Das mag bei den oberen Zehntausend der Fall sein, von den breiten Volksmassen weiß man dies aber noch keineswegs sicher.

Prinz Ferdinand von Bulgarien richtete an den Ministerpräsidenten Stambulow ein Reskript, in welchem er ihn bittet, der Bevölkerung für den ihm bereiteten Empfang den Dank auszudrücken. Er sei von seiner Reise entzückt und werde sich demnächst nach Kazanlik begeben, um einige Tage im Rosentale zuzubringen.

*Die Woche, 23.–30. Mai 1888*

Das Befinden des Kaisers Friedrich ist fortdauernd ein sehr günstiges. Am 24. fand die Vermählung des Prinzen Heinrich mit der Prinzessin Irene von Hessen, der Enkelin der Königin Viktoria von England, in Charlottenburg statt. Am 27. ist Fürst Bismarck aus Varzin wieder nach Berlin zurückgekehrt. Am 26. hielt das Preußische Abgeordnetenhaus seine letzte Sitzung, in welcher das Volksschullastengesetz gemäß den Beschlüssen des Herrenhauses angenommen wurde. Richter hielt gelegentlich der Verhandlung über die Wahlprüfung eine scharfe Rede gegen das Verhalten der konservativen und nationalliberalen Presse in der Kanzlerkrise und der Kaiserin gegenüber, so daß sich die Konservativen und Nationalliberalen gezwungen sahen, in energischster Weise Protest gegen diese Anschuldigungen einzulegen. Die «Norddeutsche Allgemeine Zeitung» und andere dem Fürsten Bismarck nahestehende Organe bringen in Erwiderung auf einen Aufsatz der «Moskauer Zeitung» heftige Artikel gegen das feindselige Verhalten Rußlands in politischen und wirtschaftlichen Dingen Deutschland gegenüber; zugleich wird die Notwendigkeit von Gegenmaßregeln betont. Man sprach sogar von Zollrepressalien gegen das Zarenreich. Doch soll es vorläufig nur bei der Drohung bleiben.

Im Österreichischen Abgeordnetenhaus wurde die Budgetdebatte am 25. geschlossen, nachdem Abgeordneter Derschatta den Justizminister wegen der geheimen Grundbuchordnung für das Grazer Oberlandesgericht in heftiger Rede angegriffen und Abgeordneter Pernerstorfer auf die schreienden Mißstände in der galizischen Gerichtspraxis hingewiesen hat. Die Vorlage betreffend die Subvention des Österreich-Ungarischen Lloyd wurde angenommen. Gegenwärtig ist das Branntweinsteuergesetz Verhandlungsgegenstand. Am 26. Mai beantwortete Tisza die Interpellation Helfy betreffs die Beschickung der Pariser Weltausstellung von Seite der ungarischen Industriellen dahin, daß der Staat den Ausstellern keinerlei Unterstützung gewähren könne, und daß er überhaupt von jeder Teilnahme abrate. In Paris hat diese Rede begreiflicherweise großes Aufsehen hervorgerufen, und man sucht nach politischen Beweggründen Tiszas.

In Frankreich wurde von Clemenceau, Ranc und Joffrin eine Versammlung einberufen, die die Bildung einer «Gesellschaft der Menschenrechte» beschließt. Die Republik soll durch sie «gegen Diktaturgelüste geschützt werden». Auch sonst scheinen sich die Stimmen gegen Boulanger zu mehren. Die deutsche Reichsregierung hat verfügt, daß alle von Frankreich nach dem Elsaß kommenden Ausländer mit einem von der deutschen Botschaft in Paris bescheinigten Paß versehen sein müssen. Diese Maßregel wird mit dem Treiben der französischen Revanchepartei gerechtfertigt. Eine Reihe weiterer Bestimmungen sucht den Aufenthalt von Franzosen im Elsaß zu regeln.

Prinz Ferdinand von Bulgarien ist am 27. in Sofia eingetroffen; der Empfang war ein überaus glänzender. Prinzessin Clementine traf am 29. zum Namenstage des Fürsten (der auf den 30. fällt) ein. Es sind große Festlichkeiten für diesen Tag in Aussicht genommen.

In England wurde eine britisch-ostafrikanische Gesellschaft, welche die weitere Erforschung und Zivilisierung Afrikas bezweckt, gegründet und von der Regierung mit dem Rechte versehen, Zölle und Steuern zu erheben und eine bewaffnete Macht zu organisieren.

*Die Woche, 31. Mai–6. Juni 1888*

## Die Krisis in Preußen

Aus den Bedenken, die Kaiser Friedrich gegen die Unterzeichnung des Gesetzes über die Verlängerung der Legislaturperioden in Preußen hat, entwickelte sich eine Puttkamer-Krise, die voraussichtlich auch eine solche bleiben und nicht, wie man von mancher Seite behauptet, zu einer Krisis des Gesamtministeriums führen wird. Die Publikation des Gesetzes hängt von der Stellung ab, die Herr v. Puttkamer dem an ihn gerichteten Schreiben des Kaisers gegenüber einnimmt, worin er aufgefordert wird, sich über die im Abgeordnetenhause vorgebrachten Wahlbeeinflussungen zu äußern.

In diesem Schreiben scheint der Kaiser dadurch, daß er gegen die Wahlbeeinflussung Stellung nimmt, dem Gesetze ein Gegengewicht entgegensetzen zu wollen. Dieses Schreiben soll gleichzeitig mit dem Legislaturperioden-Gesetz veröffentlicht werden. Welchen Ausgang die Krisis nehmen wird, ist augenblicklich nicht abzusehen, da man über die Stellung des Kanzlers der Frage gegenüber nur Vermutungen haben kann.

### Der Boulanger-Rummel

Vorgestern (4. Juni) stellte Boulanger in der französischen Kammer seinen schon seit längerer Zeit angekündigten Antrag auf Verfassungsrevision und begehrte die Dringlichkeit desselben. Die Worte, mit denen er seinen Vorschlag unterstützte, erhoben sich nicht über die gewöhnlichsten demokratischen Phrasen. Die Republik soll nicht das Eigentum von Koterien, sondern das Gemeingut aller sein. Nicht die Kammermitglieder, die nur das Interesse gewisser Kreise vertreten, sondern er sei der rechte Interpret des Volkswillens. Er sei für die Abschaffung der Präsidentschaft. Die Minister sollen nur dem Staatschef verantwortlich sein. Die Kammer solle nur Gesetze geben, aber nicht regieren. Er würde ohne Bedauern den Senat verschwinden sehen, der nichts bedeute. Nach einer Rede Floquets, der die hochmütige Sprache des Generals, der wie Bonaparte von seinen Siegen heimkehrend sprach, zurückwies, wurde die Dringlichkeit des Antrages mit 335 gegen 170 Stimmen verworfen.

✻

Kaiser Friedrich reiste am 1. Juni nach Potsdam ab. Über sein Befinden ist auch diesmal Gutes zu sagen.

Im Österreichischen Abgeordnetenhaus begann am 29. Mai die Debatte über das Branntweinsteuergesetz. Dasselbe wurde am 5. Juni mit einer Majorität von 30 Stimmen angenommen, und damit ist ein Gesetz geschaffen, das den unteren Schichten der Bevölkerung eine drückende Last sein wird und das zugleich dem Lande Galizien (als Entschädigung der dortigen Propinationsberechtigten) ein Geschenk von jährlich einer Million bringen wird. Samstag, den 9. Juni, versammeln sich in Pest die Delegationen. Das Abgeordnetenhaus beschloß am 5. seine Sitzungen.

Die Tisza-Affäre hat vorläufig damit einen Abschluß gefunden, daß Goblet der Kammer die Erklärungen Kalnokys und Tiszas mitgeteilt hat, die beide versichern, daß von einer Verletzung Frankreichs nicht die Rede sein könne. Goblet hielt dabei eine beifällig aufgenommene Rede, die den friedlichen Charakter der französischen Politik darlegte, aber auch von der Entschlossenheit sprach, mit der die Franzosen ihre nationale Würde gegen jeden verteidigen werden.

Anläßlich des Namenstages des Prinzen Ferdinand von Bulgarien fand eine große Revue statt, und es brachte die Bevölkerung dem Fürsten und der Prinzessin Clementine Ovationen dar.

In diesen Tagen ist die sogenannte transkaspische Eisenbahn dem Verkehr übergeben worden, die die Möglichkeit bietet, die Strecke vom Schwarzen Meer bis Samarkand in vier Tagen zurückzulegen. Daß diese Bahn dem Handel Rußlands neue Wege eröffnet, ist zweifellos, ob aber bei dem Baue jeder politische Hintergedanke ausgeschlossen war, ist fraglich.

*Die Woche, 6.–13. Juni 1888*

Im Vordergrunde der Ereignisse steht der am 8. erfolgte Rücktritt Puttkamers. Wir bringen eine Beleuchtung dieses Ereignisses an leitender Stelle. Die bis jetzt verbreiteten Mitteilungen über den eventuellen Nachfolger beruhen lediglich auf Kombinationen. Die Ernennung desselben verzögert sich wohl wegen des Befindens des Kaisers, in dem leider in den letzten Tagen eine bedauerliche Verschlimmerung eingetreten ist.

Am 9. ist die Delegations-Session in Pest eröffnet worden. Den Delegierten sind folgende Vorlagen unterbreitet worden: der gemeinsame Voranschlag für 1889, der außerordentliche Kredit für die Truppen in Bosnien, die Nachtragskredite des Ministeriums des Äußern und der Kriegsmarine, der Spezialkredit für militärische Vorsichtsmaßregeln, eine Vorlage betreffend die Erstreckung von Krediten für die Kriegsmarine, die Schlußrechnung für 1886, der Gebarungsausweis für 1887 und das bosnische Budget. Das Nettoerfordernis, das sich aus diesen Vorlagen ergibt, ist 192 Millionen. Bringt man hiervon den Betrag von 17,6 Millionen in Abschlag, der der gemeinsamen Regierung für den Fall dringenden Bedarfes – sie hat bei eventueller Verwendung das Einverständnis der österreichischen und ungarischen Regierung einzuholen – zur Verfügung gestellt wird, so verbleibt noch immer die namhafte Summe von 175 Millionen. Davon entfallen ungefähr $96^{2}/_{3}$ Prozent auf die militärischen Auslagen und davon 29,7 Millionen auf den außerordentlichen Rüstungskredit (davon sind 16 Millionen infolge Beschlusses des Kronrates zu Weihnachten schon in Verwendung gelangt). Das ordentliche Erfordernis des Heeres beträgt 115,9

Millionen, das außerordentliche 23,1 Millionen, der bosnische Okkupationskredit 4,5 Millionen. Diese Ziffern werfen ein nur allzu helles Licht auf die politische Situation Europas, die in der Ansprache des Kaisers an die Delegationen mit folgenden Worten berührt erscheint: «Die Beziehungen der Monarchie zu den auswärtigen Mächten tragen einen durchaus freundschaftlichen Charakter; wenn aber trotzdem meine Regierung gezwungen ist, in ihrer pflichtgemäßen Sorge für die Sicherung unserer Grenzen und Förderung unserer Wehrkraft bedeutende Kredite in Anspruch zu nehmen, so liegt der Grund hiervon hauptsächlich in der fortwährenden Unsicherheit der politischen Lage Europas.» Mit Worten sprechen unsere Regierungen eben die Hoffnungen, mit Zahlen die Befürchtungen aus.

Das Kronprinzenpaar hat sich nach Bosnien begeben und ist heute in Serajewo eingetroffen.

Zwischen Italien und dem Sultan von Zansibar ist ein Konflikt ausgebrochen; der Sultan hat sich geweigert, den von seinem Vorgänger mit Italien abgeschlossenen Vertrag, der die Abtretung der Küste zwischen Kap Delgado und dem Äquator an Italien verfügte, auszuführen.

Die Universität Bologna feierte am 12. ds. das Fest ihres achthundertjährigen Bestandes.

Ein überraschendes Ereignis ist der Sturz des ägyptischen Premierministers Nubar Pascha, der selbst für England, wo man gewohnt war, in ihm den Förderer englischer Interessen zu sehen, überraschend gekommen zu sein scheint. Als unmittelbare Ursache werden die Reformen angegeben, die Nubar bezüglich der Landsteuer und des Agrarwesens verlangte, bei denen Nubar von dem englischen Vertreter Baring, der seit langem sein Gegner war, keine Unterstützung erhalten konnte. Der tiefer liegende Grund dürfte aber die Gegnerschaft Frankreichs gegen Nubar sein, das letztere durch seine vor einigen Jahren beabsichtigte Unterdrückung des französischen Journals in Ägypten «Bosphore», sowie durch eine Äußerung, die er über Frankreich getan haben soll, das «seit 1870 eine Leiche ist, die man mit Füßen treten kann», gereizt hat. Frankreich scheint bei seinem Sturze mitgewirkt zu haben.

Am 12. haben in Belgien die Wahlen zur Erneuerung der Hälfte der Kammer- und Senatsmitglieder stattgefunden. Die Liberalen haben eine vollständige Niederlage erlitten. Sie haben nicht nur keinen einzigen Sitz erobert, sondern sogar zwei verloren. In Brüssel ist eine Stichwahl zwischen dem Kandidaten der gemäßigten Liberalen und der Independenten notwendig.

Fürst Ferdinand von Bulgarien steht vor der Entscheidung über den Prozeß Popow. Er hat das kriegsgerichtliche Urteil nicht sofort bestätigt, sondern die Prozeßakten dem Kriegsminister mit der Erklärung zurückgestellt, er müsse sich die Sache noch überlegen. Die Meldungen, daß sich das Ministerium in zwei Parteien gespalten habe, von dem die eine oder die andere, je nachdem die Entschließung des Fürsten ausfalle, demissionieren wolle, erklärt die «Agence Havas» für erfunden. Der Fürst und Prinzessin Clementine beabsichtigen, einige Zeit in Ostrumelien zuzubringen.

*Die Woche, 14.–20. Juni 1888*

Als am Freitag, den 15., der Welt kund wurde, daß Kaiser Friedrich ausgerungen, da ging ein Zug tiefster Bewegung durch alle Welt. Allüberall empfand man es, was Friedrich dem deutschen Volke hätte sein können, wenn ihn nicht die tückische Krankheit daran gehindert hätte. Niemand kann sich verhehlen, daß dieser Kaiser auf dem Throne eine ethische Größe bedeutet hätte, die das Größte hätte hoffen lassen. Aus allen Teilen der Welt laufen Stimmen ein, die die tiefste Teilnahme für den edlen Herrscher bekunden. Die Bestattung fand Montag vormittag ½11 Uhr statt. Wilhelm II. hat nach seiner Thronbesteigung das erste Wort an die Armee gerichtet. Wir wollen nur die markantesten Stellen hervorheben: «In der Armee ist die feste, unverbrüchliche Zusammengehörigkeit zum Kriegsherrn das Erbe, welches vom Vater auf den Sohn, von Generation zu Generation geht; und ebenso verweise ich auf meinen Großvater, das Bild des glorreichen und ehrwürdigen Kriegsherrn, wie es schöner und zum Herzen sprechender nicht gedacht werden kann; auf meinen teueren Vater, der sich schon als Kronprinz eine Ehrenstelle in der Armee erwarb ... ich gelobe dessen eingedenk zu sein, daß die Augen meiner Vorfahren auf mich herniedersehen.»

Die Proklamation des neuen Königs von Preußen wollen wir als die wichtigste Kundgebung desselben dem Wortlaute nach hierhersetzen:

An mein Volk! Gottes Ratschluß hat über uns aufs neue die schmerzlichste Trauer verhängt. Nachdem die Gruft über der sterblichen Hülle meines unvergeßlichen Herrn Großvaters sich kaum geschlossen hat, ist auch meines heißgeliebten Herrn Vaters Majestät aus dieser Zeitlichkeit zum ewigen Frieden abgerufen worden. Die heldenmütige, aus christlicher Ergebung erwachsende Tatkraft, mit der er seinen königlichen Pflichten ungeachtet seines Leidens gerecht zu werden wußte, schien der Hoffnung Raum zu geben, daß er dem Vaterlande noch länger erhalten bleiben werde. Gott hat es anders beschlossen. Dem königlichen Dulder, dessen Herz für alles Große und Schöne schlug, sind nur wenige Monate beschieden gewesen, um auch auf dem Throne die edlen Eigenschaften des Geistes und Herzens zu betätigen, welche ihm die Liebe seines Volkes gewonnen haben. Der Tugenden, die ihn schmückten, der Siege, die er auf den Schlachtfeldern einst errungen hat, wird dankbar gedacht werden, so lange deutsche Herzen schlagen, und unvergänglicher Ruhm wird seine ritterliche Gestalt in der Geschichte des Vaterlandes verklären.

Auf den Thron meiner Väter berufen, habe ich die Regierung im Aufblicke zu dem Könige aller Könige übernommen und Gott gelobt, nach dem Beispiel meiner Väter meinem Volke ein gerechter und milder Fürst zu sein, Frömmigkeit und Gottesfurcht zu pflegen, den Frieden zu schirmen, die Wohlfahrt des Landes zu fördern, den Armen und Bedrängten ein Helfer, dem Rechte ein treuer Wächter zu sein.

Wenn ich Gott um Kraft bitte, diese königlichen Pflichten zu erfüllen, die sein Wille mir auferlegt, so bin ich dabei von dem Vertrauen zum preußischen Volke getragen, welches der Rückblick auf unsere Geschichte mir gewährt. In guten und in bösen Tagen hat Preußens Volk stets treu zu seinem König gestanden. Auf diese Treue, deren Band sich meinen Vätern gegenüber in jeder schweren Zeit und Gefahr als unzerreißbar bewährt hat, zähle auch ich in dem Bewußtsein, daß ich sie aus vollem Herzen erwidere als treuer Fürst eines treuen Volkes, beide gleich stark in der Hingebung für das gemeinsame Vaterland.

Diesem Bewußtsein der Gegenseitigkeit der Liebe, welche mich mit meinem Volke verbindet, entnehme ich die Zuversicht, daß Gott mir Kraft und Weisheit verleihen werde, meines königlichen Amtes zum Heile des Vaterlandes zu walten.

Potsdam, 18. Juni 1888. Wilhelm.

**Durch kaiserliche Verordnung wird der Reichstag auf Montag, den 25. Juni, einberufen. Der Kaiser wird denselben selbst mit einer Thronrede eröffnen.**

In Österreich sind es gegenwärtig die Delegationen, auf die das politische Interesse gerichtet ist. Da ist vor allem der freundlichen und von tiefem politischen Takte getragenen Art zu erwähnen, mit der von den ungarischen Staatsmännern das Bündnis mit Deutschland behandelt wird, so daß Graf Kalnoky mit Recht sagen konnte, es sei wohl kaum früher geschehen, daß ein als geheim abgeschlossener Staatsakt auf diese Weise in die Öffentlichkeit gebracht, mit so allseitiger Billigung begrüßt wurde. Auch auf die Wichtigkeit des Bündnisses mit Italien wurde hingewiesen, und es muß gewiß auch mit Befriedigung erfüllen, daß Kalnoky sagen konnte, der Abschluß des letzten Handelsvertrages mit diesem Reiche, das die handelspolitischen Beziehungen auf eine sichere Grundlage stellte, habe gezeigt, wie der leitende Staatsmann Italiens, Crispi, mit Energie und erleuchtetem Verständnisse die Politik im Sinne des engsten Zusammengehens seines Landes mit Deutschland und Österreich-Ungarn lenkt. In bezug auf die politische Situation Europas haben wir wohl nichts Neues erfahren. Auch Graf Kalnoky betonte, daß von den Ursachen, die im letzten Winter und früher den Frieden als gefährdet erscheinen ließen, keine geschwunden ist. Die Besorgnisse entspringen nicht allein aus den Zuständen auf der Balkanhalbinsel, als vielmehr aus der allgemeinen europäischen Lage, aus den Machtverhältnissen der einzelnen Staaten und den tiefgehenden Differenzen der Auffassung nicht so sehr der Kabinette als der Bevölkerungen. In bezug auf Bulgarien trat deutlich genug die Sympathie Österreich-Ungarns für den Fürsten Ferdinand hervor, dessen offizieller Anerkennung von Seite der Monarchie nur der Umstand entgegensteht, daß die Türkei, der die Initiative zusteht, diese noch nicht ergriffen hat. – Bei der Besprechung des Kriegsbudgets hob Reichs-Kriegsminister Bauer hervor, daß in Zukunft in den Ausbildungsschulen mehr Sorgfalt auf die Pflege der ungarischen Sprache bei Offizieren gelegt werden soll, wodurch aber der gemeinsamen Armeesprache kein Eintrag geschehen soll. Das Ordinarium wurde einstimmig bewilligt.

Der Empfang, der dem österreichischen Kronprinzenpaare überall in Bosnien wurde, ist ein außerordentlich erfreulicher.

Fürst Ferdinand von Bulgarien dürfte nach den neuesten Nachrichten die Affäre Popow in einer dem letzteren günstigen Weise erledigen. Die Minister scheinen sich dem Willen des Fürsten anzuschließen, und es kann wohl nicht mehr von einer Kabinettskrisis gesprochen werden. Der Fürst reist mit Prinzessin Clementine nach Philippopel ab, wo ihn Ministerpräsident Stambulow erwartet.

Die Stichwahlen in Belgien brachten den Katholiken sämtliche acht Sitze im Senat und einen in der Kammer.

In Madrid hat infolge der Differenzen, die zwischen dem einflußreichen Marschall Martinez Campos und dem Kriegsminister bestanden, dessen Militärreform sich der letztere widersetzte, eine Ministerkrise stattgefunden. Das neugebildete Kabinett Sagasta hat in der Kammer erklärt, nur eine Fortsetzung des vorausgegangenen sein zu wollen.

*Die Woche, 21.-27. Juni 1888*

Montag hat Wilhelm II. im Reichstag und Mittwoch im Preußischen Abgeordnetenhause zu dem deutschen Volke gesprochen. Es waren Worte, die nach jeder Richtung hin Klarheit zu schaffen geeignet sind. Der neue Herrscher hat verkündet, daß er entschlossen sei, «als Kaiser und König dieselben Wege zu wandeln, auf denen sein hochseliger Herr

Großvater das Vertrauen seiner Bundesgenossen, die Liebe des deutschen Volkes und die wohlwollende Anerkennung des Auslandes gefunden hat». Für uns Deutsche in Österreich sind die Worte des Kaisers über das Deutsch-Österreichische Bündnis von ganz besonderer Bedeutung: «Unser Bündnis mit Österreich-Ungarn ist allgemein bekannt. Ich halte an demselben mit deutscher Treue fest, nicht bloß, weil es geschlossen ist, sondern weil ich in diesem defensiven Bunde eine Grundlage des europäischen Gleichgewichtes erblicke, sowie ein Vermächtnis der deutschen Geschichte, dessen Inhalt heute von der öffentlichen Meinung des gesamten deutschen Volkes getragen wird und dem herkömmlichen europäischen Völkerrechte entspricht, wie es bis 1866 in unbestrittener Geltung war.» Diese Worte gehen aus einer tiefen, dem Geiste des Deutschtums und seiner geschichtlichen Entwicklung so entsprechenden Auffassung der Verhältnisse hervor, daß sie wohl in jedem Deutschen einen starken Eindruck machen und tiefe Befriedigung hervorrufen müssen. Die Erklärungen des Kaisers über die äußere Politik sind durchaus beruhigend. Überall in Europa wurden die Worte des neuen Herrschers der Deutschen in der sympathischsten Weise begrüßt.

Die österreichisch-ungarischen Delegationen sind mit ihren Arbeiten fast zu Ende. Die österreichische hat schon sämtliche Vorlagen in zweiter Lesung erledigt, der für außerordentliche Heeresauslagen beanspruchte 47 Millionen-Kredit ist einstimmig angenommen worden. Der Schluß der Session wird daher wahrscheinlich schon Donnerstag möglich sein. Gegen den 47 Millionen-Kredit wurde von Seite der Delegierten geltend gemacht, daß man in Hinkunft doch jene Auslagen, die als ständige zu betrachten sind, in das ordentliche

Heereserfordernis aufnehmen soll, und daß die für die Volksvertretung unkontrollierbaren Pauschalkredite nicht zu hoch werden sollen. Bemerkenswert sind die Worte Apponyis in der ungarischen Delegation betreffs der Umwandlung der passiven Politik Österreichs in der Balkanfrage in eine aktive. Österreich-Ungarn dürfe nicht ruhig zusehen, wie Rußland auf der Balkan-Halbinsel Politik mache, sondern müsse seinen ganzen Einfluß einsetzen, um die tatsächlich derzeit bestehenden Verhältnisse zur rechtlichen Anerkennung zu bringen. Kalnokys Rede in der Budgetdebatte der Delegationen, welche entschieden in Abrede stellte, daß Österreich an irgendwelche Eroberungen auf der Balkan-Halbinsel denke, hat in Griechenland einen Umschwung der Gesinnungen gegen Österreich hervorgerufen, wo man bisher nicht verstand, daß Rußland und nicht Österreich der Feind der freien Entwicklung der Balkanvölker ist.

Fürst Ferdinand von Bulgarien steht noch immer der Verurteilung Popows als einer ungelösten Frage gegenüber. Die letzten Nachrichten scheinen doch darauf hinzudeuten, daß die Sache ohne Ministerkrisis abgehen wird.

Die Boulangisten sind untereinander uneinig, Michelin und Genossen werden fortan nur dann dem General folgen, wenn er das von ihnen ausgearbeitete radikale Programm annimmt. Der französische Ministerrat hat die vom Institut de France angesuchte Aufhebung der Verbannung des Duc d'Aumale abgelehnt.

In Spanien verwarf die Kammer ein Amendement betreffend die offizielle Beteiligung Spaniens an der Pariser Weltausstellung.

Das englische Oberhaus hat am 18. Juni die Salisbury-Bill zur Reform des Oberhauses angenommen. Die Bill ermächtigt die Königin, jährlich nicht mehr als fünf Peers auf Lebenszeit zu ernennen, von denen drei eine höhere Staatsstellung innegehabt, die übrigen zwei sonst eine öffentliche Bedeutung haben müssen. Die Gesamtzahl der Peers darf niemals fünfzig überschreiten.

In Belgrad brachte König Milan am 24. Juni bei dem zu Ehren des Kabinetts veranstalteten Festdiner einen Trinkspruch aus, der bemerkenswerte politische Äußerungen enthält. Der König sagte, daß nur die in den letzten siebzig Jahren begangenen Irrtümer in der Politik Serbiens es in letzter Zeit zur Entlassung eines auf das Vertrauen des Volkes gestützten Ministeriums gebracht haben.

*Die Woche, 28. Juni – 4. Juli 1888*

Die beiden Thronreden Kaiser Wilhelms II. wurden in ganz Europa in der denkbar günstigsten Weise aufgenommen, auch in Rußland und sogar in – Frankreich. Sieht man von einigen russischen Zeitungsstimmen ab, die durch die scharfe Betonung der Zusammengehörigkeit Deutschlands und Österreich-Ungarns verstimmt sind, so ist deutlich wahrzunehmen, daß im Zarenreiche der neue Herrscher in der sympathischsten Weise begrüßt wird. Die Zusammenkunft Kaiser Wilhelms mit dem Zar, die in der Mitte des Juli stattfindet, wird gewiß zur Befestigung jener Beziehungen beitragen, die der Kaiser in seiner Thronrede als ein besonderes Herzensbedürfnis bezeichnete.

Puttkamer hat am 2. Juli in dem Unterstaatssekretär von Herrfurth einen Nachfolger bekommen. Der neue Minister des Innern steht keiner der parlamentarischen Parteien nahe, sondern ist ein im Verwaltungsdienste erfahrener Beamter. Diese Ernennung zeigt, über welche Summe von politischer Einsicht der neue Kaiser verfügt. In Deutschland scheint sich die Erkenntnis davon immer mehr Bahn zu brechen. Die deutschen Bundesfürsten sollen die außerordentlichen Eindrücke, die sie von dem männlichen Ernste und dem großen politischen Takt Wilhelms II. empfangen, besonders betont haben, und Fürst Bismarck konnte nach den übereinstimmenden Mitteilungen der deutschen Zeitungen einigen preußischen Pairs gegenüber die Hingebung des Herrschers, dessen Willensfestigkeit und Ruhe nicht genug betonen.

Die Nationalliberalen haben beschlossen, das Kartell mit den Konservativen nicht mehr zu erneuern.

Die österreichisch-ungarischen Delegationen haben ihre Sitzungen am 28. Juni geschlossen. Die Delegierten haben in richtiger Erkenntnis der zweifelhaften europäischen Lage sämtliche Forderungen der Heeresverwaltung bewilligt, freilich nicht, ohne dabei zu betonen, daß dieselben nunmehr jene Höhe erreicht hätten, über die hinaus nicht mehr gegangen werden könne; man habe an die Leistungsfähigkeit der Steuerträger die äußersten Anforderungen gestellt. Ein Blick auf die Delegationsverhandlungen ergibt, insoweit die Orientpolitik Österreichs in Frage kommt, ein erfreuliches Bild. Die Zustimmung unseres Auswärtigen Amtes zu der Lage der Dinge in Bulgarien, das Betonen der Ansprüche Griechenlands auf seine freie Entwicklung sind ein Zeugnis dafür, daß Österreich weiß, was den Balkanvölkern frommt.

Am 1. Juli hielt Graf Apponyi vor seinen Wählern eine Rede, in der er auseinandersetzte, welche Beweggründe die Delegationen geleitet haben, als sie den hohen Erfordernissen der gemeinsamen Regierung ihre Zustimmung erteilten:

«Wir wollen den Frieden und sind der festen Überzeugung, daß die Entschlossenheit den Frieden sichern, Schwanken aber zum Krieg führen wird.»

Im Deutschen Verein in Prag hielt Prof. Knoll eine Rede über die politische Lage. Er tadelte das Verhalten der Deutschen im letzten Sessionsabschnitte in mehrfacher Weise; besonders wandte er sich gegen die Wiener Pseudo-Demokraten und die Antisemiten.

Der Botschafter in London, Graf Karolyi, trat mit 20. Juni in den bleibenden Ruhestand.

Papst Leo XIII. hat am 28. v. M. eine Enzyklika erlassen, in der er die von den Modernen vertretene Freiheitsidee entschieden verdammt und einen im Sinne der Kirche gehaltenen «wahren Freiheitsbegriff» konstruiert, der seiner scholastischen Sophistik alle Ehre macht, dem modernen Bewußtsein aber einmal entschieden fremd ist.

Prinz Ferdinand von Bulgarien hat das Urteil an Popow bestätigt und denselben nachher begnadigt. Auf diese Weise hat er den beiden gegnerischen Parteien im Ministerium Genüge getan und eine schwierige Frage in einer Weise gelöst, wie sie sich dem Lande am günstigsten erweist. Einige Freunde Popows wurden wegen Demonstrationen verhaftet.

Das Ministerium Salisbury hat den Ansturm der Opposition glücklich bestanden. Morleys Tadelsvotum wurde vom Hause mit 366 gegen 273 Stimmen zurückgewiesen.

In Frankreich ist das Ministerium Floquet in einer Klemme. Es kann den Opportunisten gegenüber in der Kammer nicht aufkommen. Das Abgeordnetenhaus akzeptierte gegen das Ministerium den Antrag, daß die Budget-Kommission nur bei Anwesenheit von 17 Mitgliedern beschlußfähig sei. Die zweite Schlappe bildete die Wahl der Budget-Kommission selbst, in der die Opportunisten mit 20, die Anhänger der Regierung mit 13 Mitgliedern vertreten sind. Außerdem ist Rouvier, der Finanzminister Gambettas, einer der hervorragendsten Führer der Opportunisten, zum Präsidenten der Kommission ernannt worden. Flourens interpellierte am 3. wegen der Affäre in Carcassonne, wo der Maire sich den Anordnungen der Justiz widersetzte und die Regierung kompromittiert sein soll; das Kabinett erhielt aber ein Vertrauensvotum.

In den Vereinigten Staaten sind nun Cleveland von den Demokraten und Harrison von den Replubikanern endgültig als Kandidaten für die Präsidentschaft aufgestellt.

## Die Woche, 5.–11. Juli 1888

Die Abreise Kaiser Wilhelms wird am 15. Juli und die Ankunft am 20. Juli in Peterhof erfolgen. Graf Herbert Bismarck begleitet den Kaiser.

Freitag fand unter dem Vorsitze des Kaisers ein Kronrat statt, in dem der letztere die Räte der Krone aufforderte, ihm in gleicher Weise wie seinem Vater und Großvater ergeben zu sein, und indem er sagte, daß er genau im Sinne dieser seiner Vorfahren regieren wolle, daß die Botschaft von 1881 die Grundlage der sozialen Gesetzgebung und die Verträge mit Österreich und Italien jene der äußeren Politik sein sollen.

Immer bestimmter tritt die Meldung auf, daß der Unterrichtsminister Gautsch plane, den tschechischen Juristen die Ablegung ihrer Staatsprüfungen in böhmischer Sprache zu gestatten, wenn sie auf Staatsanstellungen verzichteten. Die deutschnationalen Abgeordneten Steinwender (in Villach), Bendel (in Reichenberg) und Richter (in Korneuburg) haben Wählerversammlungen abgehalten, um ihren Wählern Rechenschaft über ihre Tätigkeit im Reichsrate zu erstatten. Dabei wurde von Seite der letzteren die Forderung gestellt, den Reichsrat zu verlassen, wenn in ähnlicher Weise, wie dies mit dem Branntweinsteuergesetz geschehen, die Interessen des Volkes geschädigt werden.

Am 5. Juli traf die Nachricht ein, daß König Milan bei der serbischen Synode um die Scheidung von der Königin Natalie eingeschritten sei. Er hat sich aber zuletzt mit einer bloßen Trennung einverstanden erklärt. Damit ist die Forderung verbunden, daß der Kronprinz von der Seite seiner Mutter genommen und im Lande erzogen werden soll. Die Königin weilt gegenwärtig in Wiesbaden, wo sie bis zur Austragung des Prozesses verbleiben soll. Der Bischof Demetrius von Nisch und der Kriegsminister Protic haben sich zur Königin begeben, um den Kronprinzen zurückzufordern und die Scheidung einzuleiten. Der Bischof ist bereits nach Hause gereist, um der Synode von seiner erfolglos gebliebenen Mission zu berichten, während Protic in Wiesbaden verblieben ist, um nach Entscheidung der Angelegenheit den Kronprinzen nach Serbien zu bringen.

In Frankreich hat der Senat den Artikel 37 des Rekrutengesetzes in zweiter Lesung angenommen, der die aktive Dienstleistung in der Armee auf drei Jahre, den Reservedienst auf sechseinhalb Jahre feststellt. Der Graf von Paris versandte an die Gemeinden ein Manifest, in dem er die Monarchie als den Hort der Gemeindefreiheit hinstellt. Es wurde konfisziert. General Boulanger hat Sonntag in Rennes bei einem Bankette eine Rede gehalten, in der er wieder die

Auflösung der Kammer und der Verfassungsrevision als Notwendigkeit aussprach. Am 10. fand in Saint-Sevant Boulanger zu Ehren ein Bankett statt.

Im Englischen Unterhaus stellte Fenwick den Antrag auf Wiedereinführung der Diäten für die Deputierten, den Gladstone unterstützte. Der Antrag wurde mit 192 gegen 35 Stimmen abgelehnt. Parnell hat einen Antrag wegen Einsetzung eines Ausschusses gestellt mit der Aufgabe, die gegen den irischen Führer erhobenen Anklagen zu prüfen. Die große Zahl noch nicht erledigter Vorlagen wird eine Herbstsession des Parlaments notwendig machen.

In den Niederlanden muß wegen des hohen Alters und der geschwächten Gesundheit des Königs eine Vormundschaft für die junge Prinzessin Wilhelmine, die nach dem Erbfolgegesetze den Thron besteigen soll, eingesetzt werden, in die sich die Königin und einige angesehene Niederländer teilen sollen. Die Kammer tritt deshalb am 16. d. M. zusammen.

In Italien genehmigte der Senat die Regierungsvorlagen betreffend die Eisenbahnen und die Finanzmaßnahmen. Dem Ministerpräsidenten Crispi, dann den Ministern Magliani und Grimaldi wird das Großkreuz des österreichischen Leopold-Ordens verliehen.

Aus Sofia wird gemeldet, daß der Finanzminister von der Regierung die Ermächtigung zur Einstellung der Zahlungen für den ostrumelischen Tribut verlangte, weil die Pforte sich weigert, den ostrumelischen Postdienst und den Betrieb der Linie Bellova-Vakarel durch die bulgarische Gesellschaft anzuerkennen. – Prinz Ferdinand begibt sich mit der Herzogin Clementine und der Suite von Kalofer nach Burgas und Varna. Die wegen der Popow-Demonstration verhafteten Offiziere wurden in Freiheit gesetzt.

## Die Woche, 11.-18. Juli 1888

Kaiser Wilhelm trat am 13. Juli mit großem Gefolge seine Reise nach Rußland an, Samstag vormittag traf er in Kiel ein, um von da aus mit der kaiserlichen Yacht «Hohenzollern» die Reise zur See fortzusetzen. Die Begegnung des Kaisers mit dem Zaren soll Donnerstag am 19. auf der See stattfinden. An demselben Tage wird der deutsche Monarch in Kronstadt eintreffen, wo er während seines Aufenthaltes in Rußland wohnen wird.

Eine interessante Beleuchtung erfährt das Charakterbild Kaiser Wilhelms durch eine eben erschienene Schrift seines ehemaligen Erziehers Hinzpeter.

Die am 10. Juli veröffentlichte, nach amtlichen Quellen verfaßte Denkschrift der deutschen Ärzte Prof. Gerhardt, Schrötter, von Bergmann, Bardeleben macht ungeheures Aufsehen. Sie bildet eine schwere Anklage gegen Mackenzie, der geradezu als Kurpfuscher hingestellt erscheint. Es ist merkwürdig, daß diese Frage, die doch lediglich vom medizinischen Standpunkte aus beleuchtet werden sollte, zu einer politischen Parteifrage gemacht wird. Die Freisinnigen treten in ihren Organen für Mackenzie gegen die deutschen Ärzte ein, während die nationalen und konservativen Zeitungen das Vorgehen des englischen Arztes entschieden verwerflich finden. Wir bringen oben einen ausführlichen Artikel, der die Frage behandelt, wie das nach dem, was jetzt vorliegt, möglich ist.

Der deutsch-politische Verein von Saaz hielt am 15. eine Wanderversammlung in Kolleschowitz ab, in welcher Abgeordneter Krepek seinen Rechenschaftsbericht erstattete. Er tadelte in entschiedener Weise die finanziellen Maßnahmen der Regierung und bedauert, daß zur Abhilfe der traurigen Lage der Bauern nichts geschehe. Abgeordneter Steinwender legte am 9. Juli vor seinen Wählern in Bleiberg-Kreuth seinen Rechenschaftsbericht ab, wobei er das Vorgehen der Regierung in der Branntweinsteuerfrage auf das schärfste angriff. In Brünn fand am 16. Juli unter dem Vorsitze des Reichsrat-Abgeordneten Promber die Jahresversammlung des Deutschen Vereins statt. Hierbei wurde das Bestreben des Vereins als unter der Devise stehend bezeichnet: «National, staatstreu und einig»; der Liechtensteinsche Schulantrag wurde in der entschiedensten Weise zurückgewiesen.

Der serbische Kronprinz ist in seine Heimat zurückgekehrt. Königin Natalie mußte den Sohn auf das entschiedene Begehren der deutschen Behörden ausliefern. Königin Natalie verweilte von Sonntag abends bis Dienstag in Wien und hat sich von hier aus nach Paris begeben.

Aus Sofia wird mitgeteilt, daß demnächst Zankoff aus Konstantinopel nach Bulgarien zurückkehren und zu einer Verständigung zwischen sich und Stambulow die Hand bieten wolle.

Am 12. stellte Boulanger in der Französischen Kammer neuerdings den Antrag auf Verfassungsrevision und Auflösung der Kammer. Die Art, mit der er es tat, und die unerhörten Insulten, die er den Gegnern ins Gesicht schleuderte, führten zu argen Auftritten. Schliesslich überreichte der General sein fertig mitgebrachtes Schreiben mit dem Inhalte, daß er sein Mandat niederlege. Die Folge von Boulangers Auftreten war ein Duell auf Degen zwischen Floquet und Boulanger, wobei der letztere am Halse schwer verwundet wurde.

Am 13. fand die Enthüllung des Gambetta-Denkmals auf

dem Karussellplatze statt. Floquet hielt eine die Bedeutung Gambettas beleuchtende Rede. Freycinet pries besonders die Standhaftigkeit, die Gambetta in allen Stadien des Krieges bewahrte, und die Hingabe, mit der er sich der Armee widmete.

Am 14. Juli fand das Fest des 99. Jahrestages der Erstürmung der Bastille in Paris statt. Präsident Carnot hielt eine Rede an die versammelten Maires, in der er erklärte, daß die Geschicke des modernen Frankreichs von der Republik nicht zu trennen seien.

Im Englischen Oberhause beantragte Argyll ein Vertrauensvotum für die Regierung wegen ihrer in bezug auf Irland verfolgten Politik. Dasselbe wird einstimmig angenommen.

In den letzten zehn Tagen des Juli findet in Kiew das Fest des neunhundertjährigen Bestandes des Christentums in Rußland statt. Vor einigen Tagen wurde ein Ukas des Zaren veröffentlicht, der das bestehende Wehrgesetz wesentlich abändert. Die Gesamtdienstzeit wird nun 18 Jahre dauern, und zwar fünf Jahre in der aktiven Armee, 13 in der Reserve. Die russische Armee erfährt dadurch eine Erhöhung von 500 000 auf 600 000 Mann.

# DIE DEUTSCHNATIONALE SACHE IN ÖSTERREICH

## Die parlamentarische Vertretung der Deutschen

Immer weniger ist bei uns die Budgetdebatte das, was sie nach einer alten Gewohnheit in Österreich sein will und sein soll: ein getreues Abbild der im Staate herrschenden Anschauungen, der mannigfaltigen politischen, nationalen und wirtschaftlichen Kräfte. Heuer mehr denn je mußten wir den Mangel großer politischer Ideen bei unseren Parteien und das Verbergen dieses Mangels durch die ausschließliche Ausgabe politischen Kleingeldes beklagen. Am schlimmsten sind dabei wir Deutsche daran. Während unsere Gegner im Besitze der Macht sind und so ihren Ansprüchen Geltung zu verschaffen wissen, auch ohne daß sie dieselben auf gediegene politische Prinzipien stützen, sind wir darauf angewiesen, durch die Art, wie wir unsere Sache vertreten, uns den uns gebührenden Einfluß zu verschaffen.

Die Deutschen in Österreich haben eben in der letzten Zeit ein eigentümliches Schicksal erfahren. Die Zeit ist noch nicht so weit hinter uns, in der es eine nationaldeutsche Partei so gut wie nicht gab. Die Deutschen sannen, so lange die Leitung des Staates in ihren Händen war, ein abstraktes Staatsideal aus, dem einfach die liberale Schablone zugrunde lag. Über die tatsächlichen Verhältnisse sah man dabei hinweg. Man glaubte, man könne den Volksgeist nach der Idee richten, und vergaß, daß die leitende Staatsraison vielmehr umgekehrt dem Volksgeiste entspringen müsse. Von einer Bevorzugung des deutschen Elements konnte dabei schon deshalb nicht die Rede sein, weil man an eine Volksindividualität überhaupt nicht dachte. Sprach ja ein Abgeordneter damals sogar davon, für den österreichischen Staat sei die deutsche und überhaupt jede bestehende Nationalität ohne Bedeutung, derselbe müsse sich eine rein österreichische Nationalität(!) heranziehen. Als aber die Regierung in andere Hände überging, da mußte denn das deutsche Volk bald finden, daß der Liberalismus nicht die geeignete Waffe sein könne, um dem Ansturm von allen Seiten wirksam zu begegnen. Es mußte der nationale Gedanke zu Hilfe gerufen werden, von dem eben sehr wenig in die Grundsätze der liberalen Partei eingeflossen war. Man mißverstehe uns nicht. Wir wollen nicht in den Fehler vieler unserer jüngeren Politiker verfallen, die am liebsten die Bedeutung dieser Partei ganz hinwegleugneten. Wir verkennen nicht, welche Summe von Geist in dieser Partei ruht, wir wissen ganz gut, daß die sachliche Arbeit des Parlaments zumeist von ihr besorgt wird; aber es kann kein Zweifel darüber bestehen, daß sie die Kulturmission, die dem deutschen Volke in Österreich obliegt, nie begriffen hat. Um nur eines anzuführen: wie kläglich ist es, wenn für die deutsche Staatssprache immer und immer wieder nichts anderes als reine Nützlichkeitsgründe (für den amtlichen Verkehr usw.) vorgebracht werden. Für den Umstand, daß die nicht-deutschen Völker Österreichs, um zu jener Bildungshöhe zu kommen, die eine notwendige Forderung der Neuzeit ist, das in sich aufnehmen müssen, was deutscher Geist und deutsche Arbeit geschaffen haben, und daß die Bildungshöhe eines Volkes in keiner andern als in der Sprache des betreffenden Volkes erreicht werden kann, dafür fehlt dieser Partei das Verständnis. Was keine Vergangenheit hat, hat auch keine Zukunft. Wenn die Völker Österreichs wetteifern wollen mit den Deutschen, dann müssen sie vor allem den Entwicklungsprozeß nachholen, den jene durchgemacht haben, sie müssen sich die deutsche Kultur in deutscher Sprache ebenso aneignen, wie es die Römer mit der griechischen Bildung in griechischer, die Deutschen mit der lateinischen in lateinischer Sprache getan haben. Der aus der Geschichte mit Notwendigkeit sich ergebende Entwicklungsprozeß der Völker sollte die Gesichtspunkte abgeben, von denen aus zum Beispiel der Kampf um die Errichtung slavischer Bildungsstätten geführt wird. Wie kleinlich sind diese Kämpfe aber oft von der liberalen Partei geführt worden! Die Liberalen betrachteten eben die nationale Sache nur als das Mittel zur Beförderung des Liberalismus. Das zwang das deutsche Volk dazu, eine Partei zu bilden, bei der der nationale Gedanke obenan stand, die ihre ganze Kraft in der Wurzel des Volkstums suchte. Groß waren die Hoffnungen, die wir alle auf die Männer setzten, die als Verkörperung dieses Gedankens in das Abgeordnetenhaus einzogen und den Deutschen Klub bildeten. Jetzt muß, so dachten wir, es sich einmal zeigen, was der Deutsche vermag, wenn er sich ganz auf sein Deutschtum, aber auch nur auf dieses stützt. Und wer konnte zweifeln, daß dies Vermögen ein großes sein werde, wenn es nur in der rechten Weise zum Ausdruck kommt? Wenn wir uns aber jetzt, nachdem die Vertreter dieses Gedankens eine Reihe von Jahren Gelegenheit gehabt hätten, ihre Kraft zu zeigen, fragen: entspricht der Erfolg auch nur einigermaßen unseren Erwartungen?, so müssen wir antworten: nein, entschieden nicht. Der Grund dieser Erscheinung ist darin zu suchen, daß mit den Männern nicht zugleich die deutsche Idee in das Parlament eingezogen ist. Wäre sie das, dann hätten sich ihre Vertreter, nachdem sie sich einmal zu einem engeren Verbande geeinigt, nicht so leichten Herzens wieder trennen dürfen. Die deutsche Idee in ihrer wahren Gestalt muß sich stark genug erweisen, um alle persönlichen Sonderinteressen, ja auch um alle untergeordneten politischen Interessen, endlich um die oft kleinlichen Interessen bestimmter Wahlkreise in den Hintergrund zu drängen. Daß sie es beim Deutschen Klub nicht vermochte, zeigt einfach, daß die dort vertretene Gestalt derselben nicht die rechte war. Und wo ist sie denn im Hause auch je ausgesprochen worden, wo eine bedeutendere Staatsaktion in ihren Gesichtswinkel gerückt worden? Wir haben zum Beispiel auf den Abgeordneten Steinwender die größten Hoffnungen gesetzt. Wann hat er sie erfüllt? Man verweist uns auf den Fall Pino. Was da Steinwender getan, mag recht verdienstlich sein: eine nationale Tat war es nicht; für die nationale Sache war es sogar ganz gleichgültig. Ja, uns scheint, als wenn gar vieles, was dieser Abgeordnete vorbringt, überallhin, nur nicht ins Parlament gehörte. Ein gleiches gilt von der bekanntesten Aktion des Abgeordneten Pernerstorfer, von dessen Krankenhausgeschichte. Wir haben das männliche Auftreten dieses Abgeordneten auch sonst oft bewundert; die höchsten nationalen Interessen der Deutschen hat aber auch er kaum je gestreift. Knotz behandelt die nationale Frage, als wenn die böhmische Statthalterei der einzige Punkt wäre, der hierbei in Frage kommt. Das ist nach unserer Ansicht denn doch nicht nationale Politik, das ist einfach Kirchturmpolitik, und daß damit das herrschende System nicht wankend gemacht werden kann, darüber braucht man sich gar nicht zu wundern. Wir fanden es am Deutschen Klub vom Anfang an nicht glücklich, daß er sich, statt auf die positive nationale Idee fast auf lauter Negationen stützte. Man verlegte sich viel zu sehr auf die Bekämpfung der vorher gemachten Fehler, statt die Sache selbst besser zu machen. Die Bekämpfung des Andersdenkenden wurde nach und nach zur Hauptsache, und das Verfechten eigener Gedanken trat in den Hintergrund. Statt in dem, was man gemeinsam hat, sich zu vereinigen und sich mit den Sonderinteressen innerhalb des durch eine große Sache notwendig gemachten Rahmens zu bewegen, ließ man sich durch Gegensätze, die mit der Hauptsache gar nichts zu tun hatten, möglichst weit auseinandertreiben.

Wir haben heute Herbstianer, Plenerianer, Sturmianer, Steinwendianer, Schönerianer usw., die alle wohl wissen, was sie trennt, die aber gar nicht beachten, was sie eint. Das kommt daher, weil man es durchaus nicht versteht, die persönlichen den sachlichen Interessen unterzuordnen. Man weiß nicht, daß man ein Staatsmann nicht wird durch die Aufstellung von rein subjektiven, willkürlichen Ansichten, sondern dadurch, daß man sich in den Dienst einer großen Idee stellt, die wohl geeignet ist, die Zeit zu beherrschen. Der Mann hat der Idee, nicht die Idee dem Manne zu dienen. Sonst wird man einfach von der geschichtlichen Entwicklung als eine Null hinweggefegt, denn zuletzt erweisen sich die Ideen doch immer stärker als die Menschen. Der deutschen Partei fehlt jener große Zug, der allein auf den Gegner die rechte Wirkung ausüben könnte. Leider fehlt es uns dazu auch noch an einer publizistischen Vertretung der nationalen Sache in dem angedeuteten Sinne. Außer den schwachen Mitteln, mit denen wir uns der Sache widmen, ist heute kein Organ, das in dieser Richtung wirkte. Gerade aber ein Journal, das allen parlamentarischen Parteien gegenüber unabhängig dasteht, könnte der Sache am meisten nützen. Ein solches, ja nur ein solches könnte sich eine ungebundene Kritik aller Parteien erlauben.

## DIE DEUTSCHNATIONALE SACHE IN ÖSTERREICH

### Die deutschen Klerikalen und ihre Freunde

Von deutschnationaler Seite ist in letzterer Zeit vielfach die Ansicht ausgesprochen worden, man solle sich mit den klerikalen Deutschen verständigen, um mit ihnen da, wo nationale Fragen in Betracht kommen, gegen die slavischen Gegner gemeinsam vorzugehen. Man hielt sich dabei die Parteibildung eben dieser Gegner vor Augen, bei denen ja auch starke politische und religiöse Gegensätze durch das Band gemeinsamer Nationalität zusammengehalten werden. Sollte die Ansicht weitere Verbreitung gewinnen, daß wir uns im Kampfe um unsere nationale Sache der Kampfesweise unserer nationalen Gegner bedienen sollen, so erschiene uns das denn doch sehr bedenklich. Denn es würde zeigen, wie wenig noch der tiefe Gegensatz erfaßt wird, der zwischen der nationalen Idee der deutschen und jener der nichtdeutschen Nationalitäten in Cisleithanien besteht.

Die Deutschen kämpfen für eine Kulturaufgabe, die ihnen durch ihre nationale Entwicklung aufgegeben wurde, und was ihnen in diesem Kampfe gegenübersteht, ist nationaler Chauvinismus. Nicht unser liebes nationales Ich, nicht den Namen, der uns durch den Zufall der Geburt zuteil geworden ist, haben wir zu verteidigen, sondern den Inhalt, der mit diesem Ich verknüpft, der mit diesem Namen ausgedrückt ist. Nicht als was wir geboren sind, wollen wir uns unseren Gegnern gegenüberstellen, sondern als das, was wir im Verlauf einer vielhundertjährigen Entwicklung geworden sind. Was haben uns unsere Gegner gegenüberzusetzen? Nichts, als daß sie auch eine Nation sind. Das leere nationale «Ich», das möglichst anspruchsvoll auftritt und dabei nichts für sich vorbringt, als daß es da ist. Das ist so ganz das Kennzeichen des Chauvinismus, wie ihn das deutsche Volk nie gekannt hat. Was verschlägt es diesem borniertem nationalen Ich, das nur seine eigene Leerheit möglichst geltend machen und dabei von der ganzen Welt nichts wissen will, wenn es sich mit Parteien verbündet, die die Errungenschaften unserer europäischen Kultur der letzten Jahrhunderte am liebsten vernichten möchten? Es kommt ja bei den nur nationalen Parteien nicht darauf an, wie das nationale Selbst existiert, ob es auf der Bildungshöhe der Zeit steht oder nicht, es kommt nur darauf an, daß es für seine Nichtigkeit möglichst viel Raum, für seine geistige Unfruchtbarkeit die möglichste Geltung hat. Wer wird sich den Deutschen anschließen, sagen die Slovenen, wenn sie zur Bedingung machen, daß wir uns der durch sie erreichten Bildungshöhe nicht verschließen und in ihrer Bildung eine Schranke für unsere nationale Eigenart aufstellen sollen? Da sind uns die Klerikalen bequemer, die nichts verlangen denn Unterwerfung unter die Kirche, unseren nationalen Prätensionen dabei aber völlig freien Spielraum lassen.

Die Feindseligkeit der slavischen Nationen gegenüber der deutschen Bildung fällt zusammen mit der Feindseligkeit, mit der die römische Kirche der hauptsächlich von den Deutschen getragenen modernen Kultur sich entgegenstemmt. Nur wer den Boden geschichtlicher Betrachtung nie betreten, kann sich einer Täuschung darüber hingeben, daß es eine Versöhnung zwischen deutschem Wesen, deutscher Kultur und römischer Kirche gibt. Mögen die Verhältnisse immerhin notwendig machen, daß in gewissen Zeiten Waffenstillstände eintreten, stets werden die Gegensätze die Waffen wieder schärfen. Der tiefe Zug des deutschen Wesens wird es nie unterlassen, mit seiner Kultur zugleich die religiöse Mission aus seinem eigenen Innern hervorzubringen. Ja, man möchte sagen, alles, was der Deutsche tut, hat das tief religiöse Gepräge, das in seinem Charakter liegt, und das sich mächtig aufbäumt, wenn von außen her seinem Gewissen, seinem Herzen die Richtung vorgezeichnet werden soll. Der Deutsche tritt stets als Totalität auf, und wie seine übrige Bildung es ist, so will er auch, daß seine religiöse Überzeugung aus seinem eigenen Innern entspringt. Der Deutsche kann keine internationale Religion brauchen, er versteht nur seine Nationalreligion. Das ist der Grund, warum der Deutsche immer und immer wieder gegen die Fesseln Roms protestiert. Man glaube nur nicht, daß dieser Geist des Protestes nur bei den Protestanten, Deutschkatholiken und Altkatholiken lebt, er besteht bei allen aufgeklärten Deutschen, wenn er auch äußerlich nicht zur Schau getragen wird. Denn es ist der Protest des deutschen Herzens gegen fremdes Wesen. Nur wem das Deutschtum gleichgültig geworden, zum leeren Namen herabgesunken ist, der kann sich ganz in den Dienst dieses fremden Wesens stellen. Da nützt es nichts, wenn bäuerliche Abgeordnete sich von Zeit zu Zeit ihrer deutschen Abstammung erinnern, wenn sie dabei keine Ahnung haben von den geistigen Banden, die jeden echten Deutschen mit seinem Volke verbinden. Mit einer solchen Partei ist ein Zusammengehen nicht möglich, solange wir uns selbst nicht verlieren wollen, solange wir das nicht aufgeben wollen, wodurch wir ganz allein verdienen, den deutschen Namen zu tragen. Wir wollen, was wir erreichen, nicht durch faule Kompromisse, wir wollen es ganz allein im Zeichen der deutschen Idee erreichen. Wir wollen unsere hundertjährigen Traditionen nicht aufgeben, wir wollen nicht unserer ganzen nationalen

Entwicklung ins Gesicht schlagen, um im Verein mit einer aus geborenen Deutschen bestehenden undeutschen Partei ein paar fragwürdige Konzessionen von einer Regierung zu erringen, die nach ihrem eigenen Ausspruche auch ohne die Deutschen regieren kann. So sehr aber die Idee eines solchen Zusammenlebens einer gesunden Entwicklung des deutschen Parteilebens und unserer nationalen Organisation widerspricht, sie scheint doch in fortwährender Verbreitung begriffen zu sein. Der Weg, der für unsere nationalen Gegner recht fruchtbringend sein mag, der Weg, durch gegenseitige Zugeständnisse für jeden einzelnen möglichst viel herauszuschlagen, kann uns Deutschen nimmer frommen. Denn es kann ja keinem, der die Verhältnisse bei uns objektiv erwägt, zweifelhaft sein, daß die politische Basis, auf der die Regierung des Grafen Taaffe ruht, für die Aufgaben des deutschen Volkes nie ein Verständnis haben kann. Glaubt man denn, daß ein wirkliches Regierungsprogramm ohne die Deutschen in Österreich gemacht werden kann? Es gibt eben ein zweifaches Regieren. Ein solches mit einem politischen Programm, das den Verhältnissen die Richtung vorzeichnet, und ein solches von Fall zu Fall, das sich durch diplomatische Benützung der sich gerade darbietenden politischen Konstellationen um jeden Preis an der Oberfläche erhalten will. Was man im gewöhnlichen Leben einen Politiker nennt, der ist entschieden auch für das Regieren im letzteren Sinne. Und Graf Taaffe ist in diesem Sinne ein nicht unbedeutender Politiker. Und weil er es ist, und weil seiner äußeren Regierungskunst die Deutschen nur ungenügenden Widerstand entgegenzusetzen vermögen, daher ihre erbärmliche Lage. Es fällt uns nicht ein, den Deutschen zuzumuten, daß sie die Regungen ihres Herzens für die Kunst des Diplomatisierens hingeben, aber ein wenig mehr politischer Sinn täte wohl not. Wir müssen vor allem wissen, welche Parteien mit uns gemeinsame Sache machen können, und uns nicht wesenlosen politischen Chimären hingeben. In der Abwendung der nichtdeutschen Nationalitäten Österreichs von der deutschen Bildung liegt so viel, was den Klerikalen gelegen kommt, daß an ein Abschwenken der letzteren nicht zu denken ist.

Das «Sich-ober-Wasser-halten» durch Diplomatenkünste ohne leitenden Staatsgedanken kann ja doch nicht ohne Ende sein; was nicht getragen ist von innerer Notwendigkeit, sondern nur von dem Ehrgeize, das muß sich selbst auflösen. Es tauchen immer wieder Gerüchte von der Ausarbeitung eines Reichs-Volksschulgesetzes durch das Unterrichtsministerium auf, das so sein soll, daß Fürst Liechtenstein auf seinen Antrag mit gutem Gewissen verzichten kann. Dazu muß sich Herr v. Gautsch verstehen, der noch vor kurzem in der selbstbewußtesten Sprache jeden Einfluß von links und rechts zurückwies. Bestimmtes Wollen wird ja in diesem Regime bald gebrochen, und Männer aus demselben, die noch im vorigen Jahre durch ihre Energie imponiert haben, sind heute bereits ziemlich farblos geworden. Den Deutschen obliegt es, in der Zwischenzeit an ihrer nationalen Organisation zu arbeiten, falschen Freuden die Tür zu weisen und gegen faule Kompromisse, wenn solche innerhalb ihrer eigenen Partei vertreten werden, Protest zu erheben.

## DAS DEUTSCHE UNTERRICHTSWESEN
## (IN ÖSTERREICH) UND HERR VON GAUTSCH

An den durch den klerikalen Ansturm gegen die Volksschule, sowie durch einige Regierungsmaßregeln wieder in Fluß gekommenen öffentlichen Diskussionen über unser Unterrichtswesen kann man so recht die vollständige Einsichtslosigkeit und Oberflächlichkeit ersehen, die in der Beurteilung von Fragen der Volkserziehung zutage tritt. Nirgends fast ist ein Bewußtsein davon vorhanden, worauf es hiebei ankommt. Was die Publizistik betrifft, so ist Gründlichkeit ja in keiner Sache eine sie auszeichnende Eigenschaft, aber so dilettantenhaft wie dem Unterrichtswesen stehen die Vertreter unserer öffentlichen Meinung wohl kaum einer Angelegenheit gegenüber. Aber auch im Parlamente bekommen wir kaum *ein* den Nagel auf den Kopf treffendes Wort zu hören, wenn von Schule und Schulgesetzgebung die Rede ist. Und diesem Mangel an tieferem Verständnis der Sache ist es zuzuschreiben, wenn unser Schulwesen, auf das seit zwei Dezennien so viel guter Wille von Seite der gesetzgebenden Faktoren angewandt worden ist, sich heute keineswegs in Bahnen bewegt, die vom pädagogisch-didaktischen Standpunkte aus betrachten befriedigen können. Am entschiedensten aber mußte man die Irrtümer, in denen sich die öffentliche Meinung in dieser Richtung befindet, an der Aufnahme ersehen, die das Wirken des gegenwärtigen Unterrichtsministers gefunden hat. Bald nach den ersten Kundgebungen des Herrn von Gautsch konnte man von allen Seiten laute Stimmen der Befriedigung darüber vernehmen, daß nun ein tatkräftiger Mann das Unterrichtswesen lenke, der unbeirrt von links und rechts rein nach Maßgabe sachlicher Erwägungen die

Regierung führen werde. Man bewunderte die Energie, mit der er zu Werke ging. Eine Verordnung löste die andere ab. Dieser Erscheinung lag ein Doppeltes zu Grund: erstens das allgemeine Gefühl, daß es in unserem Unterrichtswesen sehr viel zu bessern gibt, und daß uns ein «Mann der Tat» nottut, zweitens aber der Wunsch, in dem sich heute fast alle die verschiedenen Parteigruppen der Deutschen vereinigen: die gegenwärtige Regierung durch ein Beamtenministerium ersetzt zu sehen. In Herrn von Gautsch sah man ungefähr einen Mann jener Tendenzen, mit denen man am liebsten auch alle anderen Ministerstühle besetzt haben möchte. Es hat die Ansicht allgemein um sich gegriffen, daß es unter den heutigen Verhältnissen unmöglich sei, aus irgendeiner Partei ein Ministerium zu bilden. Die in nationaler Beziehung farblose Bürokratie hält man einzig für geeignet, in der nächsten Zeit die Regierung zu führen, ja man hält sie für die einzige Rettung. Nun ist ja nicht zu leugnen, daß ein solches reines Verwaltungsministerium, das jede Initiative in politischen und nationalen Dingen dem Parlamente überläßt, wenig schaden kann, weil es in der Regel eigentlich nicht regiert, sondern von Verhältnissen und andern Machtfaktoren *regiert wird*. Ja, man muß es als ein besonderes Glück betrachten, wenn eine solche Regierung möglichst wenig positive Maßnahmen trifft, denn es kann nichts den Fortschritt eines Volkes mehr hemmen, als wenn bürokratischer Geist das lebendige Leben des Staates der Verknöcherung zuführt. Am schlimmsten ist es aber, wenn dieser Geist der Verknöcherung da sich geltend macht, wo eine lebensvolle Auffassung der Sache am meisten nottut: im Unterrichtswesen. Und leider hat sich gerade bei uns in Österreich in den letzten zwanzig Jahren zu dem guten Willen, von dem wir sprachen, jener bürokratische Geist selbst unter jenen Regierungen gesellt, denen er auf anderen Gebieten ganz fremd war. Vor allem sprach sich dieser Geist darinnen aus, daß er auf die Reform des Lehrerstandes zu wenig, auf jene des Unterrichtsstoffes zu viel Sorgfalt verwendete. Ein bis in die geringsten Einzelheiten abgezirkelter Lehrplan, ein Verordnungswesen, das dem Lehrer jede einzelne seiner Handlungen bis ins kleinste vorschreibt, ertötet den Unterricht. Man verordnet heute nicht nur, was man von jedem Unterrichtsstoffe zu nehmen hat, sondern auch wie man vorzugehen hat. Und, um möglichst vollständig in dieser Richtung des Irrtums zu sein, ist man immer mehr bestrebt, unsere Lehrerbildungsanstalten zu einer Art methodischer Drill-Institute für angehende Volksbildner zu machen. Da soll dem Kandidaten in einer Reihe methodischer Kunstbegriffe beigebracht werden, wie er der ihm anvertrauten Jugend beikommen muß. Ein solches Vorgehen macht jede Entwicklung der Individualität unmöglich, und doch hängt das Gedeihen des Unterrichtswesens einzig und allein von der Pflege der Individualitäten der künftigen Lehrer ab. Diesen muß man Spielraum lassen, sich möglichst frei zu entfalten, dann werden sie am günstigsten wirken.

Und wenn nun noch gar der Lehrer, dessen Denken durch die sogenannte «Methodik» genugsam eingeschnürt worden ist, bei jedem Schritte, den er in der Schule macht, auf eine Verordnung trifft, dann muß es ihm eine Last sein, in einem Berufskreise zu wirken, der seinem eigenen Denken keinen Raum übrigläßt. Wir haben in Österreich eine Periode gehabt, wo man in der Heranziehung guter Lehrer-Individualitäten die Hauptaufgabe der Unterrichtsverwaltung sah. Damals erstreckte sich die Fürsorge freilich mehr auf das höhere Schulwesen, das aber einen Aufschwung nahm, der in der Geschichte des österreichischen Unterrichtswesens nicht seinesgleichen hat. Und merkwürdigerweise fällt diese Periode in die Regierungszeit des – klerikalen Ministers Thun. Es ist noch in aller Erinnerung, welcher Geist damals in unser Gymnasialwesen drang, und wie Thun, selbst mit Außerachtlassung seiner persönlichen Meinungen und seines klerikalen Standpunktes, es sich angelegen sein ließ, das höhere Unterrichtswesen dadurch zu heben, daß er die Individualität, wo er sie finden konnte, heranzog. Wir glauben uns um so freimütiger über diesen Punkt aussprechen zu können, als wir durch unsere Haltung gewiß keiner Voreingenommenheit für die politischen Tendenzen des Grafen Thun beschuldigt werden können. Aber es ist eine unumstößliche Wahrheit, daß Thun das Individuum, die liberale Schulgesetzgebung der letzten Dezennien aber den Paragraph in den Vordergrund stellte. Statt die Zeit auf diese Paragraphensammlung zu verschwenden, die dem unfähigen Lehrer nichts hilft, weil ihm durch sie ja nicht die Kunst des Erziehens und Unterrichtens eingepfropft werden kann, wenn sie ihm einmal abgeht, die aber den fähigen, begabten nur einengt und ihm jede Lust an seinem Berufe nimmt, hätte man an eine eingreifende Reform des Lehrerbildungswesens gehen sollen. Und dies nicht in der Richtung methodischer Abrichterei, sondern durch Aufnahme solcher Wissenschaften in den Lehrplan der Lehrerbildungsanstalten, die dem Lehrer eine höhere Auffassung seiner Aufgabe ermöglichen. Der künftige Lehrer soll die Ziele der Kulturentwicklung seines Volkes, die Richtung, in der sie sich bewegt, kennen. Historische und ästhetische Bildung soll den Mittelpunkt hiebei bilden. Er soll eingeführt werden in die Geistesentwicklung der Menschheit, an der er ja mitarbeiten soll. Blind nach eingelernten

Kunstgriffen und ministeriellen Verordnungen zu wirken, geziemt diesem Stande am allerwenigsten. Nur wenn er selbst in Zusammenhang gebracht wird mit der Wissenschaft, wenn er eingeführt wird in die Geheimnisse der Kunst, kurz, wenn man ihm einen Einblick verschafft in die verschiedenen Richtungen des menschlichen Geistes, wird er auf eine Höhe gebracht werden können, die eine lebensvolle Erfassung seines Berufes möglich macht. Wir können an unseren Schulen das Unglaublichste erleben, wozu es die schablonenhafte Behandlung unseres Unterrichtswesens gebracht hat. Die geistlose, nur aufs Fertigwerden bedachte Durcharbeitung des Lehrstoffes, die wir oft an unseren Volks- und Mittelschulen treffen, ist allein auf die von uns angedeuteten Mängel unseres Unterrichtswesens zurückzuführen. Wir müssen es erfahren, daß es Lehrer gibt, die den Unterricht zu einer wahren Qual der Jugend machen, indem sie bei schier unbezwinglichen Forderungen den Geist der Jugend eher ertöten als fördern. Ein Lehrer, der in lebendigen Zusammenhang mit seiner Wissenschaft gebracht worden ist, der mit einem gewissen Idealismus an seinem Berufe hängt, wird je nach seiner größeren oder geringeren Erzieheranlage mehr oder weniger bei seinen Schülern erreichen, nie aber wird dieses Maß des Erreichbaren durch einen eingelernten methodischen Kunstgriff oder durch eine Verordnung um das geringste gehoben werden können. Daß dieses aber von denen, die an unserer neueren Schulgesetzgebung teilgenommen haben, von jeher geglaubt wurde, ist ein Irrtum, der mitunter schwere Folgen nach sich gezogen hat. Was hat man nicht alles in Paragraphen zwängen wollen? Man hat ja doch eine eigene österreichische Schulorthographie durch ministerielle Verfügungen festzustellen im Sinne gehabt, ja man hat es zum Teil getan. Was hat man damit erreicht? Nichts anderes, als daß, wenn der die Schule Verlassende in eine Berufsstellung eintritt, er so schnell wie möglich seine Schulorthographie verlernen und sich der allgemein üblichen Schreibung anbequemen muß.

So lange die hier angedeuteten Irrtümer in maßgebenden Kreisen nicht eingesehen werden, so lange werden unsere Neuschule und ihre Vertreter nicht stark genug sein, um den freiheitfeindlichen Parteien wirksam zu begegnen. Wenn wir uns nun fragen, in welcher Weise hat Herr von Gautsch in diese Entwicklung unseres Schulwesens eingegriffen, so können wir nur sagen, seine Maßregeln sind in dem, was bürokratischer Geist zu bieten vermag, am weitesten gegangen. Obwohl alle seine Verordnungen mit den Worten beginnen: Aus *pädagogisch-didaktischen* Gründen erscheint es nötig anzuordnen, usw...., so tragen sie doch alle die eine Tendenz in sich: den Lehrer in der Freiheit seines Wirkens einzuengen. Der Lehrer soll immer mehr zum gefügigen Beamten werden, der nur die Anordnungen seiner Oberbehörden auszuführen hat. Daß in den Taten des Unterrichtswesens Energie und der beste Wille liegt, wer kann es leugnen? Aber es kommt bei irgendeiner Kraftentfaltung immer darauf an, *was* sie vollbringt. Wenn sich die Energie auf eine falsche Richtung wirft und dann alles daran setzt, was sie vermag, um diese Richtung beizubehalten, dann wird *diese* Energie viel weniger günstig wirken als die Tatenlosigkeit, die alles beim alten läßt. Das reine Beamtentum mag durch eine Richtung, wie sie Herr von Gautsch einschlägt, für die Zwecke einer geordneten Staatsverwaltung im guten Sinne umgestaltet werden, der Lehrerstand und das Unterrichtswesen wird durch solche Potenzierung der Fehler, die bei uns seit langem gemacht werden, gewiß nicht verbessert. Die Kulturentwicklung kann ja doch nicht auf Gesetze und Verordnungen, sie muß auf die Menschen gestützt werden. In dieser Richtung hätte ein österreichischer Unterrichtsminister sehr viel zu tun. Und gerade er könnte es, denn hier eröffnet sich ihm ein Gebiet seiner Tätigkeit, auf dem er von den übrigen Tendenzen der Regierung, der er angehört, am allerwenigsten beeinflußt zu werden braucht. Das wäre das Ziel, das er unverwandt im Auge behalten sollte, und von dem ihn weder die Rufe von rechts noch links ablenken sollten.

An dem Verhalten unserer liberalen Parteien dem Unterrichtsminister gegenüber hat sich eben einmal wieder so recht gezeigt, wie wenig wahrhaft freiheitlicher Geist die Anschauungen dieser Partei durchdringt, und wie oft gerade der *Scheinliberalismus* der Hemmschuh einer wirklichen Entwicklung im Sinne der *Freiheit und des Fortschrittes* ist.

## MONSIGNORE GREUTER

Am 22. Juni starb in Innsbruck Monsignore Greuter, unstreitig der bedeutendste Vertreter des Klerikalismus im Österreichischen Abgeordnetenhause. Seit dem Jahre 1864, also fast seit dem Bestande unseres Parlamentes, gehörte er demselben an, und nur in den letzten Jahren trat er – wohl auch infolge seiner angegriffenen Gesundheit – in den Hintergrund; in den liberalen Regierungsperioden dagegen, namentlich zur Zeit des ersten Bürgerministeriums, war er einer der vordersten Streiter in den damals die Geister so sehr aufwühlenden parlamentarischen Kämpfen. Greuter bildete eine Macht, mit der die Volksvertretung, mit der die öffentliche

Meinung in Österreich rechnen mußte. Er verfügte über eine große Summe von Geist, den er in angemessener Weise ins Feld zu führen wußte, wenn er im Namen des jesuitischen Prinzips gegen die Ideen und Richtungen der Zeit sprach. Allem, was moderne Kultur und moderne Wissenschaft heißt, stand er in der denkbar feindlichsten Weise gegenüber. Das einzige Heil der Menschheit fand er in der Erhaltung der christlichen Weltordnung und in der Wiederherstellung dessen, was die letzten Jahre von ihr abgebrochen haben. Dabei hatte er einen feinen Blick für die Schwächen und Auswüchse der gegenwärtigen Geistesrichtung; sie waren es, wovon seine immer geistreichen Angriffe ausgingen. Und man muß sagen, daß er gegen jeden ungeschickten Wortführer des Liberalismus stets die Oberhand behielt. Nur mit der vollen inneren Kraft der Ideen der Gegenwart kann man gegen solche Streiter etwas ausrichten; es stehen ihnen ja doch die Erzeugnisse tausendjähriger Geistesbestrebungen, wie sie innerhalb der Kirche gepflegt wurden, zu Gebote, und sie benützen sie sehr geschickt, um das moderne Denken als den Feind einer ungestörten Entwicklung der Menschheit hinzustellen. Wir stehen da eben vor einer geistigen Macht, mit der wir zwar theoretisch längst fertig sind, über die die Gebildeten vollständig hinausgewachsen sind, mit der wir aber im politischen Leben entschieden rechnen müssen, weil sie zum Teile volkstümlich ist, während – man braucht sich da ja keiner Täuschung hinzugeben – die Gedankenrichtung der Gegenwart in den Massen des Volkes sogar unpopulär ist. Das ist ein Umstand, den Greuter zu benützen wußte. Es ist in dieser Hinsicht jedenfalls eine typische Erscheinung, daß es Greuters Wühlarbeit gelang, die Weiber seines Bezirkes dazu zu vermögen, die weltlichen Schulinspektoren am

Eintritt in die Schule zu verhindern. Leute seiner Art finden eben immer den rechten Ton, in dem man das Volk zu fanatisieren vermag, weil sie ihre geistigen Mittel in jener klugen Weise zu verwerten wissen, die dem Unaufgeklärten schmeichelt und ihm für sein Leben vorteilbringend erscheint. Sie wissen die Sache so zu drehen, daß es scheint, als wenn von dem, was sie christliche Weltordnung nennen, das geistige und leibliche Wohl des Volkes abhinge, sie wissen in geschickter Weise das in ihre Rechnung einzusetzen, was den unteren Volksschichten als das Notwendigste erscheint: die unmittelbaren Lebensbedürfnisse. Daher das Bündnis des Klerikalismus mit dem Sozialismus, das in neuester Zeit wieder an die Oberfläche der katholischen Bestrebungen tritt.

Greuter konnte sich in den letzten Jahren mit gutem Gewissen zurückziehen, denn er sah ja, wie ein Stern am politischen Himmel aufging, der in vollem Maße als sein geistiger Erbe angesehen werden kann. Vielleicht hätte sich die Natur Greuters doch schwerer in die gegenwärtigen Verhältnisse unseres parlamentarischen Lebens eingefügt als die seines Nachfolgers, des Prinzen Liechtenstein. Die jetzige Lage fordert von einem Klerikalen, wenn auch nicht einen anderen Geist, so doch eine andere Kampfesmethode. Nur einmal trat Greuter in den letzten Jahren noch auf den Plan; er griff den Minister Conrad wegen der Zustände an der Wiener Universität an. Damals sahen wir ein Zweifaches: erstens, wie leicht sich seine Worte in Taten umsetzten: Conrad trat bald darnach zurück, und dann, wie scharf die Waffen sind, welche der Jesuitismus noch immer gegen die moderne Wissenschaft zu führen vermag. Im Volke mag wohl Greuters Angriff auf die gegenwärtige Kultur ungleich mehr Eindruck gemacht haben als Sueß' treffliche Verteidigung derselben.

## DES KAISERS WORTE

Konnte man gegen die Proklamation Kaiser Wilhelms II. an das preußische Volk einwenden, daß sie zu allgemein gehalten war, daß ihr jenes individuelle Gepräge fehle, das mit vollständiger Bestimmtheit die Regierungsprinzipien des neuen Herrschers dem Volke vor Augen geführt hätte, so muß von den inhaltschweren Worten, die montags vom Throne herab an das deutsche Volk gerichtet wurden, gerade das Gegenteil gesagt werden. Sie lassen uns über keine wichtigere Frage im unklaren, sie zeigen auf das allerbestimmteste, welche Wege der Lenker Deutschlands wandeln will. Der Kaiser sprach nicht ein Zukunftsprogramm aus, sondern er wies auf schon Vorhandenes hin, um zu sagen, daß er an dem mit so großem Glücke und mit solchem Segen von seinen unmittelbaren Vorfahren begonnenen Baue weiterzuarbeiten bestrebt sein wird. Und in diesem Sinne ist die im Deutschen Reichstage gehaltene Thronrede eine wahrhaft großartige Botschaft an das deutsche Volk zu nennen. Ein anerkennenswerter, befriedigender historischer Zug geht durch sie, der für den tiefen Einblick des neuen Herrschers in die unumstößliche Wahrheit zeugt, daß nur jene Regierung wahrhaft segensreich sein kann, die sich in den Dienst der geschichtlichen Notwendigkeit stellt. Der Faden der Geschichte darf nirgends abgerissen werden, und es ist ein schwerer Fehler, wenn von oben herab Reformen ins Blaue hinein mit Umgehung der sachgemäßen Entwicklung in Szene gesetzt werden. Da muß denn doch die individuelle Neigung in den Hintergrund treten gegenüber der höheren Pflicht, die dem Herrscher von der Geschichte gestellt wird. Der neue Herrscher besitzt jene Selbstlosigkeit, die nötig ist, um im angegebenen Sinne zu regieren. Er will ganz in der Weise weiter wirken, die seinen Großvater zu solchen Erfolgen geführt hat und die auch sein erhabener Vater als die richtige bezeichnet hat. Die Vorgänge der letzten Jahre sind eine Gewähr dafür, daß das deutsche Volk diesen Anschauungen seines Kaisers volles Verständnis entgegenbringen wird. Die Deutschen besitzen jenen wahrhaft konservativen Sinn, der, hohlem Radikalismus abgeneigt, auf die gesunde, im Bereiche der Möglichkeit liegende Weiterentwicklung des Bestehenden geht. Sie wissen, daß mit Übereilungen im Bereiche der Politik am wenigsten etwas anzufangen ist. Nicht doktrinäre Maßnahmen, die schablonenhaft der Reichsgesetzgebung aufgepfropft werden, können dem Reiche in Zukunft etwas nützen, sondern nur die Konsolidierung der staatlichen Verhältnisse im Sinne des deutschen Volksgeistes. Das ist die von Kaiser Wilhelm I. in weiser Erkenntnis des gewaltigen staatsmännischen Genies Bismarcks angenommene Staatsraison, und sein von den besten Absichten geleiteter Enkel ist wohl groß genug angelegt, um die Notwendigkeit des Staatsgedankens seines großen Kanzlers für das Reich einzusehen. – Und darinnen müssen ihm die Angehörigen aller Parteien zustimmen, ganz in dem Sinne, der den Worten des Kaisers zukommt: «Es wird mein Bestreben sein, das Werk der Reichsgesetzgebung in dem gleichen Sinne fortzuführen, wie mein hochseliger Herr Großvater es begonnen hat.»

Von noch größerer Bedeutung scheinen uns aber die Worte des Kaisers über das Deutsch-Österreichische Bündnis zu sein: «Unser Bündnis mit Österreich-Ungarn ist öffentlich bekannt. Ich halte an demselben in deutscher Treue fest, nicht bloß, weil es geschlossen ist, sondern weil ich in diesem defensiven Bunde eine Grundlage des europäischen Gleichgewichtes erblicke sowie ein Vermächtnis der deutschen Geschichte, dessen Inhalt heute von der öffentlichen Meinung des gesamten deutschen Volkes getragen wird und dem herkömmlichen europäischen Völkerrechte entspricht, wie es bis 1866 in unbestrittener Geltung war.» Das sind Sätze, die jeden Deutschen mit innigster Freude erfüllen müssen. Daß das einheitliche Fühlen aller Deutschen vom Throne herab mit solcher Bestimmtheit ausgesprochen wird, hätten wir nicht zu hoffen gewagt. Die Deutschen in Österreich mußten laut aufjauchzen, als sie auf diese Stelle stießen. Mehr können sie nimmer wollen, als daß das Bewußtsein der Zusammengehörigkeit der beiden mitteleuropäischen Reiche in solchem Maße bis an die Throne hinaufreicht. Dank dem neuen Herrscher, daß er es verstanden, solche wahrhaft balsamischen Worte zu seinem Volke zu sprechen!

Aus jedem Satze dieser Rede klingt etwas, das wie der Weltgeschichte abgelauscht erscheint. «Gleiche geschichtliche Beziehungen und gleiche nationale Bedürfnisse der Gegenwart verbinden uns mit Italien. Beide Länder (Österreich-Ungarn und Italien) wollen die Segnungen des Friedens festhalten, um in Ruhe der Befestigung ihrer neu gewonnenen Einheit, der Ausbildung ihrer nationalen Institutionen und der Förderung ihrer Wohlfahrt zu leben.» So sprach der Kaiser über das Bündnis der drei Monarchien, auch hier wieder die in der Entwicklung der Verhältnisse liegende Notwendigkeit betonend und den Strebungen des Volksgeistes und nationalen Sinnes im vollsten Maße Rechnung tragend.

Und wenn es wahr ist, was von so vielen Seiten behauptet wird, daß der neue Herrscher vorzüglich dem militärischen Berufe zugeneigt ist, dann zeigte er erst recht, wie er seine persönlichen Neigungen seiner Pflicht unterzuordnen weiß.

«Unser Heer soll uns den Frieden sichern und, wenn er uns dennoch gebrochen wird, imstande sein, ihn mit Ehren zu erkämpfen. Das wird es mit Gottes Hilfe vermögen nach der Stärke, die es durch das von Ihnen einmütig beschlossene jüngste Wehrgesetz erhalten hat. Diese Stärke zu Angriffskriegen zu benützen, liegt meinem Herzen ferne. Deutschland bedarf weder neuen Kriegsruhmes, noch irgendwelcher Eroberungen, nachdem es sich die Berechtigung, als einige und unabhängige Nation zu bestehen, endgültig erkämpft hat.»

Wem an der gedeihlichen Entwicklung des deutschen Volkes liegt, den mußte das unwürdige Parteigezänke der letzten Wochen mit tiefem Abscheu erfüllen. Friedrich hie – Wilhelm hie, so glaubte man den Kaiser und den damaligen Thronfolger in die selbstsüchtigen Bestrebungen der Parteien herabzerren zu können. Man vergaß bei dem ersteren nur, daß er eine viel zu vornehme Natur war, als daß die Schmeicheleien von der einen, die Lästerungen von der anderen Seite ihn hätten berühren können. Wäre er gesund auf den deutschen Thron gekommen, er hätte eine ethische Macht bedeutet, die bald den hadernden Parteien den Standpunkt klargemacht hätte. Leider war es ihm nicht vergönnt, dem Mißbrauch zu steuern, der mit seinem Namen getrieben wurde. Und Kaiser Wilhelm II.? Nun, er hat am letzten Montag vor aller Welt verkündet, daß seine Bestrebungen nichts gemein haben mit den Anschauungen der Partei, die ihn so gerne als einen der ihren darstellen möchte. Er hat gezeigt, daß er sich in den Dienst ganz anderer Ideen stellt, als es die engherzigen Ziele des Muckertums sind. Hoffentlich wird jetzt dem Volke klar werden, wie sehr der Partei-Egoismus die Wahrheit fälscht, und wie von allen Seiten das als wahr in die Welt hinausposaunt wird, von dem man gerne hätte, daß es wahr sei.

Ein deutscher Herrscher, der sich in den Dienst einer Partei stellte, würde bald gewahren müssen, wie er gegen die Notwendigkeit der Entwicklung nichts vermag. Die Verhältnisse würden ihn herauszwingen aus dem Parteirahmen, der, mag er welcher immer sein, für die Reichsregierung zu enge ist. Es sind Bismarcks große Gesichtspunkte, in die sich der neue Herrscher von Jugend auf eingelebt hat, die er von dem Bestande des Deutschen Reiches nicht trennen kann. In des deutschen Kaisers Geist muß der Volkswille zum Regierungsgrundsatze werden, nicht der Parteigeist. Das tiefe Verständnis, das der Kaiser dafür bekundet hat, sichert die Erfüllung seines Wunsches, wie er sich aus den Schlußworten der Thronrede ergibt: «Im Vertrauen auf Gott und auf die Wehrhaftigkeit unseres Volkes hege ich die Zuversicht, daß es uns für absehbare Zeit vergönnt sein werde, in friedlicher Arbeit zu wahren und zu festigen, was unter der Leitung meiner beiden in Gott ruhenden Vorgänger auf dem Throne kämpfend erstritten wurde!»

## PAPSTTUM UND LIBERALISMUS

Nichts hätte der römisch-katholischen Kirche tiefere Wunden schlagen können als die Starrheit, mit der sich der Papst Pius IX. jeder Verständigung mit den Strömungen unserer Zeit entgegenstemmte. Das Licht, das nun einmal über die Völker gekommen ist, sollte mit allen Mitteln ausgelöscht werden; das Oberhaupt der Kirche hielt es für möglich, der modernen Menschheit die Glaubensformen des finstersten

Mittelalters aufzuzwingen. Nicht widerlegt sollten die Lehren der Neuzeit werden, sondern der Fluch allein war das Mittel, das Pius IX. gegen sie in Anwendung brachte. Leo XIII. erkannte, daß dies, auch vom Standpunkte des Papstes aus betrachtet, ein schwerer Irrtum sei. Darum ist die Weise, wie er sich den Errungenschaften der Zeit gegenüber verhält, eine wesentlich andere. Nach seiner Ansicht soll der Geist den Geist schlagen. Nicht engherzig ablehnen sollen die Lehrer des Evangeliums, was moderne Wissenschaft und modernes Leben ihnen entgegenhalten, sondern in sich aufnehmen, einesteils um es, soweit das tunlich ist, im Sinne des Katholizismus zu verwerten, andererseits, um es vom Standpunkte der Kirche aus wirksam widerlegen zu können. Deshalb empfahl der Papst seiner Priesterschaft das Studium der christlichen Philosophie, um aus ihr eine Waffe gegen die moderne Wissenschaft zu machen. Er sieht es nicht ungerne, wenn an den theologischen Fakultäten Darwinsche und ähnliche Theorien vorgetragen und vom Standpunkte der katholischen Wissenschaft aus beleuchtet werden, ein Ding, das sein Vorgänger in der schärfsten Weise verdammt hätte.

Aus dieser Gesinnung des Papstes entspringt auch der ruhige Ton sachlicher Auseinandersetzung, der die Enzykliken Leos XIII. kennzeichnet. Er verdammt nicht nur die modernen Überzeugungen, er prüft sie und sucht sie in objektiver Weise zu widerlegen. Für den Katholizismus ist diese veränderte Kampfesmethode ein großer Vorteil, für die moderne Kultur aber ein ebenso erheblicher Nachteil. Die freiwillige Ablehnung aller modernen Kulturerrungenschaften, das Abschließen gegenüber den Strömungen der Zeit hätten den letzteren einen rascheren Fortschritt möglich gemacht. Wenn in der Kirche so gar nichts von den Ideen der Gegenwart und nur engherziger Dogmatismus zu spüren gewesen wäre, dann hätte von selbst alles, was Geist heißt, aus ihr vertrieben werden müssen.

Das sind die Gesichtspunkte, von denen die Regierung Leos XIII. ausgeht. Seine neueste Enzyklika ist wieder ein Beweis dafür. Er sucht in sachlicher Weise dem Liberalismus entgegenzutreten und in dem Liberalismus der ganzen Richtung der Zeit. Wer noch in den Banden des Glaubens sich befindet, auf den werden die mit sophistischem Scharfsinne vorgebrachten Sätze des Rundschreibens nicht ohne tiefergehenden Eindruck bleiben. Das soll offen zugestanden werden. Es soll auch nicht geleugnet werden, daß mit dem liberalen Prinzip der Kernpunkt der modernen Kultur überhaupt richtig getroffen ist. Das Barometer des Fortschrittes in der Entwicklung der Menschheit ist nämlich in der Tat die Auffassung, die man von der Freiheit hat, und die praktische Realisierung dieser Auffassung. Unserer Überzeugung nach hat die neueste Zeit in dieser Auffassung einen Fortschritt zu verzeichnen, der ebenso bedeutsam ist, wie jener war, den die Lehren Christi bewirkten: «es sei nicht Jude, noch Grieche, noch Barbar, noch Skythe, sondern alle seien Brüder in Christo». Wie damals die Gleichwertigkeit aller Menschen vor Gott und ihresgleichen anerkannt wurde, so bemächtigte sich in dem letzten Jahrhundert immer mehr die Überzeugung der Menschen, daß nicht in der Unterwerfung unter die Gebote einer äußeren Autorität unsere Aufgabe bestehen könne, daß alles, was wir glauben, daß die Richtschnur unseres Handelns lediglich aus dem Lichte der Vernunft in unserem eigenen Innern entstammen solle. Nur das für wahr halten, wozu uns unser eigenes Denken zwingt, nur in solchen gesellschaftlichen und staatlichen Formen sich bewegen, die wir uns selbst geben, das ist der große Grundsatz der Zeit.

Wie jeder an sich richtige Grundsatz, so kann natürlich auch dieser in fehlerhafter Form aufgefaßt werden und damit unsägliches Unheil anrichten. Ja, man kann überhaupt von der Einführung der wahren Gestalt dieses Grundsatzes in das praktische Leben noch nicht viel bemerken. Es liegt nämlich der Irrtum nahe, daß mit der Aufstellung der Maxime, nur dem eigenen Innern zu folgen, jedwede Geltendmachung subjektiver Willkür, rein individuellen Strebens gerechtfertigt sei. Das aber führt notwendig dazu, daß Willkür gegen Willkür, subjektive Interessen gegen subjektive Interessen stehen und endlich ein Kampf aller gegen alle herauskommt, ein «Kampf ums Dasein», in dem nicht allein der Stärkere gegen den Schwächeren, sondern der Unredliche gegen den Redlichen, der Unlautere gegen den Freund der Wahrheit siegt. Zu dieser Ausartung ist das Freiheitsprinzip in den letzten Dezennien wirklich gekommen, und was man landläufig heute als Liberalismus bezeichnet, das ist dieses Zerrbild des modernen Geistes. Es ist traurig, aber leider nur zu wahr, daß hier eine ursprünglich richtige Anschauung zu dem scheußlichen System der Ausbeutung des Individuums durch das Individuum geführt hat. Es ist nur schade, daß dieser Börsenliberalismus so lange sein Unwesen getrieben hat, denn nur weil er die Köpfe gegen alles, was wahrhaft den Namen der Freiheit führt, blind machte, haben sich viele sonst nicht unbedeutende Männer von der freiheitlichen Bewegung abgewendet und der Reaktion in die Arme geworfen. Jetzt scheint glücklicherweise die Todesstunde jenes Pseudo-Liberalismus nicht mehr ferne.

Der Mensch ist eben nicht bloß ein individuelles Wesen,

sondern er gehört einem größeren Ganzen, einer Nation an. Was man sonst Gattung nennt, das ist für den Menschen die Nation. Und wie, was gleichwertig ist, auch in seinen Äußerungen sich als gleichartig erweist, so wird auch die Stimme der Vernunft, wenn der Mensch wirklich objektiv auf sie hört, nicht in diesem Individuum so, in jenem anders sprechen. Und wenn auch die Vernunft in vielen Menschen numerisch verschieden, so ist sie doch inhaltlich gleich; gibt sich das Individuum wahrhaft in den Bann derselben und nicht in den der subjektiven Willkür und des Egoismus, so kann das Wollen des einen das des andern nicht ausschließen, sondern wird sich mit ihm begegnen, es ergänzen und unterstützen. So werden die Strebungen einer Anzahl von Individuen, die staatlich zusammengehören, ein vernünftig geordnetes System bilden, innerhalb welchem sich der einzelne wirklich frei bewegen kann. In diesem System wird jeder seine Aufgabe erfüllen, ohne von dem andern eingeschränkt, bekämpft oder ausgebeutet zu werden; er wird weder durch eine Autorität, wie in der katholischen Weltanschauung, noch durch den Egoismus des andern, wie beim modernen pseudoliberalen Staate, in seiner Freiheit beengt sein. Das ist eine Staatsordnung, wie sie dem wahren Liberalismus entspricht und wie sie zugleich als wahrhaft staatssozialistisch bezeichnet werden kann.

Immer klarer zeigen die Ereignisse, daß sich diese Anschauung von unserer Lebensgestaltung in die Wirklichkeit heraufarbeitet. Sie bedeutet den wahren Fortschritt gegenüber der alten kirchlichen Ordnung. Sie ist es, die eine neue Zeitepoche begründen wird; gegen sie werden päpstliche Rundschreiben nichts vermögen. Sie ist eine historische Notwendigkeit, wie es einst das Christentum war. Der Pseudo-

Liberalismus ist keine, und deshalb die scheinbare Wahrheit, die die Sätze der Enzyklika haben. Sie kämpft gegen ein totgeborenes Kind.

## DIE DEUTSCHEN IN ÖSTERREICH UND IHRE NÄCHSTEN AUFGABEN

Der tiefe Zwiespalt, der zwischen der äußern und innern Politik unserer Monarchie besteht, tritt bei jeder Gelegenheit im politischen Leben hervor, und er ist für den, der zu beobachten versteht, oft aus scheinbar geringfügigen Vorkommnissen bemerkbar. Es heißt aber nach unserer Ansicht entschieden die Sache zu kleinlich anfassen, wenn man den Widerspruch bloß als den der slavenfreundlichen inneren und den der entschieden deutschfreundlichen äußeren Politik charakterisiert. Der Gegensatz ist eigentlich ein anderer, und er kommt am besten zum Ausdruck, wenn man den, nach unserer Ansicht, bedeutsamen Ausspruch Kalnokys mit den mehrfach ausgesprochenen Regierungsprinzipien, wie wir sie aus dem Munde des Sprechers unserer Regierung, des Herrn von Dunajewski, gehört haben, vergleicht. Der Leiter unserer auswärtigen Politik sagte: «Die Besorgnisse (für den Frieden) entspringen nicht allein aus den Zuständen auf der Balkan-Halbinsel, als vielmehr aus der allgemeinen europäischen Lage, aus ... den tiefgehenden Differenzen der Auffassung nicht so sehr der Kabinette als der Bevölkerungen.» Bedeutsam nennen wir den Ausspruch, weil er zeigt, daß nun die Zeit entschieden aufgehört hat, wo für die Richtung der äußeren Politik der Staaten einzig und allein der Wille der obersten Machtfaktoren ausschlaggebend war und die Stimme des Volkes als nicht vorhanden betrachtet wurde. Es ist in diesen Worten deutlich vernehmbar, daß Verhandlungen von Diplomaten, ohne mit den Volksinteressen zu rechnen, unmöglich geworden sind. Und auf unseren Fall angewendet heißt das: Kein Staat, der es mit der europäischen Zivilisation und den Kulturinteressen der west- und mitteleuropäischen Völker ernst meint, kann eine andere als eine mit der Spitze gegen den kulturfeindlichen russischen Koloß und gegen die von ihm ausgehenden großslavischen Tendenzen gekehrte Politik verfolgen. Der Gang unserer äußeren Politik ist einfach der Ausdruck einer europäischen Notwendigkeit. Er wird nicht nur von den deutschen, er wird von der ganzen westeuropäischen Bevölkerung verlangt. In scharfem Gegensatz hierzu steht es, wenn der Minister Dunajewski glaubt, man könne Österreich ohne die Deutschen regieren.

Wenn die Deutschen aufhören sollen, diesem Staate, den sie gegründet, dem sie seine Lebensaufgaben gegeben haben, das Gepräge zu geben, dann hört auch dieser Staat auf, diejenige Rolle zu spielen, die ihm von der geschichtlichen Entwicklung im westeuropäischen Kulturleben zugedacht ist. Und eine Politik, die den Staat in diesem Sinne seiner historischen Grundlage entfremdet, kann als eine bildungsfreundliche denn doch nicht bezeichnet werden, als eine solche aber, die den Ausdruck des Volkswillens bildet, am allerwenigsten. Ein solches Regieren mag augenblicklich opportun sein, mag geeignet sein, über Schwierigkeiten der unmittelbaren Gegenwart hinwegzuhelfen; zeitgemäß im tieferen Sinne des Wortes ist es nicht. Man sollte es nur einmal versuchen, einen Tropfen von diesen Grundsätzen in die äußere Politik einfließen zu lassen, sofort müßte sich zeigen, wie sie dem Gange der europäischen Entwicklung entschieden zuwiderlaufen. Im Innern geht es eben eine Zeitlang, weil in den Faktoren und Verhältnissen, auf denen der Staat ruht, noch jener Geist fortlebt, den die Deutschen in sie verpflanzt haben, und der Zwang zur Umkehr wird erst dann eintreten, wenn dieser Geist völlig vernichtet sein wird. Denn darüber täusche man sich nicht: die leitenden Staatsmänner können nur mit den von den Deutschen erlernten und erborgten Prinzipien regieren, und der schlimme Erfolg kommt auf Rechnung des Umstandes, daß der aus dem Volke entspringende Geist mißverstanden, ja geflissentlich im undeutschen Sinne angewendet wird. So bekämpft man die Deutschen mit den von ihnen erhaltenen Waffen. Schon daraus wird man erkennen, daß die dermalige innere Strömung nicht eine historisch notwendige, sondern eine durch diplomatische Künste herbeigeführte ist. Während die äußere Politik sich von diplomatischen Künsten ab- und dem Volkswillen zuwendet, nimmt die innere den entgegengesetzten Gang. Und das ist der Gegensatz. Man ließe die Slaven Slaven sein, wenn nicht gewisse reaktionäre Gelüste mit ihnen eher zu befriedigen wären als mit den Deutschen.

Weit genug freilich ist es auf diesem Wege gekommen. Unerhört sind die Zumutungen, die an uns Deutsche von slavischer Seite gemacht werden. Man vernimmt Stimmen, die da meinen, die Deutschböhmen sollten doch an die Majorität des Böhmischen Landtages herantreten behufs Einleitung neuer Ausgleichsverhandlungen. Will man denn wirklich von dem deutschen Volke in Böhmen verlangen, daß es sein gutes Recht, im Sinne der Kulturstufe, zu der es die Deutschen gebracht, zu leben, sich von den Tschechen erbettelt?

Die Slaven müssen noch lange leben, bis sie die Aufgaben,

die dem deutschen Volke obliegen, verstehen, und es ist eine unerhörte Kulturfeindlichkeit, dem Volksstamm bei jeder Gelegenheit Prügel vor die Füße zu werfen, von dem man das geistige Licht empfängt, ohne welches einem die europäische Bildung ein Buch mit sieben Siegeln bleiben muß.

Noch unerhörter ist es aber, wenn die Tschechen durch ihre Organe verkünden, der böhmische Ausgleich solle jetzt zustande kommen, um mit ihm das Regierungsjubiläum unseres Kaisers würdig zu feiern. Man verlangt also von uns Deutschen das Unmögliche, damit man uns angesichts der Gelegenheit, zu der es gefordert wird, wieder einmal als das staats- und dynastiefeindliche Volk in Österreich hinstellen kann. Das grenzt denn doch an das Äußerste: weil wir mit unseren Traditionen, mit unserer Geschichte, ja mit unserem eigenen «Ich» nicht brechen wollen, darum sollen wir vor der Krone, der wir stets so treu wie die Slaven waren, verdächtigt werden.

Und so wird denn Schlag auf Schlag von unseren Gegnern geführt, um uns Deutsche aus unseren berechtigten Stellungen zu vertreiben. Darum dürfen wir um so weniger erlahmen, alles daranzusetzen, was uns unseren Einfluß wieder gewinnen hilft. Scharf zu tadeln ist daher, daß in der letzten Zeit die erfreuliche politische Rührigkeit, die bei den Deutschen doch wenigstens in einzelnen Gegenden bereits zu bemerken war, Einbuße erlitten hat. Die Volksstimme muß sich nur deutlich vernehmen lassen, und sie kann für die Dauer nicht überhört werden. Deswegen halten wir die Idee eines deutschen Parteitages, die eben auftaucht, für eine durchaus gute. Die Seite freilich, von der sie kommt, scheint uns nicht die rechte zu sein. Heute dürften den Ton bei einem solchen Einigungsfeste nicht die Deutschliberalen angeben, die einmal die lebendige Fühlung mit dem Volke verloren haben, heute müßten es die ausschließlich nationalen Elemente des deutschen Volkes in Österreich sein. Aber freilich, fernhalten dürften sich die ersteren nicht. Diese verfolgen überhaupt eine ganz eigentümliche Taktik: Wenn sich irgendwo eine kerndeutsche Gesinnung vernehmen läßt und auf die Betonung der deutschen Idee dringt, dann klagen diese «Fortschrittsmänner» und ihr besonders sauberes Organ, die «Neue Freie Presse», über die Unmöglichkeit, eine Einigung mit den Deutschen zu erzielen. Als wenn diese Herren ein Patent darauf hätten, daß die Einigung nur im Zeichen ihrer Bestrebungen erzielt werden dürfte. Mögen sie einmal jene Selbstlosigkeit an den Tag legen, die dazu nötig ist, persönliche Interessen in den Hintergrund treten zu lassen und sich in den Dienst der gemeinsamen Sache zu stellen. Warum verlangt man von den Deutschnationalen gerade, daß sie ihre Gesinnung ganz ablegen, bevor sie in den Tempel dieser «freisinnigen» Richtung eintreten dürfen? Das Natürlichste wäre doch, daß beide Teile einander entgegenkämen. Das wird freilich solange nicht der Fall sein, als der rechte Flügel unserer Opposition in jeder Regung unseres Nationalgefühls etwas Unerlaubtes und in jeder Kundgebung der Sympathie mit den Nationalen eine Einbuße in seiner «Regierungsfähigkeit» sieht. Fort mit dieser Chimäre von Regierungsfähigkeit. Wenn wir schon undeutsch regiert sein sollen, so mögen dies Geschäft doch wenigstens nicht Stammesgenossen besorgen. Unsere Hände sollten rein bleiben.

Ein deutscher Parteitag, einberufen von wahrhaft nationalen Männern, sollte die nächsten Aufgaben der Deutschen als deren entschiedenen Willen vor aller Welt verkünden. Jetzt taucht eben wieder der Gedanke der Absentierung der

Deutschen vom parlamentarischen Leben auf. Er scheint sogar im Volke an Anhängern zu gewinnen. Wohlan! Man halte sich daran! Man erkläre den ausschlaggebenden Faktoren, daß man nicht weiter in dem Volkshause sitzen, in der Volksvertretung tätig sein will, in der man faktisch als ein unliebsamer Störenfried betrachtet und endlich doch übergangen wird. Es ist ja mit aller Bestimmtheit vorauszusehen, daß man ohne die Deutschen nur solange regieren wird, als diese ruhig ihre Plätze einnehmen. Und wenn schließlich wirklich die parlamentarische Maschine eine Zeitlang ohne die Mitarbeiterschaft der Deutschen fortginge, sie würde sich endlich selbst als eine unmögliche erweisen. Verlieren können die Deutschen kaum, wenn sie ihre unfruchtbare parlamentarische Tätigkeit einstellten und sich desto mehr darauf werfen würden, das Volk im nationalen Sinne zu organisieren. Außer dem Deutschen Schulverein ist aber zu einer nationalen Organisation auch nicht der leiseste Versuch gemacht worden. Die nationalen Vereine tragen alle einen lokalen Charakter, und ihr Blick reicht nicht über das Weichbild der Stadt, in der sie sind, hinaus. Diese Vereine müssen eine einheitliche Organisation gewinnen, sie müssen Fühlung miteinander haben. Dann werden ihre Kundgebungen überall, wo es notwendig ist, den rechten Eindruck machen.

Unsere nationalen Gegner können uns zweifellos großen Schaden zufügen. Er wird aber immer unbedeutend sein gegenüber den Wunden, die wir uns selbst schlagen, wenn wir unser nationales Einigungswerk verzögern. Denn das Kartengebäude, das unsere Gegner aufführen, hat keine erhaltende Kraft in sich, es fehlt ihm der rechte Lebensgeist. Es wird dereinst in sich zusammenbrechen, und dann werden die Deutschen berufen werden müssen, die Arbeit da wieder aufzunehmen, wo sie gezwungen wurden, sie einzustellen. Weh uns nun, wenn wir dann nicht gerüstet sind, wenn wir gespalten in Fraktionen und uneinig an unsere Aufgabe treten. Nur eine Opposition, die nie daran denkt, das Heft in die Hände zu bekommen, kann sich den Luxus der Parteizerklüftung gestatten, eine solche, die notwendig daran denken muß, begeht damit ein schweres, durch nichts zu sühnendes Unrecht.

II

## GENERALVERSAMMLUNG
## DER GOETHE-GESELLSCHAFT

Die diesjährige Generalversammlung der Goethe-Gesellschaft 8. Mai 1891 gestaltete sich zu einer besonders feierlichen, da sie mitten in der Festwoche stattfand, die dem Andenken jenes für die deutsche Kunst bedeutungsvollen Augenblicks geweiht war, da vor hundert Jahren unter Goethes Leitung das Weimarer Hoftheater eröffnet wurde. Die Zusammengehörigkeit beider Feste fand auch noch darinnen einen besonderen Ausdruck, daß Prof. Suphan, der Direktor des Goethe-Archivs, in der Lage war, über einen wichtigen Aktenfund Bericht zu erstatten, der sich auf Goethes Theaterleitung bezieht. Die Versammlung war ungemein zahlreich besucht. Ihre königlichen Hoheiten, der Großherzog, die Großherzogin, der Erbgroßherzog und die Erbgroßherzogin sowie die Prinzessinnen Auguste und Olga von Sachsen-Weimar beehrten die Versammlung mit ihrem Besuche. Von auswärtigen Gästen waren anwesend: Minister von Goßler, Geheimrat von Loeper, Wildenbruch, Bodenstedt, Spielhagen, Julius Wolff, W. Freiherr von Biedermann, Geheimrat Freiherr von Bezecny, Lud. Aug. von Frankl, Erich Schmidt, Jul. Rodenberg und viele andere. Den Vorsitz führte Geheimrat von Loeper, der die Gesellschaft begrüßte und sein Bedauern darüber aussprach, daß der Präsident von Simson aus Gesundheitsrücksichten am Erscheinen verhindert war. Hierauf erstattete Geheimrat Hofrat Dr. Ruland den Jahresbericht, dem zu entnehmen war, daß die Mitgliederzahl am 31. Dezember 1890 sich auf 2988 belief; das Vermögen der Gesellschaft betrug an diesem Tag 37 289 Mark, wovon 21 396 Mark als Reservefonds dienen. Als

Weihnachtsgabe wurde für die Mitglieder der Goethe-Gesellschaft eine Publikation über Goethes Verhältnis zum Weimarer Theater auf Grund des oben erwähnten Aktenfundes von Dr. C. A. H. Burkhardt und Dr. Julius Wahle in Aussicht gestellt. Den Festvortrag hielt Prof. Dr. Valentin aus Frankfurt a. M. «Über die klassische Walpurgisnacht». Der Vortragende war bestrebt, jene Ansichten zu widerlegen, die in Goethes «Faust» überall Widersprüche und Mängel in der einheitlichen Komposition desselben sehen wollen. «Faust» sei trotz mancher Lücken und Unebenheiten im Fortgang der Handlung eine in sich widerspruchslose, einheitliche Dichtung. Er sei das Gegenstück zu Wilhelm Meister. Während aber der Dichter in dem letzteren Werke seinen Helden in der realen Welt das Ziel seines Strebens finden läßt, legt er in Fausts Seele einen so gewaltigen Drang nach menschlicher Vollendung, daß es unmöglich wird, demselben in dieser endlichen Welt Befriedigung zu gewähren. Fausts Streben geht nach einem Unendlichen, Ewigen. Aber nach einem solchen, das nicht nur die Summe alles Endlichen darstellt, sondern in die Tiefe aller Wesenheit geht. Mephistopheles kann das letztere nicht verstehen. Er kennt nur jene erstere Unendlichkeit. Daher führt er Faust von Genuß zu Genuß. Aber was Faust sucht, kann er ihm nicht gewähren. Deshalb verändert sich im Verlaufe des Stückes die Rolle des Mephistopheles. Er wird aus dem Führer Fausts, der er im ersten Teile war, im zweiten Teile der Handlanger, der die äußeren Mittel zu Fausts höheren Zwecken herbeischafft, welch letztere er gar nicht mehr ahnt. Er gibt Faust den Schlüssel zu den Wohnungen der Mütter, bleibt aber über dessen Schicksal in diesem Geisterreiche völlig im Ungewissen. Faust findet in Mephistopheles' «Nichts» das Sinnbild aller Schönheit, Helena, und bringt sie an die Oberwelt, aber zunächst nur als Traumbild, als Schatten. Sie bedarf der Verkörperung, des leiblichen Daseins. Dies kann nur erreicht werden, wenn aus den Kräften der Natur ein Menschheitskeim hergestellt wird, der geeignet ist, den Schatten der Schönheit mit wirklichem Leben zu umkleiden. Dieses ist der Homunkulus. Er wird der Führer Fausts in das klassische Altertum, löst sich dort auf, um als jene Kraft weiterzuwirken, welche aus den Elementen der Natur um den Geist der Helena deren Körper formt. So ist Faust im Besitz dieser einzigen der Frauen; allein befriedigt kann er noch immer nicht sein, denn kein Endliches, ob es in der Vergangenheit oder der Gegenwart gelegen ist, kann ihn befriedigen. Erst als er alle Magie von seinem Lebenswege verbannen will, als er auf jeden endlichen, selbstischen Genuß verzichtet und nur im Vorgefühl eines Glückes lebt, das er wohl geschaffen hat, aber nicht mehr genießt, da hat er jenen höchsten Augenblick erreicht, zu dem er sagen möchte: «Verweile doch, du bist so schön». Fausts Seele ist für Mephistopheles verloren, der glaubte, sie im endlichen Genusse festhalten zu können.

Auf diesen Festvortrag folgten Prof. Suphans Mitteilungen über die aufgefundenen Akten. Dieselben stellen einen großen Teil des alten Theater-Archivs dar. Sie wurden in einem kaum zugänglichen Winkel des in Weimar unter dem Namen der «Bastille» bekannten Teiles des Schlosses vorgefunden und durch S. königl. Hoheit den Großherzog am 24. Dezember 1890 dem Goethe- und Schiller-Archiv zum Geschenke gemacht. Es sind achtundsiebzig Bände und Faszikel. Der eine Teil besteht aus den sogenannten Direktions-Akten, das ist jenen Schriftstücken, die aus der Geschäftsführung der seit 1797 eingesetzten Hoftheaterkommission vorhanden sind. Diese Kommission bestand aus Goethe, von Luck und Kirms, später Goethe, Kirms und Rat Kruse. Der zweite Teil sind die Akten der Filialbühnen, an denen zur Sommerszeit von den Mitgliedern des Weimarer Theaters gespielt wurde. 35 hieher gehörige Bände beziehen sich auf das Lauchstädter Theater und sind aus den Jahren 1791 bis 1814. In dieser Reihe sind die auf das berühmte Leipziger Gastspiel von 1807 bezüglichen Schriftstücke enthalten. Drei Bände betreffen das Theater in Halle seit 1811, sieben Erfurt (1791–95 und 1815), zehn Rudolstadt (1794–1805), einer Jena, drei Naumburg. Ein großer Teil dieser Aktenstücke ist von Goethe diktiert und durchgesehen. Eine Handschrift des Vorspiels «Was wir bringen» (von der Hand des Schreibers Geist) ist inmitten der Akten, ferner 44 Briefe Goethes an Kirms, 34 an andere Personen. Die ersteren behandeln neben dem rein Geschäftlichen auch Gegenstände von literarischem und künstlerischem Interesse. Auch Briefe Schillers gehören der Sammlung an, so einer, in dem er seine Zustimmung zur Wallensteinaufführung in Lauchstädt ausspricht. Das Verhältnis Karl Augusts zum Theater ist aus vielen Schriftstücken ersichtlich. Von besonderer Bedeutung sind jene Blätter, die zeigen, mit welcher Sorgfalt Goethe das Theater leitete und wie ihm nichts zu gering war, um sich damit zu beschäftigen\*.

Nach diesen Mitteilungen erstattete Prof. Suphan den speziellen Bericht über das Goethe-Archiv und die Goethe-

---

\* Die erwähnte Publikation der Goethe-Gesellschaft, die den Mitgliedern als diesjährige Weihnachtsgabe zugehen wird, soll den Titel führen: «Urkunden zur Geschichte von Goethes Theaterleitung 1791 bis 1817», von C. A. H. Burkhardt und J. Wahle.

Bibliothek. In bezug auf das erstere wurde hervorgehoben, daß in der letzten Zeit auch der naturwissenschaftliche Nachlaß Goethes gesichtet und für die Ausgabe verarbeitet wurde. Die Arbeiten Prof. Bardelebens aus Jena und des Schreibers dieser Zeilen sind soweit fortgeschritten, daß wohl noch im Laufe dieses Jahres die Leser der Weimarer Goethe-Ausgabe einen größeren Teil des aufgefundenen Nachlasses zu sehen bekommen werden. Er wird wesentlich dazu beitragen, die bahnbrechende Tätigkeit Goethes auf wissenschaftlichem Gebiete endlich einmal auch den größten Zweiflern klar vor Augen zu führen. Die Morphologie nahm Goethe in einer Weise in Angriff, daß er bis heute von der Fachwissenschaft noch nicht eingeholt worden ist; auf osteologischem Gebiete liegen Arbeiten über den Schädel der Säugetiere und die Gestalt der Tiere vor, mit denen eine Methode in die Anatomie eingeführt wird, die erst Dezennien später von Merkel und anderen als die richtige erkannt worden ist.

Die Bibliothek wurde durch Ankäufe wertvoller Stücke besonders der älteren Literatur und durch zahlreiche Schenkungen vermehrt. Seitens des Großherzogs sind dem Archive 106 Briefe Wielands geschenkt worden. Eine bedeutsame Bereicherung hat dasselbe durch die Erwerbung des handschriftlichen Nachlasses Otto Ludwigs erfahren, der von Erich Schmidt herausgegeben wird.

Geheimrat Hofrat Ruland erstattete nunmehr den Bericht über das Goethe-National-Museum. In demselben wird mit Ordnung der Sammlungen, namentlich der Goetheschen Bibliothek fortgefahren.

An die Generalversammlung schloß sich ein gemeinschaftliches Mittagessen, bei welchem Minister Groß auf den Kaiser, Geheimrat von Loeper auf den Großherzog und die

Großherzogin, Erich Schmidt auf das Weimarer Theater und Minister von Goßler auf die Goethe-Gesellschaft Trinksprüche ausbrachten. Ludw. Aug. von Frankl überbrachte einen Festgruß aus Wien. Das Fest schloß mit einer Vorstellung von Paul Heyses neuem Stück «Die schlimmen Brüder» im Hoftheater.

## MOLTKE ALS PHILOSOPH

Es ist immer von ganz besonderem Interesse, bedeutende Menschen, deren Lebens- und Wirkenssphäre weit abliegt von dem Gebiete theoretischer Weltbetrachtung, sprechen zu hören über die großen Rätselfragen unseres Daseins und über die letzten Gründe der Weltentwicklung. Und gar einen Mann wie Moltke, der mehrmals in der Lage war, des Schicksals Lauf für ganze Staaten durch seine Persönlichkeit bestimmt zu sehen. Die Bedeutung eines solchen Verhältnisses erkennt nur, wer es versteht, was große, tief eingreifende Erlebnisse für unser ganzes Sein zu bedeuten haben, wie sie plötzlich über eine große Reihe unserer Vorstellungen einen andern Farbenton ausbreiten. Wie viele Menschen werden durch eine Erfahrung von überwältigender Wirkung plötzlich in ihrem ganzen Charakter verändert! Und wertlos sind die doktrinären Gedankenkreise derjenigen Menschen, in deren Lebenslauf niemals Schicksalsschläge, hohe Freuden und tiefe Enttäuschungen eingegriffen haben.

Was mag wohl in der Seele des Generalstabschefs Moltke vorgegangen sein in Stunden vor den wichtigen Entscheidungsschlachten mit Österreich und später mit Frankreich!

In solchen Augenblicken wird dem Menschen von dem Weltengeiste offenbar etwas ganz Besonderes ins Ohr gesprochen; Worte, die nur schwer verständlich sind für Menschen mit Werkeltagserfahrungen.

Es liegt nun gedruckt der deutschen Leserwelt vor, wie Moltke über Weltzusammenhang und Menschenbestimmung dachte.

Suchen wir uns die Grundzüge seiner Weltanschauung klarzumachen. Moltke ist überzeugt von der durchgängigen Gesetzmäßigkeit des ganzen Weltalls. Er glaubt auch behaupten zu dürfen, daß die Gesetze, welche hier auf unserer Erde das kleinste und größte Geschehen bewirken, in jedem Teile des Universums Geltung haben. Was auf dem Sirius geschieht, soll nicht minder wesentlich denselben Gründen unterliegen wie die Phänomene, die sich vor unseren Augen täglich abspielen. Und alles menschliche Tun und Lassen denkt sich Moltke innerhalb des Kreises dieser Gesetzmäßigkeit eingeschlossen. Unsere Vernunft muß diese Weltgesetzlichkeit aber auch in sich haben; denn nur unter dieser Voraussetzung kann sie die Vernünftigkeit in der Welt draußen überall finden. Zusammenstimmen von Vernunft und Wirklichkeit ist für Moltke ein Postulat seiner Anschauungen.

Letzten Endes sieht unser philosophierender Feldherr die ganze Weltharmonie als einen Ausfluß des göttlichen Geistes an, der es auch eingerichtet hat, daß Welt und Menschenvernunft zusammenstimmen.

Obwohl nun diese Ansichten genau übereinstimmen mit der in den Kreisen gegenwärtiger Naturgelehrten herrschenden mathematisch-mechanischen Weltanschauung – Du Bois-Reymond muß entzückt sein über diese Bundesgenossenschaft –, so erscheint der Gedanke doch richtig, daß bei

Moltke in seinem Berufe als Heerführer der Grund zum Entstehen derselben gesucht werden muß.

Die Entschließungen des Feldherrn sind im strengsten Sinne des Wortes Resultate von Erwägungen, denen mathematische und dynamische Voraussetzungen zugrunde liegen. So wie es für den Mathematiker und Mechaniker nur ein Rechnungsresultat aus gegebenen Rechnungsansätzen gibt, so kann auch für den Heerführer nur eine ganz bestimmte Handlung als die notwendige Folge gegebener Tatsachen erscheinen. Diese führt er aus mit einer Notwendigkeit, gleich jener, mit der ein Stein zu Boden fällt. Die Tätigkeit des Menschengeistes erscheint hier vollständig eingegliedert in das mathematisch-mechanische Weltgeschehen, als eine bloße Fortsetzung desselben. Und der Mensch ergibt sich als der Vollstrecker ewiger, eherner Weltgesetze.

Was aber notwendig unter einer solchen Auffassung leiden muß, ist das Gefühl für die Individualität und für die persönliche Freiheit des Menschen. In der Heeresführung muß ohne Frage das Individuelle in den Hintergrund treten, erstens gegenüber den Gesetzen militärischen Wissens und zweitens gegenüber der Organisation eines vielgliedrigen Körpers. Wer von einem solchen Gebiete aus einen Schluß zieht auf die allgemeine Wesenheit alles Seins, dessen Überzeugungen müssen einseitig ausfallen. Der Psychologe aber weiß, daß jeder Mensch, der einen bestimmten Beruf hat, diesen letzteren zum Zentrum seiner Weltbeurteilung macht. Jedermann hat ja das Bedürfnis, zu den seinen Geist ausfüllenden allgemeinen Ansichten fortwährend konkrete Beispiele aus seiner Erfahrung heranzuziehen. Dieselben sollen ihm das Allgemeine nicht bloß bestätigen, sondern vor allen andern Dingen erst recht augenscheinlich machen. Es ist nun natürlich, daß der Feldherr diejenigen Gesetze als die allgemeinen betrachtet, für die er innerhalb seiner Erfahrungswelt Beispiele findet. Das sind aber eben die mathematisch-mechanischen.

Was aber bei solcher Schlußfolgerung entschieden zu kurz kommt, ist die Welt der Freiheit. Innerhalb der Moltkeschen Ansichten ist für diese letztere ebensowenig Raum wie innerhalb der mechanischen Weltanschauung der gegenwärtigen Naturlehre. Was bei dem ersteren das Einleben in militärisches Leben und Treiben, das bewirkt bei der letzteren die einseitige Blickrichtung auf das äußere Geschehen und die mathematische Seite des Naturdaseins. Moltke betrachtet das Weltall wie einen großartigen Truppenkörper, die Naturlehrer der Gegenwart wie eine vielgliedrige Maschine. Jener verallgemeinert die Gesetze der Kriegskunst, diese die Regeln der Mechanik. Auf beide Arten kommt eine Einseitigkeit im vollsten Wortsinne heraus, die psychologisch begreiflich, aber doch vor dem Forum einer allseitigen Welt- und Lebensanschauung nicht bestehen kann. Wie notwendig es ist, jegliches Ding mit seinem eigenen Maßstabe zu messen und nirgends die Erfahrungen aus einem anderen Gebiete hineinzutragen, das gehört zu den höchsten Erkenntnissen des menschlichen Geistes. Theoretisch einsehen, begreiflich finden, werden es ja viele Menschen, aber von da aus bis zum Übergehen in das innerste Wesen unseres psychischen Organismus ist noch ein weiter Weg. Ehe man dazu gelangt, muß man auch viele Erlebnisse haben. Erlebnisse, die sich allerdings nicht auf dem Schauplatz des großen Weltgeschehens abspielen, sondern in den Tiefen unseres Innern. Ein Philosoph ist nicht derjenige, der die Summe der bestehenden philosophischen Lehren kennt und sie vielleicht um einige neue vermehrt hat, sondern allein der, der die schweren Seelenkämpfe durchgemacht hat, durch die man Wahrheiten nicht erlernt, auch nicht erdenkt, sondern erlebt. Was nun am wenigsten erlernt und erdacht werden kann, sondern was erlebt sein muß, das ist der Grundsatz, daß ein jedes Ding nach der ihm eingeborenen Individualität zu betrachten ist. Diese letztere Betrachtung ist die notwendige Gegenseite zu der Moltkeschen Auffassung, daß eine Gesetzmäßigkeit durch alle Weltwesen gehe. Innerhalb dieser einen Gesetzmäßigkeit sind aber unzählige Gesetzesarten möglich, die sorgfältig im besonderen angeschaut sein wollen.

So interessant also auch die Anschauungen des großen Feldherrn für den Psychologen sind: sie zeigen doch, wie strenges Einleben in eine Sphäre die Grundeigentümlichkeiten dieser letzteren als Leitmotive eines ganzen Menschenlebens wieder erkennen lassen, und daß zu einer allseitig befriedigenden Lebenserfassung keine andere Betätigung führen kann als ein für Einzelheiten nicht besonders engagiertes, für alles gleich warmes und gleich kühles, betrachtendes Leben des Denkers.

## MAXIMILIAN HARDEN «APOSTATA»

Durch Jahrzehnte hindurch waren unsere Gebildeten in eine spröde Schöne verliebt. Sie hatte ernste Züge, etwas blasse Gesichtsfarbe, dunkles Haar, war ohne Fülle; und nur selten war so etwas wie Leidenschaft in ihrem Antlitz zu sehen. Niemand konnte so recht warm in ihrer Gegenwart werden. Man war auch nicht immer gern mit ihr beisammen. Nur auf den großen Märkten, wo die öffentliche Meinung feilgeboten wird, da trat man stolz an ihrer Seite auf. Wenn man dann einmal eine gemütliche Stunde verbringen wollte, wenn man nur für sich und seine nächste Umgebung lebte und seinen Worten nicht jenen Ton beizugeben brauchte, wodurch sie auf die Menge suggerierend wirken, dann entledigte man sich der Gefährtin. Man tat aber auch groß und rühmte sich gebührend des keuschen Verhältnisses.

Das Weib heißt die «Prinzipientreue».

Wir haben eine Zeit hinter uns, welche die Anbetung des «Prinzips» bis zum Ekel getrieben hat. Ursprüngliches Empfinden, individuelles Urteil galt nichts; mit ein paar Grundsätzen, die man immer wieder vorbrachte, und nach denen man alles abschätzte, wollte man das Leben machen. Der Mensch galt wenig, die Prinzipien, auf die er schwor, alles. Man kümmerte sich nicht um das Individuum, wohl aber darum, ob es liberal oder konservativ, national oder kosmopolitisch, materialistisch oder idealistisch denke.

Es sind Anzeichen vorhanden, daß es besser wird. Nachzügler sind zwar noch in Fülle zu sehen, Spätlinge, die das alte Lied noch singen. Aber man sieht doch, wie das Verständnis für das Individuelle im Zunehmen begriffen ist. Nichts kann das deutlicher beweisen, als der Erfolg der beiden «Apostata»-Bände von Maximilian Harden. Darinnen enthalten sind die Aufsätze, die von Harden in den letzten Jahren in verschiedenen deutschen Journalen über Zeitereignisse und Zeitgenossen erschienen sind. Man suchte stets nach diesen Artikeln an den Orten, wo man sie zu finden hoffen durfte. Man war neugierig, was Harden zu einem Vorkommnis sagte, denn man schätzte die eigenartige Persönlichkeit dieses Schriftstellers. Und man fühlte sich nie enttäuscht, denn Harden wußte etwas zu sagen, was keinem andern eingefallen wäre. Und noch etwas: Harden ist nicht damit zufrieden, seine Meinung nur so einfach zu sagen. Er weiß, daß man von Speisen ohne Gewürze-Zusatz zwar entsprechend genährt wird, daß sie aber besser mit demselben schmecken. Harden ist vornehm genug, um seine Meinungen nur in einem solchen Gewande auftreten zu lassen, daß nicht nur der Inhalt, sondern auch die Hülle interessiert. Es gefällt uns besser, wenn uns jemand anregen, als wenn er uns überzeugen will. Ich mag sie nicht, die da dünne und dicke Bücher schreiben, um ihren Nebenmenschen eine Überzeugung beizubringen. Ich finde so etwas einfach taktlos. Es setzt immer dumme Leser voraus, die belehrt sein sollen. Die meisten unserer schriftstellernden Mitmenschen wollen sich nicht mit uns über ihren Gegenstand unterhalten, sondern sie verlangen, daß wir uns von ihnen belehren lassen. Nur weil diese Gesinnung leider eine so verbreitete ist, deshalb wird so vieles geschrieben, worauf die Grazien auch nicht einmal mit einem verächtlichen Seitenblick schielen möchten. Harden lesen wir so gern, weil er auch nicht eine Spur von solcher Gesinnung hat. Man fühlt sich beim Lesen seiner Schriften so als Mensch behandelt. Und daran ist man bei Autoren nicht gewöhnt. Er drängt niemandem seine Überzeugung auf, aber er sagt seine Meinung; und die wird den andern interessieren, auch wenn er sie nicht teilt. Ja, sie wird ihm viel nützlicher sein als diejenige, die er sogleich vollinhaltlich unterzeichnen kann. Das wird ja zumeist nur bei den banalsten Dingen der Fall sein können. Die unbewußte Achtung, die Harden vor seinem Leser hat, kennzeichnet ihn so recht als Typus eines vornehmen Schriftstellers. Als solchem ist ihm aber noch eines eigentümlich. Das ist die Kühnheit des

Urteils und die selbstbewußte Art, in der er sich zur Welt stellt. Hardens Urteil haftet nie etwas von jener bleiernen Zaghaftigkeit an, die sich nur «bescheiden» oder «mit Vorbehalt» oder «unmaßgeblich» auszusprechen wagt, sondern es ist bestimmt, scharf, rückhaltlos. Das Gemüt eines rechten Menschen reagiert nämlich nicht unbestimmt, verschwommen, unklar auf irgendein Ding, das an ihn herantritt, sondern heftig, scharf. Wer nun diese Heftigkeit und Schärfe nicht auch in den Ausdruck seiner Anschauungen legt, der verdient nicht, daß sich seine Mitmenschen für ihn interessieren. Er bleibt uns uninteressant. Denn er entbehrt jenes hohen Wahrheitssinnes, der das Charakteristikum eines vornehmen Menschen ist. Wer wahr ist, der spricht immer mehr oder weniger paradox. Man kann auch nicht von einem unserer Aussprüche verlangen, daß er absolut wahr sei, denn die ganze Wahrheit wird vermutlich nur dadurch an den Tag treten, daß man unendlich viele Einseitigkeiten in ihrem Zusammenhange betrachtet. Wer sich fürchtet, etwas paradox zu sagen, und deswegen die Spitzen seiner Aussagen so viel als möglich abschwächt, der wird nichts zustande bringen als mehr oder weniger fades, banales Gerede. Hardens Behauptungen sind nun so spitz als möglich. Er gebraucht jedenfalls keine Feile, um die Schärfen abzustumpfen, sondern wahrscheinlich ein ganz scharfes Instrument, um das zuzuschärfen, worüber man noch mit dem Finger streifen kann, ohne sich zu schneiden. Wir haben es mit einem Schriftsteller zu tun, dem wir oft begeistert zustimmen, oft auch uns maßlos über ihn ärgern. Die Autoren sind aber auch die elendesten Kreaturen, über die man sich nie zu ärgern hat. Ausgenommen natürlich ist nur der Fall, wenn man sich bloß über die Dummheit ärgert.

Wie fein Hardens Auffassung ist, das zeigt der Artikel, der die zweite Sammlung des «Apostata» eröffnet. Er handelt über einen Besuch Hardens bei dem Fürsten Bismarck, der vor wenigen Wochen stattgefunden hat. Wir bekommen ein Bild von der überwältigenden Individualität dieser monumentalen Persönlichkeit, wie wir es nicht besser wünschen können. Das ist die echte Kunst der Charakteristik: in einem Bilde gerade diejenigen Linien anzubringen, welche die dargestellte Individualität am besten wiedergeben. Und das versteht Harden meisterhaft. Wie er übrigens den großen Kanzler zu würdigen weiß, das zeigen auch andere Stellen seiner «Apostata»-Bände. Harden weiß eben, daß der Mensch nach individuellen Grundsätzen und der Philister nach Prinzipien handelt. Und sein Haß auf alle Philisterei ist nicht gering. Eugen Richter kommt schlecht weg. Am schlechtesten in dem Schlußartikel des zweiten Bandes: «Ententeich». Wie könnte auch Harden, der Vergötterer des Individuellen, anders, als denjenigen hassen, der an die Stelle von menschlicher Tyrannis eine solche von abstrakten Grundsätzen aufrichten will. Daß Richter nie verstehen konnte, daß alles Brauchbare aus dem Willen der Persönlichkeit kommen muß, und man mit allgemeinen Grundsätzen der Wirklichkeit nie beikommen kann, das machte ihn zum Feinde des größten Staatsmannes, dem als politischen Mitstreiter gegenüberzustehen er sonst hätte als das größte Glück betrachten müssen. Bismarck hinwieder konnte mit Recht einen Mann nur mit Groll anblicken, der für das Tatsächliche keine Empfindung hat, sondern immer und immer wieder mit den «freisinnigen Grundsätzen» herausrückte.

Das Verständnis für das Individuelle macht Harden auch zum feinsinnigen Psychologen. Alle jene, die sich aufbäumen und behaupten, alles psychologisch betrachten zu wollen, könnten viel lernen von Harden. Sie sollen nur seinen Artikel über Guy de Maupassant einmal lesen. Psychologische Essays wollen ja auch unsere Jüngstdeutschen schreiben; aber es geht nicht recht, denn sie stecken voll von Dogmen und willkürlichen Voraussetzungen. Und das Wirkliche läßt sich nicht diktieren, sondern nur beobachten. Niemand kann einen Künstler beurteilen, wenn er mit Kunstforderungen an letzteren herantritt. Nur wer unter dem Eindruck der vollen Wirklichkeit steht, vorurteilslos, der vermag auch rein zu sehen. Den wenigsten Menschen fällt aber etwas ein, wenn sie so vorurteilslos ein individuelles Stück Wirklichkeit betrachten. Sie haben ein Rezept in der Tasche, und ihr Urteil besteht darinnen, daß sie sagen, ob die Wirklichkeit mit ihrem Rezepte übereinstimmt oder nicht. Das ist aber nicht Hardens Art. Seine Betrachtungsart ist rezeptlos, ganz und gar subjektiv, so recht von Fall zu Fall. Die Rezeptleute haben es freilich bequemer. Sie brauchen sich nicht immer von neuem zu bemühen, um zu einem Urteile zu kommen.

Selten wird ein so subjektives Urteil wie das Hardensche mit der staatlichen oder gesellschaftlichen Norm übereinstimmen. Was alle sagen, das sollte eigentlich gar nicht niedergeschrieben werden. Nicht immer ist es aber ganz ungefährlich, sich der «Norm» zu widersetzen, und die Anklagen aller Art, die auf Hardens unschuldiges Haupt im Verlaufe des letzten Jahres nur so niedersausten, bezeugten amtlich, daß da sich etwas regte, was in der Allgemeinheit denn doch zu starke Aufregung hervorrufen könnte.

Wo jedermann über die Schändlichkeit einer Frau klagte, da suchte Harden nach tieferliegenden sozialen Kräften; und was er zum Prozesse Prager-Schweitzer beigebracht hat, das sollte behufs Beurteilung ähnlicher Vorkommnisse der Beachtung weiterer Kreise empfohlen werden.

Ich frage bei einem Schriftsteller nicht, ob er «richtige» oder «falsche» Grundsätze hat. Denn ich weiß, wie wenig es auf sich hat mit solcher «Richtigkeit» oder «Falschheit»; aber ich frage, ob er ein ganzer Mann ist, ein rechter Mensch, der auch, wenn er irrt, noch beachtet werden muß. Was mir viele sagen können, darauf höre ich nicht, denn das kann ich mir zumeist auch selbst sagen; was mir aber nur wenige sagen können, darnach verlange ich. Viele freuen sich, wenn sie nur das hören oder lesen, was ihnen selbst ganz klar ist. Andere sagen solchen Dingen gegenüber: verlorene Zeit. Die letzteren werden nach Hardens «Apostata»-Bänden greifen.

## EINE «GESELLSCHAFT FÜR ETHISCHE KULTUR» IN DEUTSCHLAND

Es geht so nicht mehr weiter, wie wir es bis jetzt getrieben haben. Der tief in den Staub getretenen Sittlichkeit muß wieder aufgeholfen werden! So dachte eine Anzahl wohlmeinender Menschen, und sie begründeten einen «Verein für ethische Kultur». Soeben ging von Berlin aus die Nachricht durch die Zeitungen, daß diese neue Anstalt zum Heile der Menschheit ins Leben getreten ist, und die Aufforderung sich anzuschließen. Und wir finden unter den Begründern manchen Namen, der einer von uns verehrten Persönlichkeit angehört. Der Zweck des Vereins soll sein, gegenüber allen religiösen und sittlichen Besonderheiten der einzelnen Religionen und Kulturen das Allgemein-Menschliche hervorzukehren und dies zum Träger seiner Weltanschauung und

Lebensführung zu machen. Dies soll durch eine literarische (in Vorträgen, Diskussionen und Schriftenherausgabe bestehende) und eine praktische (Wohltätigkeitsakte und Dringen auf Verbesserung der Lage der notleidenden Bevölkerung) Vereinstätigkeit angestrebt werden. In Anbetracht des ersten Teiles des Programms gehört eine Besprechung dieses Vereins wohl an diese Stelle eines literarischen Blattes.

Der Grundirrtum, der hier zugrunde liegt, ist der Glaube an eine allgemein-menschliche Sittlichkeit. So wenig der «Mensch im allgemeinen» möglich, sondern nur eine begriffliche Fiktion ist, so wenig kann von einer Ethik im allgemeinen gesprochen werden. Jedes Volk, jedes Zeitalter, ja im Grunde jedes Individuum hat seine eigene Sittlichkeit. Der Denker kann dann das Gemeinsame aller dieser sittlichen Anschauungen aufsuchen, er kann nach den treibenden Kräften forschen, die in allen gleich wirksam sind. Aber das dadurch erlangte Ergebnis hat nur einen theoretischen Wert. Es ist für die Erkenntnis der ethischen Natur des Menschen, seiner sittlichen Wesenheit, unendlich wichtig; zum Träger der Lebensführung kann es nie und nimmer gemacht werden. Und es kann nichts Befriedigenderes geben, als daß dies nicht möglich ist. An die Stelle des individuellen Auslebens der Volks- und Menschennaturen, der Zeitalter und Individuen träte sonst schablonenhaftes Handeln sittlicher Puppen, die an den Fäden der allgemein-menschlichen Sittenlehre immer aufgezogen würden.

Nirgends mehr als im sittlichen Leben kann der Grundsatz gelten: *leben und leben lassen!* Die jeweilige Sittlichkeit eines Menschen oder eines Zeitalters ist das unbewußte Ergebnis seiner Welt- und Lebensanschauung. Gemäß einer gewissen Art des Denkens und Fühlens gewinnt das Handeln ein individuelles Gepräge; und nie kann an eine abgesonderte Pflege des letzteren gedacht werden. Eine Elite der Gebildeten arbeitet heute an einer Neugestaltung unserer Lebensanschauung, sowohl in bezug auf Wissenschaft wie auf Religion und Kunst. Jeder tut das Seine dazu. Was dabei herauskommt, das wird bestimmend für unser Handeln werden. Die Pflege des Wissens, der Wahrheit, der künstlerischen Anschauungen kann der Inhalt gemeinsamer Bestrebungen sein. Sie wird dann von selbst eine in vielen Dingen gemeinsame Ethik zur Folge haben. Lege jeder offen dar, was er weiß, bringe er auf den öffentlichen Plan das, was er geleistet hat; kurz, lebe er sich nach jeder Richtung hin aus: dann wird er der Gesamtheit mehr sein, als wenn er mit der Prätention vor sie hintritt, ihr sagen zu können, *wie sie sich verhalten soll*. Viele unserer Zeitgenossen haben das Gerede über das, was wir tun und lassen sollen, endlich satt. Sie verlangen nach Einsicht in das Weltgetriebe. Wenn sie die haben, dann wissen sie auch, wie sie sich in der von ihnen erkannten Welt zu verhalten haben. Und wer diese Einsicht nicht hat und dennoch mit seinen guten Lehren für unser Handeln an sie herantritt, der gilt ihnen als Moralsophist. Unsere Aufgabe innerhalb der Menschheit ergibt sich einfach aus unserer Erkenntnis des Wesens desjenigen Teiles derselben, zu dem wir gehören. Für denjenigen, der die Wahrheit dieser Sätze erkennt, für den gelten Bestrebungen, wie sie dem «Verein für ethische Kultur» zugrunde liegen, als unmodern und rückständig.

Wir haben ganz andere Dinge zu tun, als darüber nachzudenken, wie wir uns verhalten sollen. Unser ganzes Leben ist aus dem Grunde in einer Übergangsperiode, weil unsere alten Anschauungen dem modernen Bewußtsein nicht mehr genügen, und weil der Materialismus, den uns die Naturwissenschaften an seine Stelle setzen wollen, nur eine Ansicht für Flachköpfe ist. Wir sind vielleicht bald auf dem Punkte, wo irgend jemand das erlösende Wort spricht, welches das Welträtsel von der Seite aus löst, von der es die Menschheit der Gegenwart aufgeworfen hat. Wir kranken wieder an den großen Erkenntnisfragen und an den höchsten Kunstproblemen. Das Alte ist morsch geworden. Und wenn sie gefunden sein wird die große Lösung, an die viele Menschen für einige Zeit werden glauben können, wenn es da sein wird das neue Evangelium, dann wird, wie immer in diesem Falle, auch die neue Sitte als notwendige Konsequenz von selbst entstehen. Neue Weltanschauungen zeitigen ganz von selbst neue Sittenlehren. *Der Messias der Wahrheit ist immer auch der Messias der Moral.* Volkspädagogen, die viel für unser Herz, nichts aber für unseren Kopf haben, können wir nicht brauchen. Das Herz folgt dem Kopfe, wenn der letztere nur eine bestimmte Richtung hat.

Wenn in Amerika Bestrebungen, wie sie der «Verein für ethische Kultur» hat, längst an der Tagesordnung sind, so haben wir Deutschen keinen Grund, solches nachzumachen. Unter den Völkern mit vorwiegend praktischen, materiellen Tendenzen ist eine gewisse Schlaffheit in bezug auf Erkenntnisfragen eingerissen. Das lebhafte Interesse für Fragen des Erkennens und der Wahrheit, das bei uns in Deutschland noch heimisch ist, haben sie dort nicht. Es ist ihnen daher bequem, auf dem Ruhebett einer allgemein-menschlichen Sittenlehre es sich bequem machen zu können. Woran *sie* denken, daran hemmt sie die schablonenhafte Moral nicht. Sie kennen nicht die Qualen des Denkers, nicht die des Künstlers. Wenigstens jene nicht, welche zu den Gesellschaften für ethische Kultur gehören. Wer aber, wie der Deutsche, ideelles Leben in sich hat, wer im Geistigen vorwärts will, für den muß die Bahn frei und offen liegen, nicht verlegt sein durch sittliche Vorschriften und volkserzieherische Maßnahmen. Es muß, um ein oft gebrauchtes Wort zu wiederholen, jeder nach seiner Fasson selig werden können.

Deshalb kann kein modern Denkender sich dem in Rede stehenden Verein anschließen oder dessen Tendenzen billigen. Ich zweifle nicht, daß das Wort «Toleranz», das die Gesellschaft auf ihre Fahne geschrieben hat, seine talmigoldartige Wirkung auf breite Gesellschaftsschichten ausüben wird. Man wird damit gewiß ebenso viel ausrichten, wie mit den nicht minder mißbrauchten andern: Liberalismus und Humanität. Goethe sagte, er wolle von liberalen Ideen nichts wissen, nur Gesinnungen und Empfindungen könnten liberal sein. Ein eingeschworener Liberaler war, als ich ihm einmal die Anschauung des großen Dichters zitierte, bald mit seinem Urteile fertig: sie sei eben eine der mancherlei Schwachheiten, die Goethe an sich gehabt habe. Mir kommt sie aber vor wie eine der vielen Ansichten, *die Goethe mit allen auf geistigem Gebiete energisch sich betätigenden Menschen gemein hat:* das rücksichtslose Eintreten für das als wahr Erkannte und Durchschaute, das sich zugleich verbindet mit der höchsten Achtung der fremden Individualität. Nur wer selbst etwas ist, kann auch den andern erkennen, der gleichfalls etwas bedeutet. Der Durchschnittsmensch, der alles und deshalb nichts sein will, verlangt ebensolche Nichtse neben seinem eigenen. Wer selbst nach der Schablone lebt, möchte auch die andern danach gestalten. Deshalb haben alle Menschen, die etwas zu sagen haben, auch Interesse für die andern. Die aber, die eigentlich gar nichts zu sagen haben, die sprechen von Toleranz und Liberalismus. Sie meinen damit aber nichts weiter, als daß ein allgemeines Heim für alles Unbedeutende und Flache geschaffen werden soll. Sie sollen dabei nur nicht auf die rechnen, die Aufgaben in der Welt haben. Für diese ist es verletzend, wenn man ihnen zumutet, sich unter das Joch irgendeiner Allgemeinheit zu beugen; sei es das einer allgemeinen Kunstnorm oder das einer allgemeinen Sittlichkeit. Sie wollen frei sein, freie Bewegung ihrer Individualität haben. *In der Ablehnung jeglicher Norm besteht geradezu der Hauptgrundzug des modernen Bewußtseins.* Kants Grundsatz: Lebe so, daß die Maxime deines Handelns allgemeingeltend werden kann, ist abgetan. An seine Stelle muß der treten: Lebe so, wie es deinem innern Wesen am besten entspricht; lebe dich ganz, restlos aus. Gerade dann, wenn ein jeder der Gesamtheit das gibt, was ihr kein anderer, sondern nur er geben kann, dann leistet er das meiste für sie. Kants Grundsatz aber fordert die Leistung dessen, was alle gleichmäßig können. Wer ein rechter Mensch ist, den interessiert das jedoch nicht. Die «Gesellschaft für ethische Kultur» versteht unsere Zeit schlecht. Das beweist ihr Programm.


### EINE «GESELLSCHAFT FÜR ETHISCHE KULTUR»

Warum hat sich Friedrich Nietzsche wahnsinnig gedacht über die großen Fragen der menschlichen Moral? Viel einfacher wäre es doch gewesen, den Philosophie-Professor aus Amerika Felix Adler zu hören über die «allen guten Menschen gemeinsame Sittlichkeit», und das von ihm Vernommene dem deutschen Volke als Heilslehre zu verkünden. So hat es eine Elite der deutschen Gebildeten gemacht und eine «Gesellschaft für ethische Kultur» begründet, deren Zweck ist, jenes «Gemeinsame» zum Hauptträger der Lebensführung gebildeter Menschen zu machen. Ich bemerke gleich von vornherein, daß unter den Gründern der Gesellschaft sich Männer befinden, die ich hochschätze. Die Gründung selbst aber entspringt einer rückständigen Lebensauffassung. Offizielle Philosophen, die heute noch immer den alten Kant – Begriffskrüppel nennt ihn Nietzsche – wiederkäuen, stehen fest auf dem Standpunkt zu glauben, daß es so etwas, wie eine «allen guten Menschen gemeinsame» Moral gebe; modernes Denken, das seine Zeit erfaßt und ein wenig auch in die Zukunft sieht, ist darüber hinaus. «Handle so, daß die Grundsätze deines Handelns für alle Menschen gelten können»; das ist der Kernsatz der Sittenlehre Kants. Und in allen Tonarten klingt dies Sprüchlein uns an die Ohren aus den Bekenntnissen derer, die sich Freisinnige, Liberale, Humanitätsapostel usw. nennen. Aber es gibt heute auch schon einen Kreis von Menschen, die wissen, daß dieser Satz der Tod alles individuellen Lebens ist, und daß auf dem Ausleben der Individualität aller Kulturfortschritt beruht. Was in jedem Menschen Besonderes steckt, das muß aus ihm heraustreten und ein Bestandteil des Entwicklungsprozesses werden. Sieht man von diesem Besonderen ab, das jeder für sich hat, dann bleibt nur ein ganz banales «Allgemeines» zurück, das die Menschheit auch nicht um eine Spanne weiterbringen kann. Ein paar Zweckmäßigkeitsregeln für den gegenseitigen Verkehr, das ist alles, was da als «allen guten Menschen Gemeinsames» herauskommen kann. Das im eigentlichen Sinne ethische Leben des Menschen fängt aber da erst an, wo diese auf Nützlichkeit begründeten Gesetze aufhören. Und dieses Leben kann nur aus dem Mittelpunkte der Persönlichkeit stammen und wird nie das Ergebnis eingepflanzter Lehrsätze sein. Eine allgemein-menschliche Ethik gibt es nicht. Auf den Kantischen Satz muß modernes Empfinden das gerade Gegenteil erwidern: Handle so, wie, nach deiner besonderen Individualität, nur gerade du handeln kannst; dann trägst du am meisten zum Ganzen bei; denn du vollbringst dann, was ein anderer nicht vermag. So haben es auch alle Menschen gehalten, von denen die Geschichte zu berichten weiß. Deshalb gibt es so viele verschiedene sittliche Auffassungen, als es Völker, Zeitalter, ja im Grunde so viele, als es Individuen gegeben hat und gibt. Und wenn an die Stelle dieses Naturgesetzes dasjenige träte, welches von den im Kantischen Sinne denkenden Moralphilosophen für richtig gehalten wird: eine fade Einförmigkeit alles menschlichen Handelns wäre die notwendige Folge. Solche «allgemeine» Moralprinzipien sind oft aufgestellt worden; nie hat aber ein Mensch sein Leben danach eingerichtet. Und die Erkenntnis, daß es sich hier um ein Geschäft für müßige Köpfe handelt, sollte allem modernen Denken das Gepräge geben.

Ich kann mir wohl denken, welche Einwände gegen diese Sätze erhoben werden. «Das begründet ja die reine Anarchie!» «Wenn jeder nur sich auslebt, dann ist an ein gemeinsames Wirken nicht zu denken!» Hätte ich solche Einwände nicht wirklich gehört, ich fände es überflüssig, sie auch nur mit einigen Worten zu streifen. Es ist hier vom *ethischen* Leben des Menschen, wie schon gesagt, die Rede. Was unter seinem Niveau liegt, das ist nicht moralischen Maßstäben unterworfen; das unterliegt allein der Beurteilung nach seiner Zweckmäßigkeit und Unzweckmäßigkeit. Hier das Richtige zu treffen, ist Aufgabe der sozialen Körperschaften; die Ethik hat damit nichts zu tun. Der Staat mag über die Nützlichkeit oder Schädlichkeit menschlicher Handlungen wachen und für das Zweckmäßigste sorgen; der ethische Wert meiner Taten ist etwas, was ich als Individuum mit mir selbst abzumachen habe. Vorschriften der Zweckmäßigkeit des Handelns kann es geben, und deren Einhaltung mag auch mit Gewalt erzwungen werden; Vorschriften des *sittlichen* Handelns gibt es nicht. Der Anarchismus ist nicht deswegen zu verwerfen, weil er unsittlich, sondern weil er unzweckmäßig ist. In dem Gebiet der eigentlichen Sittlichkeit kann allein der Grundsatz gelten: leben und leben lassen. Daß man in Amerika, wo in einem eminent materiellen Kulturleben alles über die Sorge für die gemeinen Lebensbedürfnisse hinausführende Denken untergeht, der Gedanke der «ethischen Gesellschaften» Anklang gefunden hat, ist nicht zu verwundern. In Deutschland, wo noch Sinn für die höheren Aufgaben der Menschheit ist, sollte dergleichen aber nicht nachgeahmt werden. Wo man nur daran denkt, das physische Leben so bequem wie möglich zu machen, da mag man nach dem behaglichen Auskunftsmittel sittlicher *Grundsätze* suchen, weil es doch an sittlichen *Impulsen* fehlt. In einem Kulturgebiet aber, wo ein wahres Geistesleben herrscht, kann die jeweilige sittliche Lebensführung nur das Ergebnis der herrschenden Weltanschauung sein. Wie ich mich, nach meiner Auffassung von Natur und Menschenwelt, zu beiden stelle, davon wird meine Haltung im Leben abhängen. Die Sitte ist immer eine notwendige Folge der Erkenntnis eines Zeitalters, Volkes oder Menschen. Darum werden große Individualitäten, die ihren Zeitaltern neue Wahrheiten verkünden, immer auch der Lebensführung ein neues Gepräge geben. Ein Messias einer neuen Wahrheit ist immer auch der Verkünder einer neuen Moral. Ein Moralist, der nur Verhaltungsmaßregeln zu geben hat, ohne etwas Besonderes über Natur oder Menschen zu wissen, wird nie gehört. Daher kann es nichts Verkehrteres geben als die von der konstituierenden Versammlung der «ethischen Gesellschaft» beschlossene Maßregel, durch Verbreitung moralischer Schriften auf die Verbesserung des ethischen Lebens einwirken zu wollen. Daß man dabei von deutschen Schriften ganz abgesehen hat und zunächst nur an Übersetzungen amerikanischer Bücher denkt, ist mir ganz erklärlich. In Deutschland fände man nicht viel für diesen Zweck Brauchbares. Bücher über Ethik machen eben hier nur die in der unmodernen Kantischen Doktrin befangenen Schulphilosophen. Die aber schreiben eine für solche Kreise, auf welche die «ethische Gesellschaft» rechnet, ganz unverständliche Schulsprache. Außerhalb der Schule stehende Philosophen aber stellen keine Moralprinzipien auf. Hier hat sich die sittlich-individualistische Denkweise bereits tief eingelebt. Die amerikanischen Bücher dieser Art enthalten zumeist Trivialitäten, die zu lesen nur gefühlsduseligen alten Mädchen oder unreifen Schuljungen zuzumuten ist. Der richtige deutsche, gelehrte oder ungelehrte, Philister wird manche kaufen, auch viel Rühmliches von ihnen zu erzählen wissen; lesen wird er sie nicht. Männer von einigen Kenntnissen, die nicht durch unsere traurige Schulphilosophie im Denken ganz heruntergekommen sind, wissen, daß in der Mehrzahl dieser Bücher nur Weisheiten stehen, über die bei uns Fortgeschrittene vor hundert Jahren nur mehr ein – Gähnen hatten.

Bejammernswert zu hören ist es aber, daß der Jugenderziehung diese öden Sittlichkeitsmaximen eingeimpft werden sollen. Herr von Gizycki hat die schärfsten Worte über den pädagogisch verwerflichen Einfluß der rein konfessionellen Erziehung gesprochen. Darüber wird kaum ein modern Denkender mit ihm streiten. Aber was die Konfessionen mit ihren Moralprinzipien machen, das will die «ethische Gesellschaft» mit den allgemein-menschlichen nachahmen. Dort und hier wird aber nichts erreicht als die Ertötung des Individuums und die Unterjochung des Lebens durch unlebendige, starre Gesetze. An die Stelle der Pfaffen der Religionen sollen die Pfaffen der allgemein-menschlichen Moral treten. Mit diesen aber ist es sogar noch übler bestellt als mit jenen. Die konfessionellen Sittenlehren sind die Ergebnisse bestimmter Weltanschauungen, die doch einmal den berechtigten Kulturinhalt der Menschheit ausmachen; die allgemeinmenschliche Sittenlehre ist eine Summe von Gemeinplätzen; es sind aus allen möglichen sittlichen Anschauungen zusammengeholte Fetzen, die nicht von dem Hintergrunde einer großen Zeitanschauung sich abheben. Wer dergleichen für lebensfähig oder gar für geeignet hält, den ethischen Gehalt unserer Kultur zu reformieren, der stellt damit seiner psychologischen Einsicht ein schlechtes Zeugnis aus.

Wir stehen vor einer Neugestaltung unserer ganzen Weltanschauung. Alle Schmerzen, die ein mit den höchsten Fragen ringendes Geschlecht durchzumachen hat, lasten auf uns. Wir empfinden die Qualen des Fragens; das Glück der Lösung des großen Rätsels soll uns ein Messias bringen, den wir täglich erwarten. Unsere Leidenszeit wird vielleicht lang sein, denn wir sind anspruchsvoll geworden; und wir werden uns nicht so bald abspeisen lassen. So viel aber ist gewiß: was er uns auch verkünden wird, der Reformator: mit der neuen Erkenntnis wird auch die neue Moral kommen. Dann werden wir auch wissen, wie wir uns das neue Leben einzurichten haben. Den Gebildeten jetzt alte Kulturüberbleibsel als ewiges sittliches Gut der Menschheit hinzustellen, heißt sie abstumpfen für die Empfindung der Gärungserscheinungen der Zeit, und sie ungeeignet machen für die Mitarbeit an den Aufgaben der nächsten Zukunft.

Unter den Satzungen der «Gesellschaft für ethische Kultur» sind ja auch einige, die eine günstige Wirkung haben werden. Die Anbahnung einer lebhafteren Diskussion religiöser Fragen, das Streben nach Hebung der Lebenslage der ärmeren Volksschichten sind Dinge, die alle Anerkennung verdienen. Alles das hat aber nichts zu tun mit den Grundtendenzen der Gesellschaft, die alle Auffassung des ethischen Lebens auf eine von dem modernen Bewußtsein überwundene Stufe zurückdrängen möchten. Eine Verbreitung dieser Grundgedanken könnte nur hemmend für die Entwicklung wahrhaft moderner Anschauungen werden.

In der Sonntags-Beilage der «National-Zeitung» vom 15. Mai 1892 erschien eine Art von offiziellem Programm der Gesellschaft, ohne Zweifel aus der Feder eines ihrer hervorragenderen Gründer. Da heißt es: «Die Behauptung, daß es keine allgemein-menschliche Moral gebe, ist eine Beleidigung, welche die Menschheit nicht hinnehmen darf, ohne eine Einbuße an gesundem Selbstgefühl und an dem Glauben an ihre Bestimmung zu erleiden.» Und einige Zeilen weiter wird als Grundsatz der «ethischen Kultur» hingestellt: «die sittliche Bildung ... allein aus den Existenzbedingungen und Grundgesetzen der menschlichen Natur ... zu entwickeln». Das heißt denn doch, die Sache etwas gar zu oberflächlich betrachten. Jede Bildungsperiode hat ihre eigene Anschauung von den Existenzbedingungen und Grundgesetzen der Natur;

nach dieser Anschauung richtet sich ihre Ethik. Diese ist so wandelbar wie jene. Man sollte wahrhaftig nicht an moralische Kurversuche herantreten, ohne die kräftigen Worte aus Nietzsches «Genealogie der Moral» zu kennen, die uns die Entwicklung der ethischen Wahrheiten laut und vernehmlich künden, auch wenn wir für abstraktes Denken keinen Sinn haben. Ein Massenrezept aus dem Dunstkreis der großen moralischen Apotheke aber muß gerade von den Bereitern einer besseren Zukunft energisch zurückgewiesen werden.

## J. M. BÖSCH «DAS MENSCHLICHE MITGEFÜHL»
*Ein Beitrag zur Grundlegung der wissenschaftlichen Ethik*

Die Behauptung rationalistischer Ethiker, daß nur eine solche Handlung als wahrhaft moralisch gelten kann, deren Triebkräfte nicht von dem Egoismus des Individuums bedingt sind, hat durch die Ausführungen neuerer Psychologen, die alle menschlichen Betätigungen letzten Endes auf egoistische Motive zurückführen, einen schwerwiegenden Widerspruch erfahren. Auch die scheinbar selbstlosen Handlungen sollen nach dieser letzteren Ansicht ihren Grund in selbstischen Gefühlen haben. Die psychologische Konstitution des Individuums soll bei dem Träger sogenannter selbstloser Taten eine solche sein, daß sich sein Selbstgefühl gehoben findet, wenn es seiner Mitwelt Opfer bringt. Dieser Strömung gegenüber sucht der Verfasser dieser Schrift die Existenz und das Wesen des menschlichen Mitgefühls festzustellen und den Nachweis zu erbringen, daß in dem letzteren der Grund unegoistischer Handlungen liegt. Ausgehend von den Untersuchungen Herbert Spencers zeigt er, wie das fremde

Gefühl in unserem eigenen Ich auflebt, wenn wir einen bestimmten Gefühlsausdruck (Schrei – Zittern usw.) am Nebenmenschen wahrnehmen, weil wir wissen, daß dieser entsprechende Ausdruck auch bei uns mit dem in anderen lebenden Gefühle auftritt. Ferner – und darinnen über Spencer hinausgehend – findet der Verfasser, daß auch direkt die Wahrnehmung eines fremden Gefühlsausdruckes das entsprechende Gefühl in uns miterwecken kann, ohne daß erst die Vorstellung des von uns selber vollzogenen Gefühlsausdruckes vermittelnd dazwischentritt. Von diesen Tatsachen ausgehend, gelangt der Verfasser zu ethischen Grundbegriffen, die den Forderungen des ethischen Altruismus ebenso gerecht werden, wie den Feststellungen der Psychologie. Denn «obwohl die Handlungen des Wohlwollenden so gut wie diejenigen des rücksichtslosesten Egoisten stets durch sein eigenes Wohl und Wehe bestimmt» sind, so ist doch die Handlungsweise des Wohlwollenden nicht so durchaus wie diejenige des Egoisten auf das höchstmögliche eigene zukünftige Glück berechnet. Wir haben es, um kurz zu sein, mit einer sehr lesenswerten, ernsten Ansprüchen in jeder Hinsicht entsprechenden Schrift zu tun.

ADOLF GERECKE
«DIE AUSSICHTSLOSIGKEIT DES MORALISMUS»

Der Verfasser sucht die Bedeutungslosigkeit, ja Schädlichkeit von moralischen Geboten oder Normen für das menschliche Handeln nachzuweisen. Die Aufstellung solcher Normen sieht er als Konsequenz der von den Philosophen und Religionsstiftern mehr oder weniger bewußt vertretenen dualistischen

Weltanschauung an. Nach der letzteren sollen die Gesetze der Sittlichkeit der Seele eingepflanzt sein, wodurch sie die Sinnlichkeit beherrscht und das bloß physische Dasein zu einem moralischen veredelt. Gerecke versucht nun zu zeigen, daß es eine besondere geistige neben der physischen Wesenheit des Menschen nicht gibt. Ihm sind die menschlichen Empfindungen nur das Ergebnis eines äußeren Anstoßes auf unseren Organismus; Erkenntnis läßt er durch das mechanische Spiel der neuen Anstöße mit den im Organismus fortdauernden Wirkungen älterer entstehen; Affekte und Begierden sind ihm die Reaktion des organischen Kräftezusammenhanges auf solche Eindrücke. Ist eine Einwirkung auf einen Organismus eine solche, daß der Stoffwechsel desselben gefördert wird, so entsteht Lust, wenn er gehemmt wird, Unlust. Einer Person bringen wir Sympathie entgegen, wenn die Wirkungen ihrer Gegenwart auf unsern Organismus solche sind, daß der letztere sich in seiner Tätigkeit gefördert findet, im andern Falle löst die Anwesenheit der Person Antipathie aus. Da es der Mensch durchaus nicht in seiner Gewalt hat, die Außenwelt so einzurichten, daß sie in einer von ihm gewünschten Weise auf ihn einwirkt, so ist er auch außerstande, sein von derselben abhängiges Handeln nach Normen einzurichten, die dieser Außenwelt ganz fremd sind, und die allein aus seinem Innern stammen. Unsere Affekte und Begierden, unsere Leidenschaften und Sympathien sind im Sinne Gereckes das Resultat des mechanischen Weltprozesses; Einwirkungen moralischer Gesetzgebung auf dieselben sind aber sinnlos. Sie können den notwendigen Gang unseres physischen Lebens nicht ändern, sie können nur auf dieselbe Weise wirken, wie die materiellen Agentien, d. h. auf dem Umwege, daß sie Begierden und Affekte erzeugen.

Nach Gereckes Überzeugung geschieht dies zumeist in schädlicher Weise. Jeden Sittenlehrer oder Staatsmann, «der im Interesse seines Gesellschaftssystems die Beherrschung der antipathischen und sympathischen Affekte erstrebt, der, richtiger gesagt, den törichten und verbrecherischen Versuch macht, die Menschen zu zwingen – durch die Gewalt des Gesetzes und der Überzeugungskünste – die Wirkungen infolge dieser Affekte zu unterdrücken, nenne ich einen Erzieher von Verbrechern» (S. 183). Gerecke glaubt nämlich, daß durch den Prozeß, der die Begierden unterdrücken soll, andere ungewöhnlichere, raffiniertere entstehen. «Das Bestreben nach Beherrschung oder gar Ausrottung der Begierden ist gleichbedeutend mit der Erziehung derselben zum Extrem» (S. 190).

Ich muß gestehen, daß mir selten ein Buch gleich bittere Empfindungen verursacht hat wie dieses. Der Verfasser hat, nach meiner Überzeugung, gute Anlagen dazu, der Wissenschaft in dem Sinne zu dienen, wie es gegenwärtig geschehen muß, wenn wir die vielfach unbefriedigten Anschauungen der Vergangenheit überwinden wollen. Der Weg, der zu einer gedeihlichen Zukunft führt, liegt tatsächlich in der Überwindung des Dualismus und in der Begründung des Monismus, der die Annahme zweier Welten ablehnt. Die Zukunft wird das ethische Leben des Menschen aus derselben Quelle hervorgehen sehen, aus der das natürliche Geschehen entspringt. Sittengesetze werden nur als Spezialfälle von Naturgesetzen gelten können. Deshalb werden sie auch nicht mehr in abstrakten Normen, sondern im konkreten Individualleben gesucht werden. Der Verfasser dieses Buches ahnt das, vielmehr: eine Art unbewußter Überzeugung davon spukt in ihm. Aber sein Vorstellungsleben ist verpestet von den banalen Anschauungen des Materialismus. Diese Weltanschauung kennt einmal keinen Unterschied zwischen dem Menschen und einer Maschine. Wenigstens keinen qualitativen. Was in ihrem Sinne der Mensch anders hat als zum Beispiel die Uhr, das ist nur die Kompliziertheit der ihn zusammensetzenden Stoffe und Kräfte. Es kann auf geistigem Gebiete nichts Schädlicheres geben als diese Weltanschauung. Sie richtet deswegen ungeheure Verheerungen in den menschlichen Köpfen an, weil sie seicht und oberflächlich ist und die seichten und flachen Anschauungen für die großen Massen immer das beste Futter sind. Daß wir es in Gerecke mit einem Schriftsteller zu tun haben, der an seiner Ausbildung noch manches zu tun gehabt hätte, bevor er zur Feder gegriffen, das beweist sein ganz unglaublich ungeschickter Stil. Schade, daß der Mann nicht noch ein wenig an sich gearbeitet hat, mit einem besseren Stil wären vermutlich auch gründlichere Gedanken gekommen. Das uns vorliegende Buch ist allerdings für keinen Menschen zu gebrauchen.

## ALTE UND NEUE MORALBEGRIFFE

Das Wort «modern» ist heute in aller Munde. Jeden Augenblick wird auf diesem oder jenem Gebiete des menschlichen Schaffens ein «Allerneuestes» entdeckt oder doch wenigstens ein vielversprechender Anlauf dazu bemerkt. Die meisten dieser Entdeckungen führen den Einsichtigen, der der Sache nachgeht, allerdings nicht auf etwas wirklich Neues, sondern einfach auf – die mangelhafte historische Bildung der Entdecker. Wären bei denen, die gegenwärtig durch Rede und Schrift die öffentliche Meinung beeinflussen, Kenntnisse und

Urteilsschärfe in demselben Grade vorhanden wie Selbstüberschätzung und Keckheit im Behaupten, so würden sie in achtundneunzig von hundert Fällen da, wo jetzt die Worte «neu» und «modern» aushelfen müssen, Begriffe setzen, die mit der Sache selbst etwas zu tun haben.

In das wüste Geschrei der urteillosen und unreifen Bannerträger der «Moderne» will ich nicht einstimmen, wenn ich hier von einer «neuen» Moral im Gegensatze zur alten spreche. Aber ich habe die Überzeugung, daß unsere Zeit gebieterisch von uns eine Beschleunigung des Umschwunges in den Anschauungen und Lebensformen erheischt, der sich seit langer Zeit ganz langsam vollzieht. Manche Zweige der Kultur sind bereits mit dem Geiste, der sich in dieser Forderung ausspricht, durchtränkt; ein klares Bewußtsein von den Hauptkennzeichen des Umschwunges ist nicht häufig anzutreffen.

Einen einfachen Ausdruck für den Grundzug eines wahrhaft zukunftwürdigen Strebens finde ich in dem folgenden Satze: Wir suchen heute alle jenseitigen und außerweltlichen Triebfedern durch solche zu ersetzen, die *innerhalb* der Welt liegen. Früher suchte man nach transzendenten Mächten, um die Daseinserscheinungen zu erklären. Offenbarung, mystisches Schauen, oder metaphysische Spekulation sollten zur Erkenntnis höherer Wesenheiten führen. Gegenwärtig bestreben wir uns, die Mittel zur Erklärung der Welt in dieser selbst zu finden.

Man braucht diese Sätze immer nur in der rechten Weise zu deuten, und man wird finden, daß sie den charakteristischen Grundzug einer geistigen Revolution andeuten, die im vollen Gange ist. Die *Wissenschaft* wendet sich immer mehr und mehr von der metaphysischen Betrachtungsweise ab und sucht ihre Erklärungsprinzipien innerhalb des Bereiches der Wirklichkeit. Die *Kunst* strebt danach, in ihren Schöpfungen nur das zu bieten, was der Natur abgelauscht ist und verzichtet auf das Verkörpern übernatürlicher Ideen. Mit diesem Bestreben ist allerdings in der Wissenschaft wie in der Kunst die Gefahr eines Abweges verknüpft. Manche unserer Zeitgenossen sind dieser Gefahr nicht entgangen. Statt die Spuren des Geistes, die man ehedem irrtümlich außerhalb der Wirklichkeit gesucht hat, nunmehr innerhalb zu verfolgen, haben sie alles Ideelle aus den Augen verloren; und wir müssen sehen, wie sich die Wissenschaft mit einem geistlosen Beobachten und Registrieren von Tatsachen, die Kunst oft mit bloßer Nachahmung der Natur begnügt.

Doch das sind Auswüchse, die von dem Gesunden, das in der ganzen Richtung liegt, überwunden werden müssen. Das Bedeutungsvolle der Bewegung liegt in der Abkehr von jener Weltanschauung, die Geist und Natur als zwei vollständig voneinander getrennte Wesenheiten ansah, und in der Anerkennung des Satzes, daß beides nur zwei Seiten, zwei Erscheinungsarten *einer* Wesenheit sind. Ersatz der Zweiweltentheorie durch die einheitliche Weltanschauung, das ist die Signatur der neuen Zeit.

Das Gebiet, wo diese Auffassung den schwersten Vorurteilen zu begegnen scheint, ist das des menschlichen Handelns. Während manche Naturforscher sich bereits rückhaltlos zu ihr bekennen, manche Ästhetiker und Kunstkritiker von ihr mehr oder weniger durchdrungen sind, wollen die Ethiker nichts davon wissen. Hier herrscht noch immer der Glaube an Normen, die wie eine außerweltliche Macht das Leben beherrschen sollen, an Gesetze, die nicht *innerhalb* der menschlichen Natur erzeugt sind, sondern die als fertige

Richtschnur unserem Handeln gegeben sind. Wenn man weit geht, so gibt man zu, daß wir diese Gesetze nicht der Offenbarung einer überirdischen Macht verdanken, sondern daß sie unserer Seele eingeboren sind. Man nennt sie dann nicht göttliche Gebote, sondern kategorischen Imperativ. Jedenfalls aber denkt man sich die menschliche Persönlichkeit aus zwei selbständigen Wesenheiten bestehend: aus der sinnlichen Natur mit einer Summe von Trieben und Leidenschaften und aus dem geistigen Prinzip, das zur Erkenntnis der moralischen Ideen vordringt, durch die dann das sinnliche Element beherrscht, gezügelt werden soll. Den schroffsten Ausdruck hat diese ethische Grundanschauung in der Kantischen Philosophie gefunden. Man denke nur an die bekannte Apostrophe an die Pflicht! «Pflicht! du erhabener großer Name, der du nichts Beliebtes, was Einschmeichelung bei sich führt, in dir fassest, sondern Unterwerfung verlangst», der du «bloß ein Gesetz aufstellst, welches von selbst im Gemüte Eingang findet und doch sich selbst wider Willen Verehrung erwirbt, vor dem alle Neigungen verstummen, wenn sie gleich im Geheimen ihm entgegenwirken». In diesen Worten liegt eine Verselbständigung der sittlichen Gebote zu einer besonderen Macht, der sich alles Individuelle im Menschen einfach zu unterwerfen hat. Wenn diese Macht sich auch *innerhalb* der menschlichen Persönlichkeit ankündigt, so hat sie ihren Ursprung doch *außerhalb*. Die Gebote dieser Macht sind die sittlichen Ideale, die als ein System von Pflichten kodifiziert werden können. Von den Anhängern dieser Richtung wird der als ein guter Mensch angesehen, der jene Ideale als Motive seinen Handlungen zugrunde legt. Man kann diese Lehre die Ethik der *Motive* nennen. Sie hat unter den deutschen Philosophen zahlreiche

Anhänger. In sehr verwässerter Form tritt sie uns bei den Amerikanern *Coit* und *Salter* entgegen. Coit sagt («Die ethische Bewegung in der Religion», übersetzt von G. von Gizycki, S. 7): «Jede Pflicht ist mit der Inbrunst der Begeisterung, mit dem Gefühl ihres absoluten und höchsten Wertes zu tun»; und Salter («Die Religion der Moral», übersetzt von G. von Gizycki, S. 79): «Eine moralische Handlung muß aus Grundsatz geschehen sein». Neben dieser Ethik gibt es noch eine andere, die nicht so sehr die Motive als vielmehr die *Ergebnisse* unserer Handlungen berücksichtigt. Ihre Anhänger fragen nach dem größeren oder geringeren Nutzen, den eine Handlung bringt, und bezeichnen sie demgemäß als eine bessere oder schlechtere. Dabei sehen sie entweder auf den Nutzen für das Individuum oder für das soziale Ganze. Demgemäß unterscheidet man zwischen individualistischen oder sozialistischen Utilitariern. Wenn die zuerst genannten von der Aufstellung allgemeiner Grundsätze absehen, deren Befolgung den Einzelnen glücklich machen soll, so stellen sie sich als *einseitige* Vertreter der individualistischen Ethik dar. Einseitig müssen sie genannt werden, weil der eigene Nutzen durchaus nicht das einzige Ziel der sich betätigenden menschlichen Individualität ist. In deren Natur kann es auch liegen, durchaus selbstlos zu handeln. Wenn aber diese individualistischen oder sozialistischen Utilitarier aus dem Wesen des Einzelnen oder einer Gesamtheit Normen ableiten, die zu befolgen sind, dann begehen sie denselben Fehler wie die Bekenner des Pflichtbegriffes: sie übersehen, daß sich alle allgemeinen Regeln und Gesetze sogleich als ein wertloses Phantom erweisen, wenn sich der Mensch innerhalb der lebendigen Wirklichkeit befindet. Gesetze sind Abstraktionen, Handlungen vollziehen sich aber immer unter ganz bestimmten konkreten Voraussetzungen. Die verschiedenen Möglichkeiten abzuwägen und die im gegebenen Falle praktischste auszuwählen, das geziemt uns, wenn es ans Handeln geht. Eine individuelle Persönlichkeit steht immer einer ganz bestimmten Situation gegenüber und wird nach Maßgabe der Sache eine Entscheidung treffen. Da wird in diesem Falle eine egoistische, in jenem eine selbstlose Handlung sich als das Richtige ergeben; bald wird das Interesse des Einzelnen, bald das einer Gesamtheit zu berücksichtigen sein. Diejenigen, welche einseitig dem Egoismus huldigen, haben ebenso unrecht wie die Lobredner des Mitgefühles. Denn was höher steht als die Wahrnehmung des eigenen oder des fremden Wohles, das ist die Erwägung, ob das eine oder das andere unter gegebenen Voraussetzungen das Wichtigere ist. Es kommt überhaupt beim Handeln in erster Linie gar nicht auf Gefühle, nicht auf selbstische, nicht auf selbstlose an, sondern auf das richtige *Urteil* über das, was zu tun ist. Es kann vorkommen, daß jemand eine Handlung als richtig ansieht und sie ausführt und dabei die stärksten Regungen seines Mitgefühls unterdrückt. Da es nun aber ein absolut richtiges Urteil nicht gibt, sondern alle Wahrheit nur bedingte Gültigkeit hat, die abhängig ist von dem Standpunkte dessen, der sie ausspricht, so ist auch das Urteil einer Persönlichkeit über das, was sie in einem bestimmten Falle zu tun hat, entsprechend ihrem besonderen Verhältnisse zur Welt. In genau derselben Situation werden zwei Menschen verschieden handeln, weil sie sich, je nach Charakter, Erfahrung und Bildung, verschiedene Begriffe davon machen, was im gegebenen Falle ihre Aufgabe ist.

Wer einsieht, daß das Urteil über einen konkreten Fall das Maßgebende einer Handlung ist, der kann nur einer individualistischen Auffassung in der Ethik das Wort reden. Zur Bildung eines solchen Urteils verhilft allein der richtige Blick in einer gegebenen Lage und keine festbestimmte Norm. Allgemeine Gesetze können erst von den Tatsachen abgeleitet werden, durch das *Handeln* des Menschen werden aber erst Tatsachen *geschaffen*. Diese sind die Voraussetzungen abstrakter Regeln.

Wenn wir aus dem gemeinsamen und gesetzmäßigen des menschlichen Tuns gewisse allgemeine Merkmale bei Individuen, Völkern und Zeitaltern ableiten, so erhalten wir eine Ethik, aber nicht als Wissenschaft von den sittlichen Normen, sondern als Naturlehre der Sittlichkeit. Die hierdurch gewonnenen Gesetze verhalten sich zum individuellen menschlichen Handeln genau so wie die Naturgesetze zu einer besonderen Erscheinung in der Natur.

Die Ethik als Normwissenschaft hinstellen, zeugt von einem vollständigen Verkennen des Charakters einer Wissenschaft. Die Naturwissenschaft sieht ihren Fortschritt darin, daß sie die Ansicht überwunden hat, wonach in den Einzelerscheinungen sich allgemeine Normen, Typen, gemäß dem Prinzip der Zweckmäßigkeit realisieren. Sie forscht nach den realen Grundlagen der Erscheinungen. Erst wenn die Ethik ebenso weit ist, daß sie nicht nach allgemein sittlichen Idealen, sondern nach den *wirklichen* Tatbeständen des Handelns fragt, die in der konkreten Individualität des Menschen liegen, erst dann darf sie als eine der Naturlehre ebenbürtige Wissenschaft angesehen werden.

## GROSSHERZOGIN SOPHIE VON SACHSEN

In der Geschichte der deutschen Literaturforschung gebührt der am 23. März 1897 verstorbenen Großherzogin Sophie von Sachsen ein Ehrenplatz. Der letzte Enkel Goethes setzte sie zur Erbin des gesamten handschriftlichen Nachlasses seines Großvaters ein. Er hätte die wertvollen Schätze keiner besseren Obhut anvertrauen können als der ihrigen. Im April 1885 gingen die Papiere Goethes in ihren Besitz über. Von diesem Zeitpunkt an betrachtete sie die Verwaltung des Vermächtnisses als eine heilige und liebe Pflicht. Sie wollte es für die Wissenschaft so fruchtbar wie möglich machen. Sorgsam besprach sie mit Männern, die ihr als gute Goethekenner galten, mit Herman Grimm, Wilhelm Scherer, Gustav von Loeper und Erich Schmidt, wie das ihr anvertraute Gut der literarhistorischen Forschung zugeführt werden soll. Sie begründete das «Goethe-Archiv» und stellte Erich Schmidt als Direktor desselben an. Durch Herausgabe einer allen wissenschaftlichen Anforderungen der Zeit entsprechenden Goethe-Ausgabe glaubte sie der Erkenntnis Goethes und seiner Zeit am besten dienen zu können. Eine große Zahl von Gelehrten lud sie zur Mitarbeit an dieser Ausgabe ein. Es war ihr Herzenswunsch, die Vollendung des monumentalen Werkes zu erleben. Er ist ihr leider nicht in Erfüllung gegangen. Nur die Hälfte der in Aussicht genommenen Zahl der Bände liegt bis heute vor. An den Arbeiten ihres Archivs nahm die Großherzogin den regsten Anteil. Der gegenwärtige Direktor dieser Anstalt, Bernhard Suphan, konnte stets nur in Ausdrücken der höchsten Begeisterung sprechen, wenn er von dieser Anteilnahme erzählte. Auf alle Einzelheiten der Arbeiten ging sie ein.

Der Goethesche Nachlaß wirkte wie ein Magnet auf die hinterlassenen Papiere anderer deutscher Dichter und Schriftsteller. Die Nachkommen Schillers machten im Mai 1889 die Handschriften ihres Ahnen der Großherzogin zum Geschenke. Das «Goethe-Archiv» erweiterte sich dadurch zum «Goethe- und Schiller-Archiv».

Der Plan entstand, dieses allmählich zum deutschen Literaturarchiv auszugestalten. Viel ist bereits zur Verwirklichung dieses Planes geschehen. Die Nachlässe Otto Ludwigs, Friedrich Hebbels, Eduard Mörikes u. a. liegen schon jetzt im Goethe- und Schiller-Archiv. Um ihre Schöpfung vollkommen zu machen, faßte die Großherzogin den Entschluß, ein eigenes Haus zur Unterbringung der Schätze zu bauen. Am 28. Juni 1896 schon konnte das prächtige Gebäude an der Ilm, in der Nähe des Residenzschlosses, seiner Bestimmung übergeben werden. Wer bei der feierlichen Eröffnung dieses Literaturarchivs zugegen war, konnte beobachten, mit welchem Ernste und mit welcher Liebe die Großherzogin von ihrer Schöpfung sprach. Man sah, wie glücklich sie sich fühlte, der Wissenschaft Dienste leisten zu können.

Ein klarer Blick, ein sicheres Gefühl für das Große und Bedeutende waren der Großherzogin Sophie eigen. Sie besaß eine scharfe Urteilskraft, die sie in den schwierigsten Fragen das Richtige treffen ließ. Eine unbeugsame Tatkraft und eine seltene Umsicht befähigten sie, ihre Sorgfalt auch den geringsten Kleinigkeiten zuzuwenden, die mit ihrem Wirken zusammenhingen. Was sie für die Kunstpflege, für die Erziehung der Jugend in Weimar, für die materielle Wohlfahrt ihres Landes getan hat, ist heute noch gar nicht zu übersehen. Schöne Aufgaben sich zu stellen und sie mit starkem Willen durchzuführen, lag in ihrer Natur. Groß ist die Verehrung, die sie in Weimar genießt. Hoch wird sie geschätzt von den Mitgliedern der Goethe-Gesellschaft, der Shakespeare-Gesellschaft, der Schillerstiftung, die bei ihren Versammlungen in Weimar sehen konnten, wie groß das Interesse war, das diese Frau geistigen Bestrebungen entgegenbrachte, und wie groß das Verständnis, das sie für Kulturaufgaben hatte. Ihr Wunsch war, daß jeder in Weimar schöne Tage verleben solle, wenn er diesen Ort aufsucht, um das Andenken an große Zeiten der Vergangenheit neu zu beleben. Es ist in der letzten Zeit oft gesagt worden, daß man in Weimar vom Vergangenen lebt. Das ist richtig. Aber man versteht dieses Leben in großen Erinnerungen aufs beste. Und daß es einen solchen Ort gibt, an dem von Zeit zu Zeit Menschen sich versammeln, die sonst nur in der Gegenwart leben, ist kaum zu bedauern. Es ist schön, ab und zu die Vergangenheit wie im Traume vor sich lebendig zu sehen. Daß Weimar heute ein solcher Ort ist, den zahlreiche Menschen immer und immer wieder gern aufsuchen, um großen Toten Feste zu bereiten, und daß sie gute Eindrücke von ihren Besuchen mit nach Hause nehmen, dazu hat die eben verstorbene Großherzogin viel, sehr viel beigetragen.

## KATHOLIZISMUS UND FORTSCHRITT

Der Würzburger Professor der Theologie Dr. Herman Schell hat eine Schrift erscheinen lassen: «Der Katholizismus als Prinzip des Fortschritts» (Würzburg 1897). Dieser Titel wirkte auf mich wie ein Protest gegen Vorstellungen, an die ich mich seit vielen Jahren gewöhnt habe. Ich erinnere mich, daß in meinen Jünglingsjahren einen nachhaltigen Eindruck auf mich ein Satz gemacht hat, den der berühmte Kardinal Rauscher im österreichischen Herrenhaus ausgesprochen hat. Er sagte: «Die Kirche kennt keinen Fortschritt». Mir schien dieser Satz immer von einem wahrhaft religiösen Geiste eingegeben zu sein. Und das scheint er mir noch heute. Wenn ich gläubiger Katholik wäre, würde ich wahrscheinlich jede Gelegenheit ergreifen, um diesen Satz zu beweisen und zu verteidigen. Ich würde dann sagen wie der Kirchenvater Tertullian, daß dem Menschen Wißbegierde nicht mehr nötig ist, nachdem ihm durch Jesus Christus die göttliche Wahrheit offenbart worden ist. Ich würde auf die Worte des heiligen Thomas von Aquino schwören, daß in der Heiligen Schrift die Heilslehre enthalten ist, und daß die Vernunft nichts tun kann, als ihre Kräfte dazu verwenden, für diese ewigen Wahrheiten der Schrift auch menschliche Beweise zu finden. Die Freiheit des Denkens hielte ich für eine paradoxe Idee, denn ich könnte kaum einen Sinn mit der Idee eines *freien* Denkens verbinden, wenn ich annehmen müßte, daß die Vernunft doch zuletzt in der Offenbarung landen müsse. Ich muß gestehen, daß mir ein *gläubiger* Katholik, der es anders macht, zunächst als Problem, als ein großes Fragezeichen erscheint. Ein solches Fragezeichen war mir zuerst auch der Professor Herman Schell. Während ich sein Buch las, nahm das Problem eine bestimmtere Gestalt an. Es wurde zu einer *psychologischen* Aufgabe. Ich fand, daß im Kopfe des Herrn Professors Ideen in einer vollkommenen Harmonie stehen, von denen ich bisher angenommen hatte, daß sie einen vollkommenen Widerspruch darstellen. So sagt unser Autor: «Freiheit des Denkens ist wirklich ein Ideal, insofern es die Freiheit von allen Vorurteilen bedeutet, und bleibt ein Ideal, solange die größte Gefahr für das Urteil und für den Fortschritt die Befangenheit durch Vorurteile ist. Freiheit des Denkens bedeutet nichts anderes als das Bestreben, alle jene Einflüsse auf das Denken zu brechen und fernzuhalten, welche kein Wahrheitsrecht haben, weil sie nicht Tatsachen oder nicht tatsächlich begründet sind, weil sie nur Einbildungen, Denkgewöhnungen, falsche und oberflächliche Deutungen der Sinneseindrücke oder anderer Mitteilungen, wie zum Beispiel geschichtlicher Urkunden oder religiöser Quellenschriften sind.» Der Herr Professor weiß ganz gut, was aus diesem seinem Satz für Folgerungen gezogen werden müssen, wenn es sich um verschiedene *moderne* Weltanschauungen handelt. Er weist dem Materialismus, dem Monismus nach, daß sie auf Urteilen beruhen, die das Denken nicht prüft, weil es sich an sie gewöhnt hat, weil es durch das Einleben in sie befangen geworden ist. «Der Materialismus hat keinen Sinn für die Tatsachenwelt der innern Erfahrung und des Geistes; nur das *Greifbare* gilt ihm als Tatsache. Der Monismus will keine Ursache der Welt annehmen, die von der Welt unterschieden und überweltliche Persönlichkeit ist: Das ist *sein* Dogma.»

Ich möchte aber nun den katholischen Professor fragen, was er sagte, wenn es sich vor dem Forum eines freien Denkens herausstellte, daß irgendeines der christlichen Grunddogmen fallen gelassen werden muß? Es erscheint mir, wenn ich mir den Inhalt des Buches noch einmal ins Gedächtnis rufe, als ob der Verfasser gar keinen Sinn für eine solche Möglichkeit hätte. Es ist, als ob er der Meinung wäre, das Denken könne gar nicht anders als zuletzt bei den christlichen Heilswahrheiten ankommen. Er will die Förderung der Erkenntnis, aber er ist der Überzeugung, daß diese Förderung nicht in der Preisgabe der wesentlichen Glaubenslehren der Kirche bestehen kann, «angefangen von der Persönlichkeit des Schöpfers und der persönlichen Unsterblichkeit der Seele bis zur geschichtlichen Offenbarung Gottes». Soll das Denken wirklich frei tätig sein, so muß ihm auch die Möglichkeit offenstehen, zu einer Weltanschauung vorzudringen, welche die Ordnung der Dinge von andern Mächten ableitet als von einem persönlichen Gott, und die von einer persönlichen Unsterblichkeit und einer geschichtlichen Offenbarung nichts weiß. Wer diese Glaubenslehren von vornherein als Ziele hinstellt, zu denen das Denken kommen muß, der spricht zwar als Katholik; er kann sich aber unmöglich zum Verteidiger des *freien* Denkens machen. Dieses kann sich nur selbst Richtschnur sein und selbst das Ziel setzen. Denn wenn es auch durch die Anerkennung der Tatsachen an einem willkürlichen Fluge ins Phantastische gehemmt wird, so hängt doch die Auslegung, die Erklärung der Tatsachen von ihm ab. Das Denken ist das zuletzt Maßgebende. Der christlichen Theologie muß es aber darauf ankommen, die Erscheinungen der Welt so zu deuten, daß die Deutung mit dem Inhalt der Offenbarung übereinstimmt. Sagt doch auch unser Autor: «Das Ideal, das die theologische Forschung leitet, ist die Überzeugung, daß die Gleichung zwischen richtig erfaßter Offenbarung und richtig gedeuteter Wirklichkeit herzustellen sei.» Das *freie* Denken segelt ins Ungewisse hinaus, wenn es sich auf die Suche nach der Wahrheit macht. Wohin der Kahn treibt, weiß es nicht. Es fühlt nur in sich die Kraft und den Mut, aus eigenem Vermögen zu einer befriedigenden Anschauung zu kommen. Die katholische Theologie weiß ganz genau, wie die Erkenntnis aussieht, zu welcher das Denken gelangen muß. Das weiß Schell, denn er sagt: «Die Zurückführung des *Glaubens* auf nachweisbare Tatsachen und auf überzeugende Grundsätze und Beweisgründe ist das Ideal der theologischen Wissenschaft.»

Für mich entsteht nun die Frage: Wie ist es möglich, daß ein logisch geschulter Mensch wie Herman Schell die beiden Behauptungen vereinigen kann: das Denken muß frei sein, und: dieses freie Denken muß den Beweis liefern, daß dem katholischen Offenbarungsglauben unbedingte Wahrheit zukomme? Diese Frage scheint mir eine psychologische zu sein. Ich möchte sie in folgender Weise lösen. Der moderne Theologe wird in dem Glauben an die göttliche Offenbarung erzogen. Durch seine Erziehung wird es für ihn eine Unmöglichkeit, an der Wahrheit der Offenbarung zu zweifeln. Aber neben der göttlichen Heilswahrheit lernt er auch die moderne Wissenschaft mit ihren fruchtbaren Forschungsmethoden kennen. Er bekommt Respekt vor dieser Fruchtbarkeit. Zugleich regt sich in ihm ein Gefühl der Schwäche gegenüber den Errungenschaften des modernen Geistes. Nur starke Geister werden sich vermessen, gegen dieses Gefühl anzukämpfen; und ihnen wird es auch gelingen, es zu unterdrücken. Sie werden dem wahren Glauben, der echten Gesinnung ihrer Väter, nämlich der Kirchenväter, treu bleiben und mutig aussprechen: Die Kirche kennt keinen Fortschritt. Die andern werden Schwarz und Weiß vereinigen und wie Schell sagen: «Der Katholizismus bedeutet den Friedensbund von Vernunft und Glauben, von Forschung und Offenbarung ohne Herabwürdigung und Demütigung des Logos: Denn das Christentum ist die Religion des Geistes und des Logos! Der wahre Geist der Religion und der Heiligkeit ist nur jener Geist, der vom Wort der Wahrheit ausgeht.» So spricht, wer ein – vielleicht im Unbewußten schlummerndes – Gefühl der

Beschämung empfindet, wenn man ihn für einen Gegner des Fortschrittes ansieht.

Suggestiv wirkt das Wort «Fortschritt» auf die heutigen Gebildeten, seien sie nun Theologen, Gelehrte, Politiker usw. Wie selten sind die Menschen, die stolz darauf sind, «antifortschrittlich» zu denken. Friedrich Nietzsche gehörte zu den Gegnern des Fortschritts: «Der ‹Fortschritt› ist bloß eine moderne Idee, das heißt eine falsche Idee. Der Europäer von heute bleibt in seinem Werte tief unter dem Europäer der Renaissance; Fortentwicklung ist schlechterdings nicht mit irgend welcher Notwendigkeit Erhöhung, Steigerung, Verstärkung.» Diese Sätze stehen in einem der antichristlichsten Bücher, die geschrieben worden sind. Aber sie stehen in dem Buche, das ein wirklich unabhängiger Geist geschrieben hat. Die Schrift «Der Katholizismus als Prinzip des Fortschritts» hat aber ein Kopf ausgedacht, der von zwei Seiten her abhängig ist: von dem Geiste des wahren Katholizismus und von einer falschen Scham, die hindert, die Ansprüche der antikatholischen Wissenschaft zu verleugnen. Als *katholisch* im echten Sinne des Wortes muß bezeichnet werden, wenn der Verfasser sagt: «Katholisch ist ein Name, der nicht bloß aus altehrwürdiger Überlieferung die zentrale Kirche und das konservative Christentum in seinem festorganisierten Weltbestand bezeichnet, sondern ein Name, der ein hohes Prinzip, eine gottgestellte Aufgabe ausspricht: Das Reich Gottes im Geist und in der Wahrheit bei allen Völkern, und zwar durch alle Völker und Nationalcharaktere zu verwirklichen und so das Christentum in der Kirche wirklich ganz und voll, echt und wahr durchzuführen.» Unkatholisch aber und nur aus Ehrfurcht vor der antikatholischen Wissenschaft ist es gesagt: «Der Gottesbegriff der Willkürallmacht, die ihre höchste Herrschermacht gerade in einer möglichst häufigen Durchbrechung der Naturgesetze und dem tollen Chaos unkontrollierbarer Kräfte bekundet, hat in der Vernunft keine Grundlage und läßt sich nicht wissenschaftlich erweisen. Nur Gott als die allmächtige Verwirklichung des vollkommenen Geisteslebens, als die ewige Allmacht der unendlichen Weisheit und Heiligkeit selber, ist dem Unglauben gegenüber als unentbehrliche Wahrheit erweisbar und macht von Grund aus allen Aberglauben unannehmbar.» Dieser Satz wirkt auf mich, wie wenn ihn ein Haeckelianer gesprochen hätte, nicht ein Professor der katholischen Theologie in Würzburg. Ein Gott als Verwirklichung des vollkommenen Geisteslebens, als Inbegriff der Weisheit und Heiligkeit, ist etwas ganz anderes als der persönliche Gott des Katholiken, der allerdings die Naturgesetze durchbrechen kann. Dies lehren die Evangelien. Und vollkommen antikatholischer Geist spricht aus den Worten: «Bedarf es denn eines eigenen Prinzips, daß alles bei dem vernünftigen Menschen durch seine persönliche Vernunft und Freiheit, durch seine ernstliche Gewissensprüfung vermittelt sein muß, was Glauben und Lebensziel betrifft? Das ist doch selbstverständlich!» Jawohl, es ist selbstverständlich. Aber für ein unchristliches Denken. Wer Ernst mit diesen Worten macht, der muß es ablehnen, das Denken durch die von vornherein feststehenden Glaubenslehren zu fesseln. Er hört damit aber auf, katholisch zu denken.

Für den modernen Denker haben Geister wie Professor Schell nur ein psychologisches Interesse. An ihnen kann man lernen, wie die widerspruchvollsten Ideen in einem Kopfe nebeneinander wohnen können. Das angeführte Beispiel ist deshalb besonders lehrreich, weil es typisch für eine große Anzahl moderner Theologen ist, und weil es zeigt, wie wenig die *logische Schulung* gegen die Macht der menschlichen Empfindungen anzukämpfen vermag. Logisch geschult wird der Geist des katholischen Theologen gewiß. Aber was hilft alle Logik, wenn von zwei Seiten widersprechende Empfindungen und Gefühle ihre Macht entwickeln. Das logische Denken wird dann zur Sophistik, die dem Denker vorgaukelt, Dinge, die sich ewig feindlich gegenüberstehen werden, könnten in tiefstem Frieden nebeneinander leben.


## DIE SEHNSUCHT DER JUDEN NACH PALÄSTINA

Nicht wenige kluge Leute werden jedes Wort überflüssig finden, das über die sonderbare Zusammenkunft gesprochen wird, die vor wenigen Tagen unter dem Namen «Zionisten-Kongreß» in Basel stattgefunden hat. Daß sich eine Anzahl europamüder Juden zusammenfindet, um die Idee zu propagieren, ein neues palästinisches Reich aufzurichten und die Auswanderung der Juden nach diesem neuen «gelobten Lande» zu bewirken, erscheint diesen Klugen als wahnsinnige Vorstellung einer krankhaft erregten Phantasie. Bei diesem Urteile beruhigen sie sich. Sie sprechen nicht weiter über die Sache. Ich aber glaube, daß diese Klugen mit ihrem Urteile um zehn Jahre hinter ihrer Zeit zurückgeblieben sind. Und zehn Jahre sind in unserer Zeit, in der die Ereignisse so rasch fließen, eine kleine Ewigkeit. Vor zehn Jahren konnte man mit einem gewissen Recht einen Juden für halb wahnsinnig halten, der auf die Idee verfallen wäre, seine Volksgenossen nach Palästina zu versetzen. Heute darf man ihn nur für überempfindlich und eitel halten; in weiteren zehn Jahren können die Dinge noch ganz anders liegen. Bei den Herren Herzl und Nordau, den gegenwärtigen Führern der Zionistenbewegung, glaube ich allerdings mehr Eitelkeit als gesteigerte Empfindlichkeit gegenüber der antisemitischen Strömung wahrzunehmen. Die banalen Phrasen, die Herzl in seiner Broschüre «Judenstaat» (M. Breitensteins Buchhandlung, Leipzig und Wien 1896) vorgebracht hat, und das Wortgeflunker, mit dem der sensationslüsterne Nordau in Basel seine Zuhörer beglückt hat, sind gewiß nicht aus den tiefsten Tiefen aufgewühlter Seelen entsprungen. Dafür aber stammen sie aus verständigen Köpfen, die wissen, was auf diejenigen Juden am stärksten wirkt, die ein empfindsames Herz und einen hochentwickelten Sinn für Selbstachtung haben. Diese letzteren Glieder des jüdischen Volkes werden, nach meiner Vermutung, die Gefolgschaft der Herren Herzl und Nordau bilden. Und die Zahl dieser Glieder ist wahrlich keine geringe.

Was nützt es, wenn noch so oft betont wird, daß sich die Juden, die so empfinden, in einem schweren Irrtum befinden? Sie wenden ihr Auge ab von den großen Fortschritten, welche die Emanzipation der Juden in den letzten Jahrzehnten gemacht hat, und sehen nur, daß sie noch von so und so vielen Stellen ausgeschlossen, in so und so vielen Rechten verkürzt sind; und außerdem hören sie, daß sie von den Antisemiten in der wüstesten Weise beschimpft werden. Sie tun so, weil ihr gekränktes Gemüt ihnen den Verstand umnebelt. Sie sind nicht imstande, die Ohnmacht des Antisemitismus einzusehen; sie erblicken nur seine Gefahren und seine empörenden Ausschreitungen. Wer ihnen sagt: sehet hin, wie aussichtslos die Machinationen der Judenhasser sind, wie alle ihre Unternehmungen in Blamage auslaufen, den blicken sie zweifeld an. Ihr Ohr hat nur, wer ihnen wie Theodor Herzl sagt: «In den Bevölkerungen wächst der Antisemitismus täglich, stündlich und muß weiter wachsen, weil die Ursachen fortbestehen und nicht behoben werden können. ... Unser Wohlergehen scheint etwas Aufreizendes zu enthalten, weil die Welt seit vielen Jahrhunderten gewohnt war, in uns die Verächtlichsten unter den Armen zu sehen. Dabei bemerkt man aus Unwissenheit oder Engherzigkeit nicht, daß unser Wohlergehen uns als Juden schwächt und unsere Besonderheiten auslöscht. Nur der Druck preßt uns wieder an den alten Stamm, nur der Haß unserer Umgebung macht uns wieder zu Fremden. So sind und bleiben wir denn, ob wir es wollen oder nicht, eine historische Gruppe von erkennbarer Zusammengehörigkeit. Wir sind ein Volk – der Feind macht uns ohne unseren Willen dazu, wie das immer in der Geschichte so war». Und diejenigen, bei denen heute solche Sätze den mächtigsten Widerhall finden, waren noch vor ganz kurzer Zeit mit Leidenschaft bereit, das eigene Volkstum in das der abendländischen Stämme aufgehen zu lassen. Nicht der wirkliche Antisemitismus ist die Ursache dieser jüdischen Überempfindlichkeit, sondern das falsche Bild, das eine überreizte Phantasie sich von der judenfeindlichen Bewegung bildet. Wer mit Juden zu tun hat, der weiß, wie tief bei den Besten dieses Volkes die Neigung sitzt, sich ein solch falsches Bild zu machen. Das Mißtrauen gegen die Nichtjuden hat sich gründlich ihrer Seele bemächtigt. Sie vermuten auch bei Menschen, bei denen sie keine Spur von bewußtem Antisemitismus wahrnehmen können, auf dem Grunde der Seele einen unbewußten, instinktiven, geheimen Judenhaß. Ich rechne es zu den schönsten Früchten, welche menschliche Neigung treiben kann, wenn sie zwischen einem Juden und einem

Nichtjuden jede Spur von Argwohn in der oben angedeuteten Richtung auslöscht. Einen Sieg über die menschliche Natur möchte ich fast eine solche Neigung nennen.

Es ist nicht ausgeschlossen, daß in kurzer Zeit solche Neigungen überhaupt unmöglich sein werden. Es kann eine Zeit kommen, in der bei jüdischen Persönlichkeiten die Empfindungssphäre so gereizt ist, daß jedes Verstehen mit Nichtjuden zur Unmöglichkeit wird. Und auf das Ziehen intimer Fäden von Jude zu Nichtjude, auf das Entstehen gefühlsmäßiger Neigungen, auf tausend unaussprechliche Dinge, nur nicht auf vernünftige Auseinandersetzungen und Programme kommt es bei der sogenannten Judenfrage an. Es wäre das Beste, wenn in dieser Sache so wenig wie möglich geredet würde. Nur auf die gegenseitigen Wirkungen der Individuen sollte der Wert gelegt werden. Es ist doch einerlei, ob jemand Jude oder Germane ist: finde ich ihn nett, so mag ich ihn; ist er ekelhaft, so meide ich ihn. Das ist so einfach, daß man fast dumm ist, wenn man es sagt. Wie dumm muß man aber erst sein, wenn man das Gegenteil sagt!

Ich halte die Antisemiten für ungefährliche Leute. Die Besten unter ihnen sind wie die Kinder. Sie wollen etwas haben, dem sie die Schuld zuschreiben können an einem Übel, an dem sie leiden. Wenn ein Kind einen Teller fallen läßt, dann sucht es nach irgendwem oder nach irgend etwas, das es gestoßen hat, das die Schuld an dem Unfalle hat. In sich selbst sucht es nicht die Ursache, die Schuld. So machen es die Antisemiten. Es geht vielen Leuten schlecht. Sie suchen nach etwas, das die Schuld hat. Die Verhältnisse haben es mit sich gebracht, daß viele gegenwärtig dieses Etwas in dem Judentume sehen.

Viel schlimmer als die Antisemiten sind die herzlosen

Führer der europamüden Juden, die Herren Herzl und Nordau. Sie machen aus einer unangenehmen Kinderei eine welthistorische Strömung; sie geben ein harmloses Geplänkel für ein furchtbares Kanonenfeuer aus. Sie sind Verführer, Versucher ihres Volkes. Sie opfern die Verständigung, die alle Vernünftigen wünschen müßten, ihrer Eitelkeit, die nach – Programmen dürstet, weil – wo Taten fehlen, zur rechten Zeit ein Programm sich einstellt.

So ungefährlich der Antisemitismus an sich ist, so gefährlich wird er, wenn ihn die Juden in der Beleuchtung sehen, in die ihn die Herzl und Nordau rücken.

Und sie verstehen sich auf die Sprache der Versucher, diese Herren: «Man wird in den Tempeln beten für das Gelingen des Werkes. Aber in den Kirchen auch! Es ist die Lösung eines alten Druckes, unter dem alle litten. Aber zunächst muß es licht werden in den Köpfen. Der Gedanke muß hinausfliegen bis in die letzten jammervollen Nester, wo unsere Leute wohnen. Sie werden aufwachen aus ihrem dumpfen Brüten. Denn in unser aller Leben kommt ein neuer Inhalt. Jeder braucht nur an sich selbst zu denken, und der Zug wird schon ein gewaltiger. Und welcher Ruhm erwartet die selbstlosen Kämpfer für die Sache! Darum glaube ich, daß ein Geschlecht wunderbarer Juden aus der Erde wachsen wird. Die Makkabäer werden wieder aufstehen.» Also Herr Theodor Herzl in seiner Schrift «Der Judenstaat».

Ich fürchte: es wird eine Zeit kommen, wo die Juden uns Nichtjuden nichts mehr glauben von dem, was wir ihnen über den Antisemitismus sagen, und dafür ihren jüdischen Verführern alles nachbeten. Und wie so viele Betörte werden die gefühlvollen Juden die leeren Phrasen dieser Verführer in die Sprache ihres Herzens umsetzen. Die Verführten werden leiden; die Verführer aber werden triumphieren über die Erfolge, die ihre Eitelkeit errungen hat.

In Basel ist im Grunde über die Frage entschieden worden: was soll getan werden, um die Lösung der Judenfrage so unmöglich zu machen, wie es nur irgend angeht. Ob die Herren Herzl und Nordau wirklich daran glauben, daß das palästinensische Reich errichtet werden könne, vermag ich nicht zu entscheiden. Ich nehme zu Ehren ihrer Intelligenz hypothetisch an, daß sie nicht daran glauben. Wenn ich mit dieser meiner Annahme recht habe, dann muß man diesen Führern den Vorwurf machen, daß sie einer Auseinandersetzung zwischen Juden und Nichtjuden mehr Hindernisse in den Weg legen als die antisemitischen Wüteriche.

Die Zionistische Bewegung ist ein Feind des Judentums. Die Juden täten am besten, wenn sie die Leute, die ihnen Gespenster vormalen, sich genau ansähen.

### DIE GOETHETAGE IN WEIMAR
*Bericht über die 13. Mitgliederversammlung
der Deutschen Goethe-Gesellschaft*

Am 8. Oktober fanden sich, zum dreizehnten Mal die Mitglieder der Deutschen Goethe-Gesellschaft in Weimar ein, um das ihnen liebgewordene Goethe-Fest zu feiern. Zum ersten Mal mußten sie dieses Fest begehen, ohne die Persönlichkeit in ihrer Mitte zu sehen, welcher die Goethe-Gemeinde Unermeßliches zu verdanken hat: Die Großherzogin Sophie von Sachsen. Am 23. März dieses Jahres ist diese Frau, deren Name durch die Begründung des Goethe- und Schiller-Archivs mit der deutschen Literaturwissenschaft für alle Zeiten verknüpft ist, aus dem Leben geschieden.

Ihre Gegenwart gab dem Fest in den verflossenen Jahren einen besonderen Glanz; die Erinnerung an sie, die Trauer um sie, gab ihm diesmal seinen Charakter. Im Zusammenhang mit einer Gedächtnisfeier für die verstorbene Frau sollte deshalb der Goethe-Tag begangen werden. Die beiden Gesellschaften, die ihre Blüte der Verstorbenen zu danken haben, die Goethe- und die Shakespeare-Gesellschaft, haben das beschlossen. Und die Leitung des Goethe- und Schiller-Archivs, der Schillerstiftung und des Großherzoglichen Hoftheaters haben sich mit den genannten Gesellschaften vereinigt, um ein Fest zur Erinnerung an ihre Pflegerin und Beschützerin zu veranstalten. Kuno Fischer wurde berufen, dem Andenken der Hingeschiedenen eine Gedächtnisrede zu widmen. Er ist durch Bande der Freundschaft mit dem Weimarischen Hofe verbunden. Die Treue und Hingebung an das Fürstenhaus, die seine Beziehungen zu diesem in ihm gezeitigt haben, kamen in seiner Erinnerungsrede am 8. Oktober zum Ausdruck. Seine Lebens- und Weltauffassung, seine Gesinnung und Empfindungsweise befähigen ihn, die Denkweise der Großherzogin wie wenige zu verstehen. Eine Fürstin im allereigentlichsten Sinne des Wortes war die Verstorbene, dabei eine Persönlichkeit, welche sich große Aufgaben stellte, weil sie eine hohe Auffassung von ihrem fürstlichen Berufe hatte, und weil ihr eine seltene Energie aus dieser Aufgabe erwuchs. Es liegt Größe in dieser Auffassung; und die Art dieser Größe zu schildern, hatte Kuno Fischer übernommen. Wieviel in dieser Kraft, die ihr eigen war, auf Rechnung ihrer Abstammung aus dem zielbewußten und energischen Geschlecht der Oranier zu schreiben ist, wollte der Redner klarlegen. In dem Wahlspruch des Oranischen Hauses: «Je maintiendrai» kommt diese Energie zum Ausdruck. Die Großherzogin

Sophie hat ihn auch zu dem ihrigen gemacht und in die deutschen Worte umgesetzt: «Die Herrschaft über sich selbst ist die Vorbedingung für jegliche Tätigkeit und für ernsthafte, gewissenhafte Ausführungen übernommener Pflichten.» Aus dem Studium der Geschichte des Hauses erwuchs der Fürstin die Herrschaft über sich selbst und ein starkes Pflichtbewußtsein. Inwiefern die Geschicke dieses Hauses besonders geeignet sind, ein solches Bewußtsein zu erzeugen, suchte der Redner durch eine historische Darstellung klarzulegen. Was eine verfehlte Kindererziehung und eine günstige Lebensschule dazu beigetragen haben, um diese Frau auf die Höhe ihrer Anschauungen zu heben, setzte er deutlich auseinander. Die holländische Art in ihrem Charakter schilderte er. Ihre Liebe für die deutsche Literatur leitete er von dem Umstand ab, daß sie in dieser Literatur die Taten der ihr so nahestehenden Helden gefeiert fand. Schiller und Goethe haben niederländische Größe zum Vorwurf ihrer Dichtungen und Werke gemacht. In der deutschen Literatur fand die Großherzogin ihre Heimat wieder. Die Geschichte ihres Vaterlandes trat ihr in der deutschen Kunst entgegen.

Über den musikalischen Teil dieser Feier ist schon berichtet worden. Auch ist dort schon erwähnt, daß das Hoftheater am Abend desselben Tages eine stimmungsvolle Aufführung der Gluckschen Oper «Orpheus und Eurydike» den Festteilnehmern bot. Wir fügen hier nur noch hinzu, daß man unter Bernhard Stavenhagens ausgezeichneter Leitung eine höchstgelungene Vorstellung erlebte. Fräulein Hofmann (Orpheus) und Frau Stavenhagen (Eurydike) haben auf die Gäste einen starken Eindruck gemacht.

Der 9. Oktober war der eigentlichen Goethe-Versammlung gewidmet. Eine bleibende Erinnerung nehmen die Teilnehmer dieser Versammlung mit nach Hause. Der Direktor des Goethe- und Schiller-Archivs, Professor Suphan, teilte das Stück des Testamentes der Großherzogin Sophie mit, in dem sie die Zukunft des Goetheschen Nachlasses für alle Zeiten gesichert hat. Eine stärkere Bekräftigung hätten die Worte Kuno Fischers nicht finden können, als ihnen durch dieses Testament zuteil geworden ist. Die Pflege des Goetheschen Nachlasses, der ihr durch die Verfügung des letzten Enkels Goethes zum Geschenk gemacht worden ist, war dieser Frau bei Lebzeiten eine Herzensangelegenheit und eine hohe Pflicht. Ihr hat sie materielle Opfer gebracht, ihr hat sie viel Zeit und Mühe gewidmet. Für sie hat sie mütterlich gesorgt. Ihre schönen Worte sprechen für sich selbst. Im Testament heißt es: «Ich, Sophie von Sachsen, Königliche Prinzessin der Niederlande, beurkunde hiermit Folgendes: Mit Annahme des Vermächtnisses des Freiherrn Walter von Goethe habe ich zugleich für alle Zeiten die Verantwortlichkeit für eine pietätvolle Bewahrung der Schätze aus dem Nachlasse Goethes übernommen. Die gleiche Verantwortung trage ich gegenüber dem Nachlasse von Schiller, sowie allen durch Schenkung und Ankauf erworbenen Handschriften anderer hervorragender deutscher Dichter. Zugleich gereicht es mir zur besonderen Freude, nicht nur für die Vollendung der Goethe-Ausgabe und der Goethe-Biographie, sondern auch dafür Sorge getragen zu haben, daß die in meinem Besitze befindlichen Schätze nutzbringend erschlossen werden und Weimar erhalten bleiben, damit es auch ferner der geistige Mittelpunkt Deutschlands bleibe. Deshalb habe ich angeordnet, daß zur Erhaltung dieser Schätze ein Familienfideikommiß errichtet wird, das unveräußerlich sein soll. Indem ich dieses Familienfideikommiß hiermit beurkunde, bitte ich meinen

Herrn Gemahl, in Form einer hausgesetzlichen Bestimmung die landesherrliche Bestätigung zu geben.» Das Goethe- und Schiller-Archiv wird dem jeweiligen Chef des Großherzoglichen Hauses eigentümlich gehören. Derselbe ist verpflichtet, für die Erhaltung und Verwaltung des Schatzes entsprechend Sorge zu tragen.

An diese bedeutsame Mitteilung Suphans schloß der Vorsitzende, Dr. Ruland, den Bericht über das Goethe-Nationalmuseum. Er wies auf ein Bild hin, das von diesem Museum neu erworben und in dem Junozimmer des Goethe-Hauses ausgestellt ist. Die dargestellte Persönlichkeit und der Maler sind unbekannt. Es stammt aus dem Ende des vorigen oder dem Anfang dieses Jahrhunderts. Wer sich das Bild angesehen hat, wird der Meinung Rulands beistimmen müssen, daß es die Frau Rat im höheren Alter darstelle. Ihre und auch Goethes Züge sind unverkennbar. Das Bild war früher im Besitze von William Candidus in Cronberg. Noch einen anderen Zuwachs des Museums erwähnte Ruland. Die Gräfin Vaudreuil, die Frau des französischen Gesandten, hat während ihres Aufenthaltes in Weimar in freundschaftlichen Beziehungen zu dem Goetheschen Hause gestanden. In ihrem Nachlasse haben sich Handzeichnungen Goethes vorgefunden. Ihre Nachkommen haben diese zu den Weimarischen Schätzen hinzugefügt.

Leider mußten wir dieses Jahr die Gegenwart des verdienstvollen Schatzmeisters, Dr. Moritz, entbehren. Er wußte sonst stets den trockenen Kassenbericht durch allerlei launige Zwischenbemerkungen zu würzen. Sein Bericht, der verlesen wurde, zeigte, daß die Gesellschaft finanziell gut steht und in der letzten Zeit eine Zunahme der Mitgliederzahl zu verzeichnen hat.

In den Nachmittagsstunden vereinigten sich die Festgäste zu dem üblichen Mittagessen. Die greisen Häupter der Goethe-Gemeinde und die jungen Stürmer, die trotz Naturalismus und «Moderne» verehrend zu Goethe emporblicken, saßen da nebeneinander. Julius Rodenberg, Karl Frenzel, Marie von Bunsen, Lina Schneider, Freiligraths Tochter, waren anwesend. Der Unterrichtsminister unter dem zweiten Ministerium Auersperg, Dr. von Stremayr, der Gießener Professor Oncken waren in unserer Mitte. Einer der «Jüngsten», Otto Erich Hartleben, der bei dieser Gelegenheit schon wiederholt in Weimar erschienen ist, fehlte auch diesmal nicht. Die Festtoaste trugen diesmal einen ernsten Charakter. Man stand unter dem Eindruck des erlittenen Verlustes. Ruland toastete auf das Großherzogliche Haus; Stremayr brachte Grüße aus Deutsch-Österreich. Wohltuend wirkten seine lieben Worte, die aus einem gut deutschösterreichischen Herzen kommen. Daß noch deutscher Geist und deutsche Gesinnung in Österreich lebt, konnte man aus seinem Trinkspruch hören. Oncken brachte einen Trinkspruch auf die Damen aus.

Das Goethe- und Schiller-Archiv, das in den Goethe-Tagen den Besuchern der Versammlung seine Räume öffnet, stellte Manuskripte von Freiligrath und Gustav Freytag aus, neben anderen der klassischen und nachklassischen Zeit entstammenden Papieren.

Wie alljährlich versammelten sich in den Abendstunden die Goethe-Gäste auch diesmal in dem Weimarischen Künstlerverein. Die stimmungsvollen Räume, die der Großherzog den Künstlern Weimars zu ihrem gemütlichen Zusammensein zur Verfügung gestellt hat, werden von den Mitgliedern der Goethe-Gesellschaft gerne aufgesucht. Ein freies ungebundenes Leben herrschte da bis zum hellen Morgen. Und Künstler wie Burmester und Stavenhagen, dann die ausgezeichneten Sänger Heinrich Zeller und Gmür erfreuten die Gäste mit mancher künstlerischen Gabe, die oft mit größerem Enthusiasmus entgegengenommen wurde als die offiziellen Darbietungen. Was man im Verlauf des Tages schwer finden konnte: den zwanglosen Genuß, das gegenseitige offene Entgegenkommen, hier genoß man es viele Stunden lang.

Den Beschluß der Feier bildete eine Vorstellung im Großherzoglichen Hoftheater von Shakespeares «Wintermärchen» mit Fräulein Richard als Hermione und Karl Weiser als Leontes.

## KUNO FISCHER ÜBER DIE GROSSHERZOGIN SOPHIE VON SACHSEN

Seit 1885 findet sich alljährlich für einige Tage ein Kreis von Goetheverehrern in Weimar ein. Es sind die Mitglieder der Goethe-Gesellschaft, die nach dem Tode des letzten Enkels Goethes gegründet worden ist. Goethes letzter Sprosse hat den Nachlaß seines Großvaters der Großherzogin Sophie vererbt. Diese Frau hatte Sinn und Verständnis genug, um den wertvollen Schatz, der in ihre Hände gelegt worden ist, für die Literaturwissenschaft so fruchtbar wie möglich zu machen. Sie gründete das Goethe-Archiv und machte es zur Pflegestätte der Goethewissenschaft. Sie erbaute später dem teuren Vermächtnis ein eigenes, stattliches Haus. Der prächtige Bau, eine Zierde Weimars, wird immer ein Denkmal der Blütezeit des deutschen Geistes bleiben. Still und mühevoll arbeitet in diesem Hause alltäglich eine kleine Zahl von Gelehrten an der Goethe-Ausgabe, die mit Hilfe des handschriftlichen Nachlasses hergestellt wird. Ab und zu kommt in diese Räume ein fremder Gast, der die Papiere Goethes aufsucht, um sie seinen besonderen wissenschaftlichen Studien dienstbar zu machen. Aber zur Pfingstzeit, da kommt alljährlich Leben in diese Räume. Die harmlosesten Genießer Goethescher Werke und die gelehrtesten Goetheforscher versammeln sich in der Ilmstadt, um das Andenken des Geistes zu feiern, auf den so viele Linien der neueren Kulturentwicklung zurückgehen. Ein Festvortrag und eine Theatervorstellung sind die geistigen Genüsse, die den «Goethegästen» geboten werden. Die Besichtigung des Goethe- und Schiller-Archivs und des Goethe-Nationalmuseums versetzt diese Gäste zurück in die große Zeit, in der Weimar der Mittelpunkt des deutschen Geisteslebens war. Beim Festvortrag erschien bisher stets die Großherzogin Sophie, deren Wirken die ganze Festlichkeit zu verdanken war. Im Anschlusse an ihre Archivgründung und unter ihrer besonderen Fürsorge wurde die Goethe-Gesellschaft geschaffen. Die Gäste gruppierten sich um diese Frau. Die Beziehungen, in die sie sich zu der deutschen Literatur durch die Archivgründung gesetzt hat, fanden ihren lebendigen Ausdruck in der Goetheversammlung.

Seit dem Frühling dieses Jahres weilt Sophie von Sachsen nicht mehr unter den Lebenden. Die Goetheversammlung wird nunmehr ohne dieses ihr erstes Oberhaupt stattfinden müssen. Zum ersten Male nach dem Tode der Großherzogin versammelten sich die Goethegäste gestern, am 8. Oktober, wieder in Weimar. Sie versammelten sich, um zunächst das Andenken der Verstorbenen zu feiern.

Ein Bild der Geistesart und der Persönlichkeit dieser Frau sollte durch einen berufenen Mann den Versammelten vorgeführt werden. Keiner war berufener als der greise Philosoph Kuno Fischer, der durch seine langjährigen Beziehungen zum Weimarischen Hofe ein treuer Verehrer dieses Hofes und ein warmer Lobredner seiner Taten geworden ist. Zweifellos hätte Kuno Fischer die Wärme, mit der er an dem Weimarischen Fürstenhause hängt, den Zuhörern mitgeteilt, wenn er mit der Kraft der Rede, die ihm einst eigen war, heute noch wirken könnte. Man hörte es jedem Worte des Gedächtnisredners an, daß es aus dem tiefsten Innern kam; aber man fühlte es diesmal im eigenen Innern nicht mit. Der meist gefeierte akademische Redner hat die zündende Gewalt über die Zuhörer nicht mehr. Und deshalb konnte man durch seine Rede nicht in die Stimmung kommen, die zur Feier des Tages notwendig war. Den Hochsinn der verstorbenen Fürstin, ihre Freigiebigkeit, ihre Tatkraft und ihr Zielbewußtsein suchte der Redner aus ihrer Abstammung von dem Hause Oranien zu erklären. Die geistige Physiognomie der Verstorbenen zeichnete er mit den Strichen, die diesem geistreichen, an dem schönen Worte hängenden Philosophen zur Verfügung stehen. Ihre persönliche Entwicklung suchte er in das gebührende Licht zu rücken. Das Wohgefallen, das sie gerade an der deutschen klassischen Literatur finden mußte, suchte Kuno Fischer aus den Beziehungen zu erklären, welche diese Literatur zu dem Vaterlande der Fürstin hat. Holländische Helden und holländisches Leben ist durch unsere Geistesheroen künstlerisch dargestellt worden. Ihr eignes Empfinden, ihre eigene Gesinnung fand die Großherzogin, wenn sie sich in die Werke der Geister vertiefte, denen sie in Weimar ein Denkmal gesetzt hat.

Eine streng konservative Gesinnung, sogar etwas von dem Glauben an das Gottesgnadentum ging durch Kuno Fischers Rede. Er glaubt, daß ein besonderes Geschick die Wirkenskreise der Persönlichkeiten bestimmt, die walten wie die Großherzogin. Eine fast mystische Kraft der Persönlichkeit legte er in die Großherzogin hinein. Ein religiöser Zug durchdrang die ganze Rede. Die Frömmigkeit der Betrauerten stand in der richtigen Beleuchtung, weil Kuno Fischer verriet, daß in ihm selbst fromme Empfindungen leben. Ein Mann hat da über eine Fürstin gesprochen, der ein guter Anhänger des monarchischen Prinzips, der ein Verehrer der herrschenden Gewalten ist, ein Mann, der mit Liebe den Orden trägt, der uns von seiner Brust entgegenglänzte. Was von einem alten Philosophen gesagt wurde: Gleiches kann nur von Gleichem erkannt werden, in Kuno Fischers Rede hat es sich wieder bewährt. Im Kopfe dieses Redners spiegelt sich die Welt nicht anders als in dem eines Fürsten. Er versteht die Fürsten. Deshalb kann er gut über sie reden. Er stellt seinen Geist gern in den Dienst der fürstlichen Personen. Auf einen jüngeren Menschen der modernen Zeit machten diese Sätze manchmal den Eindruck, als ob sie einer Gesinnung entstammten, die einer abgelebten Zeit angehört. Den Jüngeren fehlen die Worte, wenn sie Fürsten loben sollen. Und wenn sie es tun, glaubt man ihnen nicht recht. Den greisen Geschichtsschreiber der Philosophie kleidet seine Gesinnung gut. Er hat sich seine Anschauungen in einer Zeit gebildet, die von dem Radikalismus unserer Gegenwart nichts ahnte. Mit diesen Anschauungen ist er zur Würdigung der klassischen Epoche Deutschlands und ihrer gegenwärtigen fürstlichen Pfleger berufen. Die andern Anschauungen der Gegenwart hätten wahrscheinlich niemals zu einer

Gesinnung geführt, die zur Wahrung der Traditionen Weimars notwendig ist. Man muß seinen Frieden mit gewissen Strömungen geschlossen haben, wenn man bei der Pflege dieser Traditionen ganz dabei sein will. Mit einem Herzen, das an der Gegenwart hängt und das nach Zukunft lechzt, kann man es nicht. Kuno Fischer ließ ein Stück Vergangenheit vor uns auftauchen. Von vergangenen Taten redete er mit einer vergangenen Gesinnung.

Es gab Zuhörer im Saale, die mit der Rede nicht zufrieden waren. Ich glaube, diese Unzufriedenen haben unrecht. Die geistige Verwandtschaft, in der Kuno Fischer zu den Kreisen steht, denen die Verstorbene angehörte, befähigte ihn, ein echtes, glaubhaftes Bild zu malen. Ein wenig mehr von religiösem Freimut und etwas weniger Konservatismus hätte den Redner dazu geführt, ein verzerrtes Bild zu liefern. Hätte der Vortrag auf der Höhe des Gehaltes und der Gesinnung gestanden: die Zuhörer hätten in weihevoller Stimmung den Saal verlassen. Vor ihren Augen hätte das Bild der Verstorbenen in deutlichen, klaren und wahren Zügen gestanden. Weil Kuno Fischers Feuer der Rede heute schwächer ist, wirkte auch sein Bild matt und zum Teil sogar ermüdend. Waren aber auch die Farben nicht leuchtend genug; sie waren richtig aufgetragen. Sie waren so verwendet, wie es nur ein tiefer genauer Kenner der verstorbenen Fürstin kann. Aus intimer Kennerschaft heraus tönte manches Wort, das kein anderer gefunden hätte. Deshalb war Kuno Fischer der rechte Redner für diesen Tag.

Seine Rede soll im Novemberheft von «Cosmopolis» erscheinen. Sie wird ein Denkmal sein für die hingegangene Fürstin, das ihrer würdig ist.

# DIE GOETHETAGE IN WEIMAR

*Bericht über die 13. Mitgliederversammlung
der Deutschen Goethe-Gesellschaft*

Über die Rede, welche Kuno Fischer zum Gedächtnisse der im März verstorbenen Großherzogin Sophie von Sachsen gehalten hat, habe ich in der vorigen Nummer gesprochen. Eine schöne Illustration haben die Ausführungen dieses Redners am folgenden Tage in der Generalversammlung der Goethe-Gesellschaft gefunden. Prof. Bernhard Suphan, der Direktor des Goethe- und Schiller-Archivs, teilte mit, in welcher Weise die Verstorbene gesorgt hat für die Zukunft des handschriftlichen Nachlasses Goethes und der übrigen literarischen Schätze, die sich im Laufe der letzten Jahre den Papieren Goethes angegliedert haben. Sie hat die Sendung begriffen in des Wortes höchster Bedeutung, die ihr durch das Vermächtnis von Goethes letztem Nachkommen zugefallen ist. Für alle Zeiten ist dafür gesorgt, daß das Weimarische Literaturarchiv in würdiger Art erhalten bleibt und den Zwecken der deutschen Literaturwissenschaft dienstbar gemacht wird. Die Großherzogin hat ihr Archiv zu einem unveräußerlichen Familienfideikommiß des großherzoglichen Weimarischen Hauses gemacht. Der Chef der Familie wird in Zukunft immer der jeweilige Eigentümer des Vermächtnisses sein. Er wird dafür zu sorgen haben, daß die Wissenschaft aus demselben einen der Sache entsprechenden Nutzen zieht. Der nächste Erbe des Archivs ist der gegenwärtige Erbgroßherzog Wilhelm Ernst. In Worten, die aus voller Erkenntnis der mit dem Archiv übernommenen Verpflichtungen entsprungen sind, spricht die Großherzogin in ihrem Testament. Suphans Mitteilungen machten einen tiefen Eindruck auf die

Versammlung. Nunmehr weiß man, welches das Schicksal der in Weimar aufbewahrten Literaturschätze sein wird.

Anschließend an Suphans Äußerungen sprach der Vorsitzende der Goethe-Gesellschaft von dem Zuwachs, den das Goethe-Nationalmuseum in der letzten Zeit erfahren hat. Zu erwähnen ist da vor allem ein Porträt von dem Anfange dieses Jahrhunderts oder dem Ende des vorigen. Weder der Maler des Bildes noch die dargestellte Persönlichkeit sind überliefert. Aber wer das Bild im Goethe-Hause sich angesehen hat, wird nicht daran zweifeln, daß Ruland recht hat mit der Ansicht, daß es die Frau Rat in höherem Alter darstellt. Die Züge der Mutter Goethes sind unverkennbar. Eine andere interessante Neuheit sind eine Anzahl Goethescher Handzeichnungen aus dem Nachlasse der französischen Gräfin Vaudreuil, die deren Enkel dem Goethe-Hause zum Geschenk gemacht haben. Die Gräfin lebte einst in Weimar und verkehrte freundschaftlich in Goethes Haus. Sie hat die Zeichnungen von dem Dichter erhalten.

Das Weimarische Hoftheater trug das Möglichste bei, um den Inhalt der diesjährigen Feier zu bereichern. Vor der Rede Kuno Fischers wurde unter der Leitung des greisen Generalmusikdirektors Ed. Lassen das Adagio aus Beethovens Trio (op. 96), das Franz Liszt für Orchester bearbeitet hat, nach derselben der Schlußsatz aus der Messe desselben Tondichters (in C, op. 86) von Mitgliedern der Hofoper vorgeführt. Am 8. fand eine Aufführung der Gluckschen Oper «Orpheus und Eurydike» unter Bernhard Stavenhagens ausgezeichneter Direktion und mit den Damen Fräulein Hofmann (Orpheus) und Frau Stavenhagen (Eurydike) statt, die auf die Zuschauer einen starken Eindruck machte. Am 9. bot das Theater den Besuchern Shakespeares «Wintermärchen» von Karl Weiser

inszeniert und in den Hauptrollen von Fräulein Richard
(Hermione) und Karl Weiser (Leontes) dargestellt.

«Die Goethetage in Weimar». Bericht vmtl. aus der Weimarer Zeitung, siehe
Anhang S. 655.

## THEODOR MOMMSENS BRIEF
## AN DIE DEUTSCHEN ÖSTERREICHS

Eine Kundgebung, deren Bedeutung weit über den Kreis desjenigen hinausreicht, was der bloßen Tagespolitik angehört, hat soeben Professor Theodor Mommsen der Öffentlichkeit übergeben. Auch diejenigen, die das Ohr rasch wegwenden, wenn sie hören, daß von Fragen der praktischen Politik gesprochen wird, müssen mit Interesse die Sätze verfolgen, die der berühmte Historiker an die Deutschen Österreichs gerichtet hat. Von «unerhörten Ehrlosigkeiten und Gewalttaten», die den Deutschen des Donaureiches angetan werden, redet Mommsen. Er spricht von der Angst, die jeder Deutsche empfinden muß, wenn er sieht, daß «die Apostel der Barbarisierung am Werke sind, die deutsche Arbeit eines halben Jahrtausends in dem Abgrunde ihrer Unkultur zu begraben». Die Slawen und Magyaren gefährden die Mission der Deutschen, drängen die deutsche Kultur zurück. Wie ist es nur möglich, fragt Mommsen, daß die Deutschen Österreichs augenblicklich nicht einig sind in dem einen Ziele, die Feinde ihrer Bildung mit allen ihnen zu Gebote stehenden Mitteln zu bekämpfen? Wie kommt es, daß es deutsche Österreicher gibt, welchen der Rosenkranz über das Vaterland geht, und welche die nationalen Interessen preisgeben, weil sie glauben, daß die Herrschaft der nichtdeutschen Elemente dem Katholizismus Vorteile bringe? Wie ist es möglich, daß, «wo alles auf dem Spiele steht, eine relativ so nebensächliche Frage, wie die Stellung der Semiten im Staate, die Einigkeit gefährdet?» Seid einig und hart, ruft unser Historiker den Brüdern in Österreich zu. Einig in dem Kampfe gegen die Vorstöße der andern Nationalitäten und hart in der Wahl der Mittel, der ihr euch in diesem Kampfe bedient.

Wenn die Glieder einer Gemeinschaft einig sein sollen, dann müssen sie es in dem Inhalt ihrer Ziele sein, in den Gedanken, die ihrer Wirksamkeit zugrunde liegen. Über den Inhalt dieser Ziele, über die Gedanken, aus denen die Deutschen Österreichs die Kraft zu ihrem Vorgehen schöpfen sollen, steht in dem Mahnruf Mommsens nichts. Dies muß an ihm zunächst auffallen. Die Auslassungen Mommsens sind bemerkenswert durch das, was sie nicht sagen. Denn gerade dadurch sind die Deutschen Österreichs in der letzten Zeit aus ihrer bevorzugten Stellung innerhalb der Monarchie verdrängt worden, weil ihnen das fehlte, wovon auch Mommsen nicht redet: ein großer politischer fruchtbarer Gedankeninhalt. Wer in Österreich regieren will, muß imstande sein, dem Staate eine Aufgabe zu stellen und für die Lösung dieser Aufgabe inhaltvolle, wirksame Ideen mitbringen. Das Verfassungswesen Österreichs so zu regeln, daß die verschiedenen Nationen sich ihren Fähigkeiten und Wünschen gemäß entwickeln können; wirtschaftliche Reformen durchführen, nach denen das Volk schreit, und die Fragen zu lösen, die Österreich durch seine Weltstellung aufgegeben sind: dies muß derjenige verstehen, dem in Österreich die Führerrolle zukommen soll.

Es ist nun zweifellos, daß sich die politischen Verhältnisse in Österreich, so wie Mommsen andeutet, entwickelt haben, weil den Deutschen nach und nach die inhaltvollen politischen Ideen ausgegangen sind, und weil sie sich immer mehr der

Aufgabe zugewendet haben, ihre Nationalität gegenüber den Ansprüchen der andern österreichischen Völker zu verteidigen und den «nationalen Gedanken» zu pflegen. Die Macht der Deutschen in Österreich wird immer in demselben Maße wachsen, in dem sich bei ihnen politische Ideen entwickeln, die den Lebensbedingungen dieses Staates entsprechen, in welchem eben viele Sprachen gesprochen werden. Und diese Macht wird geringer in dem Maße, in dem sie sich beschränken auf die Betonung und Pflege der nationalen Empfindungen.

Taaffes Stärke lag darinnen, daß er über die obenangedeuteten politischen Aufgaben Ansichten hatte. Seine Schwäche darinnen, daß diese Ansichten nicht bestimmt genug waren, weil sie nicht einer tieferen politischen Bildung, sondern einem in den wichtigsten Augenblicken versagenden Dilettantismus ihren Ursprung verdankten. Badeni kann nicht regieren, weil er keinen eigenen Gedanken hat, sondern nur die Taaffeschen Ideen in unwirksamer Weise nachahmt. Der Tag wird den Deutschen Österreichs wieder die ihrer Kulturhöhe entsprechende Machtstellung bringen, der ihnen politische Führer bringt, welche die Frage beantworten können: was ist in Österreich zu tun? Die slawischen Nationen wollen dem Staate ein bestimmtes Gefüge geben. Sie wollen Einrichtungen, bei denen sich die nationalen Individualitäten frei entwickeln können. Diese freie Entwicklung kann durch Gewalt nicht verhindert werden. Warum sollte es nicht möglich sein, daß die Deutschen einen österreichischen Staat schaffen, in dem die andern Nationen sich wohlfühlen? Die alte Verfassungspartei hat es nicht gekonnt. Unter ihrem Regiment fühlten sich die Nicht-Deutschen vergewaltigt. Sie hatte politische Ideen. Aber diese bewegten sich nicht in der Richtung, in der sich der Staat entwickeln muß. Diese Verfassungspartei ist jetzt abgelöst worden von einer rein nationalen Partei. Diese scheint zunächst kein Interesse an der Gesamtgestaltung des Staates zu haben. Ihre Mitglieder sprechen nicht von spezifisch österreichischen politischen Ideen. Sie wollen bloß die deutsche Nationalität verteidigen. Diese Verteidigung wird am besten gelingen, wenn sie nicht mehr Selbstzweck ist.

Den Hinweis darauf, was die Deutschen in ihre gegenwärtige Lage gebracht hat, vermißt man in Mommsens Kundgebung. Diese wird daher auch in Österreich nichts beitragen können zur Wiedererlangung der verlorenen Zielbewußtheit bei den Deutschen. Die zwölf Stunden lang dauernde Rede des Abgeordneten Lecher, der durch seine Sprechmuskeln zur europäischen Berühmtheit gelangt ist, ist ein Symptom. Wenn man Gedanken hätte, brauchte man nicht so viel zu reden.

### DAS TAGESGESPRÄCH VON HEUTE

Ein seltenes Ereignis haben wir in diesen Tagen erlebt. In Deutschland hat wieder einmal ein Buch Erfolg. Der Reichsgerichtsbeamte a. D. Otto Mittelstädt hat in seinem Ruhesitze Montreux seine politische Weisheit zu Papier gebracht. Alle Welt spricht heute von dieser Weisheit, die 146 Druckseiten anfüllt und unter dem Titel «Vor der Flut» der Öffentlichkeit übergeben worden ist. In wenigen Tagen haben diese 146 Seiten mehrere Auflagen erlebt. Augenblicklich ist es nicht leicht, in Berlin ein Exemplar aufzutreiben. Man wird in 8 bis 10 Buchhandlungen mit der Auskunft abgefertigt:

«Momentan vergriffen». In der elften begegnet man Blicken von seiten des Buchhändlers, die besagen: Schätze dich glücklich, daß du hier das Büchlein noch erhältst; wärest du eine Viertelstunde später gekommen, du hättest lange nach der «sensationellen» Broschüre suchen können. So etwas war nicht da, seit der Rembrandtdeutsche die Öffentlichkeit mit seinem unermeßlichen Erziehungsbuche überrascht hat, und seit das Schriftchen «Caligula» mit wenig witzigem Bezug auf die Gegenwart römische Geschichten unter die Leute brachte, die man ohne den mißlungenen Witz in jedem Buch über römische Geschichte lesen kann.

Mit «Rembrandt als Erzieher» spielte sich ein sonderbares Schauspiel ab. Wenn man vierzehn Tage lang durch Gasthöfe zieht und sich in die Nähe «besserer» Stammtische setzt, so kann man die phrasenhafte Wissenschaft zu hören bekommen, die der Rembrandtdeutsche aufgetischt hat. Man braucht sich nur Zettelchen mitzunehmen und das Gehörte immer schnell nachzuschreiben. Auf jeden dieser Zettel schreibt man dann zu Hause noch einen passenden – oder noch besser einen unpassenden – Ausspruch eines bedeutenden Mannes. Dann schicke man diese Zettelchen in eine Druckerei und lasse sie hintereinander abdrucken. So wird ein Buch von dem Charakter, dem Wesen und der Bedeutung von «Rembrandt als Erzieher» entstehen. Ich habe mich nach der Lektüre des zusammengestoppelten, mit billiger Weisheit gefüllten Buches immer wieder gefragt: wie konnten kluge Leute ein solches Ding als europäisches Ereignis ausposaunen? Aber man muß sich gewöhnen, an das Absurde als Wirklichkeit zu glauben, wenn man über das Geheimnis eines literarischen Erfolges nachgrübeln will.

Und heute erleben wir mit den politischen Unbeträchtlichkeiten des Herrn Mittelstädt das gleiche Schauspiel. Wenn man davon absieht, daß Mittelstädt einen ziemlich guten Stil schreibt und seine Allerweltsweisheit geschmackvoll auszudrücken versteht, so ist in seinen 146 Druckseiten nichts zu finden, was auf irgendeine Beachtung Anspruch machen kann. Wahrheiten wie die folgenden bilden den Inhalt. «Des Parlamentarismus insbesondere ist man bis zum physischen Ekel satt geworden. In Deutschland müssen überdies schon die unitarischen Bedürfnisse der Nation eine gewisse Tendenz zur Alleinherrschaft begünstigen. Alledem gegenüber türmen sich gerade in der Gegenwart zahllose Schwierigkeiten und Gefahren auf, denen jedes persönliche Regiment gewachsen sein soll.» «In energischer Ausgestaltung des Reichsgedankens müssen wir dahin streben, den gefährlichen Übergangszustand von heute tunlichst schnell zu überwinden.» «Deutschland liegt nicht auf einer einsamen Insel, sondern im Herzen des alten Europa, allen Stürmen und Erschütterungen ausgesetzt, die hier und dort loszubrechen drohen.» Wenn es in Montreux keine Kaffeehäuser geben sollte, in denen man aus den Zeitungen derlei Wissenschaft jeden Tag lesen kann, so müßte sich Herr Mittelstädt eine und die andere Zeitung selbst halten, damit er wisse, wie unnötig es ist, solche Dinge in einer besonderen Schrift zu sagen. Noch schlimmer sind die Selbstverständlichkeiten, die der Broschürenschreiber mit einem Tone hinschreibt, als wären sie unerhörter Einsicht entsprossen. «Kaiser und Reich müssen sich entweder im Sinne der staatlichen Einheit vorwärts oder sie müssen sich auf dem Wege der Vielstaaterei rückwärts entwickeln, – einen Stillstand, ein Beharren auf dem Bestehenden gibt es, wie die Dinge in Deutschland einmal liegen, schlechterdings nicht.»

Man könnte die Kritik, die sich aus derlei Selbstverständlichem oder aus gangbaren Gemeinplätzen zusammensetzt, verzeihen, wenn der Verfasser etwas Vernünftiges darüber zu sagen hätte, was er an Stelle der von ihm so arg angefochtenen Verhältnisse der Gegenwart zu setzen wünscht. Aber mit seinen positiven Vorschlägen ist er nicht glücklicher als mit seinen Nörgeleien. «Überschaue ich die einmal gegebenen Verhältnisse deutscher Gegenwart, die allgemeinen und die individuellen Potenzen, auf die wir angewiesen sind, sehe ich völlig ab von allem Wünschenswerten und halte mich ausschließlich an das Ausführbare, so weiß ich heute nur noch ein heroisches Mittel, das die Monarchie und den monarchischen Einheitsstaat aus der demokratischen Versumpfung herauszureißen geeignet wäre: das ist der Krieg. Für und wider die Majestät des Krieges ist mit sittlicher Entrüstung und pathetischer Begeisterung viel Aufwand schöner Worte getrieben worden. ... Ich für meinen Teil meine mit dem großen Florentiner: jeder Krieg ist gerecht und heilig, der um gerechter und heiliger Ziele willen geführt wird. All unser Leben ist Kampf gegen die uns feindlichen Naturgewalten um uns und in uns. Auch die dumpfen, schweren, tierischen Massen elementarer Menschheit gehören zu den Naturkräften, deren Bändigung oder Vernichtung unabwendbare Voraussetzung sittlicher Fortentwicklung ist.» Also um die dumpfen, schweren, tierischen Massen elementarer demokratischer Menschen zu bändigen, soll freiwillig ein Krieg entfesselt werden? Es ist keine Fabel, es steht in der Schrift des Herrn Mittelstädt. Was sagen die Friedenskämpfer zu solcher Weisheit? Man braucht ihr Anhänger nicht zu sein, um das Kriegsgeschrei Mittelstädts unvernünftiger zu finden als das utopistische Gezänke der Friedenskongresse.

Es wäre betrübend, wenn der Erfolg des Buches Mittelstädts auf etwas anderes als auf Neugierde zurückzuführen wäre. Begreiflich ist, daß jeder lesen will, was unter merkwürdigen Bedingungen in die Welt gesetzt wird. Schlimm wäre es, wenn sich wieder Köpfe fänden, die Mittelstädts Schrift für hohe politische Weisheit halten, wie sich solche gefunden haben, welche die Phrasen des Rembrandtdeutschen als europäisches Ereignis hingestellt haben.

## DIE INSTINKTE DER FRANZOSEN

Es ist nicht gerade leicht, sich ein zutreffendes Urteil über einen einzelnen Menschen zu bilden. Es kann vorkommen, daß wir jemand bis in die tiefsten Gründe seiner Seele hinein zu kennen glauben und daß er uns doch eines Tages mit einer Tat überrascht, die wir ihm nie und nimmer zugemutet hätten. Viel dunkler als die Einzelseele ist aber die geheimnisvolle Macht, die man als Volksseele, als Inbegriff der Volksinstinkte bezeichnet.

Unglaubliche Überraschungen kann diese Volksseele bereiten. Wenn die Dinge, die sich jetzt in Frankreich abspielen und deren bedauernswürdiges Objekt der Hauptmann Dreyfus ist, mir als Inhalt eines Romans entgegenträten, so würde ich wahrscheinlich den Verfasser als einen Phantasten bezeichnen, dessen Einbildungskraft die Wirklichkeit in unerhörter Weise verzerrt, ja fälscht. Man muß fast jeden Tag umlernen, wenn man die Wirklichkeit verstehen will.

Trocken und nüchtern will ich sagen, was ich meine. Ich habe den Kapitän Dreyfus immer für unschuldig gehalten. Kein einziger der Eindrücke, die ich von dem ersten Tage der Verhandlungen über seine Angelegenheit empfangen habe, hat mich in dieser meiner Überzeugung auch nur einen Augenblick wankend machen können.

Ich will von den Gründen meiner Überzeugung absichtlich nur den allerschwächsten nennen. Wer Menschencharaktere beurteilen kann, wird mich verstehen. Ich sage mir: wer wirklich begangen hat, wessen Dreyfus beschuldigt wird, verhält sich vor und nach der Verurteilung nicht so, wie der Kapitän sich verhalten hat. Alles, was er sagte und tat, trug einen Charakter, der auf das tiefste Bewußtsein der Unschuld hindeutet. Wenn mir heute jemand unwiderlegliche Beweise für die Schuld dieses Mannes brächte, so wäre ich fast versucht, an ein Wunder zu glauben.

Und dennoch haben die Instinkte eines Volkes Dreyfus verurteilt! Unergründlich scheinen mir die Triebfedern dieser Instinkte. Wer da von nationalem Chauvinismus redet, scheint mir eine Banalität auszusprechen. Er will mit einem Wort über große Rätsel hinwegkommen. Wie leicht ist es doch, mit einem solchen Wort sich über die Unbegreiflichkeiten der Wirklichkeit hinwegzuhelfen!

Und was geht heute in Frankreich vor! Man lese, was die Besten der Nation über die Angelegenheit sagen, und man lese, was die zahlreichen andern in der Sache tun. Der gründliche Kenner der Menschenseele, Zola, will Dreyfus' Sache zu seiner eigenen machen. Der feinsinnige Octave Mirbeau denkt ebenso. Und ein Mann wie Scheurer-Kestner, an dessen edler Gesinnung zu zweifeln ein Frevel an der Menschennatur wäre, setzt sich für den unglücklichen Kapitän ein. Und das alles genügt nicht, keinen Tag zu verlieren, um über Schuld oder Unschuld des schwergeprüften Mannes Klarheit zu gewinnen. Die Wunderlichkeit der Sache wäre das hervorragendste Gefühl, das man hätte, wenn sie nicht ganz von der Traurigkeit über die Sache in den Schatten gestellt würde.

Dennoch kann ich es nur wunderlich nennen, wenn Schriftsteller, deren Talent ich nach ihren Leistungen aufs höchste schätzen muß, über die Sache sich so aussprechen, wie ich es zum Beispiel vor kurzem in der «Zukunft» gelesen habe. Von all den Wunderlichkeiten, die ein klügelnder Verstand gegen die naive menschliche Empfindung aussprechen kann, scheint mir die wunderlichste, wenn man sagt: wir Deutsche hätten keinen Grund, uns in die Angelegenheiten der Franzosen zu mischen. Ja, hört denn menschliches Mitgefühl da auf, wo die Strafgesetzparagraphen eines Staates aufhören? Ist die Staatsangehörigkeit ein Tyrann, der unsere Empfindung stumpf macht gegen jeden Fremden? Ich kann die Klugheit solcher Menschen nicht begreifen, die ihre Empfindungen nach Diplomatenmanier einrichten. Durch Bismarcks großes Vorbild ist solche Knebelung der Empfindungen sogar schon für Diplomaten veraltet.

Nichts kann uns abhalten, mit einem Menschen, der nach unserer Meinung unschuldig leidet, Mitgefühl zu haben. Das leugnen natürlich auch diejenigen nicht, die ihre Gefühlsäußerungen nach dem Muster der alten Diplomaten einrichten.

Aber es gibt Leute, die es uns übel nehmen, wenn wir unseren Empfindungen einem Franzosen gegenüber aufrichtig und unverhohlen Ausdruck geben. Spricht und schreibt man denn, um seine Empfindungen zu verschweigen? Mir scheint es fast als Pflicht, daß in dieser Sache jeder, der imstande ist die Feder zu führen, so deutlich wie möglich gegen die Stimme eines ganzen Volkes sein Urteil frei heraussage. Es handelt sich um eine Angelegenheit, welche die ganze gebildete Menschheit interessiert. Wer lebhaft empfindet, kann seine Empfindungen auch gegenüber einem Franzosen nicht zurückhalten; selbst wenn er wollte.

Ein Gefühl von Unsicherheit überkommt uns, wenn wir sehen, daß in einer ziemlich einfachen und doch folgenschweren Sache große Volksmassen anders urteilen als wir selbst. Bei großen Dingen, die tiefe Einsicht fordern, sind wir an eine solche Disharmonie zwischen dem Volksinstinkt und dem Urteil des Einzelnen gewöhnt. Aber der Fall Dreyfus fordert keine tiefe Einsicht. Mir scheint, daß da jeder klar sehen kann, der sehen will. Wer den Eindruck hat, daß der Kapitän unschuldig ist, könnte nur durch Dinge umgestimmt werden, von denen bisher auch nicht einmal ein flüchtiger Schein in die Öffentlichkeit gedrungen ist.

Wir fragen uns: Wie sollen wir unser Leben einrichten, wenn unser Glaube an den richtigen Fortgang der Weltereignisse jeden Tag in solcher Weise erschüttert werden kann? Um zu leben, müssen wir den Glauben haben, daß unsere Einsicht in die Menschheitsentwicklung nicht jeden Tag in dumpfe Ungewißheit und Unsicherheit verwandelt werden könne.

Solche Gedanken muß die Behandlung des Hauptmanns, der auf der Teufelsinsel schmachtet, in uns anregen.

Den Leuten, die mich darob auslachen, daß ich eine solch einzelne Tatsache mit der ganzen Menschheitsentwicklung zusammenbringe, gönne ich ihr Lachen. Und wenn es zu ihrer Gesundheit beiträgt – man sagt, Lachen sei immer gut –, so freue ich mich sogar. Höchstens gestatte ich mir, solchen Leuten gegenüber zu bemerken, daß nichts klein genug ist, um nicht Fragen anzuregen, die uns bis ins Tiefste unserer Seele hinein erschüttern.

# EMILE ZOLA AN DIE JUGEND

Zolas Persönlichkeit scheint mit jedem Tage vor uns zu wachsen. Es ist, als lernten wir ihn erst jetzt ganz verstehen. Der fanatische Wahrheitssinn, der ihm eigen ist, hat uns in seinen Kunstschöpfungen doch oft gestört. Jetzt, wo ihn dieser Wahrheitfanatismus in einer rein menschlichen Sache zu kühnem, heldenmäßigem Handeln führt, können wir nur Gefühle rückhaltloser Zustimmung, Verehrung haben. Was er seit Jahrzehnten als Künstler angestrebt hat, die reine, nackte Wahrheit zum Siege zu bringen: das stellt er sich jetzt in einer Angelegenheit zur Aufgabe, die er durch Lüge, Verleumdung, Feigheit, Eitelkeit und jämmerliches Vorurteil entstellt glaubt. Man mag über den unglücklichen Hauptmann auf der Teufelsinsel denken, wie man will: die Art, wie sich Emile Zola seiner Sache annimmt, wird immer zu den bemerkenswertesten Erscheinungen unserer Zeit gehören.

Als bewundernswerter Tatenmensch lebt sich seit Wochen Zola vor uns aus. Jede Einzelheit, die wir über ihn hören, gräbt sich uns tief ins Herz. Jedes Wort, das er in der Gerichtsverhandlung, die über ihn geführt wird, spricht, ist der Ausdruck eines großen Mannes. Daß er unbehilflich in mündlicher Rede ist und nur schwer die Worte findet, um die schwerwiegenden Empfindungen, die in seiner Seele leben, auszusprechen, stimmt wunderbar zum Bilde der großen Persönlichkeit.

Vor mir liegt der Brief, den er vor kurzem an die französische Jugend gerichtet hat. Ein Dokument unserer Zeit ist dieser Brief. Nicht sonderlich große Wahrheiten weiß er der Jugend zu sagen. Nur ein feines Etwas unterscheidet Zolas

Sätze von den Dingen, die mancher beliebige Freiheit- und Gleichheitschwärmer auch an die Jugend richten könnte. Aber dieses Etwas ist eine Unendlichkeit. Es ist der Gefühlsinhalt einer Persönlichkeit, die alle Vorstellungen, welche uns von überwundenen Zeiten trennen, als tiefsten eigenen Seeleninhalt aus sich ausströmt.

Ich kann mir nüchterne Beurteiler denken, welche in Zolas Brief an die Jugend (er ist in Übersetzung bei Hugo Steinitz, Berlin SW., erschienen) nur liberale Alltagsphrasen finden. Auf das Lesen zwischen den Zeilen verstehen sich diese nicht. Zwischen den Zeilen stehen die Gefühle, die das Wertvollste an dem Briefe sind.

Denken kann ich mir, daß ich lächele, wenn ich in der Rede irgendeines Demagogen die Worte hörte: «O Jugend, o Jugend, sei eingedenk der Leiden, welche deine Väter erduldet haben, der fürchterlichen Kämpfe, in denen sie siegen mußten, um die Freiheit zu erobern, deren du dich heute erfreust. Wenn du dich heute frei fühlst, wenn du nach deinem Belieben gehen und kommen, deine Gedanken durch die Presse aussprechen kannst, eine Meinung haben und ihr öffentlich Ausdruck geben kannst, so verdankst du das alles der Intelligenz und dem Blute deiner Väter. Ihr Jünglinge, ihr seid nicht unter einer Gewaltherrschaft geboren, ihr wißt nicht, was es heißt, jeden Morgen beim Erwachen den Fuß des Herrschers auf dem Nacken zu verspüren, ihr habt es nicht nötig gehabt, vor dem Schwerte eines Diktators, vor der falschen Waage einer schlechten Justiz zu flüchten.» Jenes Etwas, von dem ich gesprochen habe, bewirkt, daß mir diese Sätze in monumentaler Größe erscheinen.

Es scheint doch ein recht tiefer Sinn in dem Satze zu liegen: wenn zwei dasselbe sagen, ist es nicht dasselbe.

Wir leben in einer Zeit, die reich an Widersprüchen ist. Um diese Widersprüche zu empfinden, brauchen wir Deutsche nicht erst an den Franzosen unsere Beobachtungen zu machen. Auch in unseren eigenen Reihen finden sich Erscheinungen genug, die uns erröten machen.

Was man als «Jugend» bezeichnet, ist nicht einmal das Schlimmste. Die Verwirrung ist am größten bei den Männern, die heute in den Dreißigern stehen. Da gibt es die sich modern dünkenden Persönlichkeiten, die sich nicht schämen, ihre Sympathien für reaktionäre Vorstellungen auszusprechen. Solche Moderne in den besten Jahren können wir den Tendenzen junkerhafter Cliquen zustimmen hören; und aus ihrem Munde müssen wir es vernehmen, daß die liberalen Gedanken unseres Jahrhunderts eine Kinderkrankheit unserer Zeit seien. Wie «weise» sprechen solche Männer nicht oft von dem «abstrakten» Freiheitsgedanken, der angeblich dem widersprechen soll, was sie als wirkliche Staatsnotwendigkeit ausposaunen.

Es ist empörend, wenn das Gefühl für einfache, banale Gerechtigkeit verloren geht, weil die Staatsnotwendigkeit fordern soll, daß man diesem Gefühle nicht freien Lauf lasse! Über aller Staatsnotwendigkeit steht die Menschlichkeit, der ihr Recht werden muß. Die journalistischen Staatsmännlein muß ich belächeln, die da sagen: «Die französischen Gerichte haben über den Hauptmann Dreyfus gesprochen, und wir Deutsche haben uns da nicht hineinzumischen; was würden wir sagen, wenn Franzosen zu Gerichte sitzen wollten über einen Spruch, den man bei uns gefällt hat in den äußeren Formen des Rechtes!»

Zola hat die schwerste Anklage erhoben gegen das Urteil, das über den Kapitän Dreyfus erflossen ist. Ein Verbrechen hat er dieses Urteil genannt. Er hat die Menschen, die dieses Urteil herbeigeführt haben, als Verbrecher gebrandmarkt. Man klagt ihn deswegen an. Ob er recht hat oder nicht, das kann von nichts anderem abhängen, als allein davon, wie man über Schuld oder Unschuld von Alfred Dreyfus zu denken hat. Aber davon darf mit keinem Worte bei der Verhandlung gesprochen werden, die man über Zola führt. Über Dreyfus zu sprechen, verbietet die Staatsnotwendigkeit. Ich habe keine Worte, um die Gefühle auszusprechen, die sich für mich an diese Tatsache knüpfen.

Wohin kommen wir, wenn wir in dieser Richtung uns weiter entwickeln?

Wie überzeugend, wie klar, wie einleuchtend dem unbefangenen Empfinden klingen Zolas Worte: «Ein Offizier ist verurteilt worden und niemand denkt daran, den guten Glauben seiner Richter anzuzweifeln. Diese haben ihn nach ihrem besten Meinen verurteilt auf Grund von Beweisstücken, welche sie für zuverlässig hielten. Da entstehen eines Tages zuerst bei einem und dann bei mehreren Zweifel. Diese Leute gelangen schließlich zu der Überzeugung, daß ein Beweisstück, und zwar das wichtigste, das einzige wenigstens, von dem bekannt geworden ist, daß sich die Richter darauf gestützt haben, fälschlicherweise dem verurteilten Angeklagten zugeschrieben worden ist, ja daß sogar dieses Beweisstück zweifellos von der Hand eines andern herrührt. Sie machen diesen andern namhaft, und derselbe wird von dem Bruder des Gefangenen bezichtigt, wie es dessen Pflicht gebot. Auf diese Weise erzwingen sie, daß ein neuer Prozeß beginnt, bevor sie daran gehen, die Revision des ersten herbeizuführen, welche auf Grund einer Verurteilung im andern Prozeß erfolgen muß.» Wie mysteriös, um nicht ein anderes

Wort zu gebrauchen, nimmt sich gegenüber dieser unzweideutigen Rede das Gespenst der Staatsnotwendigkeit aus!

Zola sagt: «Die Sache ist eben die: ein falscher Richterspruch ist in die Welt gegangen; gewissenhafte Männer sind gewonnen worden, haben sich zusammengetan, widmen sich der Sache mit immer größerem Eifer und setzen ihr Vermögen und ihr Leben aufs Spiel, nur damit der Gerechtigkeit Genüge geschehe!»

Die journalistischen Staatsmännlein aber sagen: «Die französische Regierung ist nicht verpflichtet, gegen den Willen der Mehrheit der Bevölkerung ein Wiederaufnahmeverfahren einzuleiten, weil Dreyfus nach den in seinem Lande geltenden Regeln einmal verurteilt worden ist». Einem Zeitungsschreiber obliegt es nicht, zu konstatieren, daß es in allen Ländern der Brauch ist, bei Landesverratsprozessen ähnlich zu verfahren, wie man in Frankreich beim Falle Dreyfus verfahren ist. Ihm steht es besser an, das Widerliche eines solchen Brauchs zu charakterisieren.

Doch was rede ich viel von den freiwilligen Schleppträgern staatsmännischer Einsicht! Als Vertreter einer Zeitschrift, die der freiheitlichen Entwicklung dienen soll, will ich lieber aus vollem Herzen meinen Gruß hinübersenden dem großen Künstler, der heute vor den Schranken des Gerichts in unerschrockenster Weise all dem dient, was dem wahren Fortschritt frommt.

## ZOLAS SCHWUR
## UND DIE WAHRHEIT ÜBER DREYFUS

Die monumentale Rede, welche Emile Zola vor dem französischen Gerichtshofe verlesen hat, gehört nicht nur der Geschichte des Prozeßwesens; sie gehört der Literatur an. In Zolas gesamten Werken wird sie einen Ehrenplatz einnehmen, denn sie läßt uns tiefe Blicke in die Seele des großen Schriftstellers, des tapferen, bewundernswerten Kämpfers für Wahrheit und Rechtlichkeit tun. Heldenhaft erscheint mir der Schluß dieser Rede. Einen solch feierlichen Schwur bei allem, was ihm heilig ist, hat ein Mann getan, in dem der Wille zur Wahrheit in höchster Vollendung vorhanden ist.

Alle, die in der Dreyfusangelegenheit klar sehen, deren Instinkte nicht durch kleinlichen Chauvinismus oder übel angebrachte Staatsweisheit irregeführt sind, müssen die Empfindungen, die Zola zu diesem Schwur drängten, auch in sich verspüren.

Und nach der Rede, die Zolas großer Anwalt mit so viel Glut und so viel Überlegenheit gehalten hat, ist es nicht schwer, klar zu sehen. Nur unheilbare Blindheit für Recht und Menschlichkeit kann noch an Dreyfus' Unschuld zweifeln. Man braucht bloß gesunden, unverdorbenen Menschenverstand zu haben, um hier die Wahrheit zu sehen.

Für diejenigen, die sehen wollen, brauche ich diese Zeilen nicht zu schreiben. Aber es gibt in dieser Sache ein Mittel, auch diejenigen zum Sehen zu zwingen, die sich der Wahrheit verschließen wollen. Zola hat gesagt: die maßgebenden Persönlichkeiten wissen die Wahrheit. Jawohl, sie kennen sie. Und ich will hier schlicht erzählen, was die Wahrheit ist. Wie sich eine auf wichtigsten Posten stehende Persönlichkeit, welche diese Wahrheit kennen muß, und die in keiner Weise in der Sache Partei ist, ausgesprochen hat, will ich erzählen.

Es war im Jahre 1894, da suchte Frankreich ein Bündnis mit Rußland. Die russische Regierung erhielt damals von der französischen alle die Angaben über das französische Heer ausgeliefert, die Dreyfus verraten haben soll. In Rußland kam man den Angaben der französischen Regierung mit einigem Mißtrauen entgegen. Man suchte nach einer zweiten Quelle, um sich Einblick in die militärischen Verhältnisse Frankreichs zu verschaffen. Und nun bedienten sich die französischen Staatslenker Esterhazys. Ihm wurden die den Russen nötigen Angaben ausgeliefert. Er lieferte sie an Rußland weiter. Dort wollte man durch einen Verräter die offiziellen Angaben bestätigt haben. Die Briefe, in denen er dies tat, wurden unterzeichnet: Kapitän Dreyfus. Es soll sich um etwa zwanzig Briefe handeln. Auf Dreyfus verfiel man, weil dessen Handschrift derjenigen Esterhazys ähnlich ist. Um die Sache völlig einleuchtend zu machen, mußte den Russen der Scheinbeweis geliefert werden, daß ihnen wirklich ein Verräter die wichtigen Mitteilungen gemacht hat. Esterhazy hatte man zugesichert, daß von seiner Rolle niemals gesprochen werden soll. Um seinen Angaben den notwendigen Nachdruck zu geben, mußte man die Entrüstung über den Verrat öffentlich kundgeben: und zu diesem Zwecke opferte man Alfred Dreyfus. Mit seinem Leben wurde Rußlands Glaube an Frankreich erkauft.

## UNZEITGEMÄSSES ZUR GYMNASIALREFORM

Es ist jetzt viel von Gymnasialreform die Rede. Wenn man die Berichte über Verhandlungen liest, die über diese Sache geführt werden, bekommt man einen sonderbaren Eindruck. Es wird über alles mögliche gesprochen, über die Hauptsache aber wenig. Ob ein paar Stunden für den lateinischen und griechischen Unterricht mehr oder weniger angesetzt werden sollen oder nicht, ob der deutsche Aufsatz in dieser oder jener Weise gepflegt werden soll: darüber gibt es endlose Debatten. Und doch sind diese Dinge die gleichgültigsten der Welt. Der Hauptmangel unseres Gymnasiums ist mit Händen zu greifen. Es tut ganz und gar nichts dazu, seine Zöglinge bis zu dem Punkte zu bringen, an dem sie imstande sind, das moderne Geistesleben zu begreifen.

Oder ist es nicht richtig, daß der absolvierte Gymnasiast von heute ratlos gegenübersteht der eigentlichen Grundlage unserer Welt- und Lebensauffassung, den modernen *naturwissenschaftlichen Ideen?* Was Sokrates, was Plato gelehrt, was Cäsar geschrieben hat, ist kein lebendiger Bestandteil unseres Geisteslebens. Was Darwin geoffenbart, was die moderne Physiologie, Physik, Biologie enthüllen, sollte es werden.

Es fällt mir nicht ein, den Bildungswert der Griechen und Römer zu unterschätzen. Doch bin ich der Ansicht, daß das Vergangene nur dann für die Bildung unserer Zeit den rechten Wert erhält, wenn es aus dem Gesichtswinkel der Gegenwart gesehen wird. Wer den Inhalt unserer Zeitbildung nicht kennt, kann auch zu Sokrates und Plato nur in ein schiefes Verhältnis kommen.

Mit dem Geiste der Gegenwart müßte alles Lehren auf dem

Gymnasium erfüllt sein. Menschen, die von diesem Geiste durchdrungen sind, sollten allein Lehrer sein. Man sage nicht, daß es gleichgültig sei, ob der Lehrer des Griechischen oder Lateinischen von moderner Naturwissenschaft etwas versteht oder nicht. Im Geistesleben hängt alles zusammen. Tausend Einzelheiten wird ein moderner Geist anders lehren als ein in der klassischen Philologie eingerosteter, der nichts kennt als sein «Fach».

Unabsehbare Konsequenzen für unser ganzes Geistesleben hätte es, wenn unsere Gymnasiasten im Sinne der naturwissenschaftlichen Weltauffassung unserer Zeit erzogen würden. Unser gesamtes öffentliches Leben müßte eine andere Gestalt annehmen. Zahlreiche Diskussionen über das Verhältnis von Religion und Wissenschaft, von Glauben und Wissen usw. würden uns erspart bleiben. Es würden nicht mehr Dinge vorgebracht werden können, die vom Standpunkte des modernen Denkens längst abgetan sind.

Man wende nicht ein: die Ansichten der naturwissenschaftlichen Weltanschauung seien zum größten Teile noch Hypothesen, die erst noch der Prüfung bedürfen. Ihnen gegenüber sei jeder Zweifel berechtigt. Ich müßte erwidern: das gilt jeder Ansicht gegenüber, der alten nicht minder als der neuen. Aber wir haben nicht die Aufgabe, unserer heranwachsenden Generation Überzeugungen zu überliefern. Wir sollen sie dazu bringen, ihre eigene Urteilskraft, ihr eigenes Auffassungsvermögen zu gebrauchen. Sie soll lernen, mit offenen Augen in die Welt zu sehen.

Ob wir an der Wahrheit dessen, was wir der Jugend überliefern, zweifeln oder nicht: darauf kommt es nicht an. Unsere Überzeugungen gelten nur für uns. Wir bringen sie der Jugend bei, um ihr zu sagen: so sehen wir die Welt an; seht zu, wie sie sich euch darstellt. *Fähigkeiten* sollen wir wecken, nicht *Überzeugungen* überliefern.

Nicht an unsere «Wahrheiten» soll die Jugend glauben, sondern an unsere Persönlichkeit. Daß wir *Suchende* sind, sollen die Heranwachsenden bemerken. Und auf die *Wege der Suchenden* sollen wir sie bringen. Wie wir mit den Dingen uns abfinden, sagen wir unsern Nachkommen und überlassen es ihnen, wie ihnen dasselbe gelingt.

Nicht vorenthalten dürfen wir den Gymnasiasten deshalb den Inhalt dessen, was wir als Ersatz der von uns überwundenen religiösen Vorstellungen gewonnen haben. Sie sollen nicht mit Empfindungen heranwachsen, die dem modernen Denken widersprechen.

Viele werden das von mir Gesagte für die Ausgeburt der Phantasie eines Menschen halten, der so sehr eingenommen ist von den Ideen der naturwissenschaftlichen Weltanschauung, daß er gar nicht bemerkt, wie sehr er damit die entgegengesetzten Empfindungen anderer übersieht. Darauf kommt es nicht an. Jene anderen betonen ihre Forderungen. Wir wollen dasselbe mit den unsrigen tun. Kein katholischer Bischof wird sich scheuen, die Schule in seinem Sinne zurück zu reformieren; wir wollen auch ohne Rücksicht unsere Meinung sagen über den Weg, der dahin führen muß, wo wir die Welt haben wollen. Mäßigung stumpft die Waffen.

## DER UNIVERSITÄTSUNTERRICHT
## UND DIE ERFORDERNISSE DER GEGENWART

Wir leben nun einmal in der Zeit der Reformen. Das «Volk» will von unten herauf, die Regierungen von oben herab neue Zustände herbeiführen. Deshalb kann man sich nicht wundern, wenn an verschiedenen Stellen Reformgedanken auch über die konservativsten Einrichtungen unseres öffentlichen Lebens, die Universitäten, auftauchen. Von Überflüssigkeiten wie der sogenannten «Lex Arons» spreche ich hier nicht. Sie wird ein unschädliches Gesetz sein, wenn man sie nicht mißbraucht. Aber welches Gesetz gibt keinen Anlaß zu Mißbräuchen! Mißbraucht man dieses Gesetz, dann wird es schädlich sein; mißbraucht man es nicht, dann ist es unnötig. Aber es ist doch müßig, stets immer den gesetzgebenden Körperschaften die Frage aufzuwerfen: wozu? Man will doch auch etwas zu tun, zu sprechen, und zu – reformieren haben. Ich möchte von etwas anderem reden, das mir wichtiger erscheint, weil es von einem Manne herrührt, der Erfahrung auf dem einschlägigen Gebiete hat, und dem es darum zu tun ist, Besserung zu schaffen auf einem Gebiete, dem er sich mit allen seinen Kräften gewidmet hat. *Ernst Bernheim* hat soeben ein Schriftchen herausgegeben, das den «Universitätsunterricht und die Erfordernisse der Gegenwart» (Verlag S. Calvary & Co., Berlin 1898) behandelt. Der Verfasser weiß tiefliegende Schäden aufzudecken. Schäden die bekannt sind. Denn er geht davon aus, daß «heute» die Studenten mehr schwänzen, als dies ehedem der Fall war, und als dies bei bescheidensten Ansprüchen wünschenswert ist. Und – gewiß im Gegensatz zu vielen seiner Kollegen – sucht der Verfasser die Ursache nicht – bei den Studenten, sondern in der Eigentümlichkeit des Universitätsunterrichtes. Er findet, daß die Vorlesungen für die Studenten zu uninteressant geworden sind. Den Grund für diese Tatsache findet er darinnen, daß die Spezialisierung der Wissenschaften es gegenwärtig den Dozenten zur Notwendigkeit macht, kleine Gebiete mit Aufführung unendlicher Details zum Gegenstande der sogenannten Privatvorlesungen zu machen. «Früher hat man z. B. allgemeine Weltgeschichte, allgemeine Geschichte des Altertums, des Mittelalters, der neueren Zeit im Rahmen einer solchen Vorlesung behandelt; jetzt unternimmt das kaum noch irgend jemand; man trägt die Geschichte des Mittelalters z. B. in einzelnen Abschnitten vor, wie Geschichte der Völkerwanderung, der deutschen Kaiserzeit, vom Interregnum bis zur Reformation, ja in noch kürzeren Abschnitten; außerdem wird Verfassungsgeschichte, Wirtschaftsgeschichte, Kirchen- und Kunstgeschichte in gesonderten Kollegien gelesen. Das ist nun ganz gut und schön für den, der sich zum Forscher ausbilden will und, um bei dem gewählten Beispiel zu bleiben, etwa das Mittelalter zu seinem Arbeitsfeld ausersehen hat; derjenige aber, der Lehrer werden und sein Staatsexamen in der Geschichte ablegen will, sieht sich so überhäuft mit derartigen Vorlesungen, wenn er in derselben Weise auch Altertum, Neuzeit u. a. m. kennen lernen soll, daß er nicht aus noch ein weiß. Anfangs macht er sich mit Zuversicht eines Neulings kühn daran, fünf, sechs, sieben Privatvorlesungen anzunehmen, bald jedoch reicht seine Kraft nicht aus, so viele Stunden täglich aufzupassen und nachzuschreiben. Er ist im günstigsten Falle so verständig, mehrere von den Vorlesungen ganz aufzugeben und sich auf das regelmäßige Hören einiger zu beschränken, meistens hält er sich verpflichtet, die einmal angenommenen nicht ganz ‹aufzustecken› und verfällt in regelloses ‹Schwänzen›, das ihm schließlich die ganze Sache verleidet, ihn mutlos und gleichgültig macht.»

Bernheim wirft diesen Verhältnissen gegenüber die Frage auf, ob es denn gerechtfertigt ist, gegenüber der heute so weit gehenden Spezialisierung der Wissenschaften die Einrichtung der Privatvorlesungen überhaupt noch aufrechtzuerhalten. Will ein Dozent alle Einzelheiten seiner Wissenheit heute vorbringen, so muß er sich so sehr in das Spezielle verlieren, daß ihm keine Zeit übrig bleibt, die großen, leitenden Gesichtspunkte vorzubringen in seiner persönlichen Auffassung. Dazu kommt, daß es nicht einmal mehr notwendig ist, diese Summe der Einzelheiten im Kolleg vorzubringen. Denn wir besitzen gegenwärtig über diese Einzelheiten Kompendien, die ausgezeichnet sind, und von deren Vollendung man sich früher keine Ahnung hat bilden können. Von diesen Gesichtspunkten ausgehend, kommt Bernheim zu dem Resultate: man solle die Privatvorlesungen anders gestalten. Sie sollen über weit geringere Zeiträume ausgedehnt werden. Man solle in ihnen auf die Aufzählung und kritische Würdigung des Einzelnen verzichten und sich zur Aufgabe machen, *orientierende* Vorträge zu halten, in denen man die Auffassung über einen Gegenstand, die allgemeinen Gesichtspunkte entwickelt. Dagegen sollen die praktischen Übungen an den Universitäten, die Arbeiten in den Seminarien eine größere Ausdehnung erfahren. Sie sollen nicht, wie jetzt, in späteren Semestern, sondern schon im Beginne der Universitätsstudien anfangen. Hier soll der Student die Methoden des wissenschaftlichen Arbeitens erlernen; hier soll er sich zum Forscher praktisch heranbilden.

Ich verkenne nicht die Vorzüge, die ein Universitätsunterricht hätte, der im Sinne dieser Vorschläge eingerichtet wäre. Vor allen Dingen erscheint es mir sehr wünschenswert, die Privatvorlesungen im Sinne des Verfassers umzugestalten. Denn es ist nicht zu leugnen, daß vieles von dem, was heute auf dem Katheder gesagt wird, einfacher und bequemer aus den bestehenden Handbüchern zu gewinnen ist. Und vor allen Dingen wird eine solche Reform die *Persönlichkeit* der Universitätslehrer mehr in den Vordergrund treten lassen. Und nichts wirkt auf den Menschen mehr als eben die Persönlichkeit. Durch eine eigentümliche, wenn auch noch so subjektiv gefärbte Auffassung wird ein empfänglicher Geist mehr angeregt, als durch eine Unzahl «objektiver» Tatsachen.

Dagegen möchte ich dem Vorschlage Bernheims bezüglich der praktischen Übungen nicht so unbedingt beistimmen. Für den Durchschnittsstudenten mag es wünschenswert sein, wenn er unter Anleitung eines Dozenten die Arbeitsmethoden bis in die Einzelheiten hinein lernt. Aber man sollte doch nicht immer auf den Durchschnittsmenschen bedacht sein. Man könnte es, wenn es wahr wäre, daß der bevorzugte Geist unter allen Umständen sich auch gegen alle fesselnden Hindernisse Bahn bricht. Aber das ist eben nicht wahr. Die Dinge, die man dem Durchschnittsmenschen zum Frommen macht, hindern den besseren Geist an der Entfaltung seiner Individualität. Sie bewirken eine Verkümmerung seiner Selbständigkeit. Und wenn man, wie es der Verfasser will, beim Examen den Nachweis fordert, an einer bestimmten Zahl von praktischen Übungen teilgenommen zu haben, so bildet eine solche Maßregel für den, der seine eigenen Wege gehen will, eine Fessel. Der Schwerpunkt des Universitätsunterrichts muß in der persönlichen Anregung durch die Lehrer bestehen. Deshalb Vorlesungen mit allgemeinen Gesichtspunkten und in persönlicher Auffassung. An den Übungen lasse man den teilnehmen, der das Bedürfnis hat. Bei den Prüfungen aber frage man nicht, was jemand während seiner Studienzeit getrieben hat, sondern was er leisten kann. Wie er sich seine Befähigung erworben hat, das muß gleichgültig sein. Man kann praktische Übungen abhalten für diejenigen, die sie brauchen, aber man mache sie nicht denjenigen zur Pflicht, die den Anforderungen des Examens auch ohne sie entsprechen.

### DER GOETHETAG IN WEIMAR
*Bericht über die 14. Mitgliederversammlung der Deutschen Goethe-Gesellschaft*

Die diesjährige Goethe-Versammlung fand am 4. Juni in Gegenwart des Großherzogs, des Erbgroßherzogs und der Erbgroßherzogin und einer stattlichen Menschenmenge statt. Von hervorragenden und bekannten Freunden seien hervorgehoben, aus Berlin: Die Professoren Erich Schmidt und Carl Frenzel, Buchhändler Wilhelm Hertz, Bankier Meier-Cohn, Reichstagsabgeordneter Alexander Meyer, Ernst von Wildenbruch, als Vertreter der «Rundschau» Dr. Paetow, ferner Dr. Osborn und andere. Aus Frankfurt a. M. waren erschienen: Professor Veit Valentin und der Bildhauer Rumpf. Die Universität Jena war durch den Kurator Eggeling und Professor Michels vertreten. Aus Freiburg i. Br. war Friedrich Kluge erschienen. Von bedeutenden auswärtigen Bühnenkünstlern bemerkten wir außer Lewinsky, den ewig jungen Carl Sonntag und Edward von Darmstadt. Geheimer Hofrat *Dr. Karl Ruland* eröffnete die Versammlung mit einem Hinweis auf die unter Bernhard Suphans und Erich Schmidts Redaktion zu Weihnachten erscheinende Festschrift der Goethe-Gesellschaft, an der die Herren Dr. Karl Schüddekopf (Weimar) und Dr. Walzel (Bern) augenblicklich arbeiten. Sie wird behandeln Goethes Verhältnis zu den Romantikern und namentlich durch Herausgabe bisher unbekannter oder wenig beachteter Briefe der beiden Schlegel, Arnims, Zacharias Werners und anderer ein besonderes Interesse gewinnen. Ferner bemerkte der Vorsitzende, daß vor kurzem wieder eine neue Übersetzung vom ersten Teile des Goetheschen Faust ins Englische aus der Feder eines Mr. E. Webb erschienen und in mehreren Exemplaren für Mitglieder der Gesellschaft ausgelegt sei (Verlag von Longmans Green & Co, 39 Paternoster Row, London). Sodann wies Ruland auf eine neue, am heutigen Tage zum ersten Male der Öffentlichkeit enthüllte Goethe-Büste aus dem Atelier des wohlbekannten Bildhauers Rumpf in Frankfurt a. M. hin, die aus dem lebendigen Grün der Blattpflanzen hinter der Rednerbühne verheißungsvoll herabgrüßte. Das von den Anwesenden mit Recht bewunderte Werk stellt den jungen Goethe dar, etwa in der Zeit, als er nach Weimar kam (1775).

Darauf bestieg Professor Dr. von *Wilamowitz-Möllendorf* von der Berliner Universität die Rednerbühne und hielt einen formvollendeten, von tiefstem Nachdenken zeugenden Vortrag über Goethes «Pandora». Dieses letzte Zeugnis von Goethes streng-klassischem Stil, so begann der Redner, sei ja schon vielfach Gegenstand eingehender Forschung gewesen; aber populär habe es nie werden können. Die meisten der Leser ständen wohl noch heute auf dem Standpunkte der Frau von Stein, die geäußert habe, daß nur einige Teile genießbar seien. Goethe gab das auch in liebenswürdiger Weise zu. Allein wir müssen, auch wenn wir an dem unserer Sprache fremden, ihr aufgezwungenen antiken Rhythmus Anstoß nehmen, doch den Versuch nicht aufgeben, dem Kerne der Dichtung immer mehr beizukommen. Ob Goethe sich im Epimetheus selbst geschildert, ob Frau von Levetzows Tochter und Minna Herzlieb sich in den Töchtern des Epimetheus widerspiegeln, wie behauptet ist, das sei zwar psychologisch von Wert, indessen zum Verständnis des künstlerischen Organismus ganz nebensächlich. Bei der nun folgenden Inhaltsangabe weist Redner auf manches Rätsel hin, das unlösbar scheine, wie die Herkunft des Sohnes Prometheus', Phileros, der das Symbol hat des Triebes zum Höheren, zur Liebe. Das Liebesverhältnis zwischen Phileros und Epimeleia, auf dessen Ausführung Pamino und Pamina nicht ohne Einfluß geblieben zu sein schienen, habe Goethe glücklich aus dem Symbolischen heraus in das rein menschliche übergeführt. Das Schema der Fortsetzung des Gedichtes helfe wenig zur Klärung dieses Verhältnisses; jedenfalls habe Pandora mit dem Ölzweig erscheinen sollen, dem Symbol des Friedens, sie selbst als Vertreterin der Schönheit. Kunst und Wissenschaft, vertreten durch Phileros und Epimeleia, seien als die Vermittler zwischen Himmel und Erde anzusehen. Prometheus, versöhnt, wird den Ölkranz tragen und sich seiner Gebilde freuen; und Elpores Erscheinung am Ende weckt Mut und Hoffnung. Nach dem ersten Schritt zur menschlichen Kultur durch das Feuer scheine der Weg für Kunst und Wissenschaft geebnet. Aber Pandoras Lade sei dunkel, unverständlich. Könnte denn den Menschen Kunst und Wissenschaft plötzlich vom Himmel in den Schoß fallen? Das sei ein Goethe ganz fremder Gedanke; denn der Mensch könne sich nur durch eigene Arbeit emporringen. Um in diese durch die Lektüre aufsteigenden Empfindungen Ordnung und Klarheit zu bringen, müsse man einmal die objektive Vorlage des Dichters, den mythologischen Niederschlag der Fabel betrachten, zweitens aber die Zeitverhältnisse und die Gemütsstimmung ins Auge fassen, die den Dichter bei seinem Werke beeinflußt hätten. Goethe kannte wahrscheinlich die Überlieferung des Hesiod, wenn er auch von ihm abweicht. Wohl auch nicht unbekannt war ihm die Fabel des Plato (Protagoras) vom Feuerraub des Prometheus, wodurch der Mensch existenzfähig wird, wenn er zunächst auch noch roh bleibt. Aidos und Dike als Göttinnen werden herabgesandt, die Scheu und das Gefühl für Gerechtigkeit. Die Schule Platos war gerichtet auf Eros, das heißt das Sehnen der Menschen nach der Unendlichkeit, die Wiederkehr der Pandora rege die Menschen zur *Arbeit* an, das sei der Hauptgedanke. Andererseits müsse man sich vergegenwärtigen, wie es in Weimar und in Goethes Seele nach dem Tilsiter Frieden (1807) aussah. Anna Amalia war tot, ihr galt die Verherrlichung des Vorspieles: «Zur Eröffnung des Weimarischen Theaters am 19. September 1807.» Tiefe Gedanken beschäftigten den Dichter am 19. November in Jena, worüber die Tagebücher Auskunft geben; er studierte damals alte Philosophie, auch für ihn erblühte der Ölbaum im Garten des Prometheus. Pandora weist auf die Güter hin, die unverlierbar sind: Freiheit und Ideale. Über einem zerstrümmerten Staate hatte Plato seine Akademie gegründet; über die Trümmer des deutschen Reiches führte die Lade Pandoras herauf. Wer aber ist nun Pandora? Epimetheus hat sie besessen; er muß sie daher gekannt haben. Sie ist die Schönheit in tausend Gebilden und die Offenbarung der Form, um den Inhalt zu veredeln. ’Ιδ’εα ist die beste Erklärung dessen, was Form heißt; man denke an Schillers «Ideale», und die Verbindung von Phileros und

Epimeleia bekundet die Reife der Menschheit für Kunst und Wissenschaft. Hat unser Volk, zu dessen Charaktereigentümlichkeiten ja auch das Formlose, Ungebundene gehört, diese Mahnung wohl verstanden? Was noch nicht erreicht sei, das müsse künftiger Geschlechter Tätigkeit hervorbringen, auf dem Altar der Schönheit müsse das Feuer der Titanenkinder erhalten werden.

Im Vorhergehenden war es nur möglich, eine ganz kurze Skizze vom Inhalt des bedeutenden Vortrages zu geben, der im nächsten Bande des Goethe-Jahrbuches erscheinen wird.

Aus den Verhandlungen, die sich an den Festvortrag anschlossen, sei zunächst erwähnt der überaus witzige Kassenbericht des Schatzmeisters der Gesellschaft, Kommerzienrat Dr. Moritz. Redner hob hervor, daß es auch im abgelaufenen Jahre der Gesellschaft leider nicht gegönnt gewesen sei, die Lücken, die der natürliche Lauf der Dinge und mancherlei persönliche Verhältnisse in den Mitgliederbestand gerissen, voll zu ergänzen. Der entsprechenden Mitgliederzahl des Jahres 1896 gegenüber sei im abgelaufenen Geschäftsjahr 1897 ein Ausfall von etwa 40 Mitgliedern zu verzeichnen. Indessen sei bei der Gediegenheit der jedes Jahr neben dem Jahrbuch erscheinenden Schriften, die doch nur anregend wirken könnten, ein erneuter Aufschwung zu erhoffen. Am 31. Dezember 1897 bestand die Gesellschaft aus 2635 Mitgliedern. Die Einnahmen und Ausgaben der Gesellschaft haben gegen das Vorjahr keine wesentlichen Änderungen erfahren. – Dagegen hat die Einrichtung des Gebäudes für das Archiv den Anlaß zu außerordentlichen Aufwendungen gegeben (20 000 M.), die jedoch ohne Inanspruchnahme des Reservefonds von rund 66 000 M. bis auf einen kleinen Rest durch die gewöhnlichen Einnahmen gedeckt sind. Der Bericht war, wie gesagt, von allerlei köstlichen Blumen entzückenden Humors durchsetzt. Eine insbesondere liebevolle Teilnahme erwies der Redner den weiblichen Mitgliedern, die früher 23, jetzt aber nur 15 vom Hundert aller Mitglieder ausmachen. Stürmische Heiterkeit erregte unter anderem die Darlegung der Gründe, die manche bisherige Mitglieder in letzter Zeit zum Austritt aus der Gesellschaft bewogen haben. Daß der Druck, der auf der «notleidenden Landwirtschaft» liegen soll, auch den Bestand der Mitglieder hat mindern können, das hätte sich vor dem Verlesen eines authentischen Schreibens aus diesen Kreisen durch den Herrn Schatzmeister wohl niemand träumen lassen. Redner schloß mit einem witzig auf sich angewendeten Worte Goethes von einer «kalten Musik, die erst fünf Stunden nach dem Anhören Herz und Gemüt zu erfassen vermöge». Er hoffe, daß seine Auseinandersetzungen eine ähnliche Wirkung auf die Zuhörer ausüben werden. Lauter Beifall folgte dem köstlichen Intermezzo des geistvollen Redners.

Darauf teilte Geheimer Hofrat Dr. *B. Suphan* mit, daß nicht nur die *Bibliothek,* die sich jetzt auf mehr als 4100 Bände belaufe, in erfreulichem Wachstum begriffen sei, sondern daß namentlich die *Sammlung von Handschriften in letzter Zeit ganz bedeutende Zuwendungen von hohem Werte* erfahren habe. So seien am 3. Juni vom Sohne des verstorbenen Dichters *Viktor von Scheffel* die Originalmanuskripte vom «Trompeter von Säckingen», von «Ekkehard», «Gaudeamus», «Juniperus», von den «Bergpsalmen» (z. T. mit Illustrationen), alles «wundervoll gefaßt», dem Großherzog übergeben worden. Die Frau Erbgroßherzogin habe wertvolle und umfangreiche Originalhandschriften der einstigen Mitarbeiter am «Tübingen-Stuttgarter Morgenblatt für gebildete Stände», das vom Bruder des Dichters Hauff redigiert wurde, dem Goethe-Schiller-Archiv zum Geschenk gemacht. Weiter führte Dr. Suphan aus, wie wenig berechtigt die gelegentlich erhobenen Klagen über den zu trägen Fortschritt im Drucke der Ausgabe zu Goethes Werken seien. Er müsse demgegenüber einmal laut und öffentlich erklären, daß redlich gearbeitet werde, daß aber der Natur der Sache nach manches nur langsam weiterrücken könne, und führt an einigen des Humors nicht entbehrenden Beispielen aus, wie oft die Kräfte der Mitarbeiter durch Beantwortung unzähliger Anfragen aller Art auf die Probe gestellt würden. Sodann machte Dr. Suphan unter Hinweis auf einen im letzten Heft der «Deutschen Rundschau» erschienenen lesenswerten Aufsatz Herman Grimms über «Die Zukunft des Weimarischen Goethe-Schiller-Archivs» die Mitteilung, daß demnächst eine neue Arbeit, ein monumentales Goethe-Schiller-Wörterbuch in Angriff genommen werden solle. Vorarbeiten seien bereits vorhanden, wie ein Programm von Otto Hoffmann in Steglitz über Herders Sprachschatz usw. Gelehrte ersten Ranges hätten ihre Mitwirkung in Aussicht gestellt, allein das ganze deutsche Volk könne sich an der Mitarbeit beteiligen. Viel Heiterkeit erregte eine von Dr. Suphan angefertigte Riesenmusterpostkarte mit dem auf der offenen Seite aufgezeichneten Schema zur Ausfüllung von Materialien zum Wörterbuche. Zum Schlusse stattete Geheimer Hofrat Dr. *Ruland,* der Direktor des hiesigen Museums, Bericht über das *Goethe-Nationalmuseum* ab, in dem gleichfalls die Arbeit nicht stocke. Vor einiger Zeit habe Professor Dr. *Furtwängler* in München die von Goethe gesammelten geschnittenen Steine einer genauen Durchsicht unterzogen, infolge dieser Untersuchung müsse mancher bisher bestehende Irrtum berichtigt werden. Die

Ergebnisse dieser Untersuchung würden demnächst durch den Druck weiteren Kreisen zugänglich gemacht werden. Von dem Museum neuerdings zugegangenen Geschenken sei in erster Linie die Büste des alten Goethe aus dem Atelier des Professor Eberlein in Berlin hervorzuheben, die, ein Geschenk des Großherzogs, künftig im Gartenzimmer des Goethe-Hauses aufbewahrt werden soll. Ferner seien zu erwähnen eine Büste der Herzogin Anna Amalia aus Fürstenburger Porzellan, eine Zuschrift Goethes an den Grafen Gneisenau vom 12. Juli 1829. Mit dem Wunsche, die freundliche Gesinnung aller Freunde und Gönner der Gesellschaft möge auch in Zukunft dem Museum erhalten bleiben, schloß Dr. Ruland seine Ausführungen.

Darauf folgte eine mehrstündige Pause, die zum Teil zur Besichtigung der Sammlung verwendet wurde, und am Nachmittag fand das Festessen statt, das durch verschiedene geistvolle Tischreden gewürzt, in behaglichster Stimmung verzehrt wurde. Besonders witzig, ja geradezu von zündendem Humor war der Trinkspruch Alexander Meyers auf die Damen, worin der Redner in liebenswürdiger, schalkhafter Art seinen persönlichen Gewinn zum Ausdruck brachte, den er dem Festvortrage am Morgen entnommen habe. Am Abend fand Joseph Lewinsky mit dem Vortrage Schillerscher und Goethescher Balladen im gefüllten Hoftheater dankbaren Beifall. Nach dem Theater gab es Rout bei der Frau Erbgroßherzogin; allein viele der Gäste wachten dem kommenden Morgen in der bekannten Osteria beim Hoftheater unter Gesang und heiterer Unterhaltung entgegen.

## DIE SOZIALE FRAGE

Es ist nicht leicht, heute über die «soziale Frage» zu sprechen. Unendlich viel trägt dazu bei, gegenwärtig unser Urteil über diese Frage in der ungünstigsten Weise zu beeinflussen. Keine Sache ist wie diese «von der Parteien Gunst und Haß verwirrt» worden. Wie auf wenigen Gebieten stehen sich die Ansichten schroff gegenüber. Was wird nicht alles vorgebracht? Und wie bald bemerkt man bei vielen auftretenden Ansichten, daß sie von Geistern herrühren, die mit den größtmöglichen Scheuledern durch die Welt der Tatsachen spazieren.

Ich kann aber die Hindernisse, die einer wünschenswerten Beurteilung der sozialen Frage von den Parteileidenschaften in den Weg gelegt werden, nicht einmal für die schlimmsten halten. Durch sie werden doch nur diejenigen beirrt, die innerhalb des Parteigetriebes stehen. Wer jenseits dieses Getriebes steht, hat immer die Möglichkeit, ein persönliches Urteil zu bilden. Ein viel bedeutsameres Hindernis scheint mir darin zu liegen, daß es unseren denkenden Köpfen, unseren wissenschaftlich geschulten Kulturträgern durchaus nicht gelingen will, einen sicheren Weg, eine *methodische Art* zu finden, wie diese Frage in Angriff zu nehmen ist.

Immer und immer wieder komme ich zu dieser Überzeugung, wenn ich Schriften über die soziale Frage lese von Autoren, die wegen ihrer wissenschaftlichen Bildung durchaus ernst zu nehmen sind. Ich habe bemerkt, daß auf diesem Gebiete die Art des Denkens, die unsere Forscher unter dem Einflusse des Darwinismus sich zu eigen gemacht haben, *vorläufig* durchaus noch nicht segensreich wirkt. Man mißverstehe mich nicht. Ich sehe ein, daß mit der darwinistischen

Denkweise einer der größten Fortschritte vollbracht ist, welcher die Menschheit hat machen können. Und ich glaube, daß der Darwinismus auf allen Gebieten menschlichen Denkens segensreich wirken muß, wenn er richtig, d. h. seinem Geiste gemäß, angewendet wird. Ich selbst habe in meiner «Philosophie der Freiheit» ein Buch geliefert, das, nach meiner Meinung, ganz im Sinne des Darwinismus geschrieben ist. Es ist mir bei der Konzeption dieses Buches ganz eigentümlich gegangen. Ich habe über die intimsten Fragen des menschlichen Geisteslebens nachgedacht. Ich habe mich dabei um den Darwinismus gar nicht gekümmert. Und als mein Gedankengebäude fertig war, da ging mir die Vorstellung auf: Du hast ja einen Beitrag zum Darwinismus geliefert.

Nun finde ich, daß es namentlich die Soziologen nicht so machen. Sie fragen erst bei den darwinistisch denkenden Naturforschern an: Wie macht ihr es? Und dann übertragen sie deren Methoden auf ihr Gebiet. Sie begehen dabei einen großen Fehler. Die Naturgesetze, die im Reich der organischen Natur walten, übertragen sie einfach auf das Gebiet des menschlichen Geisteslebens; es soll für die menschliche Entwicklung genau dasselbe gelten, was an der tierischen zu beobachten ist. Nun liegt in dieser Auffassung zweifellos ein gesunder Kern. In der ganzen Welt ist gewiß eine gleichartige Gesetzmäßigkeit zu finden. Aber es ist durchaus nicht notwendig, daß deshalb auch *dieselben* Gesetze sich auf allen Gebieten betätigen. Die Gesetze, welche die Darwinisten gefunden haben, wirken im Tier- und Pflanzenreiche. Im Menschenreiche haben wir nach Gesetzen zu suchen, die im Geiste der darwinistischen gedacht sind – die aber diesem Reiche ebenso spezifisch eigen sind wie die organischen Entwicklungsgesetze den genannten Naturreichen. Eigene Gesetze für die Menschheitsentwicklung haben wir zu suchen, wenn diese auch im Geiste des Darwinismus gedacht sein werden. Ein einfaches Übertragen der Gesetze des Darwinismus auf die Entwicklung der Menschheit wird zu befriedigenden Anschauungen nicht führen können.

Mir ist das besonders wieder bei der Lektüre des Buches aufgefallen, um dessentwillen ich diese Gedanken niederschreibe: *«Die soziale Frage im Lichte der Philosophie»* von Dr. *Ludwig Stein* (Verlag von Ferdinand Enke, Stuttgart 1897). Die Betrachtungsweise des Verfassers wird durchaus von der Absicht beherrscht, die soziale Frage in einem Sinne zu behandeln, der dem in der darwinistischen Naturwissenschaft herrschenden entspricht. «Was Buckle vor einem Menschenleben für den Begriff der Kausalität in der Geschichte geleistet hat, daß er nämlich, unterstützt von der aufkommenden Statistik, dessen unbedingte Geltung für das gesamte geschichtliche Leben nachwies, das muß heute, nachdem wir die Errungenschaften Darwins und seiner Nachfolger eingeheimst haben, für den der Entwicklung geschehen» (S. 43). Von dieser Tendenz ausgehend untersucht Ludwig Stein, wie sich die verschiedenen Formen, von denen das gesellschaftliche Zusammenleben der Menschen beherrscht wird, entwickelt haben. Und er sucht zu zeigen, daß dabei «Anpassung» und «Kampf ums Dasein» dieselbe Rolle spielen wie in der tierischen Entwicklung. Ich will zunächst eine von diesen Formen herausgreifen, um die Betrachtungsweise Steins anschaulich zu machen: die religiöse. Der Mensch findet sich inmitten verschiedener Naturgewalten. Diese greifen in sein Leben ein. Sie können ihm nützlich oder schädlich werden. Nützlich werden sie ihm, wenn er Mittel findet, durch die er die Naturgewalten in dem Sinne verwenden kann, daß sie seinem Dasein dienen. Werkzeuge und Einrichtungen erfindet der Mensch, um sich die Naturgewalten dienstbar zu machen. Das heißt, er sucht sein eigenes Dasein demjenigen seiner Umgebung anzupassen. Es mögen viele Versuche gemacht werden, die sich als irrtümlich erweisen. Unter unzählig vielen werden aber immer solche sein, die das Rechte treffen. Diese bleiben die Sieger. Sie erhalten sich. Die irrtümlichen Versuche gehen zugrunde. Das Nützliche erhält sich im «*Kampf ums Dasein*». Unter den Naturgewalten findet der Mensch neben den sichtbaren auch unsichtbare. Er nennt sie neben den rein natürlichen die *göttlichen Mächte*. Er will sich auch diesen anpassen. Er erfindet die Religion mit dem Opferdienst und glaubt dadurch, die göttlichen Mächte zu bewegen, daß sie zu seinem Nutzen wirken. In derselben Weise betrachtet Stein die Entstehung der Ehe, des Eigentums, des Staates, der Sprache, des Rechtes. Alle diese Formen sind entstanden durch Anpassung des Menschen an seine Umgebung; und die heutigen Formen der Ehe, des Eigentums usw. haben sich deswegen erhalten, weil sie sich im Kampfe ums Dasein als die den Menschen nützlichsten erwiesen haben.

Man sieht, Stein sucht einfach den Darwinismus auf das menschliche Gebiet zu übertragen.

Ich werde nun in einem folgenden Artikel an der Hand des genannten Buches zeigen, wohin eine solche Übertragung führt.

# FREIHEIT UND GESELLSCHAFT

In der letzten Nummer dieser Zeitschrift habe ich die Ansicht ausgesprochen, daß die Beurteilung der sozialen Fragen in der Gegenwart unter dem Umstande leidet, daß die Denker, die ihre wissenschaftlichen Fähigkeiten in den Dienst dieser Frage stellen, allzu schablonenhaft die Resultate, welche Darwin und seine Nachfolger für das Tier- und Pflanzenreich gewonnen haben, auf die Entwicklung der Menschheit übertragen. Ich habe als eines der Bücher, denen ich diesen Vorwurf zu machen habe, «Die Soziale Frage» von Ludwig Stein genannt.

Ich finde meine Meinung über dieses Buch namentlich durch den Umstand bestätigt, daß Ludwig Stein in sorgfältiger Weise die Ergebnisse der neueren Soziologie sammelt, die wichtigsten Beobachtungen aus dem reichen Materiale heraushebt, und dann nicht darauf ausgeht, mit dem Geiste des Darwinismus aus den Beobachtungen spezifisch soziologische Gesetze abzuleiten, sondern die Erfahrungen einfach so interpretiert, daß sich in ihnen genau dieselben Gesetze aufzeigen lassen, die im Tier- und Pflanzenreiche herrschen.

Die Grundtatsachen der sozialen Entwicklung hat Ludwig Stein richtig herausgefunden. Trotzdem er gewalttätig die Gesetze des «Kampfes ums Dasein» und der «Anpassung» auf die Entstehung der sozialen Institutionen, der Ehe, des Eigentums, des Staates, der Sprache, des Rechtes und der Religion anwendet, findet er in der Entwicklung dieser Institutionen eine wichtige Tatsache, die in der tierischen Entwicklung in der gleichen Weise nicht vorhanden ist. Diese Tatsache läßt sich in der folgenden Weise charakterisieren. Alle die genannten Institutionen entstehen zunächst in der

Weise, daß die Interessen des menschlichen Individuums in den Hintergrund treten, dagegen diejenigen einer Gemeinschaft eine besondere Pflege erfahren. Dadurch nehmen im Anfange diese Institutionen eine Form an, die im weiteren Verlaufe ihrer Entwicklung bekämpft werden muß. Würde durch die Natur der Tatsachen im Anfange der Kulturentwicklung nicht dem Streben des Individuums, seine Kräfte und Fähigkeiten allseitig zur Geltung zu bringen, ein Hemmnis entgegengehalten, so hätten sich die Ehe, das Eigentum, der Staat usw. nicht in der Weise entwickeln können, wie sie sich entwickelt haben. Der Krieg Aller gegen Alle hätte jede Art von Verbänden verhindert. Denn innerhalb eines Verbandes ist der Mensch immer genötigt, einen Teil seiner Individualität aufzugeben. Dazu ist der Mensch auch im Anfange der Kulturentwicklung geneigt. Dies wird durch verschiedenes bestätigt. Es hat anfangs z. B. kein Privateigentum gegeben. Stein sagt darüber (S. 91): «Es ist eine Tatsache, welche von den Fachforschern mit einer Einstimmigkeit behauptet wird, die um so überzeugungskräftiger wirkt, je seltener eine solche gerade auf diesem Gebiete zu erzielen ist, daß die Urform des Eigentums eine kommunistische gewesen und während der unmeßbar langen Periode bis tief in die Barbarei hinein wohl auch geblieben ist.» Ein Privateigentum, das den Menschen in die Lage setzt, seine Individualität zur Geltung zu bringen, gab es demnach im Anfange der Menschheitsentwicklung nicht. Und wodurch könnte drastischer illustriert werden, daß es eine Zeit gegeben hat, in der die Opferung des Individuums im Interesse einer Gemeinschaft als richtig gegolten hat, als durch den Umstand, daß die Spartaner zu einer gewissen Zeit einfach schwache Individuen ausgesetzt und dem Tode preisgegeben haben, damit sie der Gemeinschaft nicht zur Last fallen? Und welche Bestätigung findet dieselbe Tatsache durch den Umstand, daß Philosophen früherer Zeiten, z. B. Aristoteles, gar nicht daran gedacht haben, daß die Sklaverei etwas Barbarisches hat? Aristoteles sieht es als selbstverständlich an, daß ein gewisser Teil der Menschen einem andern als Sklaven dienen muß. Man kann eine solche Ansicht nur haben, wenn es einem vorzüglich auf das Interesse der Gesamtheit ankommt und nicht auf dasjenige des Einzelnen. Es ist leicht nachzuweisen, daß alle gesellschaftlichen Institutionen im Anfange der Kultur eine solche Form gehabt haben, die das Interesse des Individuums demjenigen der Gesamtheit zum Opfer bringt.

Aber es ist ebenso wahr, daß im weiteren Verlauf der Entwicklung das Individuum seine Bedürfnisse gegenüber denen der Gesamtheit geltend zu machen bemüht ist. Und wenn wir genau zusehen, so ist in der Geltendmachung des Individuums gegenüber den im Anfange der Kulturentwicklung notwendig entstehenden Gemeinschaften, die sich auf Untergrabung der Individualität aufbauen, ein gutes Stück geschichtlicher Entwicklung gegeben.

Bei gesunder Überlegung wird man anerkennen müssen, daß gesellschaftliche Institutionen notwendig waren, und daß sie nur mit Betonung gemeinsamer Interessen entstehen konnten. Dieselbe gesunde Überlegung führt aber auch dazu anzuerkennen, daß das Individuum gegen die Opferung seiner eigenartigen Interessen kämpfen muß. Und dadurch haben im Laufe der Zeit die sozialen Institutionen Formen angenommen, die den Interessen der Individuen mehr Rechnung tragen, als dies in früheren Zuständen der Fall war. Und wenn man unsere Zeit versteht, so darf man wohl sagen, die Fortgeschrittensten streben solche Gemeinschaftsformen an, daß durch die Arten des Zusammenlebens das Individuum so wenig wie möglich in seinem Eigenleben behindert wird. Es schwindet immer mehr das Bewußtsein, daß die Gemeinschaften Selbstzweck sein können. Sie sollen Mittel zur Entwicklung der Individualitäten werden. Der Staat z. B. soll eine solche Einrichtung erhalten, daß er der freien Entfaltung der Einzelpersönlichkeit den möglichst großen Spielraum gewährt. Die allgemeinen Einrichtungen sollen in dem Sinne gemacht werden, daß nicht dem Staate als solchem, sondern daß dem Individuum gedient ist. J. G. Fichte hat dieser Tendenz einen scheinbar paradoxen, aber ohne Zweifel einzig richtigen Ausdruck gegeben, indem er sagte: der Staat ist dazu da, um sich selbst allmählich überflüssig zu machen. Diesem Ausspruche liegt eine wichtige Wahrheit zugrunde. Im Anfange braucht das Individuum die Gemeinschaft. Denn nur aus der Gemeinschaft heraus kann es seine Kräfte entwickeln. Aber später, wenn diese Kräfte entwickelt sind, dann kann das Individuum die Bevormundung durch die Gemeinschaft nicht mehr ertragen. Es sagt sich dann so: ich richte die Gemeinschaft in der Weise ein, daß sie der Entfaltung meiner Eigenart am zweckdienlichsten ist. Alle staatlichen Reformationen und Revolutionen in der neueren Zeit haben den Zweck gehabt, die Einzelinteressen gegenüber den Interessen der Gesamtheit zur Geltung zu bringen.

Es ist interessant, wie Ludwig Stein jeder einzelnen gesellschaftlichen Einrichtung gegenüber diese Tatsache betont. «Die offensichtliche Tendenz der ersten sozialen Funktion, der Ehe, ist eine ständig sich steigernde, weil mit psychischen Faktoren sich komplizierende Verpersönlichung – ein Kampf um die Individualität» (S. 79). In bezug auf das Eigentum sagt Stein (S. 106): «Das soziale Ideal ist, philosophisch gesehen, ein durch den kommunistischen Zug in den Staatseinrichtungen gemilderter Individualismus.» Für die Institution des Staates im allgemeinen gilt nach Stein: «die offenbare Tendenz des sozialen Geschehens» geht auf «unausgesetzte Verpersönlichung» und auf «Heraustreiben der individuellen Spitze der soziologischen Pyramide». Bei Betrachtung der Entwicklung der Sprache sagt Stein: «Wie der sexuelle Kommunismus in eine individuelle Monogamie mündet, wie das ursprüngliche Grundeigentum unwiderstehlich in persönliches Privateigentum sich auflöst, so ringt das Individuum dem im Interesse der Gesellschaft liegenden sprachlichen Kommunismus seine geistige Persönlichkeit, seine Sprache, seinen Stil ab. Auch hier also heißt die Losung: Selbstbehauptung der Individualität». Von der Entwicklung des Rechts sagt Stein: «Die Seele der Entwicklung des Rechts, das sich ursprünglich auf die ganze Gens erstreckte, um sich allmählich der einzelnen körperlichen Individuen zu bemächtigen und dann innerhalb dieser Individuen von der Körperhaftigkeit in die feinsten und zartesten seelischen Verästelungen, zeichnet uns ein flüchtiges zwar, aber doch genügend charakterisierendes Bild von dem in unendlicher Fortbewegung befindlichen Individualisierungsprozeß des Rechts» (S. 151).

Mir scheint nun, daß es nach Feststellung dieser Tatsachen Aufgabe des soziologischen Philosophen gewesen wäre, überzugehen zu dem soziologischen Grundgesetz in der Menschheitsentwicklung, das mit logischer Notwendigkeit daraus folgt, und das ich etwa in folgender Weise ausdrücken möchte. Die Menschheit strebt im Anfange der Kulturzustände nach Entstehung sozialer Verbände; dem Interesse dieser Verbände wird zunächst das Interesse des Individuums geopfert; die weitere Entwicklung führt zur Befreiung des Individuums von dem Interesse der Verbände und zur freien Entfaltung der Bedürfnisse und Kräfte des Einzelnen.

Nun handelt es sich darum, aus dieser geschichtlichen Tatsache die Folgerungen zu ziehen. Welche Staats- und Gesellschaftsform kann die allein erstrebenswerte sein, wenn alle soziale Entwicklung auf einen Individualisierungsprozeß hinausläuft? Die Antwort kann allzu schwierig nicht sein. Der Staat und die Gesellschaft, die sich als Selbstzweck ansehen, müssen die Herrschaft über das Individuum anstreben, gleichgültig wie diese Herrschaft ausgeübt wird, ob auf absolutistische, konstitutionelle oder republikanische Weise. Sieht sich der Staat nicht mehr als Selbstzweck an, sondern als Mittel, so wird er sein Herrschaftsprinzip auch nicht mehr betonen. Er wird sich so einrichten, daß der Einzelne in größtmöglicher Weise zur Geltung kommt. Sein Ideal wird die Herrschaftlosigkeit sein. Er wird eine Gemeinschaft sein, die für sich gar nichts, für den Einzelnen alles will. Wenn man im Sinne einer Denkungsweise, die sich in dieser Richtung bewegt, sprechen will, so kann man nur alles das bekämpfen, was heute auf eine Sozialisierung der gesellschaftlichen Institutionen hinausläuft. Das tut Ludwig Stein nicht. Er geht von der Beobachtung einer richtigen Tatsache, aus der er aber nicht ein richtiges Gesetz folgern kann, zu einer Schlußfolgerung über, die einen faulen Kompromiß darstellt zwischen Sozialismus und Individualismus, zwischen Kommunismus und Anarchismus.

Statt zuzugestehen, daß wir nach individualistischen Institutionen streben, versucht er, einem Sozialisierungsprinzip beizuspringen, das doch sich zur Berücksichtigung des Einzelinteresses nur insoweit herbeiläßt, als die Bedürfnisse der

Gesamtheit dadurch nicht beeinträchtigt werden. Zum Beispiel für das Recht sagt Stein (S. 607): «Unter Sozialisierung des Rechts verstehen wir den rechtlichen Schutz der wirtschaftlich Schwachen; die bewußte Unterordnung der Interessen der Einzelnen unter die eines größeren gemeinsamen Ganzen, weiterhin des Staates, letzten Endes aber des ganzen Menschengeschlechts.» Und eine solche Sozialisierung des Rechts hält Ludwig Stein für wünschenswert.

Ich kann eine Ansicht, wie diese ist, mir nur erklären, wenn ich annehme, daß ein Gelehrter durch allgemeine Schlagworte der Zeit so eingenommen worden ist, daß er gar nicht imstande ist, aus seinen richtigen Vordersätzen die entsprechenden Nachsätze zu folgern. Die aus der soziologischen Beobachtung gewonnenen richtigen Vordersätze würden Ludwig Stein zwingen, den anarchistischen Individualismus als das soziale Ideal hinzustellen. Dazu gehörte ein Mut des Denkens, den er offenbar nicht hat. Den Anarchismus scheint Ludwig Stein überhaupt nur in der grenzenlos blödsinnigen Form zu kennen, in der er durch das Gesindel der Bombenwerfer seiner Verwirklichung zustrebt. Wenn er Seite 597 sagt: «Mit einer denkenden, zielbewußten, organisierten Arbeiterschaft, für welche die Gesetze der Logik bindende Gültigkeit haben, verständigt man sich», so beweist er das, was ich gesagt habe. Mit der kommunistisch denkenden Arbeiterschaft ist eben heute eine Verständigung nicht möglich für denjenigen, der die Gesetze der sozialen Entwicklung nicht nur kennt wie Ludwig Stein, sondern der sie auch richtig zu deuten weiß, wie es Ludwig Stein nicht kann.

Ludwig Stein ist ein großer Gelehrter. Sein Buch beweist das. Ludwig Stein ist ein kindlicher Sozialpolitiker. Sein Buch beweist das. Beides ist also in unserer Zeit recht gut vereinbar. Wir haben es zu einer Reinkultur in der Beobachtung gebracht. Aber ein guter Beobachter ist noch lange kein Denker. Und Ludwig Stein ist ein guter Beobachter. Was er uns als Resultate von seiner und anderer Beobachtung mitteilt, ist uns wichtig: was er aus diesen Beobachtungen folgert, geht uns nichts an.

Ich habe sein Buch mit Interesse gelesen. Es war mir wirklich nützlich. Ich habe aus ihm sehr viel gelernt. Aber ich habe immer aus den Voraussetzungen andere Schlüsse ziehen müssen, als Ludwig Stein aus ihnen gezogen hat. Wo die Tatsachen durch ihn sprechen, regt er mich an; wo er selbst spricht, muß ich ihn bekämpfen.

Ich frage mich nun aber doch: warum kann denn Ludwig Stein trotz richtiger Einsichten zu verkehrten sozialen Idealen kommen? Und da komme ich auf meine ursprüngliche Behauptung zurück. Er ist nicht imstande, aus den sozialen Tatsachen die sozialen Gesetze wirklich zu finden. Hätte er dies gekonnt, dann wäre er nicht zu einem faulen Kompromiß zwischen Sozialismus und Anarchismus gekommen. Denn wer wirklich Gesetze erkennen kann, der handelt unbedingt in ihrem Sinne.

Immer wieder muß ich darauf zurückkommen, daß in unserer Zeit die Denker feige sind. Sie haben nicht den Mut, aus ihren Voraussetzungen, aus ihren Beobachtungen die Folgerungen zu ziehen. Sie schließen Kompromisse mit der Unlogik. Die soziale Frage sollten sie deshalb überhaupt nicht anschneiden. Sie ist zu wichtig. Bloß um auf richtige Voraussetzungen ein paar triviale Schlußfolgerungen zu bauen, die eines gemäßigten Sozialreformers würdig wären, Vorlesungen zu halten und sie dann als Buch herauszugeben, dazu ist diese Frage einmal nicht da.

Ich betrachte Steins Buch als einen Beweis davon, wie viel unsere Gelehrten können, wie wenig sie aber wirklich *denken können*. Wir brauchen in der Gegenwart Mut; Mut des Denkens, Mut der Konsequenz; wir aber haben leider nur feige Denker.

\*

Die Mutlosigkeit des Denkens möchte ich geradezu als den hervorstechendsten Zug unserer Zeit ansehen. Einen Gedanken, seinen Konsequenzen nach, abzustumpfen, ihm einen anderen «ebenso berechtigten» gegenüberstellen: das ist eine ganz allgemeine Tendenz. Stein erkennt, daß die menschliche Entwicklung dem Individualismus zustrebt. Der Mut, darüber nachzudenken, wie wir aus unseren Verhältnissen heraus zu einer dem Individualismus Rechnung tragenden Gesellschaftsform gelangen können, fehlt ihm. Vor kurzem hat *E. Münsterberg* ein Buch des Brüsseler Professors *Adolf Prins* übersetzt (*«Freiheit und soziale Pflichten»* von Adolf Prins, autorisierte deutsche Ausgabe von Dr. E. Münsterberg, Verlag Otto Liebmann, Berlin 1897). Prins kennt ihrem ganzen Inhalte nach die Wahrheit, die allem Sozialismus und Kommunismus ohne weiteres den Kopf abschlagen muß: «Und ich denke, unter den Elementen, die die ewige Grundlage der Menschheit bilden, ist die *Verschiedenheit der Menschen eines der widerstandsfähigsten.*» Keine sozialistische oder kommunistische Staats- oder Gesellschaftsform kann der natürlichen Ungleichheit der Menschen die gebührende Rechnung tragen. *Jede* nach irgendwelchen Prinzipien in ihrem Wesen *vorherbestimmte* Organisation muß notwendig die volle freie Entwicklung des Individuums unterdrücken, um sich als Gesamtorganismus durchzusetzen. Auch wenn ein Sozialist im allgemeinen die Berechtigung der vollen Entwicklung aller Einzelpersönlichkeiten anerkennt, wird er bei praktischer Verwirklichung seiner Ideale den Individuen diejenigen Eigenheiten abzuschleifen suchen, die in sein Programm nicht passen.

Interessant ist der Gedankengang des belgischen Professors. Daß die Anhäufung der Herrschaftsgewalten an *einer* Stelle schädlich ist, gibt er von vornherein zu. Er redet deshalb den mittelalterlichen Einrichtungen mit ihren auf lokale Verbände und landschaftliche Individualitäten gestützten Verwaltungs- und Rechtspflegesystemen das Wort gegenüber den aus dem Römertum stammenden Bestrebungen, die mit Übergehung der Einzeleigentümlichkeiten alle Gewalten an einer Stelle vereinigt, zentralisiert haben wollen (S. 40 ff). Prins ist sogar gegen das allgemeine Wahlrecht, weil er findet, daß dadurch eine Minderheit durch die *Herrschaft* einer vielleicht unbeträchtlichen Mehrheit vergewaltigt wird. Dennoch kommt auch er dahin, faule Kompromisse zwischen Sozialismus und Individualismus zu empfehlen. Daß alles Heil aus der Betätigung der Individualitäten entspringt: das hätte sich diesem Denker aus allen seinen Betrachtungen ergeben müssen. Er hat nicht den Mut, das einzugestehen und sagt: «Aber das höchste Maß von Individualität erwächst nicht aus einem Übermaß von Individualismus» (S. 63). Ich möchte dem entgegnen: von einem «Übermaß» des Individualismus kann überhaupt nicht gesprochen werden, denn niemand kann wissen, was von einer Individualität verlorengeht, wenn man sie in ihrer freien Entfaltung beschränkt. Wer hier Maß halten will, der kann gar nicht wissen, welche schlummernden Kräfte er mit seiner plumpen Maßanlegung aus der Welt austilgt. Praktische Vorschläge zu geben gehört nicht hierher; wohl aber ist hier der Ort zu sagen, daß, wer die Entwicklung der

Menschheit zu deuten weiß, nur für eine Gesellschaftsform eintreten kann, die die ungehinderte allseitige Entwicklung der Individuen zum Ziele hat, und der jede Herrschaft des einen über den andern ein Greuel ist. Wie der einzelne mit sich selbst fertig wird, das ist die Frage. Jeder einzelne wird diese Frage lösen, wenn er nicht durch alle möglichen Gemeinschaften daran gehindert wird.

Von allen Herrschaften die schlimmste ist diejenige, welche die Sozialdemokratie anstrebt. Sie will den Teufel durch Beelzebub austreiben. Aber sie ist heute nun einmal ein Gespenst. Und da bekanntlich das Rot die aufregendste Farbe ist, so wirkt sie auf viele Menschen ganz schrecklich. Aber nur auf Menschen, die nicht denken können. Diejenigen, die denken können, wissen, daß mit der Realisierung der sozialdemokratischen Ideale alle Individualitäten unterdrückt sein werden. Weil aber diese sich nicht unterdrücken lassen können – denn die menschliche Entwicklung hat es einmal auf Individualität abgesehen –, so wäre der Tag des Sieges der Sozialdemokratie zugleich der ihres Unterganges.

Das scheinen diejenigen nicht einzusehen, die sich von dem roten Fahnenfetzen der Sozialdemokratie in solcher Weise einschüchtern lassen, daß sie glauben, jede Theorie über das Zusammenleben der Menschen müsse mit dem nötigen Tropfen sozialen Öles geschmiert sein. So ölig sind die beiden, die Ludwig Steins und die Adolf Prins'.

Beide wissen sich nicht recht zu helfen. Sie denken. Dadurch müßten sie Individualisten oder, sagen wir es ohne Vorbehalt heraus, theoretische Anarchisten werden. Aber sie haben Angst, höllische Angst vor den Konsequenzen ihres eigenen Denkens und deshalb ölen sie die Konsequenzen ihres Denkens ein wenig mit den staatssozialistischen Allüren des

Fürsten Bismarck und mit dem sozialdemokratischen Nonsens der Herren Marx, Engels und Liebknecht. Wer vieles bringt, wird manchem etwas bringen.

Das gilt aber doch nicht für Denker. Ich bin der Ansicht, daß sich jeder für die ungeschwächte Konsequenz der Anschauung, die seiner Natur gemäß ist, ins Zeug legen soll. Ist sie falsch, dann wird schon eine andere siegen. Aber ob wir siegen werden, das überlassen wir der Zukunft. Wir wollen bloß im Kampf unsern Mann stellen.

Den Leuten vom Denkhandwerk kommt es entschieden zu, in der Diskussion über die soziale Frage mitzuwirken. Denn man sagt ihnen nach, daß ihr Handwerk die blinde Parteileidenschaft nicht aufkommen läßt. Aber eine Leidenschaft brauchen auch die Denker. Diejenige der rücksichtslosen Anerkennung ihrer eigenen Ansichten. Die Denker unserer Zeit haben diese Rücksichtslosigkeit nicht.

Ludwig Stein bedauert in der Einleitung zu seinem Buche, daß die Philosophen der Gegenwart sich so wenig mit der sozialen Frage beschäftigen. Ich möchte das nicht in dem gleichen Maße bedauern. Wären unsere Philosophen Denker, die den Mut haben, die Konsequenzen aus ihren Gedanken zu ziehen, dann könnte ich Stein beistimmen. Wie die Dinge aber liegen, würde bei einer regen Anteilnahme der Philosophen an der Diskussion der sozialen Fragen nichts Sonderliches herauskommen. Und Ludwig Stein hat das mit seinem dicken Buche bewiesen. Es steht in demselben nichts, was für die Frage irgend in Betracht käme. Den allgemeinen Kohl, der uns von den Mittelparteien und Kompromißkandidaten in aller Herren Länder aufgetischt wird, setzt uns Ludwig Stein mit ein wenig philosophischem Salat vor. Er wird dadurch nicht schmackhafter.

# BISMARCK,
## DER MANN DES POLITISCHEN ERFOLGES

Napoleon der Erste hat sicherlich das Glaubensbekenntnis der meisten großen Politiker ausgesprochen, als er sagte: «Die Ereignisse dürfen nie die Politik bestimmen, sondern die Politik muß die Ereignisse bestimmen. Sich von jedem Vorfall hinreißen lassen, heißt überhaupt kein politisches System haben.» Bismarcks Größe beruht darauf, daß er genau das entgegengesetzte Glaubensbekenntnis zu dem seinigen machte. Wir sind geneigt, wenn wir das Leben eines großen Politikers betrachten, zu fragen: Welche politische Idee schwebte ihm vor? Was wollte er? Und wir schätzen ihn dann um so höher, je mehr er von seinen Zielen verwirklicht hat. Hätte Bismarck jemand im Beginne seiner politischen Laufbahn gefragt, was er wolle, so hätte er wohl kaum etwas anderes geantwortet als: Ich will die Pflichten gewissenhaft erfüllen, die mir mein Amt auferlegt. Und hätte man ihn nach einer leitenden politischen Idee gefragt, die ihn bestimme, so hätte er mit einer solchen Frage wahrscheinlich nichts anzufangen gewußt. Wie entfernt von der Idee eines solchen Deutschen Reiches, dessen Verwirklichung er gedient hat, mögen seine politischen Gedanken in den Revolutionsjahren gewesen sein, als er seinen Platz in den Reihen der Frankfurter Bundestagsmitglieder am besten dadurch auszufüllen glaubte, daß er jeder modernen Regung des deutschen Geistes als der erbittertste Feind entgegentrat.

Es gab damals Idealisten, die durch die Macht der Gedanken dem deutschen Volk ein Einheitsreich schaffen wollten. Bismarck hatte für solchen Idealismus nicht das geringste Verständnis. Und dreiundzwanzig Jahre später hat Bismarck verwirklicht, was jene Idealisten damals für möglich, er damals für ein lächerliches Hirngespinst gehalten hat.

Auf die Gefahr hin, von den Leuten, die einen großen Mann nur durch Superlative des Lobens zu erkennen glauben, für einen Verkleinerer Bismarcks gehalten zu werden, spreche ich es aus: Bismarck verdankt seine Erfolge dem Umstand, daß er seiner Zeit niemals auch nur um wenige Jahre voraus war. Die Idealisten des Jahres 1848 mußten scheitern, weil sie eine Idee verwirklichen wollten, die erst 1871 reif zur Verwirklichung war. Bismarck war für diese Idee erst in dem Augenblicke zu haben, als sie reif war, ins Dasein zu treten.

Goethe hat die *problematischen Naturen* in dieser Weise charakterisiert: es sind «Naturen, die keiner Lage gewachsen sind, und denen keine genug tut». Verwandelt man diesen Satz in sein Gegenteil, so hat man eine Charakteristik Bismarcks: *Er war ein Mensch, der jeder Lage gewachsen war, und dem jede genug tat.*

Daß man ein Ideal haben kann und an seiner Verwirklichung arbeiten will, eine solche Empfindung lag Bismarck ganz fern. Wer ein solches Ideal hat, wird immer mehr oder weniger eine problematische Natur sein, denn ihm wird die wirkliche Lage der Dinge – die doch dem Ideale nicht entspricht – niemals genug tun. Dafür hatte Bismarck ein feines Gefühl für diese wirkliche Lage der Dinge, für die realen Forderungen seiner Zeit; und er hatte den rücksichtslosen Willen zu verwirklichen, was die Zeit, der Augenblick forderte. Man hätte ihm in der Zeit vor 1870 tausend Gründe anführen können, die dafür sprachen, die nationale Einheit der Nord- und Süddeutschen herbeizuführen: er hätte darüber gelächelt. Im Jahre 1870 sprachen zu ihm die Tatsachen, und er führte diese Einheit herbei.

Ich sage es rückhaltlos heraus: Bismarck ist der größte Politiker geworden, weil er es verstand, im allerbesten Sinne des Wortes den Mantel nach dem Winde zu drehen. Aber ich spreche Bismarck diese Worte nur nach. In der Sitzung des preußischen Abgeordnetenhauses vom 2. Juni 1865 erwiderte Bismarck dem Abgeordneten Virchow, der ihm vorwarf, er habe keine festen Prinzipien, sondern richte seine politischen Entschlüsse bald so, bald so ein, je nachdem der Wind verschieden blase: «Virchow hat uns vorgeworfen, wir hätten, je nachdem der Wind gewechselt hätte, auch das Steuerruder gedreht. *Nun frage ich, was soll man denn, wenn man zu Schiffe fährt, anderes tun, als das Ruder nach dem Winde drehen, wenn man nicht etwa selbst Wind machen will.*»

Bismarck hat nie darüber nachgedacht, wie die Welt sein soll. Solches Denken hat er als müßige Geschäftigkeit angesehen. Was sein soll, hat er sich von den Ereignissen sagen lassen; seine Sache war, im Sinne der von den Ereignissen gestellten Forderungen *kraftvoll* zu handeln.

Aber seine Kraft hat eine ganz bestimmte Richtung. Kein anderer hätte ihr diese Richtung gegeben. Bismarck ist am 1. April 1815 in einem preußischen Junkerhause geboren. Seine Erziehung führte ihn dazu, als die Persönlichkeit zu wirken, die sich selbst einzig bezeichnend auf den Grabstein setzen mußte: «*Ein treuer deutscher Diener Wilhelms I.*»

Man wird vergebens suchen, wenn man in der Weltgeschichte zwei Männer finden will, die so füreinander bestimmt waren wie Bismarck und Wilhelm I. Ein Monarch, der seine Aufgaben in der eines Erbherrschers einzig würdigen, einzig richtigen Weise erfaßt: sich des Mannes zu bedienen, der die Interessen seines Thrones aus angeborener Selbstlosigkeit und mit Riesenkraft in Einklang zu setzen weiß mit den lange gehegten Idealen der Mehrheit des Volkes. Und *einen Diener,* der dazu erzogen ist, die titanische Kraft, die ihm eignet, in den Dienst des Herrschers zu stellen, den er ohne weitere Frage als seinen «Herrn» anerkennt.

Man fragt sich nach den Ursachen solcher Harmonie. Ich erkenne da die Wirkungen der Religion. Man kann ein Herrscher wie Wilhelm I. und man kann ein Staatsmann wie Bismarck *nur als Christ sein.*

Bismarck war in seinem Leben jeder Lage gewachsen. Er tat, was die Ereignisse von einem treuen deutschen Diener des preußischen Königs forderten. Er dachte über die Berechtigung seines Tuns nicht nach. Das überließ er dem lieben Gott. Wir können Bismarck ins Herz sehen. Wir können wissen, wie er sich durch sein Verhältnis zu Gott abfand mit seiner Aufgabe. Moritz Busch berichtet von einem Gespräch in Varzin, in dessen Verlauf Bismarck gesagt hat: «Niemand liebe ihn wegen seiner politischen Tätigkeit. Er habe damit niemand glücklich gemacht, sich selbst nicht, ... wohl aber viele unglücklich. Ohne mich hätte es drei große Kriege nicht gegeben, wären achtzigtausend Menschen nicht umgekommen, und Eltern, Brüder, Schwestern und Witwen trauerten nicht. *Das habe ich indessen,* fuhr er fort, *mit Gott ausgemacht.*»

Und mit Gott hat Bismarck auch sein Verhältnis zu seinem König ausgemacht. Ihm gab Gott das Amt, diesen König groß zu machen. Und er kannte nichts anderes, als die Pflichten dieses Amtes redlich zu erfüllen. Es war nicht sein Ideal, ein Deutsches Reich zu gründen. Es war das Amt, das ihm durch Gott und seinen König übertragen war. Er war nicht dazu da, Ideale zu erfüllen; er war nur jedem Amte gewachsen.

Daß das Hohenzollern-Haus mächtig werde, das war Bismarcks Prinzip. Wenn man bei ihm von einem Prinzipe sprechen darf. Denn solches forderte die Zeit.

Und noch etwas anderes forderte die Zeit. Sie fordert von dem König, daß er mit dem Volke gehe. Auch das hat Bismarck erkannt. Ein königstreues und später ein kaisertreues Volk wollte Bismarck schaffen. Deshalb hat er das allgemeine Wahlrecht eingeführt. Deshalb hat er den Anfang gemacht mit sozialpolitischen Reformen.

Es ist eine Lüge, wenn behauptet wird, Bismarck sei je ein Freund der liberalen Bourgeoisie gewesen. In Wahrheit war er immer ihr größter Feind. Er sah in ihr die Verkörperung des republikanischen Geistes. Der Liberalismus will die Republik, oder wenn er vorgibt, diese nicht zu wollen, so soll doch der König weiter nichts sein als der erbliche Präsident. Dies ist Bismarcks Meinung. Ich möchte darüber die Worte anführen, die er im deutschen Reichstage am 26. November 1884 selbst gesprochen hat: «Was ist denn das unterscheidende Kennzeichen zwischen Republik und Monarchie? Doch durchaus nicht die Erblichkeit des Präsidenten. Die polnische Republik hatte einen König, er hieß König und war unter Umständen erblich. Die englische aristokratische Republik hat einen erblichen Präsidenten, der König oder Königin ist; aber in den Begriff einer Monarchie nach deutscher Definition paßt die englische Verfassung nicht. Ich unterscheide zwischen Monarchie und Republik auf der Linie, wo der König durch das Parlament gezwungen werden kann, ad faciendum, irgend etwas zu tun, was er aus freiem Antriebe nicht tut. Ich rechne eine Verfassung diesseits der Scheidelinie noch zu den monarchischen, wo, wie bei uns, die Zustimmung des Königs zu den Gesetzen erforderlich ist, wo der König das Veto hat und das Parlament ebenfalls... Die monarchische Einrichtung hört auf, diesen Namen zu führen, wenn der Monarch gezwungen werden kann, durch die Majorität des Parlaments, sein Ministerium zu entlassen, wenn ihm Einrichtungen aufgezwungen werden können durch die Majorität des Parlaments, die er freiwillig nicht unterschreiben würde, denen gegenüber sein Veto machtlos bleibt.» Von dem Liberalismus der Bourgeoisie glaubte Bismarck, daß er Einrichtungen anstrebe, die den Herrscher zwingen, einfach seinen Namen willenlos unter die Beschlüsse der Mehrheit des Parlaments zu setzen. Von den Proletariern aber glaubte er, daß sie ihr leibliches und geistiges Wohl höher stellen als eine bestimmte Regierungsform. Einem sozialen Königtum, dachte er, würde das Proletariat die Hand reichen gegen die republikanischen Neigungen des Bürgertums. Und ein königsfreundliches Proletariat dachte er sich heranzuziehen durch das allgemeine Wahlrecht.

Ich glaube, es hätte eine Möglichkeit gegeben für Bismarck, sein soziales Königtum zu verwirklichen. Diese Möglichkeit wäre eingetreten, wenn Lassalle nicht 1864 durch den frivolen Pistolenschuß Rakowitzas sein Leben verloren hätte. Mit Prinzipien und Ideen konnte Bismarck nicht fertig werden. Sie lagen außerhalb des Kreises seiner Weltanschauung. Er konnte nur mit Menschen verhandeln, die ihm reale Tatsachen entgegenhielten. Wäre Lassalle am Leben geblieben, so hätte er die Arbeiter wahrscheinlich bis zu der Zeit, in der Bismarck für sozialreformatorische Pläne reif war, so weit gebracht gehabt, daß diese Arbeiter eine Lösung der sozialen Frage für Deutschland im Einklange mit Bismarck hätten finden können. Um die soziale Frage zur rechten Zeit im Sinne Bismarcks zu lösen: dazu fehlte Lassalle. Mit den sozialistischen Parteien, die sich bald nach Lassalles Tode nicht unter der Führerschaft eines lebendigen Menschen, sondern unter den abstrakten Theorien Marxens als politischer Faktor geltend machten, konnte Bismarck nichts anfangen. Wäre ihm Lassalle als Machtfaktor, mit den Arbeitern als diese Macht gegenübergestanden: Bismarck hätte den *sozialen Staat* mit dem König an der Spitze gründen können. Mit Parteidoktrinen wußte aber Bismarck nichts anzufangen.

Mit Machtfaktoren wußte er zu rechnen. Theorien und Prinzipien waren ihm gleichgültig. Am 26. November 1884 sagte er dem Abgeordneten Rickert: «Ob meine Auffassung in eine wissenschaftliche Theorie paßt, ist mir gleich: sie paßt in meine staatsrechtliche Auffassung, und ich werde in meiner Auffassung über den König die vollziehende Gewalt und erbliche Monarchie dieser die Freiheit zu bewahren wissen.»

Ein treuer deutscher Diener seines Herrschers war Bismarck. Ein Feind der liberalen Bourgeoisie nicht minder. Und wenn diese Bourgeoisie heute seine begeistertsten Anhänger stellt, so kommt dies davon, daß in ihren Kreisen die Anbetung des Erfolges die verbreitetste Tugend ist. Es ist merkwürdig: Nur der nationale Enthusiasmus hat den deutschen Bourgeois eine Zeitlang über die ihm entgegengesetzte Gesinnung Bismarcks hinweggeholfen. Das bleibende Denkmal dieser Täuschung ist die Nationalliberale Partei. Sie ist eine idealistische Partei. Nationale Empfindungen haben sie immer zusammengehalten. Sie hat Bismarck eine Zeitlang zugejubelt. Er hat sich ihrer solange bedient, als er glaubte, daß eine ideale Gruppe den Forderungen der Zeit dienen könne.

Aber auch die Masse des Volkes hat Bismarck dazu gezwungen, seine Größe anzuerkennen. Er genießt eine beispiellose Popularität. Er, der am 5. Mai 1885 in einer Reichstagssitzung sagte: «Ich würde sehr nachdenklich werden, was ich wohl dem Lande Schädliches beabsichtigt oder unbeabsichtigt herbeigeführt haben könnte, wenn ich dort (nach links) an Popularität gewonnen hätte. Der Herr Vorredner kann wohl sicher sein, daß ich danach nicht strebe, wie ich denn überhaupt nach Popularität in meinem ganzen Leben nie einen Pfifferling gestrebt habe.»

Nein, Bismarck hat nie nach Popularität gestrebt. Und wenn die Menge laut nach Idealen gerufen hätte, die nach zehn Jahren hätten verwirklicht werden können: Bismarck hätte sich um das laute Rufen der Menge nicht gekümmert. Er war stets der rechte Mann, der den Augenblick zu benutzen wußte.

Aber er hat diesen Augenblick stets so benutzt, daß seine Taten den historischen Traditionen, den religiösen Überzeugungen gemäß waren, in denen er aufgewachsen war. Er war aufgewachsen in den Überzeugungen eines preußischen Edelmanns und konnte sich anpassen den ähnlichen Überzeugungen seines Herrn, des Königs und Kaisers Wilhelm I. Mit diesem Ideale eines Monarchen war Bismarcks Weltanschauung mit in das Grab gesunken.

Er hätte sich keine bessere Grabschrift setzen können als: «Ein treuer deutscher Diener Wilhelms I.»

Und so mögen sie mir es denn übelnehmen, wie sie wollen, diejenigen, die nur anerkennen können, wenn sie in Superlativen loben. Ich sage doch mit Bismarck, dem großen Heimgegangenen, die beste Maxime des Politikers ist:

*«Was soll man denn, wenn man zu Schiffe fährt, anders tun, als das Ruder nach dem Winde drehen, wenn man nicht etwa selbst Wind machen will.»*

★

[Nachschrift anläßlich eines Wiederabdrucks des vorstehenden Aufsatzes in der Wochenschrift «Dreigliederung des sozialen Organismus», Stuttgart 1921:]

Die vorstehenden Betrachtungen sind nach Bismarcks Hingang 1898 niedergeschrieben. Jetzt nach dem Erscheinen des dritten Bandes seiner «Gedanken und Erinnerungen» können sie erscheinen, ohne daß ihr Inhalt verändert wird. Denn gerade durch diese Veröffentlichung zeigen die Farben, in denen damals Bismarcks Bild skizzenhaft gemalt werden konnte, ihre volle Berechtigung. Am Schluß dieses dritten Bandes steht der Satz: «Die Aufgabe der Politik liegt in der möglichst richtigen Voraussicht dessen, was andere Leute unter gegebenen Umständen tun werden. Die Befähigung zu dieser Voraussicht wird selten in dem Maße angeboren sein, daß sie nicht, um wirksam zu werden, eines gewissen Maßes von geschäftlicher Erfahrung und Personalkenntnis bedürfte...» –

Man setze neben diesen Satz den dieser Betrachtungen: «Bismarck hat nie darüber nachgedacht, wie die Welt sein soll. Solches Denken hat er als müßige Geschäftigkeit angesehen. Was sein soll, hat er sich von den Ereignissen sagen lassen. Seine Sache war, im Sinne der von den Ereignissen gestellten Forderungen *kraftvoll* zu handeln.» Man kann sagen, mit bewundernswerter Objektivität beurteilt Bismarck von dem Gesichtspunkt aus, auf dem er stets gestanden, auch seine Entlassung. Er hielt sein Bleiben im Dienste für notwendig, weil er im Bereiche derjenigen, die in Betracht kamen, keinen sah, dem die Ereignisse der damaligen Zeit sagen konnten, was sein soll, und weil man das, was sie ihm gesagt haben, nicht wissen wollte. Man liest darüber in «Gedanken und Erinnerungen»: «Wie genau, ich möchte sagen subaltern

Caprivi die ‹Consigne› befolgte, zeigte sich darin, daß er über den Stand der Staatsgeschäfte, die zu übernehmen er im Begriffe stand, über die bisherigen Ziele und Absichten der Reichsregierung und die Mittel zu deren Durchführung keine Art von Frage oder Erkundigung an mich gerichtet hat.»

Auf dem Titelblatt des dritten Bandes steht: «Den Söhnen und Enkeln zum Verständnis der Vergangenheit und zur Lehre für die Zukunft.» Heute muß man diese Widmung mit den allerschmerzlichsten Gefühlen lesen. Man kann sich nicht erwehren zu denken, Bismarck hatte eine Ahnung von dem, was kommen müsse, wenn kein Politiker da ist, der Ohren hat zu hören, was die Ereignisse sagen. Hätte er erlebt, was geschehen ist, er würde wohl noch manchmal ähnliches ausgesprochen haben wie: «Ich kann mich beunruhigender Eindrücke nicht erwehren wenn ich bedenke, in welchem Umfange diese Eigenschaften in unseren leitenden Kreisen verlorengegangen sind.» Er meint die Eigenschaften, die erkennen lassen, was andere Leute unter gegebenen Umständen tun werden, und die man durch Erfahrung sich erwerben muß. Im Politischen muß man den Wind empfinden und nach ihm das Steuer führen, wenn man nicht selbst Wind machen will.

## FRIEDRICH JODL «WESEN UND ZIELE DER ETHISCHEN BEWEGUNG IN DEUTSCHLAND»

Oft habe ich in dieser Zeitschrift von der Revolutionierung der Geister im neunzehnten Jahrhundert gesprochen. Ich habe gesagt, daß wir auf dem Wege sind, durch Vertiefung in das Wesen der Natur und durch kühne, freie Selbsterkenntnis uns eine Weltanschauung aufzubauen, durch welche die in den verflossenen Jahrhunderten herrschenden religiösen Vorstellungen aus Köpfen und Herzen der Menschen vertrieben werden sollen. Aber ich habe auch stets betont, daß sich die moderne freie Weltanschauung nur langsam der Geister bemächtigt, und daß rückständige Ansichten immer wieder und wieder mit etwas neuer Schminke aufgeputzt, dem Siegeslauf dieser Weltanschauung sich hemmend in den Weg stellen. Nur wer in den Geist der naturwissenschaftlichen Erkenntnisse dieses Jahrhunderts eindringt und mit dem durch dieses Eindringen gewonnenen freien Blick die Stellung des Menschen in der Welt zu erfassen imstande ist, ist berufen, über die Anforderungen der modernen Zeit zu sprechen. Es gibt aber Leute, die durchaus den erforderlichen freien Blick nicht gewinnen können. Sie versuchen dann alle möglichen Fetzen der alten Weltanschauung herüberzuretten in die neue Zeit und wollen mit solchen Erbstücken reformierend auf die Gegenwart einwirken. Zu ihnen gehören die Führer der sogenannten «Gesellschaft für ethische Kultur». Ich ersehe dies aufs neue aus einem Schriftchen, das soeben in zweiter Auflage erschienen ist und den Titel trägt: «Wesen und Ziele der ethischen Bewegung in Deutschland». Es hat den Wiener Philosophieprofessor Friedrich Jodl zum Verfasser. Von der Philosophie, die der gelehrte Herr vertritt, erhält man eine Vorstellung, wenn man seine Sätze (S. 15) liest: «Wir fußen auf der Überzeugung, daß es eine Wissenschaft vom sittlichen Leben gibt, wie es eine Naturwissenschaft, wie es eine Wissenschaft vom wirtschaftlichen Leben gibt; und daß die Zeit vorüber, unwiderbringlich vorüber ist, wo es Wissenschaft überhaupt nur im Dienste und als Bestandteil der Religion gab.» Das Gehirn sträubt sich, solche Sätze nachzudenken. Verehrtester

Herr Professor! Es gibt nur *eine* Weltansicht, und aus dieser fließen unsere sittlichen Erkenntnisse, wie unsere wirtschaftlichen und naturwissenschaftlichen. Und bei demjenigen, bei dem sittliche, naturwissenschaftliche und wirtschaftliche Erkenntnisse nebeneinanderherlaufen, der hat es eben noch nicht zu einer einheitlichen Weltanschauung gebracht. Solange sich diese Weltanschauung auf der religiösen Offenbarung aufbaute, solange mußte sie eine sittliche Ansicht im Sinne dieser Offenbarung im Gefolge haben. Und wer seine Weltansicht nicht aus der Bibel, sondern aus der modernen Natur- und Menschheitserkenntnis schöpft, muß auch zu sittlichen Überzeugungen kommen, die im Sinne dieser Erkenntnis sind. Und eine Ethik, wie sie dieser Professor der Philosophie will, deren Ziel ist (S. 15): «harmonische Ausgestaltung der Persönlichkeit, innere Trefflichkeit des Willens und Charakters und Wohlfahrt und Entwicklungsfähigkeit des Geschlechtes» und die dieses Ziel ohne Zugrundelegung und Ausfluß irgendeiner Weltanschauung erreichen will, ist eine Summe leerer Redensarten. Die Gesellschaft aber, die zur Pflege solcher Ethik errichtet worden ist, ist eine inhaltlose Bildung, die eine auf nichts gebaute Sittlichkeit pflegen will, weil sie eine im Sinne moderner Erkenntnis gehaltene Ethik aufzubauen unfähig ist.

## JULES MICHELET

Vor hundert Jahren – am 21. August 1798 – wurde zu Paris der große Historiker Jules Michelet geboren. Seine Größe ist heute so unbestritten, daß jüngst die höchsten republikanischen Behörden – der Präsident der Republik, die Minister, die Kammermitglieder, die Mitglieder des Pariser Gemeinderates, der Universität u. a. – beschlossen, die Jahrhundertfeier der Geburt dieses Mannes zu begehen. Ein Historiker von heute wird zweifellos an Michelet viel auszusetzen haben. Denn jenes temperamentlose «Über-den-Dingen-Stehen», jene Kälte der Betrachtungsweise, die man gegenwärtig «historische Objektivität» nennt, eignete ihm durchaus nicht. Er hat sich selbst dadurch charakterisiert, daß er von seinem Verhältnis zu seinen Zeitgenossen gesagt hat: «Ich habe mehr als sie geliebt». Trockene historische Darstellung war nicht Michelets Sache. In jedem Satze, den er niederschreibt, spürt man, ob Sympathie oder Antipathie des Autors den Zug der Feder begleitet hat. An seiner Geschichtsschreibung hat die Phantasie nicht weniger Anteil als der Verstand. Die Gestalten und Vorgänge der Vergangenheit läßt er in dramatischer Lebendigkeit vor den Augen des Lesers entstehen.

Michelet kennt das Leben, das Leben der Einzelnen nicht weniger als das Leben des ganzen Volkes. Seine «Geschichte der französischen Revolution», die «Geschichte Frankreichs» beweisen das ebenso wie sein «Ludwig XIV.» und seine Schrift «Das Volk». Wo Michelet Persönlichkeiten schildert, geht er stets den intimsten Motiven des Handelns in der Seele nach; und wo er Ereignisse darstellt, weiß er die Fäden des historischen Zusammenhangs mit bewundernswerter Anschaulichkeit nachzuzeichnen. Ihm ist Geschichte nicht allein Kenntnis des Geschehenen, sondern Grundlage für lebendiges, tatvolles Wirken in der Gegenwart. Wir hören nirgends in seinen Werken einen bloßen Berichterstatter, sondern einen Mann, der uns viel, sehr viel über die Tatsachen zu sagen hat, von denen er berichtet. Eine richtunggebende Persönlichkeit war Michelet. Und eine solche, die nicht aus ihrer Richtung zu bringen war, noch dazu. Nach dem Staatsstreich von 1851 gab er lieber sein Amt auf, als daß er seine republikanische Gesinnung durch Leistung des Huldigungseides verleugnet hätte.

## LITERATENKLUGHEIT UND TEUFELSINSEL

Es ist nun ganz klar, denn der Mann, der die Leitartikel der «Zukunft» schreibt, hat es soeben verkündet: es kommt nur von der gräßlichen Beschränktheit der Menschen, daß sie sich nicht aufschwingen können, zu dem erhabenen Standpunkte: ich maße mir kein Urteil über Schuld oder Unschuld des Kapitän Dreyfus an. Und weiter kommt es von dieser gräßlichen Beschränktheit, daß sie «politische Dinge nicht politisch beurteilen können». Zwar könnten wir andern, wenn wir wollten sagen: wir können vielleicht menschliche Dinge besser menschlich beurteilen als der Leitartikler der «Zukunft», der seine hohe politische Einsicht sich in Friedrichsruh allmählich erworben hat. Aber wozu würde uns solch allgemein menschlicher Standpunkt nützen, da ja der betreffende Herr doch keine Ahnung davon zu haben scheint, daß alle Früchte des Unterrichtes in Friedrichsruh vergeblich sind, wenn die nötige Veranlagung nicht vorhanden ist. Man kann noch so viele «Stunden» bei dem größten Staatsmanne nehmen, und man wird dadurch nicht Psychologe bis zu dem geringen Grade werden, der dazu nötig ist, um zu sagen: nach allem, was wir wissen, muß Dreyfus unschuldig sein. Für mich zum Beispiel hat das Verhalten Dreyfus' während und nach der Gerichtsverhandlung 1894 genügt, um ihn für unschuldig zu halten. Der Leitartikler der «Zukunft» aber meint, es müsse doch auf das Urteil Pellieux's, der die Akten kennt, und des Herrn Cavaignac ankommen, der, als die Revision in Sicht war, aus dem Ministerium verschwand; davon aber scheint er nichts zu halten, daß ein wirklicher Menschenkenner wie Zola geschworen hat, Dreyfus sei unschuldig. Ja, es ist so weit gekommen. Man nimmt heute in deutschen Zeitschriften Urteile hin, für die ein Lachen die höchste Auszeichnung wäre, die man ihnen gewähren sollte.

## DREYFUS-BRIEFE

Die Menschen mit einem klaren Blick für die Vorgänge des Lebens müssen längst von der vollkommenen Schuldlosigkeit des unglücklichen Gefangenen auf der Teufelsinsel überzeugt sein. Wenn bei solchen Menschen noch das Gefühl des Abscheus gegenüber einer beispiellosen Knebelung des Rechtes und der Enthusiasmus für die Gerechtigkeit zu dem klaren Blick hinzukommen, dann muß sich ihre Entrüstung in solch starken Anklagen entladen, wie sie Zola, Björnson und andere erhoben haben.

Daß es in Frankreich Leute gibt, welche sich gegen das freie Walten des Rechtes in dieser Sache auflehnen, ist begreiflich. Denn wer sind diese Leute? Solche, die sich fürchten vor der Enthüllung des wahren Tatbestandes, weil sie in der Angelegenheit eine Rolle gespielt haben, um die sie kein anständiger Mensch beneiden kann. Solche, die aus Parteiinteressen behaupten müssen, daß sie von der Schuld Dreyfus' überzeugt sind, weil sie diese vor sich selbst begangene Lüge als Parteiparole brauchen. Und solche, die zu dumm, oder zu feige sind, um auf die wahren Verhältnisse den Blick zu werfen.

Auch in Deutschland haben wir Leute, die sich einem Eintreten für den gepeinigten Kapitän feindlich entgegensetzen. Sie spielen freiwillig Staatsmann und sagen: wir dürfen uns in die Angelegenheiten der Franzosen nicht mischen. Dabei drohen sie mit dem Gespenst eines deutsch-französischen Krieges. Es hat zwar noch niemand den Beweis erbracht, daß eine Aufhellung der in den Nebel der Lüge, der Parteileidenschaft und politischen Korruption gehüllten Sache das mindeste zu einem solchen Kriege beitragen könnte. Aber auf die Massen wirkt eine solche «Gespenstdrohung» stark ein; und es kitzelt die eigene Eitelkeit, zu behaupten: ich habe staatsmännische Einsicht und spreche von einem höheren politischen Gesichtspunkte aus über die armen naiven Lämmer, die sich von mißverstandenem menschlichen Mitleid hinreissen lassen, für einen Menschen einzutreten, der sie – da er doch Franzose ist – gar nichts angeht.

Mögen nun die Gegner eines durch die Begeisterung für Recht und Freiheit hervorgerufenen Eintretens für einen Märtyrer der Ungerechtigkeit, Verblendung und Korruption was immer für Motive haben; eines gilt von ihnen allen: sie haben nicht das geringste psychologische Urteil. Ein solches hat nur derjenige, welcher nach dem ganzen Wesen eines Menschen zu entscheiden vermag, ob dieser einer Handlung, die ihm zugerechnet wird, überhaupt fähig ist, oder nicht. Alle Leute mit psychologischem Urteil konnten aus dem Verhalten des Hauptmann Dreyfus vor, während und nach seiner Verurteilung mit Bestimmtheit sagen: *Dieser Mann muß unschuldig sein.*

In den letzten Wochen ist zu den Gründen, welche diese Menschen mit psychologischem Blick hatten, noch ein weiterer hinzugetreten. Die Briefe, die Dreyfus vom Dezember 1894 bis zum März 1898 an seine Gattin geschrieben hat, sind veröffentlicht worden. Sie sind ein psychologisches Dokument ersten Ranges. Ich möchte die Empfindungen rückhaltlos verzeichnen, die beim Lesen dieser Briefe durch meine Seele gezogen sind. Dreyfus ist eine Persönlichkeit mit Eigenschaften, die ich hasse. Er ist mir unsympathisch, wie mir nur ein Mensch unsympathisch sein kann. Er ist ein borniter Chauvinist. Er schreibt seiner Gattin: «Erinnerst Du Dich, wie ich Dir erzählte, ich hätte, als ich vor zehn Jahren im September in Mühlhausen weilte, ein deutsches Musikkorps den Jahrestag der Schlacht von Sedan feiern gehört. Mein Schmerz war damals so groß, daß ich vor Wut weinte, meine Bettücher zerriß vor Zorn und mir zuschwor, alle meine Kräfte, meine ganze Intelligenz dem Dienste meines Vaterlandes gegen den Feind, der auf solche Weise den Schmerz der Elsässer beleidigte, zu widmen.» Eine verbohrte Soldatennatur ist Dreyfus. Die Entrüstungsrufe, die er aus seinem Gefängnis, aus dem Exil an seine Gattin sendet, tragen alle einen kleinlichen Charakter. Keine Löwennatur bäumt sich auf gegen maßlose Ungerechtigkeit, sondern ein kleiner Patriot und Gesellschaftsmensch, der sich selbst umgebracht hätte, wenn er sich nicht verpflichtet fühlte zu leben, bis seine «Ehre» und der gute Name seiner Kinder wiederhergestellt ist. Für eine mir sympathische oder große Persönlichkeit trete ich nicht ein, sondern ich spreche gegen das mit Füssen getretene Recht der Persönlichkeit, gegen die mit Kot beworfene Freiheit.

Zusammengeschrumpft auf ein paar Vorstellungen ist das

ganze Seelenleben des Gemarterten. Die große Anzahl Briefe bringen nur den *einen* Schmerzensschrei in unzähligen Veränderungen: «Mein Herz blutete, es blutet noch, es lebt nur in der Hoffnung, daß man mir eines Tages die Tressen, die ich auf edle Weise erwarb und niemals beschmutzte, zurückgeben werde.» Wie wenig außer diesem hat der Gequälte seiner heldenhaften Frau zu sagen! Wie eine «fixe Idee» die Reden eines Wahnsinnigen, so durchzieht dieser Gedanke alle Briefe des Gefangenen. Und sein Zustand muß ein wahnsinn-ähnlicher sein. Sein inneres Leben ist ausgelöscht bis auf diesen *einen* Gedanken. Für jeden Psychologen ist ohne weiteres klar, daß dieses Seelenleben bei einem Punkte angelangt ist, der es zum Verräter seiner eigenen Schuld machen müßte, wenn es eine solche gäbe. Dieser bis zu fixen Ideen getriebene Mann würde heute gestehen, wenn er etwas zu gestehen hätte.

Dreyfus' fixe Ideen sind aber solche, die ein glaubwürdiger Beweis seiner Unschuld sind. Niemand, der mit psychologischem Blick diese Briefe liest, kann noch an die geringste Schuld dieses Mannes glauben. Als ein mit monumentalen Worten sprechendes Zeugnis sollten diese Briefe gelesen werden, daß heute in der Republik Frankreich das Recht der Persönlichkeit, daß die Freiheit zerstampft werden kann, daß der Mensch rechtlos sein kann in einem Staate, der sein Dasein auf sogenannte Freiheitsrechte stützt.

Gäbe es Richter, könnte es bei den gegenwärtigen Staatsverhältnissen solche geben, welche nicht nach dem Buchstaben der Gesetze Urteile fällen, die den Tatsachen gegenüber wie Hohn sich ausnehmen, so bedurfte es nur dieser Briefe, um Dreyfus aus seiner Verbannung zu holen, ihn von aller Schuld freizusprechen und ihm zu gewähren, was er verlangt und wessen er noch fähig ist. Aber die Richter können keine Psychologen sein. Stärker für sie als der Beweis, den die Briefe für die Unschuld liefern, spricht der Umstand, ob es irgendwo einen vieldeutigen Paragraphen gibt, der spitzfindig zu Gunsten oder Ungunsten des Verurteilten ausgelegt werden kann.

JOHN HENRY MACKAY UND RUDOLF STEINER
DER INDIVIDUALISTISCHE ANARCHISMUS:
EIN GEGNER DER «PROPAGANDA DER TAT»

*Offener Brief an Herrn Dr. Rudolf Steiner,
Herausgeber des «Magazins für Literatur»*

Lieber Herr Dr. Steiner!
Dringender als je in den letzten Jahren tritt in diesen Tagen die Bitte meiner Freunde an mich heran, gegen die «Taktik der Gewalt» von neuem Stellung zu nehmen, um meinen Namen nicht zusammengeworfen zu sehen mit jenen «Anarchisten», die – keine Anarchisten, sondern samt und sonders revolutionäre Kommunisten sind. Man macht mich darauf aufmerksam, daß ich Gefahr laufe, im Falle der internationalen Maßregel einer Internierung der «Anarchisten» als Ausländer aus Deutschland verwiesen zu werden.

Ich lehne es ab, dem Rate meiner Freunde zu folgen. Keine Regierung ist so blind und so töricht, gegen einen Menschen vorzugehen, der sich einzig und allein durch seine Schriften, und zwar im Sinne einer unblutigen Umgestaltung der Verhältnisse, am öffentlichen Leben beteiligt. Zudem habe ich seit Jahren leider auch fast jede äußerliche Fühlung mit der sozialen Bewegung in Europa verloren, deren äußere Entwicklung mein Interesse – nebenbei gesagt – heute nicht mehr in dem Grade in Anspruch nimmt, wie der geistige Fortschritt der Idee gleicher Freiheit in den Köpfen der einzelnen, auf dem allein noch alle Hoffnung der Zukunft beruht.

Ich habe 1891 in meinem Werke «Die Anarchisten» (in beiden Ausgaben jetzt im Verlage von K. Henckell & Co. in Zürich und Leipzig) im achten Kapitel, das sich «Die Propaganda des Kommunismus» betitelt, so scharf und unzweideutig mit Auban gegen die «Propaganda der Tat» Stellung genommen, daß auch nicht der leiseste Zweifel darüber bestehen kann, wie ich über sie denke. Ich habe das Kapitel eben zum ersten Male seit fünf Jahren wieder gelesen und habe ihm nichts hinzuzufügen; besser und klarer könnte ich auch heute nicht sagen, was ich über die Taktik der Kommunisten und ihre Gefährlichkeit in jeder Beziehung denke. Wenn ein Teil der deutschen Kommunisten sich seitdem von der Schädlichkeit und der Zwecklosigkeit jeden gewaltsamen Vorgehens überzeugt hat, so beanspruche ich einen wesentlichen Anteil an diesem Verdienste der Aufklärung.

Im übrigen pflege ich mich nicht zu wiederholen und bin überdies seit Jahren mit einer umfangreichen Arbeit beschäftigt, in der ich allen das Individuum und seine Stellung zum Staate betreffenden Fragen psychologisch näherzutreten suche.

Endlich hat sich in den sieben Jahren seit dem Erscheinen meines Werkes die Situation denn doch gewaltig geändert, und man weiß heute, wo man es wissen will, und nicht nur in den Kreisen der Einsichtigen allein, daß nicht nur hinsichtlich der Taktik, sondern auch in allen Grundfragen der Weltanschauung zwischen den Anarchisten, die es sind, und denen, die sich fälschlich so nennen und genannt werden, unüberbrückbare Gegensätze bestehen, und daß beide außer dem Wunsch einer Verbesserung und Umgestaltung der sozialen Verhältnisse nichts, aber auch gar nichts miteinander gemein haben.

Wer das aber immer noch nicht weiß, kann es aus der Broschüre von Benj. R. Tucker «Staatssozialismus und Anarchismus» erfahren, die er für 20 Pfennig von dem Verleger B. Zack, Berlin SO, Oppelnerstraße 45, beziehen kann, und in der er obendrein noch ein Verzeichnis aller Schriften des individuellen Anarchismus findet – eine unvergleichliche Gelegenheit, sein Wissen um den Preis eines Glases Bier in unschätzbarer Weise zu vermehren.

Wohl gibt es eine Schmutzpresse (sie nennt sich merkwürdigerweise mit Vorliebe selbst die anständige), die fortfährt, selbst feststehende, historisch gewordene Tatsachen immer von neuem zu fälschen. Aber gegen sie ist jeder Kampf nicht nur eine Zwecklosigkeit, sondern eine Entwürdigung. Sie lügt, weil sie lügen will.

Mit freundschaftlichem Gruße Ihr ergebener

*John Henry Mackay*
z. Zt. Saarbrücken, Rheinprovinz, Pesterstr. 4
den 15. September 1898.


*Antwort an John Henry Mackay*

Lieber Herr Mackay!
Vor vier Jahren, nach dem Erscheinen meiner «Philosophie der Freiheit», haben Sie mir Ihre Zustimmung zu meiner Ideenrichtung ausgesprochen. Ich gestehe offen, daß mir dies innige Freude gemacht hat. Denn ich habe die Überzeugung, daß wir in bezug auf unsere Anschauungen so weit überein-

stimmen, wie zwei voneinander völlig unabhängige Naturen nur übereinstimmen können. Wir haben gleiche Ziele, obwohl wir uns auf ganz verschiedenen Wegen zu unserer Gedankenwelt durchgearbeitet haben. Auch Sie fühlen dies. Ein Beweis dafür ist die Tatsache, daß Sie den vorstehenden Brief gerade an mich gerichtet haben. Ich lege Wert darauf, von Ihnen als Gesinnungsgenosse angesprochen zu werden.

Ich habe es bisher immer vermieden, selbst das Wort «individualistischer» oder «theoretischer Anarchismus» auf meine Weltanschauung anzuwenden. Denn ich halte sehr wenig von solchen Bezeichnungen. Wenn man in seinen Schriften klar und positiv seine Ansichten ausspricht: wozu ist es dann noch nötig, diese Ansichten mit einem gangbaren Worte zu bezeichnen? Mit einem solchen Worte verbindet jedermann doch ganz bestimmte traditionelle Vorstellungen, die dasjenige nur ungenau wiedergeben, was die einzelne Persönlichkeit zu sagen hat. Ich spreche meine Gedanken aus; ich bezeichne meine Ziele. Ich selbst habe kein Bedürfnis, meine Denkungsart mit einem gebräuchlichen Worte zu benennen.

Wenn ich aber in dem Sinne, in dem solche Dinge entschieden werden können, sagen sollte, ob das Wort «individualistischer Anarchist» auf mich anwendbar ist, so müßte ich mit einem bedingungslosen «Ja» antworten. Und weil ich diese Bezeichnung für mich in Anspruch nehme, möchte auch ich gerade in diesem Augenblicke mit wenigen Worten genau sagen, wodurch «wir», die «individualistischen Anarchisten», uns unterscheiden von denjenigen, welche der sogenannten «Propaganda der Tat» huldigen. Ich weiß zwar, daß ich für verständige Menschen nichts Neues sagen werde. Aber ich bin nicht so optimistisch wie Sie, lieber Herr Mackay, der Sie einfach sagen: «Keine Regierung ist so blind und töricht, gegen einen Menschen vorzugehen, der sich einzig und allein durch seine Schriften, und zwar im Sinne einer unblutigen Umgestaltung der Verhältnisse, am öffentlichen Leben beteiligt.» Sie haben, nehmen Sie mir diese meine einzige Einwendung nicht übel, nicht bedacht, mit wie wenig Verstand die Welt regiert wird.

Ich möchte also doch einmal deutlich reden. Der «individualistische Anarchist» will, daß kein Mensch durch irgend etwas gehindert werde, die Fähigkeiten und Kräfte zur Entfaltung bringen zu können, die in ihm liegen. Die Individuen sollen in völlig freiem Konkurrenzkampfe sich zur Geltung bringen. Der gegenwärtige Staat hat keinen Sinn für diesen Konkurrenzkampf. Er hindert das Individuum auf Schritt und Tritt an der Entfaltung seiner Fähigkeiten. Er haßt das Individuum. Er sagt: Ich kann nur einen Menschen gebrauchen, der sich so und so verhält. Wer anders ist, den zwinge ich, daß er werde, wie ich will. Nun glaubt der Staat, die Menschen können sich nur vertragen, wenn man ihnen sagt: so müßt ihr sein. Und seid ihr nicht so, dann müßt ihr eben – doch so sein. Der individualistische Anarchist dagegen meint, der beste Zustand käme dann heraus, wenn man den Menschen freie Bahn ließe. Er hat das Vertrauen, daß sie sich selbst zurechtfänden. Er glaubt natürlich nicht, daß es übermorgen keine Taschendiebe mehr gäbe, wenn man morgen den Staat abschaffen würde. Aber er weiß, daß man nicht durch Autorität und Gewalt die Menschen zur Freiheit erziehen kann. Er weiß dies eine: man macht den unabhängigsten Menschen dadurch den Weg frei, daß man jegliche Gewalt und Autorität aufhebt.

Auf die Gewalt und die Autorität aber sind die gegenwärtigen Staaten gegründet. Der individualistische Anarchist steht ihnen feindlich gegenüber, weil sie die Freiheit unterdrücken. Er will nichts als die freie, ungehinderte Entfaltung der Kräfte. Er will die Gewalt, welche die freie Entfaltung niederdrückt, beseitigen. Er weiß, daß der Staat im letzten Augenblicke, wenn die Sozialdemokratie ihre Konsequenzen ziehen wird, seine Kanonen wirken lassen wird. Der individualistische Anarchist weiß, daß die Autoritätsvertreter immer zuletzt zu Gewaltmaßregeln greifen werden. Aber er ist der Überzeugung, daß alles Gewaltsame die Freiheit unterdrückt. Deshalb bekämpft er den Staat, der auf der Gewalt beruht – und deshalb bekämpft er ebenso energisch die «Propaganda der Tat», die nicht minder auf Gewaltmaßregeln beruht. Wenn ein Staat einen Menschen wegen seiner Überzeugung köpfen oder einsperren läßt – man kann das nennen, wie man will –, so erscheint das dem individualistischen Anarchisten als verwerflich. Es erscheint ihm natürlich nicht minder verwerflich, wenn ein Luccheni eine Frau ersticht, die zufällig die Kaiserin von Österreich ist. Es gehört zu den allerersten Grundsätzen des individualistischen Anarchismus, derlei Dinge zu bekämpfen. Wollte er dergleichen billigen, so müßte er zugeben, daß er nicht wisse, warum er den Staat bekämpft. Er bekämpft die Gewalt, welche die Freiheit unterdrückt, und er bekämpft sie ebenso, wenn der Staat einen Idealisten der Freiheitsidee vergewaltigt, wie wenn ein blödsinniger eitler Bursche die sympathische Schwärmerin auf dem österreichischen Kaiserthrone meuchlings hinmordet.

Unsern Gegnern kann es nicht deutlich genug gesagt werden, daß die «individualistischen Anarchisten» energisch die sogenannte «Propaganda der Tat» bekämpfen. Es gibt außer den Gewaltmaßregeln der Staaten vielleicht nichts, was diesen

Anarchisten so ekelhaft ist wie diese Caserios und Lucchenis. Aber ich bin doch nicht so optimistisch wie Sie, lieber Herr Mackay. Denn ich kann das Teilchen Verstand, das zu so groben Unterscheidungen wie zwischen «Individualistischem Anarchismus» und «Propaganda der Tat» nun doch einmal gehört, meist nicht finden, wo ich es suchen möchte.

In freundschaftlicher Neigung Ihr *Rudolf Steiner*

### Richtigstellung

Einer der Häuptlinge der Kommunisten, Herr Gustav Landauer, antwortet in der Nummer 41 der «Sozialisten» auf den in Nummer 39 des «Magazins für Literatur» enthaltenen Brief John Henry Mackays wie jemand, der nichts kann als seine Parteiphrasen nachplappern und der jeden Andersdenkenden als einen schlechten Kerl ansieht. Mackay ist, nach Landauers Meinung, nicht aus Prinzip Gegner der Gewalt, sondern weil es ihm an Mut gebricht. Landauer verrät eine intime Verständnislosigkeit und rückhaltlose Unwissenheit. So behauptet er, Mackay werde in der neuen Ausgabe seines «Sturm» an Stelle des Verses «Kehre wieder über die Berge, Mutter der Freiheit, Revolution!» setzen: «Bleib nur drüben hinter den Bergen, Stiefmutter der Freiheit, Revolution!» Nun ist kürzlich die dritte und vierte Auflage des «Sturm» vermehrt, aber sonst völlig unverändert und unverkürzt (bei K. Henckell & Co. in Zürich) erschienen. Ich möchte Herrn Landauer fragen, ob er dreist die Unwahrheit behauptet, trotzdem er die Wahrheit kennt, oder ob er ins Blaue hinein Menschen in der öffentlichen Meinung herabsetzt, ohne sich die Mühe zu nehmen, erst nachzusehen, ob seine Behauptungen auch richtig sind. Und was der «mutige» Herr weiter schreibt, mit völliger Verschweigung alles Wichtigen in Mackays Brief, zeigt nur, daß er auch den «Sozialisten» in der Weise redigiert, welche in Mackays Briefe als die in der Presse heute zumeist übliche gekennzeichnet wird.

JOSEPH MÜLLER: «DER REFORMKATHOLIZISMUS»

In der Schrift «Der Reformkatholizismus. Die Religion der Zukunft. Für die Gebildeten aller Bekenntnisse dargestellt» tritt der bayerische Geistliche Dr. Joseph Müller dafür ein, daß der Katholizismus sich die Errungenschaften der modernen Wissenschaft zunutze machen müsse. Er könne dadurch seine alte Zauberkraft von neuem erhalten. Die Kirche könne die Lehren der Gegenwart ganz gut vertragen; sie müsse ihnen nur, damit sie dem religiösen Empfinden dienen können, den katholischen Stempel aufprägen. Ähnliche Ansichten vertritt ja auch Professor Schell. Die Herren können sich nicht entschließen zu glauben, daß der Katholizismus der Todfeind der modernen Wissenschaft, und daß er keiner Reform durch dieselbe fähig ist. Wenn eine wissenschaftliche Wahrheit von einem katholisch empfindenden Menschen kommentiert wird, so verliert sie sofort ihre ursprüngliche Bedeutung. Denn der katholische Philosoph will nicht und kann nicht wollen, daß seine Prinzipien umgestaltet werden; er will dagegen die moderne Wissenschaft so pressen und drehen, daß sie in die dogmatischen Vorstellungen der Kirche paßt. Man kann sich von der Richtigkeit dieser Bemerkungen durch Lesen derjenigen wissenschaftlichen Schriften überzeugen, die in der letzten Zeit von katholischen Philosophen in die Welt gesetzt worden sind.

## SCHULE UND HOCHSCHULE
### I

Am 21. November 1898 hielt Professor *Wilhelm Förster* einen Vortrag: «*Schule und Hochschule im Lichte der neuen Lebensbedingungen.*» Dieser Vortrag war die erste öffentliche Kundgebung des Strebens einer Anzahl von Männern aus allen Teilen Deutschlands und Österreichs, der *Hochschulpädagogik* die ihr gebührende Stellung in der Reihe der Wissenschaften zu verschaffen. Der Mittelpunkt dieser Bestrebungen muß naturgemäß Berlin sein. Die bisher gemachten Erfahrungen und errungenen Einsichten auf dem Gebiete der Hochschulpädagogik zu sammeln und Mittel und Wege zu finden, wie dieselben zu erweitern und für das Hochschulleben fruchtbar zu machen sind, bildet den Hauptinhalt dieser Bestrebungen. Die Aufgabe, welche hiemit gestellt wird, ist naturgemäß eine schwierige. Die berechtigte Forderung, daß der Unterricht an der Hochschule frei und ein Ergebnis der geistigen Individualität des Gelehrten sein soll, scheint im Widerstreite zu sein mit jeglichem Bestreben, diesem Unterricht Gesetze vorzuschreiben. Universitätslehrer sind heute in erster Linie Pfleger ihrer Wissenschaft. Denn die Hochschule soll die Bewahrerin und Bilderin der Wissenschaft sein. Soll man dieser berechtigten Tendenz die andere entgegensetzen: daß der Hochschullehrer auch *Lehrer* sein soll? Und wie verträgt sich solches Lehrertum mit den Interessen der freien Wissenschaft? Kurz, welche Ansprüche an den Hochschulunterricht stellt die Hochschulpädagogik, und in welchen Grenzen kann ihnen entsprochen werden? Das ist die Frage, welche die oben erwähnte Vereinigung zu lösen haben wird. Näher getreten soll dieser Frage in acht Vorträgen werden, von denen derjenige *Försters* der erste war. Die übrigen finden in der nächsten Zeit statt, und zwar, Montag, den 28. November (abends 8½ Uhr in der Aula des Friedrich-Werderschen Gymnasiums): Dr. *Hans Schmidkunz* über «Hochschulpädagogik». Über diesen Vortrag, der sich mit den Zielen und nächsten Absichten der jungen Bewegung befaßt hat, soll in der nächsten Nummer dieser Zeitschrift berichtet werden. Die weiteren Vorträge sind: Montag, 5. Dezember, Dr. Bruno Meyer: «Kunstunterricht»; Montag, 12. Dezember, Dr. *Rudolf Steiner:* «Hochschulpädagogik und öffentliches Leben»; Montag, den 9. Januar, Dr. Hans Schmidkunz: «Die Einheitlichkeit im Universitätsunterricht»; Montag, den 16. Januar, Dr. Alexander Wernicke (Professor an der technischen Hochschule in Braunschweig): «Der Übergang von der Schule zur Hochschule»; Montag, den 23. Januar, Dr. Wilhelm Förster: «Der mathematisch-naturwissenschaftliche Unterricht»; Montag, den 30. Januar, Ludwig Schultze-Strelitz, Herausgeber des «Kunstgesanges»: «Wissenschaft und Kunst des Gesanges».

Der Vortrag Professor Försters über «Schule und Hochschule im Lichte der neuen Lebensbedingungen» mag hier kurz skizziert werden: Die «neuen Lebensbedingungen» bestehen in den von der großen Entwicklung der Wissenschaft, sowie der Technik und des Verkehrs geschaffenen Zuständen und Bewegungen. Als das Charakteristische dieser Zustände und Bewegungen können hauptsächlich die folgenden Erscheinungen betrachtet werden: Die Verminderung des Einflusses der Vergangenheit und der darauf begründeten Autoritäten infolge der außerordentlichen Erweiterung und Bereicherung des gemeinsamen Schatzes an Ergebnissen der Wissenschaft und an Schöpfungen der Kunst und Technik, sowie infolge der damit verbundenen Erweiterung und Bereicherung der Vorstellungswelt aller Schichten der Bevölkerung der Kulturländer; ferner die Zunahme der Teilung der Arbeit und der Sonderung der Interessen bei gleichzeitiger Steigerung der gegenseitigen Abhängigkeiten aller voneinander; dementsprechend eine Verstärkung der Hingebung der Einzelnen an engere Gemeinschaften, verbunden mit einer Verschärfung des Sondergeistes dieser engeren Gemeinschaften und der Eigensucht der ihnen angehörenden Einzelnen gegen andere Gemeinschaften und deren Glieder, daneben aber doch eine Zunahme des allgemeinen Mitgefühls und der Erkenntnis der Solidarität der Menschenwelt; endlich das Ringen der neuen Geistesschöpfungen nach umfassender klarer Gestaltung und leitender Wirksamkeit gegenüber den Geistesschöpfungen der Vergangenheit oder in Verschmelzung mit denselben.

Entsprechend den veränderten Lebensbedingungen sind auch die neuen Aufgaben der Schule heute andere geworden als in vergangenen Zeiten. Nach der Auffassung der Autoritäten des sozialen und politischen Lebens steht im Vordergrunde die Aufgabe der Schule, den engsten Anschluß der Seelen der zu erziehenden und zu bildenden Jugend an die Vergangenheit zu sichern. Erst in zweiter Linie steht dann für diese Auffassung die Aufgabe, die Jugend für das Verständnis, die Verwertung und die Vervollkommnung der sämtlichen, von der Menschheit erarbeiteten geistigen Besitztümer zu erziehen.

Es entspricht den Motiven dieser Auffassung, daß die letztere Aufgabe bei den staatlichen Schul-Einrichtungen und -Leistungen um so mehr zu ihrem Rechte kommt, je höher die Erziehungsstufe der zu unterweisenden Jugend ist, je mehr dieselbe nämlich zu höherer geistiger Mitarbeit an der Erhaltung und Vermehrung der sogenannten Kulturgüter berufen wird, also in den obersten Stufen der Mittelschulen und in den Hochschulen; daß dagegen auf der untersten Stufe, in der Elementarschule, in welcher es sich nicht um die Vorbereitung zu jener Mitarbeit, sondern nur um die unerläßlichste Kenntnis der elementaren Verständigungs- und Arbeitsmittel und der bestehenden Einrichtungen und Vorschriften zu handeln scheint, die erstere Aufgabe fast das ganze Gesichtsfeld der Schulbehörden, sowie der Lehrer und der Schüler einnimmt. Aber auch in den Mittelschulen, selbst bis in die oberen Klassen der Gymnasien und Realgymnasien, wird die Erfüllung der umfassenderen Unterrichtsaufgaben durch jene autoritative Einengung der Überlieferung der geistigen Besitztümer vielfach empfindlich gestört. Daß die Hochschulen vor solcher Einengung bewahrt werden müssen, sehen auch die regierenden Autoritäten im Interesse der Leistungsfähigkeit der Nation sehr wohl ein, aber die fanatischen Interessenten der unveränderten Erhaltung des Bestehenden haben bei uns bereits begonnen, die Regierungen auch hierin unsicher und wankend zu machen und dadurch neuerdings auch die Wirksamkeit der einsichtsvollen Verbesserungen, welche den Hochschulen im Sinne einer Vervollkommnung ihrer pädagogischen Leistungen bereits gewährt worden sind, ernstlich in Frage zu stellen.

Erscheint es wirklich durchführbar, die gewaltigen Kräfte, welche die neuen Lebensbedingungen geschaffen haben, lediglich zu gehorsamen Dienern einer noch so intelligenten und wohlmeinenden, aber engherzigen und ängstlichen Minderheit zu machen?

Ist aber nicht Schule und Hochschule für uns alle dazu

berufen, die gesunden und unvergänglichen Grundsätze der aus vollster Geistesfreiheit hervorgehenden Selbstbescheidung gerade erst recht in dem jetzigen Sturm und Drang der geistigen und sozialen Bewegungen zu klarer Erkenntnis und allgemeiner Geltung zu bringen und dadurch die Stabilität der menschlichen Lebensgemeinschaften nicht autoritativ, sondern auf dem Boden ernster, freier Überzeugung und Selbstgesetzgebung definitiv zu sichern.

Der weitere Vortrag war reich an Gedanken über die Schule und Hochschule im Zusammenhange mit dem öffentlichen Leben und der allgemeinen Volksethik. Im einzelnen sei noch folgender Vorschlag hervorgehoben: Professor Förster sagte: Ich glaube nämlich, daß der längst von großen Pädagogen der Vergangenheit betretene Weg der Heranziehung der Jugend selber zu gegenseitiger Unterweisung endlich mit voller Tatkraft und Konsequenz allgemein und in allen Stufen des Schulwesens beschritten werden sollte. Hierdurch können die bedeutendsten und wirksamsten Lehrer freier gemacht werden, teils für die Leitung der allgemeinen Erziehung Aller zur echten Bildung in dem oben dargelegten Sinne, teils zur intensivsten und förderlichsten Unterweisung der in den verschiedensten Gebieten besonders begabten Schüler. Und diese letzteren, deren eigene Lernzeit durch die Befreiung des Unterrichtes von dem Schwergewichte der wenig Begabten auf kleine Bruchteile der bisherigen Zeitaufwände herabgemindert werden könnte, würde dann, unter der Oberleitung der Lehrer, die Unterweisung und Förderung der weniger begabten Mitschüler und der jüngeren Stufen übertragen, eine herrliche Gewöhnung an die Ausübung sozialer Pflichten, gemäß den höheren Gaben, zugleich mit Klärung und Festigung des eigenen Wissens verbunden. Dabei wird es sehr wohl vorkommen können, daß ein und derselbe Jüngling in einem Fache die Freunde unterweist, in einem anderen von ihnen unterwiesen wird. Dem Einwurfe, daß viele der minder Begabten größerer pädagogischer Kunst bedürfen, ist leicht dadurch zu begegnen, daß in der allgemeinen Leitung auch des unmittelbaren Unterrichtes diese Kunst und Erfahrung hinreichend zur Geltung kommen kann, und daß andrerseits die allerreichste Erfahrung dafür vorliegt, wie viel unmittelbarer sich die jugendlichen Menschen untereinander zu beeinflussen und zu fördern vermögen, als es der viel Ältere der Jugend gegenüber vermag.

Man betrachte doch nur die außerordentlich intensive Lehrkraft, welche schon die vorübergehenden freien Genossenschaften der vor einem und demselben Examen stehenden jungen Leute untereinander entfalten und die nachhaltigen Erfolge dieser gegenseitigen Förderung, bei der die Begabteren so oft ziemlich schwere Proben von edelster sozialer Gesinnung abzulegen haben.

Beim Hochschul-Unterricht sind in der Entwicklung eines freien Privatdozententums schon verwandte Gedanken enthalten; auch sind bereits in manchen Zügen der seminaristischen Einrichtungen Ansätze zu gegenseitiger Förderung der Lernenden vorhanden, ebenso in den freieren oder fachwissenschaftlichen Vereinen der Studierenden, und zwar noch mehr an den technischen Hochschulen als an den Universitäten. Ich möchte glauben, daß in solcher Richtung noch viel mehr zu erreichen wäre, vielleicht sogar mit der Zeit eine menschenwürdigere und zweckmäßigere Gestaltung des ganzen Prüfungswesens. Eine frühe und alle Schulstufen umfassende Kultivierung von Lern- und Lehr-Gemeinschaften würde der ganzen sozialen Erziehung zur Menschlichkeit und

Gerechtigkeit gewiß außerordentlich zugute kommen und dann auch dazu helfen, die Auswüchse der Hingebung an engere Gemeinschaftsbildungen, nämlich die ungesunden Übertreibungen des Korps- und Kameradschaftsgeistes mit seinen Ausschließlichkeiten und Verfemungen in allen Lebenskreisen zu vermindern.

Hinweis auf den Vortrag v. H. Schmidkunz «Schule und Hochschule» siehe Anhang S. 660.

## II

Der bereits in letzter Nummer erwähnte Vortrag des Dr. *Hans Schmidkunz* hat ungefähr folgenden Inhalt: Die acht Vorträge «Schule und Hochschule» führen eine pädagogische Bewegung vor die Öffentlichkeit, deren Ziele zusammenzufassen sind in dem Schlagwort «Hochschulpädagogik», und deren Gemeinsames, abgesehen von den Einzelthemen der übrigen Redner, der heutige, sozusagen zentrale Vortrag darlegen soll.

Wer sein Kind einer Elementarschule übergibt, vertraut auf ihre Pädagogik; hauptsächlich sind es die Lehrerseminare, worin diese wurzelt. Gegenüber den «höheren» Schulen ist dieses Vertrauen schon geringer; indessen wird auch ihre Pädagogik immer besser, und auch für sie entfaltet sich ein Seminarwesen. Am wenigsten vertraut auf Pädagogik, wer seine Jugend einer Hochschule übergibt; der tüchtige Gelehrte oder Künstler ist noch lange nicht auch der tüchtige Lehrer. Auf die verwunderte Frage nach dem Recht solcher Ansprüche ist zu antworten: es gibt eine Pädagogik von Wissenschaft und Kunst, oder kurz eine Hochschulpädagogik; ihre Anläufe durchzuführen ist unsere Aufgabe.

Die Hochschulpädagogik hat einerseits einen allgemeinen, ihr mit jeder anderen Pädagogik gemeinsamen, und andererseits einen besonderen Inhalt. Die Einwände gegen ihre

Berechtigung erledigen sich teils durch die geschichtliche Analogie der Gymnasialpädagogik, teils durch die Frage, ob denn die Grundforderungen der Pädagogik überhaupt in nichts vergehen sollen, sobald es sich um Wissenschaft und Kunst und um das oberste Jugendalter handelt. Den besonderen Inhalt der Hochschulpädagogik können wir hier und jetzt nicht entwickeln. Aber anerkannt muß werden, daß sie bereits über junge Fortschritte verfügt, daß es nicht gilt, uns gegen die Hochschullehrer zu stellen, vielmehr, mit ihnen zu gehen, und daß wir aber auch berechtigt sind, uns über sie hinaus an die Öffentlichkeit zu wenden.

Den gegenwärtigen Hochschullehrern Vorschriften zu machen, sei fern von uns, obschon es auch für hochschulpädagogische Tätigkeit Allgemeingültiges gibt. Was wir als Mittel für unsere Zwecke brauchen, ist vornehmlich zweierlei. Erstens eine Sammelstelle für alles Wissenswerte, die allerdings reich ausgestattet sein müßte. Zweitens die Übertragung des Grundsatzes der seminaristischen Lehrerbildung auf unser Gebiet, also die Schaffung eines hochschulpädagogischen Seminars. Der Plan eines solchen liegt ausgearbeitet vor. Auch seine Verwirklichung ist ohne reiche Mittel nicht möglich.

So kühn dieser Gedanke erscheint, so sehr soll ihn doch die Überzeugung ergänzen, daß nur, wer seiner eigenen Unvollkommenheit sich tief bewußt ist, zum Pädagogen und speziell zum Hochschulpädagogen taugt. Und je mehr wir die Not unserer gegenwärtigen geistigen Verhältnisse fühlen, desto mehr werden wir hoffen, durch eine vervollkommnete Bildung der künftigen Generation von Lenkern des Volks diese Not überwinden zu können. Möge jeder das Seinige dazu beitragen!

## III

Den dritten Vortrag über «Schule und Hochschule» hielt am 5. Dezember Professor *Dr. Bruno Meyer* über «Kunstunterricht». Der wesentliche Inhalt des Vortrages ist: Für die Kunst ist von «Hochschulpädagogik» noch nicht lange die Rede. Dafür hat dieselbe hier den großen Vorteil, auf einen ganz bestimmten Ausgangspunkt zurückgeführt werden zu können. Nachdem die Kunst als ein individuelles Vermögen – auch innerhalb der kunstgeschichtlich sogenannten «Schulen» – immer nur vom Meister auf den Lehrling übertragen worden war, trat erst, als das XVI. Jahrhundert zur Neige ging, als die Schöpfung der Caracci in Bologna eine Kunst-Akademie ins Leben. Noch ist von einer Organisation indessen nichts zu spüren. Das grundsätzlich Neue liegt nur darin, daß nicht mehr naiv die künstlerische Eigenart des Meisters sich, so gut es eben gehen wollte, mitteilte, sondern das Studium der Kunst als ein objektives aufgefaßt wurde, und es sich darum handelte, geschichtlich vorliegende Höhepunkte des Erreichten durch die Lehre als dauernden Besitz nachgeborenen Generationen zu erhalten. Die großen Ingenien der eben abgelaufenen Epoche schienen einen Wettbewerb mit dem Einzelnen auszuschließen. Aber es konnte niemandem entgehen, daß sie nicht durch die gleichen Vorzüge ihren Rang erreicht hatten. Konnten sie jeder für sich in seiner Richtung nicht übertroffen werden, so lag der Versuch nahe, einen Weg zu höheren Höhen der Kunst durch Vereinigung der bei ihnen getrennt auftretenden Vorzüge zu bahnen: der Eklektizismus begann. Was machte er denn anderes, als was jeder Künstler macht, der nicht in einem Modelle sein Ideal verkörpert findet, sondern es auf Grund zahlreicher Naturstudien kombinatorisch entstehen läßt? Aber dieser Vergleich trifft nicht zu, und an diesem Irrtum scheitert die eklektische Schule. Eine naturalistische Gegenwirkung alten Stiles macht sich geltend und verdunkelt die Erfolge der neuen Schule.

Trotzdem lag auf diesem Wege die Zukunft des Kunstunterrichtes. An den modernen Künstler werden – wie an den modernen Menschen überhaupt – Ansprüche erhoben, denen nicht zu entsprechen ist, wenn seine Ausbildung sich in den engen Schranken der Überlieferung von Person zu Person hält. So war nur noch die Frage, wo die unumgängliche Organisation gefunden werden würde. Die epochemachende Grundlage für diese notwendige Neu-Schöpfung bildet die Entstehung der Pariser Akademie, die in die Jahre 1648–71 fällt. Speziell das Jahr 1666 sah die Krönung des Gebäudes durch die französische Akademie in Rom sich vollziehen. Hier tritt zuerst eine bewußte schulmäßige Organisation auf: Fächer-Gliederung, regelmäßige Wettbewerbe, Römer-Preise mit mehrjährigem Studien-Aufenthalt in Italien. Eine opulente und verständnisvolle staatliche Kunstpflege, die auch das Mäzenatentum der Privaten erweckt und in rechte Wege leitet, tut das ihrige, die Früchte der Hochschul-Arbeit zu sichern und einzuheimsen.

Und doch gibt es kaum etwas Umstritteneres, etwas erbitterter Angefeindetes als die Kunstakademien, die sich im Laufe der Zeit erstaunlich vermehren. In der Tat, die Pariser Muster-Stiftung konnte den hereingebrochenen Verfall nicht aufhalten. Auch blieb sie von Pedanterie nicht frei. Das Neue aber ist in der Kunst noch mehr als in der Wissenschaft individuell und spottet des Regel-Zwanges. Dennoch weist die reiche französische Kunst-Entwicklung von jetzt einem

Viertel-Jahrtausend, namentlich aber im letztverflossenen Jahrhundert, kaum einen bahnbrechenden, ja fast nicht einmal irgend einen bedeutenderen Meister auf, der nicht seinen Weg durch die Akademie genommen hätte. Kein Kunststil überdauert die Stürme der Revolution; aber die Akademie unter David bildet den ruhenden Pol in der Erscheinungen Flucht. Und überall gruppiert sich um die Akademien – so traurige Erfahrungen auch manche mit ihren begabtesten Schülern (und mehr eigentlich umgekehrt!) machen – das Kunstleben. Es genügt nächst Paris-Berlin, Wien, Antwerpen, Düsseldorf, München zu nennen.

Sollen die Kunstakademien, an deren Notwendigkeit und Unersetzbarkeit zu zweifeln blanke Torheit ist, Ersprießliches leisten, so kommt alles auf ihre Abgrenzung und ihre Leitung an.

Die Kunst-Hochschule darf nicht mit der Kunst-Schule verquickt werden. Es gibt eine subalterne Ausübung der Kunst, wie jeder höchsten menschlichen Geistes-Tätigkeit, eine bloß routinierte Verwertung und Verwendung des bereits Vorhandenen. Für die Befähigung hierzu haben besondere Lehranstalten zu sorgen.

Ebenso besonnen haben sich die Akademien gegen die Bauschulen abzusetzen, nicht etwa gegen die den vorerwähnten Kunstschulen ungefähr parallel stehenden Anstalten, die «Baugewerkschulen» und ähnlich genannt werden, sondern gegen die Hochschulen der Baukunst. Diese haben wegen der weitgreifenden zwecklichen und technischen Bedingtheit der Baukunst ihre richtige Stelle im Rahmen der Polytechniken, und so weit die Baukunst als Ingredienz einer universalen Bildung des darstellenden Künstlers erfordert wird, muß ihr an den speziell so zu nennenden Kunst-Akademien eine eigenartige zweckentsprechende Vertretung gegeben werden.

Daß auch die Zeichenlehrer-Seminare nicht in den Rahmen der künstlerischen Hochschul-Bildung fallen, braucht gerade nur erinnert zu werden. – Wie und wo die pädagogische Vorbildung künftiger Kunst-Hochschul-Lehrer zu vermitteln ist, bleibt eine besondere Frage, die mit derjenigen nach der Ausbildung der Zeichen-Lehrer nichts zu tun hat.

Grundsätzlich zu trennen sind ferner die Kunst-Akademien von den Künstler-Akademien. Beide haben lediglich nichts miteinander zu schaffen, so wenig wie die wissenschaftlichen Akademien mit den «Gelehrten-Schulen». Dadurch wird auch die ungesunde Einmischung der Kunst-Akademien (als Lehr-Anstalten) in das öffentliche Ausstellungswesen abgeschnitten.

Endlich haben die Kunst-Akademien sich auch sachgemäß über ihre Beziehungen zur allgemeinen Bildung und deren Pflanzstätten zu orientieren. Daß sie an letztere besondere Anforderungen zu stellen hätten, wird um so mehr zu bestreiten sein, je mehr – und zwar mit Recht – an der Behauptung festgehalten wird, daß die technisch gründliche Ausbildung einen frühen Beginn der kunstakademischen Studien bedinge. Hiernach fällt der Austritt aus der Schule in so frühe Zeit, daß von einer Modifikation des bis dahin zu erteilenden Unterrichts mit Rücksicht auf den zukünftigen Beruf noch keine Rede sein kann. Dagegen erwächst daraus dieser Art von Hochschulen die Verpflichtung, auch dem Ausbau der allgemeinen Bildung ihrer Zöglinge in erheblichem Grade Rechnung zu tragen, und zwar diese Studien derselben unter eine ganz strenge schulmäßige Kontrolle zu nehmen.

Selbstverständlich aber fällt der Schwerpunkt der «Leitung» einer Kunst-Hochschule in die Lösung ihrer spezifischen Aufgaben. Es handelt sich da um die Anordnung und die Methode der für den künftigen Künstler notwendigen Unterweisung. Hier muß der schlechthin beherrschende Gesichtspunkt sein, daß Kunst als solche völlig unlehrbar ist. Man kann nur Wissen übertragen, Fertigkeiten üben und — den Willen veredeln. Die letztere rein erzieherische Aufgabe unterscheidet sich in nichts von der mit jedem Unterrichte verbundenen. In den beiden ersteren Richtungen hat die Kunst-Pädagogik zumeist die Schwierigkeit mit aller Pädagogik gemein, ein täglich anwachsendes Material in einer nicht wesentlich ausdehnungsfähigen Zeit bewältigen zu müssen. Sie kann dem nur durch Bereicherung mit Disziplinen und durch Verbesserung der Methoden nachkommen. Hierauf erschöpfend einzugehen, ist hier nicht möglich. In einem kurzen Referat läßt sich darüber nur berichten, daß viele erziehungs-technische Einzelheiten sowohl durch den ganzen Vortrag an geeigneten Stellen berührt, wie insbesondere am Schluß in größerem Zusammenhange erörtert wurden.

«Hochschulpädagogik und öffentliches Leben», Autoreferat des Vortrages von Rudolf Steiner, siehe Anhang S. 661.


## HOCHSCHULE UND ÖFFENTLICHES LEBEN

### I

Seit einiger Zeit kann man mit immer größerer Deutlichkeit Urteile hören und lesen, die darauf hinauslaufen, daß es mit unserem Hochschulwesen unmöglich so weiter gehen könne, wie es bisher gegangen ist. Daß die Universitäten mit ihren aus einer verflossenen Kulturepoche herrührenden Verfassung, Einrichtung und Lehrmethoden sich innerhalb des modernen Lebens geradezu komisch ausnehmen, wird nachgerade in weiteren Kreisen anerkannt. Die hier vorliegende Frage in ihrer vollen Tiefe zu erfassen, dazu sind aber die gebildetsten unserer Zeitgenossen nicht immer fähig. Und das ist erklärlich. Denn unsere Zeit ist in bezug auf die Einrichtungen ihrer Bildungsanstalten so sehr hinter ihren eigenen Forderungen zurückgeblieben, daß diejenigen, welche in diesen Anstalten sich ihre Bildung geholt haben, unmöglich wissen können, was ihnen mangelt, um auf der Höhe der Zeit und ihrer eigenen Aufgabe zu stehen. Wie sollte z. B. ein aus einer gegenwärtigen Juristenfakultät hervorgehender Rechtsgelehrter eine Ahnung davon haben, was ihm angesichts des modernen Kulturlebens fehlt?

Einem Juristen wird heute ein Bildungsinhalt vermittelt, auf den dasjenige nicht den geringsten Einfluß genommen hat, was unsere Zeit groß macht. Daß unter dem Einfluß der modernen naturwissenschaftlichen Errungenschaften und der in ihrem Gefolge stehenden neuen Menschenkenntnis alle Rechtsverhältnisse ein anderes Gesicht annehmen: davon hat der heutige Jurist keine Ahnung. Der Gerichtssaal ist heute für denjenigen, der mit den Erkenntnissen moderner Naturwissenschaft, Psychologie und Soziologie, einen halben Tag darin verweilt, eine Fundgrube unbeschreiblicher Komik. Die Juristenfakultäten sorgen dafür, daß diejenigen, die sie zur Pflege des Rechts ausbilden, die schlimmsten Dilettanten in all dem sind, was der modern Gebildete über die Natur und das Wesen des Rechtes weiß.

Ich habe das hervorstechendste Beispiel genannt, das sich mir geboten hat, um die Reformbedürftigkeit unseres Hochschulwesens zu illustrieren. Ich hätte es vielleicht nicht getan, wenn nicht gerade die durch die Juristenfakultät erzogenen Zeitgenossen am lästigsten würden. Wir können wenige

Schritte im Leben machen, ohne es mit einem Juristen zu tun zu haben. Und wir machen immer wieder die Erfahrung, daß die Juristen gegenwärtig die Leute mit der allergeringsten Bildung sind.

In der medizinischen Fakultät steht die Sache wesentlich besser. Hier herrscht sowohl moderner naturwissenschaftlicher Geist wie eine den Ansprüchen der Pädagogik entsprechende Methode. Diese Pädagogik der Medizin, die ihren Ausdruck in den Kliniken findet, ist sogar in jeder Beziehung ausgezeichnet. Die Medizin muß natürlich mit den naturwissenschaftlichen Errungenschaften des Zeitalters rechnen. Die Jurisprudenz braucht es nicht. Man kann wohl reaktionär regieren, und man kann auch Gerichtsurteile fällen, die dem modernen Rechtsbewußtsein einen Schlag versetzen, aber man kann nicht reaktionär kurieren.

Am wenigsten reaktionär können diejenigen Hochschulen verfahren, welche sich mit dem modernsten Zweige der Kultur, mit der Technik, befassen. Auf diesem Gebiete haben die modernen Bedürfnisse zugleich eine entsprechende Methode des Unterrichtens hervorgebracht. Und man kann unbedingt behaupten, daß heute kein Elektrotechniker so unsinnig unterrichtet wie ein Professor des römischen Rechtes oder einer der Literaturgeschichte. Daher wird der Elektrotechniker im allgemeinen brauchbare Menschen für das öffentliche Leben, der Professor für Literaturgeschichte komische Gestalten hervorbringen, die sich im besten Falle zu Kritikern von allerlei Journalen eignen, die auch ein paar nette Dinge über Ibsen oder Gerhart Hauptmann zu sagen wissen, die aber doch dem modernen Leben so fremd wie möglich gegenüberstehen.

Die medizinische Fakultät und die technischen Hochschulen

beweisen, daß die höheren Anstalten ihre pädagogischen Aufgaben am besten dann erfüllen, wenn sie ihre Unterrichtsprinzipien im Sinne der Forderungen des modernen öffentlichen Lebens einrichten. Damit habe ich auf einen der wesentlichsten Differenzpunkte zwischen der Pädagogik der niederen und derjenigen der Hochschulen hingewiesen.

Die niederen Schulen haben die beneidenswerte Aufgabe, den Menschen zu nichts weiter zu machen als zu einem Menschen im allervollkommensten Sinne des Wortes. Sie haben sich zu fragen: welche Anlagen liegen in jedem Menschen, und was müssen wir demgemäß in jedem Kinde zur Entfaltung bringen, damit es dereinst die Menschennatur in harmonischer Ganzheit zur Darstellung bringe? Ob das Kind später Mediziner oder Schiffbauer werde, das kann dem Pädagogen, dem es mit sechs Jahren zur Ausbildung in die Hände gegeben wird, ganz einerlei sein. Er hat dieses Kind zum Menschen zu machen.

Anders schon ist es, wenn das Kind eine höhere Schule besuchen soll. Ein Gymnasium, ein Realgymnasium oder eine Realschule. Die moderne Volksschulpädagogik hat sich einen hohen Grad von Freiheit erobert. Sie ist wirklich dahin gekommen, die Bedürfnisse der Menschennatur zu studieren und fordert immer energischer eine Gestaltung des niedersten Erziehungswesens, die gemäß diesen Bedürfnissen ist. Pestalozzi, Herbart und dessen zahlreiche Schüler wollen im Grunde nichts anderes als einen Kindesunterricht und eine Kindeserziehung, die den Forderungen der Menschennatur entsprechen. Eine Pädagogik, die das Kind der Psychologie ist.

Der Gymnasiallehrer kann unmöglich sein Wirken im Sinne einer Pädagogik mit ähnlichen Grundsätzen einrichten.

Denn das Gymnasium ist ein Überbleibsel aus einer Kulturperiode, welche sich zur Aufgabe gesetzt hat, die ursprüngliche Natur des Menschen zu Gunsten gewisser religiöser Vorurteile umzuformen. Das Christentum, das davon ausging, den ursprünglichen Menschen so umzugestalten, daß er für ein höheres, übernatürliches Leben reif ist, im Zusammenhange mit dem Glauben, daß das Altertum ein für allemal vorbildlich sei für alle Kultur, haben dem Gymnasium seine Physiognomie gegeben. Von dieser Voraussetzung, nicht von dem Nachdenken über die Bedürfnisse der Menschennatur, stammt der Lehrstoff, der in den Gymnasien absolviert wird. Eine Gymnasialpädagogik kann im allerbesten Sinne nicht mehr tun, als die Grundsätze feststellen, wie der auf die charakterisierte Weise einmal feststehende Gymnasiallehrstoff in bester Art in den Kopf des jungen Menschen hineingepfropft werden kann. Eine wirkliche Gymnasialpädagogik müßte vor allen anderen Dingen die Frage beantworten: was ist in dem Menschen zwischen seinem 12. und 18. Jahre zu entwickeln? Ob ein auf Grund einer wirklichen psychologischen Erkenntnis gewonnenes Urteil den gegenwärtigen Gymnasiallehrplan ausklügeln würde, möchte ich sehr bezweifeln.

Auch kann ich nicht glauben, daß aus solchen psychologischen Erwägungen etwas sich ergeben würde, was nur im entferntesten an das erinnert, was Realgymnasium oder Realschule dem jungen Menschen bieten. Diese Anstalten verdanken ihren Ursprung einer halben Erkenntnis und einem halben Wollen. Die halbe Erkenntnis besteht darin, daß man – aber eben nur bis zur Hälfte – eingesehen hat: das Gymnasium entspricht nicht mehr den Bedürfnissen des modernen Geistes. Das Leben stellt andere Anforderungen, als eine Unterrichtsanstalt erfüllen kann, die aus Anschauungen herausgewachsen ist, denen man ihre Mittelalterlichkeit kaum bestreiten kann. Das halbe Wollen liegt darin, daß man Realgymnasien und Realschulen nicht den modernen Forderungen gemäß eingerichtet hat, sondern daß man aus ihnen ein Mittelding zwischen dem alten Gymnasium und derjenigen Anstalt machte, in welcher der moderne Mensch vorgebildet werden müßte.

Ich habe bereits darauf hingewiesen, daß es die Pädagogik nicht so weit gebracht hat, Unterrichtsziele und Unterrichtsmethoden für den Menschen zwischen seinem 11. und 18. Jahre zu finden. Sie kann auch noch nicht die Frage entscheiden: inwiefern dürfen Unterricht und Erziehung in diesem Lebensalter noch der allgemeinen Menschennatur dienen, und inwiefern müssen sie dem Menschen die Möglichkeit geben, sich die Vorkenntnisse für den kommenden Lebensberuf zu verschaffen. Man kann diese Frage auch anders fassen. Man kann sagen: es ist die Entscheidung zu treffen zwischen den Forderungen der allgemeinen Menschennatur und jenen des öffentlichen praktischen Lebens.

In viel ängstlicherer Weise tritt diese Frage an denjenigen heran, der etwas über Lehrweise an den Hochschulen entscheiden will. Denn bei der Hochschule ist es ganz zweifellos, daß sie den Bedürfnissen des öffentlichen Lebens dienen und hinter der Aufgabe, die ihr dadurch gestellt wird, die Pflege der allgemeinen Menschennatur zurücktreten lassen muß. Wichtig ist aber, sich darüber klar zu werden, inwiefern die Hochschule, trotzdem sie Berufsmenschen: Juristen, Mediziner, Gymnasiallehrer, Ingenieure, Chemiker, Künstler zu bilden hat, doch und vielleicht eben deswegen gewisse pädagogische Aufgaben zu erfüllen hat.

Wenn die Männer, die in diesem Jahre unter der Führung des *Dr. Schmidkunz* und des Professors *Wilhelm Förster* sich zur Pflege einer Hochschulpädagogik vereinigt haben, sich eine sachgemäße Aufgabe stellen wollen, so müssen sie zunächst zur Beantwortung der oben von mir gestellten Frage etwas beitragen.

Ihre Tendenz muß eine zweifache sein. Erstens müssen sie für die einzelnen Wissenschaften die besten Unterrichtsmethoden finden. Denn von einer allgemeinen Hochschulpädagogik kann nicht die Rede sein. Auf den niederen Unterrichtsstufen hat man die allgemeine Menschennatur im Auge. Und sie fordert ganz allgemeine Prinzipien, nach denen man alle Unterrichtsgegenstände gleichmäßig behandelt. Auf der Hochschule machen die einzelnen Wissenschaften ihre Sonderrechte geltend. Chemie fordert eine andere Unterrichtsweise als Jurisprudenz.

Zugleich kommt aber noch etwas anderes in Betracht. Der Grad von Ausbildung, den ein Mensch durch die Hochschule erwirbt, bringt ihn später in eine gewisse höhere soziale Stellung. Er hat dementsprechend in Dingen mitzureden, zu denen eine ganz andere Bildung erforderlich ist als die seines Faches. Da das öffentliche soziale Wirken eines Menschen von gewissen höheren Berufen ganz untrennbar ist, entsteht die Aufgabe, dem Hochschüler neben seiner Berufsbildung auch eine entsprechende allgemeine höhere Bildung zu geben. Wie die Hochschulen einzurichten sind, damit sie den beiden eben gekennzeichneten Forderungen genügen, will ich in der nächsten Nummer dieser Zeitschrift zur Sprache bringen.

## II

Es ist nun schon ein Vierteljahrhundert her, da klagte *Lothar Meyer,* der große Theoretiker der Chemie, über die Universität: «Sie leitet nicht mehr wie früher den Geist der Nation in die Bahnen weiterer Entwicklung; die Geschichte droht über sie hinweg zur neuen Tagesordnung überzugehen. Das ist der Schaden, der der Universität durch engherzige Unduldsamkeit und kurzsichtige Selbstüberhebung ihrer tonangebenden Kreise bereitet worden ist.» (Vergl. was darüber A. Riedler in seiner lesenswerten Schrift «Unsere Hochschulen und die Anforderungen des zwanzigsten Jahrhunderts» sagt.) Als ein Symptom für die Rückständigkeit des Universitätsunterrichtes hat schon vor Jahren *Eduard von Hartmann* angeführt, daß die Universitätslehrer ihre Kollegien heute noch immer so lesen, als wenn die Buchdruckerkunst nicht erfunden wäre. Was der Hochschullehrer zumeist liest, könnte sich der Student durch eigene Lektüre bequemer und besser aneignen, wenn es ihm eben – nicht vorgelesen, sondern als gedrucktes oder sonstwie vervielfältigtes Buch oder Heft übergeben würde. Es ist überflüssig, eine Anzahl von Zuhörern zu dem Zwecke zu versammeln, um ihnen etwas vorzulesen, was sie sich besser in der eigenen Stube aneignen könnten. – Es ist aber nicht bloß überflüssig. Es ist im besten Sinne des Wortes unpädagogisch. Ein junger Mensch wird ermüdet durch eine Vorlesung, deren Inhalt er nicht dem Stoffe nach beherrscht. Man stelle sich nur einmal vor, was es heißt, ein Kolleg über chemische Theorien zu hören, wenn man gar nichts von chemischen Theorien weiß. Und man stelle dem entgegen den Genuß, den ein junger Mann hat, der sich aus irgend welchem Leitfaden über chemische Theorien unterrichtet hat, und der dann einen Universitätslehrer eine Anschauung über diese Theorien in lebendiger Rede aussprechen hört – in der lebendigen Rede, die allen Dingen, und seien sie die abstraktesten, den Zauber des Persönlichen gibt. Dieser Zauber kann aber nur zum Vorschein kommen, wenn der Hochschullehrer nicht liest, sondern in freier Rede vorträgt. Dann wirkt das Kolleg auf den Studenten, wie es wirken soll. Der Lehrer gibt dem Zuhörer etwas, was kein gedrucktes Buch vermitteln kann. Meiner Ansicht nach müßten die Vorlesungen der Hochschule so eingerichtet werden, daß sie aus dem Innern der berufenen Persönlichkeiten heraus das vermitteln, was kein totes Lehrbuch oder kein toter Leitfaden vermitteln kann. Was aber ein solcher zu bieten vermag, das soll nicht Gegenstand der Vorlesung sein. Denn für denjenigen, der einen Leitfaden lesen kann, ist eine Vorlesung des Leitfadens überflüssig. Und nur solche junge Menschen sollten die Hochschule besuchen, die einen Leitfaden oder ein Lehrbuch lesen können. In der Regel sind die jungen Menschen, wenn sie auf die Hochschule kommen, 18 Jahre alt. Wer einst im Leben als Chemiker etwas Vernünftiges leisten wird, der kann in diesem Alter ein chemisches Lehrbuch verstehen, wenn er es liest. Stellt man der Abiturientenprüfung des Gymnasiums eine einleuchtende Aufgabe, so muß es die sein, daß der Abiturient jedes beliebige wissenschaftliche Buch, das mit den Anfangsgründen beginnt und methodisch weiter schreitet, versteht. Wer dazu nicht imstande ist, dürfte nicht als reif zum Besuche einer Universität oder anderen Hochschule erklärt werden.

Kann vorausgesetzt werden, daß der Gymnasialabiturient reif ist, einen Leitfaden der Chemie, der Mathematik, der

Geschichte usw. zu lesen, so ergibt sich alles folgende von selbst. Der Universitätslehrer kündigt ein Kolleg an, damit zugleich: wo das Buch oder das autographierte Heft zu haben ist, auf das er seine Vorträge aufbaut. Der Student kauft sich dieses Buch oder dieses Heft. Er kommt daher in die Vorlesung mit vollständiger Beherrschung des Stoffes, über den der Universitätslehrer vorträgt. Nun bringt dieser Lehrer alles dasjenige vor, was man persönlich sagen muß, oder was andererseits gehört werden muß, das heißt nicht gelesen werden kann. Der berühmte Anatom *Hyrtl* hat von seinen Zuhörern verlangt, daß sie das Kapitel, über das er im Hörsaal sprach, zuerst aus seinem Buche sich genau angeeignet haben.

Ich glaube mit der Forderung, daß der Hochschullehrer nicht ein Buch vorlesen, sondern auf Grund eines Buches das geben soll, was man nur persönlich geben kann, eine wichtige Forderung des Hochschulwesens ausgesprochen zu haben. Denn von den kleinen Fragen, wie ist der Unterricht in der Philosophie, in der Mathematik, in der Mechanik usw. systematisch zu erteilen, halte ich gar nichts. Auf derjenigen Unterrichtsstufe, auf der die Hochschule steht, entscheiden über die Reihenfolge, in der der Inhalt einer Wissenschaft vorzubringen ist, nicht methodische Tüfteleien, sondern der natürliche Gang der Wissenschaft und die praktischen Bedürfnisse, um welcher willen das betreffende Fach an der Hochschule gelehrt wird.

Auf den unteren Stufen des Unterrichtes muß der Lehrstoff so eingerichtet werden, daß er in der besten Weise der jugendlichen Natur vermittelt werden kann. Man hat auf diesen Stufen zum Beispiel nicht zu fragen, welche Gestalt hat die Lehre von den Tieren angenommen, sondern, was ist notwendig, dem sechs- bis elfjährigen Menschen aus der Tierkunde zu vermitteln, wenn der Lehrgang den Bedürfnissen der jugendlichen Menschenseele entsprechen und außerdem so eingerichtet werden soll, daß die Menschennatur in harmonischer Allheit in jeder einzelnen Persönlichkeit so gut als nur möglich zum Vorschein komme?

Solche Fragen kann die Hochschule sich nicht stellen. Sie hat nicht die Aufgabe, Menschen im allgemeinen zu bilden, sondern für einen bestimmten, freigewählten Beruf vorzubereiten. Aus dieser ihrer Aufgabe entspringt ein Teil der Forderungen, wie unterrichtet werden soll. Aus dem jeweiligen Stande der Wissenschaft ergibt sich selbst die Methode, nach welcher diese Wissenschaft gelehrt werden muß. Mathematik, Zoologie usw. können nur in der Reihenfolge und Gestalt gelehrt werden, welche die wissenschaftlichen Lehren gegenwärtig aus sich selbst, aus ihrer wissenschaftlichen Wesenheit angenommen haben. Daneben sind die Bedürfnisse des praktischen Lebens maßgebend. Ein Maschinenbauer muß so unterrichtet werden, wie es heute die praktischen Verhältnisse des Maschinenwesens verlangen.

Etwas, was für den Hochschulunterricht vor allen Dingen in Betracht kommt, ist der Umstand, daß die Hochschule nicht den Menschen im allgemeinen als Ziel der Ausbildung ansehen kann, sondern den spezialisierten Menschen, den Juristen, Chemiker, Maschinenbauer. Daß ihm Chemie, Jurisprudenz, Maschinenkunde usw. dem neuesten Stande der Wissenschaft gemäß übermittelt werden, das kann der Hochschüler verlangen.

Er kann aber ferner auch noch etwas von der Hochschule verlangen. Sie muß ihm die Möglichkeit bieten, derjenigen sozialen Stellung gewachsen zu sein, in die ihn ein gewisser

Beruf bringt. Die soziale Stellung eines Maschinenbauers fordert gewisse Kenntnisse in Geschichte, Philosophie, Statistik, Nationalökonomie usw. Diese Kenntnisse, nach freier Wahl, sich anzueignen, muß die Hochschule Gelegenheit bieten. Das wird nur möglich sein, wenn zu den Fakultäten für die Berufswissenschaften eine Fakultät für allgemeine Bildung hinzutritt, in welcher der Student alles das finden kann, was er zur Ergänzung seines speziellen Berufsstudiums braucht.

Zum vollkommensten Berufsmenschen und zum Träger der Gegenwartskultur muß die Hochschule ihre Hörer machen. Es ist natürlich, daß eine solche Aufgabe nur erreicht werden kann, wenn eine einheitliche Hochschule für alle Berufe besteht. Denn nur eine solche Einheitsschule kann sozusagen das Abbild, den Mikrokosmos der Gegenwartskultur bieten. Nur eine solche Hochschule kann dem Elektrotechniker die Möglichkeit bieten, sich über den neuesten Stand der Zoologie zu unterrichten, wenn er dazu das Bedürfnis hat.

Die heute abgesondert bestehenden technischen, landwirtschaftlichen Hochschulen, Kunstakademien usw. müssen den Universitäten angegliedert werden.

Wenn dieses Ziel erreicht ist, dann kann gesagt werden: welche Einrichtung muß der einheitlichen Hochschule gegeben werden, damit sie ihrer oben gekennzeichneten doppelten Aufgabe genüge? Diese Frage ist die Kardinalfrage einer wirklichen Hochschulpädagogik. Eine solche Pädagogik ist, ihrer ganzen Natur nach, grundverschieden von aller Pädagogik der niederen Schulen. Diese letztere Pädagogik stellt ein Bild der allgemeinen Menschennatur in den Vordergrund und hat die Frage zu beantworten: wie ist der Unterricht einzurichten, damit der Mensch, der zu unterrichten ist, diesem Bilde so nahe als möglich komme. Die Hochschulpädagogik hat es nicht mit einem solchen Bilde der Menschennatur zu tun; sie hat es überhaupt zunächst nicht mit dem Menschen, sondern mit einer Institution, mit der Hochschule zu tun, die sie zum Bilde des gegenwärtigen Kulturzustandes zu machen hat. Wie sich dann der einzelne Mensch, seiner Berufswahl, seinen menschlichen Bedürfnissen und Neigungen nach, in den Organismus der Hochschule eingliedert: das ist zunächst seine Sache.

Gefährlich für die Entwicklung des Hochschulwesens halte ich die Tendenz, nach dem Muster der Pädagogik niederer Stufen eine Hochschulpädagogik schaffen zu wollen. Der Tod der Universität wäre es, wenn man eine Schablone aufstellte, nach der zum Beispiel Philosophie ebenso nach gewissen Grundsätzen zu unterrichten wäre, wie Rechnen in der Volksschule nach Grundsätzen unterrichtet wird.

Die Folge, in der die philosophischen Lehren im Kolleg der Hochschule vorzubringen sind, ergibt die Wissenschaft selbst. Und alles Nachdenken über ein anderes Wie als das von der Wissenschaft geforderte ist sinnlos. Der junge Mensch, der zur Universität kommt, will vor allen Dingen nicht unter der Schulmeisterfrage leiden, die sich etwa der Lehrer stellte: wie muß ich unterrichten, damit ich in methodischer Folge meine Sache dem Zuhörer am besten eintrichtere? Der junge Mensch will erfahren: wie stellt sich der Mann, dem ich zuhöre, die Philosophie vor, welche Gestalt gibt er ihr, ihrer wissenschaftlichen Natur nach? Ich halte es für den größten Reiz des Universitätsunterrichtes, daß der Zuhörer weiß: er hat es mit Männern der Wissenschaft zu tun, die sich geben, wie ihre Persönlichkeit und ihre Wissenschaft es von ihnen verlangen, und die ihre Natur nicht in Unterrichtsregeln einschnüren.

Man sieht, was ich von der Hochschule verlange. Sie soll die größte Vollkommenheit eines Mikrokosmos des jeweilgen Kulturzustandes vereinigen mit dem höchsten Maße von Freiheit. Dem Hörer soll Gelegenheit geboten werden, soviel wie nur möglich von der Gegenwartskultur aufzunehmen; aber keine Zwangsregeln sollen ihn in seinem Werdegang begleiten. Im Zusammenhange damit möchte ich der barbarischen Maßregel der Staaten gedenken, die sich anmaßen, Unterrichtsgang und Lehrzeit festzusetzen. Natürlich hängen alle solche Maßnahmen zusammen mit der Niedertretung und Ertötung, welche das Individuum vom Staate zu erleiden hat. Es ist gegenüber der unendlichen Verschiedenheit der Individualitäten eben barbarisch, von dem Befähigten zu verlangen, daß er ebensolang Medizin studieren soll wie der minder Befähigte. Dem Umstande muß durchaus Rechnung getragen werden, daß ein Mensch genau dasselbe in zwei Jahren absolvieren kann, zu dem ein anderer fünf braucht.

Damit glaube ich, die wichtigsten Fragen berührt zu haben, die gegenwärtig mehr oder weniger bewußt alle diejenigen beschäftigen, die von einer notwendigen Reform unseres Hochschulwesens sprechen.

## MORITZ VON EGIDY
*Gestorben am 29. Dezember 1898*

Was so häufig von Persönlichkeiten, die im besten Lebensalter sterben, als inhaltleere Phrase gesagt wird, kann wohl mit vollem Recht von Moritz von Egidy ausgesprochen werden: *er ist zu früh von uns gegangen*. Denn man wird wohl das Richtige treffen, wenn man behauptet, daß diesem Manne die wichtigsten Jahre seiner Entwicklung noch bevorstanden. Dieses Urteil werden kaum seine blinden Anhänger und Verehrer haben. Aber sie dürften gerade in diesem Falle nicht die rechten Beurteiler sein. Als solche wird man vielmehr diejenigen betrachten dürfen, welche trotz der Wärme, die von Egidy ausging, bei seinen Worten kalt blieben, und welche, trotz des Sympathischen seiner Persönlichkeit, ihm nur fremd gegenüberstehen konnten.

Egidy war einer von denjenigen Menschen, die immer als lebendige Beweise dafür existieren werden, daß der Idealismus dem Menschengeschlechte eine notwendige Weltanschauung ist. Ein Ideal menschlicher Gesellschaftsordnung schwebte ihm vor. An diesem Ideale hing sein Herz. Das Recht der freien Persönlichkeit, die sich unbedingt, allseitig, ihren Fähigkeiten vollkommen entsprechend, ausleben kann, gehörte zum wesentlichen Inhalt dieses Ideals. Egidy hat den Beruf des Offiziers aufgeben müssen, als er zu der Erkenntnis kam, daß er in der persönlichen Freiheit sein gesellschaftliches Ideal zu suchen habe. Und man muß ihm zugestehen, daß er von diesem ersten Schritte an durch seine ganze öffentliche Wirksamkeit hindurch sich als mutvolle, charakterstarke Persönlichkeit erwiesen hat, die in jedem Augenblicke sich selbst in dem denkbar stärksten Maße die Treue hält.

Warum aber gab es *doch* solche, die kalt blieben, wenn sie Moritz von Egidy von seinen Idealen reden hörten? Die Antwort darauf dürfte sein, daß dieser Mann zu den Bedürfnissen seines Herzens nicht die plastische Kraft des Gedankens hatte, welche den unbestimmten, dunklen Idealen die sicheren, klaren Wege zu weisen versteht. Etwas Verschwommenes hatten alle Ausführungen Egidys. Seine Anhänger waren daher nicht die Köpfe, die mit sicheren Instinkten durch das Leben schreiten und wissen, was sie wollen. Diejenigen verstanden ihn, die hin- und herschwanken zwischen alten Überlieferungen und modernen Vorstellungen. Die davor zurückschrecken, durch völlige Klarheit einer Weltanschauung das Wohlbehagen zu verscheuchen, das in der Hingabe an unbestimmte, mystische Mächte liegt. Die auch vermeiden wollen, das Seelenmartyrium auf sich zu nehmen, das derjenige zu bestehen hat, der die Elemente jahrtausendalter Erziehung durch die Vorstellungen einer neuen Weltanschauung zu verdrängen sucht.

Die Menschen, die das Herz auf dem rechten Flecke und die Vernunft auf einem etwas verlorenen Posten haben, waren Egidys Anhänger. Durch solche Menschen kann im einzelnen ungemein viel Ersprießliches gewirkt werden. Man braucht nur an das mannhafte Eintreten Egidys in Sachen *Ziethens* zu erinnern, um das zu beweisen. Für die großen Aufgaben der Zeit werden aber Geister von dieser Art weniger leisten.

Das alles aber würde gerade bei Egidy wahrscheinlich anders geworden sein, wenn ihm eine längere Lebensdauer beschieden gewesen wäre. Zwar fand man ihn bis zuletzt immer auf Seite derjenigen Geistesströmungen, denen die Gedankenunklarheit zu den unbewußten Axiomen gehört. Seine Stellung gegenüber dem russischen Friedensmanifest, bei dem sich ein klarer Kopf nicht das Geringste vorstellen kann, beweist dies. Aber trotz alledem ist innerhalb der Entwicklung Egidys eine stetige Klärung seiner Anschauungen zu bemerken. Er ist bis jetzt nicht dazu gekommen, seinen individualistisch-anarchistischen Anschauungen einen Untergrund in den Ideen des modernen Denkens zu geben. Er sprach viel von «*Entwicklung*» und davon, daß auf dem Entwicklungsgedanken der weitere Fortschritt der menschlichen Gesellschaft sich aufbauen müsse. Aber von den konkreten Gesetzen, die sich aus der naturwissenschaftlichen Entwicklungslehre ergeben, und von deren Anwendung auf das menschliche Leben war in seinen Schriften und Reden wenig zu merken. So kam es, daß alles, was von ihm ausging, bedenklich an die «ethische Kultur» und an die Bestrebungen des Pfarrers *Naumann* erinnerte – das heißt an geistige Strömungen, die nicht vermögen, das Leben im Sinne der neuen Erkenntnisse zu reformieren, und die deshalb das nach der Meinung ihrer Träger in den alten religiösen Vorstellungen Ewig-Wahre – die sogenannten *bleibenden* sittlichen Ideen – in einer neuen Form im Geiste der Menschen wieder lebendig machen wollen. Für das Unhaltbare in diesen Vorstellungen fehlt in diesen Kreisen das Verständnis. Ihre Angehörigen wissen z. B. nicht, daß die Vorstellungen der christlichen Sittenlehre nur einen Sinn für diejenigen haben, die an die christliche Weltanschauung glauben. Alle diejenigen, die den Glauben an diese Weltanschauung verloren haben, können nicht von einer Reform der sittlichen Vorstellungen des Christentums sprechen, sondern allein von einer Neugeburt des sittlichen Lebens aus dem Geiste der modernen Weltanschauung heraus.

*Ernst von Wolzogen* hat in einer der letzten Nummern der Wiener Wochenschrift «Die Zeit» auf das *Ungereimte* hingewiesen, das in unserem Zeitalter dadurch zur Erscheinung kommt, daß neben den größten Fortschritten auf dem Gebiete des Denkens und der Erkenntnis die überlebtesten religiösen Ideen ihr Wesen treiben. Die schlimmste Reaktion macht sich heute neben dem stolzesten Freiheitsbewußtsein geltend. Wolzogen nennt deshalb unser Jahrhundert nicht mit Unrecht das *«ungereimte»*.

Persönlichkeiten wie Moritz von Egidy, werden in der Zukunft geradezu als *typisch* für die Erscheinung, die Wolzogen meint, angesehen werden.

In ihrer Brust sind zwei Seelen vorhanden: das moderne Zeitbewußtsein in allgemeiner, verworrener Form und das angestammte christliche Empfinden. An beiden deuteln sie nun so lange herum, bis das eine zu dem andern zu stimmen scheint. Die beiden Strömungen, die auf zwei Gruppen von Menschen verteilt sind, auf eine kleine fortschrittliche und eine große, mächtige, reaktionäre, vereinigen sie in *einer* Persönlichkeit. Sie gewinnen Anhänger aus dem Grunde, weil sie im Grunde weder der einen noch der andern Partei einen Strich durch die Rechnung machen. Bei allen «Halben» werden sie daher Zustimmung in reichlichem Maße finden; die «Ganzen» aber werden mit der Grausamkeit, die aus der Erkenntnis fließt, ihnen stets kalt und fremd gegenüberstehen. Aber diese «Ganzen» werden doch ein Gefühl des Bedauerns nicht unterdrücken können. Und Persönlichkeiten vom Schlage Egidys gegenüber wird dieses Gefühl besonders deutlich sein. Was könnten Naturen wie diese mit ihrer Wärme und Kühnheit, mit ihrer Ehrlichkeit und Rücksichtslosigkeit wirken, wenn sie sich ganz in den Dienst der Gegenwart stellen wollten! Wenn sie zu der Modernität ihres Herzens auch die des Intellektes hätten!

Zu der Begeisterung, mit der Moritz von Egidy die energischen Worte sprach: «Es ist himmelschreiend, wie man sich an dem Heiligsten des Menschen, an seinem Wachstum-, seinem Vervollkommnungsdrang versündigt, indem man blindwütig, kindisch roh, gewaltprotzig gegen das Allmachtsgesetz der Entwicklung ankämpft», möchte man die klare *Erkenntnis* hinzuwünschen, was im Sinne dieses Entwicklungsgesetzes wirklich fruchtbar für die Zukunft ist.

## ZUR PROBLEMATIK DES JOURNALISTEN UND KRITIKERS

*anläßlich des Todes von Emil Schiff am 23. Januar 1899*

Eine für die Gegenwart bedeutsame Persönlichkeit ist uns vor einigen Tagen durch den Tod genommen worden. Kein schaffender Künstler oder Gelehrter, keine produktive Natur war Emil Schiff, der am 23. Januar gestorben ist. Er hat kein Gebiet des geistigen Lebens mit neuen Ideen befruchtet. Alles, was er schrieb, war bloße Berichterstattung; zumeist sogar reine Tagesschriftstellerei. Er war Journalist. Aber wenn man dies in bezug auf Emil Schiff ausspricht, muß man an das Goethesche Wort erinnern: Das *Was* bedenke, mehr bedenke *Wie*. Er wirkte wie ein verkörperter Protest auf den Journalismus der Gegenwart. Wie stände es um den Journalismus: hätten wir viele seinesgleichen! Eine allgemein herrschende Ansicht der Gegenwart kann den Begriff des Journalisten nicht von dem der Oberflächlichkeit trennen. Wer möchte dieser Ansicht eine gewisse Berechtigung absprechen? Wie war dagegen Emil Schiff! Jedes Feuilleton, das er schrieb, roch nach Gründlichkeit. Mancher Gelehrte, der über ein entlegenes und wegen der Einseitigkeit leicht zu beherrschendes Thema schreibt, könnte sich diesen oder jenen Zeitungsartikel Schiffs zum Muster nehmen.

Der Journalist schreibt für den Tag. Wer das tut, muß

den Tag verstehen. Aber der Tag, das «Heute» ist das Ergebnis der ganzen menschlichen Kulturarbeit. Und in der kleinsten Tageserscheinung können Dinge zum Vorschein kommen, die man nur auf der breitesten Basis einer ganz allgemeinen Bildung beurteilen kann. Man stelle sich einen Journalisten vor, der in würdiger Weise aus Anlaß von Helmholtz', du Bois-Reymonds oder Treitschkes Tod schreiben will! Es ist gewiß weniger schwierig, für eine gelehrteste Zeitschrift über das Gehirn der Nagetiere zu schreiben.

Es wird behauptet, daß in unserer Zeit eine gewisse Vielseitigkeit sich nicht mit Gründlichkeit paaren läßt. Der Reichtum dessen, was wir auf den einzelnen Gebieten heute wissen müssen, wenn wir «gründlich» sein wollen, ließe sich nicht vereinigen mit der universellen Beherrschung des Geistesinhaltes unserer Zeit. Wäre das richtig, so wäre es auch die Ansicht, daß der Tagesschriftsteller oberflächlich sein muß. Emil Schiff ist der lebendige Gegenbeweis dieser Behauptung. Wodurch ist er dieser Gegenbeweis geworden?

Man braucht nur ein paar Tatsachen zusammenzustellen, um diese Frage zu beantworten. Emil Schiff hat von seinem neunzehnten Jahre ab die Rechtswissenschaft studiert; dann wurde er Journalist. In seinem neunundzwanzigsten Jahre begann er Studien über höhere Mathematik, analytische Mechanik, in seinem zweiunddreißigsten über Medizin. Im siebenunddreißigsten konnte er eine Doktordissertation schreiben über «Cabanis», einen der vielseitigsten Menschen des vorigen Jahrhunderts. Schiffs Freunde erzählen, daß dieser sich in seinen letzten Lebenstagen mit englischer und römischer Geschichte beschäftigt hat, und daß am Bette des Sterbenden Cervantes zu sehen war. Man wird also wohl kein falsches Urteil fällen, wenn man sagt, daß der Unermüdliche noch vieles dem weiten Umkreis seines Wissens einverleibt hat, das sich urkundlich nicht nachweisen läßt.

Es wäre gewiß unrichtig, wenn man behaupten wollte, daß Schiff nur deshalb in solch emsiger Weise bemüht war, sein Wissen nach allen Seiten auszubilden, um ein vollkommener Journalist zu werden. Ihm war eine allseitige Bildung ein persönliches Bedürfnis. Etwas nicht zu wissen, schien seinen auf Universalität angelegten Geist zu beunruhigen. Aber gerade solche Menschen gehören in die Journalistik. Für diesen Beruf ist nichts zu gut. Und wenn man auch sagen muß, ein Mensch mit solchem Erkenntnisdrange müßte das Ideal eines Gelehrten geworden sein: bedauern darf man nicht, daß er Journalist geworden ist. Weil ein großer Teil unserer gebildeten Welt bloß die Tagesliteratur sich aneignet, braucht diese Persönlichkeiten, wie Emil Schiff eine war.

Nur durch Charaktere von seiner Art ist es möglich, die so viel besprochenen Schäden der Journalistik aus der Welt zu schaffen. Das menschliche Wissen bildet ein in sich geschlossenes Ganzes. Man kann allenfalls Spezialist sein und die allgemeine Bildung entbehren. Man muß dann über die Einflüsse Byrons auf die deutsche Literatur rein Tatsächliches zusammenstellen; oder über die Fortpflanzung der Moose berichten, was man mit den Augen gesehen hat. Aber man kann unmöglich über eine politische Erscheinung oder eine wissenschaftliche Entdeckung seinen Zeitgenossen berichten, wenn man diese nicht auf Grund einer umfassenden Bildung in das ganze Kulturgetriebe der Gegenwart einzugliedern weiß. Unsere Journalisten können das zumeist nicht. Leider wird der Mangel einer solchen Fähigkeit auch viel zu wenig bemerkt. Viel mehr Glück als die Schiffs haben jetzt diejenigen, die eine eitle Belesenheit in paradoxer Weise zur

Schau zu tragen verstehen. Der Journalist kann so einseitig, ja so unwissend wie möglich sein, wenn er nur «amüsant» ist. Ja, amüsant! Man kann da eigentlich gar nicht widersprechen. Aber es kommt nur darauf an, für wen amüsant. Für diejenigen, die ein ernsthaftes Bedürfnis haben, an dem Kulturleben der Gegenwart teilzunehmen, oder für diejenigen, die durch inhaltlosen Witz die Zeit hinbringen wollen, die ihnen von ihren Berufsgeschäften übrig bleibt. Der Pamphletist gilt heute mehr als der kenntnisreiche, urteilsfähige Berichterstatter. In höchstem Ansehen stehen Artikelschreiber, die ein paar Phrasen aus dem Katechismus der Agrarier aufgenommen haben, und diese mit ein paar stilistischen Schnörkeln aus einer oberflächlichen Nietzschelektüre zu verbrämen wissen. Das Einseitige, Oberflächliche und Paradoxe beherrschen die Tagesschriftsteller. Von alledem das Gegenteil war Emil Schiff eigen. Er war ein sachgemäßer Journalist. Er hatte das dem Berichterstatter so notwendige Gewissen. Und er konnte dasjenige erfüllen, was dieses Gewissen ihm vorschrieb, denn er arbeitete unablässig an der Vervollkommnung seiner Urteilsfähigkeit.

Man kann der Ansicht sein, daß niemand als Tagesschriftsteller über ein Theaterstück schreiben soll, der nicht wenigstens die Grundzüge des Darwinismus kennt, und daß niemand über den Fürsten Bismarck schreiben soll, der nicht das Wesentliche der Soziologie versteht. Solch strenge Bedingungen erfüllte Emil Schiff. Er verband die Genauigkeit eines Gelehrten mit dem vielseitigen Interesse des Zeitungsschreibers. Die bloße Phrase war ihm ganz fremd.

Für produktive Naturen wird es wahrscheinlich gar nicht leicht sein, dem journalistischen Beruf in solch vollkommener Weise zu entsprechen, wie es Schiff tat. Sie werden zu sehr mit der Ausbildung des Eigenen beschäftigt sein, um sich das Fremde in solch ausgiebigem Maße anzueignen. Schiff konnte in solch einziger Art über andere und anderes berichten, weil ihn das Eigene nie störte.

Alles Reden über Reformen innerhalb gewisser Lebens- und Kulturverhältnisse ist wertlos, wenn man nicht erkennt, daß sich eine solche Reform auf Grund vollkommener menschlicher Auslese aufbauen muß. Wir wissen heute, daß man den Menschen nicht gegen seine Anlagen entwickeln kann. Wer von Erziehung spricht und glaubt, daß es allgemeine Grundsätze gibt, nach denen sich die menschliche Natur formen läßt, versteht nichts von den modernen wissenschaftlichen Errungenschaften. Wir können nichts weiter tun, als die in einem Menschen gelegenen Anlagen zur Ausbildung bringen. Und wir müssen Bedingungen schaffen, daß diejenigen Menschen, die für irgendeine Lebenssphäre besonders geeignet sind, sich auch in diese stellen können. Eine Berufsklasse wird dann am besten versorgt sein, wenn die natürlichen Verhältnisse geeignet sind, diejenigen Menschen in sie zu führen, die ihrem Wesen gemäß am besten für sie taugen.

Um solche Bedingungen zu schaffen, muß allerdings die Erkenntnis und Würdigung der Persönlichkeiten vorhanden sein, die eine solche Tauglichkeit besitzen. Nach dieser Erkenntnis und Würdigung richten sich die Anforderungen, die man an gewisse Berufe stellt. Und diese Anforderungen entsprechen genau dem, was man auf dem Gebiete der Nationalökonomie die Nachfrage nennt. Nach dieser Nachfrage wird sich immer das Angebot richten. Wenn die Leser unserer Zeitungen nach Schwätzern fragen, so werden sich ihnen Kerrs anbieten; wenn sie nach allseitig gebildeten, gewissenhaften Schriftstellern verlangen, werden ihnen Schiffs entgegentreten. Das ist ein ehernes Gesetz in der geistigen Entwicklung der Menschheit. Deshalb darf nicht achtlos vorübergegangen werden an solch vorbildlichen, einzigen Persönlichkeiten, wie Emil Schiff eine war.

Jeder Leserkreis hat die Journalisten, die er verdient. Emil Schiff war nur für einen auserlesenen bestimmt. Das ist nicht gerade schmeichelhaft für unsere Zeit; denn dieser Mann wurde im Grunde doch wenig beachtet. Man hat in vielen Kreisen seinen Artikeln wohl kaum mehr Verständnis entgegengebracht als denen eines beliebigen Satzdrechslers mit spärlichem, literarhistorischen Wissen. Nur wenige Menschen haben bei seinen Lebzeiten den Wert dieses Mannes gekannt.


## PROFESSOR SCHELL

«Der *Katholizismus* ist als *solcher* ein Prinzip des *Fortschritts;* was aber etwa bei den katholischen Völkern wirklich und wahrhaft dem geistigen Fortschritt im Wege steht, ist *nicht* wesenhaft *katholisch*. Man muß es rücksichtslos erforschen und bekämpfen, damit der *Katholizismus* sein *eigenstes* Wesen *ungehindert* entfalte!» ... «Das Ideal, das die theologische Forschung leitet, ist die Überzeugung, daß die Gleichung zwischen richtig erfaßter Offenbarung und richtig gedeuteter Wirklichkeit herzustellen sei. Wenn ungläubige Gelehrte, von anderen Idealen geleitet, anders urteilen, so verbinden sie eben mit den Worten *Gott* und *Christentum* eine ganz andere Vorstellung als der Theologe» ... So schrieb vor einigen Jahren ein idealistisch gesinnter deutscher Theologe, der Würzburger Professor Hermann Schell. («Der

Katholizismus als Prinzip des Fortschritts», Würzburg 1897. Die Schrift hat vor kurzem die 7. Auflage erlebt.) Vor einigen Tagen hat nun der Papst eine deutliche Meinung darüber abgegeben, ob er über das «Wahrhaft Katholische» ebenso denke wie dieser Würzburger Professor. Er hat Schells Schriften auf den Index der für Gläubige verbotenen Bücher gesetzt. Damit ist gesagt, daß die Lehren dieses Professors ketzerisch sind. Es wird nun erzählt, daß Professor Schell sich unterworfen habe. Wenn das wahr ist, dann hat Schell einfach als wahrhafter und echter Katholik gehandelt. Und wieder einmal haben diejenigen Recht behalten, die für den Katholizismus als einzig maßgebend das berühmte Wort des Kardinals Rauscher halten: «Die Kirche kennt keinen Fortschritt». – Schell gehört zu jenen Bekennern des katholischen Glaubens, die sich der Macht der *wissenschaftlichen* Errungenschaften nicht entziehen können. Sie empfinden die Macht der Erkenntnisse, die sich der Mensch durch sein freies Denken erwirbt. Aber sie können aus ihrem Religionsbekenntnisse nicht heraus. Sie suchen nach einer Vereinigung ihres Glaubens mit der Wissenschaft. Ihnen gegenüber muß immer wieder betont werden, daß alle freie Wissenschaft sich aus der Kraft des menschlichen Geistes heraus entwickelt hat; und daß in Wahrheit der Katholizismus niemals irgendein Ergebnis der freien Forschung aus inneren Gründen zugegeben hat. Er ist stets nur so weit zurückgewichen, als er vor der Macht des menschlichen Geistes zurückweichen *mußte*. Er hat neben sich *gelten lassen*, was er nicht aus der Welt schaffen konnte. Es gibt innerhalb des Katholizismus nichts, was es ihm möglich machte, seine eigenen Lehren mit den Fortschritten des menschlichen Geistes in Einklang zu bringen. Es ist gut, wenn dies hüben und drüben zugestanden wird. Der wahre Katholik muß sich feindlich allem entgegenstellen, was der menschliche Geist aus sich selbst erzeugt. Und der moderne Geist muß sich feindlich gegenüberstellen dem, was die Kirche auf Grund ihres Offenbarungsglaubens lehrt. Alle Überbrückung dieses Gegensatzes ist eine – nicht notwendig subjektive, aber jedenfalls objektive – Verfälschung des Tatbestandes. Und diese Verfälschung ist schädlich. Denn sie verhindert, daß der Kampf zwischen zwei Weltanschauungen in ehrlicher Weise ausgefochten werde. Wenn Professor Schell sagt: «Warum soll es nun in unserer Gegenwart unkirchlich sein, die fortgeschrittene, vertiefte und erweiterte Philosophie der Neuzeit mit dem Offenbarungsglauben in eine fruchtbare Bundesgenossenschaft zu bringen?», so verhindert ein solcher Standpunkt den Fortgang der Entwicklung, der den tatsächlichen Faktoren entspricht. Er schafft zwischen ehrlichen Anhängern der Kirche und ehrlichen Gegnern eine Zwischengruppe, die das Aufeinanderprallen verhindert und die Entscheidung hinausdrängt. *Den Bekennern des freien Denkens ist der Papst lieber als Professor Schell.* Wo sie «Ja» sagen, sagt der Papst «Nein». Und das ist gut. Und der Papst hat sein gutes Recht dazu. Er ist in allen Dingen unfehlbar, die er ex cathedra verkündigt. Wer über den Katholizismus spricht, hat sich deswegen einzig an den Papst zu halten. Seit die Unfehlbarkeit Dogma geworden ist, muß das anerkannt werden. – Es gibt gewiß naive Gemüter, die es Gläubigen von der Art Professor Schells übelnehmen, daß sie sich unterwerfen. Sie möchten wir fragen: Wäre denn die Nicht-Unterwerfung nicht einfach sinnlos? Was soll der Professor Schell denn machen? Soll er weiter behaupten: seine Lehre sei richtiger Katholizismus und der römische Bischof habe Unrecht. Dann müßte aber doch der Professor Schell zugleich sagen:

der Katholizismus schließt eben den Fortschritt aus. Also müßte er sich der Inkonsequenz zeihen. Entweder bleibt Schell Katholik, dann ist seine Lehre falsch – denn der Papst hat sie für falsch erklärt, und an diese Erklärung hat sich derjenige zu halten, der Katholik sein will –, oder Schell bleibt nicht Katholik: dann ist seine Lehre *auch falsch,* denn der Katholizismus kennt eben dann keinen Fortschritt. – Noch naivere Gemüter werden vielleicht sagen: Professor Schell könnte das Dogma der Unfehlbarkeit bekämpfen und sagen, daß er und nicht der Papst den richtigen Katholizismus vertrete. Doch mit Verlaub gesagt: das wäre das Allerschlimmste. Denn das hätte, wenn er es für notwendig hielte, Professor Schell *längst tun müssen.* Er ist ein echter Katholik bisher gewesen; also ein Bekenner des Unfehlbarkeitsdogmas. Wenn er nun durch seine eigenen Lehren in Gegensatz mit dem Papst kommt, dann kann er nur – abschwören.

So geht es allen, die sich einer Autorität preisgeben. Sie sind ihr verfallen. Wenn sie von ihr loswollen, dann müssen sie erst von ihren eigenen Anschauungen loskommen.

## ÜBER DEN LEHRFREIMUT

In den weitesten Kreisen gehört zu werden verdienen die Sätze, die vor einigen Tagen der neugewählte Rektor der Heidelberger Universität zu den Studenten gesprochen hat, als sie ihm den üblichen Fackelzug darbrachten. Wir haben es ja in den letzten Wochen so oft hören müssen, daß die Professoren Beamte des Staates seien und daß die Regierungen sie demgemäß behandeln müßten. Was kann eine reaktionäre

Regierung mit einer solchen Forderung alles machen? Jeder Universitätslehrer, der auf einem Standpunkt steht, welcher dem rückschrittlichen Sinn oder auch nur dem Unverstand der Machthaber zuwider ist, kann als widerspenstiger Beamter verfolgt werden. Die den Universitäten gewährleistete Lehr- und Lernfreiheit kann durch diese Forderung einfach aus der Welt geschafft werden. Kürzlich hat Professor Paulsen in den «Preußischen Jahrbüchern» darauf hingewiesen, daß Professor von profiteri stammt, d. i. von «öffentlich bekennen». Mit ihm erklärt sich der Heidelberger Rektor, Professor Osthoff, einverstanden. Aller Fortschritt der Wissenschaft hängt an der Lehr- und Lernfreiheit. Nur wenn der Universitätslehrer öffentlich bekennen kann, was ihm seine Wissenschaft als Resultat geliefert hat, kann er seinen Beruf im höheren Sinne erfüllen. Läuft irgend eines dieser Resultate den Interessen eines Staates zuwider, so hat der Staat sich nach der Wissenschaft zu reformieren. Aus den Errungenschaften des geistigen Lebens müssen den gesellschaftlichen Einrichtungen immer neue Lebenssäfte zugeführt werden. Osthoff betont, daß das notwendige Gegenstück zur Lehrfreiheit der Lehrfreimut ist. Wohin soll dieser Lehrfreimut gelangen, wenn der Lehrer bei jedem Wort hinschielen muß nach den Machthabern? Wie ein heller Sonnenstrahl fiel die Rede Osthoffs in unseren allseitig von den Mächten der Finsternis verdunkelten Gesichtskreis hinein. Wir hören aus ihr die Gesinnung heraus: Ihr sollt der freien Forschung mehr gehorchen als den staatlichen Interessen! Genossen in dieser Gesinnung muß man dem Heidelberger Rektor wünschen. Gegen den Freimut der Hochschullehrer, gegen den Unabhängigkeitssinn der freien Forscher werden die reaktionären Gewalten auf die Dauer nicht bestehen können. Auch die Kirchen haben die Lichter, die der geistige Fortschritt entzündet hat, niemals verlöschen können. Am allermeisten brauchen wir in den geistigen Berufen Männer, die die Freiheit bekennen, weil sie die Freiheit lieben. Von Ministerien des Geistes sprechen und der Reaktion dienen, das sollten unsere Professoren den «Staatsmännern» überlassen.

## ZUR LITERATUR ÜBER DIE FRAUENFRAGE

Die Freunde des menschlichen Fortschrittes, die durch ihr Temperament und vielleicht auch durch eine gewisse gesteigerte Urteilsfähigkeit zu Lobrednern einer radikalen Richtung werden, haben im wesentlichen zwei Arten von Gegnern. Die einen sind diejenigen, deren Gefühle an dem Hergebrachten hängen, weil sie in ihm das Gute zu erkennen glauben. Diese sehen in reformatorischen Ideen mehr oder weniger den Ausfluß eines intellektuellen oder sittlichen Mangels. Das sind die eigentlichen konservativen Naturen. Zu ihnen kommt eine zweite Art von Gegnern. Diejenigen, die reformatorischen Ideen an sich nicht feindlich gesinnt sind, die aber nicht müde werden, bei jeder auftauchenden konkreten Fortschrittsfrage, die in den «Verhältnissen liegenden entgegenstehenden Schwierigkeiten» zu betonen. Sie sehen ihre Aufgabe darin zu bremsen, auch wenn sie den Ideen der Radikaleren an sich durchaus nicht feindlich gegenüberstehen. Für die erste Art von Gegnern gibt es nur ein Heilmittel: die Zeit. Mit Vorstellungen kann man nicht unmittelbar an sie herankommen. Sie können für ein Neues nur dadurch gewonnen werden, daß es ihnen immerfort wieder vorgeführt wird und sich auf diese Weise ihre Gefühle seiner Macht anpassen.

Anders scheint die Sache bei denjenigen Gegnern, deren Gefühle mit dem Neuen sympathisieren, und die sich nun über die «gewissen Schwierigkeiten» nicht hinwegsetzen können. Sie müßten vor allem zu *einer* Erkenntnis kommen, nämlich zu derjenigen, daß die Hauptmasse dieser Schwierigkeiten weniger in der Macht der Verhältnisse liegt, die der Mensch nicht bändigen kann, als vielmehr in ihren eigenen vorgefaßten Meinungen. Sie können zu keinem Urteil über den menschlichen Fortschritt kommen, weil sie durch ihre Einbildungen über das, was nun einmal notwendig erscheint, sich selbst fortwährend alle möglichen Schwierigkeiten auftürmen. Wie viele der wichtigsten «Lebensfragen» leiden unter solchen eingebildeten Schwierigkeiten! Könnten wir nicht zum Beispiel in der Reform des höheren Schulwesens viel weiter sein, wenn die beteiligten Kreise nicht immerfort wieder alles mögliche vorbrächten über die Notwendigkeit, gewisse Einrichtungen des gegenwärtigen Unterrichtswesens beizubehalten? Und wieviel von dem, was da als Notwendigkeit betont wird, beruht nur auf Einbildung!

Es ist kein Zweifel, daß zu den «Fragen», die in unserer Zeit durch solche Bremsernaturen am meisten zu leiden haben, die sogenannte «Frauenfrage» gehört. Wenn über sie gesprochen wird, kann man wahrnehmen, wie die höchsten Berge solcher eingebildeten Schwierigkeiten aufgetürmt werden. Die Klarheit darüber, welches wirkliche Gewicht einzelnen in der Gegenwart bestehenden Verhältnissen zukommt, könnte manches Vorurteil in kürzester Zeit hinwegräumen. Man brauchte nur deutlich hinzusehen, um zu erkennen, wie die Dinge wirklich liegen.

Wenn die Zeitschrift, deren erstes Heft eben ausgegeben wird, das hält, was sie verspricht, und wozu sie in der besten Weise den Anfang macht, dann wird sie gerade im Sinne dieser Klärung in der denkbar günstigsten Weise wirken. Darstellungen der Lebens- und Existenzbedingungen der Frauen wollen die «Dokumente» bringen. «Unbeeinflußt von allen Parteiströmungen und Parteistandpunkten soll die Zeitschrift den Frauen unabhängige, sachliche, streng an die Tatsachen gebundene Belege – Dokumente – über die wirklichen Zustände des Lebens geben; sie soll den Frauen die Wege anzeigen, die sie einschlagen müssen, um ihre Interessen zu verteidigen, das heißt die Forderungen zum Ausdruck bringen, die sie zu stellen gezwungen sind, um sich in dem Existenzkampfe zu behaupten, die Forderungen nach wirtschaftlicher, sozialer und politischer Gleichstellung.»

Welch dringende Forderungen dies sind, geht am besten aus einer statistischen Mitteilung hervor, die die Herausgeberinnen in ihrer Vorrede machen. «Bei der Berufszählung 1890 ging hervor, daß von den 9 Millionen über 10 Jahre alten Frauen in Österreich 6¼ Millionen in selbständigem Erwerb standen.» Auf 100 arbeitende Männer kommen in Österreich 79, in Deutschland 39, in England 26, in Amerika 15 selbständig erwerbende Frauen. Wer könnte leugnen, daß gegenüber diesen tatsächlichen Verhältnissen die Stellung, welche Gesellschaft und Staat den Frauen anweisen, geradezu wie ein Hohn sich ausnimmt? Gesellschaftliche Einrichtungen sind doch nur dann gesund, wenn sich in ihnen die tatsächlich bestehenden Verhältnisse ausdrücken. Die Aufgaben, welche diese tatsächlichen Verhältnisse der Frau stellen, fordern gebieterisch eine Reform ihrer öffentlichen Stellung.

Es gehört zu den Unbegreiflichkeiten, die im Geistesleben

der Gegenwart vorhanden sind, daß selbst naturwissenschaftlich denkende Köpfe sich den Forderungen der Frauen feindlich entgegenstellen. Was wird alles über das Wesen der Frau geredet, und was wird daraus gegen die Forderungen der Frau abgeleitet! Immerfort kann man es hören, wie die Frau gar nicht in der Lage sein soll, an dem öffentlichen Leben teilzunehmen. Von naturwissenschaftlich Denkenden sollte man solche Reden am wenigsten erwarten. Wie würden sie zetern, wenn man ein physikalisches Experiment deshalb verhinderte, weil man aus dem Wesen der mitwirkenden Kräfte erklären wollte, daß ein Ergebnis unmöglich sei. Über das, was möglich ist – würden sie mit Recht sagen –, kann allein die Erfahrung entscheiden. Und nur so kann ein im modernen Sinne denkender Mensch über die Frauenfrage urteilen. Wir wissen gar nichts über den Fortgang einer Kultur, an der die Frauen denjenigen Anteil nehmen, den ihnen eine völlig freie Entwicklung ihrer Fähigkeiten gibt. Uns steht es allein zu, die Möglichkeit einer solchen freien Entfaltung herbeizuführen. Und wer in dieser Weise denkt, der kann nur den Worten *Björnstjerne Björnsons* beistimmen, die er in einem im ersten Heft der «Dokumente» abgedruckten interessanten Brief an Fräulein *Fickert* schreibt: «Die Frauenfrage ist aus der harten Notwendigkeit geboren; ihre Ideale *bergen* neue Hoffnungen für die Menschheit. Wir stehen noch vor Aufgaben, die – es wird sich schon nach und nach erweisen – nicht anders gelöst werden können als in dem Geiste, der vorzüglich der Geist der Frau ist. Wir warten darauf, daß er durch sie in unseren öffentlichen Verhandlungen der herrschende werde. Aber dann möge sie sich auch darauf vorbereiten! Ebenso in ihren Anlagen, wie in ihrem Charakter.»

Ein Aufsatz des österreichischen Rechtslehrers *Anton Men-*

*ger* über «Die neue Zivilprozeßordnung und die Frauen» zeigt, wie wenig die gegenwärtige Gesetzgebung den tatsächlichen Verhältnissen Rechnung trägt, und eine Auseinandersetzung über die soziale Lage der Unterlehrerinnen gibt ein Bild davon, welche wirtschaftlichen Kämpfe eine Frau zu bestehen hat, die in das Berufsleben eintritt.

Nur wenn sie völlige Freiheit in der Entwicklung ihrer Kräfte genießt, kann die Frau den Anteil zu der Kulturarbeit der Menschheit liefern, der ihr nach ihrer Natur möglich ist. Deswegen wird diejenige Lebensanschauung den Forderungen der Frau am meisten gerecht werden, welche der menschlichen Entwicklung überhaupt die Richtung nach der unbegrenzten Geltung der Freiheit zu geben sucht. Die unbegrenzte Freiheit des Menschen sucht der individualistische Anarchismus zu verwirklichen. Nur wer die Ziele und den Geist dieser Lebensauffassung nicht im geringsten kennt, kann sie in Zusammenhang bringen mit jenem Anarchismus, der in der «Propaganda der Tat» ein Mittel zur Verwirklichung der Freiheit erblickt. Man braucht nur mit klaren Worten auszusprechen, was der individualistische Anarchismus will: und sogleich ergibt sich, daß er der allergrößte Feind sein muß von jeder Propaganda der Tat. Was über den Unterschied von Anarchismus und dieser Propaganda zu sagen ist, haben J. H. Mackay und ich in Nr. 39 des vorigen Jahrganges dieser Zeitschrift ausgeführt.

Der individualistische Anarchismus tritt bei jedem Menschen auf, der im Sinne der modernen Naturanschauung denkt – *und zwar konsequent denkt*. Diese Naturanschauung zeigt uns die *Entwicklung* des Menschen aus niederen Organismen in einer rein natürlichen Weise. Die Entwicklung kann heute nicht abgeschlossen sein. Sie muß fortgehen. Wie in den niederen Organismen die Kräfte lagen, die sie heraufführten bis zum Menschen, so liegen in diesem die Kräfte zur Weiterentwicklung. Alles, was wir unternehmen, um den Menschen in eine vorbestimmte Ordnung einzuzwängen, hindert diese Weiterentwicklung. Wer eine staatliche oder gesellschaftliche Ordnung festsetzt, kann dies nur auf Grund der bisherigen Entwicklung. Wenn man aber eine bestimmte Ordnung des menschlichen Zusammenlebens auf der Grundlage dieser bisherigen Entwicklung festlegt, so beschneidet man das Zukünftige durch das Vergangene. Wir können gar nicht wissen, welche Entwicklungskeime in dem Menschen noch verborgen zur Weiterentwicklung liegen. Deshalb können wir auch keine Ordnung festsetzen, in welcher sich der Mensch entwickeln soll. Er muß die volle Freiheit besitzen, alles zu entwickeln, was in ihm keimt. Die Ordnung, die er braucht, wird sich dann immer von selbst aus dieser Freiheit ergeben. Dies ist der Grund, warum die von einem der besten Freiheitsmänner gegründete Zeitschrift des individualistischen Anarchismus, die in Amerika erscheinende «Liberty» den Wahlspruch trägt: *Freiheit ist nicht die Tochter, sondern die Mutter der Ordnung.*

Aus der Denkweise, der diese Zeitschrift entsprungen ist, geht nun auch die Schrift *«Die Frauenfrage, Eine Diskussion zwischen Victor Yarros und Sarah E. Holmes»* hervor. (Die deutsche Übersetzung ist kürzlich im Verlag von A. Zack, Berlin, erschienen.) Man lese diese Schrift, wenn man eine wirklich *unbefangene* Aussprache über die «Frauenfrage» wünscht. Es wird viele geben, die durch eine solche Schrift erst erfahren müssen, was Vorurteilslosigkeit heißt. Sie werden sehen, wie klein der Kreis ist, den sie mit ihren staatlich großgezogenen Anschauungen zu übersehen vermögen. Zwei Menschen sprechen da mit- und zum Teil gegeneinander, denen die Freiheit wirklich Lebensbedürfnis ist, die eine Vorstellung von der Freiheit haben, gegen die das Freiheitsgefasel der «Liberalen» eine Kinderei ist. Man verlange von mir nicht, daß ich den Inhalt erzähle. Wer diesen Inhalt kennen will, der lese die Schrift, die nur 17 Seiten lang, und in der mehr enthalten ist als in den dicken Büchern des geistvollen, aber mit allen Vorurteilen gesalbten Treitschke. Reine, natürliche Geistesluft atmet man da, und ist froh, einmal ein Viertelstündchen heraus zu sein aus der Stickluft des Schrifttums, das nur Vergangenheit ausströmt. Wer sich aus der Knechtschaft unserer kirchlichen, staatlichen und gesellschaftlichen Ordnungen heraus noch *eines* bewahrt hat: Die Liebe zur Freiheit, der wird aufatmen, wenn er den Ausführungen dieser Schrift folgt.

## HEINRICH VON TREITSCHKE «POLITIK»

Vor kurzem ist der zweite Band Treitschkes «Politik» erschienen. Ein ehrlicher Bekenner des Monarchismus spricht sich über die Staatsformen aus. Drei mögliche Staatsbildungen unterscheidet er: die Theokratie, die Monarchie, die Republik. In der Theokratie fußt die oberste Staatsgewalt auf dem Glauben, daß sie von den göttlichen Mächten eingesetzt ist und in ihrem Namen regiert. Ein Auflehnen wider sie ist zugleich eine Versündigung gegen die göttliche Weltordnung. Diese bei morgenländischen Völkern vorkommende Staatsform hat in den Weltanschauungen der abendländischen Völker keinen Boden. Die Republik baut sich auf der Volksmacht auf. Sei sie eine Aristokratie, sei sie eine Demokratie:

die höchste Gewalt ist in Volkshänden. Die regierenden Mächte haben diese Gewalten nur vom Volke übertragen. Sie kann ihnen daher auch jederzeit wieder genommen werden. In der Monarchie hat die Familie des Regenten die Gewalt nicht durch Übertragung aus dem Volke. Woher hat sie sie also? Treitschke beantwortet diese Frage damit, daß er sagt: sie hat sie durch die historische Entwicklung erhalten. Sie ist in ihren Besitz gelangt, und aus dieser Tatsache hat sich im Volke allmählich das Gefühl entwickelt, daß die Macht eben bei dieser Familie sein müsse. Das Volk hat sich von Generation zu Generation daran gewöhnt, dieser Familie das Recht zu regieren zuzugestehen. Dieses Bekenntnis aus dem Kopfe eines Anhängers und begeisterten Verteidigers der Monarchie ist wichtig. Treitschke ist aus der Zeit herausgewachsen, in welcher die historische Entwicklung als eine Art göttliches Wesen verehrt worden ist. Diese Zeit sagte: was im Laufe der Geschichte sich entwickelt hat, das hat ein Recht auf Bestand; und der einzelne vermag nichts gegen diese Entwicklung. Auf das Zeitalter der Aufklärung, welches nur das als berechtigt anerkannte, was vor der Vernunft des einzelnen bestehen kann, folgte in unserem Jahrhundert diese historische Denkweise. Man sah in dem, was sich im Laufe der Zeiten von selbst gemacht hat, etwas Höheres, als was der einzelne von sich aus als das Richtige anerkennen kann. Klar und deutlich zeigt aber gerade Treitschkes Ausführung, daß monarchisch gesinnt nur derjenige moderne Mensch sein kann, der die Macht der geschichtlichen Entwicklung anerkennt. Wäre Treitschke nicht Bekenner der historischen Weltanschauung, so könnte er auch nicht Monarchist sein. Man kann sich eine Vorstellung davon machen, wie Treitschke über jemanden gelächelt haben möchte, der ihm den obigen Satz entgegengehalten hätte. Denn Treitschke war Fanatiker des Historismus und konnte den, der es nicht ist, nur für einen bornierten Kopf ansehen. Für die Wissenschaft der Politik ist es aber wichtig, daß Treitschke mit der ganzen Schärfe, die ihm eigen war, gezeigt hat: im Abendlande ist die historische Denkweise Voraussetzung für eine wissenschaftliche Begründung des monarchischen Prinzipes. Der notwendige Schluß, der sich aus seiner Anschauung ergibt, wäre der, daß nicht historisch Denkende im Abendlande auch nicht Bekenner des Monarchismus sein können.

## COLLEGIUM LOGICUM

In der Sitzung des Preußischen Abgeordnetenhauses vom 13. März (1899) hat der Abgeordnete Virchow gesagt, daß er als Examinator die traurige Wahrnehmung eines entschiedenen Niederganges der allgemeinen Bildung unserer höheren Schüler gemacht habe. Er vermißt namentlich die Fähigkeit logischen Denkens, das für einen richtigen Betrieb des wissenschaftlichen Studiums unbedingt erforderlich ist. Früher wurde z. B. von den Medizinern gefordert, daß sie im Beginne ihrer Fachstudien ein logisches Kolleg hörten. Heute hält man das nicht mehr für notwendig. Man glaubt, ein gesundes Denken bedürfe der Kenntnis logischer Regeln nicht. Sie gelten vielen als ein alter Zopf. Und in diesem Sinne hat der Minister der geistlichen und Unterrichtsangelegenheiten auch dem Abgeordneten Virchow geantwortet. Er sagte, während seiner Studienzeit sei die Logik noch Zwangskolleg gewesen, und er erinnere sich, wie über dieses collegium logicum gespottet wurde. Denn das alles, was da als Logik zu hören war, hätten die Studenten schon aus dem deutschen Unterricht vom Gymnasium her gewußt; und dann sei auch die Behandlung sonderbar gewesen. Was stand da alles in den gebräuchlichen Lehrbüchern? meinte der Minister. Und er führte den bekannten Schluß an: «‹Alle Kretenser sind Lügner›, sagt ein Kretenser; wenn das ein Kretenser sagt, so muß es aber selbst gelogen sein; folglich sind doch nicht alle Kretenser Lügner.» In des Herrn Ministers Kopf spukt des Mephistopheles Ausspruch im Goetheschen Faust: «Ich rat' euch drum zuerst Collegium Logicum. – Da wird der Geist euch wohl dressiert, – in spanische Stiefel eingeschnürt, – daß er bedächtiger so fortan – hinschleiche die Gedankenbahn. – Was ihr sonst auf einen Schlag – getrieben, wie Essen und Trinken frei, – eins, zwei, drei dazu nötig sei.» Es gibt aber noch einen Goetheschen Ausspruch, der dem Herrn Minister weniger gegenwärtig gewesen zu sein scheint: «Dein Gutgedachtes, in fremden Adern, wird sogleich mit dir selber hadern.» – Wenn jemand die Erfahrung macht, daß ein Schuster schlechte Stiefel anfertigt, so wird er kaum für die Abschaffung der Stiefel und für das Barfußlaufen stimmen. Das wäre unlogisch. Was tut aber der Minister anderes mit der Logik? Ganz dasselbe, was der tut, der barfuß läuft, weil er einmal an einen schlechten Schuster geraten ist. Hat er mit solcher Unlogik nicht gerade den Beweis für die Notwendigkeit logischer Schulung erbracht? –

Man sehe sich nur einmal in der gegenwärtigen wissenschaftlichen Literatur um. Der Mangel an logischer Schulung springt empörend in die Augen. Ja, man kann noch weiter gehen. Man kann heute die Wahrnehmung machen, daß Forscher, die in ihrem Spezialfach Meister sind, bei allen möglichen Anlässen Theorien und Ergebnisse ihrer Studien vorbringen, die einem logisch geschulten Denker physisches Unbehagen verursachen. Unser ganzes geistiges Leben leidet darunter. Ein wahres Martyrium muß oft derjenige durchmachen, der auf irgend einem Gebiete die wissenschaftliche Literatur verfolgt. Er muß dicke Bücher lesen, weil er die tatsächlichen Resultate kennen muß, die sie enthalten. Er muß sich aber oft ein paar Brocken aus einem Wust nutzloser, weil unlogisch aufgebauter Theorien herauslösen.

Der Unterrichtsminister meinte, wenn die gesamte Ausbildung logisch ist, dann werde auch ohne logisches Kolleg ein logisches Denken erreicht. Eine solche Behauptung gleicht der, daß man Musiker werden könne durch das bloße musikalische Gefühl, ohne erst die Theorie der Musik zu lernen. Denken ist eine Kunst und hat eine Technik wie jede andere Kunst. Wenn in den alten Logiken diese Technik in zopfiger Weise gelehrt wird, dann suche man diese alten Logiken zu verbessern. Wer nur ein wenig den Gang des geistigen Lebens verfolgt, der weiß, daß gerade für die Logik in den letzten Jahren Ausgezeichnetes geleistet worden ist. Würden die neueren Ergebnisse dieser Wissenschaft für den allgemeinen Unterricht nutzbar gemacht, so könnte viel erreicht werden.

Es besteht eine dringende Notwendigkeit, daß jedermann, der sich mit irgend einem Zweige der Wissenschaft beschäftigt, dies auf dem Grunde einer ganz allgemeinen Bildung tue. Auf alles Einzelwissen fällt erst das rechte Licht, wenn es im Zusammenhange mit den gemeinsamen Zielen alles Erkennens betrachtet wird. Das kann nur derjenige, der sich eine allgemeine Bildung erworben hat. Und diese kann nur erlangt werden, wenn als Grundlage aller speziellen wissenschaftlichen Ausbildung eine Summe philosophischer Erkenntnisse geboten wird. Solche Erkenntnisse liefern die Logik, die Psychologie und gewisse allgemeine Zweige der Philosophie überhaupt. Ohne in sie eingeweiht zu sein, kann jemand die Methoden irgend einer Spezialwissenschaft zwar handhaben, er kann aber die Absichten des geistigen Strebens nicht verstehen. Er kann uns sein Wissen nicht so vermitteln, daß wir es im Zusammenhange mit der ganzen Kulturentwicklung sehen.

Es wäre traurig, wenn an den leitenden Stellen der Unterrichtsverwaltungen gar kein Sinn für solch einfache Wahrheiten vorhanden wäre. Es sollte niemand auf dem Gymnasium oder auf einer andern höhern Lehranstalt unterrichten, der nicht weiß, was der Zweig des Wissens, den er lehrt, für die Gesamtheit des menschlichen Geisteslebens bedeutet. Der Geschichtslehrer müßte wissen, in welchem Verhältnis die geschichtlichen Erkenntnisse zu dem mathematischen, naturwissenschaftlichen Wissen in der menschlichen Seele stehen. Dazu muß er erstens die logischen Methoden kennen, nach denen alle Wissenschaften verfahren, und er muß Psychologie verstehen, damit er seine einzelne Wissenschaft in ein richtiges Verhältnis zur Gesamtausbildung der menschlichen Seele zu bringen weiß.

Diese Dinge sind wichtiger als eine lückenlose Bildung in einer Spezialwissenschaft. Denn Lücken in einzelnen Erkenntniszweigen lassen sich im Falle der Notwendigkeit ausfüllen. Bei der allgemeinen Grundlage aller wissenschaftlichen Bildung ist das nicht der Fall. Wenn ein Lehrer der Geschichte die Einzelheiten des Dreißigjährigen Krieges im Bedarfsfalle nicht gegenwärtig hat, so mag er sich hinsetzen und sie lernen. Aber die allgemeine Bildung muß sein ganzes Wesen durchdringen. Sie kann er nicht nachholen, wenn er sie sich zur rechten Zeit nicht angeeignet hat.

Virchow hat eine wichtige Frage berührt. Diese Frage hat gar nichts damit zu tun, welcher Ansicht man in der Frage der Gymnasialbildung sich zuwendet. Man kann der Meinung sein, daß die Einrichtung unserer Gymnasien eine veraltete ist. Die allgemeine Bildung hat in dem modernen Kulturleben Quellen genug. Man braucht heute, um sich eine solche Bildung anzueignen, durchaus nicht acht oder neun Jahre mit der Erlernung der griechischen und lateinischen Sprache gequält zu werden. Aber alle höheren Schulen müssen so eingerichtet werden, daß sie eine allgemeine Bildung bieten. Und die Spezialstudien auf den Universitäten und anderen Hochschulen müssen auf einer allgemeinen philosophischen Grundlage erbaut werden.


## GUTENBERGS TAT
## ALS MARKSTEIN DER KULTURENTWICKLUNG

Man muß bis zur Gründung des Christentums zurückgehen, wenn man in der Entwicklungsgeschichte der Menschheit auf einen Zeitpunkt stoßen will, der so bedeutsam erscheint wie die Wende des fünfzehnten und sechzehnten Jahrhunderts. Allem, was in den letzten vier Jahrhunderten vor sich gegangen ist, stehen wir mit unserm ganzen Denken und Empfinden unermeßlich viel näher als dem, was sich vorher abgespielt hat. Wir fühlen, daß unser eigenes Kulturleben mit den Begebenheiten dieses Zeitalters ein Ganzes ausmacht, und daß alles Vorhergehende wie etwas Abgeschlossenes sich ausnimmt.

*Gutenbergs* Erfindung steht wie der große Markstein da, der dieses Abgeschlossene trennt von der Kulturepoche, die heute noch fortwirkt. Wenn wir näher zusehen, erscheint uns Gutenberg wie ein Mitwirkender bei allem, was in den letzten Jahrhunderten geschehen ist. Unser materielles und geistiges Leben bestätigt vollkommen, was Wimpheling bald nach Gutenberg ausgesprochen hat: «Auf keine Erfindung oder Geistesfrucht können wir Deutsche so stolz sein, wie auf die des Buchdrucks. Welch ein anderes Leben regt sich in allen Ständen des Volkes, und wer wollte nicht dankbar der ersten Begründer und Förderer dieser Kunst gedenken.» Man darf aber auch sagen, keine Kunst trat so in dem rechten Zeitpunkt in die Geschichte ein wie der Buchdruck. Es ist, als ob in der Mitte des fünfzehnten Jahrhunderts alle Welt auf die Tat Gutenbergs gewartet hätte. Ein Umschwung in dem gesellschaftlichen Zusammenleben, in den Vorstellungen und Gefühlen der Menschen bereitete sich seit langem vor. Die deutsche Mystik, die das dreizehnte, vierzehnte und fünfzehnte Jahrhundert brachte, ist die Vorherverkünderin der neuen Epoche. Die Mystiker wollten sich frei machen von den Ideen, die eine alte Tradition dem Menschen überliefert hat, und die nur auf das Zeugnis von Autoritäten hin geglaubt werden konnten. Im Innern der eigenen Seele wollte man den Quell alles geistigen Lebens suchen. Ein Drang nach Befreiung der Persönlichkeit, der Individualität griff Platz. Der einzelne Mensch wollte die Gedanken selbst prüfen, an die er sich bei seinen Kulturaufgaben zu halten hat. Aus einem solchen Drang heraus mußte das Bedürfnis nach einem neuen Mittel zur Aneignung des menschlichen Wissens erwachsen. Wer den Willen hat, sich schrankenlos der Autorität hinzugeben, der kann nicht anders, als hingehen und sich mündlich die Anschauungen dieser Autorität übermitteln lassen. Wer für sich, auf eigenes Denken bauend, die Wahrheit und das Wissen suchen will, der bedarf des Buches, das ihn unabhängig von der Autorität macht. Gutenberg hat den Menschen das Buch in die Hand gedrückt in einer Zeit, in der sie das lebhafteste Bedürfnis danach hatten. Luther hat den Deutschen die Bibel in ihre Muttersprache übersetzt. Die Wege, auf denen diese nunmehr verständliche Bibel hinauswandern konnte in alle Welt, hat Gutenberg geebnet. Die Reformation ist nicht denkbar ohne die vorhergegangene Erfindung des Buchdrucks.

Die Art, wie die durch die Buchdruckerkunst allen Menschen zugänglichen Geistesschätze zunächst wirkten, beweist ganz augenscheinlich, welche ungeheure Bedeutung diese Kunst hat. Vor ihrer Erfindung war die Kenntnis naturwissenschaftlicher Gesetze ein Geheimnis weniger. Die großen Volksmassen waren auf den schlimmsten Aberglauben angewiesen, wenn sie sich natürliche Erscheinungen, die sich stündlich vor ihren Augen abspielten, erklären wollten. Das Buch brachte dieser Masse die Möglichkeit, sich Vorstellungen zu bilden über den natürlichen Verlauf dessen, was sich fortwährend vor ihren Augen und Ohren abspielt. Aber die jahrhundertelang bloß auf Autoritätsglauben angewiesene Menge war wenig vorbereitet, sich wirklich sachgemäße Vorstellungen zu bilden. In den Büchern wurden Vorstellungen vermittelt, von denen man vorher nie etwas gehört hatte. Man glaubte daher, es müsse doch noch mehr hinter solchen Vorstellungen stecken, als die einfachen, schlichten Buchstaben der neuen Kunst vermitteln. Durch solchen Glauben war der Boden geebnet für alle möglichen «geheimen Wissenschaften» und Künste, für die Charlatane, die sich als Besitzer eines besonderen höheren Wissens ausgaben, und denen das Volk willig Glauben entgegenbrachte, sich von ihnen betören lassend, weil es sich nur langsam an die Bildung eines eigenen, unabhängigen Urteils gewöhnen konnte.

Wir können die durch Jahrhunderte großgezogene Unfähigkeit, natürliche Tatsachen schlicht zu erklären, noch an den tiefsinnigen Büchern eines so auserlesenen Geistes wie *Jacob Böhme* (1575–1624) beobachten. Dieser einfache Mann ist wirklich groß in der Darstellung aller Dinge, die man durch Einkehr in das eigene Herz und Gemüt gewinnen kann. Er wird aber höchst abenteuerlich, wenn er physikalische oder andere natürliche Geschehnisse erklären will.

Solche Erscheinungen zeigen, welchen Anteil Gutenbergs Tat an der Erweiterung des Gesichtskreises der abendländischen Menschheit hat. Durch die Buchdruckerkunst wurde die Einsicht in die Natur dem größten Teil der Menschheit erst erobert.

Durch diese Eroberung des Naturwissens erlangte das Geistesleben der Neuzeit ein ganz anderes Gepräge. So weltfremd und naturfeindlich das in Klöster eingeschlossene Leben des Mittelalters ist, so weltfremd ist im Grunde auch die ganze Bildung vor dem fünfzehnten und sechzehnten Jahrhundert. Was konnte Gegenstand einer solchen Bildung sein? Nichts anderes, als was der Mensch aus sich selbst herausspann. Man ließ sich nicht durch die Naturerscheinungen belehren; man schärfte allein die logischen Waffen des Verstandes. Die Scholastik ist das Ergebnis eines solch weltfremden Bildungswesens. Man darf ruhig behaupten, die Scholastik konnte nur so lange maßgebend für das Geistesleben sein, als es bloß geschriebene, für die meisten unzugängliche Bücher gab. Der Bildungsweg, den jemand vorher durchmachen mußte, der an diese Bücher herangelangen wollte, war ein solcher, daß er den ganzen menschlichen Geist in eine Richtung brachte, die für die Scholastik empfänglich war. Der Buchdruck machte es möglich, ganz neue Kräfte zur Teilnahme an der Geisteskultur heranzuziehen. Menschen konnten an der Förderung der Bildung mitwirken, die nicht in eine besondere Bahn hineingezwängt worden waren. Dadurch wurde auch die ganze Physiognomie der Bildung eine andere. Statt sich bloß mit weltfremder Scholastik zu beschäftigen, wurde der Blick auf die Erfahrung, auf das wirkliche Leben gelenkt. Gutenberg darf auch als stiller Teilnehmer an all den Leistungen betrachtet werden, die sich an die Namen *Kopernikus, Kepler, Galilei, Baco von Verulam* knüpfen. Denn des Kopernikus' wirkungsreiches Buch, das der Astronomie neue Wege wies, Keplers Entdeckungen von der Bewegung der Himmelskörper: sie konnten für die Welt nur recht fruchtbar werden, wenn sie auf ein Geschlecht trafen, das eine weltfreundliche, nicht eine weltfremde Bildung suchte.

Gutenberg hat den großen Pfadfindern der Wissenschaft und Kunst in der Neuzeit die Möglichkeit geschaffen, zu einem weiten Kreis von Menschen zu sprechen. Das Gedeihen einer naturwissenschaftlichen Weltanschauung hängt an der Beteiligung möglichst vieler an der Bildung. Solange allein im Menschengeiste die Wahrheit gesucht wurde, genügte es, wenn wenige sich diesem Suchen hingaben und ihre Ergebnisse den andern mitteilten. Seit aber die Wahrheit in den unermeßlich vielen Tatsachen der äußern Welt gesucht wird, ist es notwendig, daß der Kreis derer ein möglichst größer ist, die an der Bereicherung der Bildung interessiert sind.

Aber nicht allein die geistige Kultur, auch das gesellschaftliche und wirtschaftliche Leben wartete geradezu im fünfzehnten Jahrhundert auf das neue Mittel zur Verbreitung des menschlichen Gedankens, der festgestellten Tatsachen und Erfahrungen. Das Anwachsen und die sich entwickelnde Selbständigkeit des Kaufmannstandes stellten höhere Anforderungen an die persönliche Tüchtigkeit des Einzelnen als frühere Verhältnisse. Vorher war die Betätigung des Individuums durch die Gesamtheit, der es angehörte, durch den gesellschaftlichen Organismus, in den es eingegliedert war, streng bestimmt und innerhalb ganz enger Grenzen verlaufend. Im fünfzehnten Jahrhundert erfuhren alle diese Dinge eine Erweiterung. Das Individuum löste sich aus den Verbänden, die ihm seine Ziele früher vorgeschrieben hatten. Das ganze Leben wurde komplizierter. Die festen Genossenschaften hatten sich gelockert. Der Einzelne mußte sich seinen Weg durch das Leben selbst bahnen. Nicht die Gilde war nunmehr maßgebend für das, was zu geschehen hatte, sondern die Persönlichkeit. Der Großkaufmann konnte bei seinen Schreibern und Prokuristen nur mehr auf persönliche Tüchtigkeit sehen. Familienrücksichten, Standeszugehörigkeit, die früher den Ausschlag darüber gegeben hatten, wer an einem bestimmten Platz stehen sollte, fielen jetzt ganz weg. Es entstand das Bedürfnis nach einem weiten Weltblick bei dem Einzelnen. Der Mensch mußte sich orientieren über das, was in der Welt vorging. Wieder war es Gutenbergs Erfindung, die solches möglich machte. An die Stelle der primitiven Verständigungsmittel über die Weltverhältnisse, die das Mittelalter allein gekannt hat, trat die gedruckte

Mitteilung. Die erste «Zeitung» erschien schon 1505. Sie brachte bereits Nachrichten über Brasilien.

Durch die gedruckte Mitteilung wurde erst das möglich, was man *öffentliche Meinung* nennt. Die ganze Menschheit wurde gleichsam herangezogen zu der großen Beratung, die den Gang der Weltereignisse lenkt. In Flugschriften, Traktaten, Pamphleten sprach der Einzelne zur Gesamtheit. Das siebzehnte Jahrhundert bildet das Zeitungswesen und mit diesem auch den Einfluß des Volksgeistes aus. Neben den Kabinetten und den einzelnen Staatsmännern tritt das Volk auf die Weltbühne und spricht mit, wenn es sich um die großen politischen und Kulturfragen handelt. Und der einzelne Staatsmann sieht sich gezwungen, sich der öffentlichen Meinung anzupassen, wenn er erfolgreich wirken will. Wir sehen, daß Staatsmänner die Motive für ihr Vorgehen durch die Presse verbreiten, um nicht machtlos zu sein; wir sehen die Achtung vor der öffentlichen Meinung bei den führenden Persönlichkeiten immer mehr wachsen. Wallensteins Offiziere senden Berichte über ihre Waffentaten an die Münchener Zeitungen; die österreichische Regierung beklagt sich bei der brandenburgischen, daß die Berliner Zeitungen eine anti-österreichische Tendenz haben. Der Druckkunst ist es zu danken, daß allmählich mit dem Volksgeiste, als mit einem innerhalb des Weltgetriebes voll berechtigten Elemente, gerechnet werden mußte.

Es ist durchaus nicht zu weit gegangen, wenn man das Aufklärungszeitalter als wesentlich mitbedingt durch den Buchdruck ansieht. In Gutenbergs Mainzer Werkstätte wurde der Grund gelegt zu der Gesinnung, welcher der Philosoph Kant einen monumentalen Ausdruck verlieh durch die Worte: «Habe die Kühnheit, dich deiner eigenen Vernunft zu bedienen.» Denn diese Vernunft mußte erst allmählich herangezogen werden zu solcher Kühnheit. Das konnte sie nur, wenn sie sich ständig Kunde zu verschaffen wußte von dem, was in der Welt vorgeht. Und wer einen Nutzen davon haben will, daß er sich seiner eigenen Vernunft bedient, der muß auch darauf rechnen können, daß auf sein Mitreden gehört wird. Das achtzehnte Jahrhundert durfte und konnte aufgeklärt sein, weil das siebzehnte eine öffentliche Meinung entwickelt und einen Wert derselben begründet hat.

Was die Öffentlichkeit der Meinung bedeutet, das lernten die machthabenden Faktoren, das lernten aber auch diejenigen bald kennen, welche ihr Scherflein zum Fortschritt des Geisteslebens beitragen wollten. Wir können es verfolgen, wie sich Macht und Bildung mit der Buchdruckerkunst verbanden, weil von ihr ein erfolgreiches Wirken abhing. Der Buchdruck findet seine besten Pflegestätten in der Nähe der Bildungsanstalten, und Gelehrte verbrüdern sich mit der neuen Kunst, ja werden selbst Buchdrucker, um ihren Werken Geltung in der Welt zu verschaffen. Die päpstlichen Gesandten senden nun nicht mehr bloß ihre eigenen Berichte wöchentlich nach Rom, sondern auch die Zeitungen, in denen die Volksstimme zum Ausdruck kam.

Es hat eine tief symbolische Bedeutung, daß der Buchdruckerkunst mit einem ähnlichen Mißtrauen begegnet wurde wie dem Wissen, der Erkenntnis selbst. Und es ist bezeichnend, daß Gutenbergs Genosse Fust oder Faust in Beziehung gebracht wurde mit der kulturhistorisch interessantesten Sage der neueren Zeit. Weil der Mensch des Wissens, der Erkenntnis sich bemächtigt habe, ist er von Gott abgefallen. Dies ist die Bedeutung des Sündenfalles. Nur dem Eingreifen des Teufels vermochte man den Erkenntnisdrang des Menschen zuzuschreiben. Und die «schwarze Kunst», die große Verbündete des Erkenntnisdranges, sie wurde nicht weniger als ein Werk der Hölle hingestellt. Von Faust wurde gesagt: «er wollte sich hernacher keinen Theologum mehr nennen lassen, ward ein Weltmensch, nannte sich ein Dr. Medicinae». Daß sich an Wissenschaft und Buchdruckerkunst eine ähnliche Sagenbildung anschloß, zeigt ihre tief innerliche Verwandtschaft.

Mit der Ausbreitung der Buchdruckerkunst sehen wir zugleich die Dichtung, die ganze Literatur volkstümlich werden. Der gelehrte Anstrich, den bis dahin das geistige Leben hatte, machte einem ganz neuen Geiste Platz. Der fröhliche Schwank, der lustige Schelmenstreich zieht in die Erzählungskunst ein. Man weiß, daß man nunmehr zum Volke sprechen kann, und man ist daher bestrebt, diesem auch Dinge zu bieten, die mit seiner eigensten Gesinnung, mit seinem Fühlen und Vorstellen zusammenhängen. Und aus dem Volke selbst, das jetzt Anteil nimmt am geistigen Leben, wachsen diesem neue Kräfte zu. Man darf nicht unterschätzen, wieviel die Buchdruckerkunst dazu beigetragen hat, daß Persönlichkeiten wie zum Beispiel Hans Sachs sich zu einer bedeutenden Höhe des Schaffens emporschwingen konnten. Wie viel wäre wohl nie vor seine Augen getreten, wenn es ihm nicht der Buchdruck vermittelt hätte.

Durch Gutenberg wurde die Brücke geschaffen zwischen zwei Welten, die berufen sind, miteinander zu wirken, die nur durch ein stetiges Einwirken aufeinander einen gedeihlichen Entwicklungsprozeß der Menschheit herbeiführen können. *Fichte* hat es in seinen «Reden an die deutsche Nation» als einen schweren Schaden der Kultur bezeichnet, wenn ein Gelehrtenstand einem auf sich selbst angewiesenen

Volke gegenübersteht, das ihn nicht versteht, und aus dem ihm nicht fortwährend neue, frische Triebkräfte zugeführt werden. In vollem Sinne des Wortes ist ein solches Urteil nur über die Kultur des Mittelalters zu fällen. Die letzten vier Jahrhunderte haben durch den Buchdruck einen vollständigen Wandel darin geschaffen. Die Teilnahme des Volkes an ihrer Arbeit hat auch auf die Gelehrten im allergünstigsten Sinne zurückgewirkt. Die letztern hatten alle Fühlung mit den andern Klassen verloren. Man kann das am besten an den ersten naturgeschichtlichen Büchern sehen, die man dem Volke überlieferte. Diese waren ganz durchsetzt mit allen möglichen Wundergeschichten. Man glaubte, daß das Volk nicht reif sei für wirkliche natürliche Wahrheiten. Auch darin lernte man gar bald um. Man wurde im Gegenteil dazu angetrieben, die eigenen Gedanken zu klären, ihnen eine bessere Form zu geben, weil man verstanden sein wollte. Die Notwendigkeit, das Wissen mitzuteilen, bewirkte so eine Klärung des Wissens selbst. Man fing an, über die Kunst nachzudenken, wie man der Bildung am besten Eingang in den weitesten Kreisen verschaffen könne. Die großen pädagogischen Gedanken des *Comenius* über die Aufgaben der Volkserziehung setzen das Bedürfnis nach einer regen Wechselwirkung zwischen dem nach Wissen verlangenden Volke und den Trägern des ganzen Geisteslebens voraus.

So können wir den Einfluß von Gutenbergs Tat in das ganze moderne Leben hinein verfolgen. Wenn andere Geisteshelden den Inhalt für dieses Leben geschaffen haben, so hat er die Mittel geboten, um diesen Inhalt zur vollen Geltung und Wirkung zu bringen. Deshalb sind wir so heimisch in allem, was die vier letzten Jahrhunderte hervorgebracht haben; und deshalb ist uns auch alles so fremd, was wir uns geschichtlich aneignen über die Zeiten, die vor der Erfindung der Druckkunst liegen. Wie der Mensch denkt, das hängt mehr, als man gewöhnlich anzunehmen geneigt ist, von der Art ab, wie er mit seinem Mitmenschen zusammenhängt, wie er mit ihnen in Wechselwirkung tritt. Wie die Sprache selbst, die erst eine Brücke baut von Mensch zu Mensch, eine Schöpferin der Kultur ist, so ist das gedruckte Wort, dieses mächtige Vermittlungswesen, dieser berufene Stellvertreter des gesprochenen Worts, ein Mitschöpfer der modernen Kultur. Der Mensch hat sich dieses gedruckten Worts in dem Zeitalter bemächtigt, in dem er anfing, den höchsten Wert auf seine Individualität, auf die persönliche Tüchtigkeit zu legen. Er hat sich durch dieses Hervorkehren der Persönlichkeit abgewendet von den alten Genossenschaften, innerhalb deren ihm der Raum zu eng wurde. Die Druckkunst hat ihm ein neues Mittel gegeben, um an der Stelle des alten beschränkten einen neuen Zusammenschluß zu suchen, welcher dem erweiterten Lebenshorizont entspricht. Je mehr sich der Mensch individualisierte, desto mehr brauchte er ein von seiner unmittelbaren Persönlichkeit abgelöstes Mittel, um wieder zur Gesamtheit zu gelangen. So erwies sich die Buchdruckerkunst als das einigende Band in dem Zeitpunkte der Geschichte, in dem das Leben die gebietende Forderung an den einzelnen Menschen und auch an das einzelne Volk gestellt hat, sich abzusondern, um sich für den großen Daseinskampf tüchtig zu machen.

Seit die Druckkunst erfunden ist, zeigt sie sich als die berufene Verbündete des menschlichen Fortschritts. Wo dieser eine gewisse Höhe erreicht, tritt jene begünstigend an seine Seite; wo der Fortschritt Hemmnisse findet, leidet auch die Buchdruckerkunst. Ein deutlich sprechendes Beispiel bietet die segensreiche Wirksamkeit, die von der niederländischen Vereinigung der «Brüder des gemeinsamen Lebens» ausging. Sie ist von *Gerhard Groote* (1340-1384) aus Deventer gegründet worden und hat sich zur Aufgabe gesetzt, die Bildung aus einem gelehrten Monopol zu einem Quell der Volkswohlfahrt zu machen. Diese Vereinigung hat eine bedeutende pädagogische Tätigkeit entfaltet. Die Entstehung einer großen Anzahl von Schulen ist auf diese Wirksamkeit zurückzuführen. Mit dem Erscheinen der Buchdruckerkunst kommt ein ganz neues Leben in die Kulturarbeit der Brüder des gemeinsamen Lebens. Es wird ihnen möglich, für die weiteste Verbreitung guter Unterrichtsbücher zu sorgen. Sie nahmen selbst das Drucken dieser Bücher in die Hand und wurden dadurch zu Förderern der neuen Kunst in Holland und im ganzen nordwestlichen Deutschland. Zeigt diese Tatsache die Zusammengehörigkeit von Fortschritt und Buchdruck, so ist der Rückschritt, der in dieser Kunst nach einer ersten Zeit großer Blüte und rascher Verbreitung im sechzehnten und siebzehnten Jahrhundert eintrat, für diese Zusammengehörigkeit nicht minder bezeichnend. Die Bauernkriege, die unseligen religiösen Wirren mit ihrer blutigen, verwüstenden Folge, dem Dreißigjährigen Kriege, versetzten der Kultur, die im Beginne der Neuzeit eine wundervolle Höhe erreicht hatte, eine Reihe schwerer Schläge. Und an dem Niedergange der geistigen und materiellen Kultur nahm die Druckkunst nun ebenso teil, wie sie es früher an ihrem Gedeihen getan hatte.

Unverkennbar ist auch die Wechselwirkung eines niedern Standes der allgemeinen Volksbildung und der Druckkunst an den Schwierigkeiten, die diese in Spanien fand. Die geistliche Zensur und die Bevormundung des Volks von seiten der Geistlichkeit waren im vierzehnten und fünfzehnten Jahrhundert hier größer als in Mitteleuropa. Daher verbreitete sich auch die Buchdruckerkunst nur langsam; und auch das Wenige, was sie hier leistete, ist auf den Einfluß wissenschaftlich interessierter Einzelpersönlichkeiten zurückzuführen. Und weil so diese Kunst in Spanien keinen rechten Boden hatte, wurde es in der Folgezeit möglich, daß hier die Unterjochung des Geisteslebens durch die Jesuiten, durch die Inquisition eine besondere Heimstätte fand. Am grellsten zeigt sich an der Türkei, daß nur derjenige im modernen Kulturleben eine Rolle spielen kann, der zugleich ein Förderer der Kunst Gutenbergs ist. Die Türken haben sich bis in das achtzehnte Jahrhundert herein als vollkommene Feinde dieser Kunst erwiesen. Der Sultan Bajazet hat 1483 das Drucken mit der Todesstrafe bedroht, und sein Sohn hat das Verbot erneuert. Dieses Volk hat solch kulturfeindliche Maßregeln damit bezahlen müssen, daß es jede Bedeutung innerhalb des geistigen Lebens Europas verloren hat. Interessant ist es, das Verhältnis von geistigem Leben und Buchdruckerkunst in Ungarn zu verfolgen. Dort herrschte in der zweiten Hälfte des fünfzehnten Jahrhunderts der König Matthias Corvinus. Er hatte für Wissenschaften und Künste ein tiefgehendes Interesse. Deshalb fand die Buchdruckerkunst schon von 1473 an in der Hauptstadt Ungarns eine eifrige Pflege. Ein reges geistiges Leben herrschte daher in diesem Lande, das in bezug auf Kultur wegen seiner geographischen Lage mit den größten Schwierigkeiten zu kämpfen hat.

Der Mensch ist ein Wesen, das nur aus der Erkenntnis der Vergangenheit zu einem wahrhaft zweckvollen Wirken in der Zukunft gelangen kann. Die Geschichte ist seine große Lehrmeisterin. Man vergleiche nun, wieviel genauer, intimer wir die letzten vier Jahrhunderte kennen als die früheren Zeiten, in denen der Buchdruck noch nicht der Begleiter aller Kultur war. Bei den letztern sind wir nur zu oft auf bloße Mutmaßungen und kühne Hypothesen angewiesen, denn die historische Überlieferung läßt uns für große Gebiete im Stich. Die Buchdruckerkunst ist also nicht nur eine eifrige Mitarbeiterin an aller Kultur, sie ist auch die beste, die treueste Bewahrerin der Schätze der Vergangenheit, die der Mensch so notwendig für die Zukunft braucht.

Im neunzehnten Jahrhundert, dem Zeitalter der naturwissenschaftlichen Erkenntnis und der Technik, ist die Buchdruckerkunst mit ihren Fortschritten nicht hinter andern Kulturfaktoren zurückgeblieben. Sie kann sich mit ihren großen technischen Fortschritten würdig den andern Errungenschaften unserer Gegenwart an die Seite stellen. Und wenn wir heute nicht ohne Optimismus dem eben anbrechenden Jahrhundert entgegenleben und freudig in die Zukunft der menschlichen Entwicklung blicken, so verdanken wir zum nicht geringen Teil diese Stimmung dem Genie Johannes Gutenberg.


## DIE DRUCKKUNST
*Zur Feier des fünfhundertsten Geburtstages ihres Schöpfers*

Kein Zweifel kann darüber bestehen, daß die Physiognomie des geistigen Lebens, innerhalb dessen der moderne Mensch steht, eine Schöpfung der vier letzten Jahrhunderte ist. Wer in die Geschichte zurückblickt, fühlt an der Wende des fünfzehnten und sechzehnten Jahrhunderts einen Ruck der Kultur, der wenige seinesgleichen in der Entwicklung der Menschheit hat. Was auch Schulkonferenzen zugunsten des Studiums der Alten sagen mögen: jeder Unbefangene fühlt heute, wie unermeßlich viel näher ihm alles steht, was die Geistesentwicklung seit jener Zeitenwende hervorgebracht hat, als alles Frühere. Er fühlt das Zusammengehörige dieser Geistesentwicklung, und ihm erscheint das Vorhergehende wie eine fremdere, in sich abgeschlossene Welt. Diese Kultur der letzten Jahrhunderte, sie hat gegenüber ihren Vorgängerinnen etwas von Siegerzuversicht, von Siegerkraft, von Zukunftssicherheit in sich. Man braucht sich, um das zuzugeben, nicht den üblichen Verurteilern des mittelalterlichen Geisteslebens anzuschließen. Man kann sich den freien Blick wahren für die Höhe des Denkens, zu der sich zum Beispiel ein Thomas von Aquino gehoben hat. Aber hatte dieses Denken die Siegeskraft in sich, welche der Kultur der Neuzeit innewohnt? Thomas von Aquino war es doch gerade, der vor dem blindesten Aberglauben kapitulieren mußte. Sein Todesjahr ist zugleich dasjenige der ersten offiziellen Hexenverbrennung. Die Kirche hat sich gegen solchen Glauben lange gewehrt; ihre Wissenschaft hat nicht die Macht gehabt, ihn zu überwinden. Es gab vor dem sechzehnten Jahrhundert wirklich Naturforscher, die Methoden handhabten und Versuche anstellten, welche im Geiste der unsrigen gehalten sind. Man braucht sich nur an den genialischen *Roger Bacon* zu erinnern. Als was nahm das Volk die Ergebnisse ihrer physikalischen Versuche? Als Resultat von Zauberkünsten. Erst seit dem sechzehnten Jahrhundert vollführt der Glaube an die Natürlichkeit der Naturvorgänge seinen Eroberungszug durch die Welt. Erst seit dieser Zeit verspürt er die Kraft in sich, zum Siege zu kommen.

Die dem sechzehnten vorhergehenden Jahrhunderte bereiten diesen Glauben vor. Die deutsche Mystik eines *Tauler,* eines *Meister Eckhart* ringt danach, die Wahrheit nicht einer übernatürlichen Offenbarung verdanken zu müssen, sondern sie auf natürlichem Wege aus der menschlichen Seele ausströmen zu lassen. Und sobald der Glaube sich festsetzte, daß in dem Menschen selbst die Offenbarung zu suchen sei, mußte auch immer mehr das Bedürfnis des Einzelnen erwachen, unmittelbar tätigen Anteil an der Kulturentwicklung zu nehmen.

Der Boden war damit gewonnen für eine neue Art der Mitteilung gefundener Wahrheiten. Man mußte dazu kommen, Dinge mit sich selbst abzumachen, bezüglich derer man sich vorher den Rat besonders begnadeter Menschen gesucht hat. Der unmittelbare Einfluß solcher Menschen verlor an Kraft. Man wollte nicht mehr bloß hörend hinnehmen; man wollte mitdenken. Einer Art von Mitteilung bedurfte man, die losgelöst war von der unmittelbaren Gegenwart der Persönlichkeit.

Die Tatsache ist nicht hinwegzuleugnen, daß die Geschichtsschreiber des geistigen Lebens über die Jahrhunderte des Mittelalters wenig zu sagen wissen. Was da getrieben wurde, haben wenige miteinander abgemacht. Reichtum gewinnt das geistige Leben erst, als die Zahl derer, die sich an ihm beteiligen, eine große wird.

Zu solcher Teilnahme hat Johannes Gutenberg die Menschheit aufgerufen. Er hat der Welt überliefert, was vorher das Besitztum weniger war. Er hat an die Stelle einer künstlichen Auslese geistiger Führer eine natürliche gesetzt. Es war ein Zufall, wenn unter den wenigen, die im Mittelalter an dem Geistesleben teilnahmen, gerade ein Auserwählter war. Das wurde anders, als die Kunst erfunden war, Bildung in die weitesten Kreise zu tragen. Wie anders kann das billige Buch aus der Masse der Menschen diejenigen auslesen, die zur Kulturförderung berufen sind, als das künstliche Ausleseprinzip des Mittelalters!

Und solche Ausbreitung der Kultur war im sechzehnten Jahrhundert eine der denkbar größten geschichtlichen Notwendigkeiten. Der Schauplatz, auf dem sich die Menschengeschicke abspielten, wurde gewaltig vergrößert. Die Welt, auf der der Mensch seine Tätigkeit entwickeln mußte, wurde durch die Entdeckungen und durch die damit verbundene Vergrößerung aller Verkehrsbeziehungen eine ausgedehntere. Eine ungeheure Summe von menschlicher Kraft, die bis dahin brach gelegen hatte, mußte zur Mitarbeit an den Weltgeschicken herangezogen werden. Diese Kraft ruhte gebunden in den Menschen, in den Individuen. Das Individuum mußte mächtiger eingreifen in den Gang der Entwicklung. Dazu mußte sich sein Gesichtskreis vergrößern. Die Buchdruckkunst löste unzählige Kräfte, die in den Persönlichkeiten gebunden lagen.

Die anderen Entdeckungen und Erfindungen stellten dem Menschen größere Aufgaben, als er früher zu bezwingen hatte. Die Druckkunst gab ihm die Möglichkeit, diese Aufgaben zu lösen.

Es ist symbolisch tief bezeichnend, daß die neue Kunst nicht aus den Kreisen der gelehrten Bildung hervorgegangen ist. Ein Mann der Praxis ist zu ihr gelangt. Eine Persönlichkeit, die losgelöst ist von ihrem Stande, von ihrer Familie. Herausgewachsen war Johannes Gutenberg aus den Verhältnissen seiner Umgebung als ein einzelner Mann, rein auf sich gestellt. Nicht innerhalb einer Tradition wirkte er, wie die

Vertreter des Gelehrtenstandes. Er ist der Typus des modernen Menschen, der erreichen will, wessen er bedarf, nicht durch die überlieferten Besitztümer eines Verbandes, aus dem er herausgewachsen ist, der vielmehr seine Sache auf sich selbst, auf seine eigene Tüchtigkeit stellen will.

Nicht die traditionellen Mächte, die aus der mittelalterlichen Kultur herausgewachsen sind, konnten die neue Kunst schaffen, sondern der neuzeitliche Mensch, das auf sich gestellte Individuum, das ein Ergebnis der an der Wende des fünfzehnten und sechzehnten Jahrhunderts umgewandelten sozialen Verhältnisse ist.

Welche Bedeutung hat im Grunde aller Streit um die Vaterstadt der Druckkunst? Gutenbergs Vaterland ist die moderne Kulturwelt. Er mußte herauswachsen aus allen Vaterschaften zur echten modernen Menschlichkeit, um der Menschheit die internationale Kunst des Druckens zu schaffen. Seit *von der Linde* sein monumentales Werk über die Buchdruckkunst geschaffen hat, ist aller Streit über andere Anteile an der Erfindung aus der Welt geschafft. Und unserer Empfindung entspricht es, daß ein entwurzelter, ein typisch moderner Mensch der modernen Zeit ihr Gepräge geschaffen hat.

Die Gutenberg-Feiern wurden von Jahrhundert zu Jahrhundert glänzender. Nichts ist natürlicher als dies. Denn die Menschheit wird sich immer mehr bewußt, was sie Gutenberg zu verdanken hat. Jeder Tag verwirklicht Neues, was er möglich gemacht hat.

Eine außerordentlich verdienstvolle Arbeit zur Feier des fünfhundertsten Geburtstages Johann Gutenbergs haben Dr. Heinrich Meisner und Dr. Johannes Luther geliefert («Die Erfindung der Buchdruckerkunst»). In ansprechender, durchsichtig klarer Art werden die Verrichtungen und Vorstellungen des Altertums und Mittelalters geschildert, die als eine Art Vorbereitung der Menschheit auf Gutenbergs Kunst angesehen werden dürfen. Besonders fein ist die Kultur des Holztafeldrucks, des unmittelbaren Vorgängers der Typographie, geschildert. Man erkennt aus dieser Charakteristik, wie aus dem Lern- und Bildungsdrang der Volksmassen das Bedürfnis nach der Druckkunst geboren ist. Mit Freuden dürfen es diejenigen, welche die Signatur des Geisteslebens in den letzten vier Jahrhunderten als eine antikirchliche erkennen, begrüßen, daß von den Verfassern der Einfluß der Kirche auf die Verbreitung der Gutenbergschen Kunst nicht überschätzt wird. Die Kirche wich eben nur zurück vor der neuen Bildung, die ihr in den Lettern entgegenkam, und war klug genug, mit einem Kulturfaktor zu rechnen, dessen Wirkung sie nicht aufhalten konnte. In ihrem Geiste wäre es vielmehr gelegen gewesen, die Politik fortzusetzen, die auf dem Toulouser Konzil einen so krassen Ausdruck in dem Verbot des Bibellesens und des Besitzes der Bibel für Laien gefunden hat.

Gutenbergs Persönlichkeit, sein Leben und seine Taten werden klar gekennzeichnet, die Ausbreitung des Druckens in den ersten Jahrzehnten anschaulich geschildert. Die Verfasser haben eine glückliche Gabe erwiesen in der Gruppierung des eben nicht ganz leicht zu behandelnden Tatsachenmaterials. Daß ihre Darstellung auf dem Standpunkte der gegenwärtigen Kenntnisse über den Gegenstand vollkommen steht, und daß sich daher jedermann aus dem Buche in zeitgemäßer Weise unterrichten kann, scheint, gegenüber den Qualitäten der Autoren, eine überflüssige Bemerkung zu sein.

Die Mode der Zeit, Bücher mit Abbildungen zu überladen,

kommt hier einmal einer Sache zugute. Es ist für denjenigen, der sich über die ersten Stadien des Druckens Vorstellungen machen will, im höchsten Grade wünschenswert, daß ihm die ersten Drucke in Abbildungen vor die Augen treten.

Es wird wenige Kulturtaten geben, an deren Geschichte so weite Kreise Interesse haben wie an der Druckkunst. Diesem Umstande trägt das Buch in jeder Beziehung Rechnung. Es verdient durchaus populär zu werden.

EIN DENKMAL

Ein Politiker hat das Leben der österreichischen Deutschen in der Gegenwart einen Kirchhof genannt, auf dem eine Unzahl von Hoffnungen begraben liegen. Ein Außenstehender wird sich nur schwer eine Vorstellung von den Gründen machen können, durch die den Deutschen des Donau- und Alpenlandes ihr Schicksal in den letzten Jahrzehnten bestimmt worden ist. Wer aber, wie ich, die ersten dreißig Jahre seines Lebens in Österreich verbracht hat, wer namentlich seine akademische Lernzeit im Anfange der achtziger Jahre in Wien verlebt hat, für den gibt es in dem Gange der Entwicklung Österreichs kaum etwas Unbegreifliches. Denn er hat an zahlreichen einzelnen Persönlichkeiten individuelle Schicksale sich abspielen sehen, die nichts weiter sind, als eine Wiederholung jenes Entwicklungsganges im Kleinen. Und in diesen einzelnen Fällen ist alles verständlich, wenn man den Charakter, das Temperament des österreichischen Deutschen, und, im Verhältnisse dazu, die Eigentümlichkeiten des Geisteslebens in seinem Staate in Betracht zieht.

Ich möchte an dem Beispiele eines Studienfreundes zeigen, wie leicht gerade in Österreich Talente zugrunde gehen können, die unter anderen Umständen es wahrscheinlich zu einer ersprießlichen Wirksamkeit brächten. Ich begann in den achtziger Jahren meine Studien an der Wiener Technischen Hochschule. Es war eine Zeit, in der sich in Österreich viel entschied. Der Liberalismus, der nach der Niederlage von Königgrätz eine kurze Blütezeit erlebt hatte, weil maßgebende Kreise von ihm die Rettung des durch die Bureaukratie in die völlige Verwirrung gebrachten Staates erhofften, war in seinem Ansehen gesunken. Er hatte die Führung im Reiche verloren, teils aus Schwäche, teils weil man ihm eine allzu kurze Zeit zur Verwirklichung seiner Absichten gelassen hatte. Wir jungen Leute von damals erwarteten von ihm nichts Erhebliches mehr. Mit um so größerer Begeisterung verschrieben wir uns der aufstrebenden deutsch-nationalen Bewegung. Ihre Führer kümmerten sich wenig um das, was man vorher «österreichischen Staatsgedanken» genannt hatte. Sie sahen in diesem ein wirklichkeitfeindliches Abstraktum. Ein österreichischer Staat, der auf die Mannigfaltigkeit seiner Volkskulturen keine Rücksicht nimmt, sondern auf der Grundlage eines recht gemäßigten Fortschrittes sich mit einer allen möglichen ererbten Vorurteilen und Rechten Rechnung tragenden Demokratie abfinden will, erschien den Jüngeren ein Unding. Um so hoffnungsfreudiger glaubten die jüngeren Deutschen in die Zukunft blicken zu dürfen, wenn sie ihr eigenes Volkstum betonten, wenn sie sich in ihre Nationalkultur vertieften und den Zusammenhang mit dem Gange des Geisteslebens in Deutschland pflegten. In solche Ideale lebten sich die deutschen akademischen Jünglinge in den achtziger Jahren ein. Sie bemerkten nicht, daß die Entwicklung der wirklichen Vorgänge eine Richtung nahm, in der nur Bestrebungen Aussicht auf Erfolg hatten, die auf viel gröberen Voraussetzungen ruhten, als die ihrigen waren. Die große Wirkung, die bald darauf Georg von Schönerer erzielte, der an die Stelle der idealistischen deutsch-nationalen Tendenzen den Rassenstandpunkt des Antisemitismus setzte, konnte uns zu keiner Bekehrung veranlassen. Selten tun ja Idealisten in einem solchen Falle etwas anderes, als in Klagen ausbrechen über die Verkennung ihrer berechtigten Bestrebungen. Diesen Idealisten wurde damals in Österreich gewissermaßen der Boden unter den Füßen weggezogen. Ihre Tätigkeit wurde gelähmt durch einen öffentlichen Geist, an dessen Bestrebungen sie keinen Anteil haben wollten. Mit diesen Worten könnte man das Schicksal einer großen Anzahl von Persönlichkeiten bezeichnen, die in der charakterisierten Zeit ihren Studien oblagen. Wenige nur haben sich aufgerafft, um in Lebensberufen Befriedigung zu suchen, die abseits lagen von dem öffentlichen Leben Österreichs; viele sind in unerfreulicher Resignation einem dumpfen Philisterleben verfallen; nicht wenige aber haben völlig Schiffbruch gelitten im Leben.

Einem von den letzteren möchte ich mit diesen Zeilen ein kleines Denkmal setzen. Er heißt Rudolf Ronsperger. In vollstem Sinne des Wortes war er einer der eben gekennzeichneten Idealisten. Eine vielversprechende poetische Begabung an ihm zeigte sich denen, die, wie ich, mit ihm während der Studienjahre befreundet wurden. Die deutschnationale Idee war der Boden, auf dem sich solche Talente entwickelten. Bei Ronsperger kam nun zu dem Schiffbruch, den wir mit dieser Idee erlebten, noch etwas anderes, das aber nicht minder charakteristisch ist für österreichische Verhältnisse. Er hatte nicht ein Gymnasium, sondern eine Oberrealschule absolviert. Diese österreichischen Oberrealschulen sind in gewisser Beziehung Muster moderner Bildungsanstalten. Man wird da, ohne Latein und Griechisch, auf eine Bildungshöhe gebracht, die in jeder andern Richtung der des Gymnasiums vollkommen gleichkommt; nur entbehren ihre Träger eben der Kenntnis des Lateinischen und Griechischen. Deshalb ist ihnen der Zugang zur Universität versagt. Diese Realschulen sind ein lautsprechendes Zeugnis für die in Österreich auf allen Gebieten heimische Halbheit. Man bleibt fast überall in den Ansätzen zu berechtigten Zielen stecken. Zu den letzten Konsequenzen fehlt zumeist die Spannkraft. So war es mit den Realschulen. Man richtete sie so ein, daß die Schüler eine modern-humanistische Bildung erhalten; und dann versperrte man den idealistischer veranlagten unter ihnen den Weg zu einem Berufe, den sie sich, nach ihrer Vorbildung, allein wünschen können. Dieser Halbheit in der Einrichtung des Bildungswesens fallen unzählige Persönlichkeiten zum Opfer. Ronsperger gehörte zu diesen. Er war durch die Art seiner Begabung und durch die Richtung, welche diese Begabung innerhalb der Realschule genommen hatte, für einen technischen Beruf ganz ungeeignet. Später das nachzuholen, was ihm die Pforten der Universität erschlossen hätte, dazu reichte seine Tatkraft nicht aus. Darin war er selbst ganz österreichisch. Er blieb in Halbheiten stecken. Sein Lebensgang ist die begreifliche Folge seines österreichischen Charakters und der geschilderten österreichischen Verhältnisse. Er und ich haben als Studenten manches gemeinsam durchlebt; das spätere Leben führte uns auseinander. Er hat mir im freundschaftlichen Umgange manches erfreuliche Gedicht und einige dramatische Leistungen mitgeteilt; darunter auch ein Drama

«Hannibal», über das sich später Heinrich Laube nicht ohne Anerkennung ausgesprochen hat. Ich hörte dann nur noch, daß er Eisenbahnbeamter geworden sei. – Vor wenigen Monaten nun übergab mir seine Schwester, die Frau eines angesehenen in Berlin lebenden Schriftstellers, den Nachlaß des Studienfreundes. Er hat, nachdem ihm alle Hoffnung geschwunden war, mit achtunddreißig Jahren seinem Leben ein Ende gemacht.

Aus dem Inhalte dieses Nachlasses, der Lyrisches und Dramatisches enthält, etwas mitzuteilen, fühle ich mich nicht veranlaßt, trotzdem er ein Lustspiel in vier Aufzügen enthält, das bei einer Preisbewerbung in Wien vor den Preisrichtern Lob gefunden hat wegen des sehr guten Dialogs und nur deshalb zurückgewiesen werden mußte, weil der vom Leben Mißhandelte dieses Leben allzu unwirklich gezeichnet hatte. Nicht diese Leistungen sind es, die für den Unglücklichen eine tiefe Anteilnahme herausfordern müssen, sondern sein Leben. Für dieses Leben fand sich in dem Nachlaß ein deutlich sprechendes Dokument. Es ist ein Brief an mich, mehrere Jahre vor Ronspergers Selbstmord geschrieben. Er schrieb in diesem Briefe von seinen zerstörten Hoffnungen, von den Leiden, die ihm auferlegt waren; er sucht unsere alte Freundschaft wiederzubeleben, um sich einigermaßen mit meiner Hilfe wieder zurechtzufinden. Er hat den Brief nicht abgesandt, weil – er meine Adresse nicht erfragen konnte. In dieser Tatsache spricht sich mir symbolisch sein ganzes Schicksal aus. Er ist ein Repräsentant der namentlich in Österreich so zahlreichen Charaktere, die mit allem ihrem Streben so weit gehen, bis die Wirklichkeit an sie herantritt. Und wenn diese Wirklichkeit auch Hindernisse von lächerlicher Kleinlichkeit bietet, wie in diesem Falle, – sie betreten diese Wirklichkeit nicht. Es ist meine Überzeugung, daß unzählige Altersgenossen Rudolf Ronspergers sich ebenso charakterisieren könnten, wie er es in diesem Briefe getan hat. Ich teile einiges daraus mit, weil ich es nicht für einen zufälligen einzelnen Fall, sondern für etwas Typisches halte. «In meinen äußeren Lebensumständen ist wenig Bemerkenswertes vorgegangen. Zuerst nach Leitmeritz, später nach Kostomlat, dann wieder nach Leitmeritz versetzt, endlich seit nunmehr fast zwei Jahren Verkehrsbeamter in Nimburg, bin ich jetzt in einer Stellung, wie sie sich ein Subalternbeamter angesehener und angenehmer nicht wünschen kann ... Über die Schicksale, oder besser die Wandlungen, die mein Inneres in den letzten Jahren erfahren, gäbe es etwas mehr zu berichten. Es mag sich vieles, vielleicht alles, in meinen Anschauungen über Welt und Mensch geändert haben – *eine* feste Überzeugung ist mir selbst in den fünf Jahren bitterer Kämpfe nicht verlorengegangen: die Überzeugung von meinem dichterischen Berufe. Sie ist mir lebendig geblieben, trotzdem ich mich einem Lebensberufe ergeben, der sonst gewöhnlich den ganzen Menschen bei Tag und Nacht in Anspruch nimmt und ihm meist die Fähigkeit raubt, sich solchen von seinen Amtsgeschäften ganz abweichenden, mit ihnen beinahe unvereinbarenden Nebengedanken zu ergeben. Sie hat sich mir erhalten trotz des spöttischen Lächelns aller, die durch Zufall von ihr Kenntnis erhielten. Und wenn man auch in der großen Welt nichts hören wird von meinem Geschreibsel – ich glaube es kühn sagen zu dürfen: Ich bin doch ein Poet ... Sie werden das vielleicht Selbstüberhebung nennen. Aber wem die Poesie so zum Lebensbedürfnis geworden wie mir, wer so wie ich sein ganzes Fühlen und Denken in Poesie umzusetzen gedrängt wird wie ich, der kann wohl mit Fug und Recht behaupten, daß er zum Dichter berufen. Ob auserwählt? – Das ist eine Frage, die ich nicht mit ‹nein› beantworten kann, weil ich mich dadurch selbst um ein gut Teil meiner Hoffnungen bringen würde – und das tut ein Sanguiniker erster Sorte nicht, wie ich einer bin. Aber ich bin nicht blind für all die Fehler, die ich besitze, und die dazu beigetragen, daß ich das bis jetzt nicht erreichte, was allein bestimmend und zwar endgültig bestimmend auf meine Berufsrichtung einwirken könnte: einen Erfolg. – Energielosigkeit ist der erste und größte all dieser Fehler; der Mangel an Kraft und Beharrlichkeit, jener eisernen Ausdauer, jener ziel- und siegesbewußten Zähigkeit in der Verfolgung einmal gefaßter Pläne, die immer die Begleiteigenschaften des Talentes sind und ihm unter den schwierigsten Umständen zum Durchbruch verhelfen. – Ohne unbescheiden zu sein, kann ich sagen: ich hätte Gutes geleistet, wenn das Glück mich gehätschelt und ein warmer Sonnenblick meine Fähigkeit aufblühen gemacht hätte, wenn meine Neigungen auf keinen Widerstand gestossen und meine Versuche vom Schicksal begünstigt worden wären. In der Richtung des Windes wäre ich flott gesegelt; und ich hätte vielleicht viel erreicht, was andere unter gleich günstigen Umständen nie erlangt hätten. Gegen den Wind zu segeln, fehlte mir Mut und Kraft. – Ohnmächtige Versuche mache ich viele – und daß ich nicht ganz scheiterte und kopfüber in die Wogen stürzte, das allein gibt mir noch die Hoffnung, daß der Wind sich doch vielleicht noch einmal drehen werde und den ungeschickten Schiffer vorwärts treiben könnte, der es nicht lernen wollte, die Segel zu drehen.»

Diese Drehung des Windes ist nun leider nicht eingetreten. Mehr Energie hätte Rudolf Ronsperger einen eigenen Weg suchen lassen, abseits von den durch österreichische Kulturverhältnisse vorgezeichneten Bahnen; weniger Idealismus und Gemüt hätte es bewirkt, daß er sich dem Berufe angepaßt hätte, in den ihn diese Verhältnisse gebracht haben. Er hätte dann die Überzeugung von seinem Dichterberufe im dumpfen Meere der Alltäglichkeit begraben.

## THOMAS BABINGTON MACAULAY
### Geboren am 25. Oktober 1800

Es gibt wenige Geschichtswerke, deren Lektüre ein so sicheres Gefühl erweckt, daß sie uns in den Geist der geschilderten Epochen führen, wie Macaulays *«Geschichte Englands»*. Zweifellos gibt es Historiker, die ihren Stoff kunstvoller zu gestalten, die Persönlichkeiten plastischer herauszuarbeiten verstehen, und solche, die im Zusammentragen von Einzelheiten einen noch größeren Fleiß aufzubringen vermögen als Macaulay. Das harmonische Zusammenwirken dieser drei Fähigkeiten, wie es bei ihm sich findet, kann man jedoch bei nur ganz wenigen Geschichtsschreibern in gleicher Weise antreffen. Die beiden ersten Bände des Werkes sind im November 1848 erschienen. Man hatte der Veröffentlichung in England mit den allergrößten Hoffnungen entgegengesehen. Das Außerordentlichste versprach man sich von dem Manne, dem man als Essayisten und als Politiker seit mehr als zwanzig Jahren die größte Hochachtung entgegengebracht hatte. Macaulay übertraf noch alles, was man erwartet hatte. In der denkbar kürzesten Zeit lagen Übersetzungen in die deutsche, französische, holländische, dänische, schwedische, russische, italienische, spanische, polnische, böhmische, ungarische und persische Sprache vor. Eine solch schnelle Verbreitung des Buches über die ganze gebildete Welt ist vollkommen verständlich, wenn man das erwähnte sichere Gefühl in Betracht zieht, das sein Studium erweckt. Es gehört zu den schriftstellerischen Leistungen, zu denen man sogleich nach dem ersten Bekanntwerden mit ihnen ein vollkommenes Vertrauen gewinnt. Die beiden ersten Bände umfassen den kurzen Zeitraum der englischen Geschichte von 1685 bis 1689; in den späteren Bänden gelang es Macaulay, die Ereignisse noch bis 1704 zu schildern. Zehnjährige sorgfältige Studien gingen dem Erscheinen voran. Auch wenn man sich über diese Sorgfalt nicht aus der Biographie Macaulays unterrichtet, lernt man sie aus dem Werke bald kennen. Jeder Satz spricht sie eindringlich aus. Die Schilderung der Tatsachen ist von einer Lebhaftigkeit, daß man fast einen Zeitgenossen zu hören glaubt, die Charakterzeichnung der dargestellten Persönlichkeiten wiegt uns oft in die Illusion, es erzähle jemand auf Grund persönlicher Bekanntschaft. Diese vollkommene Reife seines historischen Urteils ist ein Ergebnis des Lebensganges und der ganz einzigartigen Charakteranlage Macaulays. Er war fast stets in Lebenslagen, die ihm den denkbar größten Erfahrungshorizont darboten. Sein Vater wurde mit sechzehn Jahren von einem schottischen Handelshaus nach Jamaika geschickt. Er lernte dort die Schrecken der Sklaverei kennen. Das veranlaßte ihn, einen Teil seines Lebens ihrer Bekämpfung zu widmen. Nach seiner Rückkehr in die Heimat beauftragte ihn eine zum Zwecke der Sklavenbefreiung gegründete Gesellschaft mit der Kolonisierung von frei gewordenen Sklaven an der Küste von Sierra Leone. Die Sinnesweise einer solchen an Kulturaufgaben großen Stils herangereiften Persönlichkeit mußte dazu beitragen, daß auch im Sohne ein großer, freier Geist heranwuchs. Der Vater beeinflußte den jungen Macaulay durchaus nach dieser Richtung hin. Das Elternhaus versammelte oft zahlreiche Männer, die in einer weitverzweigten Wirksamkeit standen. Der alte Macaulay tat alles, was des Sohnes Interesse an den Verhandlungen und Arbeiten dieser Männer erwecken konnte. – Als Macaulay fünfundzwanzig Jahre alt war, erschien seine erste bedeutende schriftstellerische Arbeit in der «Edinburger Revue» über Milton. Sie machte den Verfasser mit einem Schlage zum berühmten Mann. Eine Berühmtheit in solch jungen Jahren erhebt denjenigen, der die Vorbedingungen dazu hat, auf eine höhere Warte des Wirkens. Sie verleiht die Kraft, die dazu notwendig ist, das Talent zu den Dingen und zu den Zeitgenossen in das rechte Verhältnis zu bringen. Die Aufmerksamkeit derjenigen, die sich für das öffentliche Leben interessieren, mußte sich in einem Lande wie England bald auf den jungen Schriftsteller lenken. 1830 wurde er in Wiltshire zum Abgeordneten gewählt. Er war in einer aufgeregten Zeit Volksvertreter. Die französische Julirevolution entfachte überall den Ruf nach Erweiterung der Freiheit. Macaulay war es vergönnt, 1831 als Parlamentarier sich an der Debatte über den Reformentwurf Lord Russels zu beteiligen. Die Erhaltung der englischen Verfassungszustände stand in Frage. Macaulay trat in einer Weise auf, die ihm zu dem Ruf eines großen Schriftstellers auch den eines bedeutenden Politikers hinzufügte. Drei Jahre später stellte sich wieder eine Erweiterung seines Schaffensgebietes ein. Er wurde zum Mitglied des hohen Rates von Indien gewählt. Er verwaltete sein Amt in Englands Kolonien auf der Grundlage einer hochsinnigen ethischen Lebensanschauung. Seine Tätigkeit in Indien dauerte bis 1837. Sie hat segensreiche Spuren sowohl in der materiellen wie in der geistigen Kultur des Landes zurückgelassen. – Bis zum Jahre 1847 führte Macaulay fortan ein ruhigeres Leben, fast ausschließlich den ausgedehnten Studien für seine «Geschichte Englands» obliegend. 1847 trat er nochmals ins Parlament ein. Wie groß sein Einfluß war, der sich auf nichts weiter stützte als auf die überzeugende Wirkung seiner Worte und Gründe, ersieht man daraus, daß es ihm 1853 gelang, einen auf die Ausschließung des Oberarchivars aus dem Parlament bezüglichen Gesetzesvorschlag, der vor seiner Rede so gut wie beschlossen war, mit einer Majorität von über hundert Stimmen zu Fall zu bringen.

Daß Macaulay die glücklichen Lagen, in die er kam, im Sinne einer umfassenden Wirksamkeit ausnützen konnte, das findet in den außerordentlichen Anlagen seines Geistes die Erklärung. Zu einem geradezu wunderbaren Gedächtnis kam eine seltene orientierende Kombinationsgabe, die ihn als Historiker ein Ereignis durch das andere, oft recht fernliegende, hell beleuchten ließ und die ihn auf dem Felde der praktischen Tätigkeit energisch überall die geeigneten Mittel zu den ihm vorschwebenden Zielen finden ließ. Ich möchte, um dieses sein Geistesvermögen zu kennzeichnen, eine seiner glänzenden geschichtlichen Analogien anführen. Sie findet sich in dem Aufsatze «Burleigh und seine Zeit»: «Das einzige Ereignis der neueren Zeit, welches man füglicherweise mit der Reformation vergleichen kann, ist die französische Revolution, oder, um es noch bestimmter auszudrücken, jene große Umwälzung in den politischen Anschauungen, welche sich während des achtzehnten Jahrhunderts in fast allen Ländern der zivilisierten Welt vollzog und in Frankreich ihren größten und schrecklichsten Triumph feierte. Jede dieser denkwürdigen Begebenheiten möchte am richtigsten als eine Empörung der menschlichen Vernunft gegen eine Kaste bezeichnet werden. Die eine war ein Kampf um die geistige Freiheit, von der Laienwelt gegen die Geistlichkeit geführt; die andere war ein Kampf um politische Freiheit, den das Volk gegen Fürsten und Adel führte. In beiden Fällen wurde der Geist der Neuerung anfangs von einer Gesellschaftsklasse ermutigt, die man in erster Reihe auf seiten des Vorurteils hätte erwarten sollen. Friedrich, Katharina, Joseph und die französischen Großen waren es, unter deren Schutz jene Philosophie, welche später alle Throne und Aristokratien Europas mit Vernichtung bedrohte, ihre furchtbare Entwicklung erhielt. Der gegen das Ende des fünfzehnten und zu Anfang des sechzehnten Jahrhunderts beginnende Eifer, mit welchem man sich gelehrten Studien widmete, fand eine warme Ermutigung bei den Häuptern derselben Kirche, welcher die wissenschaftliche Aufklärung so verderblich werden sollte. Als es zum Ausbruch kam, geschah es in beiden Fällen mit einer Heftigkeit, daß selbst manche von denen, welche sich anfänglich durch die Freiheit ihrer Ansichten ausgezeichnet hatten, mit Entsetzen und Ekel sich abwandten. Die Gewalttätigkeiten der demokratischen Partei verwandelten Burke in einen Tory und Alfieri in einen Hofmann. Die Leidenschaftlichkeit der in Deutschland an der Spitze der religiösen Bewegung stehenden Männer machte Erasmus zu einem Verteidiger der Mißbräuche und veranlaßte Thomas Morus, den Autor der Utopia, gegen die Anhänger der Neuerungen als Verfolger aufzutreten.»

Wenn man die Charakterzeichnungen historischer Persönlichkeiten liest, die Macaulay geliefert hat, wird man oft an die monumentale Art Emersons erinnert. Während dieser aber als Rhetor und Moralschriftsteller auf den fein ausgearbeiteten Gedanken hinarbeitet und der Trefflichkeit des Aperçus vor der naturalistischen Wirklichkeitsdarstellung den Vorzug gibt, ist bei Macaulay das Umgekehrte der Fall. Aber seine Vertiefung in die Wirklichkeit ist eine so reife, so gründliche und gedankenvolle, daß sich die historische Treue bei ihm von selbst zum schlagenden Aperçu umgestaltet. So, wenn er Burleigh, den Staatsmann der Königin Elisabeth, mit den Worten kennzeichnet: «Niemals verließ er seine Freunde, als bis es mißlich wurde, länger bei ihnen auszuhalten. Er war ein vortrefflicher Protestant, so lange es nicht mit großem Vorteil verbunden war, ein Papist zu sein. Er empfahl seiner Gebieterin so nachdrücklich, wie es möglich war, ohne ihre Gunst dabei aufs Spiel zu setzen, die Befolgung einer duldsamen Politik. Er ließ niemanden auf die Folter spannen, außer wenn die Wahrscheinlichkeit damit verbunden war, ein nützliches Geständnis zu erpressen. Er war so mäßig in seiner Begehrlichkeit, daß er nur dreihundert verschiedene Landgüter hinterließ, obgleich er, wie uns sein ehrlicher Diener berichtet, viel mehr hätte hinterlassen können, wenn er zu seinem eigenen Gebrauch aus der Staatskasse hätte Gelder entnehmen wollen, wie das von manchem Schatzmeister geschehen ist.»

Ein Vorbild geschichtlicher Darstellung ist in Macaulays «Geschichte Englands» das Kapital über den Zustand Englands im Jahre 1685. Es ist ein moderner Zug in der Geschichtsschreibung, die ehemalige, rein diplomatisch-politische Methode durch die kulturhistorische zu ersetzen. Macaulay wird in dem genannten Kapitel ein vollkommener Kulturhistoriker, weil ihn die innere Wahrheit seines Gegenstandes dazu veranlaßt und ihm es sein umfassender Sinn unmöglich macht, die Beziehungen, welche die Dinge verknüpfen, nicht in ihre fernsten Winkel hinein zu verfolgen. – Sein Geschichtswerk bis über das Jahr 1704 hinauszuführen, war dem Unermüdlichen nicht möglich. Ein Herzleiden raffte dies starke Leben im Jahre 1858 hinweg.

## MAX MÜLLER

Am 28. Oktober 1900 ist einer der populärsten Gelehrten unserer Zeit gestorben. Die Art, wie man über Max Müller nach dem Eintreffen der Todesnachricht sprach, erinnerte an die Worte der Hochschätzung, die man vor einigen Jahren beim Ableben Hermann Helmholtz' hören konnte. An die Namen beider Gelehrten knüpft derjenige heute ähnliche Vorstellungen, der auf eine gewisse allgemeine Bildung Anspruch macht. Und doch ist es nicht dasselbe, was sich in den Köpfen der Zeitgenossen abspielt, wenn sie den einen Namen wie den anderen nennen. Bei Hermann Helmholtz wußten die Leute, daß er einer der größten Physiker ist. Er gehörte zu denen, die, nach einem alten Worte, mehr gerühmt als gelesen werden. Es ist wohl noch manchem im Gedächtnis, daß wir es erleben mußten, das Denkmal des großen Physikers auf der Potsdamer-Brücke in Berlin mit einem unrichtigen Titel eines seiner Bücher geziert zu sehen. Bei Max Müller liegt die Sache anders. Er wird wirklich gelesen. Unzählige der Vorstellungen, die er in seinen reizvoll geschriebenen Werken über die Entwicklung der Sprache, über Mythologie, über Religionen niedergelegt hat, sind ein Bestandteil der Zeitbildung geworden. Er hat die geistige Entwicklung der morgenländischen Völker der Allgemein-Bildung des Abendlandes vermittelt. Er verstand, dies in einer Weise zu tun, daß auch solche sich mit seinen Arbeiten beschäftigen, die nicht innerhalb eines gelehrten Berufes stehen. Er war einer der bedeutendsten geistigen Anreger der Gegenwart. Seine Fachgenossen, die Sprach- und Religionsforscher, schätzen seine Arbeiten nicht so hoch wie die anderen. Er gilt ihnen als Sanskrit-Forscher und Sanskrit-Mytholog gar nicht einmal als Gelehrter, der in allererster Linie genannt werden müßte. Sie sagen, kaum eine seiner Grundvorstellungen könne sich gegenüber dem heutigen Stande der Wissenschaft behaupten. Darüber irgendein Urteil abzugeben, darf sich nicht anmaßen, wer nicht Fachmann auf dem Gebiete der Sprachforschung ist.

Eines aber kann der Nichtfachmann von Max Müller behaupten: Was er für unser abendländisches Kulturleben geleistet hat, ist, rein dem Umfange der Arbeit nach, so bedeutend wie die Schöpfungen nur ganz weniger Schriftsteller. Er hat das älteste Denkmal des indischen Geisteslebens (Rigveda) in sechs großen Bänden (London 1849–1874) herausgegeben; er hat die Herausgabe eines der monumentalsten Werke unserer Zeit, der gesamten «Heiligen Bücher des Ostens» veranlaßt, an dem Gelehrte fast aller Kulturnationen arbeiten, und zu dem er selbst Wichtiges beigesteuert hat. Und während er so unablässig bemüht war, die Bildungsschätze des Orients den Europäern vor Augen zu führen, hat er in seinen Vorlesungen über «Die Wissenschaft der Sprache» (die 1875 deutsch erschienen sind), in seinen «Essays» und in einer großen Zahl anderer Werke und Abhandlungen die Gesetze der geistigen Entwicklung der Menschheit darzulegen gesucht.

Die Weise, wie Max Müller das alles getan hat, entsprach

in hohem Maße den Bedürfnissen und Neigungen der zweiten Jahrhunderthälfte. Dieser Zeit ist die *geschichtliche* Betrachtungsweise sympathisch gewesen. Sie unterscheidet sich dadurch wesentlich von dem ihr vorangegangenen Zeitalter. Dieses glaubte zu Aufschlüssen über die menschliche Natur, über die Gesetze der Sprache, der Sittlichkeit, der Religion dadurch gelangen zu können, daß sie die Natur des *gegenwärtigen* Menschen, als fertigen Einzelwesens, beobachtete. Das wurde anders, je weiter das Jahrhundert vorschritt. Man wollte den Menschen der Gegenwart aus dem Menschen der Vergangenheit erklären. Man glaubte nicht mehr daran, daß die Betrachtung des vollentwickelten Menschen zum Beispiel darüber Auskunft geben könne, wie religiöse Bedürfnisse entstehen, woraus sittliche Vorstellungen entspringen.

Man wollte die ersten Anfänge solcher Vorstellungen kennenlernen und von dem Begreifen unentwickelterer Kulturen zu dem der Gegenwart allmählich aufsteigen. Man wollte auch kennenlernen, wie verschiedene Kulturvölker zu ihrer Bildung kommen, um durch Vergleichung die Gesetze der Menschheitsentwicklung ergründen zu können. Man kam immer mehr davon ab, den Menschen als Individuum zu betrachten; man lernte, ihn als Glied der ganzen Menschheit ansehen. Ganz innerhalb einer solchen Vorstellungsrichtung liegen die Gedanken Max Müllers. Er hat uns den Orient erschlossen, um das Übereinstimmende und Verschiedene der mannigfaltigen Kulturen zu zeigen und auf diese Weise zur Erkenntnis der in allen waltenden großen Gesetze zu gelangen.

Erst gegen Ende des Jahrhunderts hat man einzusehen begonnen, daß auch in dieser Betrachtungsweise eine Einseitigkeit liegt. Eine der anregendsten Schriften Friedrich

Nietzsches ist die «Unzeitgemäße Betrachtung: Vom Nutzen und Nachteil der Historie für das Leben». Er suchte zu zeigen, wie sich der Mensch das Leben in der Gegenwart verdirbt dadurch, daß er immer in das geschichtliche Werden blickt. Es ist Nietzsches Meinung, daß das Leben höher stehe als das Wissen vom Leben. Frage ich mich bei jeder meiner Vorstellungen, wie sie geworden ist, so lähme ich mein freies Drauf-los-Leben. Ich glaube bei jedem meiner Schritte erst nachdenken zu müssen, ob er denn auch im Sinne der bisherigen gesetzmäßigen Entwicklung liegt. Wir haben es so oft hören müssen, daß in den letzten Jahrzehnten, wenn irgendwo ein neuer Impuls sich geltend machen wollte, sofort die Bekenner der geschichtlichen Betrachtungsweise kamen und sagten: das sei unhistorisch. Über der geschichtlichen Betrachtungsweise ist uns die philosophische allmählich verlorengegangen. An der Philosophie selbst haben wir es in der schlimmsten Weise erfahren müssen. Unsere Zeit ist arm geworden an neuen philosophischen Gedanken. Ja, man sieht mit Verachtung auf diejenigen herab, die solche Gedanken noch vorbringen wollen. Man hat unserer Zeit sogar die Fähigkeit abgesprochen, neue Gesetze zu geben, bevor man vollständig in den Werdeprozeß der Rechtsentwicklung eingedrungen ist.

In der Verbreitung einer solchen Gesinnung liegen die Schattenseiten eines Wirkens wie dasjenige Max Müllers ist. Und hiermit sind wir an den Punkt gelangt, wo dieser bedeutende Schriftsteller die Vorwärtsstrebenden unter unseren Zeitgenossen unbefriedigt läßt. Inwieweit er von der Sprachwissenschaft und Religionsforschung der Gegenwart überholt ist, das können wir ruhig den Fachleuten zur Entscheidung anheimgeben. Daß seine philosophischen Anlagen keine sehr bedeutenden waren, das ist es, was diejenigen stören muß, welche in den schriftstellerischen Leistungen der Gegenwart nach Elementen suchen, die für die großen Weltanschauungsfragen in Betracht kommen. Max Müller hat nicht begreifen können, warum Ernest Renan es bedauert hat, daß er Historiker und nicht Naturforscher geworden ist. Dies hängt mit den gekennzeichneten philosophischen Anlagen Max Müllers zusammen. Er ist der Naturwissenschaft immer ganz ferne geblieben. Er hat sich nicht entschließen können, den «Rubikon des Geistes» zu überschreiten, der von dem Menschen zu der übrigen Natur führt. Er verfolgte geschichtlich das Werden der Sprache, soweit das die *Geschichte*, die Wissenschaft vom Menschen, eben tun kann. Will man das Hervorgehen der Sprache aus Fähigkeiten niederer Art kennenlernen, so muß man die geschichtliche Betrachtungsweise verlassen und zur naturwissenschaftlichen übergehen. Müller zählt 121 Sprachwurzeln auf, die der Sprache der Arier zugrunde liegen. Sie sollen ebenso viele ursprüngliche Begriffe ausdrücken. Soweit gelangt der Historiker. Der Naturforscher gelangt weiter. Er sucht in tierischen Fähigkeiten den Ursprung alles dessen, was beim Menschen auftritt. Wer alles ablehnt, was nicht der Geschichte zugänglich ist, kommt nie zu solchen Ursprüngen. Der Naturforscher untersucht die Naturgesetze der Gegenwart. Er beleuchtet von der Gegenwart aus die Vergangenheit. Die geschichtliche Betrachtungsweise wird sich allmählich zur naturwissenschaftlichen erweitern müssen, wenn sie für unsere Weltanschauung fruchtbar werden will. Wir können nie und nimmer das Gegenwärtige bloß aus seinem Werden verstehen; wir müssen vielmehr auch das Werden, die Entwicklung, aus der Gegenwart begreifen. Der Geologe forscht nach den Ursachen, die heute noch immer die Oberfläche der Erde verändern. Von da aus eröffnet sich für ihn die Perspektive in die Vergangenheit. Einen Umschwung nach dieser Richtung wird auch die Betrachtung über den Menschen erfahren müssen. In Max Müllers Schriften ist aber von einer solchen Erkenntnis wenig zu finden. Das trennte ihn von der Denkweise der Naturforscher. Es wird als ein Mangel seines Wirkens immer mehr und mehr erkannt werden.

## AHASVER

Einer meiner Studienkollegen, ein energisch arbeitender, zielbewußter jüdischer Student, sagte mir – es war vor etwa zwanzig Jahren in Wien –, als wir auf den Antisemitismus zu sprechen kamen: «Es ist noch nicht lange her, da hätte ich es fast als selbstverständlich betrachtet, wenn wir liberalen Juden auch äußerlich durch Anschluß an eine christliche Konfession unsere Zugehörigkeit zu den Völkern, unter denen wir leben und mit denen wir uns eins fühlen, zum Ausdruck brächten. Heute aber, im Angesicht des Antisemitismus, würde ich mir lieber zwei Finger meiner Hände abschneiden lassen als einen derartigen Schritt unternehmen.»

Für mich hat es nie eine Judenfrage gegeben. Mein Entwicklungsgang war auch ein solcher, daß damals, als ein Teil der nationalen Studentenschaft Österreichs antisemitisch wurde, mir das als eine Verhöhnung aller Bildungserrungenschaften der neuen Zeit erschien. Ich habe den Menschen nie nach etwas anderem beurteilen können als nach den individuellen, persönlichen Charaktereigenschaften, die ich an ihm kennenlerne. Ob einer Jude war oder nicht: das war mir immer ganz gleichgültig. Ich darf wohl sagen: diese Stimmung ist mir auch bis jetzt geblieben. Und ich habe im Antisemitismus nie etwas anderes sehen können als eine Anschauung, die bei ihren Trägern auf Inferiorität des Geistes, auf mangelhaftes ethisches Urteilsvermögen und auf Abgeschmacktheit deutet.

Der Kulturhistoriker der letzten Jahrzehnte des neunzehnten Jahrhunderts – ob auch der ersten des zwanzigsten? – wird zu untersuchen haben, wie es möglich war, daß im Zeitalter des naturwissenschaftlichen Denkens eine Strömung entstehen konnte, die jeder gesunden Vorstellungsart ins Gesicht schlägt. Wir, die wir mitten in den Kämpfen leben und gelebt haben: wir können nur mit Schaudern Revue halten über eine Anzahl von Erfahrungen, die uns der Antisemitismus bereitet hat.

Ich habe ihn oft kennengelernt, den Typus des modernen Juden mit der Stimmung, die sich in den Worten meines obenerwähnten Studienkollegen ausdrückt. Robert Jaffé hat nun in Emil Zlotnicki, dem Helden seines Romanes «Ahasver», diesen Typus geschildert. Er hat ihn geschildert mit all der Wärme und Eindringlichkeit, die aus den bittersten Lebenserfahrungen, aus trüben Enttäuschungen hervorquellen. Man empfindet auf jeder Seite des Romans die tiefe innere Wahrheit der Charakterzeichnung und der Schilderung der typischen Tatsachen. Ein Stück Zeitgeschichte entrollt sich vor unserer Seele, dargestellt von einem, der beim Ablaufen dieser Geschichte mit seiner ganzen Seele dabei war. Das macht, daß eine individuell empfundene Psychologie dem Roman eine im höchsten Grade interessante Färbung gibt.

Ein Roman aus dem sozialen Leben der Gegenwart ist

daher «Ahasver». Gesellschaftliche Strömungen werden in satten Farben geschildert, Strömungen, die tief eingreifen in das Leben des Einzelnen. Das Schicksal eines interessanten Individuums erscheint in charakteristischer Weise auf dem Hintergrunde der Zeitkultur. In der Zeichnung des Einzellebens, das seine Lust und seinen Schmerz von den großen Menschheitsgegensätzen wie eine angeborene Gabe empfängt, liegt die Kunst Jaffés. In diesem Sinne ist er Psychologe. Er ist es in dem guten Sinne, daß er Vollmenschen der Gegenwart schildert, die aber zugleich etwas Typisches in ihrem Dasein enthalten.

Der wird den Roman unbedingt mit dem allergrößten Interesse verfolgen müssen, der sich einmal vertiefen will in feine Verästelungen des Seelenlebens, wie es als Ergebnis vielfach unerfreulicher, beklagenswerter, aber darum um so beachtenswerterer Züge der Zeitkultur erscheint.

Vielleicht kann dem Antisemitismus keine herbere, aber wegen der sinnig künstlerischen Beweisführung überzeugendere Verurteilung zuteil werden, als es hier geschieht.

Dem künstlerischen Empfinden der individuell erlebten, innerlich so wahren Psychologie steht allerdings bei Jaffé noch nicht ein bedeutendes künstlerisches Vermögen zur Seite. Charaktere und Situationen sind unplastisch, und die Komposition des Romans läßt viel zu wünschen übrig. Ich glaube, daß es leichtfertig wäre, aus diesem Buche auf die künstlerische Zukunft des Verfassers Schlüsse zu ziehen. Im höchsten Sinne sympathisch muß das große Wollen berühren. Den Anfänger verrät die Arbeit allerdings auch auf jeder Seite. Die Leute treten auf und treten ab, die Situationen kommen und gehen ohne große Wahrscheinlichkeit, ohne tiefere Motivierung. Freunde, die sich lange nicht gesehen haben, treffen sich, weil der Autor sie zusammenführen muß, um das Aufeinanderplatzen der sozialen Gegensätze zu zeigen. Dann aber reden sie sofort, ohne sich irgend etwas Individuelles mitzuteilen, von sozialpolitischen, lebensphilosophischen Theorien.

Man mißverstehe mich nicht. Ich bin der letzte, der solche Gespräche aus der Literatur verbannen will. Ich habe sogar den Glauben, daß der ernste Mensch Gefallen haben muß an Kunstwerken, die Menschen schildern, deren Interessen über den Kreis auch des besseren Alltäglichen hinausgehen. Wir teilen uns, wenn wir nicht gerade Bierphilister oder Mitglieder von Kaffeekränzchen sind, doch auch im Leben unsere Ansichten mit. Warum soll das also nicht im Kunstwerke geschehen? Aber so unvermittelt, wie das von Jaffé geschieht, kommt das doch wohl im Leben nicht vor. Es dauert zum Beispiel bei mir, der ich mich gerade nicht zu den untheoretischen Menschen zähle, mindestens eine Viertelstunde, bis ich an einen Freund, den ich lange nicht gesehen habe, die Frage stelle, wie sich sein lebensphilosophisches oder sozialpolitisches Glaubensbekenntnis geändert hat.

Wenn aber Robert Jaffé zu Schilderungen kommt, die psychologische Feinkunst, lyrische Empfindung verlangen, dann wird er im höchsten Grade anziehend. Dann verrät sich der Dichter in jeder Zeile.

Alles in allem: wir haben im «Ahasver» einen psychologischen Zeitroman, den man trotz aller Schwächen, trotz der Anfängerschaft des Autors nur mit dem höchsten Interesse lesen kann.

## ADOLF BARTELS, DER LITERARHISTORIKER

Wer nur ein klein wenig sich selbst zu beobachten vermag, der weiß, was es mit der sogenannten «Unbefangenheit» bei geschichtlichen Betrachtungen auf sich hat. Wir urteilen doch alle von einem persönlich gefärbten Standpunkt aus, zu dem uns Ort und Zeit unserer Geburt und das Leben gebracht haben. Am stärksten tritt das zutage, wenn unsere Betrachtung den geistigen Schöpfungen gilt. Es wäre eitel Selbsttäuschung, wenn man sich nicht eingestehen wollte, daß letzten Endes nicht zwei Menschen über ein Bild oder eine Dichtung gleicher Meinung sein können. Und die verschiedenen Meinungen fließen auch in unser geschichtliches Urteil ein. Der wird den geschichtlichen Zusammenhang, in den er Lessing stellt, ganz anders schildern, der in ihm den großen Pfadfinder der neuen Literatur sieht; und ganz anders derjenige, der mit Eugen Dühring in ihm nur eine vom «Judentum» hinaufgeschraubte Scheingröße sieht. Wer diese Selbstbeobachtung hat, wird mit manchem Werk der Geistesgeschichte milder zu Gericht gehen als ein solcher, der an das Märchen von der «Unbefangenheit» glaubt.

Man muß sich das vorhalten, wenn man an ein Buch herantritt, das in vieler Hinsicht charakteristisch für unsere gegenwärtige Art der Literaturgeschichtsschreibung ist, an Adolf Bartels' «Geschichte der deutschen Literatur» (Verlag Eduard Avenarius, Leipzig 1901), von dem bis jetzt der erste Band erschienen ist. Adolf Bartels ist, das soll hier gleich vorausgeschickt werden, ein Mann, der Geist und Geschmack hat. Er hat von beiden sogar so viel, daß ihn sein Maß immerhin berechtigt, von seinem Standpunkt aus die Entwicklung der deutschen Literatur zu betrachten. Wie aber Bartels diesen seinen Standpunkt zur Geltung bringt, das wirkt auf jemand, der Selbstbeobachtung und Selbstkritik hat, entschieden abstoßend. Ich brauche nur einen einzigen Satz hierher zu setzen, um diese Empfindung zu rechtfertigen. Bei Besprechung Goethes wendet Bartels ein Wort Jacob Burckhardts auf den «Faust» an: «Faust ist ein echter und gerechter Mythus, das heißt ein großes urtümliches Bild, in welchem jeder sein Wesen und sein Schicksal auf seine Weise wieder zu ahnen hat.» Zu diesem Satze des großen Geschichtsschreibers setzt Herr Bartels hinzu: «Jawohl, und besonders, wenn er ein germanischer Mensch ist». So etwas lesen wir in dieser Literaturgeschichte immer wieder und wieder. Adolf Bartels will als «germanischer Mensch» sein Buch schreiben. Was er eigentlich damit sagen will, kommt völlig ans Tageslicht, wenn man ein wenig zwischen den Zeilen zu lesen versteht. Es fällt mir nicht ein, Herrn Bartels gleichzustellen mit den platten Parteimenschen, die den «germanischen Menschen» erfunden haben, um damit ein möglichst wohlklingendes Wort für die Rechtfertigung ihres Antisemitismus zu haben. Ich habe vor Bartels' Wissen und Geschmack zuviel Achtung, um in den Fehler zu verfallen, der in einer solchen Gleichstellung läge. Aber eines scheint mir gewiß: auf einem ähnlichen Boden wie die unsinnigen Schwätzereien der Antisemiten sind doch auch Bartels' Auslassungen über den «germanischen Menschen» erwachsen.

Sein ganzes Buch gewinnt etwas Unwahres dadurch, daß er uns die Urteile, die doch nur Herr Bartels fällt, als solche aufschwatzen möchte, die vom Standpunkte des «germanischen Menschen» gefällt seien. Und was viel schlimmer ist, dadurch gewinnt sein Buch etwas Gefährliches. Denn das Unwahre, das darin liegt, daß er sich seine persönliche Meinung zu der eines «germanisch» Fühlenden umdeutet, wird für ihn selbst zu einer Gefahr. Er wird kleinlich und – auch von seinem Standpunkt aus – ungerecht. Man braucht kein unbedingter Anhänger Wilhelm Scherers zu sein, man kann die Fehler der Literaturbetrachtung dieses Mannes durchaus erkennen; aber man muß es doch kleinlich finden, wenn Bartels bei Gelegenheit der Besprechung des Christus-Epos «Heliand» schreibt: «Dagegen läßt Scherer an der Dichtung wenig Gutes: sie ist ihm ein bloßes Lehrgedicht... ‹Die Juden werden in das ungünstigste Licht gestellt›. Man merkt doch, daß Scherers Literaturgeschichte ursprünglich für das Publikum der ‹Neuen Freien Presse› geschrieben war.» Verständlich ist dieser Satz Bartels' doch nur, wenn er so aufgefaßt wird, daß das Publikum der «Neuen Freien Presse» als ein jüdisches gedacht wird. Das also sind zuletzt doch die Blüten des «germanischen» Geistes, daß ein Mann, der durch seinen wissenschaftlichen Ernst und seinen Geist auf eine andere Beurteilung unbedingt Anspruch hat, verdächtigt wird, für ein gewisses Publikum zu schreiben.

Ebenso kleinlich ist es, wenn Moses Mendelssohn mit den Worten charakterisiert wird: «Mit Moses Mendelssohn, seinem ‹Phädon›, seinen ‹Morgenstunden›, seinem ‹Jerusalem›, beginnt der jüdische Einfluß auf die deutsche Literatur, sein im Grunde nüchterner Deismus wird das Glaubensbekenntnis weiter Kreise und wird noch von Hettner ‹beseligende (!) Vernunftreligion› genannt. Es wird nötig sein, das Kapitel Mendelssohn einmal völlig neu zu schreiben und das Spezifisch-Jüdische in Moses' Wesen und Wirken ins Licht zu stellen – als Mensch dürfte er da, wie ich glaube, nicht allzuviel verlieren». – Man sieht, wie geschraubt Herr Bartels werden muß, damit die edle Menschlichkeit, die auch er bei Moses Mendelssohn nicht zu leugnen wagt, doch eine Darstellung möglich mache, bei welcher – der Jude etwas verliert.

Daß Lessings «Nathan» durch Bartels' Standpunkt in ein schiefes Licht gestellt wird, ist wohl selbstverständlich. Er sagt, daß er ein Tendenzgedicht sei mit den «Fehlern des Tendenzgedichtes». Wie wenig da Herr Bartels sich selbst versteht, geht aus den Worten hervor, die er an seine Betrachtungen des «Nathan» knüpft. «Wir zweifeln keinen Augenblick mehr, daß das Christentum als Religion, nicht bloß als Sittenlehre, dem Judentum und dem Mohammedanismus ganz entschieden überlegen ist, und wir würden in einem objektiven Werke – und das sollen alle dramatischen sein – allerdings mit Recht verlangen, daß der Vertreter des Christentums neben denen der beiden anderen Religionen als die geistig höchststehende Persönlichkeit hingestellt würde...». Herr Bartels hätte ein christliches Tendenzgedicht also lieber als Lessings «Nathan». Das ist sein persönliches Urteil. Aber er soll das doch gestehen und nicht damit flunkern, daß jedes Dichterwerk «objektiv» sein soll. Das ist denn doch Engherzigkeit. Und diese Engherzigkeit, dieser beschränkte Gesichtskreis ist ein Hauptmangel von Bartels' ganzem Buch. Was soll man dazu sagen, wie dieser Literatistiker Schiller zu Leibe geht? Herr Bartels hat manches gegen Schiller zu sagen. Er scheint ihm überschätzt. Wir wollen darüber nicht rechten mit Herrn Bartels. Wenn er einfach sagte, Schiller ist «für Volk und Jugend» bis heute «als Erzieher unentbehrlich und in einem gewissen Stadium der Erziehung nach wie vor der fortreißende große Dichter und Mensch; die Bühne muß einstweilen in Ermangelung eines vollständigen Ersatzes an ihm festhalten, die Entwicklung der Literatur aber ist über ihn hinausgelangt...», so möchte man zwar viel dagegen einwenden können; aber es ließe sich ernsthaft darüber reden. Der Ernst hört aber auf, und die Komik beginnt, wenn Herr Bartels bei Schiller «germanisch» wird: «Er ist der einzige bedeutende Dramatiker seines Stammes, und wenn ich auch an ein Gesetz des Kontrastes glaube, das zum Typus den Gegentypus, also zum lyrischen Gefühlsmenschen den dramatischen Willensmenschen gebieterisch verlangt, so finde ich doch die Dramatik Schillers der schwäbischen Lyrik nicht entsprechend, finde, hier in Übereinstimmung mit zahlreichen anderen Beurteilern, etwas Undeutsches, ja Ungermanisches in ihr. Das hat denn auch die Annahme eines keltischen Blutzusatzes in Schiller veranlaßt...». Also, weil Schiller den «Germanen» Bartels nicht ganz befriedigt, muß Schiller kein «reiner Germane» sein.

Wer die Dinge nach allen Seiten durchschaut, hat für solche Ausführungen wie die des Herrn Bartels nur ein – Lächeln. Das Gefährliche liegt aber darin, daß viele, die einen – noch engeren Gesichtskreis haben als Bartels, sich «germanisch» angeheimelt fühlen müssen von seiner Engherzigkeit. Ich finde in dem Buche allerdings nur antisemitische Mücken. Aber wundern könnte ich mich nicht, wenn diese Mücken bei zahlreichen Lesern sich zu ganz ansehnlichen antisemitischen Elefanten auswüchsen. Und es fehlt mir doch der Glaube, daß eine solche Wirkung Herrn Bartels – sehr unangenehm wäre. Sein ganzes Wirken kann mich wenigstens vor diesem Glauben nicht bewahren.

## DIE «POST» ALS ANWALT DES GERMANENTUMS

Ein Herr, der seinen Namen verschweigt, hat in der «Post» vom 23. September eine Erwiderung geschrieben gegen meinen mit voller Namensnennung veröffentlichten Artikel über Herrn Bartels, den Literarhistoriker. Auch meinen Namen unterschlägt der Herr. Seine Auslassungen sind charakteristisch für die Auffassungen der Angehörigen einer gewissen Presse von ihren journalistischen Pflichten. Entweder ist nämlich dieser Herr so ungebildet, daß er einen einfachen Gedankengang nicht verstehen kann, oder er faßt seine journalistische Pflicht dahin auf, daß er einen Artikel, den er bekämpft, nicht erst ordentlich zu lesen braucht. Denn seine Erwiderung ist nichts anderes als eine Kette von Verdrehungen dessen, was ich gesagt habe. Ich habe behauptet, Herr Bartels urteile lediglich von seinem persönlichen Standpunkte aus und dekretiere diesen Standpunkt zu einem «germanischen». Darin liege etwas Unwahres. Und das werde für Herrn Bartels gefährlich, weil er sich dadurch zu Engherzigkeiten und Ungerechtigkeiten hinreißen läßt. Die «Post» behauptet, ich hätte Herrn Bartels wegen seines germanischen Standpunktes angegriffen. Für jeden vernünftigen Menschen ist klar, daß ich gerade zu beweisen suchte, daß Herr Bartels mit Unrecht seinen Standpunkt einen «germanischen» nennt. Es wäre nutzlos, sich mit Leuten herumzuschlagen, die nicht kämpfen gegen das, was man gesagt hat, sondern gegen die Verdrehungen, die sie erst zurechtgezimmert haben. Der Kritiker der «Post» ist nicht verständig genug, um ihm zu sagen, daß ich – nach meinen Darlegungen – genau dasselbe vorzubringen hätte, wenn ein anderer Literarhistoriker von seinem persönlichen Standpunkte aus urteilte und dann behaupten wollte, er hätte vom «jüdischen» Standpunkte aus geurteilt.

Wie der Artikelschreiber der «Post» liest, das geht aus einer anderen Stelle deutlich hervor. Er sagt, ich hätte Herrn Bartels vorgeworfen, daß er in Schillers Lyrik etwas Ungermanisches finden wollte. An der betreffenden Stelle meines Aufsatzes ist nicht von Schillers Lyrik, sondern von dessen Dramatik die Rede.

Jedem, der Einwendungen gegen das macht, was ich wirklich gesagt habe, stehe ich mit dem Beweis zur Verfügung, daß ich nicht, wie die «Post» mich verdächtigt, «den philosemitischen Heerbann gegen Bartels mobilzumachen und mit Alarmrufen ganz Israel und seine Schildknappen auf die Schanzen zu bringen» bemüht war, sondern daß ich lediglich den «gesunden Menschenverstand» gegen einzelne Bartelssche Behauptungen zu verteidigen gesucht habe. Einen Kampf zu führen gegen Verdrehungen der Worte des Angegriffenen überlasse ich der «Post» und dem Verteidiger des – Germanentums. Ich empfinde zwar Herrn Bartels' Standpunkt nicht als «deutsch» oder «germanisch»; aber ich empfinde gewissenloses Lesen entschieden als «undeutsch». Es «deutsch» zu empfinden, vermögen nur die – Antisemiten.

## EIN HEINE-HASSER

Es wird oft gesagt: Große Männer haben die Schwächen ihrer Tugenden. Nicht weniger richtig ist aber auch, daß die Nachbeter großer Männer die Schwächen von deren Untugenden in hervorragendem Maße erben. Der erste Satz ist anwendbar auf den großen Ästhetiker und Literarhistoriker Friedrich Theodor Vischer, der lange Zeit eine Zierde der Stuttgarter Technischen Hochschule war; die andere Wahrheit kommt einem in den Sinn, wenn man sich seinen Nachfolger auf der Lehrkanzel betrachtet, den Herrn Carl Weitbrecht. Vischers weitem Blick in künstlerischen Dingen war ein gewisser Zug von Spießbürgerlichkeit beigemischt; dem feinen Humoristen, der uns den herzquickenden Roman «Auch Einer» geschenkt hat, verdirbt fortwährend ein «innerer Philister» das Konzept. Und so erfreulich es ist, daß Vischer dem Goethe-Götzendienst der Urteilslosen mit seinem dritten Teil des «Faust» gehörig auf die Finger geklopft hat: recht unbehaglich wirkt bei all dieser Freude, daß der ehrliche Schwabe bei seiner «Abfertigung» doch gar zu biedermännisch zu Werke geht. Doch das sind eben Fehler großer Tugenden. Carl Weitbrecht fehlen diese Tugenden; das hat er in seinen vielen Schriften hinlänglich gezeigt. Kein Zweifel ist, daß er von Vischer manches gelernt hat. Und deshalb hat sein Buch «Diesseits von Weimar» viel Gutes. Er hat auf manche Vorzüge der Goetheschen Natur hingewiesen, die dem großen Geist in dem späteren Leben teilweise verlorengegangen sind. Ganz abstoßend wirkt aber die Kehrseite der Vischerschen Vorzüge in den zwei Bändchen, die Carl Weitbrecht als «Deutsche Literaturgeschichte des neunzehnten Jahrhunderts» vor kurzem in der «Sammlung Göschen» (Nr. 134 und 135 dieser Sammlung, G. J. Göschensche Verlagshandlung, Leipzig 1901) hat erscheinen lassen.

Man braucht nicht sehr argwöhnisch zu sein, um beim Lesen dieser zwei Bändchen zu dem Glauben zu kommen, das erste sei geschrieben, um dem «deutschen Juden» Heine alles erdenkliche Schlimme anzuhängen; das zweite, um einem verbissenen Groll gegen alles sogenannte «Moderne» Luft zu machen. Unter den mancherlei Urteilen, die da auftauchen, erscheint immer wieder, in den verschiedensten Umschreibungen, dies: ein Dichter, ein Schriftsteller ist um so braver, je weniger er es macht wie der böse Heine. Nur ein paar Proben seien hierhergestellt. «Als Goethe starb, war Heine der Mann der Zeit – das kennzeichnet die Lage: der Alte in Weimar ist verstummt, und ein deutscher Jude in Paris gibt den Ton an.» Nur im Vorübergehen sei auf eine kleine Gedankenlosigkeit des Herrn Weitbrecht aufmerksam gemacht. Nach seinen Äußerungen auf Seite 8 hatte eigentlich der «Alte von Weimar» schon im Anfange des neunzehnten Jahrhunderts nichts mehr zu sagen. «Das Leben, das er» (Goethe) «im ersten Drittel des Jahrhunderts lebte und literarisch zum Ausdruck brachte, hatte nur wenig mehr gemein mit dem, was die Nation in dieser Zeit lebte und kämpfte; so wie er sein persönliches Leben aus dem vergangenen Jahrhundert herübergebracht hatte, so lebte er es im neuen Jahrhundert zu Ende ... eine einsame Größe, ihrer Unsterblichkeit sicher, aber der Gegenwart mehr und mehr entfremdet.» Was verschlägt es Carl Weitbrecht, daß er Goethe bereits am Ende des achtzehnten Jahrhunderts geistig tot sein läßt: um einen «eleganten» Eingang für eine Abschlachtung Heines zu haben, darf man schon den Genius Goethes zweimal köpfen.

Was hat doch der arme Heine, nach Weitbrechts Meinung, alles auf dem Gewissen! «Von Heine wie kaum von einem anderen haben die Deutschen auf Generationen hinaus gelernt, die eigene Nation zu verachten und schlecht von ihr zu reden, weil ihre Regierungen sträfliche Dummheiten machten, weil die Freiheit, die die französische Revolution meinte, nicht so schnell in Deutschland einzuführen war; von ihm haben sie gelernt, das Kritteln und Witzeln über die deutschen Dinge für ein höheres Zeichen von Geistesbildung und Geistesfreiheit zu halten als die geduldige selbstverleugnende Arbeit an diesen Dingen; von ihm haben sie den eitlen Ton gelernt, der die Schmerzen und Unzufriedenheiten des Einzelnen gleich als Menschheitsschmerzen ausposaunt und vergißt, daß zwischen dem Einzelnen und der Menschheit die Nation steht». Herr Carl Weitbrecht mag über Heinrich Heine denken, wie er es, nach seiner Begabung, vermag. Leute, die Heine verstehen, können sich über die Privatmeinung Weitbrechts wohl kaum aufregen. Worüber man aber mit Herren wie Carl Weitbrecht ein ernstes Wort reden muß, das ist die, gelinde gesagt, verletzende Anmaßung, mit der er «die Deutschen» zu Trotteln stempelt. Denn nur Trottel könnten sich in dem Sinne «gelehrig» erweisen, wie das in dem obigen Satz Weitbrechts geschildert wird. Hat denn die Schwabenseele Carl Weitbrechts nirgends so etwas, was ihr die Scham kommen ließe über solche Charakteristik ihrer Nation?

Oftmals wird von Weitbrecht Heine herangezogen, um zu sagen, wie andere – anders waren. «Was bei Heine geistreich selbstgefälliges Spiel war, war bei Lenau ernstes, unheilbares Leiden». Lernen Sie, Herr Weitbrecht, die Geister aus sich heraus charakterisieren, denn was Lenau war, hat mit dem, was Heine war, gar nichts zu tun. Es geht aber in diesem Tone weiter. Zwar muß Herr Weitbrecht Menzels niederträchtige Denunziation, die zu Gutzkows Bestrafung das ihrige beitrug, selbst als solche anerkennen; aber er kann an dieser Anerkennung nicht vorbeikommen ohne den geschmacklosen Satz: «Heine fühlte sich sehr geschmeichelt, sich feierlichst an die Spitze der ganzen Bewegung gesetzt zu sehen ... und prägte den giftigen unehrlichen Titel des ‹Denunzianten› für Wolfgang Menzel, dessen unnötig zeternde Kritik über Gutzkows nichtigen Roman ‹Wally› allerdings dem Bundestag den äußeren Anlaß zu seiner Torheit gegeben hatte.»

Sogar Freiligraths männliche Art, die Leiden der Verbannung zu tragen, inspiriert Herrn Weitbrecht zu einem Ausfall auf den «deutschen Juden»: «Weichlich geflennt oder mit dem Exil kokettiert hat er» (Freiligrath) «darum nicht.» Recht drollig ist die Vorstellung, die sich Weitbrecht davon macht, wie Heine die Geister am Gängelbande führte. «Heine war's, der Platen und Immermann verfeindet hatte.» Also wäre der gute Platen dem «Juden in Paris» nicht auf den Leim gegangen: er hätte den «Nimmermann» nicht als den «eitlen Geck» in seinem «Romantischen Oedipus» dargestellt. Gustav Schwab und Paul Pfizer waren, im Sinne Weitbrechts, zu ganz anderem berufen, als was sie geleistet haben, aber sie «waren den unehrlichen Fechterstreichen Heines nicht gewachsen». Bei der Besprechung Emanuel Geibels leistet sich unser Literarhistoriker den schönen Satz: «Wo er in seinen früheren Gedichten die Knappheit des einfachen lyrischen Stimmungsgebildes oder des ganz gedrungenen Liedes zu erreichen oder zu erstreben schien, da war er meist abhängig von Vorbildern, unter denen sich sogar Heine befand; je mehr er aber sich selbst gab, desto mehr Aufwand brauchte er.» O Jammer über Jammer: armer Geibel, man muß dir nachsagen, daß du einmal leidlich gedichtet hast; aber es ist nichts damit, denn zu solchem Können hat dich ja – Heinrich Heine verführt.

Ich denke, nach diesen Proben können wir von Herrn

Weitbrecht Abschied nehmen. Über den weiteren Verlauf seiner Ausführungen die rechten Worte schreiben, hieße – grausam werden.

Schade ist nur, daß eine «Sammlung» wie die Göschensche, die so viel Gutes enthält, die zwei Bändchen Weitbrechtschen Gezeters sich einverleibt hat.

## DER WISSENSCHAFTSBEWEIS DER ANTISEMITEN[*]

Wir verstehen es, wenn die Antisemiten versuchen, ihr Programm auf eine wissenschaftliche Grundlage zu stellen. Sahen wir doch in diesen Tagen die Sozialdemokratie am Werke, ihre von Bernstein wissenschaftlich gefährdete Parteidoktrin vor der Unterhöhlung zu retten. Das ist sicher ein lobenswertes Streben, wenn nicht Päpstlichkeit dabei im Schwange ist, wie in Lübeck, oder aber der Beweis sich auf Trugschlüssen und geschickt versteckter Wahrheit aufbaut, wie in der «Staatsbürger-Zeitung» (22. 9.), wo Professor Paulsen zum Kronzeugen des Antisemitismus angerufen wird.

Der besagte Artikel stützt sich auf Paulsens «System der Ethik», ein vielgelesenes und älteres Werk, das schon 1896 in 4. Auflage vorlag. Wer je mit objektivem Verständnis Paulsensche Werke, sei es das angezogene «System der Ethik», die «Geschichte des gelehrten Unterrichts», seine

---

[*] Wir geben diesem von uns befreundeter Seite zugegangenen Artikel gern Raum, ohne uns mit der darin vertretenen Auffassung über die Stellung des Prof. Paulsen zum Antisemitismus zu identifizieren, und behalten uns vor, auf die Frage zurückzukommen.

Die Redaktion

«Philosophia militans» oder gar seine «Einleitung in die Philosophie» studiert hat, der kann Paulsen unmöglich eine Tendenz wie die ihm von antisemitischer Seite unterschobene zutrauen. Davor bewahrt den genannten Gelehrten der feine historische Sinn, der alle seine Arbeiten durchzieht. Alles, was Paulsen in seinem «System der Ethik» über Nationalität und Religion der Juden sagt, ist diesem geschichtlichen Verständnis erwachsen, und so darf er wohl mit Recht sagen: «Das Bewußtsein, das auserwählte Volk Gottes zu sein, durchdringt Religion und Nationalität». Selbstverständlich ist das eine geschichtliche Rekonstruktion des Judentums aus seiner grauen Vergangenheit. Wenn der Artikelschreiber der «Staatsbürger-Zeitung» objektiv sehen gelernt hätte, dann müßte ihm das schon der Begriff der jüdischen «Nationalität» angedeutet haben. Doch hätte ein solches Eingeständnis die ganze Tendenz des antisemitischen Artikels niedergerissen. In demselben Augenblick, wo die Juden die «Bodenständigkeit» ihrer alten Heimat verloren, war ihr starrer Nationalismus bis ins Herz getroffen, und getreu allen menschlichen Entwicklungs- und Anpassungsgesetzen hat der Prozeß neuer «Bodenständigkeit» bei ihnen eingesetzt.

Daß wir es hier nur mit einem geschichtlich möglichen und sogar notwendigen Ereignis zu tun haben, sollte unseren Antisemiten die Historie beweisen. Die Slawen des östlichen Deutschlands sind dort «bodenständig» geworden, wo einst Germanen saßen, und mitten in slawischen Ländern erhalten sich germanische Sprachinseln (die Sachsen Siebenbürgens). All die Wanderungen der Vorzeit sind ein Zerreißen des alten Heimatbandes und ein neuer Kontrakt mit der Natur. Ein Teil der Geschichte ist, möchte man sagen, wechselnde Bodenständigkeit, manchmal mißlungen, in vielen Fällen auch geglückt. Die Mischung, wie sie uns zwischen Slawen und Germanen vorliegt, wird ungefähr dem ethnologischen Zustand entsprechen, in dem sich das Judentum inmitten europäischer oder anderer Kulturstaaten befindet. Wäre der Prozeß der Assimilierung nicht künstlich aufgehalten worden, so dürfte jedenfalls der Jude unter uns nicht an einer größeren Exklusivität leiden als etwa die Slawen in germanischen Ländern. Dem Verfasser des genannten antisemitischen Artikels ist hoffentlich die deutsche Judengesetzgebung bis zur Mitte des neunzehnten Jahrhunderts soviel bekannt, um uns recht zu geben. Selbst das Jahrhundert der «Aufklärung» und «Humanität» hat diesbezügliche Paragraphen ersonnen, die an Zustände der Sklaverei erinnern. Darüber gibt jedes Polizeirecht des achtzehnten Jahrhunderts Auskunft. Sicher haben diese Dinge den Juden eine gewisse «Beweglichkeit und Internationalität» gegeben, von der Paulsen redet. Sind denn aber diese Eigenschaften so durchaus undeutsch, «unteutsch» würden unsere Antisemiten sagen? Haben nicht Hunderttausende von Deutschen die heimische Erde verlassen, um an der anderen Seite des Ozeans das Glück zu versuchen? Und gerade unter diesen Ausgewanderten sind beträchtliche Prozente Oberdeutscher, also unverfälschter Germanen. Wenn diese Hunderttausende ein nationales Glaubensbekenntnis ablegen sollten, so würde oder müßte es, nach ihren Taten zu urteilen, lauten: «Ubi bene, ibi patria», «Wo es mir wohl geht, da ist mein Vaterland». Und stimmen gerade nicht «nationale» Blätter, zu denen sich die «Staatsbürger-Zeitung» gewiß doch auch zählt, das Klagelied an, daß viele von den im Auslande lebenden Deutschen so bald ihr Deutschtum verleugnen? Ja, dieses nationale Untertauchen soll sogar zu den Kennzeichen des deutschen

«Michels» gehören. Also hüben und drüben «Beweglichkeit und Internationalität», nicht nur als Spezifikum des Judentums.

Das Verknüpftfühlen «auf Leben und Tod» mit dem Volke, dem man angehört, beruht nicht auf der Rasse, sondern auf der moralischen Tüchtigkeit des Einzelnen. Die «Staatsbürger-Zeitung» tut so, als ob das «Stehen und Fallen» mit dem eigenen Volke stets unter Deutschen zu finden gewesen wäre, anders hätte doch der Gegensatz zum Judentum keinen Sinn. Dem scheinbar historisch ungeschulten Schreiber der «Staatsbürger-Zeitung» ist wohl unbekannt, daß sieben preußische Minister mit klangvollen Adelsnamen Napoleon ihre Dienste anboten, daß 1808 nicht weniger als sieben höhere Offiziere wegen Feigheit vor dem Feind von den Kriegsgerichten zum Tode verurteilt wurden. Namen wie von Lindener, von Ingersleben, von Poser, von Hacke, von Romberg dürften keine jüdischen sein. Dem Verfasser ist auch wohl unbekannt, daß sich nach dem Rückzuge von Jena und Auerstädt wieder befreite Preußen, die mindestens zur Hälfte doch «bodenständig» waren, weigerten, das Gewehr zu nehmen. Um Napoleon I. scharwenzelten deutsche Fürsten, und seinen Fürstentag verherrlichten dieselben. In den «Vertrauten Briefen», den «Feuerbränden», der «Gallerie preußischer Charaktere» aus den Tagen nach 1806/07 war neben mancher Schmähung viel wahrer Kern. Betrafen die Anklagen etwa Juden? Steins zornigster Brief galt einem deutschen Reichsfürsten, dem von Nassau-Usingen. Zu der Tiefe des Steinschen Bekenntnisses: «Ich habe nur ein Vaterland, das ist Deutschland», kann sich nur ein moralischer Pflichtbegriff durchringen, wie ihn Stein kannte. Die sittliche Verantwortlichkeit in erster Linie entscheidet über das

Mitgehen «auf Leben und Tod». Und dies Moment fehlte auch den Rassedeutschen, als Napoleon das Vaterland niedertrat. Da half keine «Bodenständigkeit».

Nun meint die «Staatsbürger-Zeitung», der Jude könne diesen Pakt auf Leben und Tod niemals eingehen «ohne die Aufgebung des altnationalen Religions-Zeremoniells». Das Zeremoniell scheint also dem Schreiber des Artikels wesentlich zu sein. Was sagt er zu den Sekten, die sich abseits von Landeskirchen bilden? Was schließlich zu der evangelischen Landeskirche, die sich nicht zuletzt durch ihr Zeremoniell vom Mutterschoß der römisch-katholischen Kirche loslöste. Das Zeremoniell kann also wirklich nicht ausschlaggebend sein: nein, es ist die Religion an sich.

Paulsen soll nun einmal der wissenschaftliche Ehrenretter der Antisemiten sein. Da ist es jedenfalls auch für sie nicht ohne Belang, wenn der verdienstvolle Gelehrte in seiner «Einleitung in die Philosophie», 4. Auflage, S. 294, von der jüdischen Religion sagt, daß «die besondere Begabung des israelitischen Volkes in dem Ernst und der Tiefe» liege, womit es die moralischen und religiösen Dinge erfaßt. «Ernst und Tiefe» lassen einen Stein, Blücher, Fichte, Scharnhorst u. a. handeln, als es auf Leben und Tod geht. Mangelnder «Ernst» erzeugte die elende Verräterei jener Tage trotz des rassereinen Deutschtums und der Angehörigkeit zum Staate, den noch vor kurzem ein Friedrich der Große glorreich regiert hatte. Was das Judentum an «Ernst und Tiefe» hat, ist wirklich nicht so spezifisch jüdisch eingeengt, wie uns die Antisemiten gern glauben machen wollen.

Die jüdische Religion hat all die Momente, die assimilationsfähig machen, die speziell dem Christentum die Hand reichen: das sind die Momente der Denaturierung und Denationalisierung. Paulsen, der klassische Beweis der «Staatsbürger-Zeitung», sagt dazu auf S. 295 seiner «Einleitung in die Philosophie»: «Als Momente in dieser Entwicklung» (der Gottes- und Weltvorstellung der Juden) «treten hervor zuerst die Zentralisierung des Kults durch das Königtum und Priestertum, sodann die Moralisierung, Denaturierung und endlich Denationalisierung des Gottesbegriffs durch das Prophetentum.» Die «Staatsbürger-Zeitung» weiß aber, für welche Kreise sie schreibt, sonst könnte sie nicht ein so unwissenschaftliches Gaukelspiel treiben wie in ihrem Leitartikel in der Nummer vom 22. September. Ihr macht es eben nichts, daß sich Paulsen selber gegen den Vorwurf des Antisemitismus verwahrt. Sie sieht auch nicht, daß der Ethiker Paulsen allgemein das Entartete geißelt, selbstverständlich auch im Judentum. Wissenschaft hin! Wissenschaft her! heißt es bei dem Artikelschreiber der «Staatsbürger-Zeitung».

## VERSCHÄMTER ANTISEMITISMUS

### I

Der Antisemitismus verfügt nicht gerade über ein großes Besitztum an Gedanken, nicht einmal über ein solches an geistreichen Phrasen und Schlagwörtern. Man muß immer wieder dieselben abgestandenen Plattheiten hören, wenn die Bekenner dieser «Lebensauffassung» den dumpfen Empfindungen ihrer Brust Ausdruck geben. Man erlebt da eigentümliche Erscheinungen. Man mag über Eugen Dühring denken, wie man will; über eines müssen diejenigen, die ihn kennen, sich klar sein: er ist ein in vielen wissenschaftlichen Gebieten gründlich bewanderter, in mathematischen, physikalischen Fragen höchst anregender, in vieler Beziehung origineller Denker. Sobald er auf Dinge zu sprechen kommt, in denen sein Antisemitismus ins Spiel kommt, wird er in dem, was er sagt, platt wie ein kleiner antisemitischer Agitator. Er unterscheidet sich von einem solchen nur noch durch die Art, wie er seine Plattheiten vorbringt, durch das Glänzende seines Stiles.

Solche Paradeschriftsteller zu haben, ist für die Antisemiten von besonderem Wert. Man wird kaum bei irgendeiner Parteirichtung mehr als bei dieser ein fortwährendes Berufen auf Autoritäten finden. Der und jener hat nun auch das oder jenes abfällige Wort über die Juden gesagt; das ist etwas stets Wiederkehrendes in den Veröffentlichungen der Antisemiten.

So kam es denn diesen Leuten besonders gelegen, als sie in dem Buche eines deutschen Universitätslehrers, noch dazu eines solchen, der in den weitesten Kreisen ein gewisses Ansehen genießt, in dem «System der Ethik mit einem Umriß der Staats- und Gesellschaftslehre» des Berliner Professors Friedrich Paulsen, wieder einige der alten Glanzphrasen des Antisemitismus aufspüren konnten. – In der Tat: man begegnet in dem ersten Kapitel des vierten Buches der genannten Ethik Sätzen, welche – vielleicht etwas weniger elegant – ein antisemitischer Agitator unter Bierphilistern eines kleinen Städtchens auch gesagt haben oder der Winkelredakteur eines antisemitischen Blättchens – allerdings auch weniger elegant – geschrieben haben könnte. Und sie sind zu lesen in einer philosophischen Sittenlehre, geschrieben von einem deutschen Professor der Philosophie und Pädagogik, der gut besuchte Vorlesungen hält, der Bücher schreibt, die zumeist Anerkennung finden, ja der sogar vielen als einer der besten Philosophen unserer Zeit gilt. Er schreibt, was man so oft gehört hat:

«Verschieden durch Abstammung, Religion und geschichtliche Vergangenheit, bildeten sie» (die Juden) «Jahrhunderte hindurch eine fremde Schutzbürgerschaft in den europäischen Staaten. Die Aufnahme in das Staatsbürgerrecht erfolgte augenscheinlich auf Grund der Gleichheit nicht nur der Sprache und der Bildung, sondern vor allem ihrer politischen Bestrebungen mit denen der Bevölkerungsgruppe, die seit 1848 entscheidenden Einfluß auf das Staatsleben gewann. Mit der Veränderung der politischen Konstellation seit 1866 ist die Anschauung von der Stellung der Juden zu den Nationalstaaten in weiten Kreisen der Bevölkerung eine andere geworden. Wenn ich mich nicht täusche, hängt die den Juden abgeneigte Stimmung nicht zum wenigsten von der instinktiven Empfindung ab, daß der Jude seine Zukunft, die Zukunft seiner Familie nicht ebenso ausschließlich mit der Zukunft des Staates oder Volkes, unter dem er lebt, verknüpft sieht, als es die anderen Staatsbürger tun: würde Ungarn heute russisch, so würde sich der bisher ungarische Jude bald darin finden, nun ein russischer Jude zu sein, oder er würde die ungarische Erde von den Füßen schütteln und nach Wien oder Berlin oder Paris ziehen, und bis auf weiteres ein österreichischer, deutscher oder französischer Jude sein.»

Wenn ich Paulsens «System der Ethik» zufällig an der Stelle aufschlage, wo diese Ausführungen stehen, ohne den ganzen Zusammenhang zu kennen, in dem sie sich finden, dann würde ich zunächst erstaunt darüber sein, daß ein Philosoph der Gegenwart Dinge dieser Art in einem ernsten Buche zu schreiben wagt. Denn zunächst fällt an diesen

Sätzen etwas auf, was auf alles andere eher schließen ließe, als daß sie von einem Philosophen herrühren, dessen erstes und notwendigstes Werkzeug eine widerspruchslose Logik sein soll. Logisch sein heißt aber vor allen Dingen, die Widersprüche in dem wirklichen Leben näher zu untersuchen, sie auf ihre wirklichen Gründe zurückzuführen. Man kann fragen: darf ein Philosoph das tun, was Professor Paulsen macht: den Wandel in zwei aufeinanderfolgenden Zeitstimmungen, die sich gründlich widersprechen, einfach registrieren, ohne die Ursachen dieses Wandels aufzudecken oder wenigstens den Versuch einer solchen Aufdeckung zu machen? Die im Jahre 1848 an die Oberfläche der geschichtlichen Entwicklung tretenden freiheitlichen Anschauungen brachten die Überzeugung, daß eine Gleichheit der Juden «der Sprache und der Bildung», ja auch der «politischen Bestrebungen» mit den abendländischen Völkern vorhanden sei. Eine spätere Zeit erzeugte in vielen Kreisen eine «den Juden abgeneigte Stimmung». Diesen Wandel zu verstehen, macht sich Paulsen leicht. Er führt ihn auf eine «instinktive Empfindung» zurück, die er dann näher beschreibt.

Wir werden in einer Fortsetzung dieses Aufsatzes sehen, was es mit dieser «instinktiven Empfindung» wirklich auf sich hat. Für diesmal sei nur auf das Unstatthafte hingewiesen, in einer philosophischen Darstellung der «Sittenlehre» sich auf «instinktive Empfindungen» zu berufen, deren Grundlage und Berechtigung man nicht untersucht. Es ist doch gerade das Geschäft des Philosophen, das auf klare Vorstellungen zu bringen, was bei anderen Leuten als unklare Vorstellung sich einnistet. Dazu aber nimmt Paulsen nicht einmal einen Anlauf. Er macht die «instinktiven Empfindungen», die er wahrzunehmen glaubte, einfach zu den seinigen und sagt dann, der vagen, unphilosophischen Vordersätze durchaus würdig: «Erst wenn die Juden völlig seßhaft werden ... wird das Gefühl der Abnormität ihres Staatsbürgertums völlig verschwinden. Ob dies geschehen kann ohne die Aufgebung der altnationalen Religionsübung, ist allerdings wohl fraglich». Mir ist, nachdem ich diesen Satz gelesen habe, nur eines fraglich: ob es nicht unerhört ist, an solcher Stelle, in einem Buche, das auf so viele in einer wichtigen Sache berechnet ist, so Gegenstandsloses zu sagen? Denn man frage sich, was denn Professor Paulsen eigentlich behauptet hat. Er hat nichts gesagt, als daß er glaube, «instinktive Empfindungen» wahrzunehmen, und daß er über das, was werden soll, sich keine Meinung bilden könne. Wer das für philosophisch halten will, der mag es tun. Ich halte es für philosophischer, über Dinge zu schweigen, in denen ich so offen bekennen muß, daß ich keine Meinung habe.

Das, wie gesagt, müßte zunächst derjenige sagen, der in Paulsens Buch nur die eine Stelle läse. Und der hätte zunächst auch recht. Wir wollen in einem zweiten Teil dieses Artikels zeigen, wie sich die Paulsensche Ausführung im Lichte seines übrigen Denkens, und dann, wie sie sich im Lichte des deutschen Geisteslebens der letzten Jahrzehnte ausnimmt. Ich hoffe, daß man in einer solchen Betrachtung ein nicht uninteressantes Kapitel zur «Psychologie des Antisemitismus» finden werde.

## II

Diejenigen dumpfen Empfindungen, aus denen neben allerlei anderem auch der Antisemitismus entspringt, haben das Eigentümliche, daß sie alle Geradheit und Einfachheit des Urteils untergraben. An keiner sozialen Erscheinung hat man das in neuerer Zeit vielleicht besser beobachten können als am Antisemitismus selbst. Ich war dazu in meinen Wiener Studienjahren vor etwa zwanzig Jahren in der Lage. Es war die Zeit, in welcher der bis dahin in der Hauptsache radikaldemokratische niederösterreichische Gutsbesitzer Georg von Schönerer zum «nationalen» Antisemiten wurde. Bei Schönerer selbst diesen Umschwung zu erklären, wird nicht so ganz leicht sein. Wer diesen Mann in seinem öffentlichen Wirken zu beobachten Gelegenheit hatte, weiß, daß er eine ganz unberechenbare Natur ist, bei der die persönliche Laune mehr als der politische Gedanke bedeutet, die ganz von einer ins Unbegrenzte gehenden Eitelkeit beherrscht wird. Nicht die eigenen Wandlungen dieses Mannes, sondern vielmehr die Wandlungen derer, die seine Anhänger wurden, sind in der Entwicklungsgeschichte des neuen Antisemitismus eine bedeutungsvolle Tatsache. Vor Schönerers Auftreten war es in Wien leicht, sich mit den jungen Leuten, die unter dem Einflusse der liberalen Gesinnungen herangewachsen waren, zu unterhalten. Es lebte in diesem Teile der Jugend echter, von der Vernunft getragener Freiheitssinn. Antisemitische Instinkte gab es auch damals. Auch im vornehmeren Teil des deutschen Bürgertums fehlten diese Instinkte nicht. Aber man war überall auf dem Wege, solche Instinkte als unberechtigt anzusehen und zu überwinden. Man war sich klar darüber, daß solche Dinge Überbleibsel aus einer weniger vorgeschrittenen Zeit seien, denen man nicht nachgeben dürfe. Jedenfalls war man sich klar darüber, daß alles, was man mit dem Anspruch auf öffentliche Geltung sagte, nicht auf solchem Gesinnungsboden erwachsen sein dürfe wie der Antisemitismus, dessen sich damals ein wahrhaft auf Bildung Anspruchmachender wirklich geschämt hätte.

Auf die studentische Jugend und im übrigen zunächst auf geistig nicht sehr hochstehende Bevölkerungsklassen wirkte Schönerer. Die Leute, die von freieren Lebensauffassungen zu seiner unklaren Weise übergingen, fingen plötzlich an, in einer ganz anderen Tonart zu reden. Leute, die man vorher von «wahrer Menschenwürde», «Humanität» und den «freiheitlichen Errungenschaften des Zeitalters» hatte deklamieren hören, fingen nun an, rückhaltlos von Empfindungen, von Antipathien zu reden, die zu ihren früheren Deklamationen sich wie Schwarz zu Weiß verhielten und zu denen sie sich kurz vorher, ohne von Schamröte überströmt zu werden, nicht bekannt haben würden. Es war der Punkt im Geistesleben solcher Menschen erreicht, den ich am liebsten damit charakterisieren möchte, daß ich sage: die strenge Logik ist aus der Reihe der Mächte gestrichen, die den Menschen im Innern beherrschen. Man kann sich davon jeden Augenblick überzeugen. Keiner der eben ins antisemitische Lager Übergegangenen wagte es, gegen seine ehemaligen liberalen Grundsätze im Ernste etwas vorzubringen. Jeder behauptete vielmehr: im Wesen bekenne er sich nachher wie vorher zu diesen Grundsätzen, was aber die Anwendung dieser Grundsätze auf die Juden betreffe, ja ... Und nun folgte eben irgendeine Phrase, die jedem gesunden Denken ins Gesicht schlug. Durch den Antisemitismus ist die Logik entthront worden.

Für jemand, der, wie ich, immer sehr empfindlich gegen Sünden wider die Logik war, wurde jetzt der Verkehr mit solchen Leuten besonders peinlich. Damit nicht der eine oder der andere glaubt, über diesen Satz schlechte Witze machen zu können, bemerke ich, daß ich meine Nervosität gegenüber der Unlogik ohne alle Unbescheidenheit gestehen darf. Denn «logisches Denken» halte ich für allgemeine Menschenpflicht und die besondere Nervosität in solchen Dingen für eine Anlage, für die man so wenig kann wie für seine Muskelkraft. Ich selbst aber war durch diese meine Nervosität geeignet, den Entwicklungsgang des Antisemitismus an einem besonderen Beispiele – ich möchte sagen – intim zu studieren. Ich sah jeden Tag unzählige Beispiele von Korrumpierung des logischen Denkens durch dumpfe Gefühle.

Ich weiß, daß ich hier nur von einem Beispiele rede. Die Dinge haben sich vielfach anderswo anders vollzogen. Aber ich glaube, daß man eine Sache doch wahrhaft nur verstehen kann, wenn man sie irgendwo intim kennengelernt hat. Und für die Beurteilung des «Falles Paulsen» bin ich vielleicht gerade durch diese meine «Studien» ganz besonders vorbereitet. Allen schuldigen Respekt vor dem Herrn Professor. Aber ein bedenklicher logischer Konflikt liegt bei ihm vor. Nicht so kraß wie bei meinen vom Liberalismus zum Schönererianismus sich bekehrenden Altersgenossen. Das ist wohl selbstverständlich. Aber ich denke: der gelindere Fall Paulsen wird durch den krasseren Fall eben in die rechte Perspektive gerückt.

Im zweiten Buch seines «Systems der Ethik», in dem Aufsatz über die Begriffe von «Gut und Böse», schreibt Paulsen: «Das Verhalten eines Menschen ist moralisch gut, sofern es objektiv im Sinne der Förderung der Gesamtwohlfahrt zu wirken tendiert, subjektiv, sofern es mit dem Bewußtsein der Pflichtmäßigkeit oder der sittlichen Notwendigkeit begleitet ist.» Kurz vorher schreibt Paulsen über den Satz «Der Zweck heiligt die Mittel»: «Versteht man den Satz so: nicht ein beliebiger erlaubter Zweck, sondern der Zweck heiligt die Mittel; es gibt aber nur einen Zweck, von dem alle Wertbestimmung ausgeht, nämlich das höchste Gut, die Wohlfahrt oder die vollkommenste Lebensgestaltung der Menschheit».

Kann es von diesen beiden Sätzen aus eine Brücke geben zu den Anschauungen, welche die Abneigung gegen die Juden zeitigt? Müßte man nicht im wahrhaft logischen Fortschritt des Denkens die Läuterung einer solchen Abneigung durch die Vernunft energisch fordern? Was tut statt dessen Paulsen? Er sagt: «Mit der Veränderung der politischen Konstellation seit 1866 ist die Anschauung von der Stellung der Juden zu den Nationalstaaten in weiteren Kreisen der Bevölkerung eine andere geworden.» Mußte er nun diese Wandlung nicht als einen Abfall von seinem moralischen Ideal, von der Hingabe an den einen Zweck halten, der wirklich die Mittel heiligt? Der Liberalismus hat mit dem Glauben an die «vollkommenste Lebensgestaltung der Menschheit» als sittliches Ideal Ernst gemacht. Dieser Ernst läßt aber eine Veränderung, wie die seit 1866 eingetretene, nicht zu. Er macht es unmöglich, die Menschheit in einer Weise willkürlich zu begrenzen.

Hier liegt es, wo Paulsen, um nicht bitter gegen den Antisemitismus werden zu müssen, lau gegen die Logik wird.

Ein weiteres Eingehen auf diesen logischen Riß verspare ich dem Schluß dieses Artikels.

## III

Daß ein Urteil wie das des Professors Paulsen über die Juden innerhalb eines Werkes möglich ist, das den Anspruch macht, auf der Höhe der philosophischen Zeitbildung zu stehen, dafür muß es tiefere Gründe in der geistigen Kultur der Gegenwart geben. Wer den Gang der geistigen Entwicklung im neunzehnten Jahrhundert verfolgt, wird auch, bei einiger Unbefangenheit, leicht zu diesen Gründen geführt werden. Es gab in dieser Entwicklung immer zwei Strömungen. Die eine war in gerader Linie die Nachfolge der «Aufklärung» des achtzehnten Jahrhunderts; die andere war eine Art Gegenströmung gegen die Ergebnisse der Aufklärung. Das ewige Verdienst der letzteren wird es sein, dem Menschen als höchstes Ideal das «reine, harmonische Menschentum» selbst vorgehalten zu haben. Eine sittliche Forderung von unvergleichlicher Höhe liegt darin, zu sagen: man sehe ab von allen zufälligen Zusammenhängen, in die der Mensch gestellt ist, und suche in allem, in Familie, Gesellschaft, Volk usw., den «reinen Menschen» zur Geltung zu bringen. Wer solches ausspricht, weiß natürlich ebensogut wie die weisen Philister, daß Ideale im unmittelbaren Leben nicht ausgeführt werden können. Ist es denn aber unsinnig, in der Geometrie vom Kreis zu sprechen, weil man ja doch mit dem Bleistift nur einen ganz unvollkommenen Kreis aufs Papier bringen kann? Nein, es ist gar nicht unsinnig. Es ist vielmehr höchst töricht, solch Selbstverständliches zu betonen. Ebenso töricht ist es, in der Ethik davon zu sprechen, was wegen der Unvollkommenheit alles Wirklichen nicht sein kann. Das wahrhaft Wertvolle ist hier doch nur, die Ziele anzugeben, denen man sich nähern will. Das hat die Aufklärung getan.

Dieser Anschauung trat die andere gegenüber, die ihre Wurzeln in der Betrachtung der geschichtlichen Entwicklung suchte. Man berührt, wenn man davon spricht, große Fehler in der Bildung des neunzehnten Jahrhunderts, die mit großen Tugenden zusammenhängen. Man braucht nur die Namen Jacob und Wilhelm Grimm zu nennen, um an die ganze Bedeutung des Satzes zu erinnern: der Mensch des neunzehnten Jahrhunderts lernte seine eigene Vergangenheit begreifen, er lernte verstehen, was er jetzt ist durch das, was er einst war. In unsere sprachliche, in unsere mythische Vergangenheit haben uns die Brüder Grimm eingeführt. Ihre Überzeugung ist in den schönen Worten enthalten: «Es wird dem Menschen von heimatswegen ein guter Engel beigegeben, der ihn, wenn er ins Leben auszieht, unter der vertraulichen Gestalt eines Mitwandernden begleitet; wer nicht ahnt, was ihm Gutes dadurch widerfährt, der mag es fühlen, wenn er die Grenze des Vaterlandes überschreitet, wo ihn jener verläßt. Diese wohltätige Begleitung ist das unerschöpfliche Gut der Märchen, Sagen und Geschichte.» Man weiß, daß im neunzehnten Jahrhundert auf der Bahn solcher Anschauungen rüstig vorwärtsgegangen wurde. Die willkürlichen Vorstellungen, die sich die Zeitgenossen Rousseaus über die Urzustände der Menschheit gemacht hatten, wurden durch die Betrachtungen der wirklichen Verhältnisse ersetzt. Sprachwissenschaft, Religionswissenschaft, allgemeine Kultur- und Völkergeschichte machten die größten Fortschritte. Man suchte nach allen Richtungen zu erforschen, wie der Mensch geworden ist.

Das alles zu unterschätzen, könnte nur einem Toren beifallen. Es zeitigte aber auch einen Mangel unserer Lebensanschauungen, der nicht übersehen werden darf. Die Kenntnis der Vergangenheit hätte bloß unser Wissen bereichern sollen; statt dessen beeinflußte sie die Motive unseres Handelns. Das Nachdenken über das, was gestern mit mir vorgegangen ist, wird mir zum Hemmschuh, wenn es mir heute die Unbefangenheit der Entschlüsse raubt. Wenn ich mich heute nicht nach den Verhältnissen richte, die mir entgegentreten, sondern darnach, was ich gestern getan habe, so bin ich auf dem Holzwege. Wenn ich handeln will, soll ich nicht in mein Tagebuch, sondern in die Wirklichkeit schauen. Die Gegenwart läßt sich aus dem Gesichtspunkt der Vergangenheit wohl ersehen, sie läßt sich aber daraus nicht beherrschen. Friedrich Nietzsche hat in einer seiner interessanten Schriften, in seiner «Unzeitgemäßen Betrachtung» über «Nutzen und Schaden der Historie für das Leben», beleuchtet, was für Schäden eintreten, wenn die Gegenwart durch die Vergangenheit gemeistert werden soll.

Wer offene Augen für die Gegenwart hat, der weiß, daß es unrichtig ist, wenn man meint, es sei die Zusammengehörigkeit der Juden untereinander größer als ihre Zusammengehörigkeit mit den modernen Kulturbestrebungen. Wenn es in den letzten Jahren auch so ausgesehen hat, so hat dazu der Antisemitismus ein Wesentliches beigetragen. Wer, wie ich, mit Schaudern gesehen hat, was der Antisemitismus in den Gemütern edler Juden angerichtet hat, der mußte zu dieser Überzeugung kommen. Wenn Paulsen eine Ansicht ausspricht wie die von den Sonderinteressen der Juden, so zeigt er nur, daß er nicht unbefangen zu beobachten versteht. Lassen wir uns doch unser Urteil, wie wir in der Gegenwart zusammenleben sollen, nicht trüben durch unsere Vorstellungen darüber, daß wir in der Vergangenheit gesonderte Entwicklungen durchgemacht haben. Warum tritt uns denn gerade ein gewisser verschämter Antisemitismus innerhalb der gebildeten Welt dort entgegen, wo das Studium der Geschichte zum Ausgangspunkt genommen wird? Die Zukunft wird ja gewiß nichts anderes bringen als die Wirkungen der Vergangenheit; aber wo herrscht denn in der Natur die Regel, daß die Wirkungen gleich seien ihren Ursachen?

Wer Paulsens ganze Denkweise in Betracht zieht, wird zugestehen müssen, daß er eine Einzelerscheinung innerhalb der Kreise der sogenannten historischen Bildung ist. Ich werde noch in einer Schlußausführung dies im besonderen erhärten.

## IV

Friedrich Paulsen hat einmal in trefflichen Worten die Schattenseiten unserer Gegenwart charakterisiert. In seinem Aufsatz: «Kant, der Philosoph des Protestantismus» sagt er: «Die Signatur unseres zu Ende gehenden Jahrhunderts ist: Glaube an die Macht, Unglaube an die Ideen. Am Ende des vorigen Jahrhunderts stand der Zeiger der Zeit umgekehrt: der Glaube an Ideen war allherrschend, Rousseau, Kant, Goethe, Schiller die Großmächte der Zeit. Heute, nach dem Scheitern der ideologischen Revolutionen von 1789 und 1848, nach den Erfolgen der Machtpolitik gilt das Stichwort vom Willen zur Macht.» Zweifellos ist, daß unsere Zeit das Verständnis für die Mission eines wahren Idealismus nicht hat. Goethe hat einmal geäußert: wer die Bedeutung einer Idee wirklich durchschaut hat, der lasse sich den Glauben an sie durch keinen scheinbaren Widerspruch mit der Erfahrung rauben. Die Erfahrung müsse sich der einmal als richtig erkannten Idee fügen. Gegenwärtig findet ein solcher

Gedanke wenig Anklang. Die Ideen haben die Schlagkraft in unserem Vorstellungsleben verloren. Man weist auf die «praktischen Interessen», auf das hin, was «sich durchsetzen kann». Man sollte doch einmal bedenken, daß die Geschichte des Geistesfortschrittes selbst, wenn sie vom richtigen Gesichtspunkte aus gesehen wird, die Schlagkraft der Ideen beweist. Ich will auf ein lautsprechendes Beispiel deuten. Als Kopernikus die große Idee von den Bahnen der Planeten um die Sonne aufstellte, da konnte man, vom Standpunkte der astronomischen Praxis, alles mögliche dagegen einwenden. Die Tatsachen, über die man eine Erfahrung hatte, widersprachen zum Teile durchaus der Lehre, die Kopernikus aufstellte. Vom Standpunkte des praktischen Astronomen hatte damals nicht Kopernikus recht, sondern Tycho Brahe, der ihm entgegnete: «Die Erde ist eine grobe, schwere und zur Bewegung ungeschickte Masse, wie kann nun Kopernikus einen Stern daraus machen und ihn in den Lüften herumführen?» Die geschichtliche Entwicklung hat Kopernikus recht gegeben, weil er, die Richtigkeit der einmal gefaßten Idee durchschauend, sich zu dem Glauben erhob, daß spätere Tatsachen den scheinbaren Widerspruch aus der Welt schaffen werden.

Wie es mit den Ideen im wissenschaftlichen Fortschritte steht, so muß es sich mit ihnen auch im sittlichen Leben verhalten. Paulsen gibt das theoretisch auch zu, indem er den obenangeführten Satz vertritt. Er weicht in der Praxis davon ab, wenn er den Antisemitismus als eine teilweise berechtigte Erscheinung hinstellt. Wer an die Ideen glaubt, der kann sich durch die geschichtliche Entwicklung der letzten Jahrzehnte in der unbedingten Gültigkeit dieser Ideen nicht beirren lassen. Er müßte sich sagen: mögen die Dinge einstweilen so liegen, daß die Wirklichkeit den absolut liberalen Ideen scheinbar widerspricht; diese Ideen sind von solchem Widerspruch unabhängig. Der Antisemitismus ist ein Hohn auf allen Glauben an die Ideen. Er spricht vor allem der Idee Hohn, daß die Menschheit höher steht als jede einzelne Form (Stamm, Rasse, Volk), in der sich die Menschheit auslebt.

Aber wohin steuern wir, wenn die Philosophen, diese Träger der Ideenwelt, diese berufenen Anwälte des Idealismus, selbst nicht mehr das gehörige Vertrauen in die Ideen haben? Was soll werden, wenn sie sich dieses Vertrauen dadurch rauben lassen, daß ein paar Jahrzehnte hindurch die Instinkte einer gewissen Volksmenge andere Wege einschlagen, als diese Ideen vorzeichnen? Ein Mann wie Paulsen kann nur durch eine übermäßige Achtung vor der geschichtlichen Wirlichkeit zu Behauptungen geführt werden, wie die sind, wegen deren ich diese Ausführungen geschrieben habe. In dem Widerspruche, in dem er sich zu seinen eigenen Behauptungen setzt, zeigt sich bei Paulsen so recht, daß er in dem Banne der von mir gekennzeichneten falschen historischen Bildung steht. Er schwingt sich nicht dazu auf, an der geschichtlichen Entwicklung der Volksinstinkte Kritik zu üben; er läßt vielmehr diese Volksinstinkte ein gewichtiges Wort mitreden. Daß das so ist, drückt sich auch zur Genüge in der unbestimmten Art aus, wie Paulsen über die Antipathien gegenüber den Juden spricht. Diese Art gibt sich eben durchaus als «verschämter Antisemitismus» zu erkennen. Nirgends ist es mehr nötig als auf diesem Gebiete, daß man seinen Glauben an die Ideen durch eine entschiedene, unzweideutige Stellungnahme dokumentiere.

Man klagt mit Recht darüber, daß die Philosophie in der Gegenwart ein geringes Ansehen genießt. Sie würde dieses geringe Ansehen verdienen, wenn sie den Glauben an das verlöre, was sie vor allem zu hüten hat, an die Ideen. Der Philosoph muß seine Zeit begreifen. Er begreift sie nicht dadurch, daß er an ihre Verkehrtheiten Konzessionen macht, sondern lediglich dadurch, daß er diesen Verkehrtheiten die ihm aus seiner Ideenwelt stammende Kritik entgegensetzt. Der philosophische Sittenlehrer sollte es mit allem, was die Antisemiten von den Juden behaupten, so halten wie der Mineraloge, der auch dann behaupten wird, Salz bildet würfelförmige Kristalle, wenn ihm einer einen Salzkristall zeigt, dem durch irgendwelche Umstände die Ecken abgeschlagen sind.

Der Antisemitismus ist nicht allein für die Juden eine Gefahr, er ist es auch für die Nichtjuden. Er geht aus einer Gesinnung hervor, der es mit dem gesunden, geraden Urteil nicht Ernst ist. Er befördert eine solche Gesinnung. Und wer philosophisch denkt, sollte dem nicht ruhig zusehen. Der Glaube an die Ideen wird erst dann wieder zu seiner Geltung kommen, wenn wir den ihm entgegengesetzten Unglauben auf allen Gebieten so energisch als möglich bekämpfen.

Es ist schmerzlich, sehen zu müssen, daß sich gerade ein Philosoph zu Grundsätzen in Widerspruch setzt, die er selbst klar und trefflich gekennzeichnet hat. Ich glaube nicht, daß sich leicht ein Mann wie Paulsen intensiv für den Antisemitismus einsetzen kann. Davor bewahrt ihn, wie so viele andere, der philosophische Geist. Aber gegenwärtig ist in dieser Angelegenheit mehr erforderlich. Jede unbestimmte Haltung ist vom Übel. Die Antisemiten werden die Aussprüche einer jeden Persönlichkeit als Wasser auf ihre Mühle benutzen, wenn diese Persönlichkeit auch nur durch eine unbestimmte Äußerung dazu Veranlassung gibt. Nun kann der Philosoph ja immer sagen, er sei nicht verantwortlich für das, was die andern aus seinen Lehren machen. Das ist zweifellos zuzugeben. Wenn aber ein philosophischer Sittenlehrer in die aktuellen Tagesfragen eingreift, dann muß in gewissen Dingen seine Stellung klar und unzweideutig sein. Und mit dem Antisemitismus als Kulturkrankheit liegt heute die Sache so, daß man bei niemandem, der in öffentlichen Dingen mitredet, in Zweifel sein sollte, wie man seine Aussprüche über denselben auslegen kann.

## ZWEIERLEI MASS

Die Schrift «Heine, Dostojewskij und Gorkij» von Dr. J. E. Poritzky (verlegt bei Richard Wöpke in Leipzig), die soeben erschienen ist, bietet, neben manchen anderen beachtenswerten Ausführungen, auch eine Betrachtung über die Heine-Literatur am Ausgange des neunzehnten Jahrhunderts. Man wird an Grundübel unserer literarischen Gegenwart erinnert, wenn man die Gedanken Poritzkys liest. Namentlich die Selbständigkeit des Urteilens bei vielen Literaten unserer Zeit wird fraglich, wenn man die Beleuchtungen Heines verfolgt. Denn es ist ohne Zweifel richtig, worauf Poritzky hinweist (S. 6): «Die germanischen Urteile Julian Schmidts und Heinrich v. Treitschkes sind noch immer nicht überwunden; sie setzen vielmehr ihre Wirkung im stillen weiter fort.» Es gibt eben leider heute viele «Schriftsteller», in denen weder die Fähigkeit noch auch der Wille vorhanden ist, solche Urteile unbefangen auf ihren Wert zu prüfen. Ein Urteil von sich zu geben, haben diese «Schriftsteller», die zuweilen ganz angesehene Stellungen einnehmen können, durchaus nötig;

eines zu haben, darauf verzichten sie schon eher. Die Heine-Literatur ist ein guter Boden, um Beobachtungen nach diesen Richtungen hin machen zu können.

Man braucht nur etwas aufmerksam die Dinge zu verfolgen, und da wird man finden, daß die Phrasen, mit denen sich die Gegner Heines breitmachen, immer wieder dieselben sind. Nun kommt bei Heine noch etwas ganz Besonderes hinzu. Es kann Leute geben, die sonst nicht unbedeutend sind und denen Heine gegenüber ein unbefangenes Urteil versagt ist. Auf ein solches Beispiel weist Poritzky treffend hin (S. 6 ff.): «Der sonst geistreiche Hehn nennt Heine einen jüdischen Nachäffer.»

Victor Hehn hat ein Buch über Goethe geschrieben, das großes Ansehen genießt. In diesem Buche finden sich die folgenden Sätze: «Heine hat kein Gemüt, sondern nur ein großes Talent der Nachahmung. Wie mancher seiner Stammesbrüder mit der Zunge so kunstreich schnalzen kann, daß man wirklich eine Nachtigall zu vernehmen glaubt, wie ein anderer Art und Stil ‹berühmter Muster› genau treffend wiedergibt, wie in den langen Jahren der Kladderadatsch in allen lyrischen Formen aller Dichter und Dichterschulen sich erging, so wußte auch Heine die einfältige Treue des Volksliedes, die Phantasien E. Th. A. Hoffmanns und der Romantik, Goethes Herzenslaute und melodiösen Gesang mit so virtuoser Kunst nachzupfeifen, daß man sich täuschen ließ und die Similisteine für echt hielt.» Poritzky zeigt, daß man mit einem solchen Vorwurf, wenn man will, jeden schaffenden Geist treffen kann; daß aber andererseits gar nichts damit gesagt ist, wenn man für dieses oder jenes Geistesprodukt ein Vorbild nachweist.

Man fragt sich aber doch: wie kommen unter die mancherlei gesunden, geistvollen Ausführungen, die Hehn in seinen

«Gedanken über Goethe» vorbringt, solche Absurditäten? Man kann dafür keinen anderen Grund finden als den, daß Hehn seine gesunde Urteilsfähigkeit sofort verlor, wenn er auf den «Juden» Heine stieß. Er hatte ein allgemeines Urteil, das natürlich besser Vorurteil heißen muß, über den «Juden», und das machte es ihm unmöglich, der Einzelpersönlichkeit Heine gegenüber noch besonders eine Prüfung anzustellen. Nun ist gerade bei Victor Hehn etwas nachzuweisen, was Poritzky nach der Aufgabe, die er sich gestellt hat, nicht hervorheben konnte, was ich aber doch hier anfügen möchte.

Goethe spricht einmal von den Geistern, die auf seine Entwicklung den allergrößten Einfluß ausgeübt haben, und nennt als solche: Shakespeare, Spinoza und Linné. Daß Spinozas Judentum für das ganze Gefüge seiner Weltanschauung nicht nur nicht gleichgültig ist, sondern einen tiefgehenden Einfluß auf sie geübt hat, dafür hat Lazarus in seinem ausgezeichneten Buche über die «Ethik des Judentums» den Beweis erbracht. Es ist nun zweifellos, daß Spinozas Wirkung auf Goethe eine ganz außerordentliche ist. Wir begreifen manche Empfindung, manche Vorstellung bei Goethe nur, wenn wir uns vergegenwärtigen, daß er sich immer wieder und wieder in die Ideenwelt des Spinoza vertieft hat, ja daß Goethes stürmische Leidenschaften ihren inneren Ausgleich oftmals durch Versenkung in die philosophische Ruhe des Amsterdamer Weltweisen gefunden haben. Vieles von dem, was Hehn bei Goethe bewundert, verdankt Goethe, und wir mit ihm, dem Spinoza. Und nach dem Durchgang durch Goethes Geist nimmt auch Victor Hehn die «jüdische» Philosophie des Spinoza als etwas Großes hin. – Wenn er aber bei Heine ein ganz ähnliches Verhältnis zu Goethe nachweisen zu können glaubt, dann – schnalzt Heine wie eine Nachtigall.

Ist es solchen Erscheinungen gegenüber nicht grell in die Augen springend, wie urteilslos selbst bedeutende Persönlichkeiten werden können, wenn ein mehr oder weniger offener Antisemitismus bei ihnen vorhanden ist. Übrigens hat Poritzky auf Seite 7 seines Schriftchens eine Zusammenstellung neuerer Heine-Beurteilungen gegeben, die in wahrhaft ergötzlicher Weise zeigt, wie in der Literatur alles gesunde Urteil aufhören kann, wenn die Verlockung eintritt, nicht mehr mit einerlei Maß zu messen.

### IDEALISMUS GEGEN ANTISEMITISMUS

Zwei merkwürdige Bücher sind kurz hintereinander erschienen. Das erste hieß: «Gesetz, Freiheit und Sittlichkeit des künstlerischen Schaffens». Der Verfasser ist Lothar von Kunowski. Er hat der ersten jetzt eine zweite Schrift folgen lassen unter dem Titel: «Ein Volk von Genies». Beide Bände sollen nur Teile eines umfangreichen Gesamtwerkes sein, das den Titel führt: «Durch Kunst zum Leben». In gewissen Kreisen gilt nun Lothar von Kunowski geradezu als Prophet. Man kann Ausdrücke der rückhaltlosesten Bewunderung hören. Wie ein neues Evangelium wird angepriesen, was er über das Wesen der Kunst und über das sittliche Leben sagt.

Wenn auch für denjenigen, der die Entwicklung des deutschen Geisteslebens im neunzehnten Jahrhundert wirklich kennt, darin kein neuer Gedanke enthalten ist, so kann doch auch ein solcher sich dem Urteile anschließen, das vor kurzem von wichtiger Seite über Kunowski gefällt worden ist. Sein Buch wird da als ein solches bezeichnet, in «dem ein ernster

Mann sich über Fragen ausspricht, die ihn jahrelang marterten: der Schmerzensschrei eines Künstlers, der ziellos im Dunkeln tappte; der Jubelruf eines, der endlich das Ziel sieht».

Gewiß ist vieles unreif in den beiden Büchern; gewiß ist alles, was Kunowski sagt, früher gründlicher und umfassender gesagt worden: es ist an den beiden Büchern doch etwas, was auch für den Kenner der einschlägigen Literatur im höchsten Maße erfrischend ist. Es ist nämlich seit Jahrzehnten über Kunst und ihre Beziehungen zum Leben nicht mit einem solchen durch Erkenntnis hervorgebrachten Idealismus gesprochen worden wie von Kunowski.

Dem deutschen Volke schreibt Kunowski eine große Kulturmission zu. Es soll eine Erneuerung der sittlichen Weltanschauung hervorbringen durch eine wahrhafte Erfassung der Kunst. «Eine neue Kunstlehre wird eine neue Lebenslehre sein müssen und umgekehrt, eine neue Auffassung des Lebens wird wurzeln müssen in einer verjüngten Kunstlehre... Wenige wissen, was sie sagen mit der Forderung einer Volkskunst, einer Kunst, die jeden Angehörigen des Volkes zum Künstler macht in allen Handlungen des Lebens.» Es könnte scheinen, als ob die Art, wie Kunowski sich über «Kunst und Volk» ausspricht, von denen für ihre Zwecke auszunützen sei, welche unter diesem Schlagworte allerlei Volks- und Rassenantipathien verbreiten möchten. Und der vor einigen Monaten erschienene erste Band des Werkes ist auch in diesem Sinne – ganz ungerechtfertigterweise – ausgenützt worden.

Der jetzt erschienene zweite Band hat vielen, die Kunowski früher glaubten, zu den ihrigen rechnen zu können, eine gründliche Enttäuschung gebracht. Er spricht sich an vielen Stellen klar und unzweideutig über die «Rassenfrage» aus.

Und was er an solchen Stellen sagt, zeigt, wie ein idealistisch gesinnter Mensch über diese «Frage» denken muß. Namentlich weist Kunowski allen Antisemitismus weit von sich. Scharf tadelt er den Engländer Chamberlain wegen seiner Ausfälle gegen die «Semiten» in dem Buche: «Grundlagen des neunzehnten Jahrhunderts.» Und von dem gleichen Gesichtspunkte aus sind Urteile gefällt, die es den Antisemiten unmöglich machen, sich auf Kunowski zu berufen, den sie sonst gewiß gern anführen möchten, wenn sie, in ihrem Sinne, davon fabeln, daß die starken Wurzeln der Bildung und Kultur im «Volkstum» wurzeln. Aber Kunowski faßt den Begriff «Volk» durchaus so auf, daß jeder Antisemitismus mit seiner Auffassung unvereinbar ist. «Wir Deutschen sind bestimmt», sagte er, daß wir «die Form der umzubildenden Welt allen Völkern vorbehalten, sie alle herbeirufen, das Werk durchzuführen, vornehmlich die Romanen und Semiten, denen wir Unendliches verdanken, mit denen wir, im Unendlichen einig, auch die Endlichkeit des Irdischen gemeinsam erweitern werden. In dieser liebevollen Gerechtigkeit liegt die Zukunft des Deutschen, liegt sein Weltreich geborgen, seine Verjüngung zu einem neuen Menschen, zu einem neuen Volk». Kunowski will keinen Rassenkampf; er will das Bedeutsame aller Rassen in die Kultur der Zukunft hinüberführen: «Das Sittengesetz des Juden, der Staat des Römers, die Kunst der Griechen, die Pyramide des Ägypters» müssen sich in uns vereinigen, damit wir «in der Weltschmiede selbständig arbeiten» können. Besonders schön kommt dieser Gedanke in folgendem Ausspruch zum Vorschein: «An unseren Altären ruhen Kreuz, Halbmond und Bundeslade, in unseren Wäldern lustwandeln Zarathustra, Moses, Sokrates, Dante, Rousseau, in unseren Auen wachsen neu Jerusalem, Athen, Sparta, Florenz und Paris.»

Dem engherzigen Rassenstandpunkt setzt Kunowski den seinigen mit den Worten gegenüber: «Ziel der Welteroberung ist nicht Verbreitung des unveränderten deutschen Typus, vielmehr Erzeugung eines neuen Kulturmenschen, der weder Germane, noch Romane, noch Semit ist.» Diese Vorstellung gipfelt in dem Satz: «Völker werden durch Völkerverschmelzung in der Glut einer neuen Kultur, die den Rassenhaß verbrennt.»

Als ein bedeutsames Symptom der Zeit darf Kunowskis Buch aufgefaßt werden. Wir wollen wieder einen Idealismus. Keinen verschwommenen, den nur die Phantastik erzeugt; aber einen solchen, der auf der Erkenntnis und Bildung beruht. Kunowski macht sich zum Wortführer eines solchen. Es ist bezeichnend, daß er dadurch wie von selbst zum Gegner des erkenntnis- und bildungsfeindlichen Antisemitismus, des engherzigen «Germanentums» wird.

## STEFAN VON CZOBEL «DIE ENTWICKLUNG DER RELIGIONSBEGRIFFE ALS GRUNDLAGE EINER PROGRESSIVEN RELIGION»

Ein Mann, der mit der Naturwissenschaft und der Kulturgeschichte in ihrer gegenwärtigen Gestalt sich gründlich auseinandergesetzt hat, gibt in diesem Buche eine umfassende Darstellung vom Werdegange der religiösen Vorstellungen im Verlauf der Menschheitsentwicklung. Auf zwei Quellen des religiösen Lebens wird hingewiesen: auf die aus der äußeren sinnlichen Erfahrung stammenden Empfindungen und Vorstellungen, welche den noch unentwickelten Menschen auf die tieferen Kräfte der Welt hinweisen, und auf die inneren Geisteskräfte des Menschen, die ihn durch seelische Vertiefung zu Gedanken über das Göttliche führen. Eine seltene Kenntnis der verschiedenen Religionssysteme macht es dem Verfasser möglich, diese beiden Quellen bei allen für das Abendland und seine Kultur in Betracht kommenden Weltanschauungen aufzuzeigen und ihren Einfluß bis in die äußersten Verzweigungen des religiösen Lebens zu verfolgen. Was *Paul Asmus* in seinem geistvollen Buche «Die indo-germanische Religion in den Hauptpunkten ihrer Entwicklung» (Halle 1875) vom Gesichtspunkte der deutschen idealistischen Weltauffassung zu schildern bestrebt war, das sucht von Czobel in realwissenschaftlicher Art auf Grundlage der modernen Kulturwissenschaft, nämlich den Stammbaum der Religionen zu gewinnen. Wer nach einem tieferen inneren Leben sucht, wird in diesem Werke eine Summe von wissenschaftlichen Ergebnissen und Ausführungen finden, die geeignet sind, dieses innere Leben zu befruchten. Er kann dem Buche auch dann sein Interesse zuwenden, wenn er, wie der Schreiber dieser Zeilen, auf Grund der inneren Erfahrung zu anderen Anschauungen gelangt ist, als die sind, welche von Czobel als Kern der bisherigen Religionsentwicklung herausschält, und dem er eine Mission für die Gegenwart und die nächste Zukunft des religiösen Lebens beilegt.

## SIEBEN BRIEFE VON FICHTE AN GOETHE
## ZWEI BRIEFE VON FICHTE AN SCHILLER
### Mit Erläuterungen von Rudolf Steiner

Die ersten sieben der hier mitgeteilten neun Briefe Fichtes hat dieser in den ersten Monaten seiner Wirksamkeit an der Goethes Obhut anvertrauten Hochschule dem letzteren geschrieben. Die Zeit ist ein ihre Bedeutung wesentlich mitbestimmender Umstand. Sie zeigen uns, daß Fichtes persönliches Auftreten und seine Art, den Lehr- und Philosophenberuf aufzufassen, dem Verhältnis Goethes zu ihm gleich im Anfange ihrer Bekanntschaft den Charakter geben mußte, den es dann in der Folgezeit beibehalten hat. Fichtes Art zu wirken hatte etwas Gewaltsames. Ein gewisses Pathos der Idee, das sich seinen wissenschaftlichen sowohl wie seinen politischen Ideen beigesellte, führte ihn immer dahin, daß er seine Ziele auf dem geraden, kürzesten Wege zu erreichen suchte. Und wenn ihm etwas hindernd in den Weg trat, dann wurde seine Unbeugsamkeit zur Schroffheit, die Energie zur Rücksichtslosigkeit. Fichte lernte nie begreifen, daß alte Gewohnheiten stärker sind als neue Ideen, und geriet dadurch fortwährend in Konflikte mit den Leuten, mit denen er zu tun hatte. Zu den meisten dieser Konflikte lag der Grund darin, daß er sich die Menschen durch sein persönliches Wesen entfremdete, bevor er sie zu seinen Ideen erhoben hatte. Sich mit dem alltäglichen Leben abzufinden, dazu fehlte Fichte die Fähigkeit. Alles das machte es Goethe unmöglich, für Fichtes Person immer so energisch einzutreten, daß es der Anerkennung entsprochen hätte, die er dessen wissenschaftlichen Leistungen und Fähigkeiten entgegenbrachte.

Das Buch, das Fichte mit dem Briefe Nr. 1 Goethe übersendet, ist der erste Abdruck der «Grundlage der gesamten Wissenschaftslehre», der damals bogenweise ausgegeben wurde (vgl. J. G. Fichtes Leben und literarischer Briefwechsel, 2. Auflage, Leipzig 1862, I. Band, S. 211).

Das Werk, in dem sich Fichte mit Goethe vereinigt zu sehen hofft, sind Schillers «Horen». Dieser hatte Goethe am 13. Juni 1794 zur Mitarbeiterschaft aufgefordert und dabei zugleich bemerkt, daß die H. H. Fichte, Woltmann und von Humboldt sich mit ihm zur Herausgabe dieser Zeitschrift vereinigt hätten. Goethe schickte seine Zusage erst am 24. Juni an Schiller (vgl. Briefwechsel zwischen Schiller und Goethe, 4. Aufl., I. Band, S. 1 ff.).

Am 18. Mai 1794 war Fichte in Jena eingetroffen, und schon am 24. Juni ist er genötigt, Goethes und des Herzogs Schutz gegen verleumderische Gerüchte anzurufen, die sich über seine öffentlichen Vorlesungen über «Moral für Gelehrte» verbreitet hatten (vgl. Brief Nr. 2). Die energische Art, in der Fichte seinen Verleumdern entgegentritt, und die Entschiedenheit, mit der er den Herzog bittet, sich seiner anzunehmen, führt, offenbar durch Goethes Vermittlung (Brief Nr. 3), zu einer vorläufigen Befestigung seiner Stellung, da der Herzog sich durch die Gerüchte in seiner Schätzung des Philosophen nicht beirren ließ. Fichte sah sich veranlaßt, die Unrichtigkeit dessen, was man über seine Vorlesungen sagte, dadurch zu beweisen, daß er sie Wort für Wort drucken ließ (vgl. Brief Nr. 2). Sie erschienen unter dem Titel: «Einige Vorlesungen über die Bestimmung des Gelehrten» (Jena, Gabler 1794). Zur Ausführung von Fichtes Wunsch, den Abdruck dem Herzoge widmen zu dürfen, ist es nicht gekommen, wohl aber dazu, daß letzterer den jüngst berufenen Lehrer bei jeder Gelegenheit auszeichnete (vgl. Fichtes Leben

I. 216 f.). Fichtes Äußerungen über den Herzog (Brief Nr. 2) sind ein wichtiger Beitrag zur Charakteristik Karl Augusts. Man muß nur bedenken, daß dieser Fürst in solcher Weise bewundert wird von einem Manne, der ein Jahr vorher von den Fürsten Europas schrieb: «Sie, die größtenteils in der Trägheit und Unwissenheit erzogen werden, oder wenn sie etwas lernen, eine ausdrücklich für sie verfertigte Wahrheit lernen; sie, die bekanntermaßen an ihrer Bildung nicht fortarbeiten, wenn sie einmal regieren, die keine neue Schrift lesen als höchstens etwa wasserreiche Sophistereien, und die allemal wenigstens um ihre Regierungsjahre hinter ihrem Zeitalter zurück sind.» Diese Stelle gehört der anonymen Schrift an, von der im ersten Briefe die Rede ist, nämlich Fichtes «Beiträgen zur Berichtigung der Urteile des Publikums über die französische Revolution.» Diese sowie die andere anonyme Schrift: «Die Zurückforderung der Denkfreiheit von den Fürsten Europas, die sie bisher unterdrückten (Eine Rede, Heliopolis im letzten Jahre der alten Finsternis)» waren vor der Berufung Fichtes nach Jena erschienen. Und es ist, nach Fichtes Äußerungen im zweiten Briefe, nicht zu bezweifeln, daß die Personen, die für Fichtes Anstellung wirkten, zu denen in erster Linie der Jurist Hufeland gehörte, von diesen Schriften wußten. Auch für Goethe scheint das zu gelten, denn er nennt die Berufung Fichtes «eine Tat der Kühnheit, ja Verwegenheit» (Tag- und Jahreshefte 1794). Fichte selbst hat den Personen gegenüber, die zwischen ihm und der Weimarischen Regierung vermittelten, wohl kein Hehl aus seiner Denkart gemacht; daher ist der gereizte Ton zu verstehen, in dem er von den auf seine anonymen Schriften bezüglichen Vorwürfen spricht.

Aus Brief Nr. 6 geht hervor, daß Fichte besonderen Wert

darauf legte, von Goethe verstanden zu werden. Im Einklang damit steht eine Mitteilung W. v. Humboldts (Briefwechsel Schillers und W. v. Humboldts, 22. September 1794) über ein Gespräch mit Fichte, wobei letzterer geäußert hatte, daß er Goethe für die Spekulation zu gewinnen wünsche und sein Gefühl für ein solches erklären müsse, das in philosophischen Dingen richtig leite: «Neulich, fuhr er (Fichte) fort, hat er (Goethe) mir mein System so bündig und klar dargelegt, daß ich's selbst nicht klarer hätte darstellen können.» Daß Goethe ein lebhaftes Interesse für Fichtes Philosophie hatte und durchaus keine ablehnende Haltung gegen sie einnahm, beweist nicht allein die Stelle in einem Brief an Fichte vom 24. Juni 1794 (Briefe W. A. X. S. 167), worin er über die ersten Bogen der «Wissenschaftslehre» sagt: «Das Übersendete enthält nichts, das ich nicht verstände oder wenigstens zu verstehen glaubte, nichts, das sich nicht an meine gewohnte Denkweise willig anschlösse», sondern auch der Umstand, daß Goethe sich ausführliche Auszüge aus dieser Schrift machte, die im Goethe-Archiv noch erhalten sind.

Ähnliche öffentliche Vorlesungen, wie die obenerwähnten vom Sommerhalbjahr 1794 hatte Fichte auch für den Winter 1794/95 angekündigt. Diese Vorlesungen gehörten zu den besuchtesten der Universität und wurden von den Studenten mit größter Begeisterung aufgenommen. Da Fichte eine andere geeignete Stunde nicht finden konnte, las er Sonntag vormittag 9 bis 10. Das Jenaische Konsistorium nahm hieran Anstoß, und das Weimarische Oberkonsistorium konnte den Gründen des erstern «einstimmigen Beifall nicht versagen», «maßen es allerdings scheint, daß dieses Unternehmen ein intendierter Schritt gegen den öffentlichen Landesgottesdienst sei, ja wenn auch hierbei diese Absicht nicht wäre, oder solche Absicht dadurch nicht erreicht werden könnte, ein dergleichen gesetz- und ordnungswidriges gleichwohl wegen des unangenehmen Eindrucks, den es bei dem jenaischen und benachbarten Publikum sowohl als auswärts zuverlässig machen wird, immer von sehr übeln Folgen, besonders auch dem Ruf der Akademie selbst äußerst nachteilig sein müßte». So heißt es in der Eingabe des Oberkonsistoriums an die Landesregierung. Fichte wandte sich in einem ausführlichen Brief an den akademischen Senat. Er setzte die Gründe auseinander, warum er die betreffende Stunde wählen mußte, und legte dar, daß der Charakter seiner öffentlichen Vorlesungen sie sehr wohl geeignet mache, an Sonntagen gehalten zu werden, da sie nicht auf Belehrung durch Wissenschaft, sondern auf moralische Erbauung und Charakterveredlung abzielen. Gleichzeitig rief Fichte auch Goethes Beistand an in dieser Angelegenheit; und der Brief, in dem er es tut, ist der hier unter Nr. 6 mitgeteilte. Der akademische Senat berichtete in dieser Sache an den Herzog in dem Sinne, «daß zwar dem Professor Fichte ein fürsetzlicher Schritt gegen den öffentlichen Landesgottesdienst nicht wohl beizumessen, jedoch er in Ansehung seiner moralischen Vorlesungen anzuweisen, sie nicht des Sonntags zu halten; falls aber derselbe jetzt mitten im halben Jahre eine andere schickliche Zeit durchaus nicht ausmitteln könnte, wie wir jedoch nicht glauben noch wünschen, allenfalls ihm zwar für den Rest des jetzt laufenden Wintersemesters und ohne Konsequenz die Haltung derselben am Sonntag gestattet werden könne, allein solchenfalls ihm dabei schlechterdings zur Bedingung gemacht werden müsse, daß sie ihm nicht vor völlig geendigtem Nachmittagsgottesdienste gestattet sein solle». Vom Herzog wurde die folgende Entscheidung getroffen: «So haben wir nach Euerm Antrag resolvirt, daß dem mehrerwähnten Professor Fichte die Fortsetzung seiner moralischen Vorlesungen am Sonntage äußerstenfalls nur in den Stunden nach geendigtem Nachmittagsgottesdienste gestattet sein solle». Es war aber nur der Umstand, daß «etwas so Ungewöhnliches, als die Anstellung von Vorlesungen der Art am Sonntag während der zum öffentlichen Gottesdienst bestimmten Stunden ist», hier vorlag, der Karl August zu seiner Entscheidung veranlaßte. Von den Vorlesungen selbst sagt das herzogliche, an den akademischen Senat gerichtete Entscheidungsdekret: «Wir haben uns gern davon überzeugt, daß, wenn dessen (Fichtes) moralische Vorlesungen dem ... eingehefteten *trefflichen* Aufsatz gleichen, sie von vorzüglichem Nutzen sein können». Die Gegner Fichtes beabsichtigten dagegen die Vorträge ganz unmöglich zu machen, da ihnen ihr Inhalt unbequem war. Als Fichte am 3. Februar die wegen des Zwischenfalls seit Anfang November ausgesetzten Vorlesungen wieder aufnimmt, setzt er dafür die Stunde Sonntag nachmittag 3 bis 4 fest.

Der in Brief Nr. 7 erwähnte Professor Woltmann war Historiker, ein Lieblingsschüler Spittlers. Er wurde mit Fichte zugleich, erst 23jährig, nach Jena berufen, gehörte zu den intimsten Freunden des Philosophen und kam später auch zu Schiller in Beziehung.

*

Die beiden Briefe Fichtes an Schiller unterscheiden sich, was vielleicht nicht überflüssig ist zu bemerken, von denen an Goethe dadurch, daß sie in deutscher, jene in der von Fichtes Hand leserlicheren lateinischen Schrift geschrieben sind.

Im Juli 1799 übersiedelte Fichte nach Berlin. Die bekannte Anklage wegen Atheismus hat zu seiner Entlassung aus Jena geführt. Er suchte einen neuen Wirkungskreis. Zu den Plänen, die für die Zukunft in ihm auftauchten, gehört auch der der Gründung einer wissenschaftlichen Zeitschrift, die den von Fichte an ein solches Institut gestellten Anforderungen besser entsprechen sollte als die Jenaische Allgemeine Literaturzeitung, mit der sowohl er wie Schelling unzufrieden waren. Während des Winters 1799/1800 weilte Fichte wieder kurze Zeit in Jena, wo er seine Familie vorläufig zurückgelassen hatte. Er traf hier mit Schelling zusammen. Die beiden verabredeten die Gründung und Einrichtung der Zeitschrift, für die auch Goethe und Schiller als Mitarbeiter gewonnen werden sollten. Der erste der beiden an Schiller gerichteten Briefe enthält die Aufforderung zur Mitarbeiterschaft und zugleich eine ausführliche Auseinandersetzung über Zweck und Anlage der Zeitschrift. Aus dieser Sache, für die, wie aus dem Briefe hervorgeht, Cotta als Verleger gewonnen werden sollte, wurde nichts. Der Plan wurde dann nochmals mit J. F. G. Unger als Verleger aufgenommen, und von diesem auch ein gedrucktes Zirkular versandt, welches das Erscheinen der «Jahrbücher der Kunst und der Wissenschaft» von Neujahr 1801 ab versprach. Auch diesmal kam die Angelegenheit nicht zur Ausführung. Goethe sah einer solchen Unternehmung von seiten Fichtes mit Mißtrauen entgegen. Er schreibt am 16. September 1800 an Schiller offenbar darauf bezüglich (das Zirkular trägt das Datum 28. Juli 1800): «Der Ton der Ankündigung ist völlig Fichtisch. Ich fürchte nur, die Herren Idealisten und Dynamiker werden ehester Tage als Dogmatiker und Pedanten erscheinen und sich gelegentlich einander in die Haare geraten.» Die übersandte Schrift ist: «Der geschlossene Handelsstaat.»

Der zweite Brief Fichtes an Schiller vom 18. August 1803 behandelt in seinem ersten Teile eine Privatangelegenheit Fichtes (Verkauf seines Hauses in Jena u. a. noch auf die Zeit seines Jenaer Aufenthaltes bezügliche Dinge), in der er Goethes und Schillers Beistand angerufen hatte. Am 29. August schreibt Goethe darüber an Zelter (Briefwechsel 1, 80): «Sagen Sie ihm (Fichte), daß wir seine Angelegenheit bestens beherzigen. Leider ruht auf dem, was Advokatenhände berühren, so leicht ein Fluch.» Der zweite Teil des Briefes bezieht sich auf die Aufführung von Goethes «Natürlicher Tochter» in Berlin. Die Erstaufführung dieses Stückes fand daselbst am 12. Juli 1803 statt. Der Brief ist in einer vielfach von der obigen abweichenden Gestalt in «Schillers und Fichtes Briefwechsel aus dem Nachlasse des Erstern» 1847 von I. H. Fichte (S. 70-75) herausgegeben. Dies berechtigt zum Wiederabdruck. Wahrscheinlich hat ihn Schiller zum Durchlesen an Goethe gesandt, und es ist die Rücksendung versäumt worden, so daß er unter Goethes Papieren verblieben ist. Mithin ist das hier Gedruckte die letztwillige Fassung, dagegen kann das, was I. H. Fichte veröffentlicht hat, nur dem Brouillon entnommen sein, das der Herausgeber vielleicht noch an einigen Stellen überarbeitet hat. Was das große Publikum bei dem Stücke kalt ließ, ja geradezu abstieß: der Umstand, daß durch eine hohe Kunstform alles Stoffartige getilgt ist, zog Fichte wie auch Schiller an (vgl. dessen Brief vom 18. August 1803 an Wilhelm von Humboldt). Was die klassische Ästhetik (namentlich Schiller in seinen «ästhetischen Briefen») als Forderung aufstellte: Vertilgung des Interesses an der dargestellten Begebenheit durch

Erhebung zum reinen Genusse dessen, was die künstlerische Phantasie daraus gemacht hat, sah Fichte hier erfüllt. Deshalb wollte er auch von jeder Kürzung des Stückes abraten. Am 28. Juli 1803 (Briefwechsel I. S. 67) schreibt Goethe an Zelter, daß er Lust habe, «einige Szenen abzukürzen, welche lange scheinen müssen, selbst wenn sie vortrefflich gespielt werden». Darauf erwidert Zelter am 10. August: «Fichte ist mit einer Abkürzung der ‹Natürlichen Tochter› nicht einverstanden; er glaubt das Stück sei ganz, rund und könne durch Abkürzung nur leiden.» Der Philosoph betrachtete die Kunstform als das allein Maßgebende, während der Dichter mit dem Geschmack des Publikums rechnen wollte. Fichte forderte in weit höherem Maße als Goethe, daß das Publikum zum Genusse der höchsten ästhetischen Produktionen erzogen werden müsse. Die Erfüllung der idealen Forderungen stand ihm in erster Linie. Wenn das Publikum dazu nicht vorhanden war, so müsse es seiner Meinung nach gebessert werden. Goethe war geneigt, den Menschen die Kunst näherzubringen; Fichte wollte die Menschen nach den von ihm für richtig gehaltenen Ideen geradezu umwandeln.

Mit der Kommentierung dieser Briefe hat mich Bernhard Suphan beauftragt, der sie vorher bereits durchgearbeitet hatte und mir seine auf die Gesichtspunkte, von denen aus die Schriftstücke zu betrachten sind, sowie auf verschiedenes Einzelne bezüglichen Notizen übergab.

*Fichte an Goethe*

## I.

Verehrungswürdiger Mann,

Ich suchte Sie bald nach Ihrer Abreise, um Ihnen den eben erst fertig gewordnen ersten Bogen zu übergeben. Ich fand Sie nicht; und überschicke, was ich lieber übergeben hätte.

So lange hat die Philosophie Ihr Ziel noch nicht erreicht, als die Resultate der reflektierenden Abstraktion sich noch nicht an die reinste Geistigkeit des Gefühls anschmiegen. Ich betrachte Sie, und habe Sie immer betrachtet als den Repräsentanten der letztern auf der gegenwärtig errungenen Stufe der Humanität. An Sie wendet mit Recht sich die Philosophie: Ihr Gefühl ist derselben Probierstein.

Für die Richtigkeit meines Systems bürgt unter andern die innige Verkettung Alles mit Einem, und Eines mit Allem, die nicht Ich hervorgebracht habe, sondern die sich schon vorfindet; sowie die ungemeine, und alle Erwartung übertreffende Fruchtbarkeit, die ich ebenso wenig selbst hineingelegt habe; so daß sie mich sehr oft zum Staunen hingerissen hat, und hinreißt. Beides entdeckt sich nicht im Anfange der Wissenschaft, sondern nur allmählich, so wie man in ihr weiter fortschreitet.

Ob ich die Empfehlung einer klärerern Darstellung auch jetzt noch behaupte, weiß ich nicht. So viel weiß ich, daß ich es zu einer höhern, und zu jeder beliebigen Klarheit erheben könnte, wenn die erforderliche Zeit gegeben wird: – aber ich habe, mit meinen öffentlichen Vorlesungen die Woche wenigstens drei Druckbogen zu arbeiten, andere Geschäfte abgerechnet; und erwarte deshalb Nachsicht.

Ich hoffte – vielleicht weil ich es sehnlich wünschte – mich mit Ihnen in Einem Werke vereinigt zu sehen. Ich weiß nicht, ob ich es noch hoffen darf. Wenigstens hatte vor einigen Tagen Hrr. Schiller Ihren Entschluß noch nicht.

Ich bin mit wahrer Verehrung

Ihr innigst ergebener
Jena, d. 21. Jun. 1794        J. G. Fichte

## II.

Verehrungswürdigster Gönner, und Freund,

Noch in meinem letzten Briefe nahm ich bloß des edlen Mannes, und großen Geistes Freundschaft in Anspruch; ich glaubte nicht binnen ein paar Tagen in der Lage zu sein, Ihr politisches Ansehen in Anspruch zu nehmen.

Man meldet mir von Weimar aus: «es würden daselbst Schändlichkeiten (es sind genau zu reden nur Dummheiten) herum geboten, die ich in meinen Vorlesungen vorgetragen haben solle. Meine Lage sei gefährlich. Es sei von einer gewissen Klasse eine förmliche Verbindung gegen mich geschlossen. Der Herzog höre Sie, und was es noch an Männern gibt, seltner, als andre, die in jenen Bund gehörten; ich solle nicht so sicher sein, der Folgen halber, – kurz, ich könne abgesetzt sein, ehe ich mirs versähe, u.s.w. u.s.w.» Man gibt mir Ratschläge, die ich sicher befolgen würde, wenn ich – Parmenio wäre. – «Ich soll eine gewisse anonyme Schrift ableugnen, die mir zugeschrieben wird.» Mag ein andrer sich so etwas erlauben; ich halte es mir nicht für erlaubt. *Anerkennen* werde ich auch keine anonyme Schrift. Wer seine Schriften anerkennen will, der tut es gleich bei der Herausgabe. Wer anonym schreibt, will sie nicht anerkennen.

«Ich soll mich doch nur wenigstens dieses halbe Jahr in acht nehmen, um die Politik nicht zu berühren.» Ich lese nicht Politik, und bin dazu nicht berufen. Das Naturrecht werde ich freilich, *wenn es in meinem Kursus an der Reihe ist,* meiner Überzeugung gemäß lesen, *man verbiete es mir denn ausdrücklich, und öffentlich;* aber es kommt im ersten Jahre gewiß noch nicht an die Reihe. Ich handle dieses halbe Jahr nach Regeln, nach denen ich immer handeln werde; und werde immer so handeln, wie ich dieses halbe Jahr handle. Ich habe keine besondre *Sommer-* und keine besondre *Winter-Moral.*

«Ich soll mich verstecken, um desto mehr Gutes stiften zu können.» Das ist Jesuiter Moral. Ich bin dazu da Gutes zu tun, *wenn ich kann;* aber Böses tun darf ich unter *keiner* Bedingung, und auch nicht unter der des künftigen Gutestuns.

Betrachte ich mich hierbei völlig *isoliert,* so wäre ich der letzte unter den Menschen, wenn ich bei meinen Grundsätzen, und bei der etwanigen Kraft, mit der ich sie gefaßt habe, irgend etwas fürchten, und darum auch nur um eines Fußes Breite von meiner Bahn weichen wollte. Wer den Tod nicht fürchtet, was unter dem Monde soll der doch fürchten? – Überhaupt, es wäre dann lächerlich, wenn ich jene Dinge nur einer ernsthaften Maßregel würdigen wollte.

Aber ich bin leider nicht mehr isoliert. An mein Schicksal ist das Schicksal mehrerer Menschen gebunden. Ich rede nicht von meiner Frau. Sie wäre es nicht, wenn ich ihr nicht die gleichen Grundsätze zutraute. Aber an sie ist ein 74jähriger Greis, ihr Vater, unzertrennlich gebunden. Sein Alter bedarf der Ruhe; er kann nicht der Gefahr, umhergetrieben zu werden, sich aussetzen, der ich selbst mich wohl aussetzen darf. Es ist also die Frage, und es ist nötig, daß diese Frage beizeiten beantwortet werde: Kann und will der Fürst, dem ich mich anvertraut habe, mich schützen? will er's unter folgenden Bedingungen?

*Ich komme künftigen Sonnabend nach Weimar,* und stelle mich den Leuten, die mir etwas zu sagen haben könnten, unter's Gesicht, um zu sehen, ob sie Mut genug haben, mir zu sagen, was sie andern von mir sagen. Ich lasse die bis *jetzt öffentlich gehaltnen 4 Vorlesungen,* in welchen ich jene Torheiten gesagt haben soll, und welche ich mit *gutem Vorbedacht* wörtlich niederschreibe, und wörtlich ablese ehestens unverändert *wörtlich abdrucken.* Es würde die höchste Vergünstigung für mich sein, wenn der Herzog mir erlauben wollte, ihm dieselben zuzueignen. Mit voller Wahrheit könnte ich diesen Fürsten einer unbegrenzten Verehrung versichern, die alles was ich je von ihm gehört, später das, daß er mir bei der Meinung, die das Publikum nun einmal von mir gefaßt hat, ein Lehramt auf seiner Universität anvertraute, in mir gegründet, und welche die persönliche Bekanntschaft mit Demselben ins unendliche erhöht hat. Es würde mich sehr freuen, vor dem ganzen Publikum zeigen zu können, daß ich einen großen Mann verehren kann, auch wenn er ein Fürst ist; und ich sollte glauben, daß diesem Fürsten, der in sein Menschsein seinen höchsten Wert setzen kann, die Versicherung einer Verehrung, die dem Menschen in ihm, und nicht dem Fürsten gilt, nicht unangenehm sein könnte. – Ich bin erbötig auf diesen Fall hin, Ihnen, oder dem Herzoge selbst die Schrift in Probebogen vorher vorzulegen; sowie auch, wenn es verlangt wird, die Dedikation: ob es mich gleich, ich gestehe es, noch mehr freuen würde, wenn man mir ohne vorläufige Untersuchung zutraute, daß ich mich in einer so delikaten Sache würde zu benehmen wissen.

Wenn man es verlangt, so will ich versprechen, daß eine *gewisse anonyme Schrift nicht fortgesetzt werden soll;* ja ich will sogar versprechen binnen einer beliebigen Zeit *keine anonyme Schrift über politische Gegenstände zu schreiben,* (wenn nicht etwa die Selbstverteidigung es notwendig macht). – Daß ich dies leicht versprechen, und hinterher doch tun könne, was ich wolle, da ich unentdeckt zu bleiben hoffen dürfte – diesen Einwurf erwarte ich von niemanden, mit dem ich unterhandeln soll. Was ich verspreche, halte ich, und wenn auch keiner, als ich selbst, weiß, daß ich es halte.

In meinen *Vorlesungen* aber kann ich nichts ändern; und werden sie nicht gebilligt, so müssen sie mir *überhaupt öffentlich* untersagt werden. *Ich soll,* und *werde* sagen, was ich nach meiner besten Untersuchung für wahr *halte,* ich kann irren; ich sage es meinen Zuhörern täglich, daß ich irren kann; aber nachgeben kann ich nur *Vernunftgründen.* (Wenigstens hat bis jetzt noch niemand sich auch nur den *Schein* gegeben, als ob er das, was man für meine Irrtümer hält, *aus Prinzipien* widerlegen *könnte.*) Ich werde es *an seinem Orte,* und *zu seiner Zeit,* d. i. wenn es in der Wissenschaft, die ich lehre, an die Reihe kommt, sagen. Es wird in meinen Vorlesungen zu seiner Zeit auch *von der Achtung gegen eingeführte Ordnung,* usw. die Rede sein; und diese Pflichten werden mit nicht geringerm Nachdrucke eingeschärft werden.

Unter diesen Bedingungen nun erwarte ich *Schutz, und Ruhe zu Jena, wenigstens so lange mein alter Schwiegervater lebt;* und ich bitte darüber *um das Wort* des biedern Fürsten.

Darf ich einige Betrachtungen hinzusetzen, um die Billigkeit meiner Bitte darzutun. Ich habe keinen Schritt getan, um den Ruf zu erhalten, den ich erhalten habe. Man kannte mich, als man mich rufte; man wußte, welche Schriften mir zugeschrieben würden; man wußte, welche Meinung das Publikum von mir gefaßt hatte; ich habe an den gehörigen Mann geschrieben, und der Brief muß noch existieren, «daß ich eher Mensch gewesen, als akademischer Lehrer, und es länger zu bleiben hoffte, und daß ich nicht gesinnt sei, die Pflichten des erstern aufzugeben, und daß ich, wenn das die Meinung sei, auf den erhaltenen Ruf Verzicht tun müsse»; ich schrieb dies, als von gewissen Grundsätzen die Rede war.

Ich bin gewarnt worden; man hat mir in der Schweiz von verschiedenen Orten her gesagt, daß man mich bloß deshalb riefe, um mich in seine Gewalt zu bekommen. Ich habe diese Drohungen verachtet; ich habe der Ehre des Fürsten, der mich rief, getraut. Er wird mich schützen; oder kann Er's unter den genannten Bedingungen wenigstens bis auf die bestimmte Zeit nicht, so wird Er mir's freimütig sagen. In diesem Falle schreibe ich künftigen Dienstag den Meinigen, die ich *nicht ohne Vorbedacht* in der Schweiz zurückgelassen habe, zu bleiben, wo sie sind; und kehre nach Vollendung meiner halbjährigen angefangenen Vorlesung, in mein ruhiges Privatleben zurück.

Vergeben Sie den entschiedenen Ton, mit welchem ich geredet habe. Ich wußte, daß ich mit einem Manne, und mit einem gütig gegen mich gesinnten Manne redete. Mein Antrag wäre lächerlich, wenn bloß von mir die Rede wäre; ich darf keine Gefahr fürchten: aber mein Bewegungsgrund entschuldigt mich vor meinem Herzen, und wird mich vor dem Ihrigen entschuldigen.

Mit wahrer warmer Hochachtung

Jena, d. 24. Jun. 1794

Ihr innigst ergebner
Fichte

## III.

Ich kann Ihnen jetzt, Verehrungswürdiger Herr Geheimer Rat, nur meinen innigen Dank sagen, und Ihre gütige Einladung auf künftigen Sonnabend annehmen.

Über verschiedenes, was mir nicht ganz deutlich ist, verspreche ich mir Ihre nähere gütige Erklärung. – *Verteidigen* kann ich mich nicht, denn ich bin nicht *angeklagt;* ich bin nur *lügenhaft verleumdet;* und hinterm Rücken verleumdet, und ich weiß nicht, ob jemand mir selbst sagen wird, was mich zu einer Verteidigung nötigte.

Ich bin mit der wahrsten Hochachtung

Jena, d. 25. Jun. 1794

Ihr innigst ergebner
Fichte

## IV.

Euer Hochwohlgeboren übersende ich die bis jetzt fertig abgeschriebenen zwei Vorlesungen. Den Mangel der Korrektheit bitte ich mit dem Grunde zu entschuldigen, den ich hatte, Ihnen keine größere zu geben, als sie beim mündlichen Vortrage hatten.

Mit Hochachtung und warmen Dank

Jena, d. 1. Jul. 1794

Ihr innigst ergebner
J. G. Fichte

## V.

Überbringer dieses, mein Freund und Zuhörer, Hrr. Fhr. v. Bielfeld bat sich ein paar Zeilen von mir an Euer Hochwohlgeboren aus, und ich nehme mir die Freiheit, Ihnen bei dieser Gelegenheit die fünfte mit für den Abdruck bestimmte Vorlesung zu überschicken.

Ihr Beifall ist derjenige, den ich vorzüglich wünsche, und es machte mir große Freude, aus Ihrem Briefe zu sehen, daß Sie denselben auch diesen Vorlesungen nicht gänzlich versagten.

Mit inniger Hochachtung empfehle ich Ihnen mich, und alle meine literarischen Arbeiten.

Jena, d. 5. Jul. 1794

Fichte

## VI.

Oft, mein Verehrtester Herr Geheimer Rat, habe ich bei Ausarbeitung des beiliegenden Teils meines Lehrbuches daran gedacht, daß Sie es lesen würden; und mehrere Male, wenn ich schon im Begriffe war, es nun gut sein zu lassen, hat dieser Gedanke mich vermocht, das Niedergeschriebene von neuem völlig umzuarbeiten. Wenn es dadurch doch noch nicht so weit gekommen ist, daß ich vollkommen damit zufrieden sein kann – die Probe davon ist immer die, ob ich mir Sie als völlig damit zufrieden denken kann – so lag das an der gebietenden Lage, in welcher ich schrieb. Wenn ein Bogen durchgelesen war, *mußte* ein anderer erscheinen; und dann *mußte* ich es gut sein lassen.

Mit freier Verehrung für Ihren Geist und Ihr Herz empfehle ich mich Ihrem Wohlwollen.

Jena, d. 30. September 1794                                  Fichte

## VII.

Hochwohlgeborener Herr

Höchstzuverehrender Herr Geheimer Rat.

Der nie gebeten hat, bittet, und so viel ich einsehe, um *Gerechtigkeit*.

*1.* Ich habe ein Publikum angefangen, das auf den Zustand der Akademie einen Einfluß hat, den nur Ich weiß, und den ich, um nicht unbescheiden zu scheinen, nie sagen werde. Gesetzt es hat keinen; es ist ein Publikum, und ich bin *verbunden,* eins zu lesen.

In den *Wochentagen* sind die Stunden so besetzt, daß man uns armen Nicht-Senatoren offiziell verbietet, die nötigen Privata zu lesen (worüber unter Nr. 2).

Ich opfere von meinem Sonntage, den ich nicht frei, sondern nur zu andern der Akademie gleichfalls gewidmeten Geschäften bestimmt habe, eine Stunde für dieses Publikum.

Menschen, die nie bekannt waren, viel Religion zu besitzen, schreien seitdem über den «Sabbathsschänder», hetzen die Bürgerschaft und die Geistlichkeit auf mich; erzählen an Studenten, daß sie die nächste Senatssitzung sich das Verdienst machen würden, gegen mich Klage zu erheben; und bis heute – Dienstags – haben sie es schon so weit gebracht, daß sie ihre Indignation unsern frommen Weibern mitgeteilt. – *Ich nenne auf Nachfrage Mann, und Weib.*

Warum ich bitte, ist folgendes:

Ich habe mich sorgfältig nach dem Gesetze erkundigt, *laut der Beilage. «Es ist darüber kein Gesetz da.»*

(Und dabei im Vorbeigehen! – Hat unsere Akademie Gesetze für die Professoren, oder nicht? Ich bin in das zweite Halbjahr Professor *und weiß es gewiß nicht.* Was ich weiß, habe ich *bittweise* – Das ist für einen Mann, *der dem Gesetze buchstäblich nachkommt,* darum, weil er gern *frei* ist, allerdings hart.)

Ist wirklich keines da, so bitte ich binnen hier und Sonntag *um ein Gesetz,* d. i. nicht um eine bloß für mich geltende Ordre, sondern um einen *gemeingültigen, öffentlich promulgierten* Befehl: Um einen *fürstlichen* Befehl.

1.) binnen hier, und Sonntag – Ich habe mich anheischig gemacht durch öffentlichen Anschlag, jeden Sonntag zu lesen, ich bin in Vertrage mit den Studenten; ich will diesen Vertrag nicht brechen; und ich kann nur, wenn ich krank werde – ich habe alle Anlage, künftigen Sonntag gesund zu sein – oder wenn ich ein Verbot erhalte, das ich respektieren kann, und mit Ehren darf.

2.) *einen fürstlichen Befehl.* – Befehlen des Senats, ohnerachtet ich völlig *rechtlos* zu sein scheine, will und *werde* ich mich nicht unterwerfen.

3.) sollte bis Sonntag ein solcher Befehl nicht auf eine mich überzeugende Art ankommen, so lese ich ohne Zweifel; *entledige durch gegenwärtige Anfrage mich aller möglichen Verantwortung, und mache Anspruch auf Schutz in diesem Vorhaben.*

4.) ich behalte mir vor, diejenigen, die mein Unternehmen verleumdet und mich beschimpft haben, gerichtlich zu belangen, sobald die Sache bis dahin ausgemittelt sein wird.

2. Es wird von mir, *lange nach dem Abdruck des Lektionskataloges* durch die besondern Bedürfnisse der Studierenden eine

Art von Einleitung in die transzendentale Philosophie *gefordert*. Ich lege dafür Platners Aphorismen über *Logik und Metaphysik* zum Grunde, und lese von 6 bis 7 Uhr.

Der *Dekan* der philosophischen Fakultät Hrr. *H. R. Ulrich* meldet mir *officialiter*, daß ich angehalten werde, diesen Unfug zu unterlassen, damit Hrr. *H. R. Reichardt* die Stunde von 6 bis 7 zum – – «Dupliren» der Pandekten brauchen könne. Für Logik sei die Stunde von 3 bis 4 festgesetzt. – Ich antworte darauf 1.) daß mir kein solches Gesetz bekannt gemacht worden, noch ich es angenommen 2.) daß ich von 3 bis 4 Uhr wirklich lese, was unsere guten Vorväter unter Logik gedacht haben mögen, die theoretische Philosophie 3.) daß demnach dieses Zumuten eigentlich soviel sage: ich solle *gar nicht* lesen; und daß ich mit mehrerm Rechte sagen könne, Hrr. Reichardt solle nur nicht duplieren, sondern sich so einrichten, daß er auskomme.

Gerade so spielt man mit Prof. Woltmann. Er liest Staatengeschichte von 6 bis 7 Uhr. Um des gleichen Duplierens Willen mutet man ihm an sie von 4 bis 5 Uhr zu lesen, welche Stunde dafür festgesetzt sei. Er liest in dieser Stunde Universalgeschichte, die auch darauf verlegt ist. — Mithin heißt jene Zumutung, er solle Staatengeschichte gar nicht lesen, damit Hrr. Reichardt die Pandekten duplieren könne. Das wagen jene Menschen uns zu bieten, und wir stehen rechtlos da.

*3.* In meinen öffentlichen Vorlesungen sind oft gegen 500 Zuhörer gewesen. Ich habe im vorigen Sommer dazu das Griesbachische Auditorium mir erbeten, das für zahlreiche Versammlungen von jeher gebraucht worden. Der Hrr. *G. K. R. Griesbach* findet seitdem, daß dadurch die Bänke abgerieben werden und schlägt es mir ab mit seinem vollen Rechte. Ich, gleichfalls mit meinem vollen Rechte, frage nach einem öffentlichen philosophischen Auditorium; setze voraus, daß das doch ein möglicher Aufenthalt für Menschen sein müsse, und gehe vorigen Sonntag, morgens 9 Uhr in dem größten Regen dahin. Ich finde meine Zuhörer vor der Tür, die mir sagen, daß im Auditorium die *Fenster eingeschlagen, daß es voll Unrat sei* usw. und sie bäten mich, daß ich nach meinem Hause gehen und daselbst lesen möchte.

Ich gehe in diesem heftigen Regen zurück, weil ich ihr Begehren menschlich finde; und der Trupp meiner Zuhörer mit mir. Wenn dadurch ein Geräusch auf den Straßen entstanden; wo liegt doch die Schuld?

4. Man wird sagen, die Stunde von 9 bis 10 falle während der kirchlichen Versammlungen. – 1.) Man nenne mir nur eine andere. Um 1 Uhr, gleich nach Tische zu lesen, würde mir höchst ungesund sein; auch will ich für meine Betrachtungen den offenen Geist meiner Zuhörer in den Morgenstunden; nicht ihren gefüllten Bauch, der keine Ohren hat. In den spätern Nachmittags- und Abendstunden ist gleichfalls kirchliche Versammlung, Konzert, Klub. – In den frühern Morgenstunden schlafen die Studierenden noch, weil sie diesen einzigen Tag zum Ausschlafen haben. 2.) Für die Studenten ist die Stadtkirche nicht, sondern die *Kollegen-Kirche*. Diese ist von 11 bis 12 Uhr; und *darum* habe ich diese außerdem allerbequemste Stunde nicht gewählt. Ich selbst werde von nun an die Kollegen-Kirche besuchen, und vielleicht mancher meiner Zuhörer mit mir. 3.) Die physikalische Gesellschaft hat ihre Sitzungen gleichfalls Sonntags während der Nachmittagspredigt, und ich wüßte nicht, daß ihr jemand ein Verbrechen daraus gemacht. Ohne Zweifel hat dieselbe sie aus dem gleichen Grunde auf diesen Tag verlegen müssen, weil in den Wochentagen kein Zeit zu zahlreichen Versammlungen ist. Auf unserer Universität sind gottlob! alle Stunden besetzt.

5. Von der moralischen Seite angesehen, müßte es allerdings jeden verständigen Mann gegen mich einnehmen, wenn er glauben könnte, daß ich durch jenes Unternehmen, ich weiß nicht welche Aufgeklärtheit affigieren wolle; und allerdings mögen viele unter den Tadlern, der Analogie ihrer eignen Kleingeisterei nach, mir so etwas zutrauen. Ein solcher Verdacht ist mir so lächerlich, daß ich keine Geduld habe, ihn zu widerlegen. Ich ging noch in die Schule, als ich über eine solche Aufklärung schon hinweg war. – Ich bin schwer daran gegangen, ehe ich den Sonntag wählte. Das beweist mein *Aufschub* der Eröffnung dieser Vorlesungen, ohnerachtet ich sehr oft von den Studierenden dazu aufgefordert worden; weil ich noch immer hoffte eine Stunde

in der Woche auszumitteln: das beweisen meine sorgfältigen wiederholten Anfragen bei mehreren.

6. Es ist diesen Leuten nicht, weder um wahre noch eingebildete Religion zu tun. Mein wahres Verbrechen ist dies, daß ich Einfluß und Achtung unter den Studierenden, und Zuhörer habe. Möchte ich doch immer an den höchsten Feiertagen lesen, wenn es vor leeren Bänken wäre! Daher ergreifen sie jeden Vorwand, um mich zu hindern; und werden aus bloßem odio academico alt-orthodoxe Christen sogar.

Mein inniges volles Zutrauen zu Ihnen, mein Verehrungswürdigster Herr Geheimer Rat, bewog mich, mich vorzüglich und ohne weitere Förmlichkeit, an Sie zu wenden. Dem ohnerachtet ersuche ich Sie, jeden dienlichen Gebrauch von diesem Briefe zu machen, und ihn, insoweit er es sein kann, als offiziell anzusehen; oder mich gütigst wissen zu lassen, was für Wege ich einzuschlagen habe, um binnen hier und Sonntag zu meinem Zwecke zu kommen.

Mein Entschluß ist übrigens ganz fest. Ich kann unbeschadet meiner Ehre, nach diesen Vorfällen nicht heimlich, und in der Stille mir ein Dementi geben; dem Gesetze aber werde ich ohne Widerwillen, ohne Anmerkungen, mit Freude, wie ein guter Bürger gehorchen; jetzt, wie immer. – Außer dem Falle des Gesetzes aber bin ich auf das Äußerste gefaßt.

Mit inniger wahrer Hochachtung
        Euer Hochwohlgeboren ganz gehorsamster Diener
        J. G. Fichte, Prof.

Jena, d. 19. November 1794

## VIII.

Berlin, den 2. Febr. 1800

Ich danke Ihnen, mein verehrter Freund, für die Aussichten, die Sie mir und der Literatur eröffnen.

Ohne just einen bestimmten Plan vorlegen zu können, waren meine Gedanken für ein kritisches Institut folgende.

Die Wissenschaft muß schlechthin, scheint es mir, sobald als möglich eine Zeitlang unter eine strenge Aufsicht genommen werden, wenn die wenigen guten Saatkörner, die da gestreut worden, nicht in kurzem unter dem reichlich aufschießenden Unkraute zugrunde gehen sollen. Auf dem Gebiete der ersten Wissenschaft, der Philosophie, die allen andern aus der Verwirrung helfen sollte, schwatzt man den alten Sermon fort, als ob nie etwas gegen ihn erinnert worden wäre, und verdreht das neue, daß es sich selbst durchaus nicht mehr ähnlich ist. Zum Glück ist man dabei so feig, daß man erschrickt und sich zusammennimmt, sobald einer das Unwesen ernstlich rügt, es aber wieder forttreibt, sobald die Aufsicht einzuschlummern scheint. Ich halte es für sehr möglich, durch eine 2 bis 3 Jahre fortgesetzte strenge Kritik die Schwätzer auf dem Gebiete der Philosophie zum Stillschweigen zu bringen, und den bessern Platz zu machen. Da es nun möglich ist, so muß es geschehen.

Um einen festen Punkt zu haben, arbeite ich gegenwärtig an einer neuen Darstellung der Wissenschaftslehre, die meiner Hoffnung nach so klar sein soll, daß man einem jeden von wissenschaftlichem Geiste anmuten könne, sie zu verstehen. Was diese in der wissenschaftlichen Literatur wirkt, werde ich fortdauernd beobachten und referieren. Ich werde über das ganze Gebiet der Wissenschaft *soweit* mich verbreiten, als eignes Vermögen und Mitarbeiter, die eine ähnliche Gesinnung uns allmählich zuführen wird, es erlauben, ohne eben auf Universalität Anspruch zu machen. Was nicht durchaus *gründlich* geschehen kann, muß lieber unterbleiben.

Ich denke mit einem Berichte über den gegenwärtigen Zustand der deutschen Literatur anzufangen, in welchem ich die faulen

Flecke derselben, – die Fabrikenmäßige Betreibung der Schriftstellerei durch Buchhändler und Autoren, die Lächerlichkeit der Rezensierinstitute, die elenden Beweggründe zur Schriftstellerei usw. unverhohlen aufdecken und Vorschläge zur Verbesserung tun werde. In diesem Berichte werde ich die kritischen Maßregeln unseres Instituts in wissenschaftlicher Rücksicht angeben. Ich werde es im Manuskripte Ihrer und Goethes Beurteilung vorlegen.

Ich maße mir kein Urteil an, was in der Kunst, in der wir denn doch nun durch Goethes und Ihr Muster und durch einige recht gute Philosopheme der neuern Philosophie wissen, worauf es ankommt – von Seiten der Kritik geschehen könne. Ihnen beiden kommt es zu zu entscheiden, welches die notwendigsten Lehren für die Kunstjünger unserer Zeit sind, und wie diese an den Erscheinungen der Zeit anschaulich gemacht werden müssen. Goethe hat ja in seinen Propyläen und andern seiner neuesten Schriften auch hierin Muster aufgestellt. Universalität, glaube ich, müßte man auch hier nicht beabsichtigen, sondern nur immer das jetzt eben nötigste sagen.

Schelling besteht darauf, daß eine wissenschaftliche Zeitschrift von uns beiden künftige Ostern ihren Anfang nehmen solle, und hat sich, da ich bis dahin nichts liefern kann, erboten, den ersten Teil selbst zu besorgen. Da ich allerdings der Meinung auch bin, daß gleich nach Erscheinung einer Elementar-Philosophie, die auf allgemeine Verständlichkeit Anspruch macht, die Aufsicht anheben und man die ersten Äußerungen beobachten müsse, so werde ich unmittelbar nachher dazutreten. Ist es Ihnen und Goethe nicht möglich so bald beizutreten, so lassen Sie uns wenigstens auf spätere Vereinigung hoffen. Man läßt dann das erstere nur wissenschaftliche Institut eingehen, macht einen andern Titel, usw.

\*

Daß Cotta den Vorschlag nicht begierig annehmen solle, daran habe ich keinen Zweifel. Möchten Sie nicht die Güte haben, mir Vorschläge zu tun, welche Bedingungen ich für Sie und Goethe fordern soll: wenn Sie nicht zu seiner Zeit lieber unmittelbar mit ihm unterhandeln wollen.

\*

Ich lege, ebensowohl in Cottas als in meinem Namen zwei Exemplare meiner neuesten Schrift für Sie und Goethe bei. Diese Schrift macht durchaus keine Ansprüche und entstand auf die gelegentliche Veranlassung alberner Gespräche, die ich rund um mich herum über den abgehandelten Gegenstand hören mußte.

Ich bitte um Verzeihung, daß ich auch die Bestimmung d. M.[1], die gar keine Novität mehr ist, beilege.

\*

Leben Sie recht wohl mit den Ihrigen, genießen Sie der besten Gesundheit und behalten Sie mich lieb.

Ganz der Ihrige Fichte

IX.

Berlin, d. 18. August 1803

Den Einen Punkt dieses Schreibens an Sie, mein verehrungswürdiger Freund, hat Hrr. Zelter in einem Schreiben an Hrr. G. R. Goethe versprochen, und ich habe übereilt den Auftrag angenommen, ob ich gleich vermute, daß es Goethen eigentlicher um Zelters Urteil, als um ein Urteil überhaupt zu tun war. Der zweite betrifft meine Angelegenheit; und ich bitte sehr um Verzeihung, daß ich Sie damit unterbreche. Ich würde darüber entweder an den Regierungsrat (nicht Geheimen Rat, wie Z. durch einen Irrtum an Goethe geschrieben) Voigt, der sich in der Sache schon gütig verwendet, oder an D. Niethammer geschrieben haben, wenn ich nicht zweifelte, ob der erstere von seiner Reise nach Dresden schon zurück sei, und den zweiten gleichfalls abwesend vermutete. Ich schreibe, was dieses betrifft, auf ein besonderes Blatt, damit es den R. R. Voigt oder auf den Fall seiner Abwesenheit einem andern Rechtsfreunde, den Sie oder Goethe für meine Sache interessieren, mitgeteilt werden könne; indem ich hier nur noch Sie und Goethe bitte und beschwöre, Ihr In-

---

[1] des Menschen

teresse für diese Angelegenheit noch nicht ermüden zu lassen, damit nicht, wie es nach der Antwort des Hr. Salzmann das Ansehen bekommt, durch das bis jetzt geschehene nur lediglich der Verlust derselben beschleunigt werde. Die Sache scheint mir gerecht, sie scheint mir von allgemeinem Beispiele, und ich möchte wünschen, daß Sie und Goethe ein Stündchen fänden, meine beiliegende Instruktion, die zunächst freilich auf die Fassungskraft eines Advokaten berechnet und darum etwas zu deutlich ist, gemeinschaftlich durchzulesen.

\*

Goethes «Natürliche Tochter» habe ich die zweimal, da sie hier aufgeführt worden, mit aller Aufmerksamkeit gesehen, und glaube zu jeder möglichen Ansicht des Werks durch dieses Medium mich erhoben zu haben. So sehr ich Goethes Iphigenie, Tasso und aus einem andern Fache Hermann und D. verehrt und geliebt und kaum etwas Höheres für möglich gehalten habe, so ziehe ich doch dieses Werk allen seinen übrigen vor und halte es für das dermalig höchste Meisterstück des Meisters. Klar wie das Licht und ebenso unergründlich, in jedem seiner Teile lebendig sich zusammenziehend zur absoluten Einheit, zugleich zerfließend in die Unendlichkeit, wie jenes. Dieser streng organische Zusammenhang macht es mir nun ganz unmöglich, irgendeinen Teil davon wegzudenken oder missen zu wollen. Was in dem ersten Teile sich noch nicht ganz erklärt, als die geheimnisvollen Andeutungen eines verborgenen Verhältnisses zwischen dem Herzoge, und seinem Sohne, beider, und noch anderer, geheime Machinationen, bereiten ohne Zweifel das Künftige vor und erfüllen schon jetzt das Gemüt mit einem wunderbaren Schauer.

Daß ein Werk von dieser Tiefe und Simplizität zugleich, von irgendeiner vorhandenen Schauspielergesellschaft in seinem innern Geiste ergriffen und dargestellt werden solle, darauf ist ohne Zweifel Verzicht zu tun. Der rechte Zuschauer aber soll durch die Beschränktheit der Darstellung hindurch das Ideal derselben und durch dieses hindurch das Werk erblicken. Dies ist der Weg, den ich habe gehen müssen, und der bei dramatischen Kunstwerken mir gerade der rechte scheint. Daher mag es kommen, daß Zelter, der mit der Lektüre angehoben und hieraus sich selber die idealische Darstellung gebildet, bei Erblickung der wirklichen ungenügsamer gewesen ist denn ich, der ich sonst eben nicht großer Genügsamkeit mich rühmen kann. – Nun dem gemeinen Zuschauer zuförderst diese Erhebung über die Beschränktheit der Darstellung angemutet – bei gemeinen Werken ist er deren überhoben, da fällt die Darstellung und die Sache, weil beide gemein und flach sind, sehr richtig zusammen – ihm ferner eine 2 bis 3 Stunden dauernde strenge Aufmerksamkeit angemutet, weil eben das Ganze ein Ganzes ist, und er gar keinen Teil versteht, wenn er nicht alle versteht – dagegen bei den gemeinen Stücken er abwesend sein kann, wenn er will, und wiederum aufmerken, wenn er will, und doch immer ein ganzes – Sandkorn nämlich, – glücklich antrifft – endlich ihm den durchaus ermangelnden Sinn für das *Inwendige* im Menschen, und die *Handlung,* die auf diesem Schauplatze vorgeht, angemutet – daher Direktion, Stadt und Hof glauben, in den beiden letzten Akten dieses Werkes sei keine Handlung, und allerdings hätte Goethe für diese beiden Akte, durch die simple Erzählung: Eugenia gebe ihre Hand einem Justizrate, ersparen können – diese Anmutungen alle, so ist begreiflich, mit welchen Gesichtern sie aufgenommen werden. Ich aber für mein Teil bestärke mich nur immer mehr, je älter ich werde, und jemehr hier täglich irgendeine Dummheit mich drückt, und je mehrere Meisterwerke sie von dorther uns schicken, in der unbarmherzigen Gesinnung, daß man allerdings das höchste, und allein das höchste, vor die Augen des Publikums bringen solle, ohne alles Mitleid mit der Langweile, und Unbehaglichkeit der Unbildung, daß man gar nicht das Schlechte flicken, und das Gute, so Gott will, daran anknüpfen, sondern dieses rein vernichten, und das Gute rein erschaffen solle, und daß es nie besser mit dem Schlechten werden wird, als bis man durchaus nicht weiter Notiz davon nimmt, daß das Schlechte vorhanden ist.

Unter den Schauspielern trug, meines Erachtens, Madame *Fleck* als Eugenie bei weitem den Preis davon. Besonders war ihr Spiel im zweiten Aufzuge, im Ausdrucke der freudigen Erwartung im Sonette, in der demnächst folgenden dichterischen Phantasie – sodann bei Anlegung des Schmucks, dem Hervorbrechen ihrer adeligen freigebigen Gesinnung usw. begeistert und begeisternd. Eigentlich verdorben hat sie nichts, dessen ich mich erinnerte. *Iffland* stellte den zärtlichen Vater, besonders im dritten Akte, den im Gedanken des geglaubten Verlustes zergehenden, sehr gut dar und machte auf sein Publikum einen mächtigen Eindruck: aber es blieb immer ein zärtlicher Vater aus einem seiner Berge Familienstücke: die Vornehmheit des ersten Vasallen, geheimen Gemahls der stolzen Prinzessin, Vaters der hohen Tochter, die Bedeutsamkeit des finster drohenden Gestirns am politischen Horizonte dieses Reichs, gingen verloren – nicht zum Schaden des Stückes, wie mir's scheint, beim wahren Zuschauer; denn wer Ifflanden außerdem kennt, wird ihn nicht für identisch mit einer solchen Person nehmen, und auf den Wink des Dichters Würde, und Hoheit, und Tiefe gern supplieren. *Mattausch,* als König, war recht stattlich. Noch verdient *Bessel* (der sonst unbedeutende Rollen spielt) als Weltgeistlicher der Erwähnung. Er spielte nicht ohne Kraft; und manche Rohheit im Benehmen mochte der günstige Zuschauer auf das Dorfleben des geistlichen Herrn zu schieben. *Bethmann,* als Gerichtsarzt, spielte gerade nicht unsorgfältig, wie ihm hat vorgeworfen werden wollen, aber was läßt aus diesem ungelenksamen, eintönigen Organe sich machen? *Herdt,* als Mönch, ließ nicht von seiner Natur, die Akzente so zu setzen, wie das natürliche Atmen es erfordert; doch verstand man ihn ganz, und man mochte sich nun eben die Rolle anders und richtig sprechen. *Beschart* spielte den Gouverneur glatt und galant weg, wie dies seine Manier ist; und dies tat der Rolle nicht übel. Die Rolle der Hofmeisterin war einer Sängerin, welche aus an sich sehr löblicher Vorsicht auf die Zeit, da sie mit ihrer Singstimme auf die Neige kommen dürfte, sich auf die Rezitation legen will, der Madame *Schiel,* übertragen. Diese brachte nun dazu allerdings die Gestikulation vom Operntheater, singen aber durfte sie nicht, und reden konnte sie nicht. Ich glaube zwar wohl überhaupt die Absicht und Bedeutung dieser Rolle erraten zu haben; die Worte aber habe ich beidemal nicht gehört; hierüber daher ist in meiner Erkenntnis eine Lücke geblieben. Aus *Schwadkes* – der den Sekretär spielte – gründlicher Seichtigkeit läßt keine Goethische Person sich machen. Dieser Mann wäre ganz in die Konversationsstücke aus dem Englischen zu exilieren.

Noch eine mir sehr auferbaulich und sehr lehrreich gewesene Anekdote. Die Rolle der Nonne war den ersten Tag mit Madame *Herdt* besetzt, welche sich also benahm, daß das Publikum in ein lautes Gelächter ausbrach – und diesmal zwar mit dem vollkommensten Recht. Wie hilft sich die Direktion den zweiten Tag? Nun, sie läßt diese Rolle ganz weg – nur Eine der unnützen Personen, mochte sie denken, welche in den beiden letzten Akten auftreten – (wie erst, in steigender Angst alle Mittel der Rettung versucht werden müssen, ehe zum letzten sonderbaren gegriffen wird, und wie noch nebenbei alle Stände des seinem Untergange entgegengehenden Reichs nach ihrem wenigsten Geiste vor den Augen des Zuschauers vorbeigeführt werden sollen, darauf geraten solche Beurteiler freilich nicht), – läßt aber die Rolle der Eugenia unverändert; dergestalt, daß nun der gewagte Blick in den Gewaltsbrief der Begleiterin ohne Zwischenglied und unmittelbar auf die Verweigerung ihn zu sehen, aus Furcht einen der beiden geliebten Namen zu erblicken, erfolgt. Hieraus lerne nun Goethe, wie er's zu machen hat, um die in seinen Werken so oft zögernde *Handlung* rascher fortgehen zu lassen!

Eine Frage: wie denkt sich der Verfasser die äußere Darstellung der Nation an dem Haufen, dieses *Chores,* aus dem seine einzelnen Repräsentanten sich loswinden und in die Handlung verflechten? (was, im Vorbeigehen hiesigerlei Volk auch nicht faßt, und in der Ungerschen Zeitung z. B. gemeint wird, sie kämen und verschwänden, wie müßige Spaziergänger). Soll wirklich wenigstens ein Anfang des unermeßlichen Lebens und Treibens sichtbar sein, den nun die Phantasie ins Unbegrenzte fortsetze; oder soll der Zuschauer diesen Haufen wie mit dem Auge der Phantasie erblicken? Bei der hiesigen Aufführung trugen nur gegen das Ende des vierten Aufzugs, als Eugenia Anstalt macht, das Volk aufzurufen, plötzlich, wie gerufen, 2 oder 3 lumpige

Kerls einen Koffer Studentengut und ein paar kleine mit Kaufmannszeichen zierlichst versehene Ballen im Hintergrunde der Bühne vorüber, der die übrige Zeit hindurch von lebendigen Wesen leer blieb. Mir schien dies entweder zu viel oder zu wenig. Hab ich Recht oder Unrecht?

Da ich in meinem letzten des Auspochens bei der ersten Aufführung erwähnte, zur Berichtigung, – denn selber dem Berliner Haufen möchte ich nicht gern mehr Böses nachsagen, als wahr ist – folgendes: es ist ganz notorisch, daß – Schadow die Auspocher bestellt, ordentlich vorher angeworben und organisiert hat. Ich schreibe Ihnen dieses zu jedem Gebrauche, wenn Sie es nicht schon längst wissen, denn es ist stadtkundig; *nur möchte ich nicht gern der sein, der es Ihnen geschrieben hätte.* So behauptet man auch, daß nicht Woltmann, sondern Iffland der Verfasser der letzthin erwähnten Beurteilung in der Ungerschen Zeitung sei. Ähnlich sieht es beider historischen Parteilosigkeit für schlechtes und gutes.

Ich empfehle mich Ihrem Wohlwollen.

Der Ihrige Fichte

III

## NIETZSCHEANISMUS

Zwei Forderungen sind es, denen die Schöpfungen des Menschengeistes genügen müssen, gleichwie die Blumen, wenn sie uns Freude machen sollen: sie müssen *echt* und *frisch* sein. Unechte Wahrheit, d. i. grundlose Behauptung und unechte Schönheit, d. i. unnatürliche, ausgeklügelte Kunst sind uns zuwider wie eine künstliche Rose. Aber auch, wenn sie echt sind, die Wahrheit und Schönheit, so verlieren sie ihren Reiz, sobald sie alt geworden sind, und Zustimmung und Anerkennung ihnen nur mehr aus Gewohnheit gezollt werden. Die Wahrheitsgründe wirken am besten auf uns, wenn der psychologische Prozeß, durch den sie Eingang in unseren Geist gefunden haben, noch wie ein gegenwärtiges Erlebnis in uns ist. Wir wollen nicht nur die Wahrheiten in unserem Bewußtsein haben, sondern unseren Überzeugungen sollen auch die Nachwirkungen anhängen von den Schwierigkeiten, durch die sie erworben worden sind. Ein schönes Kunstwerk, das nicht mit unmittelbarer, elementarer Macht auf uns wirkt, sondern auf das unser Sinn seit langer Zeit gelenkt ist, verliert das Ergreifende, das eine Schöpfung hat, der wir zum ersten Male das Auge entgegenstellen, das Ohr öffnen.

Deshalb bedarf von Zeit zu Zeit unser ganzes Wesen einer Auffrischung. Unser geistiger Bestand muß zurückgeworfen werden in das Chaos. Was Jahrhunderte lang als Wahrheit gegolten hat, muß angezweifelt und neu bewiesen werden. Was Menschenalter hindurch als Schönheit bewundert worden ist, muß es sich gefallen lassen, blasierter Gleichgiltigkeit zu begegnen. Dagegen läßt sich nichts machen; das ist das Schicksal des Menschengeistes. Radikale Zerstörer der

Kulturerrungenschaften, Geister, die in allen Dingen wieder anfangen wollen, werden mit Notwendigkeit von Zeit zu Zeit erscheinen.

Einer der radikalsten dieser Geister ist *Friedrich Nietzsche*. Was er drucken ließ, macht das Antlitz jeder logisch-gewissenhaften Philisterseele schamrot. Man kann kühnlich ein Buch von ihm nehmen und von jedem Satz das Gegenteil aufschreiben; dann wird man ungefähr das herausbringen, was die meisten Menschen außer Nietzsche «wahr» und «richtig» nennen. Die gegenwärtigen Anhänger des wagehalsigen Zweiflers mögen mir diese Behauptung nicht übelnehmen. Sie wären ja doch niemals von sich selbst aus zu Nietzscheschen Ansichten gekommen; sie sprechen und schreiben nach; in ihrem tiefsten Selbst brauchen sie sich also nicht verletzt zu fühlen. Viele wären ja doch auch ganz gute Philister, wenn sie nicht Nietzscheaner wären.

Friedrich Nietzsche stellt alles in Frage. Er zweifelt nicht bloß daran, ob dies oder jenes wahr sei, sondern er fragt: ob denn Wahrheit überhaupt ein erstrebenswertes Ziel sei. Er erklärt nicht nur den moralischen Vorurteilen, sondern der ganzen Moral den Krieg. Er will nicht allein zum reinsten, absolutesten Ausleben der menschlichen Persönlichkeit erziehen; nein, er will das Vorurteil «Mensch» selbst überwinden und zum «Übermenschen» hinüberleiten, der alles abgestreift hat, was den «Menschen» begrenzt und einschränkt. Zu einem plastischen Bilde dieses «Übermenschen» hat es Nietzsche nicht gebracht. Er hat in bisweilen poetisch-herrlichen Bildern und Aphorismen in seinem «Zarathustra» über den Übermenschen phantasiert; er hat viel gesagt, was der «Übermensch» *nicht* sein wird, und was er *nicht* an sich haben wird: aber zur positiven Aufstellung dieses Zukunftsideales hat es der Denker-Ikaros nicht bringen können. Wer die vielen Variationen, in denen Nietzsche sein Thema ausgeführt hat, überblickt, wird finden, daß aus ihnen allen heraustönt das oberste Gesetz: der Mensch hat nur die einzige Aufgabe, die Summe seiner Persönlichkeit rücksichtslos, so stark als möglich und so weit als möglich, zur Geltung zu bringen. Lebe so, wie du dich am besten und vollsten durchsetzen kannst. Das ist Nietzsches erste Grundregel. Was du vermagst, das tue. Der «*Wille* zur *Macht*» ist daher das Leitmotiv alles Lebens. Sklavenmoral nennt es Nietzsche, was sich durch irgend welche sittlichen Grundsätze einschränken läßt in der Entfaltung seines souveränen Ichs. Menschenwürdig ist nur die Herrenmoral, die ein «Ja» sagt in sittlichen Dingen, nicht weil sie es für «gut» findet, sondern weil sie will, weil sie die individuelle Macht auf diese Weise am besten durchsetzen kann. Diese «Jasager» sind Nietzsches Idealmenschen. Um ihrer willen sind all die andern *Sklavenseelen* da, die keine eigene Bestimmung haben. Sie sind die «Guten», und sie haben das Recht, die Handlungen der andern als «schlecht» zu bezeichnen, weil sie es wollen, und weil sie das rechte Herrenbewußtsein haben. Diese andern aber sind zu schwach, um ein ebenso energisches «Ja» zu sagen. Sie ziehen sich von dem Schauplatze der Tat auf jenen des Gewissens zurück, sie beurteilen die Handlungen der Menschen nicht nach der Macht, die sie bringen, sondern nach dem sittlichen Gefühle. Damit wird aller moralische Maßstab umgekehrt, meint Nietzsche. Nur schwache, geistig krüppelhafte Personen lassen sich auf einen solchen Standpunkt ein. Sie müssen viel leiden im Leben, weil sie nicht Kraft genug haben, um sich die Freuden der Tat zu verschaffen. Sie haben daher auch Gefühl für das Leiden ihrer Mitmenschen. Mitleid kehrt in ihre Seelen ein. Der Mensch mit dem Herrenbewußtsein kennt das Mitleid nicht, er hat für die Schwachen, die Kranken nur Verachtung. Sie sind ihm die «Schlechten», während er der Starke, der Gesunde, der *Gute* ist. Jene Schwachen aber kehren den Spieß um. Sie nennen eine Handlung «gut», wenn sie möglichst wenig Leid und möglichst viel Wohl bei den Mitmenschen bewirkt. Wo eine Handlung den andern Menschen in seinem Wohlsein beeinträchtigt, wo sie ihren Träger auf Kosten eines andern zur Macht bringen soll, da nennen sie dieselbe «bös». «Gut» und «bös» sind die Grundbegriffe der Sklavenmoral, wie «gut» und «schlecht» jene der Herrenmoral. Selbstlosigkeit will jene, rücksichtsloses Durchsetzen des eigenen Selbst diese. Als das Grundkennzeichen und den Hauptmangel der abendländischen Kultur sieht es Nietzsche an, daß in derselben durch die Ausbreitung des Christentums mit seiner Verherrlichung von Mitleid und Selbstlosigkeit alles Herrenbewußtsein geschwunden ist, daß die Sklavenmoral zur allgemeinen Gesinnung geworden ist. «Jenseits von Gut und Böse» will daher Nietzsche den Moralstandpunkt der Zukunft fixieren; gründlich soll dem mitleidsvollen Gesindel mit dem Armenleutegeruch und dem selbstlosen Pöbel mit der moralsauren Gesinnung das Handwerk gelegt werden. Ein echter Nietzscheaner geht nicht gern dahin, wo viele Menschen sind, denn da riecht es nach Gewissen. Deshalb flieht Zarathustra-Nietzsche die Menschen und geht in die Einsamkeit. Nietzsche empfiehlt den Menschen, sich moralische Schwielen wachsen zu lassen, damit sie getrost auf die Leiden ihrer Mitbrüder treten können, ohne von Mitgefühl gequält zu werden. Daß die ohne solche Schwielen darunter erdrückt werden: was kümmert's

die Drückenden. Ihnen sagt ja ihr Meister: «Werdet hart».
Wahrhaftig, schwerfälligen Geistes darf man nicht sein,
wenn man bei solchen Gedankengängen mitkommen soll.
Wer noch ein wenig Disziplin seines Bewußtseins fühlt, der
wird auch bald hinter Nietzsche zurückbleiben. Ich empfand
es als theoretische Ehrensache, ihm überallhin zu folgen.
Manchmal war mir's, als ob sich mein Gehirn von seinem
Boden löste, manchmal fingen die feinsten Fasern desselben
zu zappeln an; ich glaubte es zu spüren, wie sie sich sträubten, die von allen Urvätern ererbten Lagen so ganz plötzlich
verlassen zu müssen. Vielleicht aber ist der Urgrund der
Dinge so schwer zu erreichen, daß wir gar nicht zu ihm
gelangen können, wenn wir nicht unser Gehirn aufs Spiel
setzen wollen! So denkt nun freilich Dr. *Hermann Türck*
nicht, der Nietzsches «Übermoral» einfach aus dem moralischen Wahnsinn heraus erklärt. Perverse moralische Instinkte
vorauszusetzen, um das Irrtümliche eines moralischen Standpunktes sachlich aus seinem Träger zu erklären, ist mir etwas
zu – Nietzscheisch. Nietzsche erklärt allerdings die Morallehren der einzelnen Philosophen nur für eine Umschreibung,
Einkleidung und Verbrämung der in ihren organischen Tiefen
waltenden Instinkte. Aber man sollte diesen Mann nicht mit
seinen eigenen Münzen bezahlen. Er überzieht dieselben mit
einer ganz dünnen Schicht eines schwer bestimmbaren Edelmetalls. Nehmen wir sie in unsere «Armenleutartig»-riechenden Hände: sofort ist die Zauberschicht verschwunden. *Türck*
läßt sich deshalb auch nicht genügen mit dieser Widerlegung;
er zeigt die Notwendigkeit des selbstlosen Handelns, das
moralische des Mitleids. Er beweist, wie notwendig beide
sind zur Begründung eines wahren Staatswesens und des
gesellschaftlichen Zusammenlebens der Menschen. Doch wo-

zu das alles. Wer Nietzsche liest und sich ernstlich in ihn vertieft, braucht, um wieder zurechtzukommen, keine theoretische Widerlegung, sondern mehrwöchentliche gesunde Gebirgsluft und sehr viele kalte Bäder. Die ihn nicht lesen, für die braucht er auch nicht widerlegt zu werden. Die ihn aber nur halb lesen und dann nachbeten, die lassen sich nicht widerlegen. Es ist auch gar nicht nötig, sie werden ganz gesunde Kulturgigerln bleiben, und ihre Umgebung hat doch etwas zu lachen.

In Flaschen abzapfen sollte man aber Nietzsche nicht. Bei dieser Gelegenheit geht alles Aroma verloren und schales Zeug bleibt zurück. Nietzsches Schöpfungen verdunsten eben rasch. Deshalb kann uns das Buch: *«Die Weltanschauung Friedrich Nietzsches»* von Dr. *Hugo Kaatz* nicht gefallen. Wem soll mit solchen Zusammenstellungen Nietzschescher Aussprüche gedient sein? Höchstens der dritten der eben angeführten Menschenkategorie. Aber um das Nietzschegigerltum zu fördern, sollte man keine Bücher schreiben. Es sickert genug durch von den Ansichten Nietzsches selbst und derer, denen er ernsthaft den Kopf verdreht hat, um die intellektuellen Hosen der Interessenten umzustülpen. Wir haben genug an Nietzsche selbst. Also nichts mehr von Auszügen aus seinen Werken.

Noch weniger erbaulich sind aber die Bücher der Fortsetzer und Ausbauer der Nietzscheschen Weltauffassung. Eine Probe hat F. N. *Finck* geliefert. Hier wird der nackte, kahle Egoismus auf die Moralfahne der Zukunft geschrieben und ein Leben gefordert, welches das Gedeihen der willkürlichsten, launenhaftesten Individualität und zwar nach den niedersten Bedürfnissen derselben zur einzigen Aufgabe macht. Was sich als Nachfolge haltloser Genialität entwickelt, zeigt dieses Büchlein. Der Kern desselben liegt darinnen, daß eine sich über ganz Mitteleuropa ausbreitende Nervenerkrankung statuiert wird. Die Heilung derselben obliegt den Nietzscheisch gesinnten Ärzten der Zukunft. Nun, wir glauben: die Medizin wird schon auch fortkommen ohne den Einfluß und die Beihilfe von dieser Seite.

Nietzsche fußt auf durchaus berechtigten philosophischen Prinzipien. Ein solches ist der Standpunkt *jenseits* von «gut und böse». Die Moralbegriffe sind, wie alles Bestehende, in der Zeit geworden; sie haben sich in der Zeit geändert und werden sich weiter ändern. Wer das wahrhaft sittliche Leben nicht in seinem tieferen Wesen, jenseits von der jeweiligen Ansicht über «gut» und «bös» sieht, der begreift die Gründe desselben überhaupt nicht. Auch dahin muß der Mensch geführt werden, wo er, abgesehen von allen Vorurteilen und Zweifeln, ein souveränes, rücksichtsloses «Ja» sagt, weil *er* es für gut findet. Aber bei Nietzsche wird alles zum Zerrbilde. Er reißt die Dinge nicht bloß aus dem Boden; nein, er wühlt auch noch im Erdreich, und manchmal ganz sinnlos, herum. Er will sich hinauforganisieren zur höchsten Geistesphase, wo aller Zwang aufhört; aber er verliert alle irdische Gedankenluft und kann bald gar nicht mehr atmen. Sein Geist schwebt fortwährend zwischen irdischer Atmosphäre und luftleerem Raum. Daher das Unsichere, Schwankende, Haltlose seines Geistes. Er war erst begeisterter Wagnerianer. Er hat das beste Buch über Wagnerianismus geschrieben: die «Geburt der Tragödie aus dem Geiste der Musik». Später wurde ihm diese ganze Richtung zu schwer, zu sehr am Boden haftend. Er wollte keinen Boden unter den Füßen. Oder wenn, dann wollte er ihn «tanzend», im leichten Fluge übersetzen. «Alle Kunst muß leichte Füße haben», ist sein Grundsatz. Deshalb hört er «Carmen» mit Entzücken und gibt allem Wagnerianismus den Abschied. Nietzsches Nerven bekamen allmählich etwas Elastisch-Widerstrebendes: sie sprangen federartig ab, wenn sie an einen Gegenstand herankamen. Nietzsche wurde immer mehr und mehr ein elektrischer Nervenapparat. Er kam mit einem Dinge der Welt zusammen, erzeugte einen elektrischen Funken, wurde aber sogleich abgestoßen und an eine andere Spitze angeworfen; und so ging es fort; so entstanden die Schriften seiner letzten Jahre. Der unerträgliche Zustand steigerte sich endlich zum Wahnsinn.

Wer Gelegenheit hat sich nachher gehörig zu erholen, und wer kein Philister ist, der lese Nietzsche. Wir empfehlen es allen, die nicht wollen, daß ihr Gehirn sauer wird.

## «ALSO SPRACH ZARATHUSTRA», IV. TEIL
*Jüngste Publikation aus Nietzsches Nachlaß.*

Gierig warteten Nietzsches Schüler auf den vierten Teil von des Meisters Hauptwerk: «Also sprach Zarathustra». Nun ist er erschienen: der Schluß des tiefsinnigsten aller oberflächlichen Bücher. Verzeiht mir, ihr Anhänger eines neuen Götzen, daß ich dergleichen Frevelworte ausspreche! Aber ihr werdet auch zu schwerfällig, wenn von Nietzsche die Rede ist. Wo bleiben die leichten Beine, die Tanzbeine, die euch Nietzsche anzüchten wollte! Tanzet doch vor diesem Zarathustra, statt vor ihm zu knien! Ich habe keinen Weihrauch für Nietzsche. Ich weiß auch, daß er Opfergerüche nicht leiden kann. Lieber sind ihm die lachenden Gesichter als die betenden. Und lachen mußte ich oft, während ich diesen Zarathustra las. Denn wovon spricht uns dieser vierte Teil? Zarathustra will doch den Menschen überwinden. Nicht diese oder jene Schwachheit, nicht diese oder jene Untugend der Menschheit will Zarathustra überwinden, sondern die Menschheit selbst soll abgestreift werden, damit das Zeitalter des *Übermenschen* erscheine. Die Tat Zarathustras aber, von der uns der vierte Teil des Buches erzählt, ist eine arge Dummheit. Hat denn dieser Einsiedler, der fern von Menschenvorurteil und Pöbelwahn in einer Höhle, in guter Luft mit reinen Gerüchen lebt, nicht einmal so viel *verlernt,* daß er einem alten Wahrsager in die Falle geht, der ihm den Glauben beibringen will, alle diejenigen, die sich heute «höhere Menschen» nennen, die dürsteten nach dem Reiche, von dem Zarathustra träumt. Ein Notschrei ist es, den Zarathustra vernahm, als er vor seiner Höhle saß, und der alte Wahrsager hatte sich eingefunden, dessen Weisheit lautet: «Alles ist gleich, es lohnt sich nichts, Welt ist ohne Sinn, Wissen würgt.» Dieser deutet den Notschrei als den des höheren Menschen, der bei Zarathustra Erlösung suchen will. Und Zarathustra macht sich auf den Weg, den höheren Menschen, von dem der Notschrei kam, zu suchen. Er findet sie nacheinander, alle die Menschen, die sich für höher, für besser halten, als ihre Mitmenschen es sind, denen das Treiben der letzteren zum Ekel geworden ist, die sich nach Neuem, nach Besserem sehnen. Und alle ladet er ein in seine Höhle zu gehen. Dort sollen sie warten, bis er zurückkommt und ihnen das neue Leben eingießt. Es sind tiefe, bedeutsame Worte, die Zarathustra bei jeder neuen Begegnung mit einem Kandidaten der Übermenschheit redet, Worte: weise bis zur Tollheit, tief bis zum Grunde des Meeres, wo doch auch unreinliches, schlammiges Erdreich ist. Die Kandidaten sind: zwei Könige, der Gewissenhafte des Geistes, der Zauberer, der Papst außer Dienst, der häßlichste Mensch, der freiwillige Bettler und Zarathustras eigener Schatten. Jede dieser Gestalten stellt ein Zerrbild dar irgendeines Trägers einer einseitigen Kulturbestrebung, innerhalb welcher der Mensch keine Befriedigung finden kann. Sie haben alle gebrochen mit ihrer Vergangenheit, mit den Lebensanschauungen und Lebensgewohnheiten ihrer Umgebung und suchen nach einem neuen Heile. Sie fanden es auf ihrem Wege nicht. Da treten sie denn die Wanderung nach Zarathustras Behausung an, auf daß da die große Sehnsucht in ihnen gestillt werde. Nach den vielen Begegnungen (es waren *acht* «höhere Menschen» gekommen, diese machen mit dem Esel, den die beiden Könige mitgebracht hatten, und mit dem Wahrsager *zehn)* und namentlich nach den vielen geistvollen Unterredungen fühlt sich Zarathustra müde, und er schläft gerade zur Mittagsstunde ein. Er liegt unter einem Baume, der von einem Weinstock umrankt ist. Und wie er schläft, da geht er im Traume an ihm vorüber, der große Augenblick, in dem er die Welt *vollkommen* sieht, er schwelgt in Seligkeit. «Was geschah mir: Horch! Flog die Zeit wohl davon? Falle ich nicht? Fiel ich nicht – horch! in den Brunnen der Ewigkeit?

– Was geschieht mir? Still! Es sticht mich – wehe – ins Herz? Ins Herz! Oh zerbrich, zerbrich, Herz, nach solchem Glücke, nach solchem Stiche!

– Wie? Ward die Welt nicht eben vollkommen?»

Den Seinigen gibts der Herr im Schlafe, gilt sonst nur von der baren Unschuld. Daß auch der Übermensch solche unschuldige Anwandlungen hat, mag all den Einfältigen und Armen an Geist Trost sein, denn man wird sie von seinem Reiche nicht ausschließen. Da Zarathustra ausgeschlafen, tritt er den Heimweg an, um seine Gäste zu begrüßen. Was hier sich abspielt, ist eine Art Zarathustra-Festmahl. Der Gastgeber hält den Haupt-Toast. Er spricht nur von «höheren Menschen», was diese sind und was sie nicht sind. Sie dürfen ja nicht glauben, daß sie schon Bürger des neuen Reiches sind. Das könnten sie auch nie werden. Sie könnten nur die Brücke, den Übergang zum Gebiet des Übermenschen bilden. Wieder sind es schöne Worte, die Zarathustra da spricht, bevor er mit seinen Freunden anstößt auf das Wohl des Übermenschen. Man möchte von manchem Ausspruche, daß er zum Sprichwort würde: «Was der Pöbel ohne Gründe glauben lernte, wer könnte ihm durch Gründe Das – umwerfen?

Und auf dem Markte überzeugt man mit Gebärden. Aber Gründe machen den Pöbel mißtrauisch.

Und wenn da einmal die Wahrheit zum Siege kam, so fragt Euch mit gutem Mißtrauen: ‹welch starker Irrtum hat für sie gekämpft?›

Hütet Euch vor den Gelehrten! Die hassen euch: denn sie sind unfruchtbar! Sie haben kalte vertrocknete Augen, vor ihnen liegt jeder Vogel entfedert.»

Oder: «Wollt Nichts über euer Vermögen: es gibt eine schlimme Falschheit bei Solchen, die über ihr Vermögen wollen.

Sonderlich, wenn sie große Dinge wollen! Denn sie wecken Mißtrauen gegen große Dinge, diese feinen Falschmünzer und Schauspieler: –

– bis sie endlich falsch vor sich selber sind, schieläugig, übertünchter Wurmfraß, bemäntelt durch starke Worte, durch Aushänge-Tugenden, durch glänzende falsche Werke.»

Oder: «Ohnmacht zur Lüge ist lange noch nicht Liebe zur Wahrheit.» – Als Zarathustra geendigt hatte, ging er ins Freie. Er sehnte sich nach reineren Gerüchen. Diese «höheren Menschen» haben offenbar noch viel von dem – Nietzsche so verhaßten – Armenleutegeruch mitgebracht. Die Gäste blieben allein und besprachen sich über Zarathustras Tisch- und Zukunftsweisheit. Nach einiger Zeit erhob sich in der Höhle ein Lärmen. Zarathustra hörte das von außen und freute sich darob. Denn nun, dachte er, sei alle schwere und schwüle Lebensauffassung von diesen Übergangsmenschen gewichen; sie haben das Lachen gelernt. Zum Lachen gehört nämlich – im Sinne Zarathustras –, daß man die Ideale der Menschheit abgestreift, überwunden hat, also über ihre Unerreichbarkeit nicht mehr betrübt ist. Faust, wie uns Goethe ihn gezeichnet hat, steckt noch tief in menschlichen Vorurteilen. Das Hauptvorurteil ist die Grund-Idee des Faust: «*nie* werde ich zum Augenblicke sagen: verweile doch, du bist so schön». Zarathustra will *jeden* Augenblick festhalten, aus ihm herauspressen so viele Lust und Seligkeit, als nur darinnen ist. Denn als Torheit gilt es Zarathustra, durch Entbehrung in der Gegenwart die Seligkeit der Zukunft erkaufen zu wollen. Zarathustra ist auch ein Faust; aber ein in sein Gegenteil verwandelter. Zarathustra müßte zu Mephistopheles sagen: könnte je der Augenblick kommen, den ich nicht voll genieße, zu dem ich nicht sage: blühe ewig, denn du bist so schön, dann hast du mich schon unbedingt. Dieser Weisheit voll glaubt Zarathustra seine Übergangsmenschen, als er das Geschrei aus der Höhle hört; und er geht hinein. Aber was muß er sehen! Den abscheulichsten, lächerlichsten Götzendienst. Alle die erleuchteten Geister beten den Esel an, den die beiden Könige mitgebracht! Zarathustra hat ihnen ihre Ideale genommen; vor diesen können sie nicht mehr im Staub liegen. Aber ihre Gesinnung hat die aufrechte Haltung verlernt; sie sind zu staubverwandt. Also beten sie, statt ihrer Ideale, den Esel an. Das ist Zarathustras große Torheit. Er glaubte diese Menschen reif für sein Übergangsstadium, und sie sind Götzendiener geworden, weil sie keine Idealisten sein sollten. Aber sie sind nun *glücklich*. Das genügt Zarathustra. Ihm ist es lieber, wenn die Menschen vor einem Esel lachen und tanzen, als wenn sie über unerreichbare Ideale schwermütig werden. Auch ein Geschmack!

Aber geschmacklos finde ich es doch, daß Zarathustra noch nicht einmal die kleinlichste Eitelkeit überwunden hat, daß sein Ohr noch zugänglich ist Schmeichelworten, wie sie der häßlichste Mensch spricht: «War *das* – das Leben? Um Zarathustras Willen, wohlan! Noch ein Mal!» – –

Denn nun fühlt sich Zarathustra so geschmeichelt, daß er seinen Gästen das tiefsinnige Nachtwandler-Lied deutet, das die Summe seiner Weisheit ausspricht. Und dieselben Menschen, die eben den Esel angebetet haben, sollen nun den tiefen Sinn folgender Worte fassen:

> O, Mensch! Gib Acht!
> Was spricht die tiefe Mitternacht?
> «Ich schlief, ich schlief –,
> Aus tiefem Traum bin ich erwacht: –
> Die Welt ist tief,
> Und tiefer als der Tag gedacht.

> Tief ist ihr Weh –,
> Lust – tiefer noch als Herzeleid:
> Weh spricht: Vergeh!
> Doch alle Lust will Ewigkeit –,
> – will tiefe, tiefe Ewigkeit!»

Sie verstanden das natürlich nicht. Denn sie waren dabei eingeschlafen und schliefen noch fort, als Zarathustra längst aufgestanden war, um den neuen Morgen zu genießen. Endlich erst findet er: «Wohlan! sie schlafen noch, diese höheren Menschen, während *ich* wach bin: *das* sind nicht meine rechten Gefährten; nicht auf sie warte ich in meinen Bergen.» Er rief seine Tiere: den Adler und die Schlange. Da geschieht ein Wunderbares: Zarathustra ist von einer Vogelschar umringt, und ein Löwe liegt zu seinen Füßen, *ein lachender Löwe*. «Zu den allen sprach Zarathustra nur Ein Wort: ‹meine Kinder sind nahe, meine Kinder› –.» Jetzt erst begreift Zarathustra, daß er dem Wahrsager auf den Leim gegangen war. Derselbe hatte ihn zu seiner letzten Sünde verleitet: *zum Mitleiden mit dem höheren Menschen!* – «und sein Antlitz verwandelte sich in Erz».

*Also war Zarathustra aufgesessen.*

## KURT EISNER «PSYCHOPATHIA SPIRITUALIS. FRIEDRICH NIETZSCHE UND DIE APOSTEL DER ZUKUNFT»

Ein Geist von so kühner, grotesker Gedankenrichtung, wie Friedrich Nietzsche es ist, muß notwendig widersprechende Empfindungen in denen hervorrufen, die sich genau und liebevoll mit ihm beschäftigen. Seine unbedingten Bewunderer verstehen gewiß am wenigsten von seinen stolzen Ideen. In diese Reihe gehört aber Kurt Eisner nicht. Seine Verehrung läßt den aus einer eigenen bedeutenden Individualität hervorbrechenden Widerspruch nicht verstummen; auch nicht einmal die Ironie, zu der Nietzsches Einseitigkeiten herausfordern. Neben rücksichtslos anerkennenden Sätzen, wie: «Nietzsches Zarathustra ist nur ein Kunstwerk wie Faust», oder: «Die Lieder Zarathustras fluten breit und gewaltig dahin wie Wagners Musikströme. Die Philosophie ist hier in Musik gesetzt, der Gedanke in Ton, nicht verflüchtigt, nein umgeglüht», finden sich andere: «Nietzsche ist ein echter Reaktionär, weil sein Vorwärts ein Rückwärts ist. Und weil er ein Reaktionär ist, so wird ihn die Zukunft verschmähen», oder: «Nietzsches Lehre ruht auf morschem Grund, durch seine eigene Schuld». Die vornehme Denkweise Nietzsches ist Eisner durchaus sympathisch, nicht aber der widerdemokratische Charakter derselben. Die Entwicklung der einzelnen Auserlesenen soll nicht mit der Unterdrückung und Versumpfung großer Massen erkauft werden. Eisner will die Masse aristokratisieren. «Wahrhafter Aristokratismus ist erst möglich bei wahrhaftem Altruismus.» «Die Demokratie muß zur Panaristokratie werden.» Eisner will im Gegensatz zu Nietzsche die Gemeinschaft über den Einzelnen gesetzt wissen. «Der Herdeninstinkt ist Gesundheit, der Ichinstinkt ist Entartung.» Der Nietzscheschen Devise: «Werdet hart!» setzt Eisner ein «Werdet weich!» entgegen. Jenes entspricht dem rücksichtslosen «Durch» des individuellen Machtinhaltes, dieses dem selbstlosen Streben der Persönlichkeit, die den Menschen auch im anderen Individuum als einen gleichwertigen achtet.

Bei solch durchdringendem Verständnis Nietzsches, bei solch unbefangener Kritik des Denker-Poeten kann Eisners Urteil über das «Nietzsche-Affentum» natürlich nur ein vollständig vernichtendes sein. Nirgends hat ja das Herdenartige einer Anhängerschaft ein so charakteristisches Gepräge angenommen wie bei der Nietzsche-Herde. Die Verachtung des Herdenhaften ist zum wüsten Herdengebrüll geworden. Es hat noch nie eine drolligere Gefolgschaft gegeben als die Nietzsches. Sie, diese Brüller, wissen ja alle nicht, worinnen der Wert von des Meisters Werken liegt. Das Geheimnis liegt darinnen, daß Krankheiten, Mißbildungen mehr zum Denken anregen als die volle frische Gesundheit. Die Krankheiten des Geistes liefern wichtige Beiträge zur Psychologie. Der Reiz von Nietzsches Ideen liegt in dem abnormen Gewande, in dem sie auftreten. Durch Äußerlichkeiten wird man auf manches aufmerksam, woran man sonst vorüberginge. Mir erging es mit Nietzsches Ideen folgendermaßen. Ihr Inhalt erschien mir zumeist nicht neu. Ich hatte ihn in mir schon ausgebildet, bevor ich Nietzsche kennenlernte. Beim Durchgange durch Nietzsches Geist kamen mir aber diese Ideen verzerrt, karikiert vor. Ein an sich gesunder Gedankenfluß mußte sich durch eine Felsenge durchdrängen, die seinem ruhigen Laufe Gewalt antat. Nietzsche war mir nie ein philosophisches, sondern immer ein psychologisches Problem.

Weil dies meine Stellung zu dem seltsamsten Geiste der Neuzeit ist, muß ich Kurt Eisners Schrift als eine mir sehr sympathische bezeichnen und sie dem weitesten Leserkreise empfehlen, wenn ich auch mit manchem in ihr Enthaltenen nicht übereinstimmen kann.

## MITTEILUNG UND BERICHTIGUNG

*Weimar.* Dieser Tage ist die Übersiedlung der Bücher- und Manuskriptenschätze des geisteskranken Philosophen Friedrich W. Nietzsche von Naumburg nach Weimar erfolgt, wo fortan dessen Schwester, Frau Dr. Elisabeth Förster, im Verein mit Dr. Koegel und Steiner die Vorbereitungen für eine Gesamtausgabe aller Werke ihres Bruders trifft. Später sollen diese Bücher dem Goethe-Schiller-Archiv einverleibt werden.
*Beilage zur «Allgemeinen Zeitung» München Nr. 215, 17. Sept. 1896*

Wir erhalten folgende berichtigende Zuschrift:

Sehr geehrte Redaktion!
Im Anschluss an die Meldung Ihres geschätzten Blattes vom 17. September 1896, daß das «Nietzsche-Archiv» von Naumburg nach Weimar übergesiedelt ist, wird berichtet, daß Frau Dr. Elisabeth Förster-Nietzsche, die Schwester Nietzsches, im Verein mit Dr. Fritz Koegel und mir die Herausgabe der Werke ihres Bruders besorgt. Die Nennung meines Namens in diesem Zusammenhang beruht auf einem Irrtum. Ich habe keinen Anteil an der Herausgabe von Nietzsches Werken.
Weimar, September 1896.   Dr. Rudolf Steiner
*Beilage zur «Allgemeinen Zeitung» München Nr. 221, 24. Sept. 1896*

# NIETZSCHE-ARCHIV

Von Herrn Dr. Rudolf Steiner erhalten wir aus Weimar folgende Zuschrift:

In der Nummer vom 15. September Ihres Blattes sind im Anschlusse an die Meldung, daß das «Nietzsche-Archiv» von Naumburg nach Weimar übergesiedelt ist, Angaben über meine Person enthalten, die auf einem Irrtum beruhen, und um deren Berichtigung ich höflichst ersuche. Ich habe nie eine «Assistentenstellung» beim «Goethe- und Schillerarchiv» innegehabt, sondern als Herausgeber einer Anzahl von naturwissenschaftlichen Bänden der Weimarischen Goethe-Ausgabe eine Reihe von Jahren in diesem Archiv gearbeitet. Meine Interpretation Nietzsches, die ich in der Schrift «Friedrich Nietzsche, ein Kämpfer gegen seine Zeit» geliefert habe, steht in keinem Zusammenhange mit den Publikationen des «Nietzsche-Archivs». Die Biographie Nietzsches wird von dessen Schwester, Frau Dr. Elisabeth Förster-Nietzsche besorgt; alleiniger Herausgeber von Nietzsches Werken ist Dr. Fritz Koegel. Ich stehe in keinem offiziellen Verhältnisse zum «Nietzsche-Archiv». Auch ist ein solches für die Zukunft nicht in Aussicht genommen.

*Aus «Hamburger Fremdenblatt», Sonnabend, 3. Okt. 1896, 1. Beilage*

# NIETZSCHE IN FROMMER BELEUCHTUNG

«Sie wollen auch auf ihre Art die Menschheit verbessern, nach ihrem Bilde; sie würden gegen das, was ich bin, was ich *will,* einen unversöhnlichen Krieg machen, gesetzt, *daß sie es verstünden.*» Solche Worte richtete *Friedrich Nietzsche* gegen das Heer der biederen Philister, die nach Art des rückständigen Verstandestheologen David Strauß den flachköpfigen Freigeistern ein neues Evangelium predigen wollten. Nun aber sind sie auch an ihn geraten, die «Bildungsphilister», und messen ihn mit ihren Maßen. Kaum haben wir eine von den Schriften hinuntergewürgt, die uns eine Philistermeinung über Nietzsche bringen, so erscheint schon eine neue – und wir kommen aus der Magenverstimmung nicht heraus. Und können wir uns durchaus nicht angewöhnen, all das Zeug, was gar noch in unseren Zeitungen und Zeitschriften über Nietzsche gedruckt steht, einfach zu überschlagen: dann – wehe unserem Magen.

Wir, die wir mutig genug sind, «Ja» zu sagen, wo Nietzsche Psychologie, Geschichte und Natur, die gesellschaftlichen Institutionen und Sanktionen reinigen will von den tausendjährigen Vorurteilen und Altweiberempfindungen der Theologie – wir leiden an der gegenwärtigen Nietzsche-Literatur.

Zu all den Nietzsche-Interpreten, die uns in kurzen oder langen Auseinandersetzungen ihre Weisheit über den großen Anti-Mystiker, Anti-Idealisten und Immoralisten gesagt haben, zu der wackeren Frau Lou Salomé, zu dem kritischen Wirrkopf Franz Servaes, zu Zerbst, der am liebsten Nietzsche zum Gottsucher machen möchte, und zu all den andern, die über Nietzsche reden, ohne je von seinem Geiste einen Hauch verspürt zu haben, hat sich nun auch Herr *Hans Gallwitz* gesellt. «*Friedrich Nietzsche, ein Lebensbild*» nennt er ein Buch, das in einer «Reihe» mit anderen Büchern erscheint. Heinrich von Stephan, Alfred Krupp, Fridtjof Nansen sind ebenfalls in biographischen Schriften, welche dieser Reihe angehören, beschrieben worden.

Herr Hans Gallwitz redet mancherlei über Nietzsche. Er bewegt sich vorzugsweise in den Gebieten der Lehre des Immoralisten, in denen er einen *Wortanklang* der Sätze Nietzsches mit solchen des Apostel Paulus finden kann; und dann sagt er ungefähr so: wie schade, daß Nietzsche den Apostel Paulus nicht verstanden hat; er hätte dann so vieles besser mit den Worten dieses Glaubenslehrers als mit seinen eigenen aussprechen können. Am liebsten möchte Herr Hans Gallwitz Nietzsche überhaupt zu einem Anhänger des Apostel Paulus machen... Doch, was geht es mich an, daß Herr Hans Gallwitz eine solche Anhänglichkeit an den Apostel Paulus hat!

Ich möchte nicht den Apostel Paulus bekämpfen; ich möchte bloß auf einige Herzensergießungen des Herrn Hans Gallwitz hinweisen, um zu zeigen, wie weit dieser Nietzsche-Interpret von den Lehren dessen entfernt ist, den er beschreiben will.

Im Grunde ärgert sich Herr Hans Gallwitz am allermeisten über die Gottlosigkeit Friedrich Nietzsches. Er kann nicht umhin, das ganz offen zu gestehen: «Nietzsche setzt seine Lehre vom Schaffenden jeder auf den Glauben an Gott gegründeten Weltanschauung entgegen. Gottesglaube und freies Schaffen schließen sich aus. ‹Was wäre denn zu schaffen, wenn Götter da wären?›» Wir, die zu Nietzsches Lehren Jasagenden wissen ganz gut, daß Gott nur ein vornehmes Wesen sein kann, und daß ein *vornehmes* Wesen nicht unfreie Kinder, sondern *freie* Menschen in die Welt stellt, die berufen sind, als Herren zu schaffen in der Welt, in die sie hineingeboren sind. Aber Herr Hans Gallwitz ist anderer Meinung. Er glaubt nicht daran, daß Gott die Erde den Menschen zur freien Verfügung gestellt hat, auf daß sie auf ihr *schaffen,* nach seinem Ebenbilde. Er glaubt daran, daß Gott ein Geschlecht von Stümpern geschaffen hat, dem er immer wieder von neuem auf die Beine helfen muß, wenn es was Ordentliches leisten soll. «Der beschränkte Erdensohn, dessen Denken und Wollen erst an den Ordnungen dieser Erde zur Entfaltung kommt, kann nur die ihm sich darbietenden Antriebe und Zwecksetzungen ein wenig weiter führen und klären; er kann nichts Neues aus sich heraus schaffen, keinen neuen Anfang setzen. Seine Tätigkeit gleicht immer nur der des Gärtners, welcher durch selbstlose, treue Pflege den Pflanzen einige neue Kräfte und Werte abgewinnt; das geschieht nicht durch gewaltsames Dareinfahren, sondern der Schaffende muß sich abhängig machen von dem Material, welches ihm gegeben ist, er muß auch mit dessen Mängeln zu rechnen wissen, wenn anders er etwas fertigstellen will.» Ein Gärtner will Herr Hans Gallwitz sein; ein Schaffender aber will Friedrich Nietzsche sein. Wie könnte ich Gärtner sein, wenn der liebe Gott mir nicht einen Garten zur Pflege übergeben hätte: spricht demutsvoll Hans Gallwitz. – «Was wäre denn zu schaffen, wenn Götter da wären?» spricht Friedrich Nietzsche. Die Götter haben eine Welt geschaffen; aber sie wollten auch noch ein Wesen, wie sie selbst sind, schaffen; und da schufen sie den Menschen, der nun weiter schafft. Sie aber haben sich zurückgezogen, und nur, wenn der Mensch sich ein höchstes Ideal schaffen will, dann nennt er es Gott, weil er in sich den einzigen Gott findet, sagt Nietzsche. Die Götter haben sich Handlanger geschaffen, die alle Augenblicke in die Irre gehen, und die nicht schaffen können, sondern nur «durch selbstlose, treue Pflege den Pflanzen einige neue Kräfte und Werte» abgewinnen können, sagt Herr Hans Gallwitz.

Alles was göttlich in dem Menschen ist, wollte Friedrich Nietzsche in dem Menschen erwecken, auf daß er ein Schaffender werde, wie Gott selbst ein Schaffender ist; alles Göttliche will Herr Hans Gallwitz aus dem Menschen pressen, auf daß er ein Gärtner werde, «welcher durch selbstlose, treue Pflege den Pflanzen einige neue Kräfte und Werte abgewinnt».

Seine Ansicht von dem «Menschen als Gärtner» stellt Herr Hans Gallwitz Nietzsche entgegen, der da die Lehre verkündet hat von dem «Menschen als Schaffenden». Herr Hans Gallwitz hat mit seinem Buche nur gezeigt, daß er besser getan hätte, die Briefe des Apostels Paulus zu lesen als die Schriften Nietzsches. Doch – die ersteren kennt er! Er hätte sich wohl mit irgendeiner für ihn nützlicheren Arbeit befassen können in der Zeit, in der er Nietzsches Werke las; und wenn er, statt uns ein Buch über Nietzsche zu schenken, Obst oder Rüben gepflanzt hätte – dann wäre er ein besserer Gärtner gewesen.

Ich nehme Abschied von dem Gärtner Hans Gallwitz. Er mag sich trösten über meine Spöttereien. In den «Preußischen Jahrbüchern» ist er ja gelobt worden. Und die «Preußischen Jahrbücher» sind ein angesehenes Organ. Dort hat ihn derselbe Herr gelobt, der sich in einer vorhergehenden Nummer nicht hat enthalten können, Nietzsche selbst zu verspotten. In denselben Jahrbüchern, deren Herausgeber die fade Faselei des Herrn «Brand» mit den Worten begleitet hat, daß er sich für Nietzsche nur als für eine literarische Erscheinung interessiere.

Es wird heute nur einige Menschen geben, die im Lager Friedrich Nietzsches stehen: Leute, die zu ihm stehen, weil sie ihn verstehen können. Ihnen wird es obliegen, treue Wache zu halten gegen das Andringen aller derer, die ihn ausnützen wollen im Dienste irgendwelcher althergebrachter Anschauungen. Denn Friedrich Nietzsche ist der *modernste Geist,* den wir haben. Aber wir Wächter Nietzsches werden vielleicht scharfe Waffen brauchen. Wir werden sie haben und zu führen verstehen. Denn wir haben von Nietzsche das Fechten gelernt; und er ist ein guter Fechtmeister.


EIN WIRKLICHER «JÜNGER» ZARATHUSTRAS

Vor etwa neun Jahren lernte ich in Wien einen Mann kennen, von dem ich mir manche schöne geistige Frucht für die Zukunft versprach. In den Zeitschriften und Zeitungen wurde damals sein Name viel genannt. Er hatte vor kurzem von der Berliner Philosophischen Gesellschaft einen Preis für die beste Darstellung der Hegelschen Weltanschauung erhalten. Weitere Kreise nahmen Interesse an ihm, und zwar auch solche, denen ein Buch über die Hegelsche Philosophie höchst gleichgiltig gewesen wäre, wenn die Lebenslage des Verfassers es nicht zu einem sensationellen Ereignisse gemacht hätte. Denn dieser Verfasser arbeitete sein Werk in dem kulturfernen, ungarischen Nest *Zombor* aus, wo er als – Gerichtsschreiber gewirkt hatte. Daß ein Mann, der vom frühen Morgen bis zum späten Abend in einem Winkel des

Magyarenlandes Gedanken ausspricht, welche eine angesehene deutsche gelehrte Gesellschaft als die tiefsten über die wirkungsvollste Philosophie des Jahrhunderts bezeichnete – – das machte ihn in den Augen vieler zu einer pikanten Persönlichkeit.

Ich ergötzte mich an den Keimen der Weltanschauung, die dieser Mann in sich trug, und die er mit seltener Beredsamkeit bei seinem damaligen Besuche in Wien mir vor Augen führte. Eine Fülle von zukunftverheißenden Ideen lebte in ihm; und in schwungvoller, von philosophischem Enthusiasmus getragener Sprache legte er seine Ansichten dar. Ich sehe ihn noch vor mir, wie er mit uns zusammensaß: mit der großen österreichischen Dichterin Marie Eugenie delle Grazie, dem Wiener Universitätsprofessor Laurenz Müllner und mir. Ein inneres Frohlocken durchzuckte mich bei dem Gefühle, daß wir in der Gegenwart solche Menschen haben.

Ich spreche von *Eugen Heinrich Schmitt,* der seither sich in gewissen Kreisen durch seine der individualistisch-anarchistischen Richtung angehörenden Schriften eine große Anerkennung erworben hat. Ich habe ihn seit jener Begegnung nicht wiedergesehen. Er lebt in Pest und ist mit Energie bestrebt, durch seine Weltanschauung auf das Leben der Gegenwart zu wirken. Die Richtung, die sein Geist genommen hat, habe ich nicht wieder aus dem Auge verloren. Seine Ansichten nahmen allmählich eine Gestalt an, die meiner Gedankenwelt so nahe als möglich steht.

Und jetzt sendet er uns aus der ungarischen Hauptstadt eine Schrift herauf, die alles übertrifft, was er bisher geleistet hat, die zu den glänzendsten Morgensternen auf dem Himmel der modernen Gedankenwelt gehört: «*Friedrich Nietzsche an der Grenzscheide zweier Weltalter.*» Ich habe lange kein

Buch gelesen, das eine so freie, reine Geistesatmosphäre um mich verbreitet hat wie dieses. Eugen Heinrich Schmitt sieht von demselben Gesichtspunkte aus in die Vorstellungswelt Nietzsches, von dem aus ich vor kurzem diejenige Goethes betrachtet habe (vergl. mein Buch über *«Goethes Weltanschauung»*). Wie eine Handreichung über Meilen hinweg erscheint mir die Tatsache dieses Buches. Über das Verhältnis des modernen Menschen zu den großen Rätselfragen des Daseins hat E. H. Schmitt dieselbe Auffassung wie ich. Auch er kennt den Weg, auf dem wir Gegenwärtigen allein zu jener in sich harmonischen, das Weltall mit einer großen Empfindung und einem großen Gedanken umspannenden Anschauung und Lebensführung gelangen können, die den Griechen der älteren Zeit in einer naiven und kindlichen Form beschieden war. Die Griechen dieser älteren Zeit lebten in der sinnlichen Natur, ihre menschliche Wesenheit war für sie ein Stück Natur. Und wenn ihnen das Bild der großen Schöpferin vor Augen trat, so enthielt dieses Bild stets auch den ganzen, vollen Menschen in sich. Da kam Sokrates, da kam Plato. Sie sprachen die große Wahrheit aus, daß in dem Menschen etwas lebt, das höher als alle Natur ist: der Geist. Und herausgerissen aus dem All war dieser menschliche Geist, den eine ältere Generation in ungetrennter Gemeinschaft mit der Natur wahrgenommen hatte. Als eine Welt für sich, neben und über der Natur, stand fortan dieser Geist vor den Augen der Menschen. Die platonische Ideenwelt ist der aus der Natur gerissene Geist, der nun über den Wassern schwebte. Ein schattenhaftes Gebilde wurde dieser Geist, als er den Zusammenhang mit den feuchten, warmen Säften der Natur verloren hatte. Ein wirkliches Leben wollte diesem Geiste das Christentum geben. Aber es fand den Weg nicht zurück zur Natur, den Sokrates und Plato vorwärts zum Geiste gegangen waren. Es versetzte den Geist in ein eigenes Reich; und was Plato Ideen nannte: das nannten die Christen Gott und Engel. Aber Gott und die Engel waren nicht natürliche Wesen, im Stoffe dieser Welt. Hinzuerfunden waren sie zu dieser Welt. In das Jenseits waren sie versetzt; und das Diesseits wurde verleumdet als das irdische Jammertal.

Der Weg vom Himmel zur Erde muß wiedergefunden werden. Denn die Erde selbst hat den Geist, den Himmel in sich; und nur die Menschen haben es verlernt, den Geist auf der Erde auch zu finden, von dem sie Kenntnis erlangt haben.

Wir können nicht zurück zur Weltanschauung der Griechen. Denn wir haben den Geist in seiner eigenen Gestalt sehen gelernt. Aber wir können diesen Geist in uns aufleben lassen, wir können uns von ihm durchdringen lassen. Und wenn wir ihn wirklich geschaut haben und dann den Blick zurück zur Natur wenden: dann werden wir sehen, daß das Licht, das in unserem Kopfe als Geist aufleuchtet, dasselbe ist wie dasjenige, das die Natur selbst ausstrahlt. Wir blicken in unser Inneres, und der Geist leuchtet darin auf; und unser Auge wird sonnenhaft und blickt in die Natur und sieht in ihr den gleichen Geist.

Wir haben einen Umweg nötig, den die Griechen noch nicht nötig hatten. Wir müssen erst den Geist in uns sehen, um ihn in der Natur wiederzusehen. Die Griechen wußten nichts von dem Geiste im Innern und konnten genug haben mit dem Geiste, der ihnen aus der Natur entgegenleuchtete. Und der Mensch, der den Umweg zu machen versteht, von der Natur zum Geiste und wieder zurück zur Natur: diesen Menschen hat Goethe in seinen besten Jahren geahnt; aus diesem Geiste heraus hat er auf der Höhe seiner Entwickelung als Dichter und Naturforscher geschaffen. Und diesen Geist hat Nietzsche als «Übermenschen» verkündet. In dieser Erkenntnis begegnet sich E. H. Schmitt wieder mit mir, der ich dieselbe Ansicht vom Übermenschen schon in meinem Buche: «Friedrich Nietzsche, ein Kämpfer gegen seine Zeit» vertreten habe.

In der reichhaltigen Nietzsche-Literatur der Gegenwart ist dieses Buch eines der allerbesten; geschrieben von einem Geiste, der nicht blinder Anhänger ist, und der nicht von dem Wirbel Nietzschescher Dithyramben im bewußtlosen Tanze mitgerissen wird, sondern einer, von dem Nietzsche, wenn er ihn noch miterleben könnte, sagen würde: Du bist ein Schüler Zarathustras; denn du folgst nicht *seinen,* sondern *deinen* Wegen.

## FRIEDRICH NIETZSCHE
## UND DAS «BERLINER TAGEBLATT»

In *Weimar* ist gegenwärtig Friedrich Nietzsche untergebracht. Kein Wunder, daß in dieser «gebildeten» Stadt ein wackerer Bürger das Bedürfnis fühlt, sich in die Lehre des Philosophen zu vertiefen. Er möchte wissen, in welcher Reihenfolge er dessen Schriften lesen solle. Was tut er? Er wendet sich an das *«Berliner Tageblatt»*. Dieses gibt ihm in der Nr. vom 28. Januar 1900 folgende Auskunft: «Sie fragen, in welcher Reihenfolge Sie die philosophischen Schriften *Friedrich Nietzsches*-lesen sollen, um in das Verständnis dieses nicht eben leicht verständlichen führenden Geistes einzudringen. Wir raten, mit der *Biographie* Nietzsches von Frau Elisabeth

Förster-Nietzsche zu beginnen, da sein tragischer Lebensgang der beste Schlüssel für seine Gedankenwelt ist. Sodann lesen Sie einige der ‹Unzeitgemäßen Betrachtungen› (über Schopenhauer, vom Nutzen und Nachteil der Historie, von der Entstehung der Tragödie, über Richard Wagner); und im Anschluß daran die beiden sich ergänzenden großen Studien: Genealogie der Moral und Jenseits von Gut und Böse. Nach diesen systematischen Arbeiten des *gesunden* Friedrich Nietzsche mögen Sie sich den Aphorismenbänden des erkrankenden und *kranken* Philosophen zuwenden, etwa in der Reihenfolge: Morgenröte, Menschliches-Allzumenschliches, Fröhliche Wissenschaft, Antichrist und *erst zuletzt* seine großartigste Schöpfung ‹Also sprach Zarathustra›, deren Verständnis die *genaue* Vertrautheit mit der geistigen Struktur des Mannes voraussetzt. Haben Sie diesen mühevollen, aber gewiß mit reichem geistigen Gewinn lohnenden Weg zurückgelegt, so lassen Sie alle empfangenen Eindrücke ausklingen in der Lektüre seiner ‹Gesammelten Gedichte›.»

Diese Zeilen sind symptomatisch für die bodenlose *Unwissenheit und Unbildung,* mit der die Macher unserer Zeitungen ausgestattet sind, und zugleich für den grenzenlosen Leichtsinn, der ihnen in der Auffassung ihres Berufes zukommt. Für jeden, der die Augen offen hat, ist das natürlich eine so bekannte Tatsache, wie die, daß jeden Morgen die Sonne aufgeht. Es scheint aber doch, daß es noch zahlreiche naive Menschen gibt, die es für möglich halten, sich in einer solch wichtigen Frage, wie die obige ist, an die Oberflächlichkeit der Zeitungsmacher zu wenden. Der Herr, der obige Notiz verfaßt hat, redet wie jemand, der etwas von Nietzsche versteht. Er weiß nicht das geringste von ihm. Denn er weiß gar nicht einmal, in welcher *Reihenfolge* Nietzsche seine Bücher geschrieben hat. Der Wissenbedürftige in Weimar soll erst: einige unzeitgemäße Betrachtungen lesen und dann die großen Studien: Genealogie der Moral und Jenseits von Gut und Böse, weil in diesen systematischen Schriften noch der *gesunde* Nietzsche spricht; dann sollen daran kommen die Aphorismenbände des *kranken* Nietzsche: Morgenröte, Menschliches-Allzumenschliches usw. Nun ist «Menschliches-Allzumenschliches» im Jahre 1878, Morgenröte 1881, «Genealogie der Moral» aber 1887 und «Jenseits von Gut und Böse» 1888 erschienen. Die im letzten Jahr vor der Erkrankung erschienenen Werke hält der Gelehrte des *«Berliner Tageblatts»* für die früheren; die 1878, also 6 Jahre nach dem Beginne von Nietzsches Schriftstellerlaufbahn, erschienene Aphorismensammlung «Menschliches-Allzumenschliches» hält er für ein Werk des schon kranken Nietzsche. Armer Fragesteller in Weimar! Du bist am Ende naiv genug, dich an deinen antwortenden Zeitungsmacher zu halten. Frage ihn doch einmal, wie du Mathematik studieren sollst? Er wird dir antworten: Erst mußt du Integralrechnung, dann Differentialrechnung lernen, dann dich an die Trigonometrie machen, dann wirst du genügend vorbereitet sein, das Einmaleins zu lernen. *So sieht es in den Köpfen der Zeitungsmacher aus!!*

## FRIEDRICH NIETZSCHE ALS DICHTER DER MODERNEN WELTANSCHAUUNG

Die Anschauungen, die gegenwärtig über *Friedrich Nietzsche* im Umlauf sind, widersprechen seinem wirklichen Verhältnisse zu den weltbewegenden Ideen der zweiten Hälfte des neunzehnten Jahrhunderts. Wer die Fäden verfolgt, die von ihm zu dem Geistesleben der letzten Jahrzehnte führen, der wird in ihm nicht den Finder neuer Anschauungen sehen können, sondern einen Geist, der das zu einer persönlichen Herzensangelegenheit gemacht hat, was Vernunft und Erfahrung anderer hervorgebracht haben. Nietzsche schuf nicht selbst neue Anschauungen; aber er fragte sich, wie sich mit denen, die ihm auf seinem Lebenswege begegneten, leben lasse. Er macht dadurch die Ideen der neuesten Zeit zu seinem ganz individuellen Schicksal. Und da er eine komplizierte Natur ist, so sind seine Erlebnisse in den Schachten der modernen Ideen geistige Phänomene von seltenem Interesse. Nietzsche selbst leitete die Kompliziertheit seiner Natur aus seiner Abstammung her. Was Goethe als tiefe Tragik der Menschenseele charakterisiert «Zwei Seelen wohnen, ach, in meiner Brust»: es war Nietzsche als Erbstück zugefallen. Das gesunde Wesen, das seiner Mutter bis zu ihrem Tode eignete, hatte sich auf ihn übertragen; aber es hatte in ihm zu kämpfen mit einer «zweiten Seele», die vom Vater stammte, den Nietzsche selbst schildert: «er war zart, liebenswürdig und morbid, wie ein nur zum Vorübergehen bestimmtes Wesen, eher eine gütige Erinnerung an das Leben, als das Leben selbst.»

Das Griechentum, die Weltanschauung Schopenhauers, die Kunst Richard Wagners, die Vorstellungsart der modernen naturwissenschaftlichen Einsicht, die ethischen Ideen der Gegenwart: das waren hintereinander die geistigen Elemente, die auf Nietzsches Seele wirkten, und deren Wirkung im Spiegel seiner eigenartigen Persönlichkeit seine Werke zum Ausdruck bringen. Er bekannte sich nicht zu denen, die das Griechentum aus einer naiven Lebensführung, aus einem kindlichen Herzen und einer sorglosen Phantasie herleiten konnten. Die sonnige Kunst des alten Hellenentums muß vielmehr aus den schmerzlichsten Erlebnissen herausgewachsen sein. Nicht weil den Griechen das Leben leicht ward, suchten sie nach einem harmonischen Ausdruck desselben in der Kunst, sondern weil sie von dem Elend und den Schmerzen des Daseins die bittersten Erfahrungen hatten, bedurften sie einer Kunst, die ihnen dieses Dasein erträglich machte. Das Leben bedarf der Kunst, welche die Nichtigkeit des Daseins erhebt zu dem Anschauen eines Göttlichen. Aber diese Kunst ist, nach Nietzsches Meinung, dem Griechentum verlorengegangen, als es nicht mehr, über das rein Menschliche hinaus, zum Göttlichen strebte, sondern in Euripides sich mit der nüchternen Nachahmung des bloß Natürlichen begnügte. Sokrates ist der Verführer des Euripides und damit des ursprünglichen Griechentums geworden. Mit seinem Herunterholen der Vorstellungen vom Himmel auf die Erde, mit seinem «Erkenne dich selbst» hat er in dem Gemüte die Sehnsucht über das Menschliche hinaus zu dem Übermenschlich-Göttlichen ertötet. Das nichtige Dasein, über das die Kunst hinwegführen sollte, wurde nunmehr selbst der Gegenstand derselben. An der Unfähigkeit, sich über die Nichtigkeit des Daseins zu erheben, krankt seit Sokrates und Euripides das Abendland. Die Renaissance-Kultur war nur eine vorübergehende Sehnsucht aus dem allgemeinen Niedergange heraus. –

Einem Geiste, der so empfand, mußte die pessimistische Weisheit Arthur Schopenhauers einen tiefen Eindruck machen. Nietzsche fand durch Schopenhauer die Grundstimmung seines Gemütes, wie sie sich ihm aus der Vertiefung in das Griechentum ergeben hatte, philosophisch gerechtfertigt. Und wie er in Schopenhauer den Weisen fand, der ihm die Gründe für seine tragische Stimmung entgegenbrachte, so fand er in Richard Wagner den Künstler, der, wie es ihm schien, aus der gleichen Stimmung heraus, eine neue Kunst schuf. Nicht mehr eine solche, die irdisch-nichtiges Dasein nachbildet, sondern eine solche, die das Nichtige vergessen macht, indem sie dem Menschen wieder ein Göttliches vorzaubert. Den Wiederbringer einer Kultur, die Sokrates vernichtet hat, sah Nietzsche in Wagner. Er sah ihn so lange, als er nur das eigene Idealbild, das er sich von Wagner gebildet hatte, betrachtete. Er schuf sich den wirklichen Wagner zu einem solchen Idealbilde um, das er brauchte, um die Kultur des Abendlandes, die er als Niedergangserscheinung empfand, ertragen zu können. Ein tragisches Ereignis war es in seinem Leben, als er gewahr wurde, daß sein Idealbild von Wagner nichts mit dem wirklichen Wagner zu tun hatte. Er wurde nunmehr ebenso heftiger Gegner Wagners, wie er früher sein Anhänger war. Im Grunde wurde er aber nur Gegner seines eigenen Ideals. Er fiel nicht von Richard Wagner ab; er fiel von dem Vorstellungskreise ab, in dem er in einer Epoche seines Lebens den Ausweg gesucht hatte aus der Grundstimmung seiner Seele gegenüber der Nichtigkeit des Daseins. –

Nietzsche vertiefte sich nunmehr in die Wirklichkeit dieses Daseins selbst, um aus ihm das Glück zu holen, das ihm ein illusorisches Ideal der Kunst, die über dieses Dasein hinwegführen soll, nicht hatte bringen können. Er ergriff die Ideen des modernen naturwissenschaftlichen Denkens; vor allem den umfassenden *Entwickelungsgedanken,* der zeigt, wie Vollkommenes aus Unvollkommenem hervorgeht. Sollte eine Vertiefung dieses Gedankens nicht ganz anders imstande sein, die Wirklichkeit erträglich zu machen, als die Ideen eines unwirklichen Göttlichen, das zu der Wirklichkeit nur hinzuerfunden wird? Wie der Mensch aus unter ihm stehenden Geschöpfen sich entwickelt hat, so kann er über sich hinaus sich zum «Übermenschen» fortentwickeln. So zaubert er aus der Wirklichkeit selbst hervor, was die künstlerische Illusion bieten sollte. Das Leben erhält eine Aufgabe, die fest in diesem Leben wurzelt und doch über dieses Leben hinausgeht. Wie läßt sich mit dem modernen Entwickelungsgedanken leben? Das war Nietzsches persönliche Frage gegenüber dem naturwissenschaftlichen Denken. Es läßt sich mit ihm leben, weil er uns ein Leben der Lust, der unendlichen Freude schenkt, durch die Idee an unsere eigene Zukunftsentwickelung, durch den Aufblick auf den «Übermenschen». Diesem Übermenschen sang Friedrich Nietzsche in seinem «Zarathustra» ein hohes Lied. Er wurde der *Dichter* der modernen Weltanschauung. Er wurde es, weil bei ihm Erlebnis des Herzens ward, was bei den Pfadfindern der modernen Anschauungen Erlebnis der Vernunft, des Kopfes war.

## KURZER AUSZUG AUS EINEM VORTRAG ÜBER FRIEDRICH NIETZSCHE

Das folgende Gedankenskelett lag drei Vorträgen zu Grunde, die ich in der letzten Zeit über den dahingegangenen Philosophen und Dichter bei drei Veranstaltungen in verschiedener Gestalt gehalten habe. Der erste fand im Kreise der von L. Jacobowski begründeten Gesellschaft der «Kommenden» statt, der zweite auf freundliche Aufforderung des «Vereins zur Förderung der Kunst», bei dessen Nietzschefeier am 15. September im Rathaussaale, der dritte bei einer Nietzschefeier, die der Rezitator Kurt Holm im Verein mit mir am 18. September im Architektenhause veranstaltet hat. An der ersten Feier beteiligten sich auch der Oberregisseur *Moest* und der Rezitator *Max Laurence* durch Vortrag Nietzscher Schöpfungen; im «Verein zur Förderung der Kunst» hatte ich die große Freude, mit *L. Manz,* der Nietzsche-Dichtungen rezitierte, und mit *Conrad Ansorge* und *Eweyk* zusammenzuwirken. Dieser sang zwei von Ansorge mit wahrer Größe komponierte Lieder, die der Komponist selbst begleitete. Ein Harmonium-Vortrag ergänzte die Feier. Dienstag am 18. stand mir *Kurt Holm* mit seinen Rezitationen aus «Zarathustra» und Nietzsches Gedichten zur Seite.

«Lieber im Eise leben als unter modernen Tugenden und anderen Südwinden!» Diese Worte, die Friedrich Nietzsche im ersten Kapitel seines unvollendet gebliebenen Werkes «Umwertung aller Werte» ausspricht, geben die Empfindung wieder, unter der er immer gelebt hat. Er fühlte sich als unzeitgemäße Persönlichkeit, die andere Wege gehen mußte als die ganze Zeitgenossenschaft. Nicht als Messias, noch als Verkünder einer neuen Weltanschauung kann er uns erscheinen. Wie glänzend, wie hinreißend er auch seine gewaltigen Ideen ausspricht: sie sind nicht als originelle aus seinem Geiste entsprungen; es sind die Ideen, welche in dieser oder jener Form schon von anderen Geistern des neunzehnten Jahrhunderts ausgesprochen worden sind; es sind Ideen, die tief im Geistesleben der letzten Jahrzehnte wurzeln. Wodurch er sich von anderen unterscheidet, das sind die Empfindungen, die Seelenerlebnisse, die er unter der Wirkung dieser Ideen erfahren hat. Der Zusammenbruch jahrhundertealter Vorstellungen unter der Wucht der modernen naturwissenschaftlichen Anschauungen wirkte auf wenige so erschütternd, so persönlich wie auf Nietzsche. Was die meisten nur mit dem Kopfe durchlebt haben, die Wandlung eines alten in einen neuen Glauben: das wurde für Nietzsche ein ganz persönliches, sein Herz zermarterndes, individuelles Erlebnis. Und mit diesem Erlebnis stand er einsam, abseits von dem Wege, den die Zeitgenossen mit ihren Empfindungen und Vorstellungen gingen. Aus den Gedanken, die ihm während seiner Studienzeit über die Kunst und die Weltanschauung der Griechen überliefert wurden, wuchs ihm seine eigene Auffassung der alten Kultur heraus. Er sah nicht wie andere in Sokrates, Plato, Sophokles, Euripides die großen Repräsentanten des echten griechischen Geistes; er dachte sich eine höhere, umfassendere Kunst und Weisheit in Griechenland heimisch im Zeitalter vor Sokrates, eine Kultur, die seit Sokrates eine Verwässerung, eine Abschwächung erlitten hat. Nach dieser uralten Kultur sehnte er sich mit seiner ganzen Seele zurück. Sie ist der Menschheit verlorengegangen. Nur im Zeitalter der Renaissance hat sie eine kurze Wiedergeburt erlebt. In Schopenhauers Philosophie glaubte er wieder eine Weisheit zu vernehmen, wie sie die Griechen vor Sokrates innehatten, und in Richard Wagners Kunst vermeinte er Töne zu hören, wie sie seit jenen alten Zeiten der Menschheit nicht erklungen sind. Es bedeutete einen Höhepunkt in Nietzsches Leben, als ihn, Anfang der siebziger Jahre, eine innige Freundschaft mit Richard Wagner verband. Was in diesem Genius lebte, was sich als dessen Kunst von ihm losrang, das idealisierte Nietzsche noch. Er schuf sich Wagner zu einem Ideal um, in das er alles hineinlegte, was er in dem Griechenland der vorsokratischen Zeit verwirklicht glaubte. Nicht was Wagner wirklich war, verehrte er, sondern die ideale Vorstellung, das Bild, das er sich von Wagner machte. Gerade als Wagner 1876 dabei war, zu erreichen, was er erstrebt, da wurde Nietzsche gewahr, daß er nicht die wahre Kunst Wagners verehrt, sondern ein Ideal, das er sich selbst gebildet hatte. Jetzt erschien ihm dieses Ideal als etwas Fremdes, etwas, das seiner innersten Natur gar nicht entsprach. Er wurde nun ein Gegner seiner eigenen früheren Ideen. Nicht Wagner hat der spätere Nietzsche bekämpft, sondern sich selbst, seine ihm fremd gewordene Vorstellungswelt. So war im Grunde Nietzsche einsam mit seinen Gedanken schon in der Zeit, als die Freunde Wagners ihn zu den ihrigen zählten; und vollends einsam mußte er sich fühlen, als er Gegner seiner eigenen früheren Ideen wurde. Hatte er früher wenigstens Empfindungen gehegt, die sich an eine mächtige Kulturerscheinung anschlossen; jetzt kämpfte er als völlig Verlassener mit sich allein. In der Stimmung, die sich aus solcher Verlassenheit und Einsamkeit ergab, nahm er die Ideen der modernen Naturwissenschaft auf. Nicht so wie andere konnte er sich mit dem Gedanken abfinden, daß der Mensch sich aus niederen Organismen allmählich entwickelt habe. In seinem Geiste wuchs dieser Gedanke. Hatte es die Tierheit bis zum

Menschen gebracht, so ist es nur natürlich, daß der Mensch über sich hinausschreite zu einem noch höheren Wesen, als er selbst ist, zu dem Übermenschen. Der moderne Zeitgeist hatte genug zu tun damit, die weittragenden Ideen der neuen Naturwissenschaft zunächst auf sich wirken zu lassen; er blieb dabei stehen, den Menschen aus seiner Vergangenheit zu begreifen. Nietzsche mußte den Gedanken der Menschheitsentwickelung aber sogleich im Hinblick auf eine fernste Zukunft in sich verarbeiten. So stand er auch einsam mit dem Erlebnis, das die moderne Naturwissenschaft in ihm hervorrief.

Wer das Geistesleben des letzten halben Jahrhunderts kennt, kann sich sagen, daß alle Ideen, die bei Nietzsche auftreten, auch sonst vorhanden sind; er muß aber gestehen, daß die Art, in der sie auf Nietzsche gewirkt haben, eine solche ist, wie sie bei keiner andern Persönlichkeit zu finden ist. Nicht Verkünder einer neuen Weltanschauung ist daher Nietzsche, sondern ein Genius, der als Einzelpersönlichkeit mit seinem ureigensten Seelengeschick unser tiefstes Interesse erweckt.

## FRIEDRICH NIETZSCHE
*gestorben am 25. August 1900*

Hätte vor zehn Jahren, als der Wahnsinn dem Schaffen Friedrich Nietzsches ein plötzliches Ende machte, jemand vorausgesagt, daß er in kurzer Zeit zu den gelesensten und noch mehr besprochenen deutschen Schriftstellern gehören werde: man hätte ihn wahrscheinlich ausgelacht. Der Mann, von dessen Werken heute Auflagen nach Auflagen erscheinen, mußte für die Schriften, die er noch selbst der Öffentlichkeit übergab, die Druckkosten bestreiten. Gegenwärtig besteht in Weimar ein eigenes «Nietzsche-Archiv», das dafür sorgt, daß keine Zeile der mittlerweile so berühmt gewordenen Persönlichkeit der Öffentlichkeit vorenthalten werde. Nietzsche hat, kurz vor der vollständigen Umnachtung seines Geistes, geschrieben: «Ich habe der Menschheit das tiefste Buch gegeben, das sie besitzt, meinen *Zarathustra:* ich gebe ihr über Kurzem das unabhängigste.» In diesem «unabhängigsten Buche» wollte er der Menschheit lehren, ganz neue Wertmaßstäbe an alle Dinge zu legen. Es sollte «Umwertung aller Werte» heißen. In dem ersten Kapitel dieser Schrift, das nach seiner Erkrankung herausgegeben worden ist, lesen wir: «Dies Buch gehört den Wenigsten. Vielleicht lebt selbst noch keiner von ihnen. Es mögen die sein, welche meinen Zarathustra verstehen: wie dürfte ich mich mit Denen verwechseln, für welche heute schon Ohren wachsen?» Man darf sagen, Nietzsche hat sich in doppeltem Sinne geirrt. Wer die Entwicklung des Geisteslebens in den letzten Jahrzehnten verfolgt hat, der kann sich sagen, Nietzsches Anschauungen sind keineswegs die «unabhängigsten». Er hat nur zuweilen originelle, zuweilen aber auch paradoxe und höchst einseitige Folgerungen aus Ideen gezogen, die in der Zeitkultur wohl vorbereitet lagen. Wenn man die Schriftsteller verfolgt, aus denen er seine Bildung geholt hat, dann wird man zu einem anderen Urteil über seine Unabhängigkeit geführt, als das ist, mit dem seine mehr als zweifelhafte gegenwärtige Anhängerschaft so selbstgefällig auftritt. Und auch mit der zweiten der angeführten Behauptungen hat sich Nietzsche geirrt. Wenn man Umschau hält in einer gewissen Publizistik der Gegenwart, wird man bedenklich den Kopf schütteln müssen über die Unzahl von

Ohren, die bereits in so kurzer Zeit für den «Unabhängigen» gewachsen sind. Nietzsches Gedanken bilden, in bequeme Schlagworte geprägt, ein beliebtes Ausdrucksmittel «geistreicher» Journalisten.

Man mag über Nietzsches Weltanschauung denken, wie man will: die Art, wie er populär geworden ist, wird man nicht anders bezeichnen können denn als eine tiefe Verirrung unserer Zeitkultur. Ein hervorstechendes Merkmal bei fast allen seinen Anhängern ist der Mangel an einem sachgemäßen Urteil und das flatterhafte Interesse für die Ideen einer durch ihre persönlichen Lebensschicksale interessanten Persönlichkeit. Wer Nietzsches Schriften wirklich mit Verständnis liest, der wird sich vor allen Dingen darüber klar werden, daß er es mit einem Mann zu tun hat, der dem wirklichen Leben der Gegenwart, den großen Bedürfnissen der Zeit ganz fernstand. Er hat sich alles, was er kennenlernte, im Sinne der Anschauungen zurechtgelegt, die er sich durch einen einseitigen klassischen und philosophischen, in mancher Beziehung ganz abnormen Bildungsgang erworben hat, mit Ausschluß jeglicher Lebenserfahrung, ohne Kenntnis der wahren Bedürfnisse der Gegenwart. Er war in vollster geistiger Vereinsamung mit sich selbst und seinen Gedanken und Empfindungen beschäftigt. Deshalb konnte er auch nur zu Ideen kommen, die als Äußerungen einer merkwürdigen Einzelpersönlichkeit interessieren können, zu denen sich aber in der Form, wie er sie ausgesprochen hat, kein anderer, im wahren Sinne des Wortes, als Anhänger bekennen sollte. Wer ihn dennoch geradezu als einen Geist hinstellt, der für unsere Zeit charakteristisch ist, der beweist nur, daß Verständnislosigkeit für die eigentlichen Bedürfnisse der Gegenwart bei vielen auch eine charakteristische Erscheinung dieser Gegenwart ist.

Die Betrachtung des Entwicklungsganges Nietzsches möge diese Behauptung bestätigen. Er ist am 15. Oktober 1844 in Röcken geboren. Sein Vater war protestantischer Prediger. Nietzsche war fünf Jahre alt, als der Vater starb. Er schildert ihn selbst mit den Worten: «Er war zart, liebenswürdig und morbid, wie nur ein zum Vorübergehn bestimmtes Wesen, – eher eine gütige Erinnerung an das Leben, als das Leben selbst.» – Innerhalb einer frommen protestantischen Familie wuchs Nietzsche heran. Er war ein im orthodoxen Sinne frommer Knabe. Wir wissen aus der Biographie, die seine Schwester geliefert hat, daß er von seinen Klassenkameraden wegen seiner religiösen Denkungsart der «kleine Pastor» genannt worden ist. Auf dem Gymnasium zu Schulpforta, der Musteranstalt für klassische Bildung, brachte er die Schuljahre zu. An den Universitäten Bonn und Leipzig hat er sich der klassischen Altertumswissenschaft gewidmet und sich in der Vorstellungswelt des alten Griechentums so eingelebt, daß ihm diese alte Kultur als ein Ideal menschlicher Entwicklung, als der Inbegriff alles Großen und Edlen erschien. Er ist in der Schätzung des Griechentums später so weit gegangen, daß er das Vorhandensein des Sklaventums, dieser Begleiterscheinung einer frühen Bildungsstufe, als etwas besonders Mustergültiges und Wertvolles pries. Am Ende seiner Studienlaufbahn lernte er die Philosophie Arthur Schopenhauers und Richard Wagner kennen. Die Schriften des ersteren und die Persönlichkeit des letzteren wirkten geradezu faszinierend auf ihn. Durch seine begeisterungsfähige, starken Eindrücken gegenüber empfindliche Natur war er beiden Geistern förmlich willenlos verfallen.

Die Schätzung der griechischen Kultur, die er als eine wahrhaft große nur für die Zeit vor dem Auftreten Sokrates' ansah, verband sich bei ihm mit der rückhaltlosen Bewunderung Schopenhauers und Wagners. Er sah nunmehr im alten Griechentum eine Kultur, durch die der Mensch den ewigen Mächten der Welt näherstand, als das später der Fall war. Er sagte sich: in dieser alten Zeit sind die Menschen ganz im Banne ihrer ursprünglichen Instinkte und Triebe gewesen, sie haben nach allen Seiten voll ausgelebt, was die Natur in sie gelegt hat. Durch Sokrates sind sie von dieser Kultur abgebracht worden. Sokrates habe einseitig den Geist, den Verstand gepflegt. Er habe durch das Denken die Urtriebe der Menschen eingeschränkt; die Tugend, die man ausgeklügelt, sollte an die Stelle der frischen, urkräftigen Instinkte treten. In Schopenhauers Lehre glaubte Nietzsche eine Rechtfertigung für diese seine Anschauungsart zu finden. Denn Schopenhauer nennt auch das menschliche Vorstellen, den Verstand, nur ein Ergebnis des blinden, vernunftlosen Willens, der in allen Naturerscheinungen waltet. Und in Wagners Musik glaubte Nietzsche Töne zu hören, die wieder aus den Tiefen der menschlichen Natur kommen, denen sich die Bildung der verflossenen Jahrhunderte entfremdet hat. Er verherrlichte das alte Griechentum vom Standpunkt der Schopenhauerschen Philosophie und feierte zugleich das Musikdrama Wagners als die Wiedergeburt dieser verlorenen Kultur in seiner ersten Schrift «Die Geburt der Tragödie aus dem Geiste der Musik» (1872). In der folgenden Zeit unternahm er von diesem Gesichtspunkte aus in seinen vier «Unzeitgemäßen Betrachtungen» einen Feldzug gegen die gesamte moderne Bildung. In einer Festschrift, die er 1875 für die Aufführungen in Bayreuth verfaßte, erreichte er den extremsten Ausdruck für diese seine Anschauungsweise.

In derselben Zeit wurde ihm auch klar, daß er sich den

Einflüssen Wagners und Schopenhauers wie hypnotisiert hingegeben hatte. Er empfand die ganze Anschauung als ein fremdes Element, das er sich eingeimpft hatte. Er wurde zum heftigsten Gegner dessen, was er bisher vertreten hatte. Er kämpfte nunmehr für eine streng wissenschaftliche Betrachtung des Lebens. Durch das Studium von Werken, die im naturwissenschaftlichen Geist der damaligen Zeit geschrieben waren, wurde er von seiner früheren Anschauung abgebracht. Er hatte sich in Friedrich Albert Langes «Geschichte des Materialismus», in Dührings Schriften, in die Ausführungen der französischen Moralschriftsteller vertieft. Wer diese Schriften kennt, der sieht in den Standpunkten, zu denen sich Nietzsche in seinen Werken: «Menschliches, Allzumenschliches», «Morgenröte» und «Die fröhliche Wissenschaft» bekennt, extreme Schlüsse aus den Ideen, die von den genannten Schriftstellern vertreten worden sind. Nietzsche sieht jetzt in den Vorstellungen, die er vorher gelehrt hat, falsche Ideale, welche die nüchterne, verstandesklare Beobachtung der Dinge in einen romantischen Nebel einhüllen. Immer mehr steigert sich seine Antipathie gegen Schopenhauer und Wagner. Im Jahre 1888 verfaßt er dann seine Schrift «Der Fall Wagner», welche in Worte ausklingt, wie diese: «Die Anhängerschaft an Wagner zahlt sich teuer. Ich beobachte die Jünglinge, die lange seiner Infektion ausgesetzt waren. Die nächste, relativ unschuldige Wirkung ist die des Geschmacks. Wagner wirkt wie ein fortgesetzter Gebrauch von Alkohol. Er stumpft ab, er verschleimt den Magen.... Der Wagnerianer nennt zuletzt rhythmisch, was ich selbst, mit einem griechischen Sprichwort, ‹den Sumpf bewegen› nenne.»

Noch einmal gewinnt etwas einen starken Einfluß auf Nietzsche. Es ist der Darwinismus. Auch hier schreitet er sogleich zu den extremsten Folgerungen vor. Ohne Zweifel hat ein im Jahre 1881 erschienenes Buch eines genialen, leider früh verstorbenen Naturforschers W. H. Rolph «Biologische Probleme», ihm weitgehende Anregungen gegeben. Er wird von der Idee des «Kampfes ums Dasein» aller Wesen, der im Darwinismus eine mächtige Rolle spielt, fasziniert. Aber er nimmt diese Idee nicht in der Darwinschen Form an; er gestaltet sie in dem Sinne um, in dem sie Rolph ausgebildet hat. Darwin war der Ansicht, daß die Natur bei weitem mehr Wesen hervorbringt, als sie mit den vorhandenen Nahrungsmitteln erhalten kann. Die Wesen müssen also um ihr Dasein kämpfen. Diejenigen, welche am vollkommensten, am zweckmäßigsten eingerichtet sind, bleiben übrig; die andern gehen zu Grunde. Rolph ist anderer Meinung. Er sagt: nicht die Not des Daseins ist die treibende Macht der Entwicklung, sondern der Umstand, daß jedes Wesen sich mehr aneignen will, als es zu seiner Erhaltung bedarf, daß es nicht nur seinen Hunger stillen, sondern über seine Bedürfnisse hinausgehen will. Die lebendigen Geschöpfe kämpfen nicht nur für das Notwendige, sondern sie wollen immer mächtiger werden. Rolph setzt an Stelle des «Kampfes ums Dasein» den «Kampf um Macht». Diesen Gedanken stellt nun Nietzsche in den Mittelpunkt seiner Ideenwelt. Er drückt ihn paradox aus: «Leben selbst ist *wesentlich* Aneignung, Verletzung, Überwältigung des Fremden und Schwächeren, Unterdrückung, Härte, Aufzwängung eigner Formen, Einverleibung und mindestens, mildestens Ausbeutung.» Diesen Gedanken überträgt er auf die sittliche Weltordnung. Er verbindet sich ihm mit einer Ansicht, die er schon früher aus Schopenhauers Philosophie angenommen hat: daß es auf die Masse der Menschen nicht ankomme, daß die Massen nur dazu da seien, um einzelnen Auserlesenen als dienende Wesen die Bahnen möglich zu machen, auf denen sie zur höchsten Macht steigen. Die Geschichte soll nicht zum Glück des Einzelnen führen, sondern sie soll nur ein Umweg sein, um die Macht einiger hervorragender Individuen zu befördern. Auf diesem Umweg soll der Mensch sich zum «Übermenschen» entwickeln, wie er sich vom Affen zum Menschen entwickelt hat. In dem halb poetisch, halb philosophisch gehaltenen Werke «Also sprach Zarathustra» hat Nietzsche das Hohe Lied dieses «Übermenschen» gesungen. Wieder findet er wie in seinen Jugendjahren in der bisherigen Kulturentwicklung einen großen Irrtum. Der «höherwertige Typus Mensch ist oft genug schon dagewesen: aber als ein Glücksfall, als eine Ausnahme, niemals als *gewollt*. Vielmehr ist er gerade am besten gefürchtet worden, er war bisher beinahe das Furchtbare; – und aus der Furcht heraus wurde der umgekehrte Typus gewollt, gezüchtet, *erreicht*: das Haustier, das Herdentier, das kranke Tier Mensch, – ...» Nietzsche war nunmehr von seiner Idee des «Willens zur Macht» so hypnotisiert, daß ihm alles andere neben dem brutalen Kampf um Unterdrückung des Schwächeren gleichgültig wurde, daß er in dem keine Mittel scheuenden Renaissance-Menschen Cesare Borgia das Muster eines Übermenschen sah.

Immer mehr hat sich Nietzsche unter dem Einfluß solcher Vorstellungen in eine Weltanschauung paradoxer Art hineingetrieben, die weitab liegt von der Kultur der Gegenwart. Charakteristisch ist seine Stellung zur «Arbeiterfrage». Er sagt: «Die Dummheit, im Grunde die Instinkt-Entartung, welche heute die Ursache aller Dummheiten ist, liegt darin, daß es eine Arbeiter-Frage gibt. Über gewisse Dinge *fragt man nicht*. – Man hat den Arbeiter militärtüchtig gemacht, man hat ihm das Koalitions-Recht, das politische Stimmrecht gegeben: was Wunder, wenn der Arbeiter seine Existenz heute bereits als Notstand (moralisch ausgedrückt als *Unrecht* –) empfindet? Aber was will man? nochmals gefragt. Will man einen Zweck, muß man auch die Mittel wollen: will man Sklaven, so ist man ein Narr, wenn man sie zu Herren erzieht.» Vom Standpunkt Nietzsches aus ist das alles konsequent. Diejenigen, die aber in diesem Standpunkt nicht eine durch die Persönlichkeit Nietzsches höchst interessante, extreme Ausgestaltung einer absterbenden Ideenwelt sehen, sondern ein lebensfähiges Glaubensbekenntnis, müssen blind gegenüber den Forderungen der Gegenwart sein. Ein merkwürdiger Denker ist am 25. August gestorben; nicht einer der führenden Geister in die Zukunft.


## HAECKEL, TOLSTOI UND NIETZSCHE

Wer die tieferen Impulse im Geistesleben der Gegenwart sucht, dem stellen sich drei Persönlichkeiten vor die Seele. In einseitiger Art, aber mit monumentaler Größe repräsentiert jede dieser Persönlichkeiten, was unsere Zeit am tiefsten bewegt: Haeckel, Tolstoi, Nietzsche. Wahrheit, Güte, Schönheit werden die ewigen Ideale der Menschheit genannt. Es ist, als ob jede der drei Persönlichkeiten von einem andern dieser Ideale die Ausdrucksmittel genommen hätte, mit denen sie sagt, was sie zu sagen hat. Haeckel redet die Sprache der Wahrheit, Tolstoi die der Güte, Nietzsche die der Schönheit.

Man muß aus der Entwicklung des ganzen neuzeitlichen Denkens die Gesichtspunkte gewinnen, von denen aus man eine Ansicht über die drei repräsentativen Männer unserer Weltanschauung bilden kann. Man wird den Blick vorerst nach zwei Taten in dieser Entwicklung schweifen lassen müssen. Nach jener großen Tat im sechzehnten Jahrhundert, die Kopernikus vollbracht, und durch welche der Mensch seine gegenwärtig gültige Anschauung über die Erde erlangt hat, wonach diese ein Stern unter Sternen ist. Und man muß nach der andern Tat im neunzehnten Jahrhundert ausschauen, durch die das Organisch-Lebendige, ja der Mensch selbst als Naturwesen erkannt worden ist. An die Namen Lamarck und Darwin wird zunächst denken, wer sich diese Tat vor Augen stellt. Doch war Goethe ihr erster Verkünder.

> Edel sei der Mensch,
> Hilfreich und gut!
> Denn das allein
> Unterscheidet ihn
> Von allen Wesen,
> Die wir kennen.
>
> . . .
>
> Nach ewigen, ehrnen,
> Großen Gesetzen
> Müssen wir alle
> Unseres Daseins
> Kreise vollenden.

In diesen Worten, die Goethe schon im letzten Drittel des achtzehnten Jahrhunderts gesprochen, liegt die Verkündigung einer «natürlichen Schöpfungsgeschichte».

Es hat lange gedauert, bis der Mensch sich gewöhnt hat, in den «ewigen, ehrnen und großen Gesetzen» die festen Grundsäulen seiner Welterkenntnis zu sehen. Der mittelalterliche Mensch blickte zum Sternenhimmel empor und sah – nicht solche ewige, ehrne Gesetze, sondern menschenähnliche Intelligenzen. Und bis ins achtzehnte Jahrhundert hinein sah der Mensch in dem Bau seines Organismus und in dem der anderen Lebewesen nicht «ewige Gesetze», sondern das Walten einer «ewigen Weisheit», die er nur nach Art der menschlichen Vernunft denken konnte. Das Christentum war ein mächtiger Förderer solcher Denk-Gesinnung. Es hatte die «bloße, grobe Materie» zu einem Wesen niederer Art herabgesetzt. Wie sollte es sich mit dieser Materie und ihren eingeborenen Gesetzen begnügen, wenn es auf die Erklärung der wunderbaren Bewegungen im Himmelsäther oder des zweckvollen Baues der organischen Wesen ankam! Die Wissenschaft mußte Stück für Stück von unserem Weltenbaue für die «ewigen, ehrnen Gesetze» erobern. Kopernikus tat das für den Sternenhimmel, Goethe, Lamarck, Darwin für das, was lebt auf der Erde. –

Und in demselben Maße, in dem die Wissenschaft der alten Weltanschauung Stück um Stück entriß, in demselben Maße wurde der christliche Geist zäher in der Rettung dessen, was er noch für sich retten konnte. Die Welt des Raumes mußte *Luther* der Wissenschaft lassen. Um so energischer wollte er die Welt der Seele für die Religion in Anspruch nehmen. Eine strenge Scheidung vollzog er zwischen der Welterklärung und dem Evangelium. Diesem sollte keine Wissenschaft etwas anhaben können; es sollte dem Glauben erhalten bleiben, der zum Heile führt. Nicht zufällig tritt mit der neuen wissenschaftlichen Welterklärung Luthers evangelische Lehre gleichzeitig in die Weltgeschichte ein. Sie mußte kommen, wenn neben dem Wissen noch der Glaube Geltung haben sollte. Ihm mußte das Gebiet zugewiesen werden, das von der Wissenschaft noch nicht berührt war.

Und wie Luther dem Kopernikus, so steht *Kant* der modernen «natürlichen Schöpfungsgeschichte» gegenüber. Alles schien am Ende des achtzehnten Jahrhunderts dem vernünftigen Denken zu verfallen. Da kam Kant und erklärte, daß der Mensch gar nicht veranlagt sei, das wirkliche Wesen der Dinge zu erkennen. Die tiefsten Impulse seines Denkens hat Kant verraten, als er die Worte niederschrieb: «Ich mußte also das Wissen vernichten, um zum Glauben Platz zu bekommen.» Dieses Wissen ist nach Kants Meinung nur ein beschränktes; niemals kann es dahin dringen, wo die Gegenstände des Glaubens, Gott, Freiheit und Unsterblichkeit, ihr Gebiet haben. Der Glaube hat seine ewige Berechtigung neben Vernunft und Wissenschaft.

Nur eine notwendige Folge solcher Voraussetzungen war es, daß Kant der Ansicht war, dem Menschen werde der Bau eines lebendigen Wesens niemals so erklärlich sein, wie es eine Maschine ist. Übernatürlich müsse die Schöpfungsgeschichte des Organisch-Lebendigen bleiben: das war bei Kant doch der Weisheit letzter Schluß.

Das neunzehnte Jahrhundert hat Schritt für Schritt das Lebendige in das Netz der «ewigen, ehrnen Gesetze» eingesponnen. Kant erscheint uns heute wie ein neuer Luther, wie der letzte aus der Reihe derjenigen Geister, die noch irgend etwas, möglichst viel, für den der Wissenschaft unzugänglichen Glauben retten wollten. Die Entwicklung schreitet über diese Geister hinweg. Die «natürliche Schöpfungsgeschichte» kann auch das Stück Glauben nicht mehr gelten lassen, das Kant noch retten wollte. Die wissenschaftliche Denkweise ist im Begriffe, vollends die christliche aufzulösen. Kant ist uns nur noch interessant als einer der letzten großen Vertreter des christlichen Geistes.

Als Haeckel, Tolstoi und Nietzsche im letzten Drittel des neunzehnten Jahrhunderts, jeder auf seine Art, sich die Frage stellten, wie läßt sich mit den neuen Idealen der Menschheit leben, da standen sie vor der im Sinne der Wissenschaft revolutionierten Weltanschauung.

Haeckel fand sich in die Weltlage im Sinne des naiven Naturforschers. Was die Wissenschaft ihm vor Augen führt, ist ihm die Wahrheit. Und die Wahrheit ist ihm zugleich gut und schön. Er baut die Welt der Lebewesen bis herauf zum Menschen nach «ewigen, ehrnen Gesetzen» auf. Alles wird von ihm radikal zurückgewiesen, was sich dieser Welterklärung nicht beugt. Er hat keine Zeit, darüber nachzusinnen, ob der schönheitstrunkene, ob der nach sittlicher Vollendung ringende Geist in der von Vernunft und Wissenschaft aufgebauten Welt ihre Rechnung finden. Vielmehr ist ihm beides selbstverständlich. Anders Tolstoi, und anders Nietzsche. Sie können sich mit ihren Idealen nicht von vornherein in die neue Weltlage finden. In beiden lebt das alte Christentum fort als die Grundstimmung ihres Wesens. Tolstoi meint, daß der Mensch sich nur glücklich fühlen könne in einem Handeln, das von echt christlicher Gesinnung eingegeben ist. Nicht die Wahrheit der Wissenschaft, sondern die Liebe, wie sie das reine Christentum in dem Menschen erzielt, kann zur höchsten Befriedigung führen. Die Wahrheit hat sich der Liebe, die Vernunft der Güte unterzuordnen. Was soll alle Wissenschaft mit ihrer Erklärung des Geistes nach «ewigen, ehrnen Gesetzen», da doch dieser Geist fest und sicher in sich ruht und das Urgesetz der Liebe, ohne alle Wissenschaft, als sein Wesen anerkennen muß? Vor allem wissenschaftlichen Forschen kennt der Geist dieses sein Wesen. Tolstoi bekämpft das wissenschaftliche Bekenntnis, weil er glaubt, daß es den Geist zu einem bloßen Naturwesen herabwürdige, weil es ihn von außen erkennen will, da er sich doch selbst das nächste ist und sein Wesen in sich findet. Rückkehr zur wahrhaft christlichen Anschauung vom Geiste predigt daher Tolstoi. Der Wissenschaft gehört das Räumliche und Zeitliche. Das Räumliche und Zeitliche ist aber sündhaft. Gerade in der Überwindung des Räumlichen und Zeitlichen muß der Geist sein Wesen finden. Wenn er zu der Überzeugung kommt, daß sein individuelles Dasein Sünde ist, und daß er allein in der Liebe zum All seine Seligkeit finden kann, dann hat der Mensch sein Ziel erreicht. Niemals ist diese Ansicht hinreißender geschildert worden, als von Tolstoi in der Novelle «Der Tod des Iwan Iljitsch». Der Mensch kommt sterbend zu der Überzeugung, daß das Dasein in jedem Falle voll von Unrecht ist. Durch diese Überzeugung erhält der Tod seinen tiefsten Sinn. Man stirbt mit dem Bekenntnis, daß man nur unrecht leben könne. Man überwindet so sterbend das Dasein und rechtfertigt es dadurch, daß man es für nichtig erklärt. Wer als Schätzer des Lebens stirbt, stirbt nicht mit dem wahren, menschlichen Bekenntnis. Tod ist Vernichtung des Einzeldaseins, und nur wer an die Berechtigung dieser Vernichtung in dem Augenblicke glaubt, da in Wirklichkeit diese Vernichtung eintritt, der stirbt mit der Wahrheit im Herzen.

Es kann keinen größeren Gegensatz zu dieser Verklärung des Todes geben als Nietzsches Lebenstrunkenheit. Auch für Nietzsche hat die materielle, von «ewigen, ehrnen Gesetzen» beherrschte Welt keinen Daseinswert in sich. In jeder seiner Lebensperioden hegt er diese Gesinnung. Die christliche Verachtung des materiellen Daseins steckt in ihm. Er trägt sie, wie wir alle, im Blute. Aber wie Tolstoi jenseits dieser Welt seine höhere christliche errichten will, so Nietzsche innerhalb der unbefriedigenden zeitlichen eine beseligende, aber nicht minder zeitliche. Er stellt zunächst dem Christentum das Griechentum gegenüber. Und im Griechentum sieht er die verkörperte Welt der Schönheit, des starken, idealen Lebensgenusses. Als ästhetisches Phänomen, als Erscheinung der Kunst läßt sich allein die Welt ertragen. Wer die Welt sich durch Schönheit verklären kann, ist wahrer Mensch. Auch Nietzsche will das unmittelbare Leben des Alltags überwinden; aber er will es nicht durch den Tod, sondern durch ein höheres Leben überwinden. Und als Nietzsche sich in die moderne Naturwissenschaft vertieft, wird er nicht wie Tolstoi ihr Bekämpfer, sondern er löst für sich aus ihr los, was ihm zu seiner Philosophie des höchsten Lebensgenusses dienlich sein kann. Er entwickelt aus dem Menschen den Übermenschen. Nicht was ist, soll Zweck des Daseins sein, sondern was werden kann. Und es macht Nietzsche trunken vor Begeisterung für die «ewigen, großen Gesetze», weil er sich sagen kann: sie entwickeln aus dem Menschen den Übermenschen, wie sie aus dem Wurm den Menschen entwickelt haben. Das Zeitliche, das Wirkliche, wenn auch das Zukünftig-Wirkliche, wird der Inhalt der Lebensweisheit Nietzsches. Und kann man sich einen schärferen Kontrast denken, als Tolstois Todessehnsucht und Nietzsches Lebenstrunkenheit, wie sie sich äußert in der Idee, daß alle Dinge, so wie sie heute sind, ewig wiederkehren werden?

So kehrt sich denn Tolstois Weltbild völlig um, wenn man von ihm zu Nietzsche übergeht. Was jenem Zweck, wird diesem Mittel. Die großen Genien der Menschheit: Konfuzius, Buddha, Sokrates, Christus sind für Tolstoi die großen Lehrer der Menschheit. Sie sollen sich für die andern opfern.

Für Nietzsche sind alle übrigen Menschen nur da, um auf dem Umweg durch sie zu den großen Geistern zu kommen. Die Menschheit muß sich opfern, um aus ihrem Schoße einige wenige große Individuen zu erzeugen, die um ihrer selbst willen da sind. Wer das Dasein schätzt wie Nietzsche, kann wohl so denken. Dieses Dasein hat um so mehr Wert, je mehr Lebensgenuß aus ihm gesogen werden kann. Die großen Lebensgenießer erfüllen das Daseinsziel am besten. Um ihretwillen scheint dieses Dasein berechtigt. Anders für Tolstoi. Die großen Lebensgenießer sind am schlimmsten dem nichtigen, wertlosen Dasein verfallen, wenn sie nicht in den Dienst der allgemeinen Liebe treten, welche allen Menschen Erlösung bringt von dem irdischen, nichtigen Dasein.

So stehen sich die drei merkwürdigen Repräsentanten unserer Zeitbildung gegenüber: der naive Wahrheitsforscher Haeckel, für den alles Alte untergehen muß, weil die neue Wahrheit zum Siege bestimmt ist, der Prophet des Guten Tolstoi, der ein wahres Christentum den Mitmenschen in die Seele führen will, das sie zu Überwindern nicht nur des am Nichtigen haftenden alten Christentums, sondern auch der ebenso am Nichtigen hängenden Wissenschaft machen soll, und Nietzsche, der das alte Christentum ebenso überwinden will, aber aus dem Geiste der neuen Wissenschaft heraus eine höhere Menschlichkeit bilden will, die das Nichtige im Irdischen überwindet, weil sie innerhalb dieses Irdischen das wahrhaft Wertvolle findet, das würdig ist, genossen zu werden, das trotz seiner Zeitlichkeit und Räumlichkeit nicht verächtlich ist, weil es höchsten Lebensgehalt darstellt. Ihm sind Schönheit und echter Lebensgenuß, was Tolstoi das Gute, was Haeckel die Wahrheit ist.

## DAS NIETZSCHE-ARCHIV UND SEINE ANKLAGEN GEGEN DEN BISHERIGEN HERAUSGEBER

*Eine Enthüllung*

### I. Die Herausgabe von Nietzsches Werken

Es dürfte in weiteren Kreisen bekannt sein, daß sich in Weimar ein Nietzsche-Archiv befindet, in dem die hinterlassenen Handschriften des unglücklichen Philosophen aufbewahrt sind, und dessen Leitung die Schwester des Erkrankten besorgt, Frau *Elisabeth Förster-Nietzsche*. Seit einer Reihe von Jahren ist außerdem eine Gesamtausgabe der Werke Nietzsches im Erscheinen begriffen, die im Jahre 1897 bis zum zwölften Bande gediehen war. Die ersten acht Bände umfassen alle Werke, die vor Nietzsches Erkrankung bereits gedruckt waren, und den nachgelassenen Antichrist, der als abgeschlossenes Werk im Augenblicke der Erkrankung vorlag. Die folgenden Bände sollen den Nachlaß enthalten, nämlich frühere Entwürfe zu den später in vollkommenerer Gestalt ausgearbeiteten Schriften, und Entwürfe, Notizen usw. zu unvollendet gebliebenen Werken. Die vier bis jetzt erschienenen Nachlaßbände umfassen alles aus dem Nietzscheschen Nachlaß, das bis zum Ende des Jahres 1885 entstanden ist. Seit dem Jahre 1897 ist kein neuer Band der Ausgabe erschienen.

Soeben ist nun ein Herr Dr. *Ernst Horneffer* mit einer Broschüre aufgetreten: «*Nietzsches Lehre von der Ewigen Wiederkunft* und deren bisherige Veröffentlichung» (Leipzig, C. G. Naumann), in der er die Gründe auseinandersetzt, warum in so langer Zeit nichts von Nietzsches Werken erschienen ist, und warum der 11. und der 12. Band wieder aus dem Buchhandel zurückgezogen worden sind. Diese Broschüre des Herrn Dr. Horneffer und ein Buch, das auch vor kurzem erschienen ist, sind die Veranlassung, warum ich hier es einmal unternehme, einiges über die Art mitzuteilen, *wie* vom Nietzsche-Archiv aus die Verbreitung der Leistungen des von so tragischem Geschick heimgesuchten Denkers gehandhabt wird. Ich werde leider gezwungen sein, in diesem Aufsatze auch einiges Persönliche vorzubringen. Ich tue das nicht gerne. Allein hier gehört das Persönliche durchaus zur Sache, und die Erfahrungen, die ich mit dem Nietzsche-Archiv gemacht habe, sind geeignet, Licht zu verbreiten darüber, wie die verantwortlichen Personen mit dem Nachlaß einer der merkwürdigsten Persönlichkeiten der neueren Geistesgeschichte verfahren.

Die zweite Veröffentlichung, von der ich oben gesprochen habe, ist eine deutsche Übersetzung des französischen Buches: «La philosophie de Nietzsche» von Henri Lichtenberger. Die Übersetzung hat Friedrich von Oppeln-Bronikowski besorgt. Dies erwähnt Frau Elisabeth Förster-Nietzsche in ihrer Vorrede. Mir hat es auch der Übersetzer selbst gesagt. Dennoch trägt das Buch auf dem Titelblatte die Worte: «Die Philosophie Friedrich Nietzsches von Henri Lichtenberger. Eingeleitet und *übersetzt von Elisabeth Förster-Nietzsche.*» Doch das nur nebenbei. Die Hauptsache ist, daß Frau Elisabeth Förster-Nietzsche in ihrer Einleitung diese seichte, oberflächliche Darstellung der Lehre ihres Bruders sozusagen zu der offiziellen Interpretion seiner Weltanschauung macht. Jedermann, der nur eine Ahnung von dem großen Wollen Friedrich Nietzsches hat, muß im tiefsten Innern verletzt sein, wenn er sieht, daß die verantwortliche Hüterin des Nachlasses dieses Buch in ihren besonderen Schutz nimmt.

Für Kenner der Nietzscheschen Ideen brauche ich über dieses Buch weiter nichts zu sagen. Es gehört zu den zahlreichen Nietzsche-Publikationen, die man lächelnd beiseite legt, wenn man ein paar Seiten darinnen gelesen hat. Daß ich nicht aus persönlicher Animosität gegen dieses Machwerk auftrete, wird man mir glauben, denn meine eigene Schrift über «Nietzsche als Kämpfer gegen seine Zeit» wird nicht nur von Frau Förster-Nietzsche auf der ersten Seite ihrer Einleitung als «bedeutend» bezeichnet, sondern auch von Henri Lichtenberger selbst im Laufe seiner Darstellung gelobt. Über die «Einleitung» der Frau Förster-Nietzsche verliere ich weiter kein Wort. Sie ist wie alles, was von dieser Frau über ihren Bruder gesagt wird; und ich werde ja leider in dem folgenden genötigt sein, mich mit ihr zu beschäftigen.

Horneffers Schrift ist zu dem Zwecke geschrieben, um den bisherigen Herausgeber der Nietzsche-Ausgabe, Dr. Fritz Koegel, als einen wissenschaftlich unfähigen Menschen zu kennzeichnen, der diese Ausgabe schlecht gemacht hat, ja, der bei Bearbeitung des 11. und 12. Bandes so viele grobe Fehler gemacht hat, daß diese Bände aus dem Buchhandel zurückgezogen werden mußten. Horneffer versteigt sich zu der Behauptung: «Es ist ein schlimmes Geschick, aber eine nicht zu unterdrückende Wahrheit, auch das ist Nietzsche noch begegnet: er ist zunächst einem wissenschaftlichen Charlatan in die Hände gefallen.» Ich habe Dr. Koegels Verteidigung nicht zu führen. Das mag er selbst tun. Die Angelegenheit, um die es sich hier handelt, ist aber eine Sache, die die Öffentlichkeit interessiert. Und es muß jemand, der wie ich *aus genauer Beobachtung* die Dinge kennt, sagen, was er zu sagen hat.

Ich bemerke von vornherein, daß *nicht wahr* ist, was schon

öfter und nun auch wieder vor kurzem als Mitteilung durch die Zeitungen gegangen ist, daß ich selbst je Nietzsche-Herausgeber war. Ich muß diese Unwahrheit um so mehr hier feststellen, als *Richard M. Meyer* in seiner soeben erschienenen Literaturgeschichte des neunzehnten Jahrhunderts mich als Nietzsche-Herausgeber bezeichnet, trotzdem er eigentlich wissen müßte, daß dies unwahr ist, denn er ist ein öfterer Besucher des Nietzsche-Archivs und Freund der Frau Förster-Nietzsche. Das ist nur ein Pröbchen dafür, mit welchem Leichtsinn heute Bücher geschrieben werden. Wenn ich auch nie Nietzsche-Herausgeber war, so habe ich doch viel im Nietzsche-Archiv verkehrt und Frau Förster-Nietzsche genügend kennen gelernt. Das werden die folgenden Ausführungen beweisen.

Aber ich habe auch Dr. *Fritz Koegel* bei seiner Arbeit beobachtet; ich habe unzählige Nietzsche-Probleme mit ihm durchgesprochen. Ich kenne ihn und kenne auch den Hergang bei seiner Entlassung aus dem Nietzsche-Archiv und weiß, wie es gekommen ist, daß ihm die weitere Herausgabe der Werke abgenommen worden ist. Bevor ich zur Darstellung des wahren Sachverhaltes schreite, will ich mich über die offizielle Darlegung von Seite des Nietzsche-Archivs, die Dr. Ernst Horneffer gegeben hat, aussprechen.

Dr. *Fritz Koegel* ist ein Mann von künstlerischen Fähigkeiten und wahrem wissenschaftlichen Geist. Er hat für die Weltanschauung Nietzsches ein tiefes Verständnis. Ich stimme mit ihm in manchen Punkten nicht überein, und wir haben manche Kontroverse gehabt. Die Nietzsche-Ausgabe hat er mit stets sich steigernder Begeisterung gemacht. Er arbeitete wie ein Mann, der bei seiner fortlaufenden Tätigkeit, die Probleme voll durchlebt und sie im Geiste nachschafft. Seit er mit den Nachlaßbänden beschäftigt war, hat er mir fast von jedem Schritte seiner Arbeit eingehende Mitteilung gemacht. Die Manuskripte Nietzsches selbst habe ich niemals durchstudiert. Nur in einzelnen Dingen haben wir beraten. Ich hatte kein offizielles Verhältnis zur Ausgabe, sondern nur ein freundschaftliches zu Dr. Koegel. Noch immer muß ich der Stunden gedenken, in denen wir viel von dem rätselhaftesten Bestandteil der Lehre Nietzsches, von der «ewigen Wiederkehr» aller Dinge sprachen. In den vollendeten Schriften sind ja nur spärliche Andeutungen über diese Idee. Mit Ungeduld sehnten wir die Zeit herbei, in der Koegel zur Bearbeitung der «Wiederkunfts»-Papiere kommen sollte. Die ersten dieser Papiere stammen aus dem Jahre 1881. *Koegel* hat nun diese im 12. Bande der Ausgabe veröffentlicht. Und diese Veröffentlichung bietet den hauptsächlichsten Angriffspunkt des Dr. *Horneffer* und angeblich den Hauptgrund, warum Dr. Koegel die Herausgeberschaft abgenommen worden ist.

*Koegel* hat in einem Manuskriptheft Nietzsches, das im Sommer 1881 niedergeschrieben ist, Aufzeichnungen gefunden, die sich auf die «Ewige Wiederkunft» beziehen. Es sind 235 Aphorismen. Ferner befindet sich in demselben Hefte eine Disposition Nietzsches zu einem Buche «Die Wiederkunft des Gleichen». Koegel hat sich nun gesagt: nach dieser Disposition wollte Nietzsche eine Schrift verfassen. Die Aphorismen stellen den Inhalt dieser Schrift dar in noch ganz ungeordneter Reihenfolge und in unvollendeter Gestalt. Denn Nietzsche ist von der Abfassung dieser Schrift abgekommen. Wir haben also ihren Inhalt nur in einer unvollendeten Weise vor uns. Nietzsche hat bald anderen Arbeiten sich zugewandt. Da der Nachlaß ein Bild von Nietzsches

Geistesentwickelung geben und zu diesem Zwecke auch die unvollendeten Schriften enthalten soll, so mußte Dr. Koegel die unvollendete «Wiederkunft des Gleichen» natürlich in angemessener Form zum Abdruck bringen. Die Disposition war da und 235 Aphorismen in ganz willkürlicher Aufeinanderfolge, wie Nietzsche die Gedanken zu den einzelnen Punkten der Disposition eingefallen waren. Koegel nahm, was natürlich war, die Aphorismen durch, teilte jedem Punkt der Disposition zu, was für ihn bestimmt war, und suchte für die einzelnen Abteilungen einen Gedankenfaden, so daß die Aphorismen nach Möglichkeit ein geschlossenes Ganzes bildeten.

Nun macht sich Dr. Horneffer, Koegels Nachfolger, darüber her. Er erklärt, die meisten der Aphorismen hätten gar nicht zur «Ewigen Wiederkunft» gehört, sondern es hätte sich zunächst um den «Zarathustra» gehandelt, dessen erstes blitzartiges Aufschießen in seinem Gedankenprozesse Nietzsche in dem gleichen Hefte verzeichnet. Nur wenige, nämlich 44 Aphorismen gehörten dem «ewigen Wiederkunftsgedanken» an. Horneffer veröffentlicht *diese* 44 Aphorismen neuerdings als «Beilage» zu seiner Broschüre. Ferner beschuldigt er Koegel, daß dieser den Inhalt der Lehre von der «ewigen Wiederkunft» nicht verstanden habe, und deshalb in ganz widersinniger Weise bei der Zuteilung der einzelnen Aphorismen zu den Punkten der Disposition verfahren wäre. Eine weitere Behauptung Horneffers ist die, daß «der Plan Nietzsches, eine prosaische Schrift über die Wiederkunft des Gleichen, wie Koegel es sich vorstellt, zu schreiben, *nur sehr kurze Zeit bestanden haben kann, daß er nie bestanden hat.*» Verzeihen Sie, Herr Dr. Horneffer, Sie schreiben da etwas ganz Unerhörtes hin. Was meinen Sie denn nun eigentlich?

Hat der Plan nur kurze Zeit bestanden, oder hat er nie bestanden? Sie scheinen zu glauben, daß dies dasselbe ist. Dann erlauben Sie mir, an Ihrem gesunden Verstande zu zweifeln. Hat der Plan kurze Zeit bestanden, dann war es Dr. Koegels Pflicht, die Gestalt, die er angenommen hat, im Sinne der Anlage des Nachlaßwerkes festzuhalten. Hat er *nie* bestanden, dann durfte natürlich auch nichts als «Wiederkunft des Gleichen» publiziert werden. Denn dann gehören die Aphorismen zu anderen Schriften. Dr. Horneffer kriegt das Taschenspielerkunststück zustande, in zwei aufeinanderfolgenden Zeilen sowohl zu behaupten, daß er bestanden, wie daß er *nicht* bestanden habe.

Ein so organisierter Verstand ist eine schöne Vorbedingung für den Bearbeiter einer Nietzsche-Ausgabe! Dieser Herr entpuppt sich auch sogleich in seiner ganzen Größe. Er unternimmt es in einzelnen Fällen zu beweisen, daß Koegel den einzelnen Punkten der Disposition falsche Aphorismen zugeteilt habe. In *allen* diesen Fällen zeigt Herr Dr. Horneffer, daß er nicht weiß, worauf es bei diesen Aphorismen ankommt; und daß seine Meinung, die Aphorismen gehören nicht in die betreffende Abteilung, nur auf seinem totalen Unverstand beruht. Ich will ein paar Fälle herausgreifen. Horneffer nimmt den 70. von Koegel verzeichneten Aphorismus und behauptet, daß er besage: «daß Moral nur physiologisch zu verstehen sei. Alle moralischen Urteile sind Geschmacksurteile. Gesunden und kranken Geschmack gibt es nicht, es kommt immer auf das Ziel an.» Koegel ordnet den Aphorismus, dem diese Worte angehören, dem Kapitel ein «Einverleibung der Leidenschaften». Horneffer sagt: «Dies ist ein selbständiger, in sich abgeschlossener Gedanke aus dem Gebiete der Moral, mir geht das Verständnis aus, wie man dies unter Einverleibung der Leidenschaften bringen kann.» Ich glaube, daß Herrn Horneffer das Verständnis dafür ausgegangen ist, denn er hat nie das Verständnis für den Aphorismus überhaupt gehabt. Horneffer unterschlägt einfach das, worauf es ankommt, nämlich, daß der Mensch sich in seiner Beurteilung des Wertes der Nahrung irrt, weil er statt auf den Nutzen als Nahrungsmittel zu sehen, sich nach dem *Geschmacke* richtet. Nicht was trefflicher nährt, sondern was besser schmeckt, will der Mensch genießen. Er ist also mit seiner *Leidenschaft* auf einer falschen Fährte; er hat sich durch verschiedene Bedingungen *eine irrtümliche Leidenschaft einverleibt*. Wegen dieses seines Sinnes gehört der Aphorismus in das Kapitel «Einverleibung der Leidenschaften». Ein anderes Beispiel. Horneffer behauptet: «Aph. 33, 34, 35 führen aus, daß wir unberechtigter Weise das Unorganische verachten, obwohl wir sehr davon abhängig sind.» Dazu macht er die Bemerkung: «Ich weiß nicht, wie das mit den Grundirrtümern und ihrer Einverleibung zusammenhängen soll.» Horneffer weiß das nicht, weil er wieder nicht weiß, was die Aphorismen für einen Sinn haben. Nun, ich will es ihm sagen. Nietzsche spricht davon, daß wir das Unorganische gering schätzen, daß wir bei Erklärung unseres Organismus auf das Unorganische in ihm zu wenig Rücksicht nehmen. «Wir sind zu drei Viertel eine Wassersäule und haben unorganische Salze in uns.» Wenn wir so etwas nicht beachten, so sind wir einem *Grundirrtum* unterworfen. Wir glauben, das Organische bedürfe zu seiner Erklärung der Rücksicht auf das Unorganische nicht. Deshalb stehen diese Aphorismen mit Recht an dieser Stelle. Eine weitere «Leistung» des Herrn Dr. Horneffer ist der Satz: «Wir lesen Aph. 121 und 122, daß wir nicht tolerant sein sollen, in Aph. 130, daß der Egoismus nicht immer schlimm gedeutet zu werden braucht. Es ist wirklich nicht faßlich, was Koegel veranlaßt hat, dies und ähnliches unter Einverleibung des *Wissens* zu bringen.» Jawohl, es ist für Herrn Dr. Horneffer nicht faßlich, weil er wieder keine Ahnung hat, worauf es ankommt. Sonst hätte er in Aph. 121 nicht unterschlagen: «Die Wahrheit um ihrer selbst willen ist eine Phrase, etwas ganz unmögliches.» Das besagt nämlich: der Mensch gibt sich dem Irrtum hin: er strebe die Wahrheit an, um sie zu wissen; während es ganz andere, ganz egoistische Gründe sind, die ihn dazu veranlassen. Der Glaube an das «Wissen um seiner selbst willen» ist also einverleibt.

So könnte man Herrn Dr. Horneffer in jedem einzelnen Fall nachweisen, daß er nur deshalb Koegel vorwirft, dieser habe die Aphorismen unter falsche Gesichtspunkte gebracht, weil er – Horneffer – absolut nichts von dem Sinn dieser Aphorismen versteht.

Aber mit Herrn Horneffers Logik hapert es überhaupt gewaltig. Nietzsche spricht im Anfange des «Ewigen Wiederkunfts»-Manuskriptes davon, daß der Mensch durch die Bedingungen des Lebens genötigt ist, sich *falsche* Vorstellungen von den Dingen zu machen. Solche Vorstellungen, die den Tatsachen nicht entsprechen, weil die richtigen Begriffe weniger lebenfördernd wären als die falschen. Es kommt dem Menschen zunächst gar nicht darauf an, ob eine Vorstellung wahr oder falsch ist, sondern ob sie lebenerhaltend, lebenfördernd ist. Und Nietzsche bemerkt, daß die allerprimitivsten Vorstellungen, wie Subjekt und Objekt, Gleiches und Ähnliches, der freie Wille solche falsche, aber zum Leben notwendige Vorstellungen seien. Es gibt in Wahrheit nicht zwei gleiche Dinge. Die Vorstellung der Gleichheit ist also falsch. Es bringt uns aber vorwärts, doch den Begriff der

Gleichheit bei unserer Betrachtung anzuwenden. Dies tun wir nun – nach Nietzsche – nicht nur bei den primitivsten Vorstellungen, sondern bei den komplizierten erst recht. Nietzsche führt die primitiven nur an, um zu sagen: seht, *selbst die einfachsten,* durchsichtigsten Vorstellungen sind falsch. Wie interpretiert Herr Dr. Horneffer. Er sagt: «Also nur die allerprimitivsten Begriffe sind mit diesen Grundirrtümern gemeint, die in Urzeiten gebildet worden sind.» Er beschuldigt Koegel, daß er auch kompliziertere Vorstellungen unter dem Begriff «Einverleibung der Grundirrtümer» bringt. Der neue Nietzsche-Herausgeber kann Nietzsche nicht einmal lesen.

Dr. *Horneffer* bringt noch einige Scheingründe für seine Behauptung vor, die Zusammenstellung der «Ewigen Wiederkunfts»-Aphorismen durch *Koegel* sei unrichtig. Es steht in dem Manuskript-Heft noch eine andere Disposition, die Horneffer für eine Disposition zum Zarathustra hält, denn auf den «ersten Blitz des Zarathustra-Gedankens» soll sich die Angabe beziehen, die unter dieser Disposition steht: «Sils-Maria 26. August 1881». Unter der oben erwähnten Disposition der «Wiederkunft des Gleichen» steht «Anfang August 1881 in Sils-Maria». Nun behauptet Horneffer, die Disposition vom 26. August gebe «Stimmungen an, mit denen die verschiedenen Kapitel eines Werkes zu schreiben sind.» Gewiß; das ist Horneffer zuzugeben. Der erste Punkt dieser Disposition heißt z. B. «Im Stile des ersten Satzes der neunten Symphonie. Chaos sive natura. ‹Von der Entmenschlichung der Natur›. Prometheus wird an den Kaukasus angeschmiedet. Geschrieben mit der Grausamkeit des Kratos, ‹der Macht›.» So sind auch die anderen Punkte dieser Disposition. Zugleich meint aber Dr. Horneffer: «Der ganze

Charakter dieser Disposition beweist ihre Zugehörigkeit zum Zarathustra». Das ist aber eine der *allerschlimmsten Behauptungen,* die mir in der ganzen Nietzsche-Literatur begegnet sind. Denn nichts weist darauf hin, daß die Disposition zum Zarathustra gehöre; ihrem *ganzen Inhalt nach* kann sie aber nur zu einem Werke gehören, *das nicht der Zarathustra ist,* denn sie enthält *nicht* die Hauptidee, um *derentwillen der Zarathustra geschrieben ist: die Idee des Übermenschen.* Sie enthält vielmehr als Hauptgedanken die «ewige Wiederkunft», die im Zarathustra nur vorübergehend erwähnt wird. Nietzsche ist ganz offenbar von einem über die «ewige Wiederkunft» geplanten Hauptwerke abgekommen, *weil* der «Übermensch» in den Mittelpunkt seiner Gedanken trat, und dieser ihn zum Zarathustra veranlaßte. Auch die Worte «Gaya Scienza» (Fröhliche Wissenschaft) finden sich in dem «Wiederkunft»-Heft. Horneffer sagt: «So ergibt sich aus äußeren und innneren Kennzeichen, daß dieses Heft eine Vorarbeit der fröhlichen Wissenschaft ist... In der fröhlichen Wissenschaft am Schluß des vierten Buches und damit am Schluß des ursprünglichen Werkes überhaupt – das fünfte Buch ist erst später hinzugefügt – spricht Aph. 341 den Gedanken der ewigen Wiederkunft aus.» Das ist für Herrn Dr. Horneffer der «nächstliegende» Gedanke. Für jeden anderen, besseren logischen Kopf ist das durchaus nicht der nächstliegende Gedanke. Denn die letzte Niederschrift der «fröhlichen Wissenschaft» ist im Januar 1882, den Nietzsche deshalb den «schönsten aller Januare» nennt, entstanden. Warum sollte er da nicht Gedanken aus einem Manuskriptheft benutzt haben, das einem im August des vorigen Jahres geplanten und aufgegebenen Werke entspricht? Dies ist natürlich für jede logisch denkende Persönlichkeit die «nächstliegende Annahme». Für Herrn Dr. Horneffer ist es nicht der Fall. Doch dieser weiß für seine Meinung noch etwas anzuführen. Nietzsche hat in einem Briefe, den Peter Gast «erst seit kurzem dem Archiv zur Verfügung» gestellt hat, an diesen am 3. Sept. 1883 aus Sils-Maria geschrieben: «Dieses Engadin ist die Geburtsstätte meines Zarathustra. Ich fand eben noch die erste Skizze der in ihm verbundenen Gedanken; darunter steht ‹Anfang August 1881 in Sils-Maria, 6000 Fuß über dem Meere und viel höher über allen menschlichen Dingen›.» Nun steht dieser Satz nicht einmal unter der Disposition, von der Horneffer meint, sie gehöre zum Zarathustra; sie steht unter der Disposition, die ganz zweifellos zu einem Werke über die «Wiederkunft des Gleichen» gehört – denn diese Disposition ist so überschrieben. Es folgt also aus dieser Briefstelle nichts weiter, als daß Nietzsche sich geirrt hat. Er erinnerte sich, daß der Zarathustra-Gedanke im Sommer 1881 bei ihm Wurzel gefaßt hat, fand in dem alten Hefte die Bemerkung, sah sie flüchtig an, und glaubte, die Worte darunter bezögen sich auf den Zarathustra. Herr Dr. Horneffer sieht die Disposition allerdings nicht flüchtig an, sondern sehr genau, und glaubt *auch,* die Worte beziehen sich auf den Zarathustra. Bei ihm ist es kein Gedächtnisfehler, sondern – etwas anderes.

Darin scheint überhaupt die Hauptstärke des neuen Nietzsche-Herausgebers zu bestehen, daß er die *Buchstaben* der Manuskripte *genau anzusehen vermag.* Und durch *diese* Eigenschaft ist es ihm nun gelungen, Dr. Koegel wirkliche, unzweifelhafte Fehler nachzuweisen. Koegel hat sich nämlich hie und da einmal verlesen. Er hat die ungemein schwer zu entziffernden *Buchstaben* Nietzsches falsch gedeutet. Er hat einmal statt «Procter» «Proklos», einmal statt «Selbstregulierung» «Selbsterziehung», statt «Welten» «Wellen» gelesen, und er hat ähnliche Verbrechen mehr begangen. Einmal ist es ihm sogar passiert, daß er ein Stück eines Aphorismus an eine falsche Stelle gesetzt hat. (Dies ist mir nämlich durch die Broschüre des Herrn Dr. Horneffer wahrscheinlich geworden. Die Manuskripte kenne ich nicht.) Damit ist bewiesen, daß Herr Dr. Horneffer ein Organ besser philologisch ausgebildet hat, das bei Dr. Fritz Koegel auf Kosten des Kopfes etwas zurückgeblieben zu sein scheint, und das man in «guter Gesellschaft» nicht nennen darf, wenn es auch gegenwärtig im Nietzsche-Archiv mehr geschätzt zu sein scheint als der Kopf. Denn ich gestehe in bezug auf Dr. Koegel ohne weiteres zu: Er war mehr mit den Nietzscheschen Ideen beschäftigt, als mit den *einzelnen* Buchstaben seiner Manuskripte. Gerade deshalb war er aber auch trotzdem ein besserer Herausgeber, als es Herr Dr. Horneffer nach der ersten Leistung zu sein scheint. Denn es ist doch klar, daß in der Zeit, die zwischen den beiden oben genannten Dispositionen liegt (Anfang August bis Ende August 1881) Nietzsche eine Schrift über die «Wiederkunft» geplant hat. Es mag sein, daß die zweite Disposition, vom 26. August, die Stimmungen angibt, darauf hinweist, daß er diese «Wiederkunft»-Schrift poetisch fassen wollte. Der Zarathustra hätte *diese* Schrift aber nie werden können, denn sie hat einen anderen Hauptgedanken im Mittelpunkt als der Zarathustra. Erst als der Übermensch-Gedanke diesen ersteren Hauptgedanken verdrängt hatte, konnte die erste Schrift aufgegeben und zum Zarathustra übergegangen werden. – Genug: Es gab in Nietzsches Entwicklung 1881 die Absicht, eine Schrift über die «Wiederkunft» zu schreiben. Es liegt eine Disposition zu ihr vor. In den Nachlaßbänden werden unvollendete Nietzsche-Schriften veröffentlicht. Fritz Koegel hat durch sachgemäße Zusammenstellung von 235 Aphorismen uns eine Vorstellung gegeben, wie diese Schrift *etwa geplant war*. Es liegt in der Natur der Sache, daß bei Zusammenstellung ungeordneter Aphorismen die Subjektivität des Herausgebers bis zu einem gewissen Grade freies Spiel hat. Die Anordnung hätte ein Anderer vielleicht etwas anders als Dr. Koegel gemacht. Wir hätten dann eine Publikation, die vielleicht von der Koegelschen abwiche, aber deshalb nicht unrichtig zu sein brauchte, wenn sie aus dem Geiste Nietzsches heraus gemacht wäre. Und Dr. Koegel hat aus dem Geiste Nietzsches heraus gearbeitet. Anderswoher, als aus diesem Geiste heraus, scheint Dr. Horneffer zu arbeiten. Meiner Überzeugung nach lag ein Grund zur Zurückziehung des 12. Bandes nicht vor. Doch hat Dr. Koegel ja ein paar Lesefehler gemacht, und wenn Nietzscheherausgeber und -Verleger Geld genug haben, so mögen sie wegen ein paar Verlesungen eine neue Ausgabe machen. Das ist natürlich ihre Sache. Ob man aber einen Herausgeber entläßt wegen ein paar Versehen? Ich sehe mich deshalb, weil ich Horneffers Ausführungen als nichtig betrachten muß, gezwungen, meine Beobachtungen über die Vorgänge bei der Entfernung Koegels von Nietzsche-Archiv und Nietzsche-Ausgabe zu erzählen.

*II. Zur Charakteristik der Frau Elisabeth Förster-Nietzsche*

Die ersten Anzeichen, daß Frau Elisabeth Förster-Nietzsche eine Änderung in dem Verhältnisse Dr. Fritz Koegels zur Herausgabe der Nietzsche-Ausgabe eintreten lassen wolle, traten zutage ganz kurze Zeit nach der Verlobung des letzteren im Herbst 1896. Wenige Tage nach dieser Verlobung mit einer Dame aus dem Freundeskreise der Frau Förster-Nietzsche sagte die letztere zu mir, diese Verlobung bereite ihr Schwierigkeiten. Sie wisse nicht, wie sie die Stellung Dr. Koegels gestalten solle, damit sie einen Rückhalt für seine Verheiratung bilden könne. Von diesem Zeitpunkte an befand ich mich, der sowohl mit Frau Förster-Nietzsche wie mit Dr. Koegel verkehrte, in einem wahren Kreuzfeuer. Zwischen den beiden gab es fortwährend Auseinandersetzungen, und ich mußte, wenn ich mit Frau Förster-Nietzsche sprach, allerlei merkwürdige Behauptungen über Dr. Koegel hören; wenn ich mit Dr. Koegel zusammentraf, vernahm ich immerwährende bittere Klagen darüber, daß er sich Frau Förster-Nietzsches Verhalten ihm gegenüber nicht anders erklären könne, als daß sie ihn auf die eine oder die andere Weise aus seiner Stellung drängen wolle. Ich suchte nach beiden Seiten hin zu beruhigen und fand im übrigen meine Lage ziemlich widerlich. Ich kam damals in jeder Woche zweimal zu Frau Förster-Nietzsche. Sie hatte sich von mir Privatstunden über die Philosophie ihres Bruders geben lassen. Ich hätte gewiß nie über diese privaten Angelegenheiten gesprochen, wenn sie nicht geeignet wären, in der Öffentlichkeit ein richtigeres Bild über die Qualitäten der Leiterin des Nietzsche-Nachlasses zu geben, als dies durch die heute erscheinenden offiziellen und offiziösen Kundgebungen des Archivs erlangt werden kann. Das was ich vorbringe ist geeignet, zu zeigen, in welchen Händen Nietzsches Schriften sind. Und darüber etwas zu erfahren, hat man heute ein Recht, da Friedrich Nietzsches Lehre einen so großen Einfluß in der Gegenwart ausübt. Die Privatstunden, die ich Frau Förster-Nietzsche zu geben hatte, belehrten mich vor allen Dingen über das Eine: *Daß Frau Förster-Nietzsche in allem, was die Lehre ihres Bruders angeht, vollständig Laie ist.* Sie hat nicht über das Einfachste dieser Lehre irgend ein selbständiges Urteil. Die Privatstunden belehrten mich noch über ein anderes. Frau Elisabeth Förster-Nietzsche fehlt aller Sinn für feinere, ja selbst für gröbere logische Unterscheidungen; ihrem Denken wohnt auch nicht die geringste logische Folgerichtigkeit inne; es geht ihr jeder Sinn für Sachlichkeit und Objektivität ab. Ein Ereignis, das heute stattfindet, hat morgen bei ihr eine Gestalt angenommen, die mit der wirklichen keine Ähnlichkeit zu haben braucht; sondern die so gebildet ist, wie sie sie eben zu dem braucht, was sie erreichen will. Ich betone aber ausdrücklich, daß ich Frau Förster-Nietzsche niemals im Verdachte gehabt habe, Tatsachen *absichtlich* zu entstellen, oder *bewußt* unwahre Behauptungen aufzustellen. Nein, sie *glaubt* in jedem Augenblicke, was sie sagt. Sie redet sich heute selbst ein, daß gestern rot war, was ganz sicher blaue Farbe trug. Ich muß das ausdrücklich vorausschicken, denn nur unter diesem Gesichtspunkte ist alles das aufzufassen, was ich noch vorbringen will.

Bald nach Dr. Koegels Verlobung benutzte Frau Förster-Nietzsche meine Anwesenheit im Nietzsche-Archiv gelegentlich einer Privatstunde, um mir zu sagen, daß ihr Zweifel an den Fähigkeiten des Dr. Koegel aufgestiegen seien. Sie schätze ihn ja außerordentlich als Künstler und «Ästhetiker», sagte sie, aber er sei kein Philosoph. Deshalb könne sie sich nicht denken, daß er fähig sei, die letzten Bände der Ausgabe, in denen die «Umwertung aller Werte» veröffentlicht werden sollte, entsprechend zu bearbeiten. Sie halte dafür, daß ich, der ich Philosoph sei und in Nietzsches Gedankenkreis ganz eingeweiht, zur Ausgabe zugezogen werden müsse. Sie machte auch Angaben über Einzelheiten, wie sie sich ein Verhältnis von mir zum Nietzsche-Archiv künftig etwa denke. Ich legte einer solchen Unterredung und solchen Angaben von seiten der Frau Förster-Nietzsche keinen besonderen Wert bei. Denn ich kannte sie und wußte, daß sie heute dies und morgen jenes will und daß es ganz zwecklos ist, ernsthaft mit ihr sich auseinanderzusetzen, wenn zu einer solchen Auseinandersetzung etwas Logik gehört. Ich sagte nur, was sie da sage, hätte gar keine Bedeutung, denn Dr. Koegel sei kontraktmäßig Herausgeber der Nietzsche-Ausgabe. Von einer Erklärung meinerseits, daß ich bereit wäre, *auch* Herausgeber zu werden, könne keine Rede sein, denn eine solche Erklärung sei sinnlos, wenn nicht erst mit Dr. Koegel eine Auseinandersetzung stattgefunden hätte. Festzuhalten ist hierbei, daß ich *nicht* nur damals meine Zustimmung zur Herausgabe von Nietzsches Schriften *nicht* gegeben habe, sondern auch von dem Standpunkt ausgegangen bin, daß bei den Kontrakten zwischen Frau Förster- Nietzsche und dem Verleger der Nietzsche-Ausgabe, die ich kannte, eine solche Zusage meinerseits ein *Unsinn* gewesen wäre. Nun kannte ich Dr. Koegels Gereiztheit und Verbitterung in jenen Tagen. Er war durch das fortwährende unglaubliche Gebaren der Frau Förster-Nietzsche in eine geradezu krankhafte Aufregung hineingetrieben worden. Ich wußte, daß er in dieser Lage es nicht mehr vertrug, von der ganz sinnlosen Unterredung zwischen Frau

Förster-Nietzsche und mir zu erfahren. Außerdem war es völlig zwecklos, sie ihm mitzuteilen, denn sie war vollständig resultatlos verlaufen. Ich bat deshalb Frau Förster-Nietzsche, mir *ihr Wort* zu geben, daß über diese Unterredung niemals gesprochen werde. Sie gab dieses Wort. Das war an einem Sonnabend. Dr. Koegels Schwester wohnte in jenen Tagen bei Frau Förster-Nietzsche. Am darauffolgenden Dienstag sagte nun zu dieser Frau Förster-Nietzsche folgendes. Ich hätte *zugesagt*, mit Dr. Koegel zusammen die «Umwertung aller Werte» herauszugeben. Sie, die Schwester, möge Dr. Koegel fragen, ob er damit einverstanden sei. Frau Förster-Nietzsche sagte das *nicht* zu Dr. Koegel selbst, der inzwischen wiederholt im Nietzsche-Archiv anwesend war, sondern ließ es ihm durch seine Schwester sagen. So hat Frau Elisabeth Förster-Nietzsche nicht nur von der Unterredung drei Tage nachher gesprochen; sie hat das Resultat in ganz falscher Gestalt mitgeteilt. Von dieser eigentümlichen Auffassung, die Frau Förster-Nietzsche von einem gegebenen Worte hatte, war nachher noch öfter die Rede. Und Frau Förster-Nietzsche hat sich über diese ihre Auffassung in einem *unerbetenen* Briefe an mich am 23. September 1898 in folgender Weise ausgesprochen: «ich glaubte, daß das Versprechen (es war nicht bloß ein Versprechen, sondern ein verpfändetes *Wort*) nur für die Zwischenzeit gelte, ehe ich Dr. Koegel das ganze Arrangement vorschlüge, denn natürlich mußte ich bei dem Anerbieten eines zweiten Herausgebers sagen, wen ich dabei im Auge hatte und daß der in Aussicht genommene damit einverstanden sei.» Frau Förster-Nietzsche glaubte also, daß sie ein am Sonnabend *gegebenes Wort* am Dienstag darauf nicht mehr zu halten brauchte. Frau Dr. Förster-Nietzsche findet es natürlich, daß sie bei dem Anerbieten eines zweiten

Herausgebers sagt, ich hätte zugesagt, obgleich das nicht richtig war, und obgleich jeder logisch denkende bei den kontraktlich bestehenden Verhältnissen der Ansicht sein mußte, daß *erst* die Sachen mit Dr. Koegel geordnet sein mußten, bevor über einen zweiten Herausgeber geredet werden könne. Da sachliche Gründe nicht vorlagen, um Dr. Fritz Koegel einen zweiten Herausgeber an die Seite zu setzen, hätte eine Zusage meinerseits nur als eine Intrige gegen diesen gedeutet werden können. Alles was Frau Elisabeth Förster-Nietzsche in der Unterredung vom 6. Dezember vorbrachte, waren keine Angriffe auf das, was er bis dahin geleistet hatte, sondern nur die ganz vage, durch nichts sachlich gerechtfertigte Vermutung, Dr. Koegel werde wahrscheinlich die auf den 12. folgenden Bände nicht allein machen können. Damit ich Dr. Koegel gegenüber nicht als Intrigant erscheine, mußte Frau Elisabeth Förster veranlaßt werden, vor Zeugen und in Dr. Koegels und meiner Gegenwart ausdrücklich zu erklären, daß ich eine Zusage nicht gegeben habe. Das hat sie auch erklärt. Später wollte sie den ihr unangenehmen Eindruck, den eine solche Erklärung gemacht hatte, verwischen. Deshalb erzählt und verbreitet sie den Sachverhalt seither so: am 6. Dezember habe eine Unterredung stattgefunden und sie habe aus Rücksicht für mich *diese* Unterredung abgeleugnet. Durch ihren Mangel an logischem Unterscheidungsvermögen scheint es ihr nicht klar zu sein, worauf es ankam. Nicht darauf kam es an, ob sie mit mir am 6. Dezember über Dr. Koegel und ihre Absichten mit ihm überhaupt gesprochen habe, sondern darauf, daß ich *nicht* eine Zusage gegeben habe. Ich habe eine solche Zusage schon deshalb nicht gegeben, weil ich Frau Förster-Nietzsche gerade klar zu machen versuchte, daß jede Zusage meinerseits bei den bestehenden Kontraktverhältnissen ein *Unding* wäre. Ich habe eine Zusage auch deshalb nicht geben können, weil es damals meine feste Überzeugung war, daß es *nur* persönliche Gründe seien, die Frau Förster-Nietzsche veranlaßten, eine Änderung in Bezug auf Dr. Koegel eintreten zu lassen. Diese Überzeugung ist bei mir auch bis heute durch nichts erschüttert. Ich halte alles *später* vorgebrachte Sachliche nur für eine Maske, die ein ursprünglich rein aus persönlichen Gründen von Frau Förster-Nietzsche angestrebtes Ziel – Entfernung Dr. Koegels von der Herausgeberschaft – als eine objektiv – durch die behauptete Unfähigkeit Koegels – gerechtfertigte Handlung erscheinen lassen soll.

Die Unterredung zwischen Frau Förster-Nietzsche und mir hat Sonnabend, den 5. Dezember 1896 stattgefunden. Alle unangenehmen Verhandlungen, die sich an dieses Ereignis knüpften, zogen sich noch viele Wochen hin. Ich bemerke ausdrücklich, daß in dieser ganzen Zeit niemals die Rede davon war, daß Frau Förster-Nietzsche an der Gediegenheit dessen zweifle, was Dr. Koegel *bis dahin* für die Nietzsche-Ausgabe gearbeitet hatte. Und es war damals das Koegelsche Manuskript der «ewigen Wiederkunft» für den zwölften Band längst fertig. Ich kannte dieses Koegelsche Manuskript, habe aber *nie* die Unterlagen dafür, die Nietzscheschen Hefte, kennengelernt. Was Frau Förster-Nietzsche von den letzteren damals kannte, weiß ich nicht, Koegels Manuskript kannte sie aber genau. Sie hat oft davon gesprochen und mir gegenüber niemals in dieser ganzen Zeit einen Zweifel darüber ausgesprochen, daß daran etwas fehlerhaft sein könnte. Ich muß das sagen, denn in *Horneffers* Broschüre steht: «Zur Rechtfertigung von Frau Dr. Förster-Nietzsche, die *zuerst* die Unwissenschaftlichkeit der Koegelschen Arbeit erkannt hat *(schon*

*Herbst 1896)...*» Diese Angabe *kann* also nicht richtig sein. Wie aber Frau Förster-Nietzsche später die ganze Angelegenheit zurechtfrisierte, das geht aus einer Stelle des erwähnten *unerbetenen* Briefes an mich hervor. Darin steht zu lesen: «Ich habe Ihnen das Manuskript über die Wiederkunft des Gleichen Oktober 1896 zur Prüfung gegeben, weil ich so großer Sorge darum war. Sie selbst haben die Unzusammengehörigkeit des Inhaltes verschiedentlich konstatiert und meine Besorgnis gerechtfertigt und erwähnt. Trotzdem haben Sie Dr. Koegel kein Wort über Ihren Zweifel über die Zusammenstellung des Manuskripts gesagt.» In dieser Briefstelle ist *alles unrichtig*. Die Sache war so. Während einer längeren Abwesenheit des Dr. Koegel von Weimar, besuchte Dr. Franz Servaes das Nietzsche-Archiv. Frau Förster-Nietzsche ersuchte mich, ihm einiges aus dem zum Druck bereit liegenden Manuskript Koegels, die «Ewige Wiederkunft», vorzulesen. Ich wollte das nicht unvorbereitet tun und ersuchte, mir das Manuskript bis zum nächsten Tage zu überlassen, damit ich mich für die Vorlesung vorbereiten könne. Ich las dann nicht das ganze Manuskript vor, sondern nur eine Reihe von Aphorismen. Zufällig überschlug ich damals gerade die, von denen jetzt behauptet wird, sie gehören nicht zur «Ewigen Wiederkunft». *Später,* als Frau Förster-Nietzsche mit mir wieder anknüpfen wollte, im Frühling 1898, hörte ich, daß Frau Förster, durch einige Kritiker der mittlerweile gedruckten «Wiedergeburt», Koegels Arbeit tadeln gehört habe, und daß sie jetzt, nach anderthalb Jahren, an die Zurückziehung des zwölften Bandes denke. Ich sagte damals, es sei doch ein sonderbarer Zufall, daß jetzt diejenigen Aphorismen für nicht in das Buch gehörig angesehen würden, die ich damals, weil auch ohne Vorlesung derselben, ein partielles Verständnis des Grundgedankens möglich sei, überschlagen habe. Als ich zuerst von der Zurückziehung des Bandes hörte, glaubte ich, daß nach Untersuchung der Manuskripte Nietzsches sich ganz andere Fehler ergeben hätten als die von Horneffer behaupteten. Ich kenne ja diese Manuskripte nicht. Es ist für mich nicht gleichgültig, daß Frau Förster-Nietzsche die obige falsche Behauptung bezüglich einer Prüfung der Manuskripte macht, denn sie hat den erwähnten Brief nicht nur an mich gerichtet, sondern, wie ich nunmehr weiß, den Inhalt auch anderen mitgeteilt. Ich muß daher feststellen: 1. Es ist nicht richtig, daß mir gegenüber Frau Förster Zweifel an der Güte der Koegelschen Arbeit geäußert hat. 2. Es ist nicht richtig, daß mir Frau Förster je das Koegelsche Manuskript zur Begutachtung gegeben hat. 3. Es ist nicht richtig, daß ich jemals «die Unzusammengehörigkeit des Inhalts konstatiert» habe.

Infolge der unrichtigen und unstatthaftigen Mitteilung meiner Unterredung mit Frau Förster-Nietzsche an Dr. Koegels Schwester wurde die Spannung im Nietzsche-Archiv immer größer. Die Auseinandersetzungen nahmen immer breitere Dimensionen an. Es wurden auch andere Persönlichkeiten in die Sache hineingezogen. Im ganzen Verlaufe der Angelegenheit spielte aber der Zweifel an Koegels Fähigkeiten, nach meiner Überzeugung, keine Rolle. Die Abneigung der Frau Förster-Nietzsche gegen Koegel wurde immer größer. Sie war zunächst durch die bestehenden Verträge nicht in der Lage, Koegels Stellung zu ändern. Er blieb zunächst Herausgeber. Aber Frau Förster-Nietzsche erschwerte ihm das Herausgeben in jeder Weise. Sie beschränkte ihn in der freien Benutzung der Nietzscheschen Manuskripte. Das führte dazu, daß zuletzt das Verhältnis unhaltbar wurde.

Eines Tages war Dr. Koegel nicht mehr Nietzsche-Herausgeber. Nun traten später wiederholt an mich Freunde der Frau Förster-Nietzsche heran, die mir die Absicht der letzteren andeuteten, mich unter gewissen Voraussetzungen zum Herausgeber zu machen. Ich hatte schon früher eine solche Eventualität vorausgesehen und war mit Dr. Koegel darin einig, wenn eines Tages sein Verhältnis zum Nietzsche-Archiv unmöglich geworden wäre, einem etwaigen Ruf der Frau Förster-Nietzsche zu folgen. Ich habe mich aber niemals, nicht früher und auch nicht später, um die Herausgeberschaft beworben. Aber da von den erwähnten Freunden der Frau Förster-Nietzsche stets betont worden ist, daß ich der geeignetste Nietzsche-Herausgeber sei, und es schade wäre, wenn die Ausgabe wegen persönlicher Zerwürfnisse in weniger berufene Hände käme: so entschloß ich mich zweimal, nach Weimar zu fahren, nachdem mein Hinkommen jedesmal ausdrücklich durch die genannten Freunde der Frau Förster-Nietzsche, nachdem diese mit ihr verhandelt hatten, telegraphisch gefordert worden war. Die Einzelheiten der Verhandlungen, die nunmehr stattfanden, haben kein Interesse. Erwähnen will ich nur, daß bei meiner letzten Unterredung mit Frau Förster-Nietzsche diese verlangte, ich solle über die Unterredung vom 6. Dezember 1896 an ihren Vetter als Vertrauensmann eine «einfach-wahre» Darstellung schreiben. Es wurde auch in Gegenwart eines Dritten ein Entwurf eines Briefes über den Sachverhalt an den Vetter im Nietzsche-Archiv versucht. Ich sah bald, daß Frau Förster-Nietzsche nicht die Wahrheit wollte, wie ich sie oben dargestellt habe, sondern etwas anderes. Ich ging fort und sagte: ich will mir die Sache überlegen. Ich hatte aber das Gefühl: mit dieser Frau ist nichts zu machen. Ich habe mich seitdem nie wieder mit der Angelegenheit beschäftigt; ich wollte Frau Förster-Nietzsche einfach ignorieren. Am 23. Sept. 1898 schrieb sie mir dann den oben erwähnten Brief. Was sonst in demselben steht, ist ebenso *unrichtig* wie die eine Stelle, die ich erwähnt habe. Ich habe diesen *unerbetenen*, mir ganz gleichgültigen Brief unbeantwortet gelassen. Später erfuhr ich, daß Frau Förster-Nietzsche für die Verbreitung seines unrichtigen Inhalts gesorgt hat.

Ich hätte auch jetzt geschwiegen, wenn ich nicht durch Horneffers Broschüre und durch die Protektion, die das Buch von Lichtenberger erfahren hat, in die Empörung darüber getrieben worden wäre: *in welchen Händen Nietzsches Nachlaß ist.*

Es könnte sein, daß Frau Förster-Nietzsche noch Briefe von mir hat, in denen etwas steht, was sie gegen meine jetzigen Behauptungen aufzeigen könnte. Ich habe eben, trotzdem ich Frau Förster-Nietzsche bald erkannt habe, immer darauf Rücksicht genommen, daß sie *Friedrich Nietzsches Schwester* ist. Da habe ich vielleicht aus Höflichkeit und Rücksicht im Loben ihrer Eigenschaften zu viel getan. Nun ich erkläre, daß das eine große Dummheit von mir war und daß ich gerne bereit bin, jedes Lob, das ich Frau Förster-Nietzsche gespendet habe, in aller Form zurückzunehmen.

## ZUR «WIEDERKUNFT DES GLEICHEN» VON NIETZSCHE

*Eine Verteidigung der sogenannten «Wiederkunft des Gleichen» von Nietzsche*

*Von Dr. E. Horneffer*

Der frühere Herausgeber der unveröffentlichten Schriften Nietzsches, Dr. Fritz Koegel, hat aus zusammenhangslosen Aphorismen ein nach seiner Meinung zusammenhängendes, in Wahrheit aber völlig sinnloses Buch zusammengestellt, das er als von Nietzsche stammend, wenigstens von Nietzsche geplant, herausgibt. Auf diese Veröffentlichung gründeten sich fortgesetzt die törichtsten Vorstellungen. Es war daher für die jetzigen Herausgeber im Nietzsche-Archiv unumgänglich, einen öffentlichen Nachweis dieser fehlerhaften Herausgabe, die übrigens auch inzwischen rückgängig gemacht war, zu liefern, um davor zu warnen. Andererseits waren die von Koegel gemachten Fehler hier wie auch überall so stark und so zahlreich, daß man sein Verfahren schlechterdings nicht ungerügt lassen konnte. Wenigstens ich vermochte es nicht, ruhig mitanzusehen, wie durch diesen Bearbeiter die Schöpfung Nietzsches mißhandelt worden war. Ich gab also eine vorläufige Mitteilung über Koegel's Arbeitsweise in einem Schriftchen: «Nietzsches Lehre von der ewigen Wiederkunft und deren bisherige Veröffentlichung». Im Mittelpunkt dieser Darlegung steht der Nachweis der völlig verunglückten, in rohe Verunstaltungen Nietzsches auslaufenden Rekonstruktion der Nietzsche fälschlich beigelegten Schrift «die Wiederkunft des Gleichen».

Daß Koegel auf meine Broschüre antworten würde, das habe ich erwartet. Daß aber ein anderer sich finden würde, der Koegel's Unsinn in Schutz nähme – ich gestehe, das habe ich nicht erwartet. Sonst haben sich alle Urteilsfähigen, soviel mir bekannt ist, mit Grausen abgewendet von solcher Herausgeber-Tätigkeit, wie ich sie dort aufgedeckt habe. – Dr. Rudolf Steiner, der seiner Zeit hier in Weimar lebte und als Mitherausgeber im

Nietzsche-Archiv, als die philosophische Ergänzung Dr. Koegel's in Aussicht genommen war, ein Vorhaben, das sich nachher aber zerschlug, unternimmt es, Koegel's Arbeit zu verteidigen («Magazin für Literatur» 1900 Nr. 6). Ich glaube, es war das wenig klug von ihm. Er kompromittiert sich mit dieser Verteidigung; schon dadurch kompromittiert er sich, daß er es überhaupt wagt, dergleichen in Schutz zu nehmen, mehr aber noch dadurch, wie er es tut. Um das erstere zu beurteilen, muß man seine Schrift lesen. Über das letztere nur wenig Andeutungen.

Zunächst gesteht Steiner, daß er das in Frage stehende Manuskript Nietzsches gar nicht kenne. Ich habe aber jeden Gelehrten, der sich ein selbständiges Urteil über die aufgeworfenen Fragen bilden will, aufgefordert, sich hier in Weimar das Manuskript anzusehen. Ich wüßte nicht, daß ich eine Ausnahme gemacht hätte. Auch für Steiner hätten sich Mittel und Wege zur Besichtigung des Manuskripts gefunden. So redet er also überhaupt wie der Blinde von der Farbe. Wenn er das Manuskript sähe, würde er sich vielleicht doch noch besinnen, hier ein zusammenhängendes Buch anzunehmen, so bunt durcheinandergewürfelt wie hier die Aphorismen stehen. Er würde sich z. B. denn doch wundern, wenn er unmittelbar bei der entscheidenden Skizze der Wiederkunftsidee einen Aphorismus findet, der mit den Worten beginnt: «Im Lohengrin gibt es viel blaue Musik» u. s. w. So unzusammenhängend sind aber die Aphorismen das ganze Heft hindurch. Ehe er also redete, hätte er sich das einmal ansehen sollen. Koegel's Veröffentlichung ist – objektiv – eine vollkommene Fälschung.

Steiner wirft mir vor, ich hätte mich gar nicht klar ausgedrückt, ob ich denn nun an das von Koegel rekonstruierte Buch glaubte oder nicht. Er beruft sich dabei auf eine Stelle, wo ich aus gewissen Daten den Schluß ziehe, «daß der Plan Nietzsches, eine prosaische Schrift über die Wiederkunft des Gleichen, wie Koegel es sich vorstellt, zu schreiben, nur sehr kurze Zeit bestanden haben kann, daß er nie bestanden hat.» Ich gestehe, daß ich mein Buch allerdings für Leser geschrieben habe, die etwas wenigstens denken können. Ich setzte voraus, daß man es verstehen würde, daß der zweite Satz eine Verstärkung des ersten ist und das Ganze bedeutet: nie. Hier einen Widerspruch konstatieren, ist lächerlich.

Steiners Haupteinwand ist dieser: Ich suche in meinem Buche zu beweisen, daß die von Koegel rekonstruierte Schrift eine falsche Hypothese ist, daß er unter die Rubriken einer von Nietzsche stammenden Disposition fälschlich Aphorismen bringt, die nicht dazu gehören. Steiner behauptet nun, ich hätte die betreffenden Aphorismen, an denen ich Anstoß genommen hätte, nur lückenhaft wiedergegeben; er sagt, ich hätte wichtige Gedanken derselben unterschlagen. Diese aber hinzugenommen, ergebe sich, daß die Aphorismen zu der betreffenden Überschrift gehörten. Ich will einen Fall, den Steiner erwähnt, genauer besprechen. Man wird sehen, mit welchen Mitteln Steiner die Zugehörigkeit beweist.

Der Inhalt des Aphorismus 70 bei Koegel (Nietzsche Werke Bd. XII) ist dieser: Für das Wesentliche jeder Nahrung sind wir unempfänglich; durch Würzen, die unserem Geschmack zugänglich sind, müssen wir zu der Nahrung erst verführt werden. So ist es auch im Moralischen. Die moralischen Urteile sind die Würzen der Handlungen; über den eigentlichen Wert der Handlungen ist nichts ausgesagt. Eine Handlung kann uns sehr gut schmecken, uns aber sehr schädlich sein. Nietzsche spricht weiter von den Bedingungen der Veränderung des Geschmacks d. h. des moralischen Geschmacks, daß Urteile wie «gesund» und «krank» in der Moral keinen Sinn haben, es kommt auf das Ziel der jeweiligen Entwicklung an u. s. w. Steiner rückt ohne Bedenken den am Anfang stehenden Neben- und Hilfsgedanken in den Vordergrund und sagt: «Nicht was trefflicher nährt, sondern was besser schmeckt, will der Mensch genießen. Er ist also mit seiner *Leidenschaft* (sic!) auf einer falschen Fährte; er hat sich durch verschiedene Bedingungen eine falsche Leidenschaft einverleibt. Wegen dieses seines Sinnes gehört der Aphorismus in das Kapitel «Einverleibung der Leidenschaften». Auf diese Weise kann man das Blaue vom Himmel herunter beweisen. Von Geschmack und Schmecken ist hier nur *gleichnisweise* die Rede. In dem Ganzen handelt es sich um Moral und *moralische* Urteile. Die Einführung des Wortes «Leidenschaft» von Seiten Steiners ist eine vollkommene Willkürlichkeit, es ist eine Vergewaltigung des Gedankens, die ich nicht mitmachen kann. Solche Künste der Interpretation widerstreben meinem wissenschaftlichen Gewissen. Und selbst wenn man den Gedanken von Geschmack und Schmecken in den Vordergrund rückt, ist die Unterstellung des Wortes «Leidenschaft» ungerechtfertigt. Ich halte auch das für eine höchst gezwungene Weiterführung des Gedankens. Zieht man die allgemeine Verfassung unseres Manuskriptes in Rücksicht, wo die verschiedensten Gedanken aus allen Gebieten der Philosophie neben einanderstehen, so sieht man, daß auch dieser Aphorismus ein vollkommen in sich abgeschlossener Gedanke aus dem Gebiete der Moral ist, der mit einer erkenntnistheoretischen Skizze: «was ist Wahrheit?», wie sie hier vorliegt, nicht das geringste zu tun hat. Deutungen, wie die Steiners, kommen, wie gesagt, objektiv für mich einer Fälschung gleich.

Aph. 121, 122 könnten an der richtigen Stelle stehen, wenn der betreffende Gedanke, den Steiner anführt, daß es keine objektive Wahrheit gibt, ungefähr der entgegengesetzte wäre. An dieser Stelle wird gerade ein Wille zur Wahrheit, der in gewissem Sinne unbedingt auftritt und über dessen Wert und Konsequenzen nachher geurteilt werden soll, vorausgesetzt. Ich müßte mich umständlich wiederholen, wenn ich das ausführlicher nachweisen wollte. Man siehe meine Schrift. Ich bedaure, daß Steiner nichts davon verstanden hat.

Ein anderer Fall läßt sich hier noch behandeln, der Steiner in einem noch schlimmeren Lichte zeigt. Nietzsche spricht von Grundirrtümern und meint damit allererste menschliche Vorstellungen, wie die Begriffe eines Objekts, Subjekts, eines freien Willens, gleicher Dinge, ähnlicher Dinge u. s. w. Nietzsche führt diese Beispiele selber an. Diese Vorstellungen, auf denen alles menschliche Urteilen und Handeln beruht, sind aber falsche Vorstellungen, und somit ruht die gesamte menschliche Erkenntnis, die immer mit solchen Begriffen operiert und operieren muß, auf falscher Grundlage. Ich sage nun, daß in einem Abschnitt, wo auf diese Weise die Fehlerhaftigkeit der allgemeinen Grundlage der menschlichen Erkenntnis nachgewiesen wird, niemals die Berichtigung irgend welcher einzelnen Irrtümer späterer Wissenschaft stattfinden kann, z. B. die Berichtigung des Irrtums, daß wir unberechtigter Weise das Unorganische verachten, während wir doch sehr davon abhängig sind. «Wir sind zu drei Viertel eine Wassersäule und haben unorganische Salze in uns.» Steiner sagt: «wenn wir so etwas nicht beachten, so sind wir einem *Grundirrtum* unterworfen.» Ich kann darüber nur lachen. Daß Koegel sich bei seiner Anordnung so etwas gedacht hat, glaube ich sehr; daß Steiner solchen Unsinn in Schutz nimmt und offen ausspricht, verwundert mich allerdings. Wenn Steiner sagt, Nietzsche wolle andeuten, wenn selbst diese primitivsten Vorstellungen Irrtümer seien, wie viel mehr erst die komplizierten späteren, so leugne ich das nicht im Geringsten. Es wird die Grundlage der gesamten menschlichen Erkenntnis als irrtümlich nachgewiesen. Aber daß außer dieser *allgemeinen* Behauptung und Folgerung *einzelne* Irrtümer später Wissenschaft hier hätten berichtigt werden können, scheint mir eben lächerlich. Nietzsche hätte das ganze Feld der menschlichen Erkenntnis absuchen können, um hier eine Sammlung menschlicher Irrtümer zu geben! Welche absurde Vorstellung! Aber selbst wenn er solche Berichtigungen hätte vornehmen wollen, so hätte er in diesem Zusammenhange damit nichts erreicht; denn diese Berichtigungen hätten auch nur mit Hilfe der fehlerhaften, aber dem menschlichen Denken und Handeln unentbehrlichen Grundbegriffe geschehen können. In diesem Zusammenhange wäre es gänzlich sinnlos gewesen. Aber es widerstrebt mir, über solchen Unsinn noch ein Wort weiter zu verlieren.

Steiner sagt, auf diese Weise ließe sich die Anordnung Koegels in jedem einzelnen Falle rechtfertigen. Möglich, – auf diese Weise. Neugierig bin ich trotzdem auf den Nachweis, mit welchem Rechte zum Beispiel ein Aphorismus, in dem es heißt, daß andauernder Kaffee-Konsum bedenklich sei, in einem Abschnitt steht, wo es sich um die Frage handelt, ob der unbedingte Wille zur Wahrheit ein lebenförderndes Prinzip sei, ob nicht die Wissenschaft, schrankenlos durchgeführt, die Lebenskraft untergräbt, mit welchem Rechte ein Aphorismus, der sagt, man solle den Tod als Fest empfinden, und ein anderer, der sagt, daß der Egoismus nicht immer schlimm ausgelegt zu werden braucht, in einem Abschnitt stehen, der die Entstehung des Willens zur Wahrheit schildern soll, warum ein letzter, wo es heißt, daß die Menschheit Nietzsches Vorschläge in die Praxis umsetzen werde, z. B. auch in der Frage der Behandlung der Verbrecher, warum dieser Aphorismus in einem Abschnitt steht, der die ewige Wiederkunft behandeln sollte (solche Ungeheuerlichkeiten macht nämlich Koegel in Menge, Steiner nennt das Koegels «wahren wissenschaftlichen Geist»!) – den Beweis der Zusammengehörigkeit dieser Gedanken möchte ich wirklich sehen. Also heraus mit dem Beweise! Die drei Beispiele, die Steiner bringt – mehr bringt er nämlich nicht und falsch sind sie außerdem noch – genügen nicht.

Die ganze Anlage der Steinerschen Widerlegung ist verfehlt. Wenn man mich widerlegen will, so muß man meine Rekonstruktion der Skizze oder des Entwurfs, den Koegel seinem Buche zu Grunde legt, widerlegen. Darüber sagt Steiner kein Wort. Diese Frage umgeht er völlig. Ist meine Rekonstruktion dieser Skizze richtig, so fällt Koegels Buch unwiderruflich dahin. Ist sie falsch, dann läßt sich vielleicht weiter reden. Aber dann muß sie durch eine andere ersetzt werden. Und auf diesen Gedankengang müssen dann die Koegelschen Aphorismen aufgereiht werden. Das heißt nicht, zu Nietzsche einen Kommentar schreiben; das wollen wir Koegel nicht zumuten. Aber dies Buch hat Koegel *selbst* gemacht. Er wird doch wissen, was er damit gemeint hat. In fortlaufender Darstellung skizziere er kurz den Gedankengang seines Buches. Das kann man verlangen. Tut er es nicht, so bleibt meine Behauptung stehen, daß er sich bei seiner Anordnung überhaupt nichts gedacht hat.

Steiner stellt in Aussicht, Koegel werde sich noch selbst verteidigen. Ich habe lange darauf gewartet; ich hatte gehofft, ich würde den beiden Herren gleich zusammen antworten können. Wir müssen uns aber auch wohl fernerhin auf ein unverbrüchliches Schweigen Koegels, das das Zeichen vollkommener Hilflosigkeit ist, gefaßt machen. Auf so unerhörte Angriffe, wie ich sie gegen ihn gerichtet habe, müßte er antworten.

Steiner macht mir noch einige Einwände, auf die ich besonders hinweisen möchte. Sie charakterisieren die ganze Art seiner Widerlegung. Koegel legt für seine Schrift «die Wiederkunft des Gleichen» eine Disposition zu Grunde, die den Gedanken der ewigen Wiederkunft behandelt, und ich behaupte, daß diese Disposition nicht für ein bestimmtes Werk gemeint war, sondern die erste flüchtige Skizze der Hauptidee Nietzsches ist, die dann nach kurzer Zeit den Anstoß zum Zarathustra gab. Hierfür führe ich als unmittelbaren Beweis eine briefliche Äußerung Nietzsches selbst an, wo er auf diese Disposition anspielt. Er schreibt über sie zwei Jahre nach ihrer Abfassung: «Dieses Engadin ist die Geburtsstätte meines Zarathustra. *Ich fand eben noch die erste Skizze der in ihm verbundenen Gedanken; darunter steht ‹Anfang August 1881 in Sils-Maria, 6000 Fuß über dem Meere und viel höher über allen menschlichen Dingen›.*» Diese Worte nun stehen unter unserer Disposition. Die Sache ist also damit erledigt – sollte man meinen. Steiner sagt: hier hat sich Nietzsche – «geirrt». Ich möchte auf diese Ausflucht Steiners diese Art zu widerlegen, aufmerksam machen. Bei der Beurteilung seines Hauptwerkes, seiner Hauptidee, ob eine Skizze derselben zu diesem Hauptwerk gehört oder nicht, soll sich Nietzsche geirrt haben! Koegel hat sich nicht geirrt, Gott bewahre! Nietzsche hat sich geirrt! Zu solchen Mitteln muß man greifen, um eine unsinnige Hypothese zu retten! Es gibt aber einen Beweis, daß Nietzsche sich über diese Skizze gar nicht geirrt haben *kann.* Ich führe noch ein anderes direktes Zeugnis Nietzsches an, das Steiner einfach ignoriert. Im «Ecce homo» schreibt Nietzsche fünf Jahre später über dieselbe Skizze: «Die Grundkomposition des Werkes (d. h. des Zarathustra!), der ewige Wiederkunftsgedanke, diese höchste Formel der Bejahung, die überhaupt erreicht werden kann, – gehört in den August des Jahres 1881: *er ist auf ein Blatt hingeworfen, mit der Unterschrift: 6000 Fuß jenseits von Mensch und Zeit.*» Es ist evident, daß Nietzsche hiermit dieselbe Skizze meint; es ist ferner evident, daß er sie hier aus dem Kopfe zitiert. Daraus folgt, daß sich ihm diese Skizze tief eingeprägt hatte, daß er über sie, als eine überaus wichtige Aufzeichnung, sich nie, weder früher noch später, geirrt haben kann. Und zudem beurteilt Nietzsche sie hier auf die gleiche Weise. Ich begreife nicht, wie Steiner dieses Citat vollkommen verschweigen kann. Wenn man wissenschaftliche Polemik treibt, muß man doch das betreffende Buch, das man angreift, wenigstens lesen. Aber Steiner ist kühn;

er wird sagen: hier irrt sich Nietzsche zum zweiten Male. Und Steiner muß annehmen, daß Nietzsche sich noch ein drittes Mal über seine eigene Schöpfung geirrt hat. Steiner wirft mir vor, daß nicht die ewige Wiederkunft, sondern der Übermensch der Hauptgedanke des Zarathustra sei, und daß deshalb meine Konstruktionen hinfällig würden. Daß der Übermensch einen breiten Raum des jetzigen Zarathustra einnimmt, leugne ich nicht; aber trotzdem ist mindestens der Ausgangspunkt für den Zarathustra, der Gedanke, der den Anstoß zu diesem Werke gegeben hat, der Wiederkunftsgedanke. Den Beweis enthält meine ganze Schrift. Aber Nietzsche sagt es hier ja auch ganz unzweideutig: «Die Grundkomposition des Werkes (d. h. des Zarathustra), der Ewige Wiederkunftsgedanke» u. s. w. Nun, Steiner weiß es besser. Hier «irrt» sich Nietzsche eben wieder. Ich muß hier bemerken, daß es doch zweckmäßig wäre, einen gewissen wissenschaftlichen Anstand zu wahren. Fährt man in dieser Weise fort, mich zu widerlegen, so muß es mir einfach unwürdig erscheinen, überhaupt darauf zu antworten. Bei der Beurteilung der Disposition «zum Entwurf einer neuen Art zu leben», die ich zum Zarathustra ziehe, ignoriert Steiner meinen Hauptgrund, daß bei der unmittelbar folgenden und nur formal geänderten Überschrift «Fingerzeige zu einem neuen Leben» das Wort «Zarathustra» selbst in unserem Manuskript auftritt. Überhaupt liegt Steiners Hauptkunst der Widerlegung im Verschweigen. Ich mache Koegel keineswegs nur die falsche Zusammenstellung seines Buches zum Vorwurf, ich habe noch zahllose andere Fehler Koegels der allerverschiedensten Art aufgedeckt, die mit dieser Zusammenstellung nichts zu tun haben. Diese Fehler verschweigt Steiner bis auf einen Fall, den er zugibt, sämtlich. Was denkt Steiner z. B. über Koegels Herausgabe des II. Bandes, wo dieser einen Text zusammenbraut aus der Nietzscheschen Original-Ausgabe, aus späteren Einzeichnungen Nietzsches aus den verschiedensten Jahren und, unglaublich zu denken, aus den ersten Vorstufen und Vorarbeiten Nietzsches, die noch vor dem Druckmanuskript liegen? Hierfür hat Steiner kein Wort der Rechtfertigung und kann es nicht haben. Nur das erwähnt Steiner, daß ich Koegel Lesefehler moniere, und darüber macht Steiner sich lustig.

Und was sind es für sinnentstellende Lesefehler, die ich erwähne! Wenn ein Laie mir sagt, darauf komme es doch nicht an, das seien doch Kleinigkeiten, so verstehe ich das, obwohl hier eigentlich jeder stutzig werden sollte. Steiner aber war hier im Goethe-Archiv. Er muß doch wissen, was eine Ausgabe ist. Ich verstehe nicht, wie man seine eigene wissenschaftliche Vergangenheit mit solchem Zynismus durchstreichen kann.

Die Motive für Steiners Auftreten sind vollkommen sichtbar. Steiner hat seiner Zeit hier schon die Fehlerhaftigkeit der Koegelschen Zusammenstellung erkannt; diesen Tatbestand will er aber jetzt nicht aufkommen lassen. Daß er die Fehlerhaftigkeit der Koegelschen Arbeit erkannt hatte, ergibt sich aus folgenden Gründen: Bei einer Vorlesung des Koegelschen Druckmanuskripts hat Steiner die Sachen, die nicht hineinpassen, überschlagen. Steiner, der diese Tatsache zugibt, erklärt zwar, daß sei der *reine Zufall* gewesen! Indessen Frau Dr. Förster-Nietzsche wird eine Briefstelle Steiners veröffentlichen, wo er das Ungenügende der Koegelschen Arbeit selber lebhaft beklagt. Nein, Steiner hatte damals schon die Unhaltbarkeit der Koegelschen Arbeit erkannt, hatte aber, von Koegel bedroht und eingeschüchtert – auch dafür werden die Beweise erbracht werden – nicht den Mut, das offen zu sagen, wodurch er diese unglückselige Veröffentlichung hätte verhindern können. Dieselbe Methode nämlich, seine Arbeit zu decken, die Koegel Frau Dr. Förster-Nietzsche gegenüber anwendete, wendete er auch Steiner gegenüber an, bei letzterem allerdings mit etwas mehr Erfolg, als bei Frau Dr. Förster-Nietzsche. Daß diese Version nicht aufkomme, dazu verteidigt Steiner jetzt Koegel, damit man glaube, er habe nie, weder früher noch jetzt, an der Richtigkeit der Koegelschen Aufstellung gezweifelt. Ob er hiermit seine Position gerade verbessert, möchte ich bezweifeln. Oder aber Steiner hält wirklich die Zusammenstellung Koegels für richtig – nun, dann ist er eben so unfähig wie Koegel, und ich muß ihn bitten, alles, was ich über Koegel als wissenschaftliche Potenz gesagt habe, auf sich zu übertragen. Auf alle Fälle hat er sich mit Koegels Veröffentlichung identifiziert, und somit nimmt er zum mindesten an dessen wissenschaftlichem Bankerott teil. Ich wünsche ihm Glück dazu!

## ERWIDERUNG AUF DIE OBIGEN AUSFÜHRUNGEN

Bevor ich mich auf den sachlichen Inhalt von Dr. Horneffers Ausführungen einlasse, muß ich die «Wahrheitsliebe», die gegenwärtig im Nietzsche-Archiv herrscht, charakterisieren. Herr Dr. Horneffer sagt in seinem obigen Aufsatze: «Steiner stellt in Aussicht, Koegel werde sich noch selbst verteidigen.» Auf jeden unbefangenen Leser, der nicht noch einmal genau meinen, am 10. Februar erschienenen Aufsatz durchliest, muß dieser Satz den Eindruck machen, als ob ich meinen damaligen Angriff auf das Nietzsche-Archiv und dessen gegenwärtige Leitung im Einverständnis mit Dr. Koegel unternommen hätte. *Dies ist aber vollkommen unrichtig.* Ich schrieb in meinem Aufsatze wörtlich: «Ich habe Dr. Koegels Verteidigung nicht zu führen. Das mag er selbst tun.» In Wahrheit hat Dr. Koegel von meinem Angriff *nicht das geringste* gewußt, bevor er gedruckt war. Die Gründe zu diesem Angriff habe ich am Schlusse meines Aufsatzes selbst angegeben. Es gibt keine anderen, als die dort angeführten rein *sachlichen*. Als ich Dr. Horneffers Manuskript erhielt, dachte ich, die Behauptung, ich stelle eine Verteidigung Dr. Koegels in Aussicht, beruhe auf einem flüchtigen Lesen meines Angriffes. Da ich jede unnötige Erörterung in der Öffentlichkeit vermeiden wollte, schrieb ich an Dr. Horneffer, daß diese seine Behauptung auf einem vollständigen Irrtum beruhe, daß ich bei Abfassung meines Aufsatzes nichts von Dr. Koegel in Aussicht habe stellen können. Er hätte nun Gelegenheit gehabt, in dem ihm später zugesandten Korrekturabzug den unrichtigen Satz zu tilgen. *Er hat es nicht getan.* Dr. Horneffer behauptet also, daß ich im Einverständnis mit Dr. Koegel gehandelt habe, trotzdem ihm diese Behauptung als *unwahr* bezeichnet worden ist.

*Zweitens* schreibt Dr. Horneffer: «Die Motive für Steiners Auftreten sind vollkommen sichtbar. Steiner hat hier schon die Fehlerhaftigkeit der Koegelschen Zusammenstellung erkannt; diesen Tatbestand will er aber nicht aufkommen lassen.»

«Daß er die Fehlerhaftigkeit der Koegelschen Arbeit erkannt hatte, ergibt sich aus folgenden Gründen: Bei Vorlesung des Koegelschen Druckmanuskripts hat Steiner die Sachen, die nicht hineinpassen, überschlagen. Steiner, der diese Tatsache zugibt, erklärt zwar, das sei der *reine Zufall* gewesen! Indessen Frau Dr. Förster-Nietzsche wird eine Briefstelle Steiners veröffentlichen, wo er das Ungenügende der Koegelschen Arbeit selber lebhaft beklagt. Nein, Steiner hatte damals schon die Unhaltbarkeit der Koegelschen Arbeit erkannt, hatte aber, von Koegel bedroht und eingeschüchtert – auch dafür werden Beweise erbracht werden – nicht den Mut, das offen zu sagen, wodurch er diese unglückselige Veröffentlichung hätte verhindern können.» Diese Beschuldigungen Dr. Horneffers gegen mich beruhen natürlich auf Behauptungen der Frau Förster-Nietzsche. Und ich sehe mich daher genötigt, auf den Brief der letzteren vom 23. Sept. 1898 an mich, von dem ich bereits in meinem Aufsatz vom 10. Februar d. J. sprach, zurückzukommen. In diesem Briefe finden sich neben andern Behauptungen auch die folgenden, die jetzt in Dr. Horneffers Aufsatz wiederkehren: «Ich habe Ihnen das Manuskript über die Wiederkunft des Gleichen Oktober 1896 zur Prüfung gegeben, weil ich so großer Sorge darum war. Sie selbst haben das Unzusammengehörige des Inhalts verschiedentlich konstatiert und meine Besorgnis gerechtfertigt und vermehrt. Trotzdem haben Sie Dr. Koegel kein Wort über Ihren Zweifel über die Zusammenstellung des Manuskripts gesagt, sondern im Gegenteil noch deshalb gelobt. Hätten Sie den Mut gehabt, Dr. Koegel Ihre Zweifel auszusprechen, so wäre eine Revision des ganzen Manuskripts unvermeidlich gewesen. Da Sie diesen Mut aber nicht hatten, so mußte ich der Sache ihren Lauf lassen. Mir fehlte die wissenschaftliche Ausdrucksweise, um die Fehler beweisen zu können.» Es muß einmal ganz klar und deutlich gesagt werden: 1. Es ist nicht wahr, daß mir Frau Förster-Nietzsche im Oktober oder zu einer anderen Zeit das Manuskript über die Wiederkunft des Gleichen zur Prüfung gegeben hat. 2. Es ist ebenso unwahr, daß ich die Unzusammengehörigkeit des Inhalts verschiedentlich konstatiert habe. Beide Behauptungen sind eine *Erfindung* der Frau Förster-Nietzsche. Weiter ist es unwahr, daß ich auf irgend eine Art von Dr. Koegel eingeschüchtert worden bin. Dr. Koegel hat mir gegenüber nichts weiter getan, als einen Brief geschrieben, nachdem ihm durch seine Schwester die in meinem Angriff erwähnte Mitteilung geworden war, die er nicht anders denn als Beweis für eine Intrige von mir auffassen konnte. Es muß vielmehr betont werden, daß ich nie in die Lage gekommen bin, irgendeine «Prüfung» der Koegelschen Arbeit vorzunehmen. Wenn Frau Förster-Nietzsche eine solche beabsichtigte – was ich, nach allem was vorgefallen ist, nicht annehmen kann – so kann nur sie es gewesen sein, die nicht den Mut gehabt hat, eine solche vornehmen zu lassen. Ich mußte hier einmal das Märchen von der «Einschüchterung» entsprechend beleuchten, das erfunden worden ist, um meine in der damals sehr heiklen Situation beobachtete korrekte Haltung in einem zweifelhaften Lichte erscheinen zu lassen. Wodurch Frau Förster-Nietzsche beweisen will, daß ich von Koegel bedroht und eingeschüchtert worden bin: das wollen wir abwarten, und dann weiter sprechen; ebenso die Veröffentlichung der Briefstellen, in denen ich das Ungenügende der Koegelschen Arbeit lebhaft beklage. Ich kann nämlich alles ruhig abwarten; denn ich kann nur volle Klarheit über diese Sache, in der ich mir keines Unrechtes bewußt bin, wünschen.

Ich komme zu einer dritten Behauptung, die Dr. Horneffer der Frau Förster-Nietzsche gläubig nachspricht: «Dr. Rudolf Steiner, der seiner Zeit in Weimar lebte und als *Mitherausgeber* im Nietzsche-Archiv, als philosophische Ergänzung Dr. Koegels in Aussicht genommen war, ein Vorhaben, das sich nachher zerschlug...» Wenn «in Aussicht genommen» irgendwie andeuten soll, daß ich mit einem solchen Vorschlag einverstanden gewesen wäre, so muß ich eine solche Andeutung auf das entschiedenste zurückweisen. Dieses «In-Aussicht-Nehmen» existierte nur in der Phantasie der Frau Förster-Nietzsche. Wenn sie mir von einer solchen Sache sprach, so sagte ich nie etwas anderes, als das, was sich in die Worte zusammenfassen läßt: «*Wenn* ich auch wollte – ich wollte nämlich nie –, so wäre es unmöglich, eine solche Mitherausgeberschaft in Scene zu setzen», denn nach den bestehenden Kontrakten zwischen Nietzsches Erben und der Firma Naumann (der Verlagshandlung von Nietzsches Werken) war das damals ausgeschlossen. Ich konnte überhaupt *niemals* als Mitherausgeber Dr. Koegels in Frage kommen. Und es war damals lediglich Courtoisie gegen Frau Förster-Nietzsche, daß ich ihre ins Blaue hineingehenden Phantasien mit anhörte. Sie hat den Umstand, daß ich ihr zugehört habe, dann dazu benützt, um mich in ganz ungehöriger Weise in die Angelegenheit zu verwickeln, mit der ich offiziell nicht das allergeringste zu tun hatte.

Und weil ich nichts zu tun hatte, weil ich von niemand ein Mandat hatte, Koegels Arbeit zu prüfen, so kam es nie zu einer solchen Prüfung. Von einem offiziellen Zusammenarbeiten mit Dr. Koegel hätte schon aus dem Grunde nie die Rede sein können, den ich in meinem Angriff (v. 10. Febr.) mit den Worten ausdeutete: «Ich stimme mit ihm in manchen Punkten nicht überein, und wir haben manche Kontroverse gehabt.» Auch habe ich mich doch ganz klar in dem Satze ausgesprochen: «Die Anordnung hätte ein Anderer vielleicht etwas anders gemacht als Dr. Koegel.» Nun, es ist wohl nicht schwer zu erraten, daß ich mit einem solchen Anderen auch mich selbst meine. Was aus der «Wiederkunft des Gleichen» geworden wäre, wenn ich Herausgeber gewesen wäre, kann ich nicht wissen; ganz dasselbe vermutlich nicht, was sie durch Dr. Koegel geworden ist.

Ich verstehe nur das Eine nicht. Ich könnte jetzt so wunderbar damit renommieren, daß ich, ohne die Manuskripte Nietzsches zu sehen, die Fehlerhaftigkeit der Koegelschen Arbeit erkannt habe. Vor dem Einwand, daß ich die Herausgabe hätte verhindern müssen, brauchte ich mich gar nicht zu fürchten. Denn ich hatte bei einem Verhältnis zum Nietzsche-Archiv, das so unoffiziell wie möglich war, gar keine Möglichkeit zu einer solchen Verhinderung. Dr. Koegel und die Firma Naumann hätten damals die Herausgabe der Koegelschen Arbeit in jedem Augenblicke erzwingen können. Ich könnte also herrlich auf dem Lorbeer ruhen, der mir durch die Unwahrheit, daß ich die Schlechtigkeit der Koegelschen Herausgeberschaft eingesehen habe, geflochten würde – *wenn ich wollte*. Nun ich ziehe die Wahrheit vor und überlasse anderen die Vertretung der Unwahrheit.

Als im Frühjahr 1898 mir zu Ohren kam, daß der Band

mit der «Wiederkunft des Gleichen» aus dem Buchhandel gezogen werden muß wegen des Ungenügenden der Koegelschen Arbeit, da dachte ich: diese Behauptung sei begründet. Ich erinnerte mich, daß ich bei der Vorlesung für Dr. Servaes einiges in Koegels Manuskript überschlagen habe. Ich gestehe offen, daß ich nun das Gefühl hatte, mein Überschlagen sei damals einem richtigen Blicke für die Sache entsprungen. Bis Dr. Horneffers Schrift erschien, habe ich das geglaubt. Erst *diese* Schrift hat mich darüber belehrt, daß die Irrtümer Dr. Koegels doch nicht so erhebliche gewesen sind, wie von Seite des Nietzsche-Archivs ausposaunt worden war. Und damit komme ich zu der obigen Entgegnung Dr. Horneffers. Zunächst wirft er mir vor, daß ich mir die Manuskripte Nietzsches nicht angesehen habe, bevor ich den Angriff unternommen habe. Zu dem, was ich zu sagen hatte, brauchte ich aber die Manuskripte nicht zu sehen. Um Dr. Horneffer zu beweisen, daß er Aphorismen Nietzsches falsch deutet, dazu konnte mir eine Einsicht in die Handschriften nichts nützen. Denn der Wortlaut dieser Aphorismen liegt mir doch vor. Ich gehe nun auf den Aphorismus 70 (in Koegels Ausgabe), von dem Dr. Horneffer in seiner Entgegnung spricht, ein. Er lautet: «Das Wesen jeder Handlung ist dem Menschen so unschmackhaft wie das Wesentliche jeder Nahrung: er würde lieber verhungern als es essen, so stark ist sein *Ekel* zumeist. Er hat *Würzen* nötig, wir müssen zu allen Speisen verführt werden: und so auch zu allen Handlungen. Der *Geschmack* und sein Verhältnis zum Hunger, und dessen Verhältnis zum Bedürfnis des Organismus! Die moralischen Urteile sind die Würzen. Der Geschmack wird aber hier wie dort als etwas angesehen, was über den *Wert der Nahrung, Wert der Handlung entscheidet*: der größte Irrtum! –

Wie verändert sich der Geschmack? Wann wird er laß und unfrei? Wann ist er tyrannisch? – Und ebenso bei den Urteilen über gut und böse: eine physiologische Tatsache ist der Grund jeder Veränderung im moralischen Geschmack; diese physiologische Veränderung ist aber nicht etwas, das notwendig das dem Organismus *Nützliche* jeder Zeit forderte. Sondern die *Geschichte* des *Geschmacks* ist eine Geschichte für sich und eben so sehr sind Entartungen des Ganzen als Fortschritte die Folgen dieses Geschmacks. Gesunder Geschmack, kranker Geschmack, – das sind falsche Unterscheidungen, – es gibt unzählige Möglichkeiten der Entwickelung: was jedesmal zu der einen hinführt, ist gesund: aber es kann widersprechend einer andern Entwickelung sein. Nur in Hinsicht auf ein Ideal, das erreicht werden soll, gibt es einen Sinn bei ‹gesund› und ‹krank›. Das Ideal aber ist immer höchst wechselnd, selbst beim Individuum (das des Kindes und des Mannes!) – und die *Kenntnis,* was nötig ist, es zu erreichen, fehlt fast ganz.» Um was handelt es sich hier? Es wird gesagt: unser Geschmack wählt nicht das, was dem Organismus aus physischen Gründen nützlich ist, sondern das, was ihm durch Würzen angenehm gemacht ist. Wie die Würzen zu den natürlichen Bedürfnissen des Organismus verhalten sich die moralischen Urteile zu dem eigentlichen natürlichen Antrieb des menschlichen Handelns. Wir brauchen Würzen, damit wir diese und nicht jene Nahrung wählen. Wir brauchen ein moralisches Urteil, damit wir diese oder jene Handlung vollbringen. Es ist aber der größte Irrtum, wenn wir glauben, dieses moralische Urteil entscheide etwas über die Vorteilhaftigkeit der Handlung. Es ist ebenso der größte Irrtum, als wenn wir glauben, daß der durch Würzen bedingte gute Geschmack über den Nährwert der

Speisen entscheide. Die Geschichte der Moral ist wie die Geschichte des Geschmacks eine Geschichte für sich. Wie wir uns Grundirrtümern hingeben, um die Wirklichkeit zu beherrschen, so geben wir uns moralischen Irrtümern hin, um dies oder jenes zu tun. Wenn mich irgend ein Trieb dazu bringt, etwas zu vollbringen, und ich glaube: ich tue dies deshalb, weil ich eine bestimmte moralische Vorschrift befolge, so habe ich mir auf dem Gebiete des Tuns, der Affekte, genau so einen Irrtum einverleibt, wie ich mir einen Irrtum einverleibt habe, wenn ich zwei Dinge, die nie ganz gleich sein können, unter dem Gesichtspunkt der Gleichheit betrachte. Man sehe sich doch einmal den Aphorismus 21 der «fröhlichen Wissenschaft» an: «Zur Erziehung und zur *Einverleibung* tugendhafter Gewohnheiten kehrt man eine Reihe von Wirkungen der Tugend heraus, welche Tugend und Privat-Vorteil als verschwistert erscheinen lassen, – und es gibt in der Tat eine solche Geschwisterschaft! Der blindwütende Fleiß z. B., diese typische Tugend eines Werkzeuges wird dargestellt als der Weg zu Reichtum und Ehre und als das heilsamste Gift gegen die Langeweile und *Leidenschaften:* aber man verschweigt seine Gefahr, seine höchste Gefährlichkeit. Die Erziehung verfährt durchweg so: sie sucht den Einzelnen durch eine Reihe von Reizen und Vorteilen zu einer Denk- und Handlungsweise zu bestimmen, welche, wenn sie Gewohnheit, Trieb und Leidenschaft geworden ist, *wider seinen letzten Vorteil,* aber ‹zum allgemeinen Besten› in ihm und über ihn herrscht.» Man nehme dazu Aphorismus 13 derselben «fröhlichen Wissenschaft»: «Es kommt darauf an, wie man gewöhnt ist, sein Leben zu *würzen* ... man sucht diese oder jene Würze immer nach seinem Temperament.» Es muß für jeden, der wirklich in die Sache eindringt, klar sein, daß dies zusammengehörige Gedankengänge sind. In die im Januar 1882 entstandene «fröhliche Wissenschaft» ist eben mancher Gedanke herübergenommen aus dem Wiederkunftsmanuskript vom August 1881. Alle diese Gedanken stellen dar, wie die *Einverleibung* von Gewohnheiten, Trieben, *Leidenschaften* mit Hilfe der *moralischen Irrtümer* geschieht. Dr. *Horneffer* stellt die Sache einfach so dar: dieser Aphorismus 70 sagt: «daß Moral nur physiologisch zu verstehen sei. Alle moralischen Urteile sind Geschmacksurteile. Gesunden und kranken Geschmack gibt es nicht, es kommt auf das Ziel an» und er fügt dieser *banalen* Interpretation bei: «Mir geht das Verständnis aus, wie man dies unter Einverleibung der Leidenschaften bringen kann.» (Vgl. E. Horneffer, «Nietzsche, Lehre von der Ewigen Wiederkunft» S. 38.) Mir aber wirft er in der obigen Entgegnung «Vergewaltigung» des Nietzscheschen Gedankens vor, die er nicht mitmachen könne. Ich aber sage ihm, wer in dem Aph. 70 nichts anders sieht als Horneffer, der ist eben ganz unfähig, Nietzsche zu interpretieren. Es ist einfach eine Stumpfheit, hier nichts zu sehen, als «Im ganzen handelt es sich um *Moral und moralische Urteile.*» Nein, es handelt sich darum, inwiefern die Moral grundirrtümliche Leidenschaften, Triebe und Gewohnheiten einimpft.

Es widerstrebt mir eigentlich, bei solcher Unfähigkeit des Gegners mich auf weiteres einzulassen, zumal er wie alle Menschen, die unfähig sind, an einem maßlosen Gelehrtendünkel leidet. Aber er soll nicht wieder sagen können: ich verschweige irgend etwas von seinen Nichtigkeiten. Er entstellt und verdreht, was ich gesagt habe, in der unglaublichsten Weise. Ich habe behauptet: Die Disposition mit der Überschrift «Die Wiederkunft des Gleichen» kann keine

Disposition zum Zarathustra sein, «denn sie enthält *nicht* die Hauptidee, um derentwillen der Zarathustra geschrieben ist: die Idee des Übermenschen.» Und ich sage, wenn Nietzsche in einem Briefe an Peter Gast am 3. September 1883 diese Disposition in ein näheres Verhältnis zum Zarathustra bringt, als sie *ihrem Inhalte* nach gebracht werden kann, *so irrt* er sich. Wer nicht zugibt, daß Nietzsche öfters ungenau ist, wenn er Angaben über seine Arbeiten nach einiger Zeit macht, mit dem ist nicht zu streiten, denn ein solcher leugnet unbestreitbare Tatsachen. Im «Ecce homo» macht Nietzsche Angaben über frühere Werke, die durchaus nicht den Absichten entsprechen, die er bei Abfassung gehabt hat. Ich habe ganz genau gesagt, wie ich mir denke, daß aus dem Plane, eine Schrift über die «Wiederkunft» zu schreiben, sich der andere zum Zarathustra entwickelt hat. Anfang August plante Nietzsche ein Werk über die «Wiederkunft des Gleichen». Die Disposition, die die Überschrift trägt «Die Wiederkunft des Gleichen» entspricht dieser Schrift. Aphorismen, die sich Nietzsche aufgeschrieben hat, sind Vorarbeiten dazu. Was von diesen Aphorismen wirklich verwendet worden wäre, ob überhaupt irgend eine der Aufzeichnungen, darüber können wir alle nichts wissen. Natürlich hätte die Schrift über die «Wiederkunft», wenn sie Nietzsche vollendet hätte, eine andere Gestalt gehabt, als ihr ein Herausgeber aus den ersten Vorarbeiten geben kann. Nietzsche ist aber von dieser Schrift abgekommen. Ganz allmählich trat der Gedanke des «Übermenschen» in den Vordergrund. Der Zarathustra entstand. Man sieht: es widerspricht diese meine Annahme nicht einmal dem, was Nietzsche sagt: «Die Grundkomposition des Werkes (d. h. des Zarathustra), der ewige Wiederkunftsgedanke, diese höchste Formel der

Bejahung, die überhaupt erreicht werden kann, – gehört in den August des Jahres 1881». Aus dieser Grundkomposition ist eben ein ganz anderes Werk geworden, als wozu sie ursprünglich bestimmt war. Ich möchte doch Herrn Dr. Horneffer fragen, ob es heißt «wissenschaftlichen Anstand wahren», wenn man aus den Behauptungen des Gegners macht, was man will. Die ernstgemeinten Einwendungen eines Gegners «lächerlich» finden, ist zwar dünkelhaft – ob aber auch «anständig»? So sagt Herr Dr. Horneffer, er finde es «lächerlich» einen Widerspruch in seiner Behauptung zu konstatieren: «daß der Plan Nietzsches, eine prosaische Schrift über die Wiederkunft des Gleichen zu schreiben, nur sehr kurze Zeit bestanden haben kann, daß er *nie* bestanden hat.» Nun ich will ihm verraten, daß ich dieses Monstrum von Behauptung sehr denkenden Lesern vorgelegt habe. Sie haben zwar mir nicht ganz recht gegeben; daß aber ein Meister des Stiles diesen Satz nicht geschrieben hat: darüber waren alle einig.

Ich habe leider heute nicht den Raum, auf Dr. Horneffers Forderung einzugehen: «Wenn man mich widerlegen will, so muß man meine Rekonstruktion der Skizze oder des Entwurfs, den Koegel seinem Buch zu Grunde legt, widerlegen.» Nun eine Beleuchtung dieser «Rekonstruktion» soll ihm in nächster Nummer werden. Dann wird sich auch Gelegenheit finden, die tieferliegenden wahren Gründe des ganzen Wiederkunfts-Feldzuges aufzudecken. Denn es gibt solche.

## DIE «SOGENANNTE» WIEDERKUNFT DES GLEICHEN VON NIETZSCHE

*Eine Fortsetzung meiner Erwiderung auf E. Horneffers Aufsatz «Eine Verteidigung der sogenannten ‹Wiederkunft des Gleichen› von Nietzsche»*

Ernst Horneffer stellt in Hinblick auf meine in Nr. 6 dieser Zeitschrift abgedruckte Widerlegung seiner Broschüre «Nietzsches Lehre von der Ewigen Wiederkunft und deren bisherige Veröffentlichung» folgende Forderung: «Die ganze Anlage der Steinerschen Widerlegung ist verfehlt. Wenn man mich widerlegen will, so muß man meine Rekonstruktion der Skizze oder des Entwurfs, den Koegel seinem Buche zu Grunde legt, widerlegen». Ich glaube nun zwar nicht, daß ich eine solche Verpflichtung behufs Aufrechterhaltung meiner gegen Horneffer erhobenen Einwände habe. Denn diese Einwände beziehen sich nicht auf die Rekonstruktion Horneffers, sondern auf seine falsche Interpretation einzelner Nietzschescher Aphorismen. Und wer Nietzsche so mißversteht wie Horneffer, um dessen Rekonstruktion der «Wiederkunft des Gleichen» braucht man sich eigentlich nicht zu kümmern. Wenn ich nun doch auch an diese Rekonstruktion einzelne Gedanken anknüpfte, so geschieht es, weil die Märchenbildung nun einmal zu den Mitteln des «Nietzsche-Archivs» gehört, und es mir nicht angezeigt erscheint, daß zu den vielen andern Märchen sich auch noch das von meiner Kapitulation vor Horneffers Rekonstruktion geselle.

Wer Nietzsches Gedanken von der ewigen Wiederkunft aller Dinge und seinen Zusammenhang mit dem im 12. Bande der Gesamtausgabe S. 5 abgedruckten «Entwurf» «Die

Wiederkunft des Gleichen» verstehen will, muß die Quelle dieses Gedankens kennen. Denn ohne Zweifel ist der Aufsatz, der mit diesem Entwurf geplant war, so aufzufassen: daß der Wiederkunftsgedanke den Anlaß zu ihm gebildet hat, und daß alles übrige zu dieser Idee hinzugekommen ist, um sie zu stützen.

Wie kam Nietzsche zu der Idee der ewigen Wiederkunft aller Dinge? Ich habe wiederholt im Gespräche mit Frau Elisabeth Förster-Nietzsche und mit Dr. Koegel im Jahre 1896 auf die Quelle dieser Idee hingewiesen. Ich habe meine damals ausgesprochene Überzeugung auch heute noch: daß Nietzsche bei Gelegenheit der Lektüre von Eugen Dührings: «Kursus der Philosophie als streng wissenschaftlicher Weltanschauung und Lebensgestaltung» (Leipzig 1875), und unter dem Einflusse dieses Buches die Idee gefaßt hat. Auf S. 84 dieses Werkes findet sich nämlich dieser Gedanke ganz klar ausgeprochen; nur wird er da ebenso energisch bekämpft, wie ihn Nietzsche verteidigt. Das Buch ist in Nietzsches Bibliothek vorhanden. Es ist, wie zahlreiche Bleistiftstriche am Rande zeigen, von Nietzsche eifrig gelesen worden. Übrigens weiß man auch ohne dies, daß Nietzsche ein eifriger Dühring-Leser war. Dühring sagt: «Der tiefere logische Grund alles bewußten Lebens fordert daher im strengsten Sinne des Worts eine *Unerschöpflichkeit* der Gebilde. Ist diese Unendlichkeit, vermöge deren immer neue Formen hervorgetrieben werden, an sich möglich? Die bloße Zahl der materiellen Teile und Kraftelemente würde an sich die unendliche Häufung der Kombinationen ausschließen, wenn nicht das *stetige* Medium des Raumes und der Zeit eine *Unbeschränktheit* der Variationen verbürgte. *Aus dem, was zählbar ist, kann auch nur eine erschöpfbare Anzahl von Kombinationen folgen.*

Aus dem aber, was seinem Wesen nach ohne Widerspruch gar nicht als etwas zählbares konzipiert werden darf, muß auch die unbeschränkte Mannigfaltigkeit der Lagen und Beziehungen hervorgehen können. Diese Unbeschränktheit, die wir für das Schicksal der Gestaltungen des Universums in Anspruch nehmen, ist nun mit jeder Wandlung und selbst mit dem Eintreten eines Intervalls der annähernden Beharrung oder der vollständigen *Sichselbstgleichheit,* aber nicht mit dem Aufhören alles Wandels verträglich. Wer die Vorstellung von einem Sein kultivieren möchte, welches dem Ursprungszustande entspricht, sei daran erinnert, daß die zeitliche Entwickelung nur eine einzige reale Richtung hat, und daß die Kausalität ebenfalls dieser Richtung gemäß ist. Es ist leichter, die Unterschiede zu verwischen, als sie festzuhalten, und es kostet daher wenig Mühe, mit Hinwegsetzung über die Kluft das Ende nach Analogie des Anfangs zu imaginieren. Hüten wir uns jedoch vor solchen oberflächlichen Voreiligkeiten; denn die einmal gegebene Existenz des Universums ist keine gleichgültige Episode zwischen zwei Zuständen der Nacht, sondern der einzige feste und lichte Grund, von dem aus wir unsere Rückschlüsse und Vorwegnahmen bewerkstelligen.» Dühring muß als mathematisch geschulter Kopf den Gedanken einer ewigen Wiederholung gleicher Weltzustände bekämpfen. Denn nur wenn die Zahl der Kombinationen eine begrenzte wäre, müßte, nachdem alle Möglichkeiten erschöpft sind, die erste wiederkehren. Nun ist aber in dem stetigen Raume nicht eine begrenzte, sondern eine unendliche Zahl von Kombinationen möglich. Es können also ins Endlose neue Zustände eintreten. Dühring findet auch, daß eine immerwährende Wiederholung der Zustände keinen Reiz für das Leben hat: «Nun versteht es sich von selbst, daß die *Prinzipien des Lebensreizes mit ewiger Wiederholung derselben Formen nicht verträglich sind.*» Nehmen wir nun den mathematisch-logisch unmöglichen Gedanken doch an, machen wir die Voraussetzung, daß mit den materiellen Teilen und Kraftelementen eine zählbare Anzahl von Kombinationen möglich sei, so haben wir die Nietzschesche Idee der «ewigen Wiederkunft des Gleichen». Nichts anderes als die Verteidigung einer aus der Dühringschen Ansicht genommenen *Gegen-Idee* haben wir in dem Aphorismus 203 (Band XII in Koegels Ausgabe und Aph. 22 in Horneffers Schrift: «Nietzsches Lehre von der ewigen Wiederkunft»): «Das Maß der All-Kraft ist *bestimmt*, nichts ‹Unendliches›: hüten wir uns vor solchen Ausschweifungen des Begriffs! Folglich ist die Zahl der Lagen, Veränderungen, Kombinationen und Entwickelungen dieser Kraft zwar ungeheuer groß und praktisch ‹unermeßlich›, aber jedenfalls auch bestimmt und nicht unendlich, das heißt: die Kraft ist ewig gleich und ewig tätig: – bis diesen Augenblick ist schon eine Unendlichkeit abgelaufen, das heißt, alle möglichen Entwickelungen müssen *schon dagewesen sein.* Folglich muß die augenblickliche Entwickelung eine Wiederholung sein und so die, welche sie gebar und die, welche aus ihr entsteht und so vorwärts und rückwärts weiter! Alles ist unzähligemal dagewesen, insofern die Gesamtlage aller Kräfte immer wiederkehrt . . .» Und Nietzsches *Gefühl* gegenüber diesem Gedanken ist genau das gegenteilige von dem, das Dühring bei ihm hat. Nietzsche ist dieser Gedanke die höchste Formel der Lebensbejahung. Aphorismus 43 (bei Horneffer, 234 in Koegels Ausgabe) lautet: «die zukünftige Geschichte: immer mehr wird dieser Gedanke siegen, – und die nicht daran glauben, die müssen ihrer Natur nach endlich *aussterben!* – Nur wer sein Dasein für ewig wiederholungsfähig hält, bleibt übrig: unter *solchen* aber ist ein Zustand möglich, an den kein Utopist gereicht hat!» Es ist der Nachweis möglich, daß viele der Nietzscheschen Gedanken auf dieselbe Art entstanden sind, wie der ewige Wiederkunftsgedanke. Nietzsche bildete zu irgend einer vorhandenen Idee die Gegen-Idee. Schließlich führte ihn dieselbe Tendenz auf sein Hauptwerk: «Umwertung aller Werte.»

Man kann in Dühring einen Denker sehen, der die von der abendländischen Geistesentwickelung hervorgebrachte Erkenntnis, wenn auch einseitig, so doch konsequent vertritt. Nietzsche konnte durch ihn nur so angeregt werden, daß er seinen Ausführungen und Wertmaßstäben die entgegengesetzten gegenüberstellte. Wer Dührings «Kursus der Philosophie» mit Nietzsches Aphorismen über die «Wiederkunft» vergleicht, kann das auch im einzelnen beweisen.

Dühring glaubt an die absolute Gültigkeit gewisser Grundwahrheiten. «So wenig man bei einer mathematischen Wahrheit fragen kann, wie lange sie wahr sei oder wahr sein werde, ebenso wenig kann man die absoluten Notwendigkeiten des Realen von einer Dauer, sondern muß umgekehrt die Dauer und deren jedesmalige Größe von jenen selbst abhängig machen.» Aus solchen unumstößlichen Grundwahrheiten leitet Dühring die Unmöglichkeit einer ewigen Wiederkunft gleicher Zustände ab. Nietzsche nimmt diese ewige Wiederkunft an. Er muß somit auch die absolute Gültigkeit der Dühringschen Grundwahrheiten leugnen. Warum bekennt sich Dühring zu diesen Grundwahrheiten? Weil sie ihm einfach wahr sind. Für Nietzsche können sie nicht wahr sein. Ihre Wahrheit kann also nicht der Grund sein, warum sie von dem Menschen anerkannt werden. Der Mensch muß sie brauchen, trotzdem sie unwahr sind. Und er braucht sie, um sich mit ihnen in der Wirklichkeit zurechtzufinden, diese zu beherrschen. Was als wahr anerkannt ist, ist nicht wahr; aber es gibt uns die Macht über die Wirklichkeit. Wer die Wahrheit der Erkenntnis annimmt, braucht zu deren Rechtfertigung keinen anderen Grund; ihre Wahrheit an sich ist Grund genug. Wer die Wahrheit leugnet, muß fragen: warum nimmt der Mensch diese Irrtümer in sich auf, *warum verleibt er sich sie ein?* Die Antwort auf diese Fragen will Nietzsche in den vier ersten Kapiteln des Werkes über die «Ewige Wiederkunft» geben.

Ich werde nun zeigen, wie dieses Werk unter solchen Gesichtspunkten aufzufassen ist. Ich werde ferner zeigen, *warum* Nietzsche von dem Plane, es zu schreiben, abgekommen ist. Dabei wird sich eine Hypothese über die Gründe ergeben, warum man im Nietzsche-Archiv diese Publikation mit so scheelen Augen ansieht, warum man von einer «sogenannten» «Wiederkunft des Gleichen» spricht. Von Horneffers Rekonstruktion wird sich zeigen, was sie wert ist.

*

Daß Nietzsches Lehre von der «Ewigen Wiederkunft aller Dinge» die Gegen-Idee zu dem von Dühring in seinem «Kursus der Philosophie» vertretenen Standpunkt gegenüber dieser Idee ist, glaube ich in dem letzten Artikel (Nr. 16 Spalte 401 ff. `dieser Zeitschrift) bewiesen zu haben. Ich möchte noch darauf hinweisen, daß sich Nietzsche selbst über eine solche Bildung von Gegen-Ideen ausgesprochen hat. Auf Seite 65 des 11. Bandes der Gesamtausgabe von Nietzsches

Werken lesen wir folgenden «Aphorismus»: «Was ist die *Reaktion der Meinungen?* Wenn eine Meinung aufhört, interessant zu sein, so sucht man ihr einen Reiz zu verleihen, indem man sie an ihre Gegenmeinung hält. Gewöhnlich verführt aber die Gegenmeinung und macht nun neue Bekenner: sie ist inzwischen interessanter geworden.» Ich will noch einiges anführen, was beweist, daß Nietzsche diese Idee der «Ewigen Wiederkunft» nicht anders als *naturwissenschaftlich* auffaßte. Frau Lou Andreas-Salomé hat nämlich erst in der Zeitschrift «Freie Bühne», Mai 1892 und dann in ihrem Buche «Friedrich Nietzsche in seinen Werken» eine Mitteilung gemacht, die zur Aufhellung der Tatsachen interessant ist, trotzdem das ganze Buch dieser Frau, die 1882 einige Monate mit Nietzsche verkehrte, eine vollständig schiefe Auffassung seiner Lehre gibt. Frau Lou Salomé behauptet: «Schon ein oberflächliches Studium zeigte Nietzsche bald, daß die wissenschaftliche Fundamentierung der Wiederkunftsidee auf Grund der atomistischen Theorie nicht durchführbar sei; er fand also seine Befürchtung, der verhängnisvolle Gedanke werde sich unwiderleglich als richtig beweisen lassen, nicht bestätigt und schien damit von der Aufgabe seiner Verkündigung, von diesem mit Grauen erwarteten Schicksal befreit zu sein. Aber nun trat etwas Eigentümliches ein: weit davon entfernt, sich durch die gewonnene Einsicht erlöst zu fühlen, verhielt sich Nietzsche gerade entgegengesetzt dazu; von dem Augenblick an, wo das gefürchtete Verhängnis von ihm zu weichen schien, nahm er es entschlossen auf sich und trug seine Lehre unter die Menschen; in dem Augenblick, wo seine bange Vermutung unbeweisbar und unhaltbar wird, erhärtet sie sich ihm, wie durch einen Zauberspruch, zu einer unwiderleglichen Überzeugung. Was wissenschaftlich erwiesene Wahrheit werden sollte, nimmt den Charakter einer *mystischen* Offenbarung an, und fürderhin gibt Nietzsche seiner Philosophie überhaupt als endgültige Grundlage, *anstatt der wissenschaftlichen Basis,* die innere Eingebung – seine eigene persönliche Eingebung.» Gegen diese Ansicht der Frau Lou Andreas-Salomé, daß sich in Nietzsches Geist eine anfänglich naturwissenschaftliche Idee in eine mystische Eingebung verwandelt hat, wendet sich Nietzsches langjähriger Freund, Peter Gast, in seiner wirklich hervorragenden, tiefgründigen Einleitung, die er vor einigen Jahren zu «Menschliches, Allzumenschliches» geschrieben hat. Er verurteilt jede Hinüberspielung von Nietzsches Anschauungen ins Mystische und sagt, daß die Lehre von der Wiederkunft eine «rein mechanistisch zu verstehende Lehre von der Erschöpfbarkeit, also Repetition, der kosmischen Molekularkombinationen» sei. Frau Lou Salomé gibt also für die ersten Zeiten, in denen Nietzsche den Wiederkunftsgedanken vertrat, zu, daß er «auf Grund der atomistischen Theorie» gedacht sei; Peter Gast nimmt die mechanische Auffassung an mit Ausschluß aller Mystik, durch die Frau Lou Salomé die Sache dann verworren macht. Die mechanische Auffassung ist aber die Gegen-Idee zur Dühringschen, und wir *müssen* daher annehmen, daß Nietzsche im Jahre 1881 die «Ewige Wiederkunft» in dieser mechanischen Fassung konzipiert hat. Ich war sogleich, als ich durch Dr. Koegel seine Abschriften des Wiederkunftsmanuskriptes erhielt, im Sommer 1896 ein entschiedener Vertreter der Peter Gastschen Auffassung. Ich hatte gegen manche Personen zu kämpfen, die damals zu einer mystischen Auffassung sich bekannten. Dieser mechanische Gedanke Nietzsches stimmt nun aber nicht zu der ganzen übrigen

Gestalt, welche unsere mechanische Wissenschaft hat. Wer im Sinne der rationellen Mechanik denkt, muß wie Dühring die «ewige Wiederkunft» bekämpfen. Wollte sie Nietzsche verteidigen, so durfte er nicht für diese *eine* mechanische Conception allein, sondern er mußte für die ganze mechanische Naturanschauung die Gegen-Meinung aufstellen. Er mußte zeigen, daß diese ganze mechanische Auffassung nicht so unumstößlich sei, wie sie von Leuten vom Schlage Dührings gehalten wurde. Von da aus gelangte er zu der Frage nach dem Werte der Wahrheit. Warum werden die allgemein anerkannten Wahrheiten als solche geglaubt? Das wurde seine Frage. Dühring und Andere hätten einfach darauf geantwortet: nun weil sie eben wahr sind, weil sie der Wirklichkeit entsprechen. Nietzsche sagte sich, daß dies gar nicht der Fall ist. Wo entspricht irgend einer unserer Begriffe der Wirklichkeit? Nirgends. «Unsere Annahme, daß es Körper, Flächen, Linien, Formen gibt, ist erst die Folge unserer Annahme, daß es Substanzen und Dinge, Beharrendes gibt. So gewiß unsere Begriffe *Erdichtungen* sind, so sind es auch die Gestalten der Mathematik. Desgleichen gibt es nicht, – wir können eine Fläche, einen Kreis, eine Linie ebenso wenig *verwirklichen*, als einen Begriff.» (Aph. 18 S. 17 des 12. Bandes der Koegelschen Ausgabe.) Diese Begriffe, diese Erdichtungen sind aber die Dinge, mit denen die Wissenschaften operieren. Es kann also gar nicht die Rede sein von der Absolutheit der wissenschaftlichen Wahrheiten. Warum nehmen wir sie denn doch an? Weil wir sie brauchen, um uns in der Wirklichkeit zu orientieren. Es gibt nirgends einen Kreis, nirgends eine Fläche; aber wir orientieren uns mit solcher Erdichtung innerhalb der Wirklichkeit. Nicht die Wahrheit, sondern die Zweckdienlichkeit für das Leben ist der Grund zu unserem Glauben an die sogenannten Wahrheiten. Um diese Zweckdienlichkeit aber gewahr zu werden, müssen wir die Anwendbarkeit unserer Begriffsdichtungen an unserem eigenen Leibe erfahren. Wir müssen uns diese Erdichtungen *einverleiben* und *versuchen*, mit ihnen zu leben. Bisher hat die Menschheit ihre sogenannten Wahrheiten nur deshalb geglaubt, weil sie sich sie *einverleibt* hat, und gefunden hat, daß sich mit ihnen leben läßt. Will man nun tiefer dringen in das Gefüge der Weltwesenheit, so kann man nicht dabei stehen bleiben, diese Einverleibung, wie sie bisher geschehen ist, einfach mitzumachen. Es könnte ja sehr wohl sein, daß sich auch mit ganz anderen Meinungen leben ließe. Ein Beweis gegen die «ewige Wiederkunft» hat nur die Bedeutung, daß er zeigt, man kann diese Idee mit den Erdichtungen nicht vereinigen, von denen man bisher gefunden hat, daß sich bei ihrer Einverleibung leben läßt. Will man aber dahinter kommen, ob die «ewige Wiederkunft» eine Lebensmöglichkeit hat, dann muß man *versuchen*, mit den Gegenmeinungen der bisherigen Ideen zu leben. Man muß sich zurückversetzen in den Zustand der *Unschuld*, in dem noch keine Meinungen einverleibt sind; man muß sich zum *«Experiment»* machen, um zu sehen, wie sich mit anderen Ideen leben läßt als den bisherigen. Nur so können wir das Leben wirklich prüfen, ob es in seinen tiefsten Tiefen lebenswert ist. Wenn wir die *Schwere* von uns abgestreift haben, die wir in uns empfinden durch den Glauben an absolute Wahrheiten, wenn wir uns «wie die Kinder zu dem stellen, was früher den *Ernst des Lebens* ausgemacht hat», dann können wir probieren, wie sich mit Meinung und Gegenmeinung leben läßt. (Aph. 148 in Band 12 S. 89 in Koegels Ausgabe.) Die bisherigen Menschen waren *beschwert* mit der Zuversicht, daß sich nur mit den einverleibten Erdichtungen leben läßt. Man werfe diese Zuversicht ab; man streife allen Glauben an bestimmte Meinungen ab; man experimentiere mit allen Trieben, Leidenschaften und warte ab, wie weit sie sich einverleiben lassen, d. h. wie weit sich mit ihnen leben läßt. Man muß das Leben *erleichtern* von allen einverleibten Erdichtungen. Zunächst wird das allerdings eine *Erniedrigung, Abschwächung* des Lebens geben. Denn wir sind darauf eingerichtet, mit dem bisher angesammelten Rüstzeug zu leben. Werfen wir es ab, so schwächen wir uns zunächst. Aber gerade dadurch machen wir uns fähig, es im Gegensatz zum alten Schwergewicht einmal mit dem «neuen Schwergewicht» mit der «ewigen Wiederkunft» zu versuchen. Noch einmal als «Einzelner» wollen wir den Lebenskampf aufnehmen, auf breiterer Basis als mit den bisher einverleibten Erdichtungen. *«Ein Spiel der Kinder,* auf welches das Auge des Weisen blickt, Gewalt haben über *diesen* und *jenen* Zustand» (Aph. 148 in Koegels Ausgabe). Was muß nun bei einem solchen *versuchenden* Leben herauskommen, wenn uns das Leben lebenswert erscheinen soll, wenn wir nicht lieber die Vernichtung wählen wollen? «Ein absoluter Überschuß *muß* nachzuweisen sein, sonst ist die Vernichtung unserer selbst in Hinsicht auf die Menschheit als Mittel der Vernichtung der Menschheit zu wählen». (In demselben Aphorismus.) Wir haben dadurch einen Maßstab gewonnen für die Einverleibung einer neuen Lehre. Bisher haben wir nur immer mit der entgegengesetzten Lehre gelebt; jetzt wollen wir sehen, ob die «Lehre von der Wiederkunft» einen Überschuß an Lust gibt. «Damit ist der Zusammenhang zwischen Punkt 4 des Entwurfs» von der «Ewigen Wiederkunft» gegeben mit dem Punkt 5. Der erste heißt: «Der Unschuldige. Der Einzelne als Experiment. Die Erleichterung des Lebens, Erniedrigung, Abschwächung, Übergang.» Der letztere lautet: «Das neue Schwergewicht: die ewige Wiederkunft des Gleichen usw.» – Diese beiden letzten Kapitel hätten also darzustellen gehabt, welche Aufgabe Nietzsche *vor* sich hatte, wenn er ein «neues Schwergewicht» schaffen wollte. Im Gegensatz dazu sollten die drei ersten Kapitel zeigen, wie die Menschheit bisher sich entwickelt hat. Sie hat sich mit Hilfe von Irrtümern durchs Leben durchgekämpft (Einverleibung der Grundirrtümer). Die irrtümlichen Glaubenssätze wurden geglaubt, weil sie sich als nützlich erwiesen. Aber nicht bloß die Glaubenssätze, durch die wir uns in der Wirklichkeit orientieren, sind einverleibte Irrtümer: auch die Triebe und Leidenschaften, auch Lust und Unlust sind solche Irrtümer. Was ich als Schmerz empfinde, ist in Wirklichkeit kein Schmerz. Es ist nur ein ganz gleichgiltiger *Reiz* zunächst ohne Lust oder Unlust. Erst, wenn ich ihn mit Hilfe meines Gehirns interpretiere, wird er Schmerz oder Lust. «*Ohne Intellekt* gibt es keinen Schmerz, aber die niedrigste Form des Intellekts tritt da zu Tage, derjenige der ‹Materie›, der ‹Atome›. – Es gibt eine Art, von einer Verletzung überrascht zu werden (wie jener, der auf dem Kirschbaume sitzend eine Flintenkugel durch die Backe bekam), daß man gar nicht den *Schmerz fühlt*. Der Schmerz ist *Gehirnprodukt*.» (Aph. 47 in Koegels Ausgabe). Indem wir das Leben nach den Eindrücken von Lust und Schmerz bewerten, bewegen wir uns also gar nicht in einem Reiche der Wirklichkeit, sondern in einer Sphäre unserer Interpretation. Es kommt somit im Leben nicht darauf an, wie ein *Reiz* auf uns wirkt, sondern wie wir *glauben*, daß er auf uns wirkt. Dieser Glaube ist ein ebenso einverleibter, wie der an die

Grundirrtümer. Wie diese sich vererben, so vererben sich die Einschätzungen, die Interpretationen der Reize. «Ohne Phantasie und Gedächtnis gäbe es keine Lust und keinen Schmerz. Die dabei erregten Affekte verfügen augenblicklich über vergangene ähnliche Fälle und über die schlimmen Möglichkeiten, sie *deuten aus, sie legen hinein.* Deshalb steht ein *Schmerz* im allgemeinen ganz außer Verhältnis zu seiner Bedeutung für das Leben, – er ist unzweckmäßig. Aber dort, wo eine Verletzung nicht vom Auge oder dem Getast wahrgenommen wird, ist sie viel weniger schmerzhaft, da ist die Phantasie ungeübt.» (Aph. 50 in Koegels Ausgabe). Ich will nun hier an einem Beispiel erweisen, wie tiefgehend Dührings Einfluß auf Nietzsches Gedanken im Jahre 1881 war. Dühring sagt in seinem «Kursus der Philosophie»: wenn «Empfindungen und Gefühle einfach wären, so müßte über sie durch unmittelbares axiomatisches Urteil in verwandter Art entschieden werden, wie über einen mathematischen Grundsatz»... «Die Art von Beifall oder Einstimmung, die eine völlig einfache Erregung mit sich brächte, würde eben auch eine nicht mißverständliche Tatsache sein und in ihrem Gebiet ebenso gelten müssen, wie eine geometrische oder physikalische Notwendigkeit.» (Kursus der Philosophie, Seite 165.) Man sieht, Dühring behauptet, daß ein *Reiz* nur *eine* Folge nach sich ziehen kann d. h., daß er durch *sich* lust- oder schmerzvoll ist. Nietzsche stellt auch hier der Dühringschen Meinung die Gegenmeinung gegenüber: «Warum tut ein geschnittener Finger wehe? An sich tut er nicht wehe (ob er schon ‹Reize› erfährt), der, dessen Gehirn chloroformiert ist, hat keinen ‹Schmerz› im Finger». (Aph. 48 in Koegels Ausgabe.) Auch die moralischen Triebe und Leidenschaften beruhen auf einer Interpretation der Wirklichkeit, nicht auf einem wahren Sachverhalt, sondern auf einem als wahr geglaubten. «Wenn wir die Eigenschaften des niedersten belebten Wesens in unsere ‹Vernunft› übersetzen, so werden ‹moralische› Triebe daraus». (Aph. 64 in Koegels Ausgabe.) «Im *Wohlwollen* ist verfeinerte Besitzlust, verfeinerte Geschlechtslust, verfeinerte Ausgelassenheit des Sicheren usw.» (Aph. 95 bei Koegel.) Bei unserem Handeln haben wir nicht die Wirklichkeit: Besitzlust, die verfeinerte Geschlechtslust im Auge, sondern die uns *einverleibte* Leidenschaft des Wohlwollens, die aber nur eine Interpretation des Wirklichen ist. Wir sehen, wie die Menschen zu «Wahrheiten» und «Leidenschaften» kommen. Sie interpretieren die Wirklichkeit und verleiben sich die Interpretationen ein. In dem Augenblicke, wo die Menschen dahinter kommen, daß sie nicht die Wirklichkeit, sondern ihre Interpretationen der Wirklichkeit besitzen, beginnt auch der Zweifel an diesen Interpretationen. Während man sich bisher das als *wahr* einverleibt hat, was lebenfördernd war, gleichgültig ob es wahr oder falsch war, frägt man jetzt nach der Wahrheit als solcher. Man hat das lebenfördernde als «wahr» bezeichnet. Dadurch hat «das Wahre» ein gewisses Ansehen, einen Wert erhalten. Man fing an, nach «dem Wahren» zu streben. Aber man konnte nichts anderes tun, als eine Auslese halten unter den Grundirrtümern. Denn man hatte doch nichts anderes als diese. Eine besonders ausgelesene Gattung von Grundirrtümern nannte man «Wahrheiten». Man hatte sogar zum Feststellen dessen, was Wahrheit ist, auch nichts als die Irrtümer. Woher kann ein solches Streben stammen? Nur aus dem Glauben, daß die Wahrheit das Leben steigert (Leidenschaft der Erkenntnis).

So ungefähr mögen die Ideen ausgesehen haben, die Nietzsche durch den Kopf gingen, als er 1881 in Sils-Maria den «Entwurf» zur «Wiederkunft des Gleichen» schrieb. Diese Vorstellung wenigstens gewann ich von dem Sachverhalt, als mir Dr. Koegel im Sommer 1896 seine Zusammenstellung der einzelnen Aphorismen gab. Wer nun den Band 12 (den Frau Förster-Nietzsche aus dem Buchhandel hat zurückziehen lassen) liest, wird den Eindruck gewinnen, daß die unter den einzelnen Kapiteln eingereihten Aphorismen den Hauptgedankengang in einzelnen Punkten mehr oder weniger ausführen, verdeutlichen. Es ist kein Zweifel, daß Nietzsche diese einzelnen Aphorismen in zwangloser Reihenfolge aufgeschrieben hat. Für die Anordnung ein absolut richtiges Prinzip zu finden, wird daher nie möglich sein. Auch die Frage, ob der eine oder der andere Aphorismus wegbleiben könnte oder nicht, wird der eine Herausgeber so, der andere anders beantworten. Dr. Horneffer behauptet: nur die 44 von ihm in seiner Broschüre «Nietzsches Lehre von der Ewigen Wiederkunft» angeführten hätten eine Berechtigung, dem Entwurf zugeteilt zu werden. Ich frage mich vergeblich, warum er den Aphorismus 50 (der Koegelschen Ausgabe) wegläßt, der inhaltlich sich sinngemäß den Aphorismen eingliedert, die Koegel als 49 und 51 abdruckt und die doch Horneffer selbst als berechtigte anerkennt. Ich verstehe nicht, warum Aphorismus 119 nicht unter den Entwurf fallen soll, da doch darin ganz klar von *einverleibten* Irrtümern die Rede ist. «Das Großartige in der Natur, alle Empfindungen des Hohen, Edlen, Anmutigen, Schönen, Gütigen, Strengen, Gewaltigen, Hinreißenden, die wir in der Natur und bei Mensch und Geschichte haben, sind nicht *unmittelbare Gefühle,* sondern Nachwirkungen zahlloser uns einverleibter *Irrtümer, ...* » Man vergleiche diesen Aphorismus mit dem 51., dem Dr.

Horneffer wieder eine Stelle in der «Wiederkunft» gönnt: «... Ebenso ist das Maß der Lust nicht im Verhältnis zu unserer jetzigen Erkenntnis, – wohl aber zur ‹Erkenntnis› der primitivsten und längsten Vorperiode von Mensch- und Tierheit. Wir stehen unter dem Gesetze der Vergangenheit, das heißt *ihrer Annahmen und Wertschätzungen.*» Aber wozu sich um das einzelne streiten, da es einmal in der Natur dieser Aphorismen liegt, daß sie der eine so, der andere anders anordnen kann. Auf was viel mehr ankommt, das ist dies: ich glaube durch meine Darlegungen gezeigt zu haben, daß die Nietzschesche Idee der «Ewigen Wiederkunft» richtig das ist, als was sie Peter Gast angibt: «Die rein mechanisch zu verstehende Lehre von der Erschöpfbarkeit, also Repetition, der kosmischen Molekularkombinationen», und daß Nietzsche, um diese Idee im Gegensatz zu Dühring zu halten, in den vier ersten Kapiteln eine Art neuer Erkenntnislehre liefern wollte. In dieser sollte sich zeigen, daß die Weise, wie die bisherigen «Wahrheiten» entstanden sind, kein Hindernis dafür ist, diesen die Gegenmeinungen entgegenzusetzen. Ich setze einmal den Fall: Dr. Koegel hätte wirklich ganz Unrecht, und es gehörten nur die 44 Aphorismen, die Horneffer anführt, zur «Ewigen Wiederkunft», so bliebe dieser Gedanke doch bestehen, denn auch aus diesen 44 Aphorismen folgt nichts anderes. Also mit einer mechanisch zu verstehenden Lehre und nicht mit einer «religiösen Idee», wie Dr. Horneffer meint, haben wir es zu tun. Und es war gerade Frau Lou Andreas' Fehler, daß sie die durchsichtige Klarheit dieser Idee in einem mystischen Nebel untergehen ließ. Diese Nietzschesche Idee ist vielmehr so konzipiert, daß wir uns sie nur dann *einverleiben* werden, wenn wir bei dem «Experiment», das wir mit ihr anstellen, finden, daß wir uns mit ihr innerhalb der gesamten Natur so orientieren können, wie mit der bisherigen Naturlehre. Und wenn Horneffer fragt: «Wie konnte er auf den Gedanken verfallen, zu ihrer Stütze die Physik und überhaupt die Naturwissenschaften herbeizurufen?», so ist darauf zu antworten: «Das hätte er tun müssen, wenn er die Idee in derselben Weise hätte durchführen wollen, in der er sie konzipiert hatte. Allerdings nicht, um die Idee zu *beweisen,* sondern um zu zeigen, daß sie einverleibbar ist. Die ganze Naturwissenschaft hätte ein anderes Gesicht unter dem Einflusse dieser Idee gewinnen müssen. Denn das Gefühl hätte nie geduldet, *daß die Naturwissenschaft in der alten Weise fortwirtschaftet, und daneben das religiöse Empfinden sich mit einer dem Naturerkennen widersprechenden Idee abfindet.* Ein neuer Konkurrenzkampf der Meinungen hätte vielmehr durchgekämpft werden müssen. Das «neue Schwergewicht» kann sich nur dann behaupten, wenn es sich als lebenfördernder erweist als die alten naturwissenschaftlichen Wahrheiten. Dr. E. Horneffer sagt auf S. 26 seiner Schrift: «Nietzsches Lehre von der ewigen Wiederkunft»: «Ich will noch erwähnen, daß ich nicht glaube, daß Nietzsche seiner Lehre von der ewigen Wiederkunft eine breitere, naturwissenschaftliche Unterlage hat geben wollen. Ich bezweifle, daß er je beabsichtigt hat, sie durch empirische Kenntnisse ausführlicher zu beweisen.... Denn wozu der ausführliche Nachweis, daß wir über die nachweisbare Erfahrung hinausgehende Vorstellungen, daß wir Irrtümer brauchen, sofern dieselben auf das Leben günstig einwirken? Wozu der weitere Nachweis, daß die ewige Wiederkunft eine Vorstellung ist, die, ob wahr oder falsch, sehr günstig auf das Leben einwirken muß? Setzt diese Art, philosophische Vorstellungen zu empfehlen, nicht gerade die Annahme voraus, daß sie empirisch überhaupt nicht beweisbar sind?» Nein, gewiß, *diesen* Nachweis setzt sie nicht voraus. Aber die Forderung erhebt sie, durch *Einverleibung* zu entscheiden, *ob* die neue Meinung günstiger auf das Leben einwirkt, als die alten naturwissenschaftlichen Meinungen. Nicht mit den alten naturwissenschaftlichen Methoden konnte und durfte Nietzsche sein «neues Schwergewicht» beweisen, sondern mit diesem seinem neuen Schwergewicht mußte er die alten Methoden selbst besiegen; er mußte die größere Stärke der neuen Idee durch das Experiment beweisen. Und *weil er sich zu einem solchen Nachweis außerstande sah,* deshalb ließ er die neue Idee zunächst fallen; deshalb trat immer mehr dafür in seinem Geiste eine Idee in den Vordergrund, die nicht *gegen* die alten naturwissenschaftlichen Wahrheiten gerichtet war, sondern die in ihrer Richtung lag, die Idee des Übermenschen. Denn der Übermensch ist eine mit allen anderen modernen naturwissenschaftlichen Ideen durchaus vereinbare Vorstellung. Man lese im «Zarathustra»: «Der Mensch ist ein Seil, geknüpft zwischen Tier und Übermensch.... Ich liebe den, welcher arbeitet und erfindet, daß er dem Übermenschen das Haus baue und zu ihm Erde, Tier, Pflanze vorbereite: denn so will er seinen Untergang.» Diese Worte sind ganz *im Einklange* mit der großen modernen Entwickelungsidee der Naturwissenschaft gesprochen. «Alle Wesen bisher schufen etwas über sich hinaus: und ihr wollt die Ebbe dieser großen Flut sein und lieber noch zum Tiere zurückgehen, als den Menschen überwinden? Ihr habt den Weg vom Wurme zum Menschen gemacht, und vieles ist in euch noch Wurm. Einst waret ihr Affen, und auch jetzt noch ist der Mensch mehr Affe, als irgend ein Affe.» Diese Zarathustra-Worte hat ein Mann gesprochen, den *nicht* die «Ewige

Wiederkunft», sondern der große Entwickelungsgedanke der neueren Naturwissenschaft zum dichtenden Propheten machte. Daß sich aus dem Plan zu einem Werke über die «Ewige Wiederkunft» derjenige zum «Zarathustra» entwickelt hat: dies hat keinen anderen Grund als den, daß Nietzsche *in diesem Augenblicke* nicht die «Ewige Wiederkunft», sondern die Idee des Übermenschen für lebenfördernder gehalten hat. Wenn später dann doch der Gedanke der «Ewigen Wiederkunft» wieder auftaucht, wenn wir ihn sporadisch in der «Fröhlichen Wissenschaft», im «Zarathustra» selbst finden, wenn er ihn sogar als die Krönung, als letzten positiven Gedanken, seines sonst ganz negativen Werkes «Umwertung aller Werte» hinstellt, *so kann* dies keinen anderen Grund als den haben, daß die sich vorbereitende Erkrankung in ihm den Sinn dafür abstumpfte, wie wenig lebenfördernd dieser Gedanke ist, wie wenig er sich im Kampfe der Meinungen behaupten kann, und daß Nietzsche eine gewisse Schwäche für den Gedanken hatte, nachdem er einmal in ihm aufgetaucht war. Ich fürchte mich nicht vor dem pöbelhaften Vorwurfe, daß ich kein wahrer Nietzsche-Verehrer sei, weil ich meine obige Überzeugung ausspreche. Ich weiß, wie schwer sie mir geworden ist, diese Überzeugung, daß die Vorstadien der Erkrankung in die letzte Phase des Nietzscheschen Philosophieren *doch* hineinspielen.

Also ein verfehltes Werk war es, ein Werk, dessen Grundkonzeption unhaltbar, weil nicht lebenfördernd war. Und Nietzsche empfand, daß er mit dieser Grundkonzeption nichts anfangen konnte. *Deshalb hat er das Werk nicht zur Ausführung gebracht.* Der Herausgeber von Nietzsches Nachlaß *konnte* kein anderes als ein *unhaltbares* Werk zustande bringen. Frau Förster-Nietzsche sagt in ihrer Einleitung zu

Lichtenbergers Buch über «Die Philosophie Friedrich Nietzsches»: «Der damalige Herausgeber Dr. Fritz Koegel hat, ohne von den späteren noch unentzifferten Manuskripten Kenntnis zu nehmen, den Inhalt eines geschriebenen Heftes meines Bruders aus dem Sommer 1881 unter eine nicht dazu gehörige Disposition gebracht. ... Das von Dr. Koegel zusammengestellte Manuskript flößte mir von vornherein Mißtrauen ein und ich hatte zur Prüfung, ehe es veröffentlicht wurde, die Zuziehung eines sachverständigen Herausgebers gewünscht. ... Ich selbst war zuerst durch die tödliche Krankheit meiner Mutter und dann durch eigene Krankheit verhindert, die Sache genauer zu untersuchen; nachdem unterdessen aber verschiedene Kritiker, so z. B. in der «Zukunft» und in der «Frankfurter Zeitung», sich über diese wunderliche und dürftige Veröffentlichung, die jeden aufrichtigen Nietzsche-Verehrer enttäuschen mußte, mit Erstaunen und Mißfallen ausgesprochen hatten, sah ich mich im Herbst 1898 genötigt, die Verlagsfirma zu veranlassen, den XII. Band aus dem Buchhandel zu ziehen.» Nun die «Dürftigkeit» der Veröffentlichung lag nicht an dem Herausgeber, sondern daran, daß das Werk selbst ein verfehltes war. Und kein aufrichtiger Nietzsche-Verehrer konnte dadurch in seiner Nietzsche-Verehrung irgendwie beeinträchtigt werden, daß er sah, wie Nietzsche sich ein paar Wochen lang mit dem Plane zu einem unausführbaren Werke getragen hat. Und daß sich die Sache so verhält, daran kann der Angriff Horneffers gegen Koegel auch nicht das geringste ändern. Auch die 44 Aphorismen, die jetzt Horneffer nach der Durchsiebung des Manuskriptes veröffentlicht, beweisen, daß Nietzsches Idee der «Ewigen Wiederkunft» im Jahre 1881 eine naturwissenschaftlich-mechanistische *Gegen-Idee* der Dühringschen

Anschauung war und daß sie als solche unhaltbar, verfehlt ist. Dem Eingeständnis *dieser* Tatsache wurde nun und wird vom Nietzsche-Archiv entgegengearbeitet. Der naturwissenschaftliche Charakter und die naturwissenschaftliche Tragweite dieser Idee werden geleugnet. Aber Dr. Koegel mag noch so viele Fehler bei der Herausgabe gemacht haben: diese Tatsache ist richtig und, wer unbefangen ist, wird sie gerade durch Horneffers Angriff auf Koegel bestätigt finden. Und jede Ausgabe von Friedrich Nietzsches Werken, die diese Tatsache verschleiert, wird eine objektive Fälschung sein. *Weil* der Gedanke der «Ewigen Wiederkunft» naturwissenschaftlich unhaltbar ist: deshalb will man im Nietzsche-Archiv, daß ihn Nietzsche *nie* naturwissenschaftlich konzipiert habe. Deshalb fing Frau Förster-Nietzsche, als ihr die Unhaltbarkeit klar gemacht wurde, an, zu behaupten, dieser Gedanke wäre nicht nur später, sondern auch schon im Jahre 1881 so gefaßt gewesen, wie Frau *Lou Andreas-Salomé* behauptet, daß er von Nietzsche später angefaßt worden ist: als ein *Mysterium*. Man sehe, was Frau Förster-Nietzsche mir im September 1898 schreibt: «Konnte dieser erschütternde Gedanke nicht prachtvoll, unwiderleglich, wissenschaftlich bewiesen werden, so war es besser und pietätsvoller (sic), ihn als ein *Mysterium* zu behandeln, als eine geheimnisvolle Vorstellung, die ungeheure Folgen haben kann.» Nicht die Fehler, die Koegel gemacht hat, bilden den Ausgangspunkt des ganzen Kampfes; nein, sondern die Tatsache, daß er als Herausgeber aus dem «Wiederkunftsgedanken» kein *«Mysterium»,* gemacht hat. Man sehe doch in Frau Lou Salomé's Buch S. 225: «Was wissenschaftlich erwiesene Wahrheit werden sollte, nimmt den Charakter einer *mystischen Offenbarung* an». Frau Förster-Nietzsche marschiert also nicht allein in holder Eintracht mit der von ihr sonst so sehr bekämpften Frau Lou Salomé; nein, sie überbietet sie in bezug auf die Wiederkunftslehre noch. Was Frau Salomé nur für die letzte Zeit Nietzsches in Anspruch nimmt; Frau Förster-Nietzsche legt es Nietzsche bei von dem Augenblicke an, in dem er den Gedanken konzipierte. Es ist für mich, der ich die stürmische Gegnerschaft der Frau Förster-Nietzsche gegen Frau Lou Salomé recht oft zu bemerken Gelegenheit hatte, jetzt drollig zu sehen, wie sie Friedrich Nietzsche auf die Schleichwege – nicht etwa Eduard von Hartmanns – sondern von Lou Andreas-Salomé führt. Und Herr Dr. Horneffer ist in der Lage, dem «Ewigen Wiederkunfts»-Werk einen Plan zu Grund zu legen, der genau ebenso auf diese Schleichwege von Frau Lou Salomé führt. Er sagt doch: «Nietzsche wollte seine Idee der ewigen Wiederkunft als eine *religiöse Idee* hinwerfen.»

# FRAU ELISABETH FÖRSTER-NIETZSCHE UND IHR RITTER VON KOMISCHER GESTALT

*Eine Antwort auf Dr. Seidls «Demaskierung»*

Herr *Dr. Arthur Seidl* hat sich veranlaßt gefühlt, durch eine «Demaskierung» meiner Person, Frau Elisabeth Förster-Nietzsche gegen die Behauptungen in Schutz zu nehmen, die ich in einem Artikel des «Magazin für Literatur» (Nr. 6 des laufenden 69. Jahrgangs) ausgesprochen habe. Er gebraucht zu dieser «Entlarvung» die folgenden Mittel. Er legt meinen Ausführungen unlautere, ja unsaubere Motive unter. Er behauptet ins Blaue hinein Dinge, über die er nichts wissen kann, als was ihm Frau Förster-Nietzsche erzählt hat. Er beschuldigt mich widerspruchvoller Aussagen in meinem Artikel. Er fälscht eine von mir gegebene Darstellung eines Sachverhaltes, entweder, weil er nicht im Stande ist, zu verstehen, was ich geschrieben habe, oder, weil er absichtlich durch Entstellung meine Handlungsweise in einem schiefen Lichte erscheinen lassen will. Er erfindet eine neue Interpretation des alten Heraklit, um eine metaphysisch-psychologische Erklärung der Tatsache zu liefern, daß Frau Förster-Nietzsche heute rot nennt, was gestern blau war. Er erzählt von den Fehlern, die er in Koegels Ausgabe von Nietzsches Werken gefunden hat. Dazwischen schimpft er.

Ich will diese Mittel des Herrn Dr. Arthur Seidl der Reihe nach besprechen. Es ist sehr charakteristisch für die Gesinnung dieses Herrn, daß er mir zumutet: ich hätte, um dem von mir «mit stark umstrittenen Erfolg» herausgegebenen «Magazin» durch eine «solenne Sensation» aufzuhelfen, den Artikel über das Nietzsche-Archiv und über Frau Förster-

Nietzsche geschrieben. Wenn irgend etwas innerhalb des literarischen Banausentums das Gerede von dem «umstrittenen Erfolg» veranlaßt hat, so ist es gerade der Umstand, daß ich mit den größten Opfern das «Magazin» leite, ohne journalistische Kniffe und «Sensationen» zu Hilfe zu nehmen, rein nach sachlichen Gesichtspunkten. Die Banausen fänden es natürlich rationeller, wenn ich mich aller möglichen Pfiffe bediente. Ich habe auf alle Erfolge verzichtet, die mir je «Sensationen» hätten bringen können. Herr Dr. Seidl unterschiebt mir aus einer echt banausischen Gesinnung heraus, daß ich in einer so wichtigen Sache, wie diejenige Nietzsches ist, auf Sensationsmacherei ausgehe. Ich habe am Schlusse meines Artikels klar und deutlich gesagt, welche Motive mich getrieben haben. «Ich hätte auch jetzt geschwiegen, wenn ich nicht durch Horneffers Broschüre und durch die Protektion, die das Buch von Lichtenberger erfahren hat, in die Empörung darüber getrieben worden wäre: *in welchen Händen Nietzsches Nachlaß ist.*» Es gibt eben Leute, die nicht an sachliche Motive glauben können. Sie übertragen ihre eigene Denkweise auf die anderen. Nietzsche würde sagen: ihnen fehlen die elementarsten Instinkte geistiger Reinlichkeit. Auf andere Motive, die mir Dr. Seidl unterschiebt, komme ich im weiteren noch zu sprechen.

Zunächst ist es nötig, daß ich die von Dr. Seidl in der unverantwortlichsten Weise entstellten Tatsachen richtig stelle, insofern sie sich auf die Rolle beziehen, die ich bei dem Bruch zwischen Frau Elisabeth Förster-Nietzsche einer- und Dr. Fritz Koegel andrerseits gespielt haben soll. Im Herbst 1896 übersiedelte Frau Förster-Nietzsche mit dem Nietzsche-Archiv von Naumburg a. d. S. nach Weimar. Ungefähr in der Zeit ihrer Übersiedlung ging durch einen großen Teil der deutschen Presse die Notiz, daß ich mit Dr. Koegel zusammen die Nietzsche-Ausgabe mache. Der Urheber dieser unwahren Notiz ist niemals zu entdecken gewesen. Mir war dieselbe höchst peinlich, denn ich kannte Dr. Koegels Empfindlichkeit in dieser Richtung. Er legte einen großen Wert darauf, in der Öffentlichkeit als alleiniger Herausgeber derjenigen Teile der Ausgabe auch genannt zu werden, die er wirklich allein bearbeitete. Bis dahin hatte er die ganze Ausgabe bis einschließlich des zehnten Bandes gemacht, mit Ausnahme der von Dr. von der Hellen besorgten Teile, des 2. Bandes von «Menschliches, Allzumenschliches» und der Schrift «Jenseits von Gut und Böse» im 7. Band. Außerdem versicherte er, daß er beim Abgange Dr. von der Hellens vom Nietzsche-Archiv von Frau Förster-Nietzsche die bestimmte Zusage erhalten habe, *alleiniger* Herausgeber aller (auf den achten Band folgenden) Nachlaß-Bände zu sein. Ich hatte alle Ursache, den Anschein nicht aufkommen zu lassen, als ob ich mein freundschaftliches Verhältnis zu Frau Förster-Nietzsche dazu benützen wollte, um mich in die Herausgeberschaft einzuschmuggeln. Und Dr. Koegel hatte die Vertrauensseligkeit verloren, da er im Laufe der Zeit eine große Zahl von Differenzen mit Frau Förster-Nietzsche hatte, die in ihm wiederholt den Glauben erweckt hatten, seine Stellung sei erschüttert. Es war von meiner Seite notwendig, über mein ganz unoffizielles Verhältnis zum Nietzsche-Archiv keine Unklarheit aufkommen zu lassen. Als ich Frau Förster-Nietzsche, auf ihre Aufforderung hin, zum ersten Male in Weimar besuchte, sagte ich ihr, daß dem durch obige Zeitungsnotiz entstandenen Gerüchte, als ob ich am Nietzsche-Archiv angestellt werden sollte, entschieden entgegengetreten werden muß. Frau Förster-Nietzsche stimmte dem bei und bedauerte gleichzeitig, daß die Sache nicht der Wahrheit entsprechen könne. Ich hatte das Gefühl, Frau Förster-Nietzsche hätte damals meine Anstellung gerne gesehen, aber ihr stand die bestimmte Zusage an Dr. Koegel entgegen, daß er für die Zukunft alleiniger Herausgeber sein werde. Ich betone aber ausdrücklich, daß von einer etwaigen Unfähigkeit Dr. Koegels, die Ausgabe allein zu machen, mit keinem Worte gesprochen wurde. Ich habe nun an eine Reihe deutscher Zeitungen, mit Zustimmung der Frau Förster-Nietzsche, eine Berichtigung der angeführten Notiz gesandt, welche die Worte enthielt: «Alleiniger Herausgeber von Nietzsches Werken ist Dr. Fritz Koegel. Ich stehe in keinem offiziellen Verhältnis zum Nietzsche-Archiv. *Auch ist ein solches für die Zukunft nicht in Aussicht genommen.*» Dr. Koegel war zu dieser Zeit auf einer Urlaubsreise. Im Nietzsche-Archiv zurückgelassen hatte er das Druckmanuskript der von ihm zusammengestellten «Wiederkunft des Gleichen». Er hatte mir bereits im Juli desselben Jahres diese Zusammenstellung zugesandt. Ich habe dann öfter mit ihm über die in dem Druckmanuskript verbundenen Gedanken gesprochen. Nietzsches Manuskript dazu habe ich nie durchgenommen. Ich sprach nun im Oktober 1896 wiederholt auch mit Frau Förster-Nietzsche über die «Wiederkunft des Gleichen» und vertrat schon damals den Gedanken, der auch heute noch meine Überzeugung bildet, daß Nietzsche die Hauptidee von der «Ewigen Wiederkunft» aller Dinge bei der Lektüre Dührings aufgestiegen ist. In Dührings «Kursus der Philosophie» findet sich nämlich dieser Gedanke ausgesprochen, nur wird er da bekämpft. Wir sahen in Nietzsches Exemplar des Dühringschen Buches nach und fanden an der Stelle, wo von dem Gedanken die Rede ist, die charakteristischen Nietzscheschen Bleistiftstriche am Rande. Ich teilte Frau Förster-Nietzsche damals noch manches andere über das Verhältnis der Philosophie ihres Bruders zu anderen philosophischen Strömungen mit. Die Folge war, daß sie eines Tages mit dem Plane herausrückte: ich solle ihr diese meine Anschauungen und Ergebnisse in Privatstunden entwickeln. Natürlich hatte ich schon damals das Gefühl, mit dem jetzt Dr. Seidl krebsen geht, daß zunächst diese Vorträge von dem Herausgeber der Nietzscheschen Schriften zu halten seien; und ich erklärte der Frau Förster-Nietzsche, daß ich zu den Vorträgen mich nur bereit erklären könne, wenn Dr. Koegel damit einverstanden wäre. Ich sprach mich mit Dr. Koegel aus, und der Plan mit den Privatstunden wurde verwirklicht. Wenn Herr Dr. Seidl in einem unerhört schimpfenden Ton behauptet, ich hätte kein Recht, diese Vorträge solche über die «Philosophie Nietzsches» zu nennen, so erwidere ich ihm, daß ich keine Bezeichnung für eine solche unwahre Behauptung habe, für die er nicht den geringsten Beweis erbringen kann. Denn es ist einfach eine Lüge, wenn diese Vorträge mit einer anderen Bezeichnung belegt werden. Ich muß doch wohl wissen, was ich in den Stunden behandelt habe. Herr Dr. Seidl weiß gar nichts davon. Ich habe *Nietzsches* Auffassung von der griechischen Philosophie, sein Verhältnis zur modernen, besonders zur Kantschen und Schopenhauerschen Weltanschauung und die tieferen Grundlagen seines eigenen Denkens behandelt. Die Gründe, warum Frau Förster-Nietzsche bei mir Stunden nahm, deutet Herr Dr. Seidl in – ich kann wirklich nicht anders sagen – kindischer Weise. Sollte es aber wahr sein, was er darüber sagt, dann hätte er mit der Aufdeckung dieser angeblichen Gründe Frau Förster-Nietzsche den allerschlechtesten Dienst erwiesen. Er mutet ihr eine Hinterlistigkeit und ein frivoles Spiel mit

Menschen zu, das ich ihr trotz allem, was ich von ihr weiß, nicht zumute. Sie soll, als sie mich um die Stunden bat, nicht etwas haben lernen wollen, sondern mich examinieren, ob ich zum Nietzsche-Herausgeber tauge. Es kann doch wohl kein Zweifel darüber sein, daß ich, wenn ich von einem solchen Plane nur das geringste geahnt hätte, empört Frau Förster-Nietzsche verlassen hätte auf Nimmer-Wiedersehen. Dr. Seidl ist der Ansicht, daß diese Frau mit einem solchen Plan im Hinterhalte unter allerlei Vorwänden mich eingefangen hat. Wer so etwas tut, handelt frivol. Ich überlasse es Herrn Dr. Seidl, sich mit Frau Förster-Nietzsche über diese Interpretation ihrer Handlungsweise auseinanderzusetzen.

Ich fahre in der Darstellung des Sachverhaltes fort. Es ging alles so ziemlich gut bis zu Dr. Koegels Verlobung, die, wenn ich mich recht erinnere, Ende November 1896 stattfand. Ein Erinnerungs-Irrtum meinerseits könnte höchstens auf einige Tage sich beziehen. Herr Dr. Seidl findet sich genötigt, mir die «ebenso böswillige als einfältige Insinuation» vorzuwerfen: ich hätte einen Zusammenhang zwischen Dr. Koegels Verlobung und der «Erleuchtung» der Frau Förster-Nietzsche über Koegels Begabung «à tout prix» herstellen wollen. Ich glaube, nur eine nicht ganz reinliche Phantasie kann in meinem Satze (in dem «Magazin»-Aufsatz) eine böswillige Insinuation sehen. Ich habe nichts weiter gesagt, als: «Bald nach Dr. Koegels Verlobung benutzte Frau Förster-Nietzsche meine Anwesenheit im Nietzsche-Archiv gelegentlich einer Privatstunde, um mir zu sagen, daß ihr Zweifel an den Fähigkeiten des Dr. Koegel aufgestiegen seien». Hören wir doch, was in dieser Beziehung ein gewiß klassischer Zeuge sagt, nämlich Frau Elisabeth Förster-Nietzsche selbst. In dem auch von Dr. Seidl erwähnten unerbetenen Brief an mich vom

September 1898 schreibt sie: «Dr. Koegel sollte nicht nur Herausgeber, sondern auch Sohn und Erbe des Archivs sein. Das letztere war aber nur möglich, wenn mich mit Dr. Koegel eine aufrichtige gegenseitige Freundschaft verbunden hätte. Diesen Mangel fühlte ich auch und hatte gehofft, daß wir durch seine Heirat befreundeter werden könnten. *Da ich mich aber in der Braut vollständig geirrt hatte, so wurde der Mangel an Freundschaft und Vertrauen nach der Verlobung viel stärker fühlbar als vorher.*» Herr Dr. Arthur Seidl! Sie wagen es, mich wegen meines Verhaltens zu Frau Dr. Förster-Nietzsche einen «Ritter von der traurigen Gestalt» zu nennen. Sehen Sie einmal her: wie Sie kämpfen! Was Sie eine «böswillige» und «einfältige Insinuation» von mir nennen, ist nichts weiter als die Wiedergabe einer Briefstelle der «einsamen Frau», für die Sie so «tapfer» eintreten, Sie Ritter von komischer Gestalt.

Tatsache ist, daß fast unmittelbar nach der Verlobung eine tiefgehende Differenz zwischen Frau Förster-Nietzsche und Dr. Fritz Koegel eintrat. Für mich wurde diese Differenz mit jedem Tage bemerkbarer und mit jedem Tage peinlicher. So oft ich mit Dr. Koegel zusammentraf, erzählte er erregt über Scenen mit Frau Förster-Nietzsche und bemerkte, daß er mit jedem Tage mehr das Gefühl habe, sie wolle ihn los sein. Kam ich zu den Stunden der Frau Förster-Nietzsche, dann brachte sie alles mögliche gegen Dr. Koegel vor. Es ist charakteristisch, wie sich ihre Einwände gegen Koegels Eignung zum Herausgeber wandelten. Zunächst tat sie tief beleidigt darüber, daß Dr. Koegel es unterlassen habe, auf seine Verlobungsanzeigen zu setzen: «Archivar des Nietzsche-Archivs». Bald darauf erschien ein neues Motiv auf der Bildfläche. Die Familie in Jena, in die Dr. Koegel hineinheiratete, sei eine fromme; Dr. Koegel werde unmöglich seine Stellung im Nietzsche-Archiv mit einer solchen Verwandtschaft vereinigen können. Es wäre doch schlimm, wenn der Nietzsche-Herausgeber sich kirchlich trauen und seine Kinder taufen lassen müsse. Als heiteres Intermezzo kam noch etwas dazwischen. Dr. Koegel las damals die Korrekturbogen der französischen Ausgabe des Zarathustra, weil vom Nietzsche-Archiv aus diese Ausgabe auf ihre Richtigkeit geprüft werden sollte. Bei Lesung eines Bogens im Nietzsche-Archiv war Koegels Braut anwesend. Es wurde über die französische Übersetzung eines Satzes disputiert, und Dr. Koegel gab seiner Braut recht bezüglich des richtigen französischen Ausdruckes eines Gedankens, gegen die Meinung Frau Förster-Nietzsches. Diese klagte mir darauf, daß sie nun nicht mehr Herrin in ihrem Archiv sei. Allmählich gingen aus solchen Einwendungen gegen Dr. Koegel andere hervor, ganz in sukzessiver Entwickelung. Frau Förster-Nietzsche fing an, Koegels philosophische Fachmannschaft zu bezweifeln. In diesem Stadium war die Angelegenheit, als am 5. Dezember Frau Förster-Nietzsche den Versuch unternahm, mich in die Sache zu verwickeln. Auf mich hat das ganze Verhalten dieser Frau mit all den Winkelzügen, an denen es so reich war, einfach den Eindruck gemacht: sie will Koegel nicht mehr haben und sucht nach allen möglichen Gründen. Dr. Arthur Seidl hat dafür in seiner komischen Ritterlichkeit den Ausdruck: «Was damals bestimmter unbeweisbarer Instinkt noch bei *ihr* war, *subjektives* Gefühl und dunkle Empfindung erst, daß die Sache nicht ganz richtig, etwas nicht in Ordnung sei – es sollte sich gar bald ... als schwerer *objektiver* Fehler und als wissenschaftliche Unhaltbarkeit denn auch herausstellen». Merkwürdig, höchst merkwürdig: bei Frau Elisabeth Förster

Nietzsche äußert sich der Instinkt, daß etwas wissenschaftlich nicht in Ordnung sei, dadurch, daß sie beleidigt tut, wenn sich ihr Herausgeber auf seinen Verlobungsanzeigen nicht als «Archivar am Nietzsche-Archiv» kennzeichnet, oder in der Furcht, daß er sich kirchlich trauen lassen werde.

Soll ich die Rolle charakterisieren, die ich bis dahin in der ganzen Angelegenheit einnahm, so kann ich nicht anders sagen, als, ich benahm mich als «ehrlicher Makler». Ich suchte Frau Förster-Nietzsche alle Gründe vorzuführen, die ich für die unveränderte Beibehaltung Dr. Koegels als Herausgeber finden konnte. Ich suchte den zuweilen hochgradig erregten Dr. Koegel zu beruhigen. Da kam der 5. Dezember. Ich hatte bei Frau Förster-Nietzsche Stunde. Sie hatte mir schon am vorhergehenden Tage durch eine Karte, die sie mir gab, angedeutet, daß sie mir am nächsten Tage wichtiges zu sagen habe. Diese Karte war natürlich ganz überflüssig, denn ich wäre an jenem Sonnabend auf jeden Fall zur Stunde erschienen. Kaum war ich da, ging es über Dr. Koegel her. Er sei Künstler und Ästhetiker, aber kein Philosoph. Die «Umwertung aller Werte» könne er nicht allein herausgeben. Ich habe nie in Abrede gestellt, daß Frau Förster-Nietzsche damals mir einzureden versucht hat: ich solle neben Dr. Koegel Herausgeber werden, daß sie allerlei nebulose Bemerkungen über Modi des Zusammenarbeitens gemacht hat usw. Ich habe gegenüber Dr. Koegel aus dieser ihrer Rederei kein Hehl gemacht. Nur in diesem Augenblicke gingen die Wogen der gegenseitigen Erbitterung zwischen Frau Förster-Nietzsche und Dr. Koegel zu hoch. Ich sah voraus, daß die bloße Mitteilung, Frau Förster-Nietzsche habe den Plan, mit seiner Stellung eine Veränderung vorzunehmen, Dr. Koegel zum äußersten reizen werde. Frau Förster-Nietzsche aber mußte ich aus Courtoisie doch anhören. Ich sagte ihr, daß bei Dr. Koegels gegenwärtiger Gereiztheit, es höchst unratsam sei, ihn irgend etwas von ihrem Plane wissen zu lassen. Ich selbst habe nie meine Einwilligung zu diesem Plane gegeben. Alles, was ich sagte, läßt sich in den Konditionalsatz zusammenfassen: «Gnädige Frau, auf meine Zustimmung kommt nichts an; selbst *wenn* ich wollte, wäre ein solches Wollen ohne Folge». – Frau Förster-Nietzsche durfte diese Worte nicht so auffassen, *daß* ich gewollt hätte, sondern nur als ein *bedingungsweises* Eingehen auf ihren Plan, nicht um zuzustimmen, sondern, um sie ad absurdum zu führen. Ich wollte ihr begreiflich machen: erstens, daß sie doch jetzt nicht Dr. Koegels Stellung ändern könnte, nachdem sie ihm die Zusage der alleinigen Herausgeberschaft gemacht hatte; zweitens, daß Dr. Koegel sich nie auf das Zusammenarbeiten mit einem zweiten Herausgeber einlassen werde. Das war alles, was von meiner Seite geschah. Man sieht: ich wollte nichts als die «ehrliche Maklerrolle» weiter spielen. Wenn Frau Förster-Nietzsche nunmehr geglaubt hat, sie könne über mich verfügen, wie es ihr beliebt, so entspringt das nur ihrer Eigentümlichkeit, daß sie der Meinung ist, sie könne die Leute wie Schachfiguren dorthin stellen, wohin sie will. Ich hatte meinetwegen nicht den geringsten Grund, Frau Förster-Nietzsche das Wort abzunehmen, über ihren Plan nicht zu sprechen. *Es war dies durchaus ihr Wunsch.* Ich glaube sogar ausdrücklich bemerkt zu haben: bei meinem Verhältnisse zu Dr. Koegel müsse ich ihm so etwas sagen. Nun gut: wir kamen überein, über einen Plan der Frau Förster-Nietzsche, dessen Absurdität ich ihr dargelegt hatte, nicht zu sprechen. Herr Dr. Arthur Seidl hat die Unverfrorenheit, dies so darzustellen: «er stellte an die genannte Dame, der gegenüber *er* sich warm verpflichtet fühlen mußte (oder hätte müssen), das Ansinnen, bei eventl. harangue *ihrer* Person von andrer Seite *seine* Person zu schützen und eine de facto gepflogene Rücksprache mit dem Munde dann zu bestreiten – rund und nett gesagt: die Zumutung einer *Lüge».* Hier ist es, wo Herr Dr. Seidl eine *objektive Fälschung* begeht. Ich habe *auf ausdrücklichen Wunsch* der Frau Förster-Nietzsche ihr mein Wort gegeben, von ihrem Plane nicht zu Dr. Koegel zu sprechen, und habe mir dann selbstverständlich das Gleiche auch von ihr erbeten. Denn ich wußte, was herauskommt, wenn sie etwas erzählt. Wo in aller Welt kann da von der Zumutung einer «Lüge» gesprochen werden. Aber Herr Dr. Seidl will etwas ganz anderes sagen. Er will den Glauben erwecken, als ob ich, *nachdem* Frau Förster-Nietzsche das Wort, das nicht meinetwegen, sondern ihretwegen gegeben war, *gebrochen hatte,* ihr zugemutet hätte, irgend etwas abzuleugnen. Ich werde sogleich erzählen, wie es mit dieser vermeintlichen Ableugnung steht. Vorher aber muß ich Herrn Dr. Seidl sagen, daß er entweder nicht fähig ist, die von mir (im «Magazin»-Artikel) gegebene Darstellung zu verstehen, oder daß er sie *absichtlich* fälscht. Er hat zwischen zwei Dingen zu wählen, entweder hat er zu bekennen, daß er einen klar formulierten Satz nicht versteht, oder das andere, daß er absichtlich eine Fälschung begeht, um mich zu verleumden. Im ersteren Fall erhöht sich für mich der Eindruck von seiner komischen Ritterschaft; im zweiten aber muß ich ihm sagen, was Carl Vogt in dem berühmten Materialismusstreit dem Göttinger Hofrat gesagt hat:

«Auf groben Klotz ein grober Keil,
Auf *einen Schelmen* anderthalbe!»

Auf den Sonnabend folgte der Sonntag. An diesem Tage hatte Frau Förster-Nietzsche im Nietzsche-Archiv für Dr. Koegel ein Verlobungsessen arrangiert. Es waren verschiedene Herren des Weimarischen Goethe-Archivs geladen, ferner Gustav Naumann, der mit seinem Oheim zusammen die Verlagshandlung leitete, in dem Nietzsches Werke erschienen, ich und andere. Frau Förster-Nietzsche hielt während des Essens eine Rede, in der sie Koegels Verdienste um die Nietzsche-Ausgabe in anerkennenden Worten pries. Nach dem Essen nahm sie Gustav Naumann zur Seite und teilte ihm mit: Dr. Koegel sei kein Philosoph; er kann die «Umwertung aller Werte» gar nicht machen. Dr. Steiner sei Philosoph, er habe ihr prachtvoll Philosophie gelesen; der kann und *wird* die Umwertung machen. Herr Gustav Naumann glaubte es seiner Freundschaft zu Dr. Koegel schuldig zu sein, ihm diese Unterredung mit Frau Förster-Nietzsche noch an demselben Abend mitzuteilen. Nun war der Ausbruch der Erregung bei Dr. Koegel, den ich hatte vermeiden wollen, da. Ich traf diesen noch an demselben Abend. Ich beruhigte ihn, indem ich ihm sagte: ich werde alles tun, um ihn zu halten; ich werde nie meine Einwilligung geben, zweiter Herausgeber zu werden. Von meiner ergebnislosen Unterredung mit Frau Förster-Nietzsche am Sonnabend erwähnte ich nichts, weil ich ja durch mein Wort gebunden war; und selbst, wenn das nicht der Fall gewesen wäre, so wäre es nicht nötig gewesen; denn wozu über das Gerede der Frau Förster-Nietzsche Worte verlieren, da es ohne meine Einwilligung zu nichts führen konnte. Am darauffolgenden Mittwoch erhielt ich von Dr. Koegel, der nach Jena zu seinen künftigen Schwiegereltern gefahren war, einen Brief, worin er mir mitteilte, Frau Förster-Nietzsche habe am Dienstag

Koegels Schwester (deren sie sich damals als offizieller Vermittlerin zwischen sich und Dr. Koegel bediente, trotzdem sie diesen immer selbst hätte sprechen können) gesagt, daß ich erklärt habe, ein Zusammenarbeiten von mir mit Dr. Koegel ginge ausgezeichnet, und ich sei mit Freuden bereit, darauf einzugehen. Beides war *unrichtig*, wie aus meiner Darlegung des Sachverhaltes hervorgeht. (Dr. Seidl freilich hat die Dreistigkeit, a priori zu behaupten, es sei richtig. Auch ein philosophischer Grundsatz: was man nicht beweisen kann, behauptet man a priori.) Ich mußte an diesem Mittwoch eben wieder zur Stunde zu Frau Förster-Nietzsche gehen. Ich stellte sie nun zur Rede. Ich erklärte ihr, daß sie durch ihre unrichtigen Angaben mich in eine fatale Situation gebracht habe. Dr. Koegel könne sich die Sache unmöglich anders erklären, als daß ich die Rolle eines Intriganten spiele, der ihm andere Dinge vorspiegelt, als hinter den Kulissen vorgehen. Ich erklärte ihr auf das allerbestimmteste, daß ich in einem vorläufigen Briefe an Dr. Koegel die Sache aufklären werde, und daß ich verlangen muß, daß sie selbst vor Dr. Koegel und mir die Sache richtig stelle. Ich sagte damals, daß ich es geradezu unglaublich finde, durch sie in einer Intrigantenrolle zu erscheinen; wo ich mich doch in jeder Weise bemüht hätte, absolut auf Klarheit des Sachverhaltes zu sehen. Zugleich bemerkte ich, um Frau Förster-Nietzsche die ganze Größe der Unannehmlichkeit, die sie mir bereitet hat, klarzulegen: ich würde mich lieber erschießen, als durch eine Intrige mir eine Stellung ergattern. Diese Worte hat dann Frau Förster-Nietzsche so verdreht, daß sie später des öfteren behauptet hat: ich hätte gesagt, ich müßte mich erschießen, wenn sie ihre unrichtigen Angaben nicht zurücknehme. Dr. Seidl wärmt auch das unsinnige Duell-Märchen wieder auf.

*Nie* hat Dr. Koegel mir mit einem Duell gedroht. Er hat allerdings an Naumann geschrieben, wenn sich bewahrheiten sollte, was Frau Förster über eine Intrige von mir gesagt habe, wolle er mich herausfordern. Diese Briefstelle Dr. Koegels ist Frau Förster-Nietzsche bekannt geworden; und *sie* hat später, in der Absicht, mich in die Feindschaft mit Dr. Koegel hineinzureiten, mit dieser nur hinter meinem Rücken ausgesprochenen Drohung – um in Dr. Seidls geschmackvoller Vergleichssprache zu bleiben – «wie mit der Mettwurst nach dem Schinken» geworfen. Sie konnte mir diese Duellandrohung mündlich und schriftlich nicht oft genug vor Ohren und Augen bringen. Herr Dr. Seidl erdreistet sich zu sagen: ich hätte Frau Förster-Nietzsche «flehentlich *gebeten*», mich «herauszulügen». Wenn Herr Dr. Seidl nicht als solch komischer Ritter treu alles nachplapperte, was ihm gesagt worden ist: man müßte ihn wahrhaftig für einen Schelm halten. Frau Förster-Nietzsche behauptete nun in der eben besprochenen Unterredung: sie hätte mir am vorhergehenden Tag – also am Dienstag – einen Brief geschrieben, in dem ich die Aufklärung für ihr Verhalten fände. Ich sagte, mir wäre ein solcher Brief höchst gleichgiltig; ich habe aber keinen erhalten. Und merkwürdig, am Mittwochnachmittag, einige Stunden nach der Unterredung mit Frau Förster-Nietzsche fand ich einen Brief von ihr vor, in dem sie folgendes schrieb: «Also ich war heute aus bestimmten Gründen genötigt Fräulein Koegel zu sagen, daß ich Sie gefragt hätte: ob Sie in dem Fall, daß ich Sie darum bäte mit Dr. Koegel die Umwertung herauszugeben, geneigt wären es zu tun und ob Sie glaubten, daß Sie beide in einem Jahr damit fertig würden; – Sie hätten darauf mit Ja geantwortet. Auch hätten Sie davon gesprochen, daß Dr.

Koegel Ihnen schon dergleichen Absichten von meiner Seite gesagt habe. Dies war alles am Sonnabend. Ich teile es Ihnen schnell mit, damit Sie unterrichtet sind.» Also Frau Förster-Nietzsche hatte den Glauben: sie könne in jeder Weise über mich verfügen; sie brauche nur zu befehlen: ich sage, du hast das getan und dann ist es so. «Ich teile es Ihnen schnell mit, damit Sie unterrichtet sind.» Es war auch dringend nötig, dieses Unterrichten. Nur schade, daß ich den Brief erst erhalten habe, nachdem Frau Förster-Nietzsche schon das Unheil angerichtet hatte. Sonst hätte ich ihr vorher gesagt: Wenn Sie aus bestimmten Gründen sich bemüßigt sehen, von mir unrichtiges zu sagen, so werde ich aus bestimmten Gründen mich genötigt sehen, Sie der Unwahrheit zu zeihen. Nun kam es am 10. Dezember zu der bestimmten Erklärung der Frau Förster-Nietzsche vor Dr. Koegel, mir und zwei Zeugen, daß nicht richtig sei, was sie zu Koegels Schwester in bezug auf mich gesagt habe. Am nächsten Tage war es ihr schon wieder leid, daß sie diese Erklärung abgegeben habe, und sie suchte die Sache nun in folgender Art zu drehen. Sie pochte darauf, daß doch an dem fraglichen Sonnabend ein Gespräch zwischen ihr und mir stattgefunden habe. Ich müsse das zugeben. Ich erklärte ihr nun am Sonnabend den 11. Dezember wieder bestimmt: es komme gar nicht darauf an, daß überhaupt irgend ein Gespräch stattgefunden habe, sondern lediglich darauf, daß die Angaben, die sie Koegels Schwester gemacht habe, unrichtig seien. Für mich wäre nun die Sache abgetan. Ich kann den Beweis führen, daß ich *nie* Frau Förster gegenüber irgendwie verlangt habe, sie solle etwas ableugnen; sondern ihr ganz bestimmt von dem Augenblicke an, als ich durch Dr. Koegel von ihren unrichtigen Angaben gehört hatte, ihr auch diese Unrichtigkeit vorgehalten habe. Am Sonntag den 12. Dezember schrieb sie mir einen Brief, aus dem klar hervorgeht, daß ich sie nie gebeten, mich herauszulügen, sondern daß ich immer die Unrichtigkeit ihrer Angaben ihr ins Gesicht behauptet habe. In diesem Briefe schreibt sie: «Es ist doch schade, daß wir bisher niemals ordentlich über die ganze Sache gesprochen haben. Denken Sie, daß ich in der Tat fest überzeugt war, daß Sie genau so gut wie ich wüßten, die viel umstrittene Unterhaltung hätte wirklich stattgefunden. Nun denken Sie, gestern ist mir auf einmal ein Licht aufgegangen, daß Sie wirklich und wahrhaftig fest überzeugt sind nichts von den Sachen, deren ich mich genau entsinne, gehört zu haben.» Also Frau Förster-Nietzsche baute sich goldene Brücken, indem sie angibt, sich genau zu entsinnen. Das Vergnügen gönnte ich ihr. Mir liegt nichts daran, wie sie sich die Dinge zurecht legt. Aber sie gibt hier zu, daß ich sie niemals – wie jetzt Dr. Seidl «ritterlich» plappert – «flehentlich gebeten» habe, zu lügen, sondern daß ich ihr frank und frei gesagt habe: es ist nicht wahr, daß ich meine Zustimmung gegeben habe. Recht nett stellt Frau Förster-Nietzsche die Sache weiter dar: «Wie grenzenlos schade, daß ich nicht eher davon überzeugt worden bin, denn dann hätte das Ganze ein soviel anderes fröhlicheres natürlicheres Ansehen gewonnen. Das war ja dann nichts weiter als eines jener so oft vorzüglich bei Gelehrten vorkommenden Fälle von Zerstreutheit, der eine spricht andeutungsweise von bestimmten Dingen, der andere hört zerstreut, sagt Ja und macht freundliche Gesichter und vergißt dann die ganze Sache in der nachfolgenden philosophischen Vorlesung.» Nun darf Frau Förster-Nietzsche versichert sein, daß ich eine Zusage meinerseits gewiß nicht vergessen hätte. Was *sie* aber gesagt hat, war für mich bedeutungs- und eigentlich gegenstandslos.

So. Nun komme ich wieder zu Ihnen, Herr Dr. *Arthur Seidl*. Ich habe Ihnen bewiesen, daß Sie *leichtfertig genug* waren, Dinge nachzusprechen, deren Unrichtigkeit leicht darzulegen ist. Bevor ich Ihnen die Windigkeit Ihrer Behauptungen über meine angeblichen Widersprüche zeige, frage ich Sie noch um zwei Dinge. 1. Sie schreiben hin: «Und es darf dabei nicht übersehen werden, wie in dem ganzen, vom Zaune gebrochenen Kampfe die *eigennützigen und persönlichen Motive* durchaus nur auf Seiten ihrer (der Frau Förster-Nietzsche) Gegner lagen, welche sich als Nietzsche-Herausgeber doch *pekuniäre Vorteile* schaffen wollten.» Da Sie im Plural von Nietzsche-Herausgebern sprechen, so unterstellen Sie, daß ich jemals nach pekuniären Vorteilen in dieser Sache gestrebt habe. Ich war nie Nietzsche-Herausgeber; wollte es nie werden, habe mir also niemals pekuniäre Vorteile verschaffen wollen. Sie werden für diese Ihre Behauptungen den Beweis nicht erbringen können. Sie setzen also *Verleumdungen* in die Welt. 2. Sie behaupten: Ich hätte mich der Frau Förster-Nietzsche gegenüber warm verpflichtet fühlen müssen. Ich fordere Sie auf, mir das allergeringste zu nennen, was Frau Förster-Nietzsche berechtigt, von mir irgendeinen besonderen Dank zu beanspruchen.

Nun aber zu Ihren «logischen Widersprüchen» in meinem Aufsatze. Sie, Herr Dr. Arthur Seidl, behaupten: aus meiner Darstellung gehe hervor, daß Frau Förster-Nietzsche im Herbst 1896 schon von der Fehlerhaftigkeit der Bände 11 und 12 überzeugt gewesen sein müsse, da sie doch behauptete, Dr. Koegel könne die «Umwertung» nicht herausgeben. Sie sagen: «Nun, ich dächte, man kann in solchem Falle Zweifel und Beängstigungen lediglich auf Grund vorliegender Proben und bereits geleisteter Arbeiten empfinden, die ebendamals bis einschließlich Band 12 von Dr. Koegel vorgelegen haben mußten.» Wenn in dieser Erwiderung nur ein Milligramm Verstand ist, dann will ich «Peter Zapfel» heißen. Ich erkläre auf Grund der Tatsachen, daß Frau Förster-Nietzsche im Herbst 1896 nichts wußte von Fehlern im 11. und 12. Band und schließe daraus, daß sie ihre Behauptung, Dr. Koegel könne die «Umwertung» nicht herausgeben, auf *nichts* stützte; und der Dr. Seidl kommt und sagt: Ja gerade daraus, daß sie ihn für unfähig erklärt hat, die «Umwertung» herauszugeben, ersieht man, daß sie die Fehlerhaftigkeit von Band 11 und 12 erkannt haben muß. Man denke sich diesen Philosophen Seidl als Richter. Der Verteidiger eines Angeklagten weist nach, dieser könne einen Mord nicht begangen haben, der um 12 Uhr in Berlin nachweislich geschehen ist, weil der Angeklagte erst um 1 Uhr in Berlin angekommen ist. Der Dr. Seidl als Richter wirft sich in die Brust und sagt: Sie Herr Verteidiger, Sie sind kein Logiker: Wenn der Angeklagte erst um 1 Uhr in Berlin angekommen ist, so kann ja doch der Mord nur nach *eins* geschehen sein. Nun, auf die Logik des Herrn Dr. Seidl lasse ich mich, nach dieser Probe, nicht weiter ein. Das scheint denn doch zu unfruchtbar. Es ist doch der Gipfelpunkt des Unsinns, daß der alte Heraklit herhalten muß, um zu rechtfertigen, daß Frau Förster-Nietzsche heute rot nennt, was gestern blau war. «Alles fließt», sagt der gute Heraklit; deshalb dürfen auch die Aussagen der Frau Förster-Nietzsche über einen und denselben Gegenstand «fließen». «Die blaue Farbe von gestern kann aber in der Tat je nach der Beleuchtung von heute, in unserem Auge eine rötliche Nuance annehmen dürfen.» Gewiß darf sie das, weiser Herr Dr.

Seidl; wenn Sie aber von der Farbe, die heute erst eine rote Nuance angenommen hat, behaupten, sie hätte sie schon gestern gehabt, dann haben Sie einfach gelogen, trotz Ihrer geistreichen Heraklit-Interpretation. Sie stehen zum alten Heraklit nicht anders als zu mir: Sie wissen von beiden ganz gleichviel: *nämlich nichts.*\*

Über den Wert des Lichtenbergerschen Buches streite ich mich mit Ihnen nicht, Herr Dr. Seidl. Denn Sie sind in der Rechtfertigung dieses Buches aus dem Nietzscheschen Satz mit den «leichten Füßen» ebenso glücklich, wie mit der Ableitung des «Heute blau, morgen rot» aus dem Heraklitschen «Alles fließt». Gewiß, Herr Dr. Seidl, sind leichte Füße ein großer Vorzug; aber sie müssen in solchen Fällen, wie der ist, um den es sich hier handelt, einen geisterfüllten Kopf tragen. Zarathustra ist ein Tänzer, sagt Nietzsche. Herr Dr. Seidl wertet flugs diesen Nietzscheschen Wert um: Jeder Tänzer ist ein Zarathustra. Was man doch alles heute in Weimar lernen kann!

Daß Sie, Herr Dr. Seidl, mein Büchelchen «Nietzsche, ein Kämpfer gegen seine Zeit» herunterreißen, sei Ihnen verziehen. Sie dürfen mir übrigens glauben, daß ich die Schwächen dieses vor 5 Jahren geschriebenen Buches besser kenne

---

\* Dr. Seidl bemüht sich, das Widerspruchvolle in dem Verhalten der Frau Förster-Nietzsche anthropologisch zu erklären; nun ich denke, ich hätte, um jeden *moralischen* Vorwurf von ihr abzuwehren, in meinem Aufsatz gesagt: „Ich betone aber ausdrücklich, dass ich Frau Förster-Nietzsche niemals im Verdachte gehabt habe, Tatsachen *absichtlich* zu entstellen, oder bewußt unwahre Behauptungen aufzustellen. Nein, sie *glaubt* in jedem Augenblicke, was sie sagt." Für diese Interpretation der seelischen Eigenschaften der Frau Förster-Nietzsche im Stile des Herrn Dr. Seidl das pomphafte Wort „anthropologische Erklärung" zu gebrauchen, geht gegen meinen Geschmack.

als Sie. Ich würde vielleicht heute manches anders schreiben. Aber es hat einen Vorzug vor vielen, es ist ein ehrliches Buch in jeder Zeile. Deshalb hat es nicht nur bei Nietzsche-Anhängern Lob gefunden, sondern ein grimmiger Nietzsche-Gegner hat kürzlich gefunden, daß ich unter Nietzsches Anhängern der einzige bin, der «ernst genommen werden kann». Herr Dr. Seidl behauptet, daß es im «Zarathustra» nicht auf die Idee des «Übermenschen», sondern auf die «Ewige Wiederkunft» ankomme. Er bringt dafür einen Grund vor, der wahrhaft «gottvoll» ist. Dieser Gedanke kommt nicht weniger als *dreimal* im Zarathustra vor. Nun *dreimal* kommen auch noch manche andere Gedanken im Zarathustra vor. Nach Herrn Seidls Logik könnten sie also ebensogut über den «Übermenschen»-Gedanken gestellt werden, der nicht dreimal vorkommt, sondern wie ein roter Faden durch das Ganze geht. Und daß «das Ganze» auf den Wiederkunfts-Gedanken hinausläuft, ist einfach nicht wahr. Herr Dr. Seidl scheint auch die Fadenscheinigkeit seiner Logik zu fühlen, er beruft sich, um mehr zu beweisen, als *er* im stande ist, darauf, daß *Richard Strauß* den «hochzeitlichen Ring der Ringe» zum «leichtfüßigen» Ringelreigen eines idealen Walzer-Rhythmus machte. Daran erkenne ich Herrn Dr. Arthur Seidl. Ich habe nämlich die Ehre, ihn noch von Weimar her zu kennen. Es war bei ihm stets so: immer wo Begriffe fehlen, da stellt bei ihm zur rechten Zeit die Musik sich ein.

Ein logisches Pröbchen des Herrn Dr. Seidl, das allerdings auf die gegenwärtige Schule im Nietzsche-Archiv zu deuten scheint, möchte ich zum Schluß doch noch anführen. Mit allerlei Gewährsmännern behauptet Herr Dr. Seidl, Frau Förster-Nietzsche habe «bisher in allen entscheidenden Punkten wegen der Veranstaltung der Gesamtausgabe das Richtige getroffen». Nun behauptet sie und mit ihr die jetzigen Herausgeber: In dem bisher wichtigsten Punkt, in bezug auf die Herausgeberschaft Dr. Koegels, hätte sie gründlich das Falsche getroffen. Wie heißt es doch in der Logik: Alle Kretenser sind Lügner, sagt ein Kretenser. Da er selbst Lügner ist, so kann es auch nicht wahr sein, daß alle Kretenser Lügner sind. Frau Förster-Nietzsche hat stets das Richtige getroffen, also hat sie auch das Richtige getroffen, als sie behauptete, sie hätte mit Dr. Fritz Koegel das Unrichtige getroffen. Das ist Nietzsche-Herausgeber-Logik.

Nun möchte ich doch noch mit ein paar Worten auf Ihre dreisten Behauptungen am Schluß Ihres Aufsatzes eingehen. Herr Dr. Seidl, Sie, nicht ich, sind es, der unkundigen Leuten Sand in die Augen streut. Denn ich habe die Fehler, die Sie der Koegelschen Ausgabe wieder vorrücken und über die Sie nicht genug «Moritaten» zu erzählen wissen, von vornherein zugegeben. Ich habe sogar zugestanden, daß man eine Ausgabe mit solchen Fehlern zurückziehen mag, wenn die Möglichkeit geboten ist. *Nicht* auf *diese* Fehler kommt es an. *Die* glaube ich Ihnen auch, ohne daß ich erst wieder Ihnen nachprüfe, wie Sie es bei Dr. Koegel tun. Die Hauptsache meiner Widerlegung der Hornefferschen Broschüre besteht in dem Nachweis, daß die von Dr. Koegel in Band 12 zusammengestellten Aphorismen sehr wohl eine Vorstellung von der Gestalt der «Ewigen Wiederkunftslehre» geben, die diese Lehre bei Nietzsche im August 1881 angenommen hat. Um einen solchen Nachweis zu führen, braucht man nur die in Band 12 gedruckten Aphorismen vor sich zu haben. Die Lesefehler, die Koegel gemacht hat, ändern daran nichts. Herr Dr. Seidl drückt sich um eine Entgegnung auf diesen meinen Nachweis herum mit der ganz nichtssagenden Verdächtigung: ich urteile, ohne die Manuskripte gesehen zu haben. Nein, ich habe sie nicht gesehen; *aber das, was ich behaupte, dazu brauche ich sie eben nicht gesehen zu haben.* Es fehlt mir hier der Raum, um meine Überzeugung bezüglich Nietzsches Idee der «Ewigen Wiederkunft» tiefer zu begründen. Ich werde es anderswo tun. Die Sache liegt nämlich – wie mit einer fast an Gewißheit grenzenden Wahrscheinlichkeit behauptet werden darf – so, daß Nietzsche die Idee der «Ewigen Wiederkunft» bei Dühring aufgegriffen hat und sie als die gegenteilige Ansicht der allgemein-giltigen und auch von Dühring vertretenen zunächst für eine Bearbeitung in Aussicht genommen hat. Der «Entwurf», den Koegel im 12. Band mitgeteilt hat, gehört der Zeit an, in der Nietzsche einen solchen Plan hatte. Dieser hat aber die Idee bald fallen lassen, weil er empfunden hat, daß der «Entwurf» von 1881 sich nicht ausführen läßt. Später tritt sie dann nur noch sporadisch auf, wie im Zarathustra, und ganz am Ende seines Wirkens erscheint sie wieder, wie ich *jetzt* glaube, als eines der Symptome des sich vorher verkündenden Wahnsinns. Was Dr. Koegel im 12. Bande veröffentlichte, konnte deshalb nur ein mangelhaftes Werk sein, einfach weil die Einfügung des Wiederkunftsgedankens in Nietzsches Ideengebäude eine mangelhafte war. Und den Mangel fühlten einige Kritiker, z. B. Herr Kretzer (in einem Artikel in der «Frankfurter Zeitung»). Und um diese Zeit fing an, die frühere «dunkle Empfindung» der Frau Förster-Nietzsche ein «objektiver Fehler» des Dr. Koegel zu werden. Sie schreibt in dem schon erwähnten unerbetenen Brief an mich: «Konnte dieser erschütternde Gedanke nicht prachtvoll, unwiderleglich, wissenschaftlich bewiesen werden, so war es besser und pietätvoller ihn als ein Mysterium zu behandeln, als eine geheimnisvolle Vorstellung, die ungeheuere Folgen haben konnte. Der wissenschaftliche Beweis wäre schon noch gekommen! Aus allen Aufzeichnungen meines Bruders geht hervor, daß er diesen Gedanken so behandelt wünschte: ‹Sprich nicht! Singe!› Die dürftige, verfehlte, gefälschte Veröffentlichung Dr. Koegels hat diesen ungeheuren Gedanken gemordet! Das verzeihe ich ihm nie.» Ich glaube: hier haben wir des Pudels Kern. Nietzsches Werk über die «Ewige Wiederkunft» aus dem Jahre 1881 ist ein unhaltbares. Nietzsche hat den Plan aufgegeben, weil er unhaltbar war. Dr. Koegel mußte als Nachlaßherausgeber eine Vorstellung von diesem unhaltbaren Werke geben. Das ist sein Hauptverbrechen. Was unhaltbar bei Nietzsche ist, soll als Fälschung des Herausgebers erklärt werden. Frau Förster-Nietzsche behauptet auf S. LXIV ihrer Einleitung zum Lichtenbergerschen Buch, daß «diese wunderliche und dürftige Veröffentlichung jeden aufrichtigen Nietzsche-Verehrer enttäuschen mußte». Nun, die aufrichtigen Nietzsche-Verehrer können nicht enttäuscht werden, wenn sie sehen, daß der Verehrte einen mangelhaften Plan faßt und ihn dann, weil er die Mangelhaftigkeit erkennt, zurücklegt. Wer der Meinung der Frau Förster-Nietzsche ist, diese embryonalen Gedankenentwickelungen hätten mit Zuziehung der späteren sie vervollkommenden veröffentlicht werden sollen (siehe Einleitung zu Lichtenberger S. LXIV): gerade der hat die Tendenz: die Gestalt der Wiederkunftsidee, wie sie Nietzsche im Jahre 1881 hatte, hätte durch Zuziehung *späterer* Gedanken *verfälscht* werden sollen.

Ich habe nie die Verdienste der Frau Förster-Nietzsche, die sie wirklich hat, bestritten. Ich erinnere mich sogar noch eines gewissen Briefes, den ich an Frau Förster-Nietzsche, damals allerdings nicht *unerbeten* schrieb, und in dem ich mich über diese wirklichen Verdienste schriftlich ausließ, weil Frau Förster-Nietzsche damals so etwas brauchte. Sie schrieb mir am 27. Oktober 1895 einen Brief, in dem sie sich für mein Schreiben bedankte: «Ihr Manifest gegen die Ungläubigen und Unbelehrten gefällt Dr. Koegel und mir außerordentlich und lesen wir es mit großer Erbauung. Herzlichen Dank dafür.» Durch nichts aber war Frau Förster-Nietzsche berechtigt, mich in eine Angelegenheit hineinzuziehen, die mich nichts anging, in die ich nicht hineingezogen sein wollte. Und wenn dieses Hineinziehen dann Folgen hatte, die Dr. Seidl «mehr brutal als besonders effektvoll» nennt, so war ich wieder der erste, der bedauerte, daß solche Szenen notwendig gemacht wurden. Niemand anders aber hat sie notwendig gemacht als Frau Förster-Nietzsche.

Wenn nur die «einsame Frau» in Weimar von niemand schlechter behandelt worden ist, als von mir! Natürlich bis zu dem Zeitpunkte, in dem sie mich in unerhörter Weise provozierte. Ob ihr wohl solche Ritter von komischer Gestalt besser bekommen, wie Herr Dr. Arthur Seidl einer ist!?

### ERWIDERUNG

In dem Aufsatz: «Der Kampf um die Nietzsche-Ausgabe» behauptet Frau Elisabeth Förster-Nietzsche: «Von den drei Herren, die mich mit ihren Angriffen verfolgen, Dr. Fritz Koegel, Dr. Rudolf Steiner und Gustav Naumann, hat jeder den leidenschaftlichen Wunsch gehabt und die seltsamsten

Versuche gemacht, alleiniger Herausgeber der Nietzsche-Werke zu bleiben oder zu werden oder wenigstens als Mitarbeiter beteiligt zu sein.» So weit sich dieser Satz auf mich bezieht, ist er völlig aus der Luft gegriffen und kann nur den Zweck haben, meinem im «Magazin» (10. Februar 1900) enthaltenen Angriff auf das Nietzsche-Archiv häßliche, persönliche Motive unterzuschieben, die mir so fern wie möglich lagen. Es ist einmal meine Überzeugung, daß die Verwaltung des Nachlasses Friedrich Nietzsches jetzt nicht in sachgemäßer Weise gehandhabt wird. Frau Förster-Nietzsche erklärt, ich wolle mich nur rächen, weil mein «leidenschaftlicher Wunsch», im Herbst 1896 Nietzsche-Herausgeber zu werden, sich nicht erfüllt hat. Ich muß auf diese Behauptung erwidern, daß ich niemals mich um die Stelle eines Nietzsche-Herausgebers beworben habe, daß ich einen solchen Wunsch Frau Förster-Nietzsche auch nicht einmal angedeutet habe. Wohl aber habe ich im Herbst 1896 alle Mühe aufwenden müssen, um die fortwährenden «seltsamsten Versuche» der Frau Förster-Nietzsche, mich zum Nietzsche-Herausgeber zu machen, abzuwehren. Später, nach dem Abgange Dr. Koegels vom Nietzsche-Archiv, wurde mir durch Freunde der Frau Förster-Nietzsche wiederholt nahegelegt, daß es im Interesse der «Sache Nietzsches» sei, mich zum Herausgeber seiner Werke zu haben. Ich betonte allem Drängen gegenüber, daß von mir nichts unternommen werden wird, um diese Stellung zu erhalten. Wenn aber von der Verwaltung des Nietzsche-Archivs an mich herangetreten werde, so ließe sich, nach der vollkommenen Ordnung des Verhältnisses zu Dr. Koegel, über die Sache reden. Es wurden Verhandlungen möglich, nachdem ein Freund der Frau Förster-Nietzsche aus dem Nietzsche-Archiv an mich die telegraphische Aufforderung gerichtet hatte, zu solchen Verhandlungen von Berlin nach Weimar zu kommen. Im Anschluß an diese Verhandlungen schrieb ich dann am siebenundzwanzigsten Juni 1898 den Brief, aus dem Frau Förster-Nietzsche einige Sätze anführt, in der Absicht, dadurch mein Verhalten in dem Konflikt, den sie im Herbst 1896 mit Dr. Koegel und Gustav Naumann hatte, als ein unkorrektes hinzustellen. Dieser Brief ist nicht etwa eine spontane Gefühlsäußerung von mir, sondern er ist geschrieben auf Wunsch der Frau Förster-Nietzsche. Ihr Verhältnis zu mir war durch die erwähnten Konflikte, in die sie mich gegen meinen Willen hineingezogen hat, zerstört. Es hätte dem gesetzlichen Vertreter Friedrich Nietzsches, Herrn Oberbürgermeister Dr. Oehler, sonderbar erscheinen müssen, wenn Frau Förster-Nietzsche mich, trotz dem vollständigen Bruch, zum Herausgeber gemacht hätte. Sie wollte, daß durch irgendeine schriftliche Kundgebung von mir eine Brücke zu einem neuen Verhältnis gebaut werde. Ich hatte damals aus dem Drängen der Freunde der Frau Förster-Nietzsche und aus deren eigenen Vorstellungen den Eindruck, daß ich notwendig gebraucht werde, und entschloß mich, der Sache ein Opfer zu bringen. Daß ein zu dem angedeuteten Zweck und auf Wunsch der Frau Förster-Nietzsche geschriebener Brief nicht unhöflich abgefaßt werden konnte, versteht sich wohl von selbst, ich habe so höflich wie möglich geschrieben; aber auch nicht ein Wort, das ich nicht aus voller Überzeugung schreiben konnte. Der Brief enthält auch nichts, was meinem sonstigen Verhalten in der ganzen Angelegenheit widerspricht; ich wollte darin nichts der Koegelschen Ausgabe Abträgliches sagen. Das geht gerade aus den Sätzen hervor, die Frau Förster-Nietzsche zitiert. Sie war auch von dem Inhalt meines Briefes so wenig befriedigt, daß sie mir am dritten Juli 1898 schrieb: «Der Brief ist sehr schön empfunden, aber ich bin nicht ganz befriedigt.» Was Frau Förster-Nietzsche geschrieben haben wollte, konnte ich eben, nach meiner Überzeugung, nicht schreiben. Deshalb konnte es auch zu meiner Berufung nicht kommen. Später wurde dann von mir im Nietzsche-Archiv in Gegenwart der Frau Förster-Nietzsche und eines Dritten noch einmal ein für Dr. Oehler bestimmter Brief konzipiert. Es blieb aber bei dem Konzept, weil ich mittlerweile endgültig eingesehen hatte, daß ich Frau Förster-Nietzsche nicht «ganz befriedigen» konnte. Für mich war damit die Sache vollständig erledigt. Ich habe also niemals an irgend einem «Kampfe um die Nietzsche-Ausgabe teilgenommen». Ich besitze noch das Konzept eines Briefes, den ich im Sommer 1897 an Frau Förster richtete, als von ihr der Versuch gemacht wurde, mich für die Ausgabe zu gewinnen. Ich schrieb ihr damals: «Ich kann nicht anders, als ihn (Dr. Koegel) heute wie immer für den geeignetsten Herausgeber halten, und ich bin der Ansicht, es liege im Interesse der Ausgabe, daß er sie allein zu Ende führe.» Es ist auch nicht richtig, daß Frau Förster-Nietzsche jemals von mir ein Urteil über Dr. Koegels Arbeit am zwölften Bande der Nietzsche-Ausgabe verlangt hat. Sie hatte überhaupt niemals ein Recht, ein solches Urteil zu verlangen. Ich stand nie in irgend einem offiziellen Verhältnis zum Nietzsche-Archiv. Und es entspricht nur dem Stil, in dem Frau Förster-Nietzsche glaubt, die Menschen, die ihr nahestehen, behandeln zu können, wenn sie sagt: «Ich habe ihn (Dr. Steiner) mit einer unverdienten Milde behandelt.» Sie hatte mich überhaupt in keiner Weise zu «behandeln». Ich habe ihr Gefälligkeiten erwiesen, weil ich zu ihr in einem freundschaftlichen Verhältnis stand. Sie spricht in einem Ton, als wenn ich in irgend einem Dienstverhältnis zu ihr gestanden hätte. Ebenso unrichtig ist die Behauptung, Dr. Koegel hätte mir mit einem Duell gedroht, um mich einzuschüchtern. Eine solche Drohung hat Dr. Koegel mir gegenüber nie ausgesprochen. Es ist töricht, zu sagen, ich hätte durch einen Brief, den Dr. Koegel an einen Dritten richtete, und von dem ich nichts wußte, eingeschüchtert werden können. Mein Kampf gegen das Nietzsche-Archiv ist ein durchaus sachlicher. Ich bin völlig unbeeinflußt durch irgendeinen Wunsch, Nietzsche-Herausgeber zu werden. Ein solcher Wunsch hat nie bestanden.


BRIEF RUDOLF STEINERS
AN ELISABETH FÖRSTER-NIETZSCHE

Berlin, 27. Juni 1898

Hochgeschätzte gnädige Frau!

Die Wochen, die verflossen sind, seit ich – nach langer Zeit – wieder einmal im Nietzsche-Archiv weilen durfte, haben mir viele Sorgen und Aufregungen gebracht; und mit diesen bitte ich Sie, hochgeschätzte gnädige Frau, zu entschuldigen, daß ich erst heute imstande bin, an die damalige Besprechung anzuknüpfen. Aus Mitteilungen, die mir mein lieber Freund Dr. Heitmüller macht, ersehe ich, wie Sie, gnädige Frau, gegenwärtig über die Sache denken.

An meine Begeisterung für die große Sache Friedrich Nietzsches werden Sie, hochgeschätzte gnädige Frau, gewiß glauben, und über mein Verständnis seiner Kunst und seiner Lehre haben Sie mir selbst oft so schöne Worte gesagt, daß ich tief ergriffen war. Ich habe nun seit jenen unglückseligen Tagen, die allen Beteiligten in Erinnerung bleiben werden, tief gelitten. Sie dürfen mir glauben, gnädige Frau, daß es ganz und gar nicht in meinem Wesen liegt, meine persönlichen Interessen in die große Angelegenheit hineinzubringen, die Ihnen durch die Führung der Sache Ihres Bruders geworden ist. Sie wissen, gnädige Frau, wie sehr ich zufrieden war mit der nebensächlichen Rolle, die mir eine Zeitlang beschieden war. Ich fühlte mich damals nicht berufen, abweichende Ansichten geltend zu machen, weil ich gegen bestehende Rechte nichts tun zu dürfen als meine Pflicht ansah. Sie, hochgeschätzte gnädige Frau, wissen es aber auch am allerbesten, daß ich selbst nichts beigetragen habe zu *der* Rolle, die mir die Verhältnisse dann aufgedrängt haben. Der Schmerz, von dem ich sprach, wurde noch durch einen besonderen Umstand vermehrt. Gewiß erinnern Sie sich an unser Gespräch – ich glaube, es war im Spätsommer 96 – über die «ewige Wiederkunft». Wir haben damals eine Vorstellung über diese Lehre zustande gebracht, die ich hätte ausbilden und vertreten müssen; dann wäre heute diese Lehre ein Diskussionsgegenstand in weitesten Kreisen geworden. Es ist mir unendlich leid, daß solche Dinge, die, wie ich glaube, in der Richtung meines Talentes liegen, die ich aber nur mit Ihrem steten Beistand hätte machen können und dürfen, nicht von mir gemacht worden sind. Der Band, in dem die Wiederkunft des Gleichen steht, hätte müssen zu einem Ereignis in der Nietzsche-Literatur werden. Sie dürfen mir glauben, gnädige Frau, daß es mir unendlich schwer ist, der Sache Friedrich Nietzsches jetzt so fernzustehen. Ich habe den

Schmerz erneuert gefühlt bei Ihrem letzten schönen Briefe in der «Zukunft».

Ich möchte noch einmal auf Mitteilungen zurückkommen, die mir mein lieber und von mir hochgeschätzter Freund Heitmüller gemacht hat. Sie scheinen, hochgeschätzte gnädige Frau, an meinem Mut zu zweifeln. Ich gebe Ihnen die Versicherung, daß ich es nicht an Mut fehlen lassen werde in einer Angelegenheit, die mir so auf dem Herzen liegt. Und aus der rückhaltlosen Offenheit, mit der ich hier spreche, mögen Sie, gnädige Frau, den Beweis schöpfen, wie sehr ernst mir diese Sache ist, wie verknüpft sie mit meinem innersten Denken, Fühlen und Wollen ist.

Gleichviel, wie man über meine Begabung urteilen möge: ich bin innig verwachsen mit der Vorstellungsart, die durch Friedrich Nietzsche einen so grandiosen Ausdruck gefunden hat, und fühle mich deshalb imstande, zur Ausbreitung seiner Kunst und Lehre mein Scherflein beizutragen. Ich habe dies selbst erst kürzlich gelegentlich eines Vortrags getan, den ich in der Stadt *Kants,* in Königsberg, gehalten habe. Die Königsberger haben dabei zwar einen leisen Unwillen nicht unterdrücken können; nachher aber haben mir doch ein paar Gescheitere gestanden, daß die guten Königsberger für ihren Kant nur mehr das Verständnis haben, jedes Jahr an seinem Geburtstage sich zu versammeln und ihre – in Königsberg beliebten – Mittagsgerichte zu essen. Ein Toast wird dabei nicht gehalten, weil die Königsberger nicht wissen, was sie über *Kant* sagen sollen.

Möchten Ihnen, gnädige Frau, diese meine Worte zeigen, daß sich in meinem Wesen nichts geändert hat und daß ich jederzeit werde die Worte aufrecht erhalten können, die ich Ihnen oft in den guten, schönen Stunden vor den unglückseligen Ereignissen gesagt habe. Wie können wir Friedrich Nietzsche besser ehren und verstehen, als daß wir, die wir glauben, dazu die Talente zu haben, zur Ausbreitung seiner Ideen das unsrige tun? Ich würde es als ein Aufgeben meiner selbst betrachten, wenn ich anders handelte. Ich bin und werde immer für seine Sache einzustehen Kraft und Mut haben.

In herzlicher Hochachtung<br>Ihr ergebener<br>Rudolf Steiner

Berlin W., Habsburgerstr. 11 I.

## ZUM ANGEBLICHEN
## «KAMPF UM DIE NIETZSCHE-AUSGABE»

Die maßlosen Angriffe, die in der letzten Zeit von Seite des Nietzsche-Archivs und dessen Freunden gegen mich gerichtet worden sind, insbesondere der unerhörte des Herrn *Michael Georg Conrad* im zweiten Juniheft der «Gesellschaft» legen mir die Pflicht auf, zu dem ganzen Streite noch das folgende beizubringen. Zu dem Aufsatz, den ich im Februar dieses Jahres (in Nr. 6 dieser Wochenschrift) gegen das «Nietzsche-Archiv» in Weimar richtete, wurde ich durch zwei Tatsachen veranlaßt. Die erste war die Protektion, die von Seite des «Nietzsche-Archivs» dem Buche des französischen Philosophen *Henri Lichtenberger* «La Philosophie de Nietzsche» zu Teil ward. Dieses Buch erschien Ende des vorigen Jahres in deutscher Übersetzung mit einer Einleitung von Frau Elisabeth Förster-Nietzsche. In dieser Einleitung sagt

Nietzsches Schwester ganz deutlich, daß sie sich mit den Ausführungen Lichtenbergers identifiziert. Es ist meine Überzeugung, daß das Buch des französischen Philosophen die Ideen Nietzsches ins Triviale verzerrt. Dennoch hätte ich mich vielleicht um dasselbe niemals gekümmert, wenn es nicht durch die Einleitung und Erklärung der Schwester Nietzsches geradezu zur offiziellen Interpretation der Weltanschauung Nietzsches erklärt worden wäre. Daß ich ein abfälliges Urteil über das Buch aus keinen andern als aus sachlichen Gründen haben kann, belegte ich schon in dem erwähnten Angriff damit, daß ich selbst in dem Buch von Lichtenberger gelobt werde. Ich will heute noch hinzufügen, daß ich nicht allein im Verlaufe der Lichtenbergerschen Darstellung (auf S. 179 der französischen Ausgabe) in einer Weise besprochen werde, die, wenn es mir auf persönliche Eitelkeit oder dergl. ankäme, mich vollauf befriedigen könnte, sondern daß sich auch noch auf der letzten Seite der französischen Ausgabe die folgende Stelle findet: «R. Steiner. F. Nietzsche, ein Kämpfer gegen seine Zeit, Weimar 1895; ouvrage signalé par Mme Foerster-Nietzsche comme exposant le plus fidèlement les idées de son frère.» Die zweite Tatsache, die mich zu meinem Angriff bewog, war das Erscheinen einer Broschüre Dr. E. Horneffers, des gegenwärtigen Herausgebers der Nietzsche-Ausgabe, «Nietzsches Wiederkunft des Gleichen und deren bisherige Veröffentlichung.» In dieser Schrift werden über Nietzsches Anschauung von der ewigen Wiederkunft aller Dinge Behauptungen aufgestellt, die ich für grundfalsch halte. Zugleich wird gesagt, daß der frühere Herausgeber der Nietzsche-Ausgabe, Dr. Fritz Koegel, bei der Herausgabe der «Ewigen Wiederkunft» im 12. mittlerweile von Seite des Nietzsche-Archivs aus dem Buchhandel zurückgezogenen Bande unerhörte Fehler gemacht habe. Diese Fehler sollen nicht nur in Verlesungen im einzelnen bestehen; sondern durch die Zusammstellung der einzelnen zur Wiederkunfts-Idee gehörigen Aphorismen soll Dr. Koegel ein ganz falsches Bild davon gegeben haben, was Nietzsche wollte. Ich habe die Fehler im einzelnen nicht bezweifelt, wohl aber meine Anschauung zu vertreten gesucht, daß *trotz* derselben das Bild, das der Leser von Nietzsches Schriften aus dem 12. Bande gewinnt, dem wahren entspricht. Dr. Horneffer hat in Nr. 15 dieser Wochenschrift in einer Erwiderung auf meinen Angriff seine Behauptung aufrecht zu erhalten gesucht. Ich habe hierauf in einer Entgegnung (Nr. 15 ff. des «Magazins») meine Überzeugung weiter verteidigt. Meine Ansicht ist, daß der Tatbestand, der hier vorliegt, von Seite des Nietzsche-Archivs nicht richtig dargestellt wird. Ich bin der Ansicht, und glaube diese in den Nummern 15–17 des «Magazins» hinlänglich bewiesen zu haben, daß Nietzsches Lehre von der Wiederkunft ein verfehltes Werk ist, und daß sich Nietzsche selbst von der Unhaltbarkeit der hier in Betracht kommenden Gedanken bald überzeugt hat. Deswegen hat er das Konzept derselben nicht weiter ausgeführt. Was uns im 12. Bande vorliegt, konnte daher nur ein Bild eines *unhaltbaren Gedankenganges* Friedrich Nietzsches geben. Von Seite des Nietzsche-Archivs wird aber behauptet, daß der Schein der Unhaltbarkeit nur durch die verfehlte Herausgabe Dr. Koegels hervorgerufen wird.

Es liegt hier also ein ganz wissenschaftlicher Streit vor. Ich bin der Meinung, daß ich die Wahrheit verteidige gegenüber einer Entstellung. Ich mußte nun leider in meinem erwähnten Aufsatz zu dem sachlichen Angriff gegen die gegenwärtigen Veröffentlichungen des Nietzsche-Archivs eine Charakteristik der Vorgänge hinzufügen, die zur Entlassung Dr. Fritz Koegels geführt haben. Denn ich mußte zeigen, daß zu dieser Entlassung nicht Gründe geführt haben, die in der wissenschaftlichen Befähigung Koegels liegen, sondern ein *persönlicher* Zwist zwischen Frau Elisabeth Förster-Nietzsche und Dr. Koegel. Ich habe zu diesem Behufe die Tatsachen einfach erzählt, die ich aus persönlicher Erfahrung kenne. Ich war mir von dem Tage, an dem ich den Aufsatz schrieb, an klar, daß ich von Seite der Frau Förster-Nietzsche und ihrer Freunde den schärfsten Angriffen ausgesetzt sein werde. Das konnte mich nicht abhalten, die Wahrheit auszusprechen in einer Angelegenheit, die mir so wichtig ist wie die Sache Nietzsches. Dennoch hätte ich es vielleicht vermieden, über Charaktereigentümlichkeiten und Handlungen der Frau Förster-Nietzsche zu sprechen, wenn nicht diese Frau durch die Art, wie sie den Nachlaß ihres Bruders verwaltet, es notwendig machte. Wer sich *persönlich* so in den Vordergrund schiebt wie Frau Förster-Nietzsche macht bedaulicher Weise eine rein sachliche Behandlung der in Betracht kommenden Dinge unmöglich. Die Öffentlichkeit soll hinnehmen, was Frau Förster-Nietzsche sagt und tut. Deshalb mußte sie auch über deren Qualitäten aufgeklärt werden. Es lag für mich also ein *zwingender* Grund zu einer persönlichen Charakteristik vor, *trotzdem* ich wußte, welchen Mißdeutungen ich mich durch ein solches Vorgehen aussetzte. Ich kenne zweierlei: Erstens, daß Frau Elisabeth Förster-Nietzsche eine charmante, durch ihre persönliche Liebenswürdigkeit fesselnde Gesellschaftsdame ist, und daß sie durch diese Eigenschaft den Blick der ihr befreundeten Personen für eine wahrhaftige Beurteilung ihrer Eigenschaften trübt. Ich konnte mir also denken, daß die Freunde über mich herfallen werden. Das zweite ist, daß Frau Förster-Nietzsche ja unbestreitbar große Verdienste um die Verwaltung des Nachlasses ihres Bruders hat. Diese können gegen jemand, der genötigt ist, als Gegner dieser Frau aufzutreten, immer ausgespielt werden. Und daß Frau Förster-Nietzsche selbst sich in der Weise verteidigen werde, wie es ihrem von mir skizzierten Charakter entspricht, darüber konnte ich auch keinen Zweifel haben. Ich begreife deshalb ihren unerhörten Angriff in Nr. 29 der «Zukunft» (vom 21. April 1900), und begreife schließlich auch die Verteidigung, die ihr Herr Dr. Arthur Seidl, im ersten Maiheft der «Gesellschaft» gesungen hat. Diese «Verteidigung» Dr. Seidls zeigt ja hinlänglich, wes Geistes Kind der Verteidiger ist; und ich habe sein Gespinst von unrichtigen Behauptungen, von leichtfertigen Anschuldigungen meiner Person, und, worauf es mir vor allem ankommt, von unglaublichen logischen Unsinnigkeiten, im zweiten Maiheft der «Gesellschaft» aufgelöst.

Nun kommt aber etwas völlig Unbegreifliches. Im zweiten Juni-Heft der «Gesellschaft» bringt Herr Michael Georg Conrad einen kurzen Aufsatz «Steiner contra Seidl», der alles übertrumpft, was an Unglaublichem von Seite der Freunde Frau Förster-Nietzsches geleistet worden ist. Dieser Aufsatz beginnt: «Für Steiners Art und Verhalten im Nietzsche-Streit ist nach meinem Gefühl *ein* Satz entscheidend, der im ‹Magazin› wie in der ‹Gesellschaft› gleichlautend der Steinerschen Feder entfließt. Ein Stilkünstler wie Steiner schreibt, was er schreiben *will,* mit voller Erwägung der Eindrucks-Momente und Suggestions-Werte jedes einzelnen Wortes. Alles Unbewußte und Ungewollte ist ausgeschlossen. Daher hat Herr Dr. Steiner für die *Wirkung* seines Schreibens die volle Verantwortung zu tragen. Ich beschränke mich in der Erörterung der Wirkung auf einen einzigen Satz. – In der

‹Gesellschaft› steht er auf S. 201, Zeile 9: ‹Bald nach Dr. Koegels Verlobung benutzte Frau Förster-Nietzsche meine Anwesenheit usw.›» Und nun schließt mein Herr Gegner an diesen Satz folgende erbauliche Betrachtung: «Nun ist ja alles sonnenklar. Nun liegt's ja auf der Hand, warum Dr. Koegel seither zu den schwersten Anschuldigungen geschwiegen. Der verfolgte biedere Ehrenmann konnte den Mund nicht auftun aus purer Rücksicht. Selbstverständlich. Schweigen ist des Ritters Pflicht in solchem Falle. Nur sein treuer Schildknappe Dr. Rudolf Steiner durfte mit vorsichtigem Finger auf diesen Punkt tippen. Koegels Verlobung! Aha! Arme Elisabeth Förster-Nietzsche, aus verschmähter Liebe also hast du so bös an dem Archiv-Doktor gehandelt und ihm den Laufpaß gegeben! Weil *sie* die Erkorene nicht gewesen! – So argumentiert der unbeeinflußte, naive Leser, so muß er argumentieren.... Anders der andere Leser, der aus hinreichender Personen- und Sachkenntnis jedes Wort, das in diesem Streit gefallen, mit äußerster Kälte und Vorsicht prüft. Er empfängt einen ganz anderen Eindruck von der Steinerschen Prosa im ‹Magazin› und in der ‹Gesellschaft› und in der ‹Zukunft›, als der gutmütige, gutgläubige, für Zweideutigkeit und Skandal so dankbare Durchschnittsleser. – Er reagiert auf das so beiläufig angeschlagene Motiv ‹Dr. Koegels Verlobung› in der Steinerschen Partitur auch mit einem aha! und einem Donnerwetter! Aber aus einem wesentlich verschiedenen Grunde. Blitzartig hat dieser eine Ton die ganze Methode und Gesinnungsart Dr. Steiners bis ins Innerste beleuchtet. Durch und durch ist alles hell und klar. Alle kontrapunktische Findigkeit, alle kontradiktorische Schlagfertigkeit, alle Blender silbenstecherischer Bravour, alle Aufbläherei und Schnauzerei – armselige, wirkungslose Künste!

Er hat das Weib nicht respektiert und damit alle dumpfen und bösen Gefühle zu Ungunsten der ehrwürdigen Schwester Nietzsches in der Herde aufgerührt. Mit dem Appell an die Gemeinde der schlechten Instinkte hat sich Steiner selbst gerichtet.»

Nun hat mir dasselbe schon Dr. Arthur Seidl in seinem Artikel der «Gesellschaft» vorgehalten und es mit seinem Geschmacke und anderen seiner Eigenschaften vereinbar gefunden, meinen in Rede stehenden Satz eine «ebenso böswillige als einfältige Insinuation» zu nennen. Ich bin ihm die Antwort nicht schuldig geblieben. Ich habe ihm einen *objektiven* Beweis – so objektiv er nur sein kann – geliefert, daß ich nichts insinuiert habe, sondern daß ich mit diesem Satz nur eine Briefstelle der *Frau Förster-Nietzsche* (aus einem Schreiben an mich) wiedergegeben habe, die also lautet: «Dr. Koegel sollte nicht nur Herausgeber, sondern auch Sohn und Erbe des Archivs sein. Das letztere war aber nur möglich, wenn mich mit Dr. Koegel eine aufrichtige gegenseitige Freundschaft verbunden hätte. Diesen Mangel fühlte ich und hatte gehofft, daß wir durch seine Heirat befreundeter werden konnten. *Da ich mich aber in der Braut vollständig geirrt hatte, so wurde der Mangel an Freundschaft und Vertrauen nach der Verlobung viel stärker fühlbar als vorher.*»

Ich habe Herrn Dr. Seidl gesagt: «Nur eine *nicht ganz reinliche Phantasie* kann in meinem Satze eine böswillige Insinuation sehen.» Und nun kommt Herr *Michael Georg Conrad,* ignoriert meinen Beweis, ignoriert die Auslegung, die mein Satz dadurch erhält, daß er nicht von mir, sondern von Frau Förster-Nietzsche stammt, und errichtet auf diesen «einzigen» Satz eine erbauliche Anklage. Es gibt nunmehr für mich nur zweierlei Annahmen. Entweder, ich gebe Herrn

Michael Georg Conrad sein Kompliment zurück und sage: «Ein Stilkünstler, wie Michael Georg Conrad schreibt, was er schreiben will, mit voller Erwägung der Eindrucks-Momente und Suggestions-Werte jedes einzelnen Wortes. Daher hat Herr Michael Georg Conrad für die *Wirkung* seines Schreibens die volle Verantwortung zu tragen.» *Dann* müßte ich sagen: Herr Michael Georg Conrad schreibt eine objektiv widerlegte Behauptung hin in der bestimmten Absicht, mich zu verdächtigen, mich herabzuwürdigen in der öffentlichen Meinung. Er bedient sich des Mittels, von dem er hofft, daß viele darauf hineinfallen werden: er stellt sich als den Beschützer einer in ihrer Weiblichkeit schwer gekränkten «ehrwürdigen» Frau auf. Er unterlegt mir die Absicht, in schimpflichster Weise auf die gemeinen Instinkte der «Herde» zu spekulieren. Gegenüber meinen objektive Tatsachen wiedergebenden Ausführungen könnte sich, wenn ich das über Michael Georg Conrad behaupten wollte, jeder einigermaßen Unvoreingenommene selbst ein Urteil bilden. Ich brauchte das meinige nicht hierherzusetzen, denn – was könnte mir an den Ausführungen eines Mannes liegen, der zu solchem fähig ist! Aber ich glaube nicht, daß sich die Sache so verhält. Ich bin vielmehr der Meinung, Herr Michael Georg Conrad schreibt sein Blech in gutem Glauben. Er versteht von der ganzen Sache, von dem *Inhalte* des Streites nicht das allergeringste. Und weil ihm dieser Inhalt ein Buch mit sieben Siegeln ist, weil er ganz und gar unfähig ist, sich ein wirkliches Urteil zu bilden, verfällt er in seiner kindlichen – im Grunde harmlosen – Art auf den gekennzeichneten Ausweg. Ich lege vielmehr auf einen anderen Satz in Conrads Geschreibsel einen besonderen Wert. Er heißt: «Der *Blindeste* muß heute einsehen, daß alles und jedes Recht in diesem Streite auf der

Seite der Schwester Nietzsches ist.» Ich unterschreibe diesen Satz. Ja, ich nehme in Anspruch, gerade *diesen* Satz durch meine «kontrapunktische Findigkeit» in «Magazin», «Gesellschaft» und «Zukunft» *bewiesen* zu haben. Ja wohl, die «Blindesten» werden einsehen, daß alles und jedes Recht auf der Seite der Frau Förster-Nietzsche ist. Die Sehenden aber müssen vom Gegenteil überzeugt sein. Ich kürze Herrn Michael Georg Conrad den Anspruch, zu den «Blindesten» zu gehören, um kein I-Tüpfelchen. Er hat ein volles Recht auf diesen Anspruch. Er setzt sich über alles hinweg, was von mir zur Sache vorgebracht worden ist; er behauptet die kindischesten Dinge aus der «Personen- und Sachkenntnis» heraus, die *ihm* eben möglich ist. Wenn ein solcher Mann dann sagt: «Dr. Koegel, Dr. Steiner und Gustav Naumann (Verfasser des albernen Zarathustra-Kommentars mit den gassenbubenhaft ungezogenen und hämischen Einleitungen) haben den Ruf der deutschen Wissenschaftlichkeit, Bildung und Ritterlichkeit schwer geschädigt» (auf S. 374 der «Gesellschaft»), so kann ich über einen solchen Satz nur mitleidig lächeln. Zudem brauche ich ja nicht zu beweisen, daß Herr Michael Georg Conrad – den ich als Lyriker und Romanschriftsteller bis zu einem gewissen Grade schätze – mit der deutschen Wissenschaftlichkeit nichts, gar nichts zu schaffen hat. Denn das weiß jeder, der mit «deutscher Wissenschaft» irgend vertraut ist.

Ich glaube Herrn Michael Georg Conrad, daß es ihm recht wäre, wenn man meine Stimme im Nietzschestreite mit einem der *Sache* so fernliegenden Gerede, wie das seinige es ist, aus der Welt schaffen könnte. Denn dann könnte *er*, dem ein Urteil in der Sache nicht zukommt, irgend etwas ausrichten.

Traurig bleibt es immerhin, daß ein Artikel, wie der *Michael Georg Conrads* überhaupt möglich ist. Man setzt sich für eine Sache ein, und irgendein Beliebiger, der zufällig persönliche Beziehungen zu den in die Sache verwickelten Menschen hat, kommt und wagt es, in der gehässigsten Weise zu schreiben – zu schreiben mit Aufrechterhaltung einer absolut widerlegten Behauptung – zu schreiben, ohne sich zugleich verpflichtet zu fühlen, irgendwie auf den Inhalt dessen einzugehen, worauf es ankommt.

Und ein Mann, der so verfährt, hat zugleich die – Naivität, ein Urteil über Gefährdung der «deutschen Bildung» zu sprechen. – Man müßte denn doch recht bitter werden – wenn die Sache nicht so grenzenlos *lächerlich* wäre. Also lassen wir Herrn Michael Georg Conrad.

Mit Herrn Dr. Arthur Seidl, der im ersten Maiheft der «Gesellschaft» mit ebensolcher Geschwätzigkeit wie Einsichtslosigkeit nachgesagt hat, was er in Weimar sich hat vorsagen lassen, der meine Behauptung, daß Frau Elisabeth Förster-Nietzsche heute blau nennt, was ihr gestern rot war, nicht etwa leugnet, sondern aus dem Satze des alten Heraklit erklärt, daß «alles fließt», – mit diesem Herrn Dr. Arthur Seidl habe ich mich genug beschäftigt in meinem Aufsatz: «Frau Elisabeth Förster-Nietzsche und ihr Ritter von komischer Gestalt» (2. Maiheft der «Gesellschaft»). Da sich aber in etwas veränderter Form auch in Michael Georg Conrads Auslassungen wieder ein Satz findet, den schon Herr Dr. Seidl zu schreiben wagte, so will ich hier wenigstens wiederholen, was ich diesem Herrn auf S. 208 der «Gesellschaft» geantwortet habe. Herr Seidl erdreistete sich, zu schreiben: «Und es darf nicht übersehen werden, wie in dem ganzen, vom Zaune gebrochenen Kampfe die *eigennützigen* und *persönlichen* Motive durchaus nur auf Seiten ihrer (der Frau Förster-Nietzsche) Gegner lagen, welche sich als Nietzsche-Herausgeber doch *pekuniäre Vorteile* schaffen wollten.» Ich antwortete diesem Herrn: «Da Sie im Plural von Nietzsche-Herausgebern sprechen, so unterstellen Sie, daß ich jemals nach pekuniären Vorteilen in dieser Sache gestrebt habe. Ich war nie Nietzsche-Herausgeber; wollte es nie werden, habe mir also niemals pekuniäre Vorteile verschaffen wollen. Sie werden für diese Ihre Behauptungen den Beweis nicht erbringen können. Sie setzen also *Verleumdungen* in die Welt.»

Frau Elisabeth Förster-Nietzsche selbst hat sich in einem Artikel «Der Kampf um die Nietzsche-Ausgabe» in Nr. 29 der «Zukunft» (vom 21. April 1900) gegen meinen Angriff gewendet. Sie stellt einfach die Behauptungen auf: «Er (Dr. Rudolf Steiner) hatte im Herbst 1896 den leidenschaftlichen Wunsch, Nietzsche-Herausgeber zu werden, da er nach Vollendung seiner Mitarbeit am naturwissenschaftlichen Teil der Goethe-Ausgabe ohne Stellung war.»

«... So lange Dr. Steiner noch die geringste Möglichkeit sah, daß ich ihn an der Gesamtausgabe beteiligen könnte, schwieg er. Erst jetzt, wo er aus Horneffers Schrift sieht und wohl auch sonst gehört hat, daß er ganz überflüssig ist und im Nietzsche-Archiv philologisch sowohl als philosophisch alles in bester Ordnung vor sich geht, sucht er sich zu rächen.» Trotzdem ich Frau Elisabeth Förster-Nietzsche kenne, hätte ich doch nicht vorausgesetzt, daß sie durch Behauptungen, die so völlig aus der Luft gegriffen sind wie diese, meinem Angriff häßliche, persönliche Motive unterzulegen versuchen werde. Ich habe mich niemals um die Stelle eines Nietzsche-Herausgebers beworben, habe niemals einen in dieser Richtung gehenden Wunsch der Frau Förster-Nietzsche ausgedrückt. Ich habe vielmehr im Herbst 1896 die fortwährenden «seltsamsten Versuche» dieser Frau, mich zum Herausgeber zu machen, abwehren müssen. *Trotzdem* ist sie heute imstande, Sätze wie die zitierten hinzuschreiben. So gern ich das vermieden hätte, muß ich jetzt mit Worten, die die Sachlage noch derber beleuchten, als meine bisher gebrauchten, auf Frau Förster-Nietzsches Bestrebungen, mich in irgendeiner Form zu den Arbeiten des Nietzsche-Archivs heranzuziehen, zurückkommen. Jahrelang hat diese Frau mich damit molestiert, für mich irgendein Ämtchen im Nietzsche-Archiv zurecht zu zimmern. Im Frühjahr 1895 fing sie damit an. Ich sollte zunächst doch wenigstens auf einige Tage nach Naumburg kommen – dort war damals das Nietzsche-Archiv, – um Nietzsches Bibliothek zu ordnen und zu katalogisieren. Ich entzog mich, so lange ich konnte, auf jede Weise, zuletzt mit Berufung auf den in solchen Fällen so beliebten «geschwächten Gesundheitszustand». Dann kam ich diesem ihrem Wunsch doch entgegen und katalogisierte die Bibliothek. Ich glaubte dadurch, Ruhe zu haben. Ich hatte mich geirrt. Das Molestieren hörte nicht auf. Als Frau Förster-Nietzsche im Herbst 1896 nach Weimar übersiedelte, wo ich damals auch wohnte, gebrauchte ich sogar ein deutliches Zeichen der Unhöflichkeit, um allen Weiterungen zu entgehen. Ich machte Frau Förster-Nietzsche in Weimar zunächst keinen Besuch. Sie schrieb mir, ich möchte doch kommen. In welcher Lage ich war, als der Streit mit Dr. Koegel losbrach, habe ich mehrfach geschildert. Ich wäre damals ganz sicher von Weimar abgereist, um vor Frau Förster-Nietzsche sicher zu sein, wenn es mir nicht Herzensbedürfnis gewesen wäre, an der Stätte, wo ich jahrelang über Goethes Naturanschauung gedacht und geforscht, mein abschließendes Werk über «Goethes Weltanschauung» zu vollenden. Ich habe nur *einen* Fehler gemacht. Ich habe mich durch die Wichtigkeit der Sache Nietzsches immer und immer wieder davon abhalten lassen, der Frau Förster-Nietzsche den Stuhl vor die Tür zu setzen. Und diese Frau spricht nun davon, ich wollte mich rächen, weil ich eine Stelle im Nietzsche-Archiv nicht erhalten habe. Ja sie bringt es fertig in Nr. 33 (vom 19. Mai 1900) der «Zukunft» sich den Satz zu leisten: «Es scheint mir unwesentlich, daß Herr Dr. Steiner durchaus beweisen will, ich hätte ihm die Stellung angeboten, er habe sie aber gar nicht in Betracht gezogen. Ich weiß nicht, ob es irgendwo Menschen gibt, die es für möglich halten, daß ich einen Herausgeber ins Auge fasse, der überhaupt nicht will.» Ja freilich sollte man es nicht für möglich halten. Aber Frau Elisabeth Förster-Nietzsche hat das Unmögliche halt doch getan. Sie behauptet ja so vielerlei. Z. B. sagt sie auch (indem sie in einer Auslassung vom 19. Mai die vom 21. April übertrumpft): «Seit dem Frühjahr 1894 war es Dr. Steiners leidenschaftlicher Wunsch, Nietzsche-Herausgeber zu werden; und als ich, die damals nicht daran denken konnte, ihn zu wählen, weil er noch am Goethe-Archiv angestellt war, Herrn Dr. v. d. Hellen anstellte, der gerade seine Tätigkeit am Goethe-Archiv beschloß, hat Herr Dr. Steiner Herrn v. d. Hellen eine schreckliche Scene gemacht und ihm in der peinlichsten Weise vorgeworfen, daß er ihm diese Stellung, für die er prädestiniert gewesen wäre, weggenommen habe.» Ich will natürlich nicht auf den knüppeldicken Widerspruch aufmerksam machen, der darin liegt, daß Frau Förster-Nietzsche behauptet: sie hätte doch nicht daran *denken* können, mich anzustellen, weil ich anderwärts beschäftigt war, *ich* aber hätte sehr wohl doch daran gedacht, trotz anderwärtigem Gebundenseins die Stellung im Nietzsche-Archiv anzustreben. Denn solche Widersprüche sind ja in allem, was Frau Förster-Nietzsche schreibt, übergenug. Aber es ist das so recht ein Beispiel davon, wie sie Tatsachen wieder erzählt. Ich hatte einmal das Malheur, nicht *von mir,* wohl aber von einer Reihe anderer Menschen für den geeignetsten Nietzsche-Herausgeber gehalten zu werden. Diese Meinung hatte damals auch Dr. von der Hellen. Er hat deshalb in durchaus vornehmer und wohlwollender Absicht einen Schritt getan, den ich, von meinem Gesichtspunkte aus, doch übel nehmen mußte. Er, der eine Stellung am Nietzsche-Archiv erhalten, kam zu mir, um sich bei mir deswegen zu entschuldigen. Ich hatte eben auch damals nicht im entferntesten daran gedacht, die Stellung anzustreben, und empfand es recht unbehaglich, daß man mir zumutete, mich beschwichtigen zu müssen. Die Tränengeschichte, die Frau Förster-Nietzsche ebenfalls am 19. Mai in der «Zukunft» zum Besten gibt, ist zwar ebenso unrichtig, wie die «peinliche» Scene mit v. d. Hellen; dafür aber noch um ein gutes Stück lächerlicher.

Vorläufig dürfte das genügen. Denn mit der Grundfabel, daß ich den leidenschaftlichen Wunsch gehabt habe, Nietzsche-Herausgeber zu werden, zerfallen alle andern Fäbelchen von selbst.

IV

## C. ANDRESEN
## «DIE ENTWICKLUNG DES MENSCHEN»

Nur der unseligen Manie, um jeden Preis schriftstellerisch tätig sein zu wollen, können Bücher wie dieses ihren Ursprung verdanken. Auf 124 Seiten stellt der Verfasser alles zusammen, was ihm an Einfällen über menschliche Fähigkeiten, Kulturzweige, Gott, Religion, religiöse Entwicklung, Staat, Bildung, Gesittung, über Rechts- und Völkerleben aufgestoßen ist. Daß er uns dabei auch mit sozialreformatorischen Ideen nicht verschont, ist erklärlich, denn wie sollte der nicht auch über die Zukunft etwas zu wissen glauben, der über alle Verhältnisse der Vergangenheit urteilen zu können vermeint. Aber wir sind der Ansicht: irgend etwas hat wohl jeder Gebildete schon über die oben bezeichneten Begriffe gedacht; dies ist aber noch kein Grund, solche zufällige, zusammenhanglose Einfälle ohne leitende Gesichtspunkte, ohne einheitliche Weltanschauung in einem Buche aneinanderzureihen und drucken zu lassen. Wir wollen nicht sagen, daß unter diesen Einfällen nicht auch mancher gute ist, aber daneben finden wir Sätze, von denen wir nicht begreifen können, wie sie ein Mann, der in der Bildung der Gegenwart aufgewachsen ist, niederschreiben kann, so z. B. Seite 73: «Leiden, welche jemand durch die Sünden der Eltern erduldet, leidet er nicht ungerecht, weil er das Fleisch und Blut seiner Eltern ist.» Verdienstlicher, als dieses Buch zusammenzuschweißen, wäre es gewesen, wenn der Verfasser seine wirklich guten Gedanken über die Stellung der bäuerlichen Bevölkerung im Staatswesen und über das Hypothekenwesen im wirtschaftlichen Leben weiterverfolgt und für sich verarbeitet hätte. Denn der vollständigen Verkennung des

Grundsatzes, daß (siehe Seite 64) «eine möglichst kräftige und gesunde Bauernbevölkerung durch ihre Entwicklungsfähigkeit eine Hauptstütze der Nation ist», von seiten vieler sogenannter freisinniger Volksmänner kann nicht oft genug durch die Klarstellung der richtigen Ansicht begegnet werden. Ebenso ist es notwendig, daß sich die Erkenntnis von der Reformbedürftigkeit des Hypothekenwesens, das in seiner gegenwärtigen Gestalt der Landwirtschaft schwere Schäden zufügt, immer mehr Bahn bricht. Diese Fragen müßte der Verfasser gesondert behandeln, wenn seine gerade in dieser Beziehung richtigen Bemerkungen auf fruchtbaren Boden fallen sollen.

## JÜRGEN BONA MEYER «TEMPERAMENT UND TEMPERAMENTBEHANDLUNG»

Jürgen Bona Meyer gehört zu denjenigen philosophischen Schriftstellern, deren einzelne Leistungen nicht das Gepräge tragen, das sie einem bestimmten Systeme am gehörigen Orte einreiht, dabei aber doch den unerläßlichen Hintergrund einer genau erkennbaren philosophischen Denkweise und Gesinnung nicht verkennen lassen. Wir möchten ihn in dieser Hinsicht in eine Reihe stellen mit Moriz Lazarus. Solche Gelehrte eignen sich in hervorragendem Maße dazu, Fragen von allgemeinem Interesse für ein größeres Publikum zu behandeln. Das letztere nimmt dann unbewußt gewisse philosophische Anschauungen mit in den Kauf, die es sich aus streng philosophischen Schriften doch niemals aneignen würde. Wegen dieses Umstandes wünschten wir diesem kleinen Schriftchen die weiteste Verbreitung, wenn wir auch nicht leugnen können, daß uns manches sehr Engherzige in demselben abgestoßen hat. Was soll es zum Beispiel heißen, wenn Schopenhauer und Leopardi als Beispiele angeführt werden, wie durch fehlerhafte Erziehung sich Individuen bilden, deren Temperament krankhaft genannt werden muß, und wenn dann des näheren ausgeführt wird, was die Erzieher der beiden Männer hätten tun sollen, um geistig gesündere Menschen aus ihnen zu machen. Es scheinen aber doch noch immer wenige Menschen zu wissen, daß die bedeutenden Charaktere der Kulturentwicklung die Fehler ihrer Tugenden haben. Aber abgesehen davon ist das kleine Heft voll von wissenswerten psychologischen Beobachtungen über Temperamente und beherzigenswerten Winken für die Bildung derselben.

## EDUARD KULKE «ZUR ENTWICKLUNGSGESCHICHTE DER MEINUNGEN»

Als wir den Titel dieser Schrift lasen, freuten wir uns sehr. Wir wissen heute in höherem Maße als früher, daß ein weites Feld im Reich der menschlichen Anschauungen liegt, das einem fortwährenden Wandel in der geschichtlichen Entwicklung unterworfen ist. Friedrich Nietzsche hat es in seiner grotesken, nervösen und deshalb auf- und anregenden Weise weiten Kreisen unlogisch aber wirksam zum Bewußtsein gebracht. Eine Entwicklungsgeschichte der Meinungen müßte nun zeigen, von welchen Gesetzen die Veränderungen der menschlichen Anschauungen bewirkt werden, in dem Sinne wie etwa die Naturwissenschaft die Gesetze der Verwandlung einer organischen Form in die andere oder die Geschichte die eines Staates in den andern festzustellen sucht. Von alledem finden wir freilich in Kulkes Buch wenig. Über die Entstehung der Meinungen wird nur gesagt, daß der Instinkt die Quelle gemeinsamer, die Phantasie jene der bei Individuen und Völkern differierenden Ansicht sei. Die Bedürfnisse, die der Instinkt schafft, sind bei einer Menge von Menschen, die dieselbe Gegend bewohnen, dieselben. Über die beste Weise, sie zu befriedigen, entsteht kein Streit. Was dagegen diesem Gebiete entzogen ist, dessen bemächtigt sich die Phantasie, und die wirkt bei verschiedenen Menschen verschieden. In ziemlich breiter Art zeigt nun die Schrift, wie die Meinungen in bezug auf politische, wirtschaftliche, gesellschaftliche, künstlerische, religiöse, wissenschaftliche Dinge voneinander abweichen. Statt nun zu untersuchen, nach welchen Gesetzen sich die eine aus der andern herausentwickelt, stellt der Verfasser Erwägungen darüber an, wodurch zuletzt sich die veränderlichen Meinungen in feste Erkenntnisse, in praktisch unanfechtbare Maximen verwandeln. Diese Korrektur wird, nach seiner Ansicht, in bezug auf die theoretischen Meinungen in dem Augenblicke vollzogen, in welchem sie Resultat einer Wissenschaft werden und innerhalb derselben durch unanfechtbare Beweise gestützt werden. Mit den ethischen Maximen aber vollzieht sich der Übergang von der Wandelbarkeit zur Dauer dann, wenn der Staat sie in der Weise formuliert, daß mit der besten Sorge für das Gesamtwohl sich die freieste Beweglichkeit der Individualität verbindet. So hat Kulke eigentlich nur Anfangs- und Endpunkt in der Entwicklungsgeschichte der Meinungen bestimmt, die Mitte aber, also gerade das Gebiet, wo sich die Gesetze für die ewige Metamorphose der Ansichten finden lassen müßte, völlig unberührt gelassen. Der Inhalt dieser Schrift hält also nicht, was der Titel verspricht.


### E. MARTIG «ANSCHAUUNGS-PSYCHOLOGIE MIT ANWENDUNG AUF DIE ERZIEHUNG»

Übersichtlichkeit, Klarheit und Anschaulichkeit sind zweifellos die Eigenschaften eines guten Schulbuches. Die vorliegende Psychologie genügt den hiermit gestellten Anforderungen in ziemlichem Maße. Hinsichtlich der Deutlichkeit scheint uns der Verfasser sogar zu weit zu gehen. Er hält sich zu sehr in Behandlung des Stoffes und in der Auswahl der Beispiele an der Oberfläche des abzuhandelnden Gegenstandes. Daher überliefert er den Kandidaten des Lehramtes nur die handgreiflichsten, gröbsten Tatsachen des Seelenlebens. Die intimeren Erscheinungen des Geistes, die feineren Formen seines Ausdrucks finden keine Berücksichtigung. Das halten wir gerade im Hinblick auf den Zweck des Buches für einen Mangel. Der künftige Lehrer soll auch in die geheimeren Äußerungen des menschlichen Inneren eingeführt werden. Gerade dadurch wird sich in ihm das richtige Ideal der Erziehung entwickeln. Er wird jene goldene Grundregel aller Pädagogik begreifen, daß jeder Zögling individuell zu behandeln ist; er wird Freude am Studium jeder neuen Menschenseele gewinnen. An jedem einzelnen Erziehungsobjekte werden ihm neue Gesichtspunkte aufgehen. Er wird sein Bestes in seinen Beruf legen, weil er das Wissen des sich entwickelnden Menschen in seinen feinsten Verästelungen kennt. Er wird aus dem Kinde etwas zu machen wissen, weil er den Keim kennt, der zur Entfaltung kommen soll. Wenn er nur die Hauptfäden des geistigen Gewebes versteht, wird seine Erziehertätigkeit pedantisch, mechanisch, durchschnittsmäßig sein, nicht angemessen den Feinheiten der Seele, die er nicht erlauschen kann. Die Anordnung des Stoffes erscheint uns in diesem Buche sonst vortrefflich, die empirische Behandlungsweise dem Zwecke im allgemeinen angemessen. Auf die Besprechung der Tatsachen und die Exegese der Erscheinungen folgt immer die Schlußfolgerung der Gesetze, und dann die Anwendung auf die Pädagogik. Die Sache gewinnt aber doch durch die pedantische Gleichförmigkeit, mit der diese Maxime durch das ganze Buch durchgeführt ist, das Aussehen, als ob diese Methode nicht dem Gegenstande entsprungen, sondern von außen in denselben hineingetragen worden wäre.

### FRANZ LAUCZIZKY «LEHRBUCH DER LOGIK»

Dieses Buch ist für den Unterricht in der Logik an österreichischen Gymnasien bestimmt. Wir glauben nicht, daß es einen wesentlichen Fortschritt gegenüber den ausgezeichneten Abrissen von Zimmermann und Lindner bedeutet. Die vielen Exkurse auf kleinliche und kleinste logische Probleme stören den übersichtlichen Gang des Ganzen, der auf der ersten Stufe des logischen Unterrichts doch beobachtet werden müßte. Da nützt es wenig, wenn das Wichtigere durch größeren Druck hervorgehoben wird. Nicht darauf kommt es an, daß der Schüler das Wichtige aufnehmen kann und das weniger Wichtige weglassen, sondern darauf, daß das logische Lehrgebäude in zusammenhängender entwickelnder organischer Weise vorgebracht wird. Durch bloßes Nebeneinanderstellen der Definitionen von Begriff, Urteil und Schluß erreicht man gar nichts. Entwicklung der Denkformen auseinander ist die Hauptsache. Das Buch ist zu sehr ein Aggregat von Definitionen. Das beste ist der zweite Teil, wo der Verfasser von den wissenschaftlichen Methoden spricht. Die weniger schematische, zusammenhängendere, inhaltsvollere Darstellungsweise hätte für den ersten Teil ebenfalls eingehalten werden sollen. Die Schrift ist kein Lehrbuch, sondern ein Nachschlage- und Wiederholungsbuch. Für den Gymnasiasten kommt es darauf an, sich den Gang und die Gesetze des Denkens in ihrem Zusammenhange zum Bewußtsein zu bringen, pedantische Klassifikationen und Schematismen über einzelnes, worauf der Verfasser solchen Wert legt, verwirren den Anfänger nur und lenken ihn von den Hauptpunkten ab. Nicht ein Register aller logischer Begriffe ist für ihn zu wünschen, sondern eine Anleitung, die ihn dazu führt, das «Denken über das Denken» zu lernen.

## DR. REINHOLD BIESE «GRUNDZÜGE MODERNER HUMANITÄTSBILDUNG»

In acht Kapiteln: Entwicklung sozial-ethischer Kultur, der Ursprung der Sprache, Sprache und Denken, die Sprachlaute, die Entwicklung der Schrift, die Entwicklung der sittlich-religiösen Ideen bei den Griechen, Philosophie der Kunst, die Wissenschaft, gibt der Verfasser die Grundzüge des Inhalts moderner Bildung. In einem Vorworte entwickelt er in anziehender Form seine Ideen darüber, wie durch den Umsatz bloßen Gedächtniswissens in organisch aufgenommenen Bildungsstoff unsere höheren Bildungsanstalten einer der Zeit gemäßen Entwicklung zuzuführen sind. Das Wissen soll aus einem bloßen Sammelwerk von stofflichen Einzelheiten zu einem lebendigen Können werden, so daß der Gebildete imstande ist, mit sicherem Blick die ihn umgebenden Verhältnisse zu durchschauen und die ihnen nach dem jeweiligen Stande der Kulturentwicklung wünschenswerte Richtung zu geben. Statt toten Formenkrams will Biese es mit einem Sinn für Orientierung in Welt und Leben zu tun haben. Das sind allgemeine Sätze, deren Richtigkeit nicht zu bezweifeln ist. Es handelt sich nur darum: Was ist zu tun, um unsere höheren Schulen in diesem Sinne zu reformieren? Zur Beantwortung dieser Frage bietet Biese sehr wenig. Die Antwort müßte sich aus zwei Teilen zusammensetzen: 1. In welcher Richtung hat die Ausbildung der Lehrer künftighin zu erfolgen, 2. Welcher Bildungsstoff führt den Schüler am sichersten zu den angegebenen Zielen?

Daß in beiden Hinsichten sehr viel geschehen muß, das steht außer Zweifel. Das ausschließlich «gelehrte» Interesse, das in unseren Lehrern der höheren Schulen wurzelt, weil ihre Vorbildung ihnen nur ein solches einpflanzt, muß durch für jeden künftigen Gymnasiallehrer obligatorische kultur- und kunstgeschichtliche, philosophische, namentlich psychologische Studien durch ein solches an der freien Entwicklung der Menschennatur ersetzt werden. Der künftige Lehrer muß zu zweierlei fähig sein: Studium des großen Entwicklungsprozesses der Menschheit und Beobachtung der individuellen

Natur jedes Einzelmenschens. Nur mit diesen Vorbedingungen ausgestattet wird er zu seiner wahren Erziehungsaufgabe befähigt sein: Eingliederung des Individuums in den richtig verstandenen Total-Entwicklungsprozeß der Menschheit nach Maßgabe der in dem ersteren liegenden besonderen Anlagen.

Die einzelnen Kapitel des Bieseschen Buches sind durchweg anregend. Jeder wird sie mit Gewinn lesen. Der Verfasser vereinigt mit der Kenntnis neuerer Ansichten aus dem Gebiete der Völkerkunde, Sprachwissenschaft und Nationalökonomie einen durch tieferes Verständnis des Geistes der klassischen Zeit geschärften Blick für die idealen Gebiete menschlichen Wirkens. Der letztere kommt namentlich in seinen Ausführungen über die Kunst zur Geltung. In leichtfaßlicher Art werden die Gesetze des künstlerischen Schaffens und Genießens abgehandelt. Überall spricht sich da ein im Humanismus der klassischen Zeit wurzelnder Geist aus. Manches möchte man vertieft, manches im Ausdruck schärfer haben, alles aber ist von edler Gesinnung und feiner Anschauungsweise getragen. Auch von der Übersicht über die einzelnen Wissenschaften und deren Zusammenhang ist ein Gleiches zu sagen. Um die Sache zusammenzufassen: das Biesesche Buch wird jedem nützlich sein, der sich in bequemer Weise mit dem humanistischen Bildungsgehalt unserer Zeit bekannt machen will. Von diesem Gesichtspunkte aus empfehlen wir dasselbe den weitesten Kreisen.

## PROF. DR. FRIEDRICH KIRCHNER
## «GRÜNDEUTSCHLAND»
*Ein Streifzug durch die jüngste deutsche Dichtung*

Ein gutgemeintes Buch liegt vor uns. Den «Grünen» unserer modernen Literatur wird wacker der Text gelesen, ohne das Kind mit dem Bade auszuschütten. Daß neben der schauderhaftesten Widerkunst und dem gereimten und ungereimten Blöd- und Stumpfsinn manches Gute in den modernen Musenalmanachen steht, wird bereitwilligst anerkannt. Wir müssen es auch dem Verfasser zugute halten, daß er den Mut hat, den Suder- und anderen Männern zu sagen, wie er über den Wert ihrer Stücke und Schriften denkt, denen gegenüber jedes vernünftige Urteil nachgerade wie die Stimme des Rufenden in der Wüste verklingt, weil sie übertönt wird von dem Geplärre derer, die sich, ohne eine Spur von Kunstverständnis zu besitzen, zu modernen Ästhetikern ernennen. Das alles ist aufs höchste zu loben. Dennoch scheint mir das Buch nicht den richtigen, durch die Verhältnisse gebotenen Zweck zu verfolgen. Eine Generation, der von höherer Lebens- und Weltauffassung so gut wie gar nichts beigebracht wird, kann nicht anders als oberflächlich werden. *Unsere* Universitäten und höheren Schulen mit ihrer materialistischen Naturauffassung, ihrem systemlosen Aufhäufen von empirischen Tatsachen und ihrer ästhetiklosen Literaturgeschichte sind kein Gegengewicht gegen die verwahrlosten ästhetischen Unterströmungen und die bildungslose Großmannssucht der «Grünen». Das Geschlecht hat sich überlebt, in der man die Vischer und Carrière, oder die Rosenkranz und Schasler studierte, um für seine dumpfen ästhetischen Empfindungen einen klaren Ausdruck zu finden. Ihre Lehren holten das, was tief in der eigenen Seele sitzt, hervor zur lichtvollen Selbstverständigung. Heute nimmt man das kritische Gezappel eines Hermann Bahr ernst, ja ist gezwungen, sich zu solchem Tun herabzulassen. Das ist eine Folge des Rückganges unserer Bildung. Einige wenige ältere Leute sind noch da, die wissen, was Kunst ist, und einige jüngere, die sich einmal nicht zu dem Glauben bekehren können, daß die Welt just jeden Tag einen neuen Kurs haben muß. Mit der Bildung aller anderen ist es übel bestellt. Eine oberflächliche Modewissenschaft hat ihnen den Glauben beigebracht, daß «wahr» nur ist, was die Augen blendet, und namentlich, was in die Nase stinkt. Kein Wunder, daß sie auch zu «singen und zu sagen» nur wissen von geschminkten Dirnengesichtern und jenem gewissen Gestank, der resultiert, wenn Parfüm und ... harmonisch sich durchdringen. Wer nicht weiß, daß er von der Wirklichkeit schmählich angelogen werden kann, glaubt eben die Wahrheit zu sagen, wenn er die elendesten Daseinslügen nachplappert. Die Wahrheit zu sehen, muß das Auge von innen heraus geschärft werden. Es gab eine Zeit, wo man dieses Innere mit lebendigem Gehalt erfassen wollte. Sie wird heute als ein die Wirklichkeit überfliegender Idealismus verachtet. Es mag sein, daß die Fichte, Schelling und Hegel von unserem Standpunkte aus Irrtümer gelehrt haben. Dann suche man sie zu überwinden und zeitgemäß zu verbessern. Aber man sage nicht: heute sei keine Zeit zu einer Zusammenfassung des Empirisch-Tatsächlichen. Die Zeit, die dazu nicht die Kraft hat, bringt Größen wie Sudermann hervor, jene, der Kant und Fichte die Signatur gaben, Schiller und Goethe.

## WOLDEMAR VON BIEDERMANN

Woldemar von Biedermann, der am 5. März seinen achtzigsten Geburtstag gefeiert hat, ist in weiten Kreisen durch seine Beiträge zur Goetheliteratur bekannt. Seit dreißig Jahren veröffentlicht er Studien über Goethe, gibt Werke, Briefe und Gespräche desselben heraus und widmet sich deren Auslegung. Aber Biedermann ist nicht nur Forscher; er ist auch eine interessante Persönlichkeit. Wer mit ihm einmal eine Stunde geplaudert hat, wird diese in guter Erinnerung behalten. Die Leidenschaftlichkeit, mit welcher der alte Herr über Dinge spricht, an denen er Anteil nimmt, verrät, daß er sich das Herz jung erhalten hat. Es steckt noch etwas in ihm von jener Begeisterung, mit der er vor fünfzig Jahren von der Liebe und den Frauen schwärmerische Lieder gesungen hat. Unter dem Pseudonym Ottomar Föhrau sind 1847 Gedichte von ihm erschienen, die er «eine Sängerjugend» nannte. Auch an die Gestalt Goethes trat er als Dichter heran, bevor er den Spürsinn des Forschers auf sie wendete. Ein Schauspiel «Doktor Goethe in Weimar» ist sein erstes Goethewerk. Ihm folgte allerdings schon nach einem Jahre (1865) die erste wissenschaftliche Leistung «Goethe und Leipzig». Biedermann ist nicht Berufsgelehrter. Achtunddreißig Jahre lang war er sächsischer Staatsbeamter. Den Philologen sind seine zahlreichen Arbeiten nicht wissenschaftlich genug. Aber sie sind unentbehrlich für jeden, der Goethes Leben und Tätigkeit genauer kennenlernen will. Der Hempelschen und Weimarischen Goetheausgabe hat er als Mitherausgeber durch seine vielseitigen Kenntnisse gute Dienste geleistet. Ein geradezu monumentales Werk ist seine vor einigen Jahren erschienene Sammlung von «Goethes Gesprächen».

## AN UNSERE LESER

In der Absicht, das «Magazin» in dem Geiste fortzuführen, den der scheidende Herausgeber in obigen Abschiedsworten andeutet, übernehmen wir die Leitung der Zeitschrift. Ein Bild des geistigen Lebens der Gegenwart im umfassenden Sinne des Wortes wünschen wir den Lesern des «Magazins» zu bieten. Alle bedeutenden Erscheinungen auf dem Gebiete der Literatur, Kunst, Wissenschaft und des sozialen Lebens werden in diesem Blatte ihre Beleuchtung finden. Beiträge von Dichtern und Schriftstellern werden das Kunstleben der Gegenwart abspiegeln.

Ohne einseitig Strömungen zu begünstigen, möchten wir der fortschreitenden Entwicklung dienen. Wir werden unsere Spalten stets offen halten für neue Richtungen und Bestrebungen. Niemals wird der Dilettantismus im «Magazin» eine Stätte finden; aber immer werden wir uns bemühen, individuellen Äußerungen, wenn sie auf gediegenen Grundlagen beruhen, volles Verständnis entgegenzubringen.

Im Geiste der lebendigen Gegenwart, aber nicht minder im Geiste echter Kunst und Wissenschaft gedenken wir das «Magazin» zu leiten. Dem ehrlichen künstlerischen Schaffen, dem freien, rückhaltlosen Urteile möchten wir ein Organ liefern.

Wir finden den Boden für unsere Bestrebungen durch das ausgezeichnete Wirken des bisherigen Herausgebers und seiner Mitarbeiter in der besten Weise vorbereitet. Daß das schöne Verhältnis, in dem er zu seinen Mitarbeitern und Lesern steht, auch auf uns übergehe, ist unser sehnlicher Wunsch. Das «Magazin» war uns schon bisher, da wir ihm nur als Freunde und aufmerksame Leser gegenüberstanden, eine wertvolle Zeitschrift. Um so mehr treten wir jetzt mit Lust und vielem gutem Willen, auch mit den besten Zukunftshoffnungen an unsere Aufgabe heran. Daß sich der scheidende Herausgeber auch fernerhin als lieber Gast einstellen wird, gereicht uns zur innigsten Freude und wird auch in den Kreisen unserer Leser besonders dankbar begrüßt werden.

Unser Verleger, Herr *Emil Felber,* steht dem einen Herausgeber (Steiner) seit Jahren geschäftlich und freundschaftlich nahe. Seine bisherige ausgezeichnete verlegerische Tätigkeit ist besonders geeignet, die besten Erwartungen für die Zukunft des Blattes zu erregen.

Rudolf Steiner    Otto Erich Hartleben

## ALFRED VON ARNETH

Der am 29. Juli verstorbene Geschichtsforscher Alfred von Arneth war eine jener liebenswürdigen, vornehmen Persönlichkeiten, die in Österreich so recht an ihrem Platze waren, solange dieser Staat von Wien aus zentralistisch-bureaukratisch regiert werden konnte. Seit sich die einzelnen Völker regen und ihre Sondergelüste stürmisch geltend machen, fühlen sich diese Persönlichkeiten unbehaglich. Die gelassene Ruhe und Würde, mit der sie lebten, stimmt nicht zu dem lauten Tone, mit dem jüngere Elemente die Rechte ihrer Völker fordern. Väterlich, patriarchalisch wollten die Alten für die Völker sorgen und in der Stille ernster Arbeit nachgehen. Feierlich und gemessen war alles, was sie taten. Der Zylinderhut und der lange schwarze Rock kleideten sie am besten. Etwas Objektives, Leidenschaftloses war ihnen eigen. In Arneth wohnten allerdings dadurch zwei Seelen, daß er der Sohn der einstigen Braut Körners Antonie Adamberger war. Dadurch kam ein Stück Romantik in sein Wesen. Aber der abgeklärte Gelehrte, der ruhige, kühle Politiker war doch vorwiegend. Als mustergültig werden Arneths historische Werke angesehen: «Die Geschichte Maria Theresias», «Beaumarchais und Sonnenfels», «Josef II. und Katharina von Rußland». Von echter altösterreichischer, aber auch freiheitlicher Gesinnung zeugen seine Reden in den verschiedenen Vertretungskörpern. Österreich muß mit Betrübnis Männer wie Arneth dahinsterben sehen, denn mit ihnen geht immer zugleich ein gutes Stück seiner erprobten alten Traditionen zu Grabe.

## HENRY GEORGE

Am 29. Oktober ist in New York Henry George, der berühmte Bodenreformer, gestorben. Ich glaube recht zu haben, wenn ich sage, daß Männer meines Alters den Schriften dieser energischen, gedankenreichen Persönlichkeit außerordentlich viel verdanken. Sein eindringlich geschriebenes, wenn auch etwas breitangelegtes Buch «Fortschritt und Armut» hat uns zu gründlichem Nachdenken über die Bedeutung von Grund und Boden innerhalb des staatlichen Organismus angeregt. Ob wir ihm zustimmten oder widersprachen: Henry Georges Ausführungen sind für unsere Einsicht in ökonomischen Dingen im hohen Grade fruchtbar geworden. Er hat verstanden, ökonomische Wahrheiten in einer Form auszusprechen, die auch dem Nichtfachmann Anregung geboten hat. Und eine hohe Freude hatten wir an seinem Lebensgange. Er gehörte zu den wenigen, die es verstehen, sich ihr Schicksal fast in vollem Umfange selbst zu bestimmen. Der Setzer in mehreren Druckereien San Franciscos hat sich emporgearbeitet zum Redakteur angesehener Zeitschriften, auf dessen Urteil weiteste Kreise hörten, und welcher den neueren Bodenreformern Amerikas und Europas Richtung und Inhalt ihrer Agitation gegeben hat. Die allernächste Zeit hätte ihn wahrscheinlich auf dem Posten des Bürgermeisters von New York gesehen. Während der Wahlbewegung, der er seine vielvermögenden Kräfte in den letzten Tagen widmete, starb er plötzlich.


ANKÜNDIGUNG

Mit dieser Nummer beginnt das «Magazin für Literatur» seinen 67. Jahrgang.

Daß diese Zeitschrift auf eine 66jährige Vergangenheit zurückblicken darf, ist ein Beweis dafür, daß ihre Existenz in weiten Kreisen als eine notwendige empfunden wird.

Dieser lange Bestand bietet zugleich eine Gewähr dafür, daß das «Magazin» in einer Weise geleitet wird, die dem Bedürfnisse eines großen Leserkreises entspricht. Die Erfahrungen, die im Laufe vieler Jahre über die Forderungen dieses Kreises gesammelt worden sind, kommen der gegenwärtigen Leitung zugute.

Diese Leitung wird bestrebt sein, die Ziele der Zeitschrift in einer den Aufgaben der Gegenwart entsprechenden Weise zu verwirklichen.

Ein *Bild des geistigen Lebens* der Gegenwart will das «Magazin» geben. Die *dichterische und künstlerische Entwicklung* soll durch Arbeiten aus der Feder von Kennern verfolgt und durch Leistungen bedeutender Dichter und Schriftsteller abgespielt werden.

Die *wissenschaftlichen Errungenschaften* der Zeit sollen eine sachgemäße, eingehende Besprechung erfahren. Die Leitung wird bestrebt sein, den Lesern über alle die Gegenwart bewegenden Fragen, über die Fortschritte auf allen Gebieten des geistigen Lebens möglich rasch Berichte und Beurteilungen zu bringen.

Die *sozialen und politischen Strömungen der Zeit* sollen im «Magazin» Berücksichtigung finden. Ohne die Tagespolitik zu berühren, werden politische Fragen, insofern sie Kulturfragen sind, zur Besprechung kommen.

Das freie, rückhaltlose Urteil, das ehrliche künstlerische Schaffen sollen im «Magazin» eine Stätte finden.

Ein Teil des «Magazins» erscheint von dieser Nummer an als *Dramaturgische Beilage*. Das Ziel dieser Beilage ist, alle auf das Theaterleben bezüglichen Aufgaben zu fördern. Die Leitung der Zeitschrift hofft, den Interessentenkreis durch diese neue Einrichtung wesentlich zu vergrößern.

Die Redaktion

## EIN BRIEF VON BLAISE PASCAL

Die Übersetzung eines Briefes von Blaise Pascal über einige wichtige Lehren der Jesuiten auf dem Gebiet der Moral ist bei Brückner & Niemann in Leipzig erschienen. Der Brief handelt von dem sogenannten Probabilismus oder die Lehre, daß gewisse menschliche Handlungen, die das gewöhnliche Bewußtsein für unmoralisch hält, doch erlaubt sein können, wenn sich nachweisen läßt, daß der Vollbringende einen guten Zweck hat. Im besonderen werden Duell und Mord unter diesem Gesichtspunkte betrachtet. Wer sich über die viel angefochtenen und höchst merkwürdigen Ansichten der Jesuiten über solche Dinge unterrichten will, dem wird die Flugschrift nützlich sein.

## KARL BIEDERMANN
### «DAS ERSTE DEUTSCHE PARLAMENT»

Einen interessanten Beitrag zur Geschichte der politischen Vorgänge im Jahre 1848 hat Dr. Karl Biedermann geliefert mit seinem Buche «Das erste deutsche Parlament». Biedermann gehörte diesem Parlament an, und zwar der sogenannten Erb-Kaiserpartei. Er teilt persönliche Beobachtungen mit und aufschlußreiche Meinungen, die er sich durch eigene Erfahrung erworben hat. Manche Frage erfährt durch die Schrift eine neue Beleuchtung. Besonders die Gründe der Ablehnung der Krone durch Friedrich Wilhelm IV. werden in einer bisher unbekannten Weise dargestellt. Die Schrift wirkt sympathisch durch das persönliche Element und durch die große Unmittelbarkeit, mit welcher die Vorgänge erzählt werden.

## DR. KURELLA
## «DER SOZIALISMUS IN ENGLAND»

Dr. Kurella hat soeben ein Buch «Der Sozialismus in England, geschildert von englischen Sozialisten, herausgegeben von Sidney Webb» besorgt. Wer den Sozialismus in so charakteristischen Formen, wie sie in England auftreten, verstehen will, dem wird dieses Buch von großem Nutzen sein. Wichtige Zeitfragen, zum Beispiel der Arbeitslosigkeit, werden in dem Buche von gründlichen Kennern erörtert. Die Schriftsteller William Morris, Robert Blatchford, John Burns u. a. haben Beiträge geliefert. Eine Fülle anregenden Materials ist unter fruchtbaren Gesichtspunkten betrachtet.

## WISSENSCHAFT UND PRESSE

Im Berliner Presseklub hat vor ein paar Tagen der Volkswirtschaftslehrer *Gustav Schmoller* einen zeitgemäßen Ruf nach «Sammlung» der Glieder unseres Volkes ertönen lassen, die an der Fortbildung des Geisteslebens durch Wort und Schrift beteiligt sind. «Sammeln» zu einträchtigem Wirken sollen sich Gelehrte und Männer der Presse; und mannhaft eintreten sollen sie für die idealen Interessen der Nation. Denn allzu üppig werden die Parteien, welche die Vertretung der rein materiellen Interessen auf ihre lebhaft flatternden Fahnen geschrieben haben. Nicht nur der Handel, die Industrie und die Landwirtschaft sollen gefördert werden, auch die rein geistigen Güter sollen gepflegt werden. Zu dem Ende sollen Gelehrte und Journalisten harmonisch zusammenwirken. Was jene im Kämmerchen, im Archiv, im Laboratorium für den Menschheitsfortschritt ausbrüten, sollen diese eifrig auf den Markt, unters Volk bringen. Wenn sich Worte flugs in Taten umsetzten: es müßte bald lauter Jubel im Reiche des Geistes herrschen über die zur Wirklichkeit gewordene Forderung Schmollers. Aber ich fürchte, die Kluft, die zwischen Gelehrten und Journalisten besteht, wird noch für lange Zeit hinaus unüberbrückbar bleiben. Die Gelehrten werden – wie sie das bisher leider getan haben – auch fernerhin – mit wenigen Ausnahmen natürlich – die ausgebrüteten Eier in ihren dem großen Publikum wenig zugänglichen Fachzeitschriften ablegen. Und in diesen Zeitschriften wird eine kleine Ewigkeit hindurch noch der unpopuläre Gelehrtenton herrschen. Die Zumutung, in populärer Form durch Zeitungen und Journale ihre Ergebnisse in die Menge zu bringen, werden die meisten Gelehrten auch fernerhin mit dem vornehmen Achselzucken von sich weisen, das so wenig erbaulich ist. Und die Journalisten! Ihnen wird auch in Zukunft Zeit, Neigung und Bildung – natürlich wieder die Ausnahmen abgerechnet – mangeln, um den Handel mit den geistigen Gütern würdig zu betreiben.

ÜBER VOLKSTÜMLICHE HOCHSCHULKURSE

Die Berliner Universität wird dem Beispiele, das ihr die Hochschulen in Jena, Leipzig, München und Wien gegeben haben, folgen und auch *volkstümliche Hochschulkurse* einrichten. Um das Zustandekommen dieses Unternehmens, das im nächsten Herbst ins Leben treten wird, sollen sich die

Professoren Diels, Ortmann, Schmoller, Waldeyer und Witt ein besonderes Verdienst erworben haben.

Über Kurse dieser Art ist viel gesprochen worden. In einem vielgelesenen Wochenblatte konnte man über die Sache die Stimmen aller derjenigen vernehmen, die ein behender Journalistenverstand für Autoritäten auf dem Gebiete der Universitäts- und Volkspädagogik hält. Man sollte eigentlich glauben, daß man gar so viel über diese neueste Einrichtung nicht zu sprechen braucht. Sie wird, wenn sie gut ins Werk gesetzt wird, gewiß segensreich wirken. Gut ins Werk setzen heißt aber u. a. eine Forderung nicht übersehen. Die Lehrer, die solche Hochschulkurse übernehmen, dürfen dem Verlangen unserer Zeit nach Trivialisierung des Wissens in keiner Weise entgegenkommen. Die Zuhörer müssen zu der Höhe der Wissenschaft hinaufgehoben, nicht diese zu dem Tone herabgestimmt werden, den man leider heute in populären wissenschaftlichen Vorträgen und Zeitschriften verlangt. Wenn durch die Hochschulkurse dem Unwesen der populären Richtungen im Wissenschaftsbetriebe entgegengearbeitet werden wird, dann wird man sich über sie freuen können. Ich glaube, daß das nicht allzu schwierig sein kann. Denn an dem Trivialen muß derjenige den Geschmack verlieren, der die wahre Gestalt des Wissenschaftsbetriebes kennen lernt. Für die Erhöhung der Achtung vor der Wissenschaft können die Kurse sehr viel leisten. Sollte anfangs der durch unsere populären Zeitschriften gründlich verdorbene Sinn des «Volkes» der Unternehmung nur mit geringem Interesse entgegenkommen, so braucht man sich dadurch nicht abschrecken zu lassen.

# HEINRICH KIEPERT

Am 31. Juli begeht Heinrich Kiepert seinen 80. Geburtstag. Er ist ein im besten Sinne des Wortes populärer Mann der Wissenschaft. Seine ausgezeichnete Kenntnis des Altertums und seine Kunst in der Kartographie verwendete er dazu, Lehrmittel zu schaffen, die ungezählten Menschen nicht genug zu würdigende Dienste geleistet haben. Seine Atlaswerke zur alten Geschichte, seine Wandkarten zu ebendiesem Zweige menschlichen Wissens sind fast allen, die sich in der Geschichte des Altertums zurechtzufinden hatten, von dem größten Nutzen gewesen. In fast alle Gymnasien und höheren Lehranstalten haben sie Eingang gefunden.

Man darf heute Kiepert den Altmeister der Kartographie nennen. Die Resultate seiner zeitgenössischen Reisenden benutzte er sorgfältig und zu ihnen fügte er diejenigen, die er auf eigenen, mit größter Anstrengung und seltener Ausdauer vollführten Reisen gewonnen hat. Auf diese Weise hat er kartographische Leistungen über die Gebiete von Palästina und die kleinasiatischen Landschaften geliefert, die nach den verschiedensten Richtungen hin von größtem Nutzen sind.

Die Kartenwerke, die aus Kieperts Studierstube hervorgegangen sind, aufzuzählen, ist hier unmöglich.

Heinrich Kiepert ist nicht nur ein hervorragender Gelehrter, sondern ein hervorragender Charakter. Seine Freiheitsliebe und sein Unabhängigkeitssinn lassen ihn als solchen erscheinen, haben ihm allerdings das Leben als solches nicht leicht gemacht. Trotz hervorragendster Leistungen wurde er erst 1874, also mit 56 Jahren, ordentlicher Professor an der Berliner Universität, obwohl er seit 1853 Vorlesungen gehalten hat.

Beim Berliner Kongreß (1878) fiel Kiepert eine wichtige Rolle zu. Die verschiedenen Gebietsabtretungen und Neueinteilungen der Ländergebiete sollten so eingerichtet werden, daß die Grenzlinien den natürlichen geographischen Verhältnissen entsprachen. Mit der Aufgabe, diese Grenzlinien sachgemäß festzustellen, wurde Kiepert betraut. Auch nach dieser Richtung also, wie nach so vielen, hat sich Kiepert als einer jener Gelehrten erwiesen, die ihre Gelehrsamkeit ins unmittelbare Leben einzuführen verstehen.

## ZUM VORTRAG VON PROF. PIETZKER ÜBER «NATURWISSENSCHAFTLICHEN UNTERRICHT»

In den Bemerkungen, die in der letzten Nummer dieser Zeitschrift über die 70. Versammlung deutscher Naturforscher und Ärzte enthalten waren, ist des Vortrags gedacht worden, den Professor *J. Baumann* über den Bildungswert von Gymnasien und Realgymnasien und über die Bedeutung des naturwissenschaftlichen Unterrichts gehalten hat. Eine schöne Ergänzung zu den Ausführungen Baumanns lieferte ein anderer Redner dieser Versammlung: Professor *Pietzker* (Nordhausen). Er sprach sich darüber aus, wie der naturwissenschaftliche Unterricht nach seiner Meinung eingerichtet werden müsse, wenn er den Erfordernissen des modernen Geisteslebens entsprechen soll. Es ist vor allen Dingen eine Durchdringung des Wissensstoffes mit philosophischem Geiste notwendig. Nicht nur der klare Blick für die augenfälligen Vorgänge, sondern auch das Denken über diese Vorgänge soll gepflegt werden. Es ist erfreulich, daß sich wieder Stimmen vernehmen lassen, die dem Nachdenken zu seinem Rechte verhelfen wollen, nachdem es fast ein halbes Jahrhundert hindurch von Seiten der Naturforscher mit dem Bann belegt und dafür die gedankenlose Beobachtung gehätschelt worden ist.

### LOUIS DOLLIVET «SALE JUIF!»

Eine eigenartige Neuerscheinung ist «Sale Juif!» von Louis Dollivet, die eben in deutscher Übersetzung von F. Steinitz (bei Siegfried Cronbach) herausgekommen ist. Das Werk ist ein Zeitroman, in dem die Empfindungen der Franzosen gegenüber den Juden mit einer großen Anschaulichkeit und intimer Sachkenntnis geschildert werden. Es ist höchst interessant für jeden, der das gegenwärtige Frankreich genauer kennenlernen will, und es wirft ein helles Licht auf die Beurteilung des entsetzlichen Ereignisses, das gegenwärtig zeigt, wie im Land, das «an der Spitze der Zivilisation» marschieren will, das Recht und die Freiheit geknebelt werden.

### MORIZ LAZARUS «ETHIK DES JUDENTUMS»

Ein Buch, das den Bedürfnissen der Gegenwart ebenso wie einer gründlichen, tiefgehenden Gelehrsamkeit entsprungen ist, muß die «Ethik des Judentums» von dem Psychologen Moriz Lazarus genannt werden. Das Buch ist die emsige Arbeit von fünfzehn Jahren. Es bringt nichts von Apologie der jüdischen Ethik, sondern will sein «die rein objektive

Darstellung» der Sittenlehre des Judentums. Der Verfasser sucht den Grundsatz zu verwirklichen: «Baust du einen Altar, so darfst du kein Schwert darüber schwingen; hast du dein Schwert geschwungen, so ist er entweiht.»

ANKÜNDIGUNG FÜR DAS JAHR 1899

Mit diesem Hefte beginnt das «*Magazin für Literatur*» seinen 68. Jahrgang. Von einer Zeitschrift, die das geistige Leben der gebildeten Welt vom Todesjahre Goethes bis nahe an die Jahrhundertwende begleitet hat, darf wohl behauptet werden, daß sie von Vielen als eine Notwendigkeit empfunden wird. Durch zwei Eigenschaften hat es diese Zeitschrift immer versucht, die Aufgaben einer wahrhaft modernen Revue zu lösen: durch *Vielseitigkeit* und *Vorurteilslosigkeit*.

Ihre *Vielseitigkeit* hat sie dadurch zu erreichen gestrebt, daß sie sich nicht auf die Behandlung der belletristischen Literatur beschränkt, sondern die *Gesamtheit des modernen Geisteslebens* in den Kreis ihrer Betrachtungen einbezogen hat. *Die Entwicklung der einzelnen Wissenschaften, die sozialen Strömungen der Gegenwart*, in letzterer Zeit auch die *moderne Frauenbewegung, das Kunst- und Theaterleben* wurden in gebührender Weise verfolgt.

Die *Vorurteilslosigkeit* kam dadurch zur Geltung, daß sich die Leitung des Blattes niemals in einseitige Schulmeinungen einschnürte, die so oft zur Verkennung neu auftauchender Richtungen führen, sondern daß sie sich stets einen offenen, freien Sinn zu bewahren suchte für jede geistige Strömung, die auf dem Horizonte des Lebens auftaucht. Der Leiter der Zeitschrift will ein aufmerksamer Beobachter sein und mit prüfendem Auge auf seiner Warte verfolgen, was sich auf allen Gebieten des Kulturlebens abspielt.

Nach beiden Richtungen hin wird das «Magazin für Literatur» seine Ziele weiter verfolgen und bestrebt sein, der gestellten Aufgabe durch Erweiterung des Kreises seiner Mitarbeiter immer mehr gerecht zu werden.


## EDUARD SIMSON
*Gestorben am 2. Mai 1899*

Eduard Simson ist gestorben. Nicht nur die Kreise, die an der politischen Entwicklung Deutschlands Anteil nehmen, richten wohl ihre Gedanken an den Hingeschiedenen, sondern auch diejenigen, welche innerhalb der literarischen Bewegungen stehen. Simson war einer der wenigen unserer Zeitgenossen, die Goethe noch persönlich gegenüberstanden. Er war durch Goethes Berliner musikalischen Freund Zelter an Goethe empfohlen worden und zählte zu seinen persönlichen Erinnerungen den starken Eindruck, von dem alle diejenigen zu berichten wissen, die eben dieses Eindrucks teilhaftig geworden sind. Wohl im Hinblick darauf hat die deutsche «Goethe-Gesellschaft» bei ihrer Gründung Simson zu ihrem ersten Vorsitzenden gewählt. Er war es bis zu seinem Tode. Die eigentliche Wirksamkeit dieses Menschen werden wohl nur diejenigen richtig beurteilen können, welche der politischen Entwicklung Deutschlands das nötige Verständnis entgegenbringen. Dem literarischen Leben stand er ja doch, außer der angegebenen persönlichen Beziehung zu Goethe, fern.

## NACHSCHRIFT

*zu einem Aufsatz «Beginnt das neunzehnte Jahrhundert mit dem kommenden Neujahrstag?»*

Wenn die Denkgewohnheiten im kommenden Jahrhundert sich gegenüber denen des laufenden nicht ganz erheblich ändern, dann werden wohl unsere nach einem Säculum lebenden Nachkommen wieder zahlreiche Artikel von der Art des vorhergehenden erleben. Man hat es hier – das ist doch zweifellos – mit einer der keineswegs wenigen Fragen zu tun, in denen sich unser Gefühl den Entscheidungen der über die Sache keinen Augenblick unklaren Urteilskraft nicht unterwerfen will. Daß im rechnerischen Sinne und für alle Dinge, die von der rechnerischen Auffassung abhängen das neue Jahrhundert mit dem 1. Januar 1901 beginnt, ist absolut richtig. Denn hundert Jahre waren nach Beginn der christlichen Zeitrechnung nicht am 31. Dezember 99, sondern erst am 31. Dezember 100 zu Ende. Und das neue Jahrhundert begann am 1. Januar 101. Ebenso absolut richtig ist, daß das erste Jahrhundert die Jahre vom 1. Januar 1 bis zum 31. Dezember 100 umfaßt, das zweite die vom 1. Januar 101 bis 31. Dezember 200 usw. Rechnerisch ist es also absurd, das kommende Jahrhundert an einem andern Tage als am 1. Januar 1901 zu beginnen, und es nicht das zwanzigste zu nennen. Diese Erwägungen sind ebenso pedantisch wie unbedingt unanfechtbar. Sie teilen dieses Schicksal mit der unumstößlichen Wahrheit, daß zweimal zwei vier ist. Man hat einmal auch solche Wahrheiten für den Hausgebrauch des Lebens nötig. Anders als mit der Urteilskraft steht es mit unserem Gefühl in dieser Sache. Die Änderung der zweiten Ziffer in der Jahrhundertbenennung wirkt bestimmend auf dieses Gefühl, das sich nicht nehmen lassen will, wenn 1900 geschrieben wird, auch ein neues Säculum beginnen zu lassen. Auch ist es diesem Gefühl nicht recht behaglich, zu sagen: das zwanzigste Jahrhundert, wenn es zugleich sagen soll 1901, 1902 usw. Es ist dasselbe Gefühl, das sich stets sträuben wird, zu sagen die Ereignisse im fünften Jahrzehnt dieses Jahrhunderts, wenn von denen, die vom Jahre 40 bis Ende 49 die Rede ist. Es sagt «die Revolution in den vierziger Jahren», wie es nicht sagt der deutsch-französische Krieg im achten Jahrzehnt, sondern in den siebziger Jahren. Diesem Gefühl, das eine reale Grundlage hat, könnte man sich anschließen und, statt unser laufendes Jahrhundert das neunzehnte, das kommende das zwanzigste zu nennen, sagen die achtzehnhunderter, die neunzehnhunderter Jahre. Dann wäre auch selbstverständlich das Jahr 1900 zu den neunzehnhunderter Jahren zu zählen, wie niemand von dem Jahr 40, das doch zum vierten Jahrzehnt noch gehört, sagen wird, es liege in den dreißiger Jahren. Ich glaube anders, als in diesem Sinne, kann wohl die Frage der Abgrenzung und Benennung der Jahrhunderte durch noch so gelehrte Erörterungen nicht beantwortet werden.

Zu meiner großen Freude erhalte ich in dem Augenblicke, da ich diese Zeilen zum Druck befördere, von Herrn Geheimrat Prof. *Foerster* einen liebenswürdigen Brief, der in jeder Zeile mit meinen oben geschriebenen Ausführungen übereinstimmt und von dem ich einige entscheidende Sätze hierhersetzen möchte:

«Kurz gefaßt, liegt die Sache doch so: Das zwanzigste Jahrhundert (in chronologischem, vermögensrechtlichem, rechnerischem Sinn) beginnt mit dem 1. Januar 1901; das Jahrhundert 19 (im Sinne der Bezeichnungstechnik und im gewöhnlichen Sinne menschlichen Urteils und Verkehrs) beginnt mit dem 1. Januar 1900, und dieses Jahr 1900 kann man schlechtweg als das erste des *neuen* Jahrhunderts bezeichnen, da es eine *neue* Bezeichnung in der Datierung des Jahrhunderts *eröffnet*.

Ich habe schon einmal in einer chronologischen Vorlesung angeregt, daß man außerhalb der rechnungsmäßigen Chronologie beginnen sollte, die Jahrhunderte *zahlenmäßig zu benennen* und nicht mit Ordnungszahlen zu *zählen*. Wenn man sich gewöhnt hätte, zu sagen: das Jahrhundert 18 statt ‹das 19. Jahrhundert,› so würde Niemandem ein Anstoß kommen, wenn man sagt: das Jahrhundert 18 geht mit dem Jahr 1899 zu Ende, und das Jahrhundert 19 beginnt mit dem Jahre 1900.

Dagegen entsteht sofort Schwierigkeit und Uneinigkeit wenn man sagt: das 19. Jahrhundert endet mit Beginne des Jahres 1900 und das 20. Jahrhundert hat seinen Anfang im Beginne des Jahres 1900.

Man sollte ernstlich versuchen, jetzt in dem allgemeinen Sprachgebrauch für das neue Jahrhundert die Bezeichnung einzuführen: ‹Das Jahrhundert 19› und die Bezeichnung ‹Das 20. Jahrhundert› den Rechnern überlassen. Natürlich müßte man zugleich sagen: Das Jahrhundert 18 statt ‹das 19. Jahrhundert›.»

## VORTRAG VON KARL LAMPRECHT

Am Dienstag, den 17. Januar 1900 hielt der Leipziger Professor der Geschichte *Karl Lamprecht* im Berliner Flottenverein einen Vortrag über die *Notwendigkeit einer Ausbildung der deutschen Flotte*. Hier ist nicht der Ort, auf das pro und contra dieser Frage einzugehen, wohl aber scheint es uns angemessen, auf das Ereignis überhaupt mit einigen Worten hinzudeuten. Lamprecht wird als Begründer einer neuen Auffassung der Geschichte von vielen angesehen. Er betont die wirtschaftlichen, die materiellen Bedingungen der historischen Entwicklung näher, als dies von anderen Historikern geschieht. Er hat auch in seinem Vortrage einen Überblick über die wirtschaftlichen Grundlagen der deutschen Entwicklung in den letzten tausend Jahren gegeben. Die geistige Entwicklung hat er auf diesem Untergrunde betrachtet. Über die Frage des Zusammenhangs der geistigen Kultur mit der materiellen ist er hinweggegangen. Das ist charakteristisch für seine und seiner Anhänger ganze Art. Sie stellen der ehemaligen Geschichtsauffassung, die die Ideen-Entwicklung betrachtete, eine andere gegenüber, die der Entwicklung wirtschaftlicher Faktoren. Damit ist ihre Betrachtung wesentlich nüchterner geworden. Und die Geschichte muß unter einer solchen Betrachtung etwas einbüßen, was Goethe als etwas Wesentliches angesehen hat, daß sie auf den Enthusiasmus wirkte. Das ist es, worauf in einem Literaturblatte hingewiesen werden muß. Nüchtern, trocken, kalt war Lamprechts Vortrag. Muß das so sein, wenn man über eine wichtige Zeitfrage spricht?

## ERNST ZIEL «VON HEUTE»
### Gedanken auf der Schwelle des Jahrhunderts

Ein kleines Büchlein, voll von klugen Gedanken, legt uns *Ernst Ziel* vor. Wenn man eine solche Aphorismensammlung durch den Geist ziehen läßt, vergegenwärtigt man sich wieder einmal, welch ein kompliziertes Ding das menschliche Denken doch ist. Wir werden da in die mannigfaltigsten Verhältnisse zu einer Persönlichkeit versetzt. Bald stimmen wir einem Gedanken zu, bald lehnen wir ihn ab, bald freuen wir uns höchlich, bald ärgern wir uns. Von Wenns und Abers wimmelts in unserem Kopfe nach der Lektüre. Lesen wir einen Essay, einen Aufsatz, ein Buch, dann gewinnen wir einen Grundeindruck. Zu der Persönlichkeit werden wir aber doch in eine einseitige Beziehung versetzt. Ernst Ziel äußert in seinem Büchlein diese oder jene Meinung, die, wenn ich sie in ausführlicherer Darstellung abgesondert lesen würde, mich veranlaßte, das betreffende Geistesprodukt ärgerlich von mir zu weisen. In dieser Aphorismensammlung kann ich zu einem rechten Ärger nicht kommen, denn kaum ist ein solcher aufgestiegen, lese ich weiter und bin wieder versöhnt. So ärgere ich mich über den Ausspruch: «Nietzsche mit seiner Sonderung von der natürlichen Gemeinschaft der Menschen, mit seiner ‹Umwertung aller Werte› und seinem subjektivistischen Standpunkt ‹jenseits von Gut und Böse› ist ein naturnotwendiges Krankheitsprodukt dieser Ära der Dekadenz – das Extrem (an und für sich etwas Krankhaftes) gebiert immer sein Extrem: in einer Zeit der Kollektivierung auf allen Gebieten des Lebens, das heißt der Negierung des Ichs, ist Nietzsche das potenzierte und rabiat gewordene Ich, in einer Zeit der Nivellierung der Individuen ist er der

Fanatiker des zuchtlosen Individualismus, ein überreizter Idealanarchist.» Man kann nicht leicht oberflächlicher über Nietzsche urteilen. Denn man könnte ebenso gut alles als krankhaft, rabiat hinstellen, wogegen sich Nietzsche auflehnt, und Nietzsche den einzig Gesunden nennen. Man findet sich für den Ärger, den dergleichen macht, entschädigt, wenn man Gedanken liest wie diesen: «Von oben her sind die leidigen Zustände in unserer Schule gewollt und diktiert worden. Denn die Klugen da oben – wer wüßte es nicht! – kennen kein eifrigeres Bestreben, als die Dummheit hier unten nach Kräften zu konservieren; dazu ist die philologische Methode mit etwas Theologie verquickt (vide Württemberg!) eben recht: mit den kunstvoll gedrehten Maschen ihres klassisch philologischen Fangnetzes hält sie die jugendlichen Köpfe umgarnt und umschnürt und läßt ihnen vor lauter Altertum gar nicht Zeit, sich modern, d. h. natürlich zu entwickeln. Die da oben sind oft genug pädagogische Fanatiker der Mittelmäßigkeit. Nicht eigenlebige Menschen wollen sie erziehen, wohl aber herkömmlich gedrillte und willige Organe einer selbstsüchtigen Staatsraison. Am liebsten möchten sie ganz Deutschland von Metz bis Memel zu einer großen, nicht allzu penibel gelüfteten Schulstube, dynastische Porträts und solche von Luther (resp. vom Papst) an den sonst kahlen Wänden. Ihr System ist erprobt und bis ins kleinste hinein subtil erwogen und ausgearbeitet.» Und wieviel Vergnügen macht nicht ein Satz wie dieser: «Schon die bloßen Namen unserer höheren humanistischen Schulen sind bezeichnend für den Geist, der in ihnen wohnt: nicht etwa Comenius-, Pestalozzi- oder Diesterweg-Gymnasien haben wir. Gott bewahre! wir haben Kaiser-Wilhelms-, König-Karls- und sogenannte Prinz-Heinrich-Gymnasien usw. Ich schlage vor: die nächst zu erbauende Kaserne nennen wir «Lessing-Kaserne». Leuchtet ein solcher Ausspruch nicht treffend in schlimme Krebsschäden unserer Zeit? Fällt einem da nicht ein, daß die Berliner technische Hochschule den neuen Titel Doktor-Ingenieur als ersten einem Prinzen zu verleihen sich gedrängt gefühlt hat? Möchte man da nicht auch den Vorschlag machen, daß Helmholtz ein Reiterstandbild in voller kriegerischer Rüstung mit dem Schwerte in der Rechten errichtet würde. Warum wundern sich unsere Hochschullehrer, die also ihre Loyalität bezeugen, daß man ihre weniger loyalen Kollegen, wie den Dr. Arons, aus ihrer Mitte entfernt? An einer Fichte-Universität könnte man gegen Dr. Arons nichts einwenden; an einer Friedrich-Wilhelms-Universität macht ein Sozialdemokrat, sagen wir, einen ästhetisch schlechten Eindruck.» «Deutschland wurde zweimal unter die Haube gebracht: unter die theokratische Schlaf- und unter die autokratische Pickelhaube», lautet ein anderer Satz Ernst Ziels.

Bei alledem zweifle ich nicht, daß Nietzsche auch Ernst Ziel unter die Kategorie der «Bildungsphilister» gereiht hätte. Denn erschütternde Meinungen, solche, die sich als Heilmittel großen Stiles gegen eingewurzelte Vorurteile ausnehmen, finden sich in dem Büchlein nicht. Aber wenn man dies behauptet, darf man nicht übersehen, daß Nietzsche den Ausdruck «Bildungsphilister» im Hinblick auf David Friedrich Strauß geprägt hat. Hätten wir nur recht viele «Bildungsphilister» solchen Schlages! Und hätten diejenigen, die es sind, nur auch unter allen Umständen den Freimut Ernst Ziels. Wie mancher denkt heute: «Die Bretter, mit denen in Deutschland heute die Vernunft der oberen Klassen vernagelt ist, heißen nationale Überhebung und Königlich preußische Unterwürfigkeit. Und die Nägel dazu? Bureaukratismus,

Dogmatismus, Militarismus nebst einigen anderen ‹-ismus›.»
Wie mancher fühlt: «Wenn der Herr Leutnant sein stolzestes
Wort spricht, dann sagt er mit Betonung: ‹Ich diene!› Kann
man bedientenhafter denken? Selbst Byzanz hätte ihn ausgespien vor Übelkeit. Aber dem heutigen Deutschland liegt
er nicht schwer im Magen – durchaus nicht – ganz im Gegenteil!» Wieviele aber sprechen solches frei und offen aus.
Hier ist einmal einer. Wieviele werden sich in dem Büchlein
recht porträttreu gezeichnet finden? Klopfet an eure Brust,
die es euch trifft. Ihr seid zahlreich. Hört: «Ein literarischer
Redakteur vom allerneuesten Schlage muß alle Literaturschikanen, Literaturparolen und Literaturpraktiken – Gott
wie vieles! – am Schnürchen haben – von der Literatur
braucht er nichts zu wissen.» Oder: «Die Zahl der deutschen
Fürsten ist seit 1866 erheblich kleiner geworden – nämlich
auf den Thronen. – In manch einem illustrierten Preßorgan
dagegen ist sie bedeutend gewachsen. Heute der junge Prinz
von Reuß und seine ‹hohe› Braut, die blutjunge Prinzessin
von Meiningen, im Bilde, morgen der von Lippe und die
von Waldeck oder gar alle vier lieblichen Hoheiten in einer
Nummer – interessant! gelt? Unsere allersubmissesten Herren
Redakteure wissen eben genau, woher in dieser imperialistischen Zeit der Wind weht und wie sie die Abonnenten,
gerade ihre Abonnenten einzubeuteln haben...» «Wind
weht!» und «einbeuteln» ist gut gesagt! Diese Herren Redakteure sind die reinen Windhunde geworden.

## GEGEN DIE «LEX HEINZE»

Es war eine imposante Kundgebung der Berliner Kunst- und Literaturwelt, die wir am 4. März erlebten. *Gustav Eberlein, Hermann Nissen, Hermann Sudermann* erhoben kräftig Einspruch gegen den unerhörten Gesetzentwurf, der, zur Wirklichkeit geworden und im Sinne ihrer Urheber gehandhabt, jede Entfaltung des Geisteslebens im modernen Sinne einfach unmöglich machen würde. Was alles unmöglich würde, dafür fanden die Sprecher scharfe, ironische, aber durchaus zutreffende Worte. Es ist ja kein Zweifel – wieder einmal stehen in widrigster Art: Finsternis gegen Licht, Autorität gegen Geistesfreiheit, Unvernunft gegen Vernunft. Die deutschen Geister sind keine politischen Raisonaire. Sudermann hat es scharf betont. Jahrelang saßen sie ruhig, allem politischen Getriebe abgewandt, in ihren Ateliers, in ihren Schreibstuben. Die Vertreter mittelalterlicher Institutionen haben heute die Unpolitischsten zu regsamen politischen Agitatoren gemacht. «Nehmen wir an, daß das Gesetz einmal geschaffen ist» sagte Sudermann. «Wie würden sich die Dinge ausnehmen? Große dramatische Ahnengalerien würden auf der Bühne erscheinen. Wie viele Fürstenhäuser gibt es in Deutschland! Alle ihre Ahnen würden auf den Brettern zu unserer Bewunderung vorüberziehen. In einen Nebel von Vorurteilen will man unsere Kunst einhüllen, damit die Wahrheit verborgen bleibe. Denn die, welche dieses Gesetz machen, wollen nicht die Wahrheit. Sie wollen ihre jahrhunderte alten Vorurteile.» –

Es ist nicht genug mit diesem *einen* Proteste. Er muß sich wiederholen. Denn so wahr es ist, daß auf die Dauer der Unsinn nicht die Wahrheit auf der Welt vertreiben kann, so wahr ist es, daß die Unvernunft für lange Zeiten siegen kann. Aber auch das können wir nicht vertragen. Das Leben ist zu kurz. Wir haben keine Zeit für das Spiel täppischer Hände, die uns das Licht verhüllen wollen. −

## LEX HEINZE

In der «J. G. Cottaschen Buchhandlung Nachfolger» sind nunmehr die «Drei Reden» in Broschürenform erschienen, die Hermann Sudermann gegen die «Lex Heinze» gehalten hat. Es sind: 1. Rede, gehalten im Saale des Berliner Handwerker-Vereins am 4. März 1900. 2. Rede, gehalten im Festsaale des Berliner Rathauses am 25. März 1900. 3. Rede, gehalten in der ersten Versammlung des Münchener Goethe-Bundes am 8. April 1900.

Es sollen hier einige besonders wichtige Sätze aus der zweiten der obigen Reden angeführt werden. «Und weil wir nicht müde werden dürfen, unsere Positionen zu verteidigen, darum haben wir Sie, meine Herren, hierher an diesen feierlichen Ort geladen ... denn wir wollten ... miteinander beraten und unseren Freunden ans Herz legen, was uns bedrückt. Wir wollten noch einmal der ganzen kunstliebenden deutschen Welt zurufen, daß wir die auf uns gemünzten unglücklichen Paragraphen der Lex Heinze als eine *unerhörte Belästigung unseres Gewissens* empfinden, daß wir dieses Gewissen frei und stolz erhalten wollen, und daß es sich nicht geziemt, uns einen künstlichen Morast voll künstlicher Sünden zu schaffen, in dem die Unbefangenheit unseres Gestaltens rettungslos versinken muß.»

In der Versammlung, in der diese Worte gesprochen wurden, vollzog sich die Gründung des «Goethe-Bundes». Der Reinertrag aus dem Verkauf der Broschüre «Drei Reden, gehalten von Hermann Sudermann», ist für diesen Bund bestimmt.

# ANHANG

Im folgenden werden drei Beiträge Rudolf Steiners abgedruckt, die versehentlich nicht in die erste Auflage dieses Bandes aufgenommen wurden.

Zu Seite 214:

## DIE GOETHETAGE IN WEIMAR

Zu den Ereignissen, die in das stille Weimar alljährlich Leben bringen, gehört das seit 1885 alljährlich da stattfindende Goethefest. Die Mitglieder der Gemeinde, welche den Namen «Deutsche Goethegesellschaft» trägt, versammelten sich jedesmal, wenn die Pfingsttage verflossen waren, um das Andenken Goethes aufzufrischen. In diesem Jahre machte der am 23. März erfolgte Tod der Großherzogin Sophie von Sachsen die Abhaltung des Festes im Frühlinge zur Unmöglichkeit. Diese Frau war bisher die Seele des Goethetages. Sie betrachtete es als ernste Pflicht, in würdiger Weise die Erinnerung an Goethe zu pflegen, seit sie durch des Dichters Enkel Walter im Besitze des Goetheschen Nachlasses ist. Sie hat diesem Schatze ein prächtiges Haus erbaut; sie tat alles, was sie für notwendig hielt, um den Goethefreunden, die nach Weimar kamen, den Aufenthalt zu verschönern. Es mußten erst einige Monate verfließen, ehe sich die Leitung der Goethegesellschaft entschließen konnte, den Goethetag ohne diese Frau zu begehen. Im Zusammenhange mit einer würdigen Gedächtnisfeier für die Großherzogin sollte der erste Goethetag stattfinden, den sie nicht mehr mitmachen konnte. Die Vorstände der Goethegesellschaft, des Goethe- und Schiller-Archivs, der Schillerstiftung, der Shakespearegesellschaft und des Weimarischen Hoftheaters verbanden sich, um die Feier zu veranstalten. Sie hat am 8. und 9. Oktober stattgefunden.

Um den Trauergästen ein Bild der verstorbenen Frau vorzuführen, ist *Kuno Fischer,* der Philosoph der schönen Rede, berufen worden. Im gebührte das Wort an diesem Tage. Denn er steht seit Jahren in den freundschaftlichsten Beziehungen zu dem Hofe von Weimar. Er kennt die Geistesart der Großherzogin wie Wenige. Und ihm ist eine Gesinnung und eine Lebensanschauung eigen, die ihn befähigen, eine Frau zu würdigen, die alle Kraft zu ihrem Schaffen aus ihrer Ansicht von dem Berufe einer Fürstin herleitete. Man muß so konservativ wie er sein, um in die Seele dieser Frau zu sehen; man muß in sich so viel von religiöser Lebensauffassung haben wie er, wenn man zeigen will, wie die Taten der Verstorbenen aus einem frommen, gottergebenen Empfindungsleben geflossen sind. Etwas von dem Glauben an das Gottesgnadentum war in Kuno Fischers Rede zu spüren. Er glaubt in gewissem Sinne an Mächte, welche das Geschick solcher Personen lenken, die auf fürstliche Höhen gestellt sind. Der greise Geschichtsschreiber der Philosophie fühlt sich offenbar sehr wohl in der Luft des Hofes, er trägt mit Befriedigung den Titel Excellenz und er heftet sich gern die Orden an, die ihm fürstliche Gunst verliehen hat. Aus den Traditionen des Oranischen Hauses, dem die Fürstin entstammt, leitete er den Charakter her. Ein echtes Glied dieses Hauses ist sie, die den Wahrspruch der Oranier: «Je maintiendrai» in die deutschen Worte umgesetzt hat: «Die Herrschaft über sich selbst ist die Vorbedingung für jegliche Tätigkeit und für ernsthafte, gewissenhafte Ausführung übernommener Pflichten.» Holländerin ihrem ganzen Wesen nach war die Verstorbene. Und die deutsche Literatur der klassischen Zeit war ihr teuer, weil sie in ihr so viel des ihr vertrauten holländischen Geistes fand. Haben doch Goethe und Schiller holländische Helden und ihre Taten zum Vorwurfe mehrerer ihrer Dichtungen gemacht. Aus einer verfehlten Jugenderziehung und einer guten Schule des Lebens erklärte Kuno Fischer die Eigenart der Großherzogin. In der Kindheit wurden ihr Dinge beigebracht, aus denen sie lernte, wie die Welt nicht ist und wie nicht auf sie gewirkt werden kann. Ihre Erziehung war zum großen Teile Selbsterziehung. Aus der Geschichte ihres Hauses erwuchs ihre Energie, ihr Zielbewußtsein.

Der große Reder von ehemals ist Kuno Fischer heute nicht mehr. Hätte er noch die oratorische Kraft zur Verfügung, die ihm einst eigen war: er hätte der Seele jedes Zuhörers die weihevolle Stimmung eingeflößt, aus der seine Rede entsprungen ist. Die Töne, die man hörte, erzählten nur von der innigen Zuneigung, die er zu der verstorbenen Frau hatte; sie klangen aber matt. Der Vortrag stand diesmal nicht im Einklange mit der Gesinnung und der Wärme der Empfindung.

Vorausgegangen ist der Rede das Adagio aus dem Trio Beethovens, das Liszt für Orchester bearbeitet hat (opus 96). Gefolgt ist ihr der Schlußsatz der Messe desselben Tondichters in C (op. 86). Unter *Lassens* Direktion fand die Wiedergabe dieser Tonstücke durch Mitglieder der Hofoper statt.

Am 9. Oktober fand die eigentliche Goetheversammlung statt. Das Interesse der Teilnehmer war vor allem in Anspruch genommen durch die Mitteilungen, die Prof. Bernhard *Suphan* über die Verfügung der Großherzogin Sophie machte. Sie hat für alle Zeiten den Bestand des von ihr gegründeten Goethe- und Schiller-Archivs gesichert und dafür Sorge getragen, daß die Schätze desselben für die deutsche Literaturwissenschaft so fruchtbar wie möglich werden. Die wertvollen Handschriften und das Haus, in dem sie aufbewahrt sind, bilden ein unveräußerliches Familienfideikommiß des großherzoglichen weimarischen Hauses. Eigentümer wird in Zukunft immer der jeweilige Chef des Hauses sein. Zunächst geht das Archiv über in das Eigentum des Erbgroßherzogs Wilhelm Ernst. Der Eigentümer ist verpflichtet für die würdige Aufbewahrung und der Sache entsprechende Verwertung der Papiere zu sorgen. Eine bedeutsame Illustration hat Kuno Fischers Rede durch diese Mitteilungen Bernhard Suphans erfahren. Die Großherzogin hat gezeigt, daß sie die Sendung, die ihr durch Walter von Goethes Testament geworden ist, in der denkbar schönsten Weise zu erfüllen verstanden hat. Dr. *Ruland* machte interessante Mitteilungen über Zuwachse des Goethe-Nationalmuseums. Zunächst kommt da ein Bild in Betracht, das am Ende des vorigen oder am Anfange des gegenwärtigen Jahrhunderts entstanden ist. Es ist keine Überlieferung vorhanden, von wem das Bild gemalt ist und wen es darstellt. Wer es sich im Goethe-Hause angesehen hat, wird Ruland beistimmen müssen, daß es wahrscheinlich die Frau Rath, Goethes Mutter, im höheren Alter darstellt. Ihre Züge und auch die Goethes sprechen aus demselben zu uns. Eine andere Neuigkeit sind Handzeichnungen Goethes, welche die Enkel der französischen Gräfin Vaudreuil dem Goethe-Nationalmuseum zum Geschenke gemacht haben. Diese Frau, die einst in Weimar gelebt hat, verkehrte in dem Goetheschen Hause und hat die Zeichnungen von Goethe erhalten.

Am Nachmittage fand das übliche Mittagessen statt. Es war diesmal stiller als in den verflossenen Jahren. Man stand unter dem Eindrucke des erlittenen Verlustes. Geheimer Hofrath Dr. Ruland gab in seinem Trinkspruch auf das großherzogliche Haus den schmerzlichen Empfindungen über diesen Verlust Ausdruck. Schöne Worte sprach Karl von Stremayr, der Unterrichtsminister des österreichischen zweiten Ministeriums Auersperg. Wohltuend wirkte seine Rede, weil sie aus einem Herzen floß, daß sich die alte gute deutsch-österreichische Gesinnung in den trüben Zeiten bewahrt hat, die jetzt über die Deutschen Österreichs hereingebrochen sind. In wenig taktvoller Weise berührte in einem folgenden Toaste auf die Damen der Gießener Professor Oncken politische Verhältnisse. Julius Rodenberg, Karl Frenzel, Erich Schmidt, die Tochter Freiligraths, Lina Schneider, Professor Minor, Otto Erich Hartleben waren bei dem Festmahle in unserer Mitte.

Das Hof-Theater erhöhte die Bedeutung der Feier durch zwei Aufführungen. Am 8. wurde Glucks «Orpheus und Euridike» unter Stavenhagens vorzüglicher Direktion und mit den Damen Hofmann (Orpheus) und Agnes Stavenhagen (Euridike) aufgeführt; am 9. Shakespeares «Wintermärchen» von Karl Weiser in Szene gesetzt und von Fräulein Richard (Hermione) und Weiser (Leontes) in den Hauptrollen dargestellt.

Wenn die offiziellen Festakte vorüber sind, pflegen sich die «Goethegäste» in der prächtigen «alten Schmiede» zu vereinigen, welche der Großherzog den Weimarischen Künstlern geschenkt hat, und in der sie sich ein behagliches Künstlerheim eingerichtet haben. Hier finden die längsten Goetheversammlungen statt. Die ältesten Herren verlassen diese gemütlichen Räume nicht vor Morgengrauen; und wenn diese dann doch müde geworden sind, bleibt die jüngere Goethe-Gemeinde noch lange beisammen. Unser lieber Freund Otto Erich Hartleben nimmt dann die Sache in die Hand; und er führt die Schar, die sich ihm anschließt, niemals in das Dunkel der Nacht hinaus.

Zu Seite 295:

## SCHULE UND HOCHSCHULE

Den zweiten der für diesen Winter angekündigten Vorträge über «Hochschulpädagogik» hielt am 28. November Dr. *Hans Schmidkunz*. Er hat sich die Erörterung der Prinzipien und Ziele der Hochschulpädagogik zur Aufgabe gestellt, weil er die ganze hochschulpädagogische Bewegung ins Leben gerufen hat. Eine kurze Inhaltsangabe seines Vortrages müssen wir uns wegen Raummangel für die nächste Nummer aufsparen.

Über den am 5. Dezember gehaltenen Vortrag Dr. Bruno Meyers «Kunstunterricht» soll in der nächsten Nummer dieser Zeitschrift berichtet werden.

Am 12. Dezember (abends $8^{1}/_{2}$ Uhr, Friedrich-Werdersches Gymnasium) spricht Dr. *Rudolf Steiner* über «Hochschulpädagogik und öffentliches Leben».

Zu Seite 301:

## HOCHSCHULPÄDAGOGIK UND ÖFFENTLICHES LEBEN

*Vortrag, gehalten am 12. Dezember 1898 von Dr. Rudolf Steiner, Herausgeber des «Magazins für Literatur»*

*Referat*

Die Grundsätze, die der Volkspädagogik heute zum Grunde liegen, sind dem Studium der allgemeinen Menschennatur entnommen. Man hat sich gefragt: Welches ist der natürliche Entwickelungsweg, den der Mensch gehen muß in den ersten Jahren, in denen er einen Unterricht empfängt. Und ihm diesen Weg so vollkommen wie möglich machen zu lassen, ist die Aufgabe der Volksschule. Sie ist eine Aufgabe, die von der menschlichen Natur ganz im allgemeinen gestellt wird. Was aus dem Kinde dereinst im Leben werden soll, darum hat sich der Volksschullehrer nicht zu kümmern. Er soll in dem künftigen Mediziner ebenso gut wie in dem künftigen Geschichtsforscher das Allgemein-Menschliche zur Entfaltung bringen. Hier, auf dem Gebiete des Volksschulunterrichts, ist eine ganz allgemeine Pädagogik möglich, weil die Volksschule nach nichts weiter als nach der allgemeinen Menschennatur und deren notwendigen Erziehungsbedürfnissen zu fragen hat. – Anders schon liegen die Dinge auf dem Gebiete der sogenannten Gymnasialpädagogik. Sie kann so lange nicht eine Wissenschaft oder Kunst mit einer ganz bestimmten Physiognomie werden, als die Frage nicht in einer allgemein anerkannten Weise beantwortet ist: in welcher Weise soll der junge Mensch zwischen seinem 11. und 18. Jahre erzogen und unterrichtet werden. Denn die Einrichtung des Gymnasiums ist ein Überbleibsel aus einem längst überwundenen Kulturzustande, in dem christliche Denkweise und blinder Glaube an das Altertum Hand in Hand gingen und der in der Form des Gymnasialunterrichts wie ein verkörperter Anachronismus hereinragt in unser von den Errungenschaften der Naturwissenschaft und den Fortschritten der Technik beherrschtes Zeitalter. – Realgymnasium und Realschule aber sind unbeholfene Versuche, den Forderungen unserer Zeit Rechnung zu tragen. Die Gymnasialpädagogik ist nicht voraussetzungslos. Sie nimmt, als gegebene Voraussetzung, die gegenwärtige Verfassung des Gymnasiums hin. Und fragt dann: Welches sind bei dieser Verfassung die besten Unterrichtsmethoden? Eine solche Pädagogik, eine Gymnasialpädagogik, werden wir nur so lange haben, als die allgemeine Pädagogik für das Jugendalter vom 12. bis zum 18. Jahre noch nicht ausgebaut ist. Diese Pädagogik wird eine ganz andere Gestaltung der gegenwärtigen Gymnasien, Realgymnasien und Realschulen verlangen.

Sie wird aber vor allen Dingen eine Frage zu beantworten haben: Welches sind die durch die Entwickelung der menschlichen Seele geforderten Erziehungs- und Unterrichtsmittel?

*Diese Frage* in derselben allgemeinen Bedeutung wird sich die Hochschulpädagogik nie stellen können. Die Hochschule entläßt den Menschen in das öffentliche Leben. Die juristische Fakultät soll aus dem Studenten einen tüchtigen Juristen, die technische Hochschule einen guten Ingenieur machen. Bis zum 18. Jahre kann sich der Schulmeister um das Allgemein-Menschliche kümmern. Der Hochschullehrer kann das nicht mehr. Seine pädagogischen Aufgaben werden nicht durch die menschliche Natur; sie werden von dem praktischen Leben gestellt. Wie lächerlich wäre es, wenn ein Professor der Chemie an einer Hochschule sich fragte: Wie muß ich unterrichten, damit in der allgemeinen Menschennatur das Bedürfnis nach chemischen Kenntnissen befriedigt werde? Dieser Professor muß so unterrichten, daß sein Zögling dereinst den Beruf als praktischer Chemiker möglichst gut ausfüllt. Von der Menschenkultur werden die Prinzipien der niederen, von dem *öffentlichen Leben* werden diejenigen der Hochschulen bestimmt.

Eines darf aber dabei nicht außer acht gelassen werden. Der Mensch, der durch die Hochschule die Ausbildung für einen bestimmten praktischen Beruf erhält, muß durch eben diese Hochschule zugleich die *Bildung* erhalten, die ihn befähigt, die *sozialen* Pflichten zu erfüllen, die mit diesem Berufe zusammenhängen. Ein Ingenieur hat durch seine soziale Stellung einen gewissen Einfluß im *öffentlichen Leben*. Deshalb hat die Hochschule, die ihn ausbildet, auch die Pflicht, ihm die Bildung zu verschaffen, deren er bedarf, um seine soziale Stellung in würdiger Weise auszufüllen. Die pädagogischen Aufgaben der Hochschule, die aus dem öffentlichen Leben erwachsen, zu schildern, hat der Vortragende unternommen.

Eine ausführlichere Inhaltsangabe dieses Vortrags bringen die Nummern 50 und 51 des «Magazins für Literatur». –

## HINWEISE DES HERAUSGEBERS

*Zu dieser Ausgabe*

Die Aufsätze dieses Bandes gehören in die Zeit vor Rudolf Steiners öffentlichem Eintreten für die Anthroposophie. Ein Großteil der Beiträge erschien im «Magazin für Literatur», dessen Herausgeber und verantwortlicher Redakteur Steiner von 1897–1900 war. Aber schon vor der Übernahme dieser bekannten Literaturzeitschrift war er journalistisch tätig. Während seiner Wiener Tätigkeit als Privaterzieher (1884–1890) war er kurze Zeit Redakteur der die deutschen Interessen in Österreich vertretenden «Deutschen Wochenschrift», in der er unter anderem während eines halben Jahres unter der Rubrik «Die Woche» die politische Berichterstattung übernahm. Im *Teil I* des vorliegenden Bandes sind seine Beiträge aus der «Deutschen Wochenschrift» enthalten. Nachdem Rudolf Steiner schon seit 1882 an einer Ausgabe von Goethes naturwissenschaftlichen Schriften gearbeitet hatte, wurde er 1886 als Mitarbeiter der Weimarer Sophien-Ausgabe von Goethes Werken berufen. Hiermit war auch eine intensive Arbeit im Goethe- und Schiller-Archiv verbunden, weshalb Rudolf Steiner 1890 nach Weimar übersiedelte. Aus seiner intensiven Beschäftigung mit Goethe und seinem Werk ist eine Vielzahl von Artikeln und Aufsätzen hervorgegangen. In die Weimarer Zeit fallen auch Rudolf Steiners Doktor-Dissertation und das Erscheinen seines philosophischen Hauptwerkes «Die Philosophie der Freiheit» (1894), des engagierten Buches «Friedrich Nietzsche, ein Kämpfer gegen seine Zeit» (1895) und, gleichsam als Abschluß seiner Weimarer Tätigkeit, die Veröffentlichung von «Goethes Weltanschauung» (1897). Darauf übernahm er in Berlin das «Magazin für Literatur» und prägte diese Zeitschrift schnell und nachhaltig mit seinen Beiträgen. Durch sein unerschrockenes Eintreten für die Unschuld des Angeklagten in der Dreyfus-Affäre (S. 221ff., 230ff. und 276ff. in diesem Band) löste er Turbulenzen im Leserkreis aus, sein Bekenntnis zum individualistischen Anarchismus in einem offenen Briefwechsel mit John Henry Mackay (S. 281ff.) stieß bürgerlich-konservative Kreise vor den Kopf, und mit seinen scharfen Artikeln gegen die Machenschaften des Nietzsche-Archivs um 1900 (S. 505–614) exponierte sich Steiner in der wissenschaftlich-literarischen Welt. Im *Teil II* des vorliegenden Aufsatzbandes sind die größeren Artikel und Besprechungen vor allem aus dem «Magazin für Literatur» abgedruckt; weiter sind in diesem Teil die Beiträge aufgenommen, die Rudolf Steiner durch Vermittlung seines Freundes Ludwig Jacobowski für die «Mitteilungen aus dem Verein zur Abwehr des Antisemitismus» geschrieben hat.

Im *Teil III* sind alle Beiträge Rudolf Steiners über Nietzsche und das Nietzsche-Archiv zusammengestellt, mit Ausnahme der zwei Aufsätze über Nietzsche und die Psychopathologie (1900) und der Gedächtnisrede auf Nietzsche (1901), die Steiner in die Neuauflage seiner Schrift «Friedrich Nietzsche, ein Kämpfer gegen seine Zeit» (1895, 1926) aufnehmen ließ (GA 5, S. 127-152, 153-170, 171-182). Von besonderer Bedeutung sind seine Aufsätze anläßlich des Streites um das Nietzsche-Archiv im Jahre 1900, die hier auf den Seiten 505-614 gesammelt wiedergegeben werden.

Mit dem ersten Artikel «Das Nietzsche-Archiv und seine Anklagen gegen den bisherigen Herausgeber. Eine Enthüllung» löste Steiner eine scharfe literarische Auseinandersetzung aus. Nach seinen eingehenden Erfahrungen am Nietzsche-Archiv in Naumburg und Weimar (1894-1897), insbesondere nach dem Herausgeberkonflikt im Dezember 1896, konnte er tatsächlich einiges enthüllen. Damit hat die lange Reihe der bis heute andauernden öffentlichen Kritik an Elisabeth Förster-Nietzsche und ihrem Nietzsche-Archiv begonnen. Das hatte schon Nietzsches engster und treuester Freund *Franz Overbeck* (1837-1905) erkannt, als er in einer Aufzeichnung über Nietzsches Schwester festhielt: «Der Grundschade der Anmaßung, deren sich Frau Förster schuldig machte, als sie die Aufgabe einer oder gar der geistigen Vertreterin ihres Bruders aufnahm [...] hat ganz unzweideutig für die Öffentlichkeit zu eklatieren begonnen mit Steiners Artikel, das Nietzsche-Archiv betreffend [...]. Für Nietzsches Sache und Ansehen scheint in der Öffentlichkeit (wie mir zumal der Verlauf des Förster-Steinerschen Streits immer klarer macht) kein Heil zu erwarten, bevor die Sache den Händen der Frau Förster vollkommen wieder entrissen ist.» (abgedruckt in: Carl Albrecht Bernoulli, «Franz Overbeck und Friedrich Nietzsche. Eine Freundschaft. Nach ungedruckten Dokumenten und im Zusammenhang mit der bisherigen Forschung zusammengestellt», 2 Bde. Jena 1908, 2. Bd., S. 436.) – Ebenso schreibt – sechzig Jahre später – der kritische Nietzscheforscher *Erich F. Podach* in seinem Werk «Friedrich Nietzsches Werke des Zusammenbruchs» (Heidelberg 1961, S. 400): «Die von Steiner in der von ihm herausgegebenen Zeitschrift [Magazin für Literatur] veröffentlichten Aufsätze über E. Förster-Nietzsche waren die ersten, die sich zum Ziele setzten, die Öffentlichkeit aufzuklären, ‹in welchen Händen Nietzsches Nachlaß ist›. Steiner hat sich jahrelang sehr eingehend mit Nietzsche (auch den Handschriften) beschäftigt und unterhielt zu F. Koegel enge Beziehungen. Seine verschiedenen Nietzsche-Publikationen bringen manche sachlich wichtigen Aufschlüsse und verbinden die hohe Schätzung Nietzsches mit einer kritischen Einstellung.»

Im *Teil IV* dieses Bandes folgen Arbeiten, welche in den Zeitschriften meistens unter der Rubrik «Chronik» abgedruckt waren, und Buchbesprechungen geringeren Umfangs.

*Die dritte Auflage* (1989) ist, abgesehen von geringfügigen Korrekturen, im Text identisch mit der zweiten Auflage. In den Anhang wurden drei kurze, bisher nicht gedruckte Artikel aufgenommen. Der Text wurde neu durchgesehen, die *Hinweise* und das *Namenregister* wurden erweitert, namentlich in bezug auf die historisch bedeutsamen Beiträge Rudolf Steiners über Nietzsche und das Nietzsche-Archiv im Teil III. Diese Aufsätze wurden mit den Erstdrucken in den Zeitschriften genau verglichen, die in den anderen Teilen (I, II, IV) geprüften und berichtigten Zitate wurden aus historischen Gründen in diesem Teil in der Form wiedergegeben, wie sie Rudolf Steiner anführt.

*David Hoffmann*

### Hinweise zum Text

*Werke Rudolf Steiners,* welche innerhalb der Gesamtausgabe (GA) erschienen sind, werden in den *Hinweisen* mit der Bibliographie-Nummer angegeben. Siehe auch das *Namenregister* (unter Steiner, Rudolf) und die Übersicht am Schluß des Bandes.

Zu Seite

17 Zu Rudolf Steiners Redaktiontätigkeit bei der «Deutschen Wochenschrift» (Wien) siehe dessen Schilderung in «Mein Lebensgang», GA 28, S. 146f. u. 285f.

*Koloman Tisza, von Borosjenö,* Geszt 1830–1902 Budapest. Von 1875 bis 1890 ungar. Ministerpräsident, zeitweilig auch Finanz- und Innenminister, erreichte Stärkung des ungar. Übergewichtes im Staatenverband Österreichs.

19 *Fürst Ferdinand,* Wien 1861–1948, Sohn des Prinzen August zu Sachsen-Koburg und der Prinzessin Clementine von Orléans (gest. 1907),

Nachfolger des Fürsten Alexander von Bulgarien, vormaligen Prinzen von Battenberg, der als Neffe des Zaren Alexander III. sich den russischen Einflüssen widersetzte und in der Folge abdanken mußte. Ferdinand wurde 1887 zum Fürsten von Bulgarien gewählt, 1908 erklärte er sich zum ersten unabhängigen König von Bulgarien und Ostrumelien, dankte 1918 zugunsten seines Sohnes Boris (gest. 1943) ab und lebte seitdem im Ausland.

19  *Gräfin von Flandern:* Die Gemahlin Philipps des Grafen von Flandern. «Graf von Flandern» ist der Titel, den der zweitälteste Sohn des Königs von Belgien oder der nächste Prinz nach dem Kronprinzen führt.

*Leo XIII.,* Carpineto bei Anagni 1810–1903 Rom. Von 1878 bis 1903 Papst, bekämpfte das Königreich Italien und blieb bei seinen Ansprüchen diesem gegenüber fest.

*Milan Obrenovic IV.,* König von Serbien, Jassy 1854–1901 Wien. Er schloß sich an Österreich-Ungarn an, das ihn 1886 vor der Vernichtung durch Bulgarien rettete.

21  *Alfred Freiherr von Kraus,* Generalauditor in Lombardo-Venetien, Statthalter von Böhmen, der «Henker von Mantua».

*Georg Fürst von Lobkowitz,* Wien 1835–1908 Prag, österr. Politiker, tschechisch-feudalistisch gesinnt, 1871 Oberstlandmarschall von Böhmen, begründete mit dem Grafen Schönborn den katholisch-politischen Verein für Böhmen, 1884–1907 wieder Oberstlandmarschall von Böhmen, als solcher Hauptförderer der nationalen Gleichberechtigung in Böhmen.

*Franz Schmeykal,* Böhmisch-Leipa 1826–1894 Prag, Führer der Deutschen in Böhmen, verstand es, die Einigkeit der Deutschböhmen, besonders in der Kampfzeit unter Taaffe, zu erhalten.

22  *Zar Alexander III.,* 1845–1894, kam infolge Ermordung seines Vaters Alexander II. 1881 auf den Thron. Die Spannung mit Österreich, die unter seiner Regierung sehr akut wurde, entstand durch die beiderseitigen Interessen auf dem Balkan, besonders durch die russische Einmischung in die bulgarischen Angelegenheiten. Alexander mißtraute Österreich und Deutschland, glaubte sich vom übrigen Europa isoliert und neigte zur Idee eines russisch-französischen Bündnisses.

23  *Robert Arthur Cecil Salisbury,* Hatfield 1830–1903, bedeutender konservativer Staatsmann in England. 1885–1892 und 1895–1902 Premierminister.

24  *Prinz Alois von Liechtenstein,* Prag 1846–1920 Wien, österr. Politiker. 1878–1889 Mitglied des Abgeordnetenhauses, Führer der Klerikalen,

brachte im Januar 1888 den Liechtensteinschen Schulantrag ein (für die konfessionelle Volksschule), später einer der Führer der christlich-sozialen Partei Luegers, 1906 bis 1918 Landmarschall von Niederösterreich.

25 *Kronprinz Friedrich Wilhelm,* Potsdam 18.10.1831–15.6.1888, nach dem Tode Kaiser Wilhelm I. (9.3.1888) als Friedrich III. deutscher Kaiser, war seit Januar 1887 von dauernder Heiserkeit befallen, die sich trotz eines Kuraufenthaltes in Ems (13.4. bis 15.5.) und in England zu völliger Stimmlosigkeit steigerte und von den deutschen Ärzten bald als Kehlkopfkrebs diagnostiziert wurde. Trotz des Aufenthaltes in San Remo, wo Friedrich während des Herbstes und Winters 1887/88 Linderung seines Leidens suchte, griff die Krankheit immer mehr um sich und führte am 15. Juni seinen Tod herbei.

28ff. *in die Brüche gegangen:* Die Versöhnungstendenzen unter dem Ministerium Taaffe (1879–1893) sollten durch weitgehende Zugeständnisse der Deutschen in Wirtschaft, Schule und Sprache die Polen und Tschechen gewinnen und führten zu einem Ausgleich durch ein Übereinkommen zwischen Deutschen und Tschechen (4.–19.1.1890), das aber zum größten Teil durch den Widerstand der Jungtschechen nicht zur Durchführung kam.

37f. *Dr. Ludwig Windthorst,* Kaldenhof bei Osnabrück 1812–1891 Berlin, 1851–1853 und 1862–1865 Justizminister von Hannover, seit 1871 der gewandte Führer der katholischen Zentrumspartei, die sich im ersten Deutschen Reichstag gebildet hatte.

38 *August Bebel,* Köln 1840–1913 Passugg (Graubünden), seit 1864 in der Arbeiterbewegung tätig, 1867 in den Norddeutschen, 1871 in den Deutschen Reichstag gewählt, Freund Wilhelm Liebknechts.

42 *Francesco Crispi,* Ribera, Girgenti 1819–1901 Palermo, nach wechselvollen politischen Kämpfen (u.a. organisierte er mit Garibaldi 1859 die Befreiung des Königreiches beider Sizilien) wurde er 1887 Ministerpräsident, suchte durch festere Bindung an das Deutsche Reich und Österreich Italiens Stellung zu kräftigen.

*Charles Thomas Floquet,* St. Jean-de Luz 1828–1896 Paris, Politiker, 1885–1888 und 1889 Kammerpräsident, vom 3. April 1888 bis 13. Februar 1889 kämpfte er als Ministerpräsident gegen den Boulangismus (s. Hinweis zu Seite 56f.) und für eine gemäßigte Verfassungsreform.

*durch den Ruf:* Als 1876 Kaiser Alexander II. von Rußland in Paris den Justizpalast besuchte, rief Floquet: «Vive la Pologne, Monsieur!»

45f. *Prinz Wilhelm,* Berlin 1859–1941 Doorn, Holland, seit dem 9. März 1888 Kronprinz, nach dem Tode seines Vaters, Kaiser Friedrich III., am 15. Juni 1888 als Wilhelm II. Kaiser und König.

47 *Die Stockung:* Nach der Abdankung Fürst Ferdinands glaubte Rußland vollen Einfluß auf die Verhältnisse in Bulgarien nehmen zu können. Doch wählte die bulgarische Sobranje am 7. Juli 1887 Prinz Ferdinand von Koburg zum Fürsten. Rußland sah sich enttäuscht und hoffte, volle Gewalt in den balkanischen Verhältnissen zu erreichen während eines deutsch-französischen Krieges, der sich vorzubereiten schien, nachdem Boulanger Kriegsminister in Frankreich geworden war. Durch die Wirkung des veröffentlichten Bündnisvertrages zwischen Deutschland und Österreich am 3.2.1888 wurden diese Hoffnungen in der Folge nicht erfüllt. Rußland und Frankreich verzichteten zunächst auf ihre Kriegspläne.

49 *Paul Freiherr, Gautsch von Frankenthurn,* Wien 1851–1918, österr. Staatsmann. 1885–1893 Minister für Kultur und Unterricht im Kabinett Taaffe.

52 *die alten Forderungen:* Während des sog. «Kulturkampfes» zwischen der katholischen Kirche und namentlich Preußen wurden die «Maigesetze» erlassen, welche Vorbildung und Anstellung der Geistlichen, kirchliche Disziplinargewalt u. a. regelten. Die Verhandlungen zwischen Preußen und Leo XIII. führten zur allmählichen Verständigung und schrittweisen Aufhebung der Maigesetze.

53 *Graf Herbert Bismarck,* Berlin 1849–1904 Friedrichsruh, ältester Sohn des Fürsten Bismarck, seit 1873 im Dienst des Auswärtigen Amtes, 1877–1881 im unmittelbaren Dienst seines Vaters; in London, Petersburg, Haag im diplomatischen Dienst; 1885 bis zur Entlassung seines Vaters (1890) Staatssekretär.

55 *Wilhelm I., deutscher Kaiser und König von Preußen,* Berlin 1797–1888, zweiter Sohn König Friedrich Wilhelms III. und der Königin Luise, seit 1861 preußischer König, 1871 in Versailles zum deutschen Kaiser proklamiert.

56f. *Georges Boulanger,* Rennes 1837–1891 Brüssel, franz. General, 1886–1897 Kriegsminister, trieb eine starke Hetze gegen Deutschland, erwarb sich eine starke Popularität, Gegner der republikanischen Partei, 1888 entlassen, mehrfach zum Abgeordneten gewählt, forderte Revision der Verfassung und Auflösung der Kammer, von den Monarchisten als Gegner der Republik unterstützt, wegen Umtrieben 1889 zu lebenslänglicher Deportation verurteilt, floh er zuerst nach London, dann nach Brüssel, wo er durch Selbstmord endete.

63  *Kronprinz Rudolf,* Wien 1858–1889 Mayerling, einziger Sohn Franz Josephs I. und Elisabeths, starb durch Selbstmord.

64  *Georg Ritter von Schönerer,* Wien 1842–1921 Rosenau bei Zwettl, österr. Politiker. 1873 Reichsratsabgeordneter, extrem alldeutsch, antihabsburgisch und antisemitisch eingestellt, agitierte für Vereinigung Deutschösterreichs mit dem Deutsch Reich, wurde am 5. Mai 1888 wegen Eindringen in die Redaktion des «Neuen Wiener Tagblattes», wo er die Redakteure wegen des zu früh gemeldeten Todes Kaiser Wilhelms I. zur Rede stellen wollte, zu vier Monaten Kerker und Adelsverlust verurteilt, wurde später Hauptförderer der «Los-von-Rom-Bewegung» und Protestant.

*Jean Thibaudin,* Moulins-Engilbert 1822–1905 Paris, franz. General, 1883 Kriegsminister, 1885 Kommandant von Paris, wurde November 1887 wegen Verwicklungen in Ordensschacher abgesetzt.

69  *Georges Clémenceau,* Mouilleron-en-Pareds (Vendée) 1841–1929 Paris, franz. Staatsmann. 1871 und 1876–1893 Deputierter, Führer der Radikalen, wurde 1893 durch den Panamaskandal belastet und mußte 13 Jahre lang das Parlament meiden, 1906–1909 und 1917–1920 Ministerpräsident, Urheber des Versailler Friedens 1919.

70f. *Bismarck-Krise:* Anfang April 1888 fand eine Kanzlerkrise statt wegen der von der Kaiserin Viktoria, der Gemahlin Kaiser Friedrichs III., geplanten Heirat ihrer Tochter mit dem Prinzen von Battenberg, dem entthronten Fürsten Bulgariens, der sich mit der Absicht trug, nach Bulgarien zurückzukehren. Hieraus befürchtete Bismarck Verwicklungen auf dem Balkan und setzte sich gegen diesen Plan, den auch die Königin Viktoria von England unterstützte, durch.

71  *Bismarck wird ... sich nach Varzin begeben:* Das Gut Varzin in Hinterpommern erwarb Bismarck 1867, als er nach dem siegreichen Kriege gegen Österreich (1866) vom preußischen Staat eine Ehrengabe von 400 000 Talern erhielt.

*Eduard Graf Taaffe,* Wien 1833–1895 Ellischau (Böhmen), österr. Staatsmann aus irischem Geschlecht. März 1867 Innen- und Unterrichtsminister, Dezember 1867 Landesverteidigungsminister, 1868–1870 Ministerpräsident, 1870–1871 wieder Innenminister, dann Statthalter in Tirol, 1879 von neuem Innenminister und im August Ministerpräsident (bis 1893). Aus seiner föderalistischen Gesinnung heraus versuchte er eine «Versöhnung der Nationalitäten». Als er das Übermaß der Forderungen der Deutschklerikalen, Polen und Tschechen und die dadurch entstandenen Schwierigkeiten durch eine Wahlreform (Oktober 1893) beheben wollte, wurde er zum Rücktritt veranlaßt.

73 *Affäre Popow-Bonew und Genossen:* Major Popow und einigen Mitangeklagten wurde angeblich wegen Unterschlagung der Prozeß gemacht. Im Mai 1888 wurde er zu vier Jahren Festungshaft und zur Ausstoßung aus der Armee verurteilt. Da Popow eine glänzende Vergangenheit aufwies, er hatte u. a. den Attentatsversuch von russischer Seite gegen den Fürsten Alexander verurteilt, wurde er unmittelbar nach seiner Degradation begnadigt und in Freiheit gesetzt. Später wurde er gänzlich rehabilitiert.

77 *Am 23. erfolgte die Begegnung:* Auf der Reise von Florenz nach Berlin, wohin sich Königin Viktoria von England zum Besuch Kaiser Friedrichs und ihrer Tochter, der Kaiserin Viktoria begab, traf sie sich am 23. April mit Kaiser Franz Joseph in Innsbruck.

78 *Herr von Gautsch:* Siehe Hinweis zu S. 49.

79 *«Preußische Jahrbücher»:* Berlin 1888, 61. Band, April-Heft, S. 409 unter «Politische Correspondenz».

81 *Die erste Lieferung:* Georges Boulanger, «L'invasion allemande», Paris 1888f. Die Gegner B.'s bezeichneten das Werk als Arbeit Hippolyte Barthéllmys.

88 *Eugen Richter,* Düsseldorf 1838–1906 Berlin, Politiker, gehörte seit 1867 dem norddeutschen, seit 1871 dem deutschen Reichstag an, zuletzt Führer der Freisinnigen Volkspartei, Vertreter des extremsten Individualismus, bekämpfte alle Stärkung der Staatspartei, scharfer Gegner Bismarcks, aber auch der Sozialdemokratie.

102 *Entlassung eines ... Ministeriums:* Es handelt sich um den Rücktritt des liberalen Kabinetts Ristic.

106 *Scheidung von der Königin Natalie:* Die Scheidung Milans von Natalie wurde im Oktober 1888 ausgesprochen. M. gab Serbien eine sehr liberale Verfassung. Da aber die Wahlen zum Parlament für die Radikalen sehr günstig ausfielen, dankte er im März 1889 unerwartet zugunsten seines Sohnes Alexander ab.

*Graf von Paris:* Louis Philippe, Paris 1838–1894 Stowehouse (England), Sohn Herzog Ferdinands von Orléans. Der Graf von Paris ist der jeweilige Kronprätendend des Hauses Orléans.

108 *Georg Hinzepeter,* Bielefeld 1827–1907 Bielefeld, Pädagoge. 1866 Erzieher des Prinzen Wilhelm von Preußen, begleitete ihn auch nach Kassel. Er schrieb: «Kaiser Wilhelm II», 1888.

*Denkschrift der deutschen Ärzte:* «Die Krankheit Kaiser Friedrichs III., dargestellt nach amtlichen Quellen», Berlin 1888.

114 *Deutscher Klub:* Im Dezember 1871 wurde der «Leseverein deutscher Studenten in Wien» gegründet, der wegen «national-politischer Tendenzen» im Dezember 1878 behördlich aufgelöst wurde. Als Ersatz wurde im Januar 1880 ein «Deutscher Leseverein» gegründet, der später den Namen «Deutscher Klub» erhielt.

120ff. *Herr von Gautsch:* Siehe Hinweis zu Seite 49.

124 *Leo Graf von Thun und Hohenstein,* Tetschen 1811–1888 Wien, war 1849 bis 1860 Unterrichtsminister, führte eine Unterrichtsreform durch, reorganisierte Gymnasien und Hochschulen und berief während seiner Tätigkeit Künstler und Gelehrte von späterem Weltruf an die Wiener Hochschulen. Bei seiner Unterrichtsreform standen ihm vor allem die beiden Universitätsprofessoren Franx Exner und Hermann Bonitz zur Seite.

134 *Pius IX.,* Sinigaglia 1792–1878 Rom. Von 1846–1878 Papst. Mit seiner antimodernistischen Enzyklika «Quanta cura» (1864) publizierte Papst Pius IX. den sog. «Syllabus», ein Verzeichnis, in dem 80 «Irrtümer» in Fragen der Religion, der Wissenschaft, der Politik und des Wirtschaftslebens verurteilt werden.

136 *«es sei nicht Jude, noch Grieche ...»:* Kol. 3, 11.

153 *Friedrich Merkel,* 1845–1919, Professor der Anatomie in Göttingen.

154 *Graf Helmut von Moltke,* 1800–1891, Preussischer Generalstabschef und Generalfeldmarschall, Onkel Helmut von Moltkes (1848–1916), des späteren deutschen Generalstabschefs bei Kriegsausbruch 1914. Siehe «Gesammelte Schriften und Denkwürdigkeiten», Erster Band: Zur Lebensgeschichte, Berlin 1892, v.a. Kap. XVI, «Trostgedanken über das irdische und Zuversicht auf das ewige Leben», S. 337–352.

158 *Maximilian Harden* (eig. Witkowski), Berlin 1861–1927 Montana-Vermala (Schweiz), Kritiker und Schriftsteller, Herausgeber der Zeitschrift «Die Zukunft». «Apostata», Berlin 1892.

162 *Eugen Richter:* Vgl. Hinweis zu S. 88.

163 *Zum Prozesse Prager-Schweitzer:* Nähere Angaben fehlen.

164ff. Die «Deutsche Gesellschaft für ethische Kultur» wurde auf Anregung von W. Foerster und Georg von Gizycki im Jahre 1892 in Berlin gegründet. Das Organ der ethischen Bewegung in Deutschland war: «Ethische Kultur, Wochenschrift für ethisch-soziale Reformen», seit 1892 herausgegeben von G. v. Gizycki, fortgeführt von F. W. Foerster, seit 1897 als Halbmonatsschrift von R. Penzig. Vgl. auch S. 169–176, 273 und 317 in vorliegendem Band und die Ausführungen über diese

Aufsätze in Steiners späterem Beitrag «Zur Geschichte der Philosophie» (1893), wiederabgedruckt in «Methodische Grundlagen der Anthroposophie», GA 30, S. 332. Ausführlich erinnert sich Rudolf Steiner auch noch nach 30 Jahren in seiner Autobiographie an seine Stellungnahme gegen diese «Gesellschaft für ethische Kultur», siehe «Mein Lebensgang» (1923–25), GA 28, Kap. XVII, S. 239ff.

168 *Goethe sagte, er wolle von liberalen Ideen nichts wissen:* Siehe Goethe, «Sprüche in Prosa» in «Naturwissenschaftliche Schriften», herausgegeben und kommentiert von Rudolf Steiner in Kürschners «Deutsche National-Litteratur», 5 Bde., 1884–1897, Nachdruck Dornach 1975, GA 1a-e, Bd. V, GA 1e, S. 484. Siehe auch Goethe, «Maximen und Reflexionen».

169 *Kants Grundsatz:* Der sog. kategorische Imperativ, Immanuel Kant, «Kritik der praktischen Vernunft», 1. Teil, 1. Buch, 1. Hauptstück, § 7. Wörtlich: «Handle so, daß die Maxime deines Willens jederzeit zugleich als Prinzip einer allgemeinen Gesetzgebung gelten könnte.»

*Felix Adler,* «Die ethischen Gesellschaften», Ein Vortrag, gehalten in Berlin am 3. Juli 1892 (Aus «Die ethische Bewegung in Deutschland»), Berlin 1892. – Ders., «Der Moralunterricht der Kinder», übersetzt von Georg von Gizycki, Berlin 1894.

170 *den alten Kant - Begriffskrüpel nennt ihn Nietzsche -:* Siehe Friedrich Nietzsche, «Götzen-Dämmerung oder Wie man mit dem Hammer philosophirt» (1889), Kap. «Was den Deutschen abgeht», 7.

*«Handle so, daß die Grundsätze ...»:* Kants kategorischer Imperativ, siehe Hinweis zu S. 169.

174 *Georg von Gizycki,* Großglogau 1851–1895, Herausgeber der «Ethischen Kultur», Mitredaktor von «International Journal of Ethics» (Philadelphia), Verfasser von: «Philosophische Konsequenzen der Entwicklungstheorie», 1876; «Ethik Humes», 1878; «Grundzüge der Moral», 1883; «Moralphilosophie», 1888.

176 *Friedrich Nietzsche,* «Zur Genealogie der Moral. Eine Streitschrift», Leipzig 1887.

184 *S. Coit,* «Die ethische Bewegung in der Religion», Leipzig 1890.

*William Mackintire Salter,* «Die Religion der Moral», Vorträge, gehalten in der Gesellschaft für moralische Kultur in Chicago, Leipzig 1885, deutsch von Georg von Gizycki.

187 *Großherzogin Sophie von Sachsen,* Prinzessin der Niederlande, Wilhelmine, Marie Sophie Luise, geb. 8. April 1824.

189ff. *Dr. Hermann Schell,* Freiburg i.Br. 1850-1906 Würzburg, kath. Theologe, seit 1884 Professor in Würzburg. Die Zitate stammen aus dem angegebenen Werk «Der Katholizismus als Prinzip des Fortschritts», Würzburg 1897, S. 35f., 36, 47, 50, 58, 73, 7, 18.

190 *Kardinal Rauscher,* Joseph Othmar Ritter von Rauscher, Wien 1797-1875, Fürst-Erzbischof von Wien, 1825 Professor des Kirchenrechts in Salzburg, 1832 Direktor der k.k. orientalischen Akademie in Wien und Lehrer des späteren Kaisers Franz Joseph, 1848 Bischof von Seckau, 1853 Fürst-Erzbischof von Wien, 1855 Kardinal.

194 *«Der «Fortschritt» ist bloß eine moderne Idee, das heißt eine falsche Idee»:* Friedrich Nietzsche, «Der Antichrist», § 4.

196 *«Zionisten-Kongreß»:* Vom 29.-31. August 1897 fand in Basel der erste Zionistenkongreß statt, der als Ziel des Zionismus bezeichnete: «Schaffung einer öffentlich rechtlich gesicherten Heimstätte für das jüdische Volk in Palästina.»

197 *Theodor Herzl,* Budapest 1860-1904 Edlach, Niederösterreich, der politische Organisator der zionistischen Bewegung.

*Max Nordau,* Budapest 1849-1923 Paris, Arzt.

198ff. *Theodor Herzl sagt:* «Der Judenstaat, Versuch einer modernen Lösung der Judenfrage» (1896), 6. Aufl., Köln o.J., S. 24, 26 und 93f.

211 *«Cosmopolis»:* London, Berlin, Wien usw., Vol. VIII, Nr. XXII Nov. 1897, S. 527.

214 *Theodor Mommsens Brief:* Siehe «Theodor Mommsen als Schriftsteller. Ein Verzeichnis seiner Schriften von Karl Zangenmeister. Im Auftrage der königl. Bibliothek bearbeitet und fortgesetzt von Emil Jacobs», Berlin 1905, S. 139. Nr. 1364. «An die Deutschen in Österreich.» Schreiben Theodor Mommsens an die Redaktion der «Neuen Freien Presse». - «Neue Freie Presse» Nr. II 923. Wien, Sonntag, den 31. Oktober 1897, Morgenblatt S. 1. - Das Schreiben ist unterzeichnet: Th. M. Die Redaktion bemerkt dazu: «Von einem Berliner Freunde, der seinen Namen nicht genannt wissen will, ... ist uns ein Schreiben zugekommen, das nur der Form nach an uns, in Wahrheit an alle Deutsch-Österreicher gerichtet ist. Indem wir es hiermit der Öffentlichkeit übergeben, erfüllt es uns mit tiefem Bedauern, daß unsere österreichischen Presseverhältnisse selbst das von so allgemein verehrter Hand Geschriebene nicht unverkürzt mitzuteilen gestatten, so daß wir genötigt sind, einige wenige Stellen den Lesern vorzuenthalten.»

216 *Taaffe:* Siehe Hinweis zu S. 71.

216 *Kasimir Graf Badeni,* Surochow, Galizien 1846–1909 Radziechow bei Lemberg, österr. Staatsmann, wurde 1888 Statthalter in Galizien und am 2. Oktober 1895 österr. Ministerpräsident.

217 *Otto Lecher,* geb. Wien 1860, österr. Politiker, 1897 als Deutschfortschrittlicher im Reichsrat, redete bei der Obstruktion der Deutschen gegen Badeni am 28./29. Oktober 1897 zwölf Stunden lang über das Ausgleichsprovisorium, um einen Beschluß des Abgeordnetenhauses zu verhindern.

218 *der Rembrandtdeutsche:* Julius Langbehn, Hadersleben 1851–1907 Rosenheim, Schriftsteller, wurde 1900 Katholik; sein Buch «Rembrandt als Erzieher» erschien 1890 anonym «Von einem Deutschen» und hatte außergewöhnlichen Erfolg. Siehe hierzu auch Rudolf Steiner, «Mein Lebensgang», GA 28, S. 189f.

*«Caligula»:* Ludwig Quidde, «Caligula», Eine Studie über römischen Cäsarenwahnsinn, Leipzig 1894.

221 *Alfred Dreyfus,* Mulhouse 1859–1935 Paris, frz. Offizier, wurde 1894 wegen angeblicher Spionage und Landesverrat zu unrecht verurteilt, degradiert und deportiert. Emile Zolas mutiger Einsatz für Dreyfus (1898) löste eine üble Welle von Nationalismus, Klerikalismus und Antisemitismus aus. Dreyfus wurde darauf 1899 begnadigt, doch erst 1906 freigesprochen und rehabiliert.

222 *Emile Zola,* Paris 1840–1902 ebenda, 1898 erschien in der Zeitung «Aurore» der Aufsatz «J'accuse»; Zola wurde verurteilt und lebte bis 1899 im Exil in London.

*Octave Mirbeau,* Trévieres (Calvados) 1848–1917 Paris.

*Auguste Scheurer-Kestner,* Mulhouse 1833–1899 Paris, Senator.

223 *«Die Zukunft»,* Zeitschrift, Herausgeber Maximilian Harden von 1892 bis 1922. Rudolf Steiner bezieht sich auf den nicht signierten, wohl vom Redakteur Maximilian Harden stammenden Artikel «Dreyfus» in «Die Zukunft», 21. Bd., 15. November 1897, S. 319f.

225 *Emile Zola an die Jugend:* «Lettre à la jeunesse», Paris 1897, deutsch: «An die Jugend!», Offener Brief zum Prozeß Dreyfus, Berlin: Hugo Steinitz Verlag, 7.–10. Tsd., 1898, 23 S.

230 *Rede, welche Emile Zola vor dem französischen Gerichtshofe verlesen hat:* Nicht nachgewiesen.

*Zolas großer Anwalt:* Fernand Gustave Gaston Labori, Reims 1860–1917 Paris.

235 *«Lex Arons»:* Dem Privatdozenten an der Universität Berlin Dr. Leo Arons wurde aufgrund des § 5 des Gesetzes vom 17. Juni 1898 die Erlaubnis, Vorlesungen zu halten, entzogen mit der Begründung, «die auf den Umsturz der bestehenden Staats- und Wirtschaftsordnung gerichteten Bestrebungen der sozialdemokratischen Partei, zu der er sich seit Jahren bekennt, bewußt unterstützt und gefördert zu haben und agitatorisch für diese Partei wiederholt bis in die jüngste Zeit eingetreten zu sein».

248 *Rudolf Steiner,* «Die Philosophie der Freiheit» (1894), GA 4.

254 *J. G. Fichte ... indem er sagte:* Johann Gottlieb Fichte, Werke, Auswahl in sechs Bänden, herausgegeben von Fritz Medicus, Leipzig o. J.; Band VI, S. 472 heißt es in der «Staatslehre» (1813) wörtlich: «In ihnen soll das Reich ausgehen von der ausgebildeten persönlichen individuellen Freiheit, nicht umgekehrt: von der Persönlichkeit, gebildet fürs erste vor allem Staate vorher, gebildet sodann in den einzelnen Staaten, in die sie dermalen zerfallen sind, und welche, als bloßes Mittel zum höheren Zwecke, sodann wegfallen müssen.»

264 *Goethe hat ... charakterisiert:* Goethe, «Schriften in Prosa» in: Naturwissenschaftliche Schriften, herausgegeben und kommentiert von Rudolf Steiner in Kürschners «Deutsche National-Litteratur», 5 Bde. (1884–97) Nachdruck Dornach 1975, GA 1a-e, Bd. 5, GA 1e, S. 449. Siehe auch Goethe, «Maximen und Reflexionen».

265 *In der Sitzung ... erwiderte Bismarck:* Bismarck, «Gesammelte Werke», 10. Band (Reden 1847–1869), 1. Aufl. Berlin o.J. (1928), S. 244.

266 *Moritz Busch berichtet:* «Tagebuchblätter», Zweiter Band, Leipzig 1899, S. 468.

267 *... die Worte anführen:* Siehe Hinweis zu S. 265, 12. Band (Reden 1878–1885), 1. Aufl. Berlin o.J. (1929), S. 509.

268 *Ferdinand Lassalle,* geb. 1825 in Breslau, gilt als Mitbegründer der deutschen Sozialdemokratie. Er fiel am 28.8.64 bei Genf in einem Pistolenduell mit J. v. Rakowitza, dem Bräutigam der Helene von Dönniges.

269 *zu dem Abgeordneten Rickert:* Siehe Hinweis zu Seite 267.

*Nationalliberale Partei:* Sie entstand 1866 durch Absonderung von der Fortschrittspartei. Seit 1879 verlor sie unter Bismarcks neuer Wirtschaftspolitik an Einfluß.

269f. *in einer Reichstagssitzung sagte:* Siehe Hinweis zu S. 265, 13. Band (Reden 1885–1897), 1. Auflage Berlin o.J. (1930), S. 47

271 Rudolf Steiners Aufsatz «Bismarck, der Mann des politischen Erfolges» wurde 1921 wiederabgedruckt in der Wochenzeitung «Dreigliederung des sozialen Organismus», 3. Jg., Nr. 15, 12. Okt. 1921, S. 2-4. Die ganze Nummer der Zeitung war der «Schuldfrage» gewidmet und brachte unter dem Titel «Neue Tatsachen über die Vorgeschichte des Weltkrieges» die deutsche Übersetzung des Interviews, das Jules Sauerwein für die französische Tageszeitung «Le Matin» mit Rudolf Steiner im Oktober 1921 gemacht hatte (erschienen Paris, 5. Oktober 1921; deutsche Übers. jetzt enthalten in GA 24, S. 398ff.). Im Zusammenhang mit der «Schuldfrage» und mit den in dieser Zeit laut gewordenen Vorwürfen des Verrats Deutschlands erklärt sich der Wiederabdruck 1921 von Steiners Würdigung Bismarcks aus dem Jahre 1898.

271f. *Bismarck,* «Gedanken und Erinnerungen», 3. Band, Stuttgart und Berlin 1921; die Zitate S. 157, 115, III, 157.

273 «*Gesellschaft für ethische Kultur*»: Siehe dazu S. 164-176 in vorliegendem Band.

274f. *Jules Michelet,* Paris 1798-1874 Hyères; «Histoire de la révolution française», 1847-1853; «Histoire de France», 1837-1867, «Le peuple», 1846.

276 *die Leitartikel der «Zukunft»:* M. Harden, siehe Hinweis zu S. 158.

*Godefroy Cavaignac,* Paris 1853-1905 ebenda, französischer Politiker.

*Björnstierne Björnson,* Kwikne (Dovregebirge) 1832-1910 Paris, norwegischer Dichter.

282 *mit einer umfangreichen Arbeit:* Es handelt sich hier wohl um das erst 1920 erschienene Werk: «Der Freiheitssucher, Psychologie einer Entwicklung», als Manuskript gedruckt, Berlin-Charlottenburg. Mackay spricht selbst im Vorwort dieses Werkes von «dieser Arbeit langer Jahre».

286 *Kaiserin Elisabeth von Österreich* wurde am 10. September 1898 in Genf von dem italienischen Anarchisten Luigi Luccheni durch Dolchstich ermordet.

287 *wie diese Caserios:* Der italienische *Anarchist Caserio* ermordete im Jahre 1894 den französischen Präsidenten Sadi Carnot.

*Gustav Landauer,* Karlsruhe 1870-1919 München, als Mitglied der bayrischen Räteregierung im Kampf gegen die sogenannten Ordnungstruppen getötet. - «Ein Leumundszeugnis für Herr John Henry Mackay», von Gustav Landauer in «Der Sozialist», Organ für Anarchismus, Sozialismus, VIII. Jg. Nr. 41, 8. Oktober 1898, S. 211f.

288 *Professor Schell:* Siehe dazu S. 189-196 und 324-327 in vorliegendem Band.

301 ff. *Schule und Hochschule:* Unter diesem Titel hat Rudolf Steiner die ersten drei von acht Vorträgen über Hochschulpädagogik besprochen, die im Winter 1898/99 in Berlin stattfanden. Den vierten Vortrag mit dem Titel «Hochschulpädagogik und öffentliches Leben» hielt Rudolf Steiner selbst am 12. Dezember 1898. Er referierte diesen Vortrag danach zuerst in einem Flugblatt und dann ausführlich im «Magazin für Litteratur» (S. 655 und 301 ff. in vorliegendem Band).

308 *Lothar Meyer,* Varel 1830-1895 Tübingen, Chemiker. Zitat nicht nachgewiesen.

*Alois Riedler,* Ingenieur. «Unsere Hochschulen und die Anforderungen des 20. Jahrhunderts», 1895.

*Eduard von Hartmann,* Berlin 1842-1906.

310 *Joseph Hyrtl,* Eisenstadt 1810-1894 Perchtoldsdorf bei Wien.

314 ff. *Moritz von Egidy,* Mainz 1847-1898 Potsdam, zuerst Offizier, mußte seinen Abschied nehmen, weil er für Reform des Kirchenglaubens eintrat. Gab die Monatsschrift «Versöhnung» heraus; 1890 erschien «Ernste Gedanken».

316 *Eintreten Egidys in Sachen Ziethens:* Siehe M. von Egidy, «Patriotismus», in «Die Zeit», Wien, Jahrg. 1898, Nr. 173.

*gegenüber dem russischen Friedensmanifest:* Nikolaus II. von Rußland regte im Jahre 1898 eine allgemeine Abrüstung an.

317 *Friedrich Naumann,* Störmthal bei Leipzig 1860-1919 Travemünde, protestantischer Pfarrer, gründete 1896 den nationalsozialen Verein. Seit 1895 gab er «Die Hilfe» heraus, betätigte sich rednerisch und schriftstellerisch auf sozialpolitischem Gebiet, gab später (1915) sein stark wirkendes Buch «Mitteleuropa» heraus.

«Die Zeit», Wien, Jahrg. 1898, Nr. 209.

319 *Emil Schiff,* Raudnitz, Böhmen 1849-1899 Berlin, Journalist, wurde nach beendetem Studium in Wien zuerst politischer Journalist bei der «Deutschen Zeitung» in Wien, 1874 bei der «Spenerschen Zeitung» in Berlin, hierauf 25 Jahre hindurch (bis zu seinem Tode) ständiger Vertreter der Wiener «Neuen Freien Presse» in Berlin. Von 1878 bis 1880 trieb er an der Berliner Universität höhere Mathematik, Differential- und Integralrechnung sowie analytische Mechanik, später begann er Medizin zu studieren; bis Mitte 1894 hatte er alle seine medizinischen

Prüfungen bestanden, er war jetzt praktischer Arzt, übte aber nie die ärztliche Praxis aus und war auch in der Zeit seiner naturwissenschaftlichen Studien stets Schriftsteller und Journalist geblieben. Seine Dissertation: «Pierre Jean Georges Cabanis, der Arzt und Philosoph» erschien 1886 (Berlin).

321 *Schäden der Journalistik:* Vgl. hierzu Rudolf Steiner «Stilkorruption durch die Presse», in «Gesammelte Aufsätze zur Dramaturgie 1889 bis 1900», GA 29.

323 *so werden sich ihnen Kerrs anbieten:* Alfred Kerr (Pseudonym für Alfred Kempner), Breslau 1867-1948 Hamburg, Schriftsteller und Kritiker.

324 *Professor Schell:* Vgl. dazu S. 189-196 in vorliegendem Band.

327 *Rektor der Heidelberger Universität:* Hermann Osthoff, Billmerich bei Unna 1847-1909 Heidelberg, Sprachforscher.

329 *«Zur Literatur über die Frauenfrage»:* «Dokumente der Frauen», eine neue Zeitschrift, herausgegeben in Wien von Auguste Fickert, Marie Lang, Rosa Mayreder (Band 1, Nr. 1 vom 8. März 1899). – «Die Frauenfrage», eine Diskussion zwischen Victor Yarros und Sarah E. Holmes, Berlin 1898. – Über Marie Lang und Rosa Mayreder siehe Rudolf Steiner «Mein Lebensgang», GA 28, S. 157-162.

333 *was über den Unterschied:* Siehe S. 281ff. in vorliegendem Band.

334 *«Liberty»,* The Pioneer Organ of Anarchism, herausgegeben von Benjamin R. Tucker, Boston, (später New York) 1881ff.

337 *Rudolf Virchow,* Schivelbein 1821-1902 Berlin, Mediziner und pathologischer Anatom.

338 *des Mephistopheles Ausspruch:* Goethe, Faust I, Studierzimmer, Verse 1910-1921.

*einen Goetheschen Ausspruch:* Goethe, Gedicht «Lähmung».

341 *«Gutenbergs Tat ...»:* Vgl. die Erwähnung dieses Vortrages in Rudolf Steiners Autobiographie «Mein Lebensgang», GA 28, S. 378.

342 *Jakob Wimpheling,* Schlettstadt 1450-1528 ebenda, Humanist.

*Die deutsche Mystik:* Vgl. dazu Rudolf Steiner, «Die Mystik im Aufgang des neuzeitlichen Geisteslebens und ihr Verhältnis zur modernen Weltanschauung» (1901), GA 7.

347ff. *«Habe die Kühnheit ...»:* Kant, «Beantwortung der Frage: Was ist Aufklärung?», 1784.

349  *Von Faust wurde gesagt:* Siehe «Historia von D. Johann Fausten, dem weitbeschreyten Zauberer und Schwarzkünstler», (1587), hg. v. Richard Benz, Jena 1912, S. 3.

358  *Antonius von der Linde,* «Geschichte der Erfindung der Buchdruckerkunst», 3 Bände (illustriert), Berlin 1886.

*Dr. Heinrich Meisner und Dr. Johannes Luther,* «Die Erfindung der Buchdruckerkunst, zum fünfhundertsten Geburtstage Johann Gutenbergs», mit 15 Kunstbeilagen und 100 Abbildungen (Band XI der «Monographien zur Weltgeschichte»), Bielefeld und Leipzig 1900.

359  *Toulouser Konzil:* Durch die Umtriebe der Katharer veranlaßt, untersagten Innocenz III. (1198) und die Konzile von Toulouse (1229) und Béziers (1233) das Lesen der Bibel in der Landessprache, die Synode zu Tarragona (1234) sogar den Besitz einer Übersetzung ohne Genehmigung des Bischofs.

362  *Georg von Schönerer:* Siehe Hinweis zu S. 64.

*Rudolf Ronsperger:* Vgl. die neun Briefe Rudolf Steiners an Rudolf Ronsperger aus dem Jahre 1881, in GA 39, S. 18-47, und die Erwähnung dieser Jugendfreundschaft Rudolf Steiners in «Mein Lebensgang», GA 28, S. 77f.

364  *den Nachlaß des Studienfreundes:* Vermutlich ist von Ronspergers Werken nichts gedruckt worden. Weder in bibliographischen Handbüchern noch in Literaturgeschichten ist sein Name zu finden.

367ff. *Thomas Babington Macaulay,* Rothley Temple, Leicestershire 1800-1859 London. Sein Hauptwerk: «History of England from the Acession of James II.», 1848-1855; deutsch 1850-1861.

371  *Ralph Waldo Emerson,* Boston 1803-1882 Concord, New Hampshire; seine auf dem Studium der Mystiker, der altgriechischen und deutschen Philosophie basierende ideale Weltauffassung betrachtet die Natur nur als Symbol und Offenbarung des Geistigen. Er trat an die Spitze der transzendentalen Bewegung in Amerika. Seine späteren Arbeiten zeichnen sich mehr und mehr durch Eingehen auf die konkreten Gesellschaftsfragen aus.

373ff. *Max Müller,* Dessau 1823-1900 Oxford, Orientalist, lebte seit 1848 in Oxford, wo er seit 1854 eine Professur der vergleichenden Literaturgeschichte, von 1868-1875 die für vergleichende Sprachforschung bekleidete, 1872-1873 lehrte er vorübergehend an der Universität Straßburg, 1879 an der zu Cambridge.

373ff. *Hermann Helmholtz:* Siehe den Nachruf auf den Tod von Hermann Helmholtz, in «Methodische Grundlagen der Anthroposophie», GA 30, S. 340-346, und den Aufsatz «Die Aufstellung von Naturforscher-Büsten auf der Potsdamer Brücke», ebenda, S. 562.

376 *Die zweite «Unzeitgemäße Betrachtung»* von Friedrich Nietzsche: «Vom Nutzen und Nachteil der Historie für das Leben» stammt aus dem Jahre 1874.

377 *Ernest Renan*, Tréguier, Côtes du Nord 1823-1892 Paris, franz. Orientalist, widmete sich zuerst dem geistlichen Berufe, seit 1846 dem Studium der semitischen Sprachen, 1862 Professor der hebräischen, chaldäischen und syrischen Sprache am Collège de France.

379ff. *Robert Jaffé*, Gnesen, Provinz Posen 1870-1911 Berlin, Schriftsteller. «Ahasver», Roman, Berlin 1900.

382ff. *Adolf Bartels*, Wesselburen 1862-1945 Weimar. «Geschichte der deutschen Literatur», 1901-1902, 2 Bände, neubearbeitet in 3 Bänden 1924.

383 *setzt Herr Bartels hinzu:* «Geschichte der deutschen Literatur», 11.-15. Tausend, Leipzig 1909, 1. Band, S. 498.

384 *Wilhelm Scherer*, Schönborn, Niederösterreich 1841-1886 Berlin, Germanist, Hauptvertreter der «philologischen» Richtung, die in der Literaturwissenschaft ganz beherrschend wurde. Siehe auch Rudolf Steiner «Mein Lebensgang», GA 28.

*«Dagegen läßt Scherer ...»:* Siehe Hinweis zu S. 383, 1. Band, S. 79-80.

*«Mit Moses Mendelssohn ...»:* Siehe Hinweis zu S. 383, 1. Band, S. 283.

385 *«Wir zweifeln keinen Augenblick mehr ...»:* Siehe Hinweis zu S. 383, 1. Band, S. 345.

*«für Volk und Jugend ...»:* Siehe Hinweis zu S. 383, 1. Band, S. 507.

386 *«Er ist der einzige ...»:* Siehe Hinweis zu S. 383, 1. Band, S. 509.

387 *Die «Post» als Anwalt des Germanentums:* Der besprochene anonyme Artikel ist (nach der Bibliographie von C. S. Picht) in «Die Post»; Berlin (23. September 1901) nicht zu finden.

389 *Carl Weitbrecht*, Neuhengstett bei Calw 1847-1904 Stuttgart, seit 1894 Professor der Ästhetik und deutschen Literatur an der Technischen Hochschule Stuttgart. - «Diesseits von Weimar. Auch ein Buch über Goethe», Stuttgart 1895. - «Deutsche Literaturgeschichte des 19. Jahrhunderts», Zwei Bände, Leipzig 1901/02. Die angeführten Zitate stammen aus dem 1. Band, S. 63f. und S. 70.

389 *Friedrich Theodor Vischer,* «Auch Einer, eine Reisebekanntschaft», Stuttgart 1878. – «Faust, der Tragödie dritter Teil, treu im Geiste des zweiten Teils des Goetheschen Faust gedichtet» (erschien unter dem Pseudonym Deutobold Symbolizetti Allegoriowitsch Mystifizinsky), Stuttgart 1862.

391 *Gutzkows Bestrafung:* Karl Gutzkow wurde von Wolfgang Menzel wegen seines Romans «Wally, die Zweiflerin» (1835) denunziert und mußte 3 Monate Gefängnis verbüßen.

392 *August Platen,* «Der romantische Ödipus», Lustspiel, Stuttgart 1829 (gegen Heine, Immermann und Raupach gerichtet).

*Paul Pfizer,* Stuttgart 1801–1867 Tübingen, politischer Schriftsteller, Jurist, wurde wegen seines Buches «Briefwechsel zweier Deutschen» (1831), welches den Anschluß an Preußen empfahl, aus dem württembergischen Staatsdienst entlassen.

393 *Der Wissenschaftsbeweis der Antisemiten:* Der Herausgeber der «Mitteilungen aus dem Verein zur Abwehr des Antisemitismus» war der mit Rudolf Steiner befreundete Ludwig Jacobowski.

*Eduard Bernstein,* Berlin 1850–1932 Berlin, seit 1872 Sozialdemokrat, gehörte der um 1900 stärker sich regenden wissenschaftlich gemäßigten Richtung der «Revisionisten» an, die aber in der Politik der Partei nicht zur Geltung kam und 1901 auf dem Parteitag in Lübeck zurückgewiesen wurde.

*«Staatsbürger-Zeitung»:* Berlin 1901, 37. Jahrgang, Nr. 445, Morgenausgabe (22. September): «Professor Paulsen und der Antisemitismus.»

*Friedrich Paulsen,* Langenhorn, Schleswig 1846–1908 Berlin, Philosoph und Pädagoge, seit 1878 Professor in Berlin, «System der Ethik, mit einem Umriß der Staats- und Gesellschaftslehre», Berlin 1889; «Geschichte des gelehrten Unterrichts auf den deutschen Schulen und Universitäten vom Ausgang des Mittelalters bis zur Gegenwart», Leipzig 1885; «Philosophia militans. Gegen Klerikalismus und Naturalismus», Berlin 1901; «Einleitung in die Philosophie», 1892.

394 *mit Recht sagen:* «System der Ethik», 6. verbesserte Auflage, Stuttgart und Berlin 1903, 2. Band, S. 553.

395 *von der Paulsen redet:* Siehe Hinweis zu S. 394, S. 553.

396 *In den «Vertrauten Briefen»* über die inneren Verhältnisse am Preußischen Hofe seit Friedrich II. (Herausgegeben von Fr. von Cölln), 6 Bände (2.–6. Band auch unter dem Titel: Beiträge zur Geschichte des Krieges in Preußen), Leipzig 1807–1809.

396 *«Feuerbrände»*, ein Journal für Deutschland, oder Annalen für Tugend und Laster etc., 2 Bände, Berlin 1803.

*«Gallerie preußischer Charaktere»*, aus den französischen Handschriften übersetzt, Germanien 1808 (Berlin). – Gallerie preußischer Charaktere vor dem Richterstuhle des Publikums, Berlin 1808.

*«Ich habe nur ein Vaterland, das ist Deutschland»:* Karl Freiherr vom Stein an Ernst Friedrich Herbert Reichsgraf zu Münster-Ledenburg, Petersburg, 1. Dez. 1812.

398 *Eugen Dühring,* Berlin 1833–1921 Nowawes, Philosoph, schrieb u. a.: «Die Judenfrage», 1881; «Die Überschätzung Lessings und dessen Anwaltschaft für die Juden», 1881.

400 *«Verschieden durch Abstammung …»:* Siehe Hinweis zu S. 394, S. 552f.

402 *«Erst wenn die Juden …»:* Siehe Hinweis zu S. 394, S. 553.

403 *Georg von Schönerer:* Siehe Hinweis zu S. 64.

405f. *«Das Verhalten eines Menschen …»:* Siehe Hinweis zu S. 394, 1. Band, S. 243 und 231.

406 *«Mit der Veränderung …»:* Siehe Hinweis zu S. 394, 2. Band, S. 552.

408 *Die Brüder Grimm:* Jacob und Wilhelm Grimm, Germanisten, Herausgeber u. a. der «Kinder- und Hausmärchen», der «Deutschen Sagen» und des «Deutschen Wörterbuchs».

*«Es wird dem Menschen …»:* Brüder Grimm «Deutsche Sagen», Berlin 1816–1818, 2. Auflage Berlin 1865, S. V (Beginn der Vorrede).

409 *Friedrich Nietzsche,* «Unzeitgemäße Betrachtungen», 1873–1876; die zweite «Vom Nutzen und Nachteil der Historie für das Leben» stammt aus dem Jahre 1874.

410 *In seinem Aufsatz … sagt er:* Friedrich Paulsen, «Kant, der Philosoph des Protestantismus», Berlin 1899, S. 29.

*Goethe hat einmal geäußert:* In diesem Zitat sind vmtl. eine Anzahl Äußerungen über Idee und Erfahrung zusammengefaßt, die Goethe in den Naturwissenschaftlichen Schriften an verschiedenen Stellen getan hat.

411 *Tycho Brahe, der ihm entgegnete:* Das Zitat ist eine Zusammenfassung von Gedanken aus: «Tycho Brahe, Opera omnia», ed. I. L. E. Dreyer, Hauniae 1929, Tomus VI: Epistolarum Astronomicarum, Liber primus, Aus der Antwort Tycho Brahes an Christoph Rothmann in Kassel, Astronom von Wilhelm IV., Landgraf von Hessen (1590), S. 220 und 221.

414f. *Dr. J. E. Poritzky*, geb. Lomza 1876, Schriftsteller, Oberspielleiter und Dramaturg.

415 *Victor Hehn*, Dorpat 1813–1890 Berlin, Kulturhistoriker, «Gedanken über Goethe», 1887.

416 *Goethe spricht einmal von den Geistern:* Goethe, Brief an Zelter vom 7. November 1816, wörtlich: «Dieser Tage habe ich wieder Linné gelesen und bin über diesen außerordentlichen Mann erschrocken. Ich habe unendlich viel von ihm gelernt, nur nicht Botanik. Außer Shakespeare und Spinoza wüßte ich nicht, daß irgendein Abgeschiedener eine solche Wirkung auf mich getan.»

*Lazarus, «Ethik des Judentums»:* Besprechung dieses Werkes auf S. 640 des vorliegenden Bandes.

417 *Lothar von Kunowski,* geb. Ober-Wilkau bei Namslau, Schlesien 1866. «Durch Kunst zum Leben», 1. Band: «Ein Volk von Genies», Verlag Diederichs, Leipzig 1901, S. 5 und 8.

*Urteile ..., das vor kurzem von wichtiger Seite über Kunowski gefällt worden ist:* Nicht nachgewiesen.

419 *Houston Stewart Chamberlain*, Portsmouth 1855–1927 Bayreuth. «Die Grundlagen des 19. Jahrhunderts», 2 Bde., München 1899–1901.

420 *Stefan von Czobel,* «Die Entwicklung der Religionsbegriffe als Grundlage einer progressiven Religion», 2 Bde., Leipzig 1901.

421 *Paul Asmus:* Vgl. dazu die beiden Aufsätze Rudolf Steiners «Vorrede zu den nachgelassenen Papieren Paul Asmus'» und «Charakteristik von Paul Asmus' Weltanschauung» in «Lucifer – Gnosis», GA 34, S. 488–495, und die Schilderung der Begegnung Rudolf Steiners mit Paul Asmus und seiner Schwester Martha in «Mein Lebensgang», GA 28, S. 384–387.

422 *Sieben Briefe von Fichte an Goethe ...:* Diese Briefe haben ihre besondere Bedeutung im Zusammenhang mit der Anklage wegen Atheismus, die gegen Fichte als Lehrer an der Universität Jena erhoben wurde und die schließlich zu seiner Entlassung geführt hat. Vgl. dazu «Die Schriften zu J. G. Fichtes Atheismus-Streit», hg. von Hans Lindau, München 1912 (= Bibliothek der Philosophen, geleitet von Fritz Mauthner, Vierter Band), und «Appellation an das Publikum ... Dokumente zum Atheismusstreit um Fichte, Forberg, Niethammer. Jena 1798/99», hg. von Werner Röhr, Leipzig 1987 (= Reclams Universal-Bibliothek 1179).

456 *«gut» und «böse», «gut» und «schlecht»:* Siehe Friedrich Nietzsche, «Zur Genealogie der Moral» (1887), Erste Abhandlung: «Gut und Böse», «Gut und Schlecht».

457 *Dr. Hermann Türck,* «Nietzsche und seine philosophischen Irrwege», Dresden 1891.

458 *Dr. Hugo Kaatz,* «Die Weltanschauung Friedrich Nietzsches», Erster Teil: Kultur und Moral, Dresden und Leipzig 1892.

*F. N. Finck,* «Die Grundlage für eine neue Rangordnung der Werte. Ein Beitrag zur wissenschaftlichen Begründung einer erneuten und neuen Moral», München 1891.

459 *jenseits von «gut und böse»:* Siehe Friedrich Nietzsche, «Jenseits von Gut und Böse. Vorspiel einer Philosophie der Zukunft» (1886).

*«Die Geburt der Tragödie aus dem Geiste der Musik»* (1872).

460 *«Also sprach Zarathustra. Ein Buch für Alle und Keinen»:* Der erste und zweite Teil erschienen 1883, der dritte 1884, der vierte und letzte 1885 in einer beschränkten Auflage (40 Ex.) als Privatdruck. Erste öffentliche Ausgabe des IV. Teils, nach Nietzsches Zusammenbruch, Leipzig 1891.

461 *«Alles ist gleich, es lohnt sich nichts ...»:* «Also sprach Zarathustra», IV, «Der Nothschrei».

462 *«Was geschah mir? ...»:* Ebenda, «Mittags».

463 *«Was der Pöbel ...»:* Ebenda, «Vom höheren Menschen», 9.

463f. *«Wollt nichts über euer Vermögen ...»:* Ebenda, «Vom höheren Menschen», 8.

464 *«Ohnmacht zur Lüge ...»:* Ebenda, «Vom höheren Menschen», 9.

*Grund-Idee des Faust:* Goethe, «Faust» I, Studierzimmer, Vers 1701.

465 *der häßlichste Mensch spricht:* «Also sprach Zarathustra», IV, «Das Nachtwandler-Lied», 1.

*«O Mensch! Gib acht! ...»:* Ebenda, «Das Nachtwandler-Lied», 12.

466 *«Wohlan! sie schlafen noch ...»:* Ebenda, «Das Zeichen».

*«Zu dem Allen sprach Zarathustra ...»:* Ebenda.

*«und sein Antlitz verwandelte sich in Erz»:* Ebenda.

467 *Kurt Eisner,* 1867-1919, deutscher Sozialist; seine Schrift über Nietzsche erschien zuerst unter dem Titel «Friedrich Nietzsche und die Apostel der Zukunft. Beiträge zur modernen Psychopathia spiritualis» in «Die Gesellschaft», 7. Jg., 4. Quartal, H. 11 u. 12, Nov. u. Dez. 1891, S. 1505-1536 u. 1600-1664; die Buchausgabe erschien mit umgestelltem Titel (wie ihn auch Rudolf Steiner zitiert) in Leipzig o.J. (1892). – Vgl. auch Rudolf Steiners Brief an Kurt Eisner vom 8. Dez. 1893 in «Briefe II 1890-1925», GA 39, S. 194f.

468 *dem rücksichtslosen «Durch»:* Die im Herbst 1886 in Berlin gegründete freie literarische Vereinigung «Durch!» gehörte mit ihren im Winter 1886/87 veröffentlichten zehn Thesen zu den wichtigsten Vertretern des frühen Naturalismus. Mitglieder waren u.a. Arno Holz und Gerhart Hauptmann.

*Mir erging es mit Nietzsches Ideen folgendermaßen:* In gleichem Sinne spricht sich Rudolf Steiner in dem oben angegebenen Brief an Kurt Eisner aus und in seiner Vorrede zu seinem Buch «Friedrich Nietzsche, ein Kämpfer gegen seine Zeit» (1895), GA 5, S. 9, und – dreißig Jahre später – in seiner Autobiographie «Mein Lebensgang» (1923-25), GA 28, Kap. XVIII, S. 250.

*Nietzsche war mir nie ein philosophisches, sondern immer ein psychologisches Problem:* Dies trifft nicht zu auf das von Rudolf Steiner später (1895) veröffentlichte Nietzsche-Buch «Friedrich Nietzsche, ein Kämpfer gegen seine Zeit» (GA 5), wo Nietzsche durchwegs als Philosoph behandelt wird. Erst in den beiden Aufsätzen aus dem Jahre 1900 «Die Philosophie Friedrich Nietzsches als psycho-pathologisches Problem» und «Friedrich Nietzsches Persönlichkeit und die Psycho-Pathologie» (wiederabgedruckt im Anhang zu GA 5, S. 127-170) betrachtet Steiner Nietzsche wieder als psychologisches Problem.

*meine Stellung zu dem seltsamsten Geiste der Neuzeit:* In einem Brief an Anna Eunike vom Januar 1896 (GA 39, S. 277) nennt Steiner Nietzsche auch den «größten Geist unserer Zeit».

469f. *Mitteilung und Berichtigung / Nietzsche-Archiv:* Obwohl Steiner später schrieb: «Der Urheber dieser unwahren Notiz ist niemals zu entdecken gewesen» (s. S. 573), müssen diese Zeitungsmeldungen über den Umzug des Nietzsche-Archivs und über Rudolf Steiner als angeblichen Mitherausgeber der Werke Nietzsches wohl auf Elisabeth Förster-Nietzsche, als Leiterin des Archivs, zurückgehen. Im Zusammenhang mit der von Frau Förster-Nietzsche wenige Monate später (Dez. 1896) entfachten Intrige um die Herausgabe von Nietzsches Werken erscheinen diese beiden öffentlichen Falschmeldungen gleichsam als erste Vorboten des Konfliktes (vgl. die Beiträge Rudolf Steiners S. 505-614 in vorliegendem Band und sein Briefwechsel im Winter 1896/97, GA 39, S. 300ff.).

469f. *Elisabeth Förster-Nietzsche,* Röcken bei Lützen 1846–1935 Weimar, Schwester Friedrich Nietzsches, ab Mai 1885 verheiratet mit dem Lehrer und Antisemiten Bernhard Förster (1843–1899), mit dem sie Mitte der achtziger Jahre in Paraguay die arische Kolonie «Nueva Germania» gründete. Nach dem Scheitern dieses Kolonialunternehmens kehrte sie im Herbst 1893 endgültig aus Südamerika zurück und nahm die Verwaltung des Nachlasses und die Pflege ihres seit 1889 umnachteten Bruders an sich. Sie gründete das Nietzsche-Archiv, veranstaltete mehrere Gesamtausgaben Nietzsches und entfaltete eine umfangreiche schriftstellerische Tätigkeit mit biographischen Werken und Essays über ihren Bruder. Sie ist insbesondere auch verantwortlich für die willkürliche und tendenziöse Zusammenstellung von unzusammenhängenden Nachlaßaphorismen zum angeblich philosophisch-systematischen Hauptwerk Nietzsches «Der Wille zur Macht» (1901/1906/1911). Aus dem Nietzsche-Archiv wollte sie ein «geistiges Zentrum» Deutschlands machen – an ihrem Lebensabend empfing die fast Neunzigjährige noch Adolf Hitler im Nietzsche-Archiv. – Öffentliche Kritik an Elisabeth Förster-Nietzsches inkompetenter Herausgabetätigkeit und autokratischer Archivführung wurde schon früh laut, verhallte aber weitgehend ungehört (siehe dazu den Hinweis zu S. 505). Eine ausführliche, wenn auch oberflächliche und ungenaue Biographie Elisabeth Förster-Nietzsches gibt H. F. Peters: «Zarathustras Schwester. Fritz und Lieschen Nietzsche – ein deutsches Trauerspiel» (New York 1977), München 1983.

*Fritz Koegel,* Hasseroda im Harz 1860–1904 Bad Kösen, Dr. phil., von 1894–1897 Herausgeber der Werke Nietzsches, später Industrieller. Als Herausgeber befreundet mit Rudolf Steiner (siehe dazu dessen Erinnerungen «Mein Lebensgang», GA 28, S. 252, 254, 257, 309). In der Folge der von Elisabeth Förster-Nietzsche provozierten Konflikte im Dezember 1896 wurde Koegel als Herausgeber am Nietzsche-Archiv entlassen und später von demselben wegen seiner Herausgaben heftig angegriffen (siehe dazu S. 505–614 in vorliegendem Band). – Wilhelm Schäfer versuchte Koegels Schicksal darzustellen in der Erzählung «Die Mißgeschickten», geschrieben 1908, erschienen 1932 (Albert Müller/Georg Langen, München). Siehe auch Emil Bock, «Rudolf Steiner, Studien zu seinem Lebensgang und Lebenswerk», Stuttgart 1961, S. 119–128.

471 *«Sie wollen auch …»:* Friedrich Nietzsche, «Ecce homo. Wie man wird, was man ist», Kap. «Die Unzeitgemäßen», 2, zit. nach: Elisabeth Förster-Nietzsche, «Das Leben Friedrich Nietzsches», Zweiter Band, Erste Abteilung, Leipzig 1897. S. 135.

*David Strauß:* Nietzsches erste «Unzeitgemäße Betrachtung» (1873) trägt den Titel «David Strauß der Bekenner und der Schriftsteller».

471 *Lou Salomé:* Steiner bezieht sich hier auf das Buch der zeitweiligen Freundin und Schülerin Nietzsches Lou Andreas-Salomé (1861–1937): «Friedrich Nietzsche in seinen Werken», Wien 1894. In der Vorrede seines Nietzsche-Buches wendet sich Steiner energisch gegen dieses Werk und schreibt u. a.: «Mein Bild des Übermenschen ist genau das Gegenteil des Zerrbildes geworden, das in dem augenblicklich verbreitetsten Buche über Nietzsche von Frau Lou Andreas-Salomé entworfen ist. Man kann nichts dem Nietzscheschen Geiste mehr Zuwiderlaufendes in die Welt setzen, als das mystische Ungetüm, das Frau Salomé aus dem Übermenschen gemacht hat.» («Friedrich Nietzsche, ein Kämpfer gegen seine Zeit», GA 5, S. 10). Noch schärfer drückt sich Steiner in einem Brief an Rosa Mayreder aus (20. Aug. 1895), wo es über Lou Andreas-Salomés Nietzschebild u. a. heißt: «Der hysterische Schwächling, mit den beiden voreinander schaudernden Ichs, der eine Philosophie aus seiner Krankhaftigkeit herausdestilliert, die endlich ideell in Mystik, psychisch in Wahnsinn auslaufen muß, ist ein psychologisches Wahngebilde, das aus *christlich-mystisch-theistischen* Instinkten heraus geschaffen ist. Jede Seite schmeckt nach Christentum; jede Seite verrät die Ohnmacht, wahre Nietzsche-Luft zu atmen. Wie sich Nietzsche instinktiv von dem Fräulein Salomé abgewendet hat, so widerstrebt dieses aus der Sphäre ‹deutscher› Bildung entsprungene Buch meinen innersten Instinkten. Ich fühle mich abgestoßen davon wie von dem heiligen Augustin.» («Briefe II, 1890–1925», GA 39, S. 259).

*dem kritischen Wirrkopf Franz Servaes:* Franz Servaes, Köln 1862–1947 Wien, Schriftsteller. Rudolf Steiner bezieht sich wohl auf Servaes' Aufsatz «Nietzsche und der Sozialismus. Subjektive Betrachtungen» in: «Freie Bühne», 3. Jg., H. 1 u. 2, Jan. u. Feb. 1892. S. 85–88 u. 202–211; und auf Servaes' Rezension von «Also sprach Zarathustra» IV: «Der vierte Teil des ‹Zarathustra›. Erste Eindrücke» in: «Magazin für Literatur», 61. Jg., Nr. 11, 12.3.1892, S. 169ff.

*Max Zerbst,* geb. 1863, Dr. phil; Rudolf Steiner bezieht sich hier auf Zerbsts Büchlein «Nein und Ja! Antwort auf Dr. Hermann Türck's Broschüre Friedrich Nietzsche und seine philosophischen Irrwege», Leipzig 1892, und den Artikel «Nietzsche's christliche Täuschungen. Eine Studie» in: «Neue Deutsche Rundschau», 6. Jg., H. 7, Juli 1895, S. 682–694.

471f. *Hans Gallwitz,* «Friedrich Nietzsche. Ein Lebensbild», Vierter Band der Reihe «Männer der Zeit: Lebensbilder hervorragender Persönlichkeiten der Gegenwart und jüngsten Vergangenheit. Herausgegeben von Dr. Gustav Diercks», Dresden und Leipzig 1898. Die angeführten Zitate finden sich auf der Seite 192.

474 *In den «Preußischen Jahrbüchern»:* Siehe die Besprechung des Buches von Hans Gallwitz durch Arthur Bonus in «Preußische Jahrbücher», herausgeg. von Hans Delbrück, 93. Band (Juli bis Sept. 1898), S. 132f.

475f. *Eugen Heinrich Schmitt,* Znaim (Ungarn) 1851-1916 Berlin, Dr. phil., Privatgelehrter. Die erwähnte Schrift über Hegel: «Das Geheimnis der Hegelschen Dialektik, beleuchtet vom concret sinnlichen Standpunkte», Halle 1888. Das von Rudolf Steiner besprochene Buch «Friedrich Nietzsche an der Grenzscheide zweier Weltalter» erschien 1898 in Leipzig. Nach der Jahrhundertwende veröffentlichte Schmitt u. a. das auch von Steiner geschätzte Werk «Die Gnosis. Grundlagen der Weltanschauung einer edleren Kultur», 2 Bde., Leipzig 1903/07. Siehe Rudolf Steiners Besprechung dieses Werkes in «Luzifer», Nr. 2, Juli 1903, wiederabgedruckt in «Lucifer - Gnosis», GA 34, S. 411-414.

476 *Marie Eugenie delle Grazie,* Weißkirchen (Ungarn) 1864-1931 Wien, österreichische Dichterin, in deren Salon Steiner verkehrte und u. a. auch den katholischen Priester und Philosophie-Professor in Wien *Laurenz Müllner* kennenlernte. (Siehe dazu die ausführliche Schilderung dieses Salons in «Mein Lebensgang», GA 28, Kap. VII, S. 120-135; und die Erwähnungen delle Grazies und Müllners in Rudolf Steiners Briefen, GA 39, Reg.)

477 *mein Buch:* «Goethes Weltanschauung» (1897), GA 6.

479 *in meinem Buche:* «Friedrich Nietzsche, ein Kämpfer gegen seine Zeit» (1895), GA 5, v. a. Kap. II, «Der Übermensch», S. 38-94.

481 *«Jenseits von Gut und Böse»* erschien 1886, nicht 1888.

482 *Friedrich Nietzsche als Dichter der modernen Weltanschauung:* Autoreferat eines Vortrages in der «Freien Litterarischen Gesellschaft», Berlin, am 25. November 1900. Siehe auch Hinweis zu S. 486.

*«Zwei Seelen wohnen, ach, in meiner Brust»:* Goethe, «Faust» I, Vor dem Tor, Vers 1112.

*«er war zart, liebenswürdig...»:* Nietzsche, «Ecce homo. Wie man wird, was man ist», Kap. «Warum ich so weise bin», 1. Zit. nach Michael Georg Conrad, «Aus Nietzsche's Leben. (Nach Auszügen aus seiner noch unveröffentlichten Selbstbiographie.) ‹Ecce homo›» in: Michael Georg Conrad, «Ketzerblut», München o. J. [1893], S. 179.

486 *lag drei Vorträgen zugrunde:* Nach dem Tode Friedrich Nietzsches am 25. August 1900 hielt Steiner in verschiedenen Zusammenhängen in Berlin fünf Gedächtnisreden auf den Philosophen:
1. *«Die Persönlichkeit Friedrich Nietzsches»* im Kreise der «Kommenden» am 13. Sept., dieser Vortrag erschien in «Erste Veröffentlichung aus den Darbietungen der ‹Kommenden› an den Donnerstag-Abenden im

Nollendorf-Casino. Redigiert von Dr. A.N. Grotendorf, Dr. H. Lux, v. Méville, E. Rossius vom Rhyn, Dr. Rudolf Steiner», Buch 1, im Selbstverlage der «Kommenden», Berlin 1901, S. 16–25; wiederabgedruckt in Rudolf Steiner, «Friedrich Nietzsche, ein Kämpfer gegen seine Zeit», GA 5, Anhang, S. 171–182.
2. *Friedrich Nietzsche, der Philosoph und Dichter*» in der «Nietzsche-Gedenkfeier des Vereins zur Förderung der Kunst» am 15. Sept., nach dem einleitenden Vortrag Steiners folgten «Recitation Nietze'scher Dichtungen durch Dr. Gustav Manz» und «Gesänge (Compositionen von Conrad Ansorge zu Nietze'schen Dichtungen) Herr Arthur van Eweyk».
3. *«Nietzsche's einsame Geisteswanderung»* innerhalb des «1. Modernen Vortragsabend von Kurt Holm: Nietzsche-Feier, veranstaltet von Dr. Rudolf Steiner und Kurt Holm» am 18. Sept. im Berliner Architekten-Haus; nach dem Vortrag Steiners folgten «Dichtungen von Friedrich Nietzsche, gesprochen von Kurt Holm».
Diese drei Vorträge faßte Rudolf Steiner in dem hier abgedruckten «Kurzen Auszug ...» für das «Magazin für Literatur» zusammen.
4. Anlaß für Rudolf Steiners erste Begegnung mit der Theosophie und den Theosophen war bemerkenswerterweise auch ein Vortrag über Nietzsche! Wohl aufgrund des positiven Echos seiner Gedenkreden wurde Steiner von Sophie Gräfin Brockdorff zu einem Nietzschevortrag am 22. Sept. in die «Theosophische Bibliothek» (Berlin) eingeladen. (Keine Nachschrift vorhanden.)
5. Eine weitere Gedächtnisrede hielt Rudolf Steiner am 25. Nov. in der «Freien Litterarischen Gesellschaft» (Berlin) über Friedrich Nietzsche als Dichter der modernen Weltanschauung (S. 482–485 in vorliegendem Band).

*«Lieber im Eise leben ...»:* Nietzsche, «Der Antichrist», 1.

*«Umwertung aller Werte»:* Nietzsches nachgelassenes Werk «Der Antichrist» erschien 1895 im Band VIII der von Fritz Koegel herausgegebenen Gesamtausgabe. Im Nachbericht zu dieser Ausgabe (S. III) führte Koegel eine Disposition Nietzsches an, wonach «Der Antichrist» das erste Buch des von Nietzsche geplanten Werkes «Umwertung aller Werte» bzw. «Der Wille zur Macht» sei. Abgesehen von der gefälschten Wiedergabe des Titels der Disposition – «Umwertung» und «Wille zur Macht» waren zwei *verschiedene* Pläne – ist festzuhalten, daß die Nietzsche-Forschung (M. Montinari) endgültig nachgewiesen hat, daß Nietzsche zwar solche mehrteiligen «Hauptwerke» geplant, aber nie ausgeführt und zuletzt zugunsten des «Antichrist» als ganze «Umwertung» aufgegeben hatte.

489 *als der Wahnsinn dem Schaffen Friedrich Nietzsches ein plötzliches Ende machte:* Nietzsche brach in den ersten Januartagen des Jahres 1889 in

Turin zusammen und lebte bis zu seinem Tode als Umnachteter in der Pflege seiner Mutter und seiner Schwester.

490 *«Ich habe der Menschheit das tiefste Buch gegeben...»:* Nietzsche, «Götzen-Dämmerung», 51.

*«Umwertung aller Werte»:* Siehe den letzten Hinweis zu S. 486.

*«Dies Buch gehört den Wenigsten ...»:* Nietzsche, «Der Antichrist», Vorwort.

492 *«Er war zart, liebenswürdig ...»:* Siehe Hinweis zu S. 482.

*Biographie, die seine Schwester geliefert hat:* Elisabeth Förster-Nietzsche, «Das Leben Friedrich Nietzsche's», Erster Band, Leipzig 1895; der zweite Band erschien in zwei Abteilungen, Leipzig 1897 und 1904. Vor seiner Entfremdung von Frau Förster-Nietzsche beurteilte Rudolf Steiner diese Biographie wohlwollend (z.B. im Brief an Rosa Mayreder vom 20. Aug. 1895, GA 39, S. 256ff.), während er später alle Äußerungen Elisabeth Förster-Nietzsches sehr kritisch beurteilte. Die neueren philologischen und biographischen Forschungen (K. Schlechta, C.P. Janz) haben diese erste Biographie Nietzsches als tendenziöse Fälschung und beschönigende Legendensammlung entlarvt.

493 *In einer Festschrift:* «Unzeitgemäße Betrachtungen. Viertes Stück. Richard Wagner in Bayreuth» (1876).

494 *Durch das Studium von Werken:* Um die Jahrhundertwende formulierte Steiner in verschiedenen Aufsätzen seine Auffassung vom Einfluß des naturwissenschaftlichen Denkens auf Nietzsches Anschauungen. In seinen Lebenserinnerungen knüpfte er an diese Aufsätze an und führte diese Ansicht wieder aus. Insbesondere betonte er, daß Nietzsches Gedanke der «ewigen Wiederkunft des Gleichen» gleichsam ex negativo entstanden sei, als Gegenidee zu Eugen Dührings Ablehnung dieses Gedankens in dessen «Kursus der Philosophie» (1875). – Siehe: Die Aufsätze «Die Philosophie Friedrich Nietzsches als psychopathologisches Problem» (1900), GA 5, S. 135; «Die ‹sogenannte› Wiederkunft des Gleichen von Nietzsche» (1900), S. 550–557 u. 561 in vorliegendem Band; «Frau Elisabeth Förster-Nietzsche und ihr Ritter von komischer Gestalt» (1900), S. 574 u. 592 in vorliegendem Band; und die Autobiographie «Mein Lebensgang» (1923–1925), GA 28, S. 254–265; und den Vortrag Dornach, 8. März 1924, GA 235, S. 130.

*«Die Anhängerschaft an Wagner...»:* Nietzsche, «Der Fall Wagner», Nachschrift.

495 W.H. Rolph, «Biologische Probleme, zugleich als Versuch zur Entwicklung einer rationellen Ethik», Leipzig 1884.

495 *«Leben ist wesentlich Aneignung ...»:* Nietzsche, «Jenseits von Gut und Böse», 259.

496 *Der «höherwertige Typus Mensch ...»:* Nietzsche, «Der Antichrist», 3.

*Cesare Borgia:* Siehe dessen Erwähnungen in «Jenseits von Gut und Böse», 197; «Götzen-Dämmerung», Kap. «Streifzüge eines Unzeitgemäßen», 37; «Der Antichrist», 46 u. 61; «Ecce homo», Kap. «Warum ich so gute Bücher schreibe», 1.

*«Die Dummheit ...»:* Nietzsche, «Götzen-Dämmerung», Kap. «Streifzüge eines Unzeitgemäßen», 40.

500 *«Ich mußte also das Wissen vernichten ...»:* Immanuel Kant, «Kritik der reinen Vernunft», Vorrede zur 2. Auflage (freie Wiedergabe des Zitates).

502 *Leo Tolstoi,* «Der Tod des Iwan Iljitsch», 1886.

505-614 Auf diesen Seiten werden Rudolf Steiners Beiträge aus dem Streit mit dem Nietzsche-Archiv im Jahre 1900 gesammelt wiedergegeben. Mit dem ersten Artikel «Das Nietzsche-Archiv und seine Anklagen gegen den bisherigen Herausgeber. Eine Enthüllung» löste Steiner einen scharfen literarischen Streit aus. Nach seinen eingehenden Erfahrungen am Nietzsche-Archiv in Naumburg und Weimar (1894-97), insbesondere dem Konflikt im Dezember 1896, konnte Steiner tatsächlich einiges enthüllen (vgl. dazu die Briefe Steiners aus den Jahren 1894-98 in «Briefe II, 1890-1925», GA 39). Damit hat die lange Reihe der bis heute andauernden öffentlichen Kritik an Elisabeth Förster-Nietzsche und ihrem Nietzsche-Archiv begonnen. Das hatte schon Nietzsches engster und treuester Freund *Franz Overbeck* (1837-1905) erkannt, als er in einer Aufzeichnung über Nietzsches Schwester festhielt: «Der Grundschade der Anmaßung, deren sich Frau Förster schuldig machte, als sie die Aufgabe einer oder gar der geistigen Vertreterin ihres Bruders aufnahm [...] hat ganz unzweideutig für die Öffentlichkeit zu eklatieren begonnen mit Steiners Artikel, das Nietzsche-Archiv betreffend [...]. Für Nietzsches Sache und Ansehen scheint in der Öffentlichkeit (wie mir zumal der Verlauf des Förster-Steinerschen Streits immer klarer macht) kein Heil zu erwarten, bevor die Sache den Händen der Frau Förster vollkommen wieder entrissen ist.» (Abgedruckt in: Carl Albrecht Bernoulli, «Franz Overbeck und Friedrich Nietzsche. Eine Freundschaft. Nach ungedruckten Dokumenten und im Zusammenhang mit der bisherigen Forschung zusammengestellt», 2 Bde., Jena 1908, 2. Bd., S. 436.) - Ebenso schreibt - sechzig Jahre später - der kritische Nietzscheforscher *Erich F. Podach* in seinem Werk «Friedrich Nietzsches Werke des Zusammenbruchs» (Heidelberg 1961, S. 400): «Die von Steiner in der von ihm herausgegebenen Zeitschrift [Magazin für Literatur] veröffentlichten Aufsätze über E. Förster-Nietzsche waren die ersten, die sich zum Ziele setzten, die Öffentlichkeit aufzuklären, ‹in welchen Händen Nietzsches Nachlaß ist›. Steiner hat sich jahrelang sehr eingehend mit Nietzsche (auch den Handschriften) beschäftigt und unterhielt zu F. Koegel enge Beziehungen. Seine verschiedenen Nietzsche-Publikationen bringen manche sachlich wichtigen Aufschlüsse und verbinden die hohe Schätzung Nietzsches mit einer kritischen Einstellung.»

Die nachfolgenden Hinweise beschränken sich auf Zitatnachweise u. ä., eine inhaltliche Kommentierung der komplexen Auseinandersetzung bleibt einer eigenen Untersuchung vorbehalten.

505 *Elisabeth Förster-Nietzsche:* Siehe Hinweis zu S. 469f.

*Dr. Ernst Horneffer,* Stettin 1871–1954 Iserlohn, Mitherausgeber am Nietzsche-Archiv, Philosoph und Schriftsteller; «Nietzsches Lehre von der Ewigen Wiederkunft des Gleichen und ihre bisherige Veröffentlichung», Leipzig 1900; die von Rudolf Steiner zitierten Stellen S. 60, 32, 38, 35, 39, 34, 30, 4. – Nach seinem Bruch mit Elisabeth Förster-Nietzsche und seiner Entlassung aus dem Nietzsche-Archiv beurteilte Horneffer diese seine polemische Schrift neu. In einer «kritischen Studie» über «Nietzsches letztes Schaffen», Jena 1907, S. 48f., hielt er zwar an den sachlichen Punkten fest, bereute aber den Ton, in dem seine frühere Schrift verfaßt war: «Der damalige Haß der Frau Förster-Nietzsche gegen Koegel hat ohne Zweifel diese Schrift etwas beeinflußt. Ich stand damals, eben in das Nietzsche-Archiv eingetreten, unter dem Banne ihrer einnehmenden Persönlichkeit.»

506 *Henri Lichtenberger,* Mulhouse 1864–1941, Literarhistoriker; «La philosophie de Nietzsche», Paris 1898; deutsch: «Die Philosophie Friedrich Nietzsches, Eingeleitet und übersetzt von Elisabeth Förster-Nietzsche», Dresden und Leipzig 1899.

507 *«Einleitung» der Frau Elisabeth Förster-Nietzsche,* a.a.O. S. V–LXIX.

*Dr. Fritz Koegel:* Siehe Hinweis zu S. 469.

508 *Mitteilung durch die Zeitungen:* Siehe S. 469f. in vorliegendem Band.

*Richard M. Meyer in seiner soeben erschienen Literaturgeschichte:* Richard M. Meyer, «Die deutsche Literatur des neunzehnten Jahrhunderts», Berlin 1900, S. 733.

509 *Koegel hat sich nun gesagt:* Über die Zusammenstellung der Aphorismen zu den fünf Büchern «Die Wiederkunft des Gleichen» von Friedrich Nietzsche äußert sich der Herausgeber, Fritz Koegel, im Nachbericht zu Band XII der Gesamtausgabe (1897) auf Seite 428 folgendermaßen: «Die erste Abtheilung dieses Bandes (S. 1–130) bringt die ungedruckten

und druckenswerthen Gedanken dieser Entwürfe nach Nietzsche's (auf S. 5 mitgetheilter) Disposition in einer vom Herausgeber besorgten Anordnung des Einzelnen.»

Fritz Koegel hat in den fünf Büchern 235 Aphorismen zu einem Ganzen vereinigt und weist in dem genannten Nachbericht außerdem die Aphorismen aus anderen Werken nach, welche ebenfalls zu diesem Thema gehören. In der heute maßgebenden «Kritischen Gesamtausgabe» der Werke Nietzsches (hg. von G. Colli und M. Montinari, Berlin/New York 1967ff.), wo Nietzsches Nachlaß streng chronologisch geordnet ist, finden sich die von Koegel zusammengestellten Aphorismen hauptsächlich im Band V/2 (1973), S. 339ff. (Nachlaß Frühjahr – Herbst 1881).

510  *Horneffer veröffentlicht diese 44 Aphorismen:* In Band XII der von Fritz Koegel herausgegebenen Gesamtausgabe der Werke Friedrich Nietzsches, der sich in der Bibliothek von Rudolf Steiner befindet, hat Rudolf Steiner diese 44 Aphorismen mit Bleistift angezeichnet. (In Klammern die ursprünglichen Nummern der Aphorismen in der Koegelschen Ausgabe.) 1 (5), 2 (10), 3 (9), 4 (39), 5 (44), 6 (3), 7 (2), 8 (120), 9 (48), 10 (49), 11 (51), 12 (67), 13 (6), 14 (163), 15 (110), 16 (127), 17 (118), 18 (109), 19 (108), 20 (195), 21 (148), 22 (203), 23 (212), 24 (213), 25 (214), 26 (215), 27 (204), 28 (205), 29 (207), 30 (216), 31 (218), 32 (219), 33 (220), 34 (221), 35 (222), 36 (223), 37 (224), 38 (225), 39 (226), 40 (229), 41 (230), 42 (233), 43 (234), 44 (235).

515  *die Hauptidee, um derentwillen der Zarathustra geschrieben ist: die Idee des Übermenschen:* Vgl. dazu die Entgegnung Ernst Horneffers S. 535f. und die Antwort Steiners S. 546f. in vorliegendem Band.

522  *Frau Förster-Nietzsche ... in einem unerbetenen Brief an mich am 23. September 1898:* Es handelt sich dabei um Frau Förster-Nietzsches Antwort auf Rudolf Steiners letzten Brief an dieselbe vom 27. Juni 1898 (letzterer abgedruckt auf S. 598–601 in vorliegendem Band und in «Briefe II, 1890–1925», GA 39, S. 362–364).

523/527  *Unterredung vom 6. Dezember:* Ein Versehen, die Unterredung war am Sonnabend, den 5. Dezember 1896, wie Steiner S. 524 richtig schreibt.

525  *Dr. Franz Servaes:* Siehe Hinweis zu S. 471.

*der mittlerweile gedruckten «Wiedergeburt»:* Richtig: «Wiederkunft», Druckfehler.

529  *Zur «Wiederkunft des Gleichen» von Nietzsche:* Diese Antwort Ernst Horneffers auf Steiners Artikel, nur eine unter den vielen Erwiderungen, die Steiners Wortmeldung ausgelöst hatte, gehörte eigentlich nicht

in einen Band von *Aufsätzen Rudolf Steiners.* Da sie aber für die erste Auflage aufgenommen wurde und da eine unnötige Umpaginierung vermieden werden soll, wird sie auch für die zweite Auflage an dieser Stelle beibehalten.

535 «*Dieses Engadin ist die Geburtsstätte meines Zarathustra ...*»: Nietzsche an Peter Gast, Sils-Maria, 3. September 1883.

«*Die Grundkomposition des Werkes ...*»: Nietzsche, «Ecce homo», Kap. «Also sprach Zarathustra», 1; zit. nach Elisabeth Förster-Nietzsche, «Die Entstehung des Zarathustra», in Nietzsche, «Also sprach Zarathustra», Werke Bd. VI, Leipzig 1899, S. 480. Horneffer führte diese Stelle auch an im Nachtrag zu seiner Schrift «Nietzsches Lehre von der Ewigen Wiederkunft ...» (siehe Hinweis zu S. 505), S. 83.

537 *Frau Dr. Förster-Nietzsche wird eine Briefstelle Steiners veröffentlichen:* In ihrem Artikel «Der Kampf um die Nietzsche-Ausgabe» («Die Zukunft», 21.4.1900, S. 117f.) druckte Frau Förster-Nietzsche Stellen ab aus Rudolf Steiners Brief an dieselbe vom 27.6.1898 (siehe S. 598ff. in vorliegendem Band und «Briefe II, 1890–1925», GA 39, S. 362ff.). Siehe dazu Steiners Antwort auf diese Briefveröffentlichung auf S. 596 in vorliegendem Band.

547 *Peter Gast* (Pseudonym für Heinrich Köselitz), Annaberg 1854–1918 ebenda, Musiker, Freund und Schüler Nietzsches.

550 *Eugen Dührings: «Kursus der Philosophie ...»:* Siehe dazu den Hinweis zu S. 494.

552 *Aphorismus 203 (Band XII in Koegels Ausgabe ...) «Das Maß der All-Kraft ...»:* In der kritischen Gesamtausgabe (siehe Hinweis zu S. 509) findet sich dieser Aphorismus in Band V/2 (1973), S. 421, Fragment 11 [202].

553 *sein Hauptwerk «Umwertung aller Werte»:* Siehe den dritten Hinweis zu S. 486.

«*So wenig man bei einer mathematischen Wahrheit ...*»: Eugen Dühring, «Kursus der Philosophie als streng wissenschaftlicher Weltanschauung und Lebensgestaltung», Leipzig 1875, S. 84.

554 *in dem letzten Artikel (Nr. 16, Spalte 401ff. dieser Zeitschrift):* Entspricht S. 549ff. in vorliegendem Band.

554f. *Auf Seite 65 des 11. Bandes der Gesamtausgabe ...:* «Nietzsche, Werke», Band XI, Schriften und Entwürfe 1876–1880, Leipzig 1897, S. 65; in der Kritischen Gesamtausgabe (siehe Hinweis zu S. 509) findet sich der angeführte Aphorismus in Band IV/2 (1967), S. 450, Fragment 19[98].

555  *Frau Lou Andreas-Salomé hat nämlich ...:* In «Zum Bilde Friedrich Nietzsches», Freie Bühne, 3. Jg., Heft 5, Mai 1892, und in «Friedrich Nietzsche in seinen Werken», Wien 1894, S. 224f. Zu Rudolf Steiners Beurteilung dieses Buches siehe Hinweis zu S. 471.

564  *mit einer «religiösen Idee»:* Ernst Horneffer, «Nietzsches Lehre von der Ewigen Wiederkunft ...» (siehe Hinweis zu S. 505), S. 27.

565  *«Wie konnte er auf den Gedanken verfallen ...»:* a.a.O.

566  *«Der Mensch ist ein Seil ...»:* Nietzsche, «Also sprach Zarathustra», I, Zarathustras Vorrede, 4.

*«Alle Wesen bisher schufen ...»:* a.a.O., Zarathustras Vorrede, 3.

567  *«Umwertung aller Werte»:* Siehe den dritten Hinweis zu S. 486.

568  *«Der damalige Herausgeber Dr. Fritz Koegel ...»:* Elisabeth Förster-Nietzsche, Einleitung zu Henri Lichtenberger «Die Philosophie Friedrich Nietzsches» (siehe Hinweise zu S. 506 u. 507), S. LXIIIf. (Fußnote).

571  *Dr. Arthur Seidl,* München 1863-1928 Dessau, Musikschriftsteller und Dramaturg, als Nachfolger Fritz Koegels zeitweilig Herausgeber am Nietzsche-Archiv. Als solcher ergriff er in Beantwortung von Rudolf Steiners Artikel das Wort zur Verteidigung des Nietzsche-Archivs und dessen Leiterin. Im dritten Heft des zweiten Bandes der Zeitschrift «Die Gesellschaft», XVI. Jg., Mai 1900, S. 133-147, erschien sein Angriff «Rudolf Steiner'sche Masken und Mummenschänze. Eine Demaskierung von Dr. Arthur Seidl».

572  *durch einen großen Teil der deutschen Presse die Notiz:* Siehe Seite 469f. in vorliegendem Band.

573  *Eduard von der Hellen,* Wellen (Hannover) 1863-1927 Stuttgart, Literaturhistoriker, später Verlagsdirektor; zeitweilig Mitherausgeber neben Koegel am Nietzsche-Archiv.

582  *erhielt ich von Dr. Koegel ... einen Brief:* Fritz Koegel an Rudolf Steiner, Jena, 8. Dezember 1896, «Briefe II, 1890-1925», GA 39, S. 302f.

584  *nach der Unterredung mit Frau Förster-Nietzsche fand ich einen Brief von ihr vor:* Elisabeth Förster-Nietzsche an Rudolf Steiner, Weimar, 8. Dezember 1896, a.a.O., S. 302.

585f. *10. Dezember ... 11. Dezember ... 12. Dezember:* Irrtümliche Datumsangaben. Es handelte sich um Freitag, den 11., Samstag, den 12., und Sonntag, den 13. Dezember.

590 *ein grimmiger Nietzsche-Gegner hat kürzlich gefunden:* Nicht nachgewiesen.

592 *Es fehlt mir hier der Raum, um meine Überzeugung ... tiefer zu begründen. Ich werde es anderswo tun:* Das hat Rudolf Steiner in seinem Aufsatz «Die Philosophie Friedrich Nietzsches als psychopathologisches Problem» verwirklicht (siehe Hinweis zu S. 494).

*Herr Kretzer:* Nicht nachgewiesen.

594 *Aufsatz «Der Kampf um die Nietzsche-Ausgabe»:* Aufsatz von Elisabeth Förster-Nietzsche in «Die Zukunft», VIII. Jg., 31. Bd., Nr. 29, 21. April 1900, S. 110-119; vgl. Hinweis zu S. 537.

595 *im «Magazin» (10. Februar 1900):* S. 505ff. in vorliegendem Band.

596 *am siebenundzwanzigsten Juni 1898 den Brief:* Letzter Brief Rudolf Steiners an Frau Förster-Nietzsche, abgedruckt in «Briefe II, 1890-1925», GA 39, S. 362-364, und in vorliegendem Band S. 598-601. Vgl. dazu Ernst Horneffers Ankündigung dieser Briefveröffentlichung auf S. 537 in vorliegendem Band

598 *Brief Rudolf Steiners an Elisabeth Förster-Nietzsche:* Obwohl dieser *Brief* nicht in die vorliegende *Aufsatz*sammlung hineingehörte und mittlerweile auch in der Gesamtausgabe an seinem Platz veröffentlicht ist (siehe vorangehenden Hinweis), wurde er auch für die zweite Auflage dieses Bandes an dieser Stelle beibehalten, um eine unnötige Umpaginierung zu vermeiden.

600 *bei Ihrem letzten schönen Briefe in der «Zukunft»:* Elisabeth Förster-Nietzsche, «Nietzsches Ahnen» (offener Brief an Maximilian Harden) in «Die Zukunft», 23. Bd., 25. Juni 1898, S. 576-578.

601 *der unerhörte [Angriff] des Herrn Michael Georg Conrad:* Michael Georg Conrad, «Steiner contra Seidl», in «Die Gesellschaft», XVI. Jg., Bd. II, Heft 6, Juni 1900, S. 372-374.

*im Februar dieses Jahres (in Nr. 6 dieser Wochenschrift):* S. 505ff. in vorliegendem Band.

605 *ihren unerhörten Angriff in Nr. 29 der «Zukunft»:* Siehe Hinweis zu S. 594.

*Verteidigung Dr. Seidls:* Siehe Hinweis zu S. 571.

*ich habe ... im zweiten Maiheft der «Gesellschaft»:* Siehe S. 571ff. in vorliegendem Band.

609 *Gustav Naumann (Verfasser des albernen Zarathustra-Kommentars ...):* Gustav Naumann, «Zarathustra-Commentar», Vier Teile, Leipzig 1899 bis 1901.

613 *sie bringt es fertig in Nr. 33 ... der «Zukunft»:* Antwort der Frau Förster-Nietzsche auf Rudolf Steiners Erwiderung (S. 594 in vorliegendem Band), in «Die Zukunft», VIII. Jg., 31. Bd., Nr. 33, 19. Mai 1900, S. 315f.

617 *C. Andresen,* «Die Entwicklung des Menschen», Hamburg 1891.

618 *Jürgen Bona Meyer,* «Temperament und Temperamentsbehandlung. Eine Betrachtung», Bielefeld 1891.

619 *Eduard Kulke,* «Zur Entwicklungsgeschichte der Meinungen», Leipzig 1891.

621 *E. Martig,* «Anschauungs-Psychologie mit Anwendung auf die Erziehung. Für Lehrer- und Lehrerinnen-Seminarien», Bern 1888.

622 *Franz Lanczizky,* «Lehrbuch der Logik», nicht nachgewiesen.

623 *Reinhold Biese,* «Grundzüge moderner Humanitätsbildung, Ideale und Normen», Leipzig 1886.

626 *Friedrich Kirchner,* «Gründeutschland. Ein Streifzug durch die jüngste Dichtung Deutschlands», Wien 1893.

628 *Woldemar Freiherr von Biedermann,* Marienburg 1817–1903 Dresden, «Goethes Gespräche», 10 Bde., 1889–1896.

630 *Alfred Ritter von Arneth,* Wien 1819–1897, Geschichtsforscher, 1868 Direktor des Haus-, Hof- und Staatsarchives, machte sich in dieser Stellung durch Freigabe der Archive zur wissenschaftlichen Benutzung um die geschichtliche Forschung sehr verdient. «Die Geschichte Maria Theresias», 10 Bände, Wien 1863–1879; «Beaumarchais und Sonnenfels», Wien 1868; «Josef II. und Katharina von Rußland», Wien 1869.

*Henry George,* Philadelphia 1839–1897 New York, Sohn eines Verlegers theologischer Werke, erlernte die Buchdruckerei, Seereise nach Indien, begründete 1872 das Pennyblatt «Evening Post», dann Schriftsteller. «Progress and Poverty», New York 1879, deutsch: «Fortschritt und Armut», Berlin 1881.

633 *Ein Brief von Blaise Pascal:* «Jesuiten über Duell und Mord. Ein Brief des Katholiken Pascal», Leipzig 1898.

634 *Karl Biedermann,* «Das erste deutsche Parlament», Zu dessen fünfzigjährigem Jubiläum, Breslau 1898.

635 *Kurella*, «Der Sozialismus in England», nicht nachgewiesen.

638 *Heinrich Kiepert*, Berlin 1818–1899, Kartograph, Geograph, Altphilologe und Forschungsreisender, 1845–1852 Leiter des Geographischen Institutes in Weimar, seit 1852 in Berlin, 1859 Professor, 1864 Direktor der Topographischen Abteilung des Statistischen Bureaus, bereiste mehrfach Kleinasien. Atlas von Hellas und den hellenistischen Kolonien, 1841–1846; Kleinasien, 1844; Carte générale de l'empire ottoman, 1884; Westliches Kleinasien, 1890–1892; Atlas antiquus, 1859ff.; Handatlas, 1860; Formae orbis antiqui, 1894.

639 *Bemerkungen, die in der letzten Nummer dieser Zeitschrift:* «Magazin für Literatur», 67. Jg., Nr. 40, 8. Okt. 1898, Sp. 956f.

640 *Louis Dollivet*, «Sale Juif!», Paris 1897, deutsch: «Jude!», Berlin 1898.

*des entsetzlichen Ereignisses:* Gemeint ist hier die Wiederaufnahme des Dreyfus-Prozesses, die im Jahre 1898 von Zola und anderen durchgesetzt wurde.

*Moriz Lazarus*, Filehne, Posen 1824–1903 Meran, Philosoph und Psychologe, Professor in Bern und Berlin; außer der «Ethik des Judentums» (Frankfurt/M. 1898) behandelte er die Probleme des Judentums noch in «Treu und Frei. Gesammelte Reden und Vorträge über Juden und Judentum», 1887.

642 *Martin Eduard von Simson*, Königsberg i. Pr. 1810–1899 Berlin, Rechtsgelehrter und Politiker, seit 1833 Professor in Königsberg, kam 1848 in die Frankfurter Nationalversammlung, als deren Präsident stand er an der Spitze der Deputation, die am 3. April 1849 dem König von Preußen seine Wahl zum deutschen Kaiser ankündigte. Simson überreichte am 18. Dezember 1870 in Versailles die Adresse, durch die König Wilhelm I. die deutsche Kaiserwürde angetragen wurde. 1879–1891 Präsident des Reichsgerichts.

Die deutsche *«Goethe-Gesellschaft»* wurde am 20./21. Juni 1885 in Weimar gegründet.

643 *Nachschrift zu einem Aufsatz:* «Beginnt das neunzehnte Jahrhundert mit dem kommenden Neujahrstag?» von G.M. Hirsch in «Magazin für Literatur», Nr. 50, 18. Dez. 1899, Sp. 1183f.

646 *Karl Lamprecht*, Jessen 1856–1915 Leipzig, Historiker, Professor in Bonn, Marburg, Leipzig.

649 *daß Nietzsche den Ausdruck «Bildungsphilister» im Hinblick auf David Friedrich Strauß geprägt hat:* In «Unzeitgemäße Betrachtungen», Erstes Stück, «David Strauß der Bekenner und der Schriftsteller», 1873.

651 *«Lex Heinze»:* Name eines Nachtragsgesetzes vom 25. Juni 1900 zum Deutschen Strafgesetzbuch. Die lebhafte öffentliche Bewegung gegen die sogenannten Kunst- und Theaterparagraphen, auf die sich Regierung und Reichstagskommission geeinigt hatten, war erfolgreich.

*Gustav Eberlein,* Spiekershausen bei Minden 1847–1926 Berlin, Bildhauer.

*Hermann Nissen,* Dassow in Mecklenburg 1855–1914 Berlin, Schauspieler. Präsident der Genossenschaft deutscher Bühnenangehöriger.

*Hermann Sudermann,* Matziken bei Heydekrug in Ostpreußen 1857–1928 Berlin, Schriftsteller.

# NAMENREGISTER

Abd ul Hamid 51
Adamberger, Antonie 629
Adler, Felix 169
«Agence Havas» 95
Alexander, Kronprinz von Serbien 84, 106, 109
Alexander II., Zar von Rußland 42
Alexander III., Zar von Rußland 18, 22, 31, 33, 41, 102, 108, 110
Alfieri 371
«Allgemeine Zeitung» München 469
Andrassy, Julius Graf, österr. Minister des Äußern 40, 41
Andreas-Salomé, Lou 471, 555f., 564, 569f.
Andresen, C. 617
   Die Entwicklung des Menschen 617
Anna Amalia, Herzogin 242, 246
Anonym
   Caligula 218
Ansorge, Conrad 486
Apponyi, Albert Graf 101, 103
Aquino, Thomas von 190, 355
Argyll, engl. Unterhaus-Abgeordneter 110
Aristoteles 253
Arneth, Alfred von 630f.
   Beaumarchais und Sonnenfels 631
   Die Geschichte Maria Theresias 631
   Joseph II. und Katharina von Rußland 631
Arnim, Achim von 240
Aron, Dr. 235, 649
Asmus, Paul 421
   Die indo-germanische Religion in den Hauptpunkten ihrer Entwicklung 421

Auban 282
Auguste, Prinzessin von Sachsen-Weimar 149
Aumale, Herzog von, Heinrich Eugen von Orléans 101

Baco von Verulam 345
Bacon, Roger 355
Badeni, Kasimir, Graf 216
Bahr, Hermann 627
Bajazet, Sultan 353
Bamberger, Ludwig, Nationalökonom und Politiker 38
Bánffy, Graf Bela 17
Bardeleben, Adolf von, Chirurg 108, 153
Baring, Edward Charles, engl. Bankier 94
Bärnreither, Joseph Maria, österr. Politiker 36
Bartels, Adolf 382ff., 387
   Geschichte der deutschen Literatur 382
Bauer, Ferdinand, Freiherr von, Reichskriegsminister 63, 99
Baumann, Julius 639
Bebel, August 38
Beethoven 213, 657
Bendel, österr. Abgeordneter 106
Bennigsen, Rudolf von, deutscher Staatsmann 70
Bergmann, Ernst von, Chirurg 108
«Berliner Tageblatt» 479, 481
Bernheim, Ernst 235ff.
Bernstein, Eduard 393
Beschart 447
Bessel 447
Bethmann 447
Bezecny, Geheimrat Freiherr von 149

Biedermann, Karl 634
  Das erste deutsche Parlament 634
Biedermann, Woldemar von (s.a. Föhrau) 149, 628
  Doktor Goethe in Weimar 628
  Goethe und Leipzig 628
  Herausgabe von Goethes Gesprächen 628
Bielfeld, Freiherr von 436
Biese, Dr. Reinhold
  Grundzüge moderner Humanitätsbildung 623ff.
Bismarck, Graf Herbert 53, 105
Bismarck, Otto von, Fürst 26, 41f., 45, 53, 57, 65, 70, 71, 79, 82, 88, 91, 103, 105, 131, 134, 162, 223, 262, 263ff., 322
  Gedanken und Erinnerungen 271
Bizet, Georges
  Carmen 460
Björnson, Björnstjerne 277, 332
Blatchford, Robert 635
Blücher, Fürst 397
Blumenthal, Leonhard, Graf von, General 63
Bodenstedt, Friedrich Martin 149
Bogdanowitsch, russ. General 79, 81
Böhme, Jakob 344
Bona Meyer, Jürgen 618
  Temperament und Temperamentbehandlung 618
Borgia, Cesare 496
Bösch, J. M.
  Das menschliche Mitgefühl 176
«Bosphore», franz. Journal in Ägypten 95
Boulanger, Georges, franz. General 56f., 64, 66, 67, 72, 75ff., 79, 81, 84, 89ff., 101, 106f., 109
  L'invasion allemande 81
Brahmann, Friedrich Gustav von, Chirurg 46

Brandenstein, von, Geh. Rat 55
Bratianu, Joan d. Ä., rumän. Staatsmann 55, 56, 67, 69
Breteuil, Marquis von 54
Brisson, Eugène Henri, franz. Staatsmann 68
Buddha 503
Bunsen, Marie von 206
Burckhardt, Jacob 383
Burke, Edmund 371
Burkhardt, Dr. C. A. H. 150, 152
Burleigh, William Cecil 372
Burmester, Willy 207
Burns, John 655
Busch, Moritz 266
Bylandt-Rheidt, Arthur Maximilian Adrian, Graf 63
Byron, Lord 321

Cabanis, Pierre Jean-Georges 320
Cäsar 232
Campos, Martinez, span. Marschall 99
Candidus, William 205
Caprivi 272
Carnot, Marie, François Sadi, franz. Staatsmann 67f., 110
Carol, König von Rumänien 69, 73
Carp, Petrache 69, 73
Carrière, Moriz 626
Caserio, ital. Anarchist 287
Cassagnac, Paul Granier de, franz. Politiker 64
Catargin, Lascar, rumän. Staatsmann 67
Cavaignac, Godefroy 277
Cervantes 320
Chamberlain, Houston Stewart 419
  Grundlagen des 19. Jahrhunderts 419
Christus 503
Clemenceau, Georges, franz. Staatsmann 69, 89

Clementine, Herzogin (Mutter des Fürsten Ferdinand von Bulgarien) 66, 90, 92, 95, 99, 107
Clerjonie, franz. Politiker 72
Cleveland, Grover, Präsident der Vereinigten Staaten von Nordamerika 105
Coit, S. 184
  Die ethische Bewegung in der Religion 184
Comenius, Peter 350, 648
Conrad, Michael Georg 601, 605, 607ff.
Conrad von Eybesfeld, Siegmund, Freiherr, österr. Unterrichtsminister 129
«Cosmopolis» 211
Cotta, Johann Friedrich Freiherr von (Verleger) 428, 443f.
Crispi, Francesco, ital. Ministerpräsident 42, 56, 82, 98, 107
Czobel, Stefan von 420f.
  Die Entwicklung der Religionsbegriffe als Grundlage einer progressiven Religion 420

Dante 419
Darwin, Charles 135, 232, 251, 495, 498f.
Darwinismus 247, 494f.
David, Jakob Julius 299
Demetrius, Bischof von Nisch 106
Derschatta, österr. Abgeordneter 89
«Deutsche Rundschau» 245
«Deutsche Wochenschrift» 17, 39
Diels, Prof. Paul 637
Diesterweg, Friedrich 648
  Sale Juif! 640
Dollivet, Louis 640
Dostojewskij 414
Dreyfus, Alfred 221ff., 225ff., 230f., 276ff.
  Briefe 277
Du Bois-Reymond, Emil 155, 320

Dühring, Eugen 382, 398, 494, 550ff., 556f., 561, 574, 592
  Kursus der Philosophie 550ff., 561, 574
Dumreicher, Armand, Freiherr von, österr. Abgeordneter 86
Dunajewski, Julian, Ritter von, österr. Staatsmann 36, 139, 140

Eberlein, Gustav 651
Eberlein, Kurt 246
Eckhart, Meister 356
Edward, Hugo 239
Eggeling, Heinrich 239
Egidy, Moritz von 314ff.
Eisner, Kurt 467ff.
  Psychopathia spiritualis, Friedrich Nietzsche und die Apostel der Zukunft 467
Elisabeth, Königin von England 372
Elisabeth, Kaiserin von Österreich 286
Emerson, Ralph Waldo 371, 373
Emma, Königin der Niederlande 107
Engels, Dr., österr. Abgeordneter 35
Engels, Friedrich 262
Erasmus 371
Esterhazy 231
Euripides 483, 487
Eweyk 486

Faust (Fust) 348f.
Fejervary, Geza Freiherr, ungar. Staatsmann 20, 24, 65
Felber, Emil 630
Fenwick, engl. Abgeordneter 107
Feodora, Erbgroßherzogin von Sachsen Weimar 239, 244, 246
Ferdinand, Fürst von Bulgarien 19, 23, 48, 51ff., 56, 64, 66, 76, 78f., 82, 84, 88, 90, 92, 95, 98f., 101, 104, 107
Fergusson, James, engl. Unterstaatssekretär 44

Ferry, Jules, franz. Staatsmann 68
Fichte, Johann Gottlieb 254, 349, 397, 422-449, 627, 649
 Beiträge zur Berichtigung der Urteile des Publikums über die französische Revolution 424
 Der geschlossene Handelsstaat 429
 Die Zurückforderung der Denkfreiheit von den Fürsten Europas 424
 Reden an die deutsche Nation 349
 Einige Vorlesungen über die Bestimmung der Gelehrten 423
 Grundlagen der gesamten Wissenschaftslehre 423, 425
Fichte, Immanuel Hermann 429, 627
 Fichtes Leben und literarische Briefwechsel 423
 Schillers und Fichtes Briefwechsel 429
Fickert, Auguste 332
Finck, F. N. 458
 Die Grundlagen für eine neue Rangordnung der Werte 458
Fischer, Kuno 202f., 204, 207ff., 212f., 656ff.
Flandern, Gräfin von 19
Fleck, Madame 446
Floquet, Charles Thomas, franz. Politiker 42, 68f., 72, 77, 81, 91, 104, 109f.
Flourens, Emile, franz. Staatsmann 105
Föhrau, Ottomar (Pseudonym für Woldemar von Biedermann) 628
 Eine Sängerjugend 628
Förster-Nietzsche, Elisabeth 469f., 479f., 492, 505ff., 519ff., 537ff., 550, 563, 567, 569, 571ff., 594ff., 598, 601, 604ff.
 Das Leben Friedrich Nietzsches 480

Förster, Prof. Wilhelm 289f., 293, 307, 644
Franassovic, serb. Oberst, Außenminister 19
«Frankfurter Zeitung» 568, 592
Frankl, Lud. Aug. von 149, 154
Franz Joseph I., Kaiser von Österreich 77, 83, 86
«Freie Bühne» 555
Freiligrath, Ferdinand 206, 392, 659
Frenzel, Karl 206, 239, 659
Freycinet, Charles Louis De Saulses de, franz. Staatsmann 68, 81, 110
Freytag, Gustav 206
Friedrich der Große 371, 397
Friedrich Wilhelm, Kronprinz von Preußen, als Friedrich III. Kaiser von Deutschland 25, 45f., 48, 51, 55, 57, 61, 62ff., 70, 75, 77, 79, 82, 87f., 90f., 93f., 96, 108, 133
Friedrich Wilhelm IV., König von Preußen 634
Furtwängler, Adolf 245

Galilei, Galileo 345
Gallwitz, Hans 471ff.
 Friedrich Nietzsche, ein Lebensbild 472ff.
Gambetta, Léon 68, 105, 109f.
Gast, Peter 516, 547, 556, 564
Gautsch von Frankenthurn, Paul Freiherr, österr. Minister 49, 78, 80, 83, 105, 120ff., 126
Geibel, Emanuel 392
Geist, Ludwig 152
George, Henry 631
 Fortschritt und Armut 631
Gerecke, Adolf 177ff.
 Die Aussichtslosigkeit des Moralismus 177ff.
Gerhardt, Karl, Mediziner 108
Gesellschaft für ethische Kultur in Deutschland 164ff., 169, 273
«Die Gesellschaft» 601, 605

Ghika, Fürst, rumän. Senatspräs. 56
Gizycki, Georg von 174, 184
Gladstone, William Ewart 107
Gluck, Christoph Willibald Ritter v.
  Orpheus und Eurydike 203, 213, 659
Gmür (Sänger) 207
Gneisenau, Graf Neithart von 246
Gneist, Dr. Rudolf von, Rechtslehrer und Politiker 55
Goblet, René, franz. Politiker 68, 92
Goethe 149f., 152f., 168, 187, 201ff., 204f., 208, 212f., 239ff., 269, 319, 338, 383, 389f., 410, 415f., 422–449, 464, 477f., 482, 498f., 612, 627f., 642, 655–660
  Briefwechsel mit Schiller 423
  Briefwechsel mit Zelter 429f.
  Faust 150f., 240, 338, 383, 389, 464
  Hermann und Dorothea 445
  Iphigenie 445
  Die natürliche Tochter 429f., 445
  Pandora 240f.
  Propyläen 443
  Tasso 445
  Wilhelm Meister 150
  Ged. Das Göttliche 498
Goethe-Bund 653
Goethe-Gesellschaft, Deutsche 149ff., 154, 189, 201f., 206ff., 212f., 239f., 642, 658
Goethes Mutter, Katharina Elisabeth 205, 213, 658
Goethe, Walter von 187, 204, 207, 655, 658
Goethe-Ausgabe, Hempelsche 626
Goethe-Ausgabe, Weimarische 153, 208, 245, 626
Goethe-Nationalmuseum 153, 205, 208, 213, 245f., 660f.
Goethe-Schiller-Archiv 151, 187f., 201f., 204f., 206ff., 212, 243ff., 469f., 537, 582, 613, 658, 660
Goethe-Schiller-Wörterbuch 245

Gorkij, Maxim 414
Goßler, Gustav von, preuß. Staatsmann 37, 149, 154
Grazie, Marie Eugenie delle 476
Gregorez, österr. Abgeordneter 74
Gregr, Dr. Julius, tschech. Abgeordneter 76
Greuter, Joseph, Monsignore 127ff.
Griesbach, G. K. R. 439
Grimaldi, Bernardino, ital. Staatsmann 107
Grimm, Jacob 408
Grimm, Herman 187
  Die Zukunft des Weimarischen Goethe-Schiller-Archivs 245
Grimm, Wilhelm 408
Grocholski, Kasimir, Ritter von, österr. Politiker 82
Groote, Gerhard 352
Groß, Siegfried Freiherr von 153
Gruitsch, Sava, serb. Staatsmann 19, 55, 80
Gutenberg, Johannes 341ff., 354ff.
Gutzkow, Karl 391f.
  Wally die Zweiflerin 392

Hacke, von 396
Haeckel, Ernst 497ff.
  Natürliche Schöpfungsgeschichte 498
Harden, Maximilian 158ff.
  Apostata 158f.
Harrison, Benjamin, Präsident der Vereinigten Staaten von Nordamerika 105
Hartleben, Otto Erich 206, 629f., 659f.
Hartmann, Eduard von 308, 570
Hauff, Bruder des Dichters 245
Hauptmann, Gerhart 303
Hebbel, Friedrich 188
Hegel, G. W. Fr. 475, 627
Hehn, Victor 415f.
  Gedanken über Goethe 415

Heine, Heinrich 388ff., 414f.
Heinrich, Prinz von Preußen 88
Heinrich VII. Reuß, Prinz 40, 41
Heitmüller, Dr. Franz Ferd. 598, 600
Helfy, ungar. Abgeordneter 23, 30, 32, 89
«Heliand» 384
Hellen, Dr. Eduard von der 573, 613f.
Helmholtz, Hermann von 320, 373, 649
Heraklit 571, 588f., 610
Herbart, Johann Friedrich 304
Herbst, Eduard, österr. Jurist und Staatsmann 115
Herder, Johann Gottfried von 245
Herdt 447
Hermann, Dr. 21
Herold, Dr. Josef, tschechischer Politiker 25, 47, 83
Herrfurth, Ernst Ludwig von, preuß. Staatsmann 102
Hertz, Wilhelm 239
Herzl, Theodor 197ff.
   Der Judenstaat 197f.
Herzlieb, Minna 241
Hesiod 242
Hettner 384
Heyse, Paul
   Die schlimmen Brüder 154
Hinzpeter, Georg
   Kaiser Wilhelm II. 108
Hitrowo, russ. Gesandter in Bukarest 77
Hoffmann, E. Th. A. 415
Hoffmann, Otto 245
Hofmann, Frl. (Sängerin) 203, 213, 659
Hohenlohe-Schillingsfürst, Chlodwig, Fürst zu 63
Holm, Kurt 486
Holmes, Sarah E. 334
   Die Frauenfrage 334
Horneffer, Dr. Ernst 505ff., 529ff., 538ff., 549ff., 554ff., 591, 602f.

Nietzsches Lehre von der Ewigen Wiederkunft 505ff., 529ff., 538ff., 549ff., 591, 602ff.
Hufeland, Gottlieb 424
Humboldt, Wilhelm von 423, 425, 429
Hyrtl, Joseph, Anatom 310

Ibsen, Henrik 303
Iffland 447, 449
Immermann, Karl 392
Ingersleben, von 396
Irene, Prinzessin von Hessen 88

Jacobowski, Ludwig 486
Jaffé, Robert 379ff.
   Ahasver 379f.
«Jahrbücher der Kunst und der Wissenschaft» 428
«Jenaische Allgemeine Literaturzeitung» 428
Jesuiten 353
Jesus Christus (s. auch Christus) 190
Jodl, Friedrich 272ff.
   Wesen und Ziele der ethischen Bewegung in Deutschland 272f.
Joffrin, franz. Politiker 89
Joseph II., Deutscher Kaiser 371

Kaatz, Dr. Hugo 458
   Die Weltanschauung Friedrich Nietzsches 458
Kalnoky, Gustav Siegmund, Graf 57, 72, 92, 98, 101, 139
Kant, I. 169f., 183, 347, 410, 500, 600, 627
Kardorff, Wilhelm von 38
Karl August, Großherzog von Sachsen-Weimar 149, 151, 152, 206, 239, 244ff., 423f., 426f., 432ff.
Karl August, Erbgroßherzog von Sachsen-Weimar und Gemahlin 149, 239

Karolyi, Aloys, Graf 104
Katharina die Große 371
Kepler, Johann 345
Kerr, Alfred 323
Kiepert, Heinrich 638
Kirchner, Prof. Dr. Friedrich
　Gründeutschland 626f.
Kirms, Franz 152
Klaar, Alfred, Schriftsteller 21
Kluge, Friedrich 239
Knoll, Professor 21, 104
Knotz, Dr., österr. Abgeordneter 43, 114
Koegel, Dr. Fritz 469f. 507ff., 519ff., 529ff., 538ff., 556, 563, 568, 571ff., 594ff., 602ff.
«Kommenden, Die» (Berlin) 486
Konfuzius 503
Konzil von Toulouse 359
Kopernikus, Nikolaus 345, 411, 498ff.
Kopp, Dr., österr. Abgeordneter 49
Körner, Theodor 629
Kraus, Alfred Ritter von 21
Krepek, österr. Abgeordneter 108
Kretzer, Max 592
Kristics, serb. Ministerpräsident 80
Krupp, Alfred 472
Kruse, Leopold Rat 152
Kuenburg, Graf, österr. Abgeordneter 25
Kulke, Eduard 619f.
　Zur Entwicklungsgeschichte der Meinungen 619
Kunowski, Lothar von 417ff.
　Ein Volk von Genies 417
　Gesetz, Freiheit und Sittlichkeit des künstlerischen Schaffens 417
Kurella, Dr. 635
　Der Sozialismus in England 635

Lamarck, Jean 498f.
Lamprecht, Karl 644
Landauer, Gustav 287
　Sturm 287
Langbehn, Julius
　Rembrandt als Erzieher 218
Lange, Friedrich Albert
　Geschichte des Materialismus und Kritik seiner Bedeutung in der Gegenwart 494
Lassalle, Ferdinand 268f.
Lassen, Ed. 213, 657
Laube, Heinrich 364
Lauczizky, Franz
　Lehrbuch der Logik 622
Laurence, Max 486
Lazarus, Moriz 416, 618, 640
　Ethik des Judentums 416, 640
Lecher, Otto 217
Lenau, Nicolaus 391
Leo XIII., Papst 19, 52, 104, 135, 136
Leopardi, Giacomo 619
Lessing, Gotth. Ephraim 382, 649
　Nathan der Weise 385
Levetzow, Ulrike Sophie von 241
Lewinsky, Josef 239, 246
Lex Arons 235
Lex Heinze 651f.
«Liberty» 334
Lichtenberger, Henri 506f.
　La philosophie de Nietzsche 506, 568, 589, 593, 601f.
Liebknecht, Wilhelm 262
Liechtenstein, Fürst Alois 24, 34f., 43, 50, 52, 80, 83, 109, 120, 129
Lienbacher, österr. Abgeordneter 83
Linde, Antonius von der 358
Lindener, von 396
Lindner, Gustav Adolf 622
Linné, Karl von 416
Liszt, Franz 213, 657
Lobkowitz, Georg, Fürst von 21, 28
Lockroy, Edouard, franz. Politiker 81
Loeper, Gustav von 149, 153, 187

Louis Philippe, Graf von Paris 106
Luccheni, Luigi 286f.
Luck, Friedrich von 152
Ludwig, Otto 153, 188
Lueger, Dr. Karl, österr. Politiker 76, 86
Luther, Dr. Johannes s. Meisner 358, 499f.
Luther, Martin 343, 499f., 648

Macaulay, Thomas Babington 367ff., 371
　Burleigh und seine Zeit 370
　Geschichte Englands 367, 370, 372
　Milton 369
Macaulay's Vater 368f.
Mackay, John Henry 281ff., 287, 333
　Die Anarchisten 282
Mackenzie, Morell 108
Magliani, Agostino 107
Manz, L. 486
Maria Theresia, Kaiserin von Österreich 83
Marquardsen, Heinrich, Rechtsgelehrter 38
Martig, E.
　Anschauungs-Psychologie mit Anwendung a. d. Erziehung 621
Marx, Karl 262, 269
Mattausch 447
Matthias Corvinus, König von Ungarn 353
Mattusch, alttschech. Politiker 24
Maupassant, Guy de 163
Mayreder, Rosa
　Zeitschrift, Dokumente der Frauen 331
Meier-Cohn, Alexander 239
Meisner, Dr. Heinrich und Dr. Johannes Luther 358
　Die Erfindung der Buchdruckerkunst 358

Mendelssohn, Moses 384
Menger, Anton 332
Menzel, Wolfgang 391f.
Merkel, Friedrich Siegmund 153
Meyer, Alexander 239, 246
Meyer, Bruno 290, 297, 660
Meyer, Lothar 308
Meyer, Richard M. 508
　Die deutsche Literatur des neunzehnten Jahrhunderts 508
Michelet, Jules 274ff.
　Das Volk 275
　Geschichte der französischen Revolution 275
　Geschichte Frankreichs 275
　Ludwig XIV. 275
Michelin, franz. Abgeordneter 101
Michels, Victor 239
Milan Obrenovic IV., König von Serbien 19, 84, 102, 106
Milton 369
Minor, J. 659
Mittelstädt, Otto 217ff.
　Vor der Flut 217ff.
Mirbeau, Octave 222
Moest, Oberregisseur 486
Mohrenheim, Baron, russ. Botschafter in Paris 42
Moltke, Generalfeldmarschall, Graf von 154ff.
Mommsen, Theodor 214ff.
Mörike, Eduard 188
Montebello, franz. Botschafter 53
Moritz, Dr. Roderich 205, 243
Morley, John, engl. Staatsmann 104
Morris, William 635
Morus, Thomas 371
Moses 419
«Moskauer Zeitung» 88
Müller, Joseph 288
　Der Reformkatholizismus 288
Müller, Max 373ff.
　Die heiligen Bücher des Ostens 374

Die Wissenschaft der Sprache 374
Essays 374
Rigveda 374
Müllner, Laurenz 476
Münsterberg, E. 259

Nansen, Fridtjof 472
Napoleon I. 91, 263, 396f.
Nassau-Usingen, Fürst Friedrich August von 396
Natalie, Königin von Serbien 84, 106, 109
«National-Zeitung» 175
Naumann, Friedrich 317
Naumann, Constantin Georg (Verlag) 505, 541f., 582, 584
Naumann, Gustav 582, 594, 596, 609
Nelidow, von, russ. Botschafter 51, 53
«Neue Freie Presse», Wien 44, 143, 384
Niethammer, D. 444
Nietzsche, Friedrich 169f., 176, 194, 322, 376, 409, 453-614, 619, 647ff.
  Die Geburt der Tragödie aus dem Geiste der Musik 459, 493
  Unzeitgemäße Betrachtungen 376, 409, 480f., 493
  Menschliches, Allzumenschliches 480f., 494, 546, 573
  Morgenröte 480f., 494
  Die Fröhliche Wissenschaft 480, 494, 515, 545f., 567
  Also sprach Zarathustra 454, 460ff., 480, 485, 490, 496, 510, 514ff., 535ff., 546f., 566f., 578, 590, 592
  Jenseits von Gut und Böse 480f., 573
  Zur Genealogie der Moral 176f., 480f.
  Der Fall Wagner 494
  Der Antichrist 480, 505
  Ecce homo 535, 547
  Gedichte 480
  Ewige Wiederkunft des Gleichen 505ff., 529ff., 538ff., 549ff., 554ff., 592, 602
  Der Wille zur Macht (Umwertung aller Werte) 486, 490, 521, 553, 567, 579, 582ff.
Nietzsche-Archiv 469f., 490, 505-528, 529f., 538, 541, 549, 554, 569, 571ff., 594, 601ff.
Nietzsches Mutter 482
Nietzsches Vater 482, 492
Nikolajew, bulgar. Oberst 73
Nikolaus d. Ä., Großfürst 33
Nissen, Hermann 651
Nordau, Max 197ff.
«Norddeutsche Allgemeine Zeitung» 26, 44, 87, 88
Nubar Pascha, ägyptischer Premierminister 94f.

Oehler, Dr. Adalbert 569f.
Ohlendorff, von 26
Olga, Prinzessin von Sachsen-Weimar 149
Oncken, Wilhelm 206f., 659
Oppeln-Bronikowski, Friedrich von 506
Ortmann, Paul 637
Osborn, Dr. Max 239
Osthoff, Hermann, Prof. Heidelberger Rektor 327f.

Paris, Louis Philippe, Graf von (s. Louis Philippe)
Parnell, Charles Stewart, irischer Politiker 107
Pascal, Blaise 633
Paetow, Dr. 239
Paulsen, Friedrich 328, 393ff., 399ff., 407ff., 410ff.
  Die Geschichte des gelehrten Unterrichts 393

Einleitung in die Philosophie 394, 397f.
Kant, der Philosoph des Protestantismus 410
Philosophia militans 394
System der Ethik 393f., 399, 405
Paulus, Apostel 472
Pellieux, Général de 277
Perczel, ungar. Abgeordneter 23, 30, 32
Pernerstorfer, Engelbert 49, 89, 114
Pestalozzi, Johann Heinrich 304
«Pester Amtsblatt» 39
Pfizer, Paul 392
Pietzker, Prof. (Nordhausen) 639
Pino von Friedenthal, Felix Freiherr, österr. Handelsminister 114
Pius IX., Papst 134f.
Platen, August von 392
Der romantische Ödipus 392
Platner, E.: 439
Logik und Metaphysik 439
Plato 232, 242, 477f., 487
Plener, Ernst Edler von 36
Pobjedonoszew, Konstantin Petrowitsch 22
Popow-Bonew, Affäre 73, 95, 99, 101, 104, 107
Poritzky, J. E. 414ff.
Heine, Dostojewskij und Gorkij 415
Poser, von 396
«Post», Berlin 387
«Preußische Jahrbücher» 79, 328, 474
Prins, Adolf 259ff.
Freiheit und soziale Pflichten 259
Prix, Dr., Vizebürgermeister von Wien 86
Promber, österr. Abgeordneter 109
«Propaganda der Tat» 333
Protic, Stojan, serb. Politiker 106
Puttkamer, Robert Viktor von 37f., 90, 93, 102
Pyat, Félix, franz. Politiker 66

Quidde, Ludwig
Caligula 218

Radowitz, Joseph Maria von, deutscher Botschafter in Konstantinopel 53
Rakowitza, J. von 268
Ranc, Arthure, franz. Politiker 89
Rauscher, Kardinal 190, 325
Reichensperger, August, Zentrumspolitiker 38
«Reichsanzeiger» 18, 39
Renan, Ernest 377
Richard, Frl. (Schauspielerin) 207, 214, 659
Richter, Eugen 88, 162
Richter, österr. Abgeordneter 106
Rickert, Heinrich 269
Riedler, Alois
Unsere Hochschulen und die Anforderungen des zwanzigsten Jahrh. 308
Ristic, Jovan, serb. Staatsmann 19
Rodenberg, Julius 149, 206, 659
Rolph, W. H. 495
Biologische Probleme, zugleich als Versuch zur Entwicklung einer rationellen Ethik 495
Romberg, von 396
Ronsperger, Rudolf 362ff.
Hannibal 364
Rosenkranz, Karl 626
Rosetti, rumän. Ministerpräsident 69
Rousseau, J. J. 408, 410, 419
Rouvier, Maurice, franz. Politiker 105
Rudolf, Kronprinz von Österreich 63, 94, 99
Ruland, Dr. Karl (Geheimrat, Hofrat) 149, 153, 205f., 213, 239f., 245f., 658f.
«Rundschau», Berlin 239
Rumpf, K. (Bildhauer) 239f.
Russel, Lord 369

Sachs, Hans 349
Sagasta, Praxedes Mateo, span. Staatsmann 99
Salisbury, Robert Arthur 23, 45, 101, 104
Salomé, Lou (s. Andreas-Salomé)
Salter, W.M. 184
  Die Religion der Moral 184
Salzmann 445
Schadow 449
Scharnhorst, G.J.D. 397
Schasler, Max 626
Scheffel, Viktor von 244
  Bergpsalmen 244
  Der Trompeter von Säckingen 244
  Ekkehard 244
  Juniperus 244
  Gaudeamus 244
Schell, Herm. 189ff., 288, 324ff.
  Der Katholizismus als Prinzip des Fortschritts 189, 324
Schelling, Friedrich Wilhelm Joseph von 428, 443, 627
Scherer, Wilhelm 187, 384
Scheurer-Kestner, Auguste 222
Schiff, Emil 319
Schiller 152, 188, 203f., 385f., 388, 410, 423, 428f., 627, 656f.
  Horen 423
  Briefwechsel mit Goethe 423
  Briefwechsel mit W.v. Humboldt 425
  Briefwechsel mit Fichte 429
  Die ästhetische Erziehung des Menschen 429
Schillerstiftung 189, 202
Schlegel, Brüder 240
Schmerling, Anton, Ritter von 50
Schmeykal, Dr. Franz, österr. Politiker 21, 28
Schmidkunz, Dr. Hans 290, 295, 307, 660
Schmidt, Erich 149, 153f., 187, 239, 659
Schmidt-Cabanis, Richard 320
Schmitt, Eugen Heinrich 475ff.
  Friedrich Nietzsche an der Grenzscheide zweier Weltalter 467ff.
Schmoller, Gustav 635ff.
Schnaebele, Guillaume, franz. Beamter 27
Schneider, Lina 206, 659
Schönerer, Georg, Ritter von, österr. Politiker 64, 362, 403f.
Schopenhauer, Arthur 480, 484, 487, 492ff., 619
Schrötter, Leopold, Chirurg 108
Schüddekopf, Karl 240
Schultze-Strelitz, Ludwig 290
Schwab, Gustav 392
Schwadke 448
Seidl, Dr. Arthur 571ff., 605ff.
Sennyey, Baron Paul 19, 36
Servaes, Franz 471, 524f., 543
Shakespeare 416
  Wintermärchen 207, 213, 659
Shakespeare-Gesellschaft 189, 202, 656
Simson, Eduard 149, 642
Singer, preuß. Abgeordneter 37f.
Sokrates 232, 419, 477f., 483f., 487, 492f., 503
Sonntag, Carl 239
Sophie, Großherzogin von Sachsen-Weimar 149, 187ff., 201ff., 207ff., 212f., 655ff.
Sophokles 487
Spencer, Herbert 176
Spielhagen, Friedr. 149
Spinoza 416
Spittler, Ludwig Timotheus 427
«Staatsbürgerzeitung» 393ff.
Stambulow, Stephan, bulgar. Staatsmann 53, 66, 78, 88, 99, 109
Stanhope, Edward Evelyn, engl. Kriegsminister 81, 83
Stavenhagen, Agnes 203, 213, 659

Stavenhagen, Bernhard 203, 207, 213, 662
Stein, Charlotte von 240
Stein, Karl Freiherr vom 396f.
Stein, Ludwig 249ff., 261f.
 Die soziale Frage im Lichte der Philosophie 249ff.
Steiner, Rudolf 281, 287, 290, 301, 333, 422, 469f., 529ff., 538ff., 549, 594, 598, 601, 605f., 609ff., 629f., 660f.
 Die Philosophie der Freiheit 248, 283
 Friedrich Nietzsche, ein Kämpfer gegen seine Zeit 470, 479, 507, 589f., 602
 Goethes Weltanschauung 477, 613
Steinitz, F. 226, 640
Steinwender, Otto, österr. Politiker 106, 109, 114
Stephan, Heinrich von 472
Stephanie, Erzherzogin, Kronprinzessin von Österreich 94, 99
Strauß, David Friedrich 471, 649
Strauß, Richard 590
Stremayr, Dr. von 206, 659
Sturm, österr. Abgeordneter 35f.
Sudermann, Hermann 626f., 651f.
Sueß, Eduard 129
Suphan, Bernhard 149, 151, 152, 187, 204f., 212f., 239, 244f., 430, 658

Taaffe, Eduard, Graf 71, 76, 80, 119, 216
Tauler, Johannes 356
«Telegraphul» 77
Tertullian 190
Thibaudin, Jean, franz. General 64
Thomas von Aquino 190, 355
Thun, Leo, Graf von 124
«Times» 20
Tirard, Pierre Emanuel, franz. Minister 67, 68

Tisza, von Borosjenö, Koloman, ungar. Staatsmann 17ff., 24, 30, 31f., 65, 89, 92
Tolstoi, Graf, General, russ. Innenminister 22
Tolstoi, Leo 497ff.
 Der Tod des Iwan Iljitsch 502
Torlonia, Frascati, Herzog von 19
Toulouser Konzil 359
Treitschke, Heinrich von 320, 335ff.
 W: Politik; 2. Bd. 335
Tucker, Benj. R. 283
 Staatssozialismus u. Anarchismus 283
Türck, Dr. Hermann 457
 Nietzsche und seine philosophischen Irrwege 457
Tycho Brahe 411

Ulrich, H. R. 439
Unger, Johann Friedrich Gottlieb 428

Valentin, Veit 150, 239
 Über die Klassische Walpurgisnacht 150
Vataschy, tschech. Abgeordneter 24
Vaudreuil, Gräfin 205, 213, 658
Vay, Nikolaus Baron 36
«Verein zur Förderung der Kunst», Berlin 486
Viktoria I., Königin von Großbritannien 77, 88, 102
Viktoria, Kaiserin v. Deutschland 71
Virchow, Rudolf 265, 337, 341
Vischer, Friedrich Theodor 389, 626
 Auch Einer 389
 Faust, der Tragödie dritter Teil 389
Vogt, Carl 581
Voigt, Christian Gottlieb 444

Wagner, Richard 459f., 480, 482, 484, 488, 492ff.

Wahle, Dr. Julius 150, 152
Waldeyer, Wilh. 637
Wallenstein 347
Walzel, Oskar 240
Webb, E. 240
Webb, Sidney 635
Weiser, Karl 207, 213f., 659
Weitbrecht, Carl 389ff.
  Deutsche Literaturgeschichte des 19. Jahrhunderts 389
  Diesseits von Weimar 389
Werner, Zacharias 240
Wernicke, Alexander 290
Wieland, Christoph Martin 153
«Wiener Abendpost» 39
Wilamowitz-Möllendorf, Ulrich von 240
Wildenbruch, Ernst von 149, 239
Wilhelm, Ernst, Erbgroßherzog von Sachsen-Weimar 212, 239, 658
Wilhelm I., deutscher Kaiser 18, 26, 51, 55, 56, 58, 62, 71, 79, 96, 131, 265f., 270
Wilhelm, Prinz (Kronprinz), als Wilhelm II. deutscher Kaiser 45f., 55, 64, 70, 94, 96f., 99, 102f., 105, 108, 130f., 133, 142
Wilhelm III., König der Niederlande 107
Wilhelmine, Prinzessin, spätere Königin der Niederlande 107
Wimpheling, Jakob 342
Windthorst, Ludwig, Zentrumspolitiker 37f., 52
Witt, Otto N. 637
Wittich, Adolf von, Generalmajor 55
Wolff, Julius 149
Woltmann, Prof. 423, 427, 439, 449
Wolzogen, Ernst von 317f.

Yarros, Victor 334
  Die Frauenfrage 334

Zankoff, Dragan, bulgar. Politiker 109
Zansibar, Sultan Seyyid Khalifa von 94
Zarathustra 419
«Zeit, Die», Wochenschrift 317
Zeller, Heinrich 207
Zelter, Karl Friedrich 430, 444, 446, 640
Zerbst, Max 471
Ziel, Ernst 645ff.
  Von heute 645ff.
Ziethen, Der Fall 316
Zimmermann, Robert 622
Zionisten-Kongreß, Basel 196
Zola, Emile 222, 225ff., 230f., 277f.
  Brief an die Jugend 226f.
«Zukunft, Die», Zeitschrift 223, 276, 568, 600, 613

## QUELLENNACHWEIS DER ZEITSCHRIFTEN

Die Seitenzahlen verweisen auf die aus den jeweiligen Zeitschriften in vorliegendem Band abgedruckten Artikel.

«Beilage zur Allgemeinen Zeitung» München. Verantwortlicher Herausgeber: Dr. Alfred Dove. Verlag der Allgemeinen Zeitung.
S. 201, 469

«Chronik des Wiener Goethe-Vereins» Wien. Herausgegeben von Dr. K. J. Schröer. Verlag des Wiener Goethe-Vereins.
S. 149

«Deutsche Wochenschrift» Berlin, Wien. Organ für die nationalen Interessen des deutschen Volkes. Herausgeber: Dr. Jos. Eug. Russell. Verantw. Redakteur: Dr. Karl Neisser.
S. 17–139

«Deutscher Buch- und Steindrucker» Berlin. Graphische Monatsschrift. Herausgeber Ernst Morgenstern, Berlin.
S. 341

«Dramaturgische Blätter» Berlin und Weimar, von Oktober ab: Berlin. Organ des Deutschen Bühnenvereins. Beiblatt zum «Magazin für Literatur». Verantwortlicher Redakteur: Dr. Rudolf Steiner, Berlin. Verlag von Emil Felber in Weimar, vom Oktober ab: Siegfried Cronbach, Berlin.
S. 272

«Die Gesellschaft» Dresden und Leipzig. Halbmonatsschrift für Literatur, Kunst und Sozialpolitik. Herausgegeben von M. G. Conrad und L. Jacobowski. Verlag der «Gesellschaft» E. Pierson's Verlag.
S. 571

«Goethe-Jahrbuch». Herausgegeben von Ludwig Geiger, Frankfurt a. M. Literarische Anstalt Rütten und Loening.
S. 422

Hamburger Fremdenblatt
S. 470

«Literarischer Merkur» Weimar. Kritisches und bibliographisches Wochenblatt. Verlag von Hermann Weissbach. Redaktion: Curt Weissbach.
S. 154, 158, 164, 176, 177, 453, 460, 467, 469, 617, 618, 619, 621, 622, 623, 626

«Das Magazin für Literatur». Begründet 1832 von Joseph Lehmann. 1893-1897: Hg.: Otto Neumann-Hofer. 1897-1900: Hg.: Rudolf Steiner (10.7.1897-29.9.1900), Otto E. Hartleben (10.7.1897-10.3.1900), Moriz Zitter (8.10.1898-2.12.1899). Ab 6.10.1900: Hg.: Johannes Gaulke und Fritz Philips. Verlage zur Zeit von Rudolf Steiners Herausgeberschaft: E. Felber, Weimar; ab Okt. 1898: S. Cronbach, Berlin
S. 187, 189, 196, 207, 212, 214, 217, 221, 225, 230, 232, 235, 239, 247, 251, 263, 274, 276, 277, 281, 283, 287, 288, 289, 301, 314, 319, 324, 327, 329, 335, 337, 354, 360, 367, 373, 378, 471, 475, 479, 482, 486, 497, 505, 519, 529, 538, 549, 601, 628, 629, 630, 631, 632, 633, 634, 635, 635, 636, 638, 639, 640, 640, 641, 642, 643, 646, 647, 651, 652, 654

«Mitteilungen aus dem Verein zur Abwehr des Antisemitismus» Berlin. Herausgegeben vom Hauptbüro in Berlin. Verleger und verantwortlicher Redakteur: Curt Bürger.
S. 382, 387, 388, 393, 398, 414, 417

«Unterhaltungsblatt des Vorwärts» Berlin. Verantwortlicher Redakteur: Wilhelm Schröder in Wilmersdorf. Druck und Verlag von Max Bading in Berlin.
S. 489

«Der Vâhan» Leipzig. Zeitschrift für Theosophie. Organ der Theosophischen Gesellschaft. Redaktion: Richard Bresch, Leipzig.
S. 420

# RUDOLF STEINER GESAMTAUSGABE

Gliederung nach: Rudolf Steiner – Das literarische
und künstlerische Werk. Eine bibliographische Übersicht
(Bibliographie-Nrn. *kursiv* in Klammern)

## A. SCHRIFTEN
*I. Werke*

Goethes Naturwissenschaftliche Schriften, eingeleitet und kommentiert von R. Steiner, 5 Bände, 1884–97, Neuausgabe 1975 *(1a-e)*; separate Ausgabe der Einleitungen, 1925 *(1)*
Grundlinien einer Erkenntnistheorie der Goetheschen Weltanschauung, 1886 *(2)*
Wahrheit und Wissenschaft. Vorspiel einer «Philosophie der Freiheit», (1892) *(3)*
Die Philosophie der Freiheit. Grundzüge einer modernen Weltanschauung, 1894 *(4)*
Friedrich Nietzsche, ein Kämpfer gegen seine Zeit, 1895 *(5)*
Goethes Weltanschauung, 1897 *(6)*
Die Mystik im Aufgange des neuzeitlichen Geisteslebens und ihr Verhältnis zur modernen Weltanschauung, 1901 *(7)*
Das Christentum als mystische Tatsache und die Mysterien des Altertums, 1902 *(8)*
Theosophie. Einführung in übersinnliche Welterkenntnis und Menschenbestimmung, 1904 *(9)*
Wie erlangt man Erkenntnisse der höheren Welten? 1904/05 *(10)*
Aus der Akasha-Chronik, 1904–08 *(11)*
Die Stufen der höheren Erkenntnis, 1905–08 *(12)*
Die Geheimwissenschaft im Umriß, 1910 *(13)*
Vier Mysteriendramen: Die Pforte der Einweihung – Die Prüfung der Seele – Der Hüter der Schwelle – Der Seelen Erwachen, 1910–13 *(14)*
Die geistige Führung des Menschen und der Menschheit, 1911 *(15)*
Anthroposophischer Seelenkalender, 1912 *(in 40)*
Ein Weg zur Selbsterkenntnis des Menschen, 1912 *(16)*
Die Schwelle der geistigen Welt, 1913 *(17)*
Die Rätsel der Philosophie in ihrer Geschichte als Umriß dargestellt, 1914 *(18)*
Vom Menschenrätsel, 1916 *(20)*
Von Seelenrätseln, 1917 *(21)*
Goethes Geistesart in ihrer Offenbarung durch seinen Faust und durch das Märchen von der Schlange und der Lilie, 1918 *(22)*
Die Kernpunkte der sozialen Frage in den Lebensnotwendigkeiten der Gegenwart und Zukunft, 1919 *(23)*
Aufsätze über die Dreigliederung des sozialen Organismus und zur Zeitlage 1915–1921 *(24)*
Kosmologie, Religion und Philosophie, 1922 *(25)*
Anthroposophische Leitsätze, 1924/25 *(26)*
Grundlegendes für eine Erweiterung der Heilkunst nach geisteswissenschaftlichen Erkenntnissen, 1925. Von Dr. R. Steiner und Dr. I. Wegman *(27)*
Mein Lebensgang, 1923–25 *(28)*

*II. Gesammelte Aufsätze*
Aufsätze zur Dramaturgie 1889-1901 *(29)* – Methodische Grundlagen der Anthroposophie 1884-1901 *(30)* – Aufsätze zur Kultur- und Zeitgeschichte 1887-1901 *(31)* – Aufsätze zur Literatur 1886-1902 *(32)* – Biographien und biographische Skizzen 1894-1905 *(33)* – Aufsätze aus «Lucifer-Gnosis» 1903-1908 *(34)* – Philosophie und Anthroposophie 1904-1918 *(35)* – Aufsätze aus «Das Goetheanum» 1921-1925 *(36)*

*III. Veröffentlichungen aus dem Nachlaß*
Briefe – Wahrspruchworte – Bühnenbearbeitungen – Entwürfe zu den vier Mysteriendramen 1910-1913 – Anthroposophie. Ein Fragment aus dem Jahre 1910 – Gesammelte Skizzen und Fragmente – Aus Notizbüchern und -blättern – *(38-47)*

B. DAS VORTRAGSWERK

*I. Öffentliche Vorträge*
Die Berliner öffentlichen Vortragsreihen, 1903/04 bis 1917/18 *(51-67)* – Öffentliche Vorträge, Vortragsreihen und Hochschulkurse an anderen Orten Europas 1906-1924 *(68-84)*

*II. Vorträge vor Mitgliedern der Anthroposophischen Gesellschaft*
Vorträge und Vortragszyklen allgemein-anthroposophischen Inhalts – Christologie und Evangelien-Betrachtungen – Geisteswissenschaftliche Menschenkunde – Kosmische und menschliche Geschichte – Die geistigen Hintergründe der sozialen Frage – Der Mensch in seinem Zusammenhang mit dem Kosmos – Karma-Betrachtungen – *(91-244)*
Vorträge und Schriften zur Geschichte der anthroposophischen Bewegung und der Anthroposophischen Gesellschaft *(251-263)*

*III. Vorträge und Kurse zu einzelnen Lebensgebieten*
Vorträge über Kunst: Allgemein-Künstlerisches – Eurythmie – Sprachgestaltung und Dramatische Kunst – Musik – Bildende Künste – Kunstgeschichte *(271-292)* – Vorträge über Erziehung *(293-311)* – Vorträge über Medizin *(312-319)* – Vorträge über Naturwissenschaft *(320-327)* – Vorträge über das soziale Leben und die Dreigliederung des sozialen Organismus *(328-341)* – Vorträge für die Arbeiter am Goetheanumbau *(347-354)*

C. DAS KÜNSTLERISCHE WERK

Originalgetreue Wiedergaben von malerischen und graphischen Entwürfen und Skizzen Rudolf Steiners in Kunstmappen oder als Einzelblätter: Entwürfe für die Malerei des Ersten Goetheanum – Schulungsskizzen für Maler – Programmbilder für Eurythmie-Aufführungen – Eurythmieformen – Entwürfe zu den Eurythmiefiguren, u. a.

*Die Bände der Rudolf Steiner Gesamtausgabe*
*sind innerhalb einzelner Gruppen einheitlich ausgestattet.*
*Jeder Band ist einzeln erhältlich.*